风展红旗如画

——部分中小学先进党组织和优秀党员模范事迹汇编

高立平　主　编

郭建国　张铁华　王洪春　薛雯月　副主编

首都师范大学出版社
CAPITAL NORMAL UNIVERSITY PRESS

图书在版编目（CIP）数据

风展红旗如画：部分中小学先进党组织和优秀党员模范事迹汇编 / 高立平主编 . —北京：首都师范大学出版社，2021. 12（2024. 9 重印）
ISBN 978-7-5656-6761-9

Ⅰ. ①风… Ⅱ. ①高… Ⅲ. ①中国共产党－中小学－基层组织－模范单位－先进经验－中国－现代 ②中小学－模范共产党员－生平事迹－中国－现代 Ⅳ. ①D267. 6 ②D263

中国版本图书馆 CIP 数据核字（2021）第 218333 号

FENGZHAN HONGQI RUHUA
风展红旗如画
——部分中小学先进党组织和优秀党员模范事迹汇编
高立平　主编
郭建国　张铁华　王洪春　薛雯月　副主编

责任编辑　林　尧　许　蔚
首都师范大学出版社出版发行
地　址　北京西三环北路 105 号
邮　编　100048
电　话　68418523（总编室）　68982468（发行部）
网　址　http：//cnupn. cnu. edu. cn
印　刷　北京印刷集团有限责任公司
经　销　全国新华书店
版　次　2021 年 12 月第 1 版
印　次　2024 年 9 月第 2 次印刷
开　本　710mm×1000mm　1/16
印　张　37
字　数　664 千
定　价　89. 00 元

在庆祝中国共产党成立100周年大会上的讲话（摘录）

（2021年7月1日）

习近平

中国产生了共产党，这是开天辟地的大事变，深刻改变了近代以后中华民族发展的方向和进程，深刻改变了中国人民和中华民族的前途和命运，深刻改变了世界发展的趋势和格局。

中国共产党一经诞生，就把为中国人民谋幸福、为中华民族谋复兴确立为自己的初心使命。一百年来，中国共产党团结带领中国人民进行的一切奋斗、一切牺牲、一切创造，归结起来就是一个主题：实现中华民族伟大复兴。

一百年前，中国共产党的先驱们创建了中国共产党，形成了坚持真理、坚守理想，践行初心、担当使命，不怕牺牲、英勇斗争，对党忠诚、不负人民的伟大建党精神，这是中国共产党的精神之源。

全体中国共产党员！党中央号召你们，牢记初心使命，坚定理想信念，践行党的宗旨，永远保持同人民群众的血肉联系，始终同人民想在一起、干在一起，风雨同舟、同甘共苦，继续为实现人民对美好生活的向往不懈努力，努力为党和人民争取更大光荣！

前　言

2021年2月20日，党史学习教育动员大会在北京召开。习近平总书记出席会议并发表重要讲话，深刻阐明党史学习教育的重点和工作要求，对党史学习教育进行全面动员和部署，为开展好党史学习教育指明方向，提供根本遵循。习近平总书记说："全党同志要做到学史明理、学史增信、学史崇德、学史力行，学党史、悟思想、办实事、开新局，以昂扬姿态奋力开启全面建设社会主义现代化国家新征程，以优异成绩迎接建党一百周年。"

为响应习近平总书记的号召，贯彻落实党的教育方针，全面总结党建引领、科研兴教、课改促教、教育脱贫的成功经验，我们精心策划、编辑、出版《风展红旗如画》这本纪实性文集，反映全国部分中小学先进党组织及优秀党员的模范事迹，诠释"党建强"引领"教育强"，宣传和树立学习榜样，感受时代精神与力量，向建党100周年献礼。

征文启事发布后，全国各地中小学校热烈响应，纷纷投稿。两个多月的时间内，就收到了大量稿件。我们坚持正确的政治方向、价值取向、研究导向，以抓好党建促发展，围绕课改抓党建为中心，对来稿进行认真审读和筛选，从这些稿件中选出近100篇能够反映发挥基层党组织战斗堡垒作用和党员先锋模范作用的优秀作品，汇编成册，借此宣传、表彰认真贯彻党的教育方针，践行初心使命，落实"立德树人"根本任务的教育教学先进集体和先进个人。

《风展红旗如画》分上下两卷，上卷"党旗领航　立德铸魂"由两个部分组成：第一部分"一个支部就是一个堡垒"，第二部分"一个党员就是一面旗帜"，主要反映学校党组织及党员个人在"为党育人，为国育才"的目标指引下，抓党建，促发展，落实全面从严治党主体责任，办好人民满意的教育，培养德智体美劳全面发展的社会主义建设者和接班人方面的典型案例和模范事迹。下卷"践行使命　教育扶贫"由两个部分组成：第一部分"团队——使命必达"，第二部分"个人——追逐梦想"，主要以"征程纪事"的形式分享在"十三五"期间教育扶贫的感人故事、工作感悟及经验启迪。本书以数十万字的篇幅和真实生动的描述，带你领略中小学基层党支部的旗帜引领作用、党员的奉献精神和团队的教育使命，以及追梦人的奋斗历程。是他们，这些辛勤耕耘、默默奉献的普通党员、普通教师，正在谱写当今的党史、教育发展史和贫困地区教育脱贫史。

审读和编选这本书的稿件，我们每时每刻都在被感动着、教育着。

习近平总书记2018年9月10日在全国教育大会上的讲话指出："教育是民族振兴、社会进步的重要基石，是功在当代、利在千秋的德政工程，对提高人民综合素质、促进人的全面发展、增强中华民族创新创造活力、实现中华民族伟大复兴具有决定性意义。教育是国之大计、党之大计。"广大中小学的领导者和教师们，深刻领会总书记的讲话精神，奋战在基础教育事业的最前线。有的践行初心、担当使命引领课程改革，建设高质量教育体系；有的奋战在抗疫前线不怕牺牲、艰苦奋斗，确保"停课不停学"；有的扎根偏远山区、贫困农村办教育，构建优质均衡的公共教育服务……这是基础教育界党员教师的真实写照，这是党员教师团结带领教育同人实现中华民族伟大复兴的奋斗缩影，这是用实际行动向中国共产党成立100周年献礼。

习近平总书记指出："今天，衡量一名共产党员、一名领导干部是否具有共产主义远大理想，是有客观标准的，那就要看他能否坚持全心全意为人民服务的根本宗旨，能否吃苦在前、享受在后，能否勤奋工作、廉洁奉公，能否为理想而奋不顾身去拼搏、去奋斗、去献出自己的全部精力乃至生命。"《风展红旗如画》里的共产党员和领导干部，已经或者正在成为这样的人，他们是广大教育工作者的学习榜样。

书名"风展红旗如画"，取自毛泽东同志写于1930年元旦的词《如梦令·元旦》。这首只有33个字的小令，生动地描绘了红军长途行军的路线、方向和目的，讴歌了红军战士无坚不摧、胜利前进的革命精神。末句"风展红旗如画"写出红军胜利转移，大军云集武夷山下的盛大而雄壮的场面。这场面像图画一般美丽，表达出作者为胜利而欢呼的喜悦心情，展示了革命武装斗争的光明前景，显现了红军的革命乐观主义精神。而今，在以习近平同志为核心的党中央的坚强领导下，中国人民正在以坚定的步伐迈进在实现中华民族伟大复兴的新征程上。国家的现代化建设突飞猛进，脱贫攻坚取得了令世界惊叹的成就。放眼世界，"风景这边独好"。"风展红旗如画"，正是当前我国各项事业，包括基础教育事业发展状况的真实写照。

"伟大事业孕育伟大精神，伟大精神引领伟大事业。"让我们在习近平新时代中国特色社会主义思想的指引下，在党旗的引领下，在建党精神的鼓舞下，继续奋斗，画出更加美丽的"中国画"！

高立平

2021年8月30日

目　　录

上卷　党旗领航　立德铸魂

第一部分　一个支部就是一个堡垒

第二部分　一个党员就是一面旗帜

下卷　践行使命　教育扶贫

第一部分　团队——使命必达

第二部分　个人——追逐梦想

上卷

党旗领航　立德铸魂

习近平总书记论教育

教育是民族振兴、社会进步的重要基石，是功在当代、利在千秋的德政工程，对提高人民综合素质、促进人的全面发展、增强中华民族创新创造活力、实现中华民族伟大复兴具有决定性意义。教育是国之大计、党之大计。

（2018 年 9 月 10 日，在全国教育大会上的讲话）

坚持党对教育事业的全面领导，坚持把立德树人作为根本任务，坚持优先发展教育事业，坚持社会主义办学方向，坚持扎根中国大地办教育，坚持以人民为中心发展教育，坚持深化教育改革创新，坚持把服务中华民族伟大复兴作为教育的重要使命，坚持把教师队伍建设作为基础工作。

（2018 年 9 月 10 日，在全国教育大会上的讲话）

要全面贯彻党的教育方针，坚持社会主义办学方向，坚持教育公益性原则，着力构建优质均衡的基本公共教育服务体系，建设高质量教育体系，办好人民满意的教育，培养德智体美劳全面发展的社会主义建设者和接班人。

（2021 年 3 月 6 日在看望参加全国政协十三届四次会议的医药卫生界、教育界委员时的讲话）

第一部分

一个支部就是一个堡垒

党建引领　立德铸魂

山东省滨州市沾化区第一中学　王立村　张玉峰

揽渤海之长风，倚黄河之壮澜。在黄河三角洲腹地，中国冬枣之乡——滨州沾化的灵秀土地上，沾化一中党徽闪耀、党旗飘扬，春风化雨，立德铸魂。

一、强机制、明制度，发挥组织领导核心作用

沾化一中党总支现有党员 113 人，下设三个党支部，在职党员 78 人，党总支按照“围绕教学抓党建，抓好党建促发展，检验党建看发展”的总体思路，通过打造“三型组织”，推行“三个同步”，开展“三项活动”，铸造“三个灵魂”，着力增强党建工作与教学育人的融合度。积极打造学习型、创新型、服务型“三型组织”，发挥党组织战斗堡垒作用。推行“三个同步”，在教师调配时，同步调配党员教师。在制定教学管理制度的同时，同步制定党员管理制度。在制订教师培养计划的同时，同步制订党员教师培养计划，提升学校党建科学化水平。开展设岗定责、公开承诺、党团共建“三项活动”，保持共产党员先进性本色。

面对基础教育综合改革和高考改革新形势，结合学校实际，我们不断探索，采取有效措施，积极应对，实施“五重五新”发展新举措。

一是观念重树，建立对高中教育的新认识。深入学习全国教育大会精神，牢牢把握“为谁培养人，培养什么样的人，怎样培养人”这一根本问题，贯彻落实“立德树人”这一根本任务。坚持使习近平新时代中国特色社会主义思想进校园进课堂入脑入心。把教室小课堂同社会大课堂结合起来，为学生点亮理想的灯、照亮前行的路，给“拔节孕穗期”的学生心灵埋下真善美的种子，引导学生扣好人生第一粒扣子。认真学习高考评价体系，掌握高考新动态。更加明确高考突出育人功能，深化德育考查，更加清楚必备知识、关键能力、学科素养、核心价值观这四层的内涵，更加熟悉高考内容基础性、综合性、应用性、创新性四翼的考查形式。

二是课程重构，打造学校育人新体系。完善课程结构，加大校本课程开发力度。分层次开设适合学生发展的励志教育课程、奥赛课程、艺体特长课程、科技人文与竞赛课程、日语课程。积极探索形式多样的教学方式，为学生的发展开辟条条大道。

三是课堂重建，搭建质量提升新载体。针对课堂学习目标不清、教学效率低下现象，学校通过深入研究，提出“目标引领—学思静悟—交流互动—精讲点拨—目标达成”20 字 5 环节目标教学模式。课堂的学习目标站在新课标的高度，围绕学科核心素养拟定，清晰、可评价，课堂更加突出真实情景、问题导向、学生解决。教师的教学方式和学生的学习方式实现根本转变。

四是德育重塑，构建一体化育人新格局。优化励志教育，让学生激情学习，开展励志活动，培养学生的奋斗意识和卓越高尚的目标。实施全员育人导师制，教书与育人有机结合。突出学科育人，发挥课堂主渠道作用，寓德育于课堂教学中，帮助学生树立正确的历史观、国家观、民族观、文化观。

五是管理重组，建立现代管理新体系。充分发挥学校发展中心、自主招生研究中心、学生成长指导中心、高考备考领导小组的作用。实行目标管理，层层压实责任。加强尖子生培养，制定个性化培养方案，针对不同学生精准施策。实行全员聘任制，级部和教师双向选择，教学队伍优化组合。研究制定绩效工资分配办法，努力实现多劳多得、优绩优酬。加强教学常规管理，力求教学环节精细化。畅通家校联系机制，组建了新一届家委会，实行家长开放日制度，构建学校、家庭、社会协同育人体系。

二、搭平台、铸三魂，发挥党建引领一切作用

(一)铸师魂、重师能，推动教师二次成长

引导教职工争做“有理想信念、有道德情操、有扎实学识、有仁爱之心”的好教师。

一是党建引领，凝聚发展动力。大力开展教师党支部建设，规范党组织议事规则，巩固深化“不忘初心、牢记使命”主题教育成果，扎实开展党史学习教育，落实“三会一课”、民主生活会和组织生活会、谈心谈话、民主评议党员等制度。实施“五个一”专项行动，严肃党内生活，严格党员发展流程，实施“双培养机制”，开展组织党员到社区“双报到”活动，设立“党员先锋岗”，开展“党员示范课”。连续开展沾化一中“最美教师”评选，开展“六比六赛”活动。充分发挥党员的先锋模范作用，把学校党组织建设成为坚强的战斗堡垒。

二是学术引领，促进专业成长。“走出去，请进来”，开阔教师视野，多次组织教师到河北衡水中学、北京一零一中学和潍坊等地考察学习，组织教师参加山东省举办的高考模拟检测研讨会，回校后围绕新高考、新课程、新教材开展专题研讨。政治组的“三尺讲台虽小，立德树人责任重大”道出了老师肩负的重大责任；英语组的“做一个有胸怀的人，老师有胸怀，学生才有胸怀”，道出了教师应胸怀开阔，既要培养学生的国际视野，更要培养学生的爱国情怀；语文组的“一个好教师就是一门好课程”更道出了为人师表是多么重要。真知灼见，交流研讨效果好。开设“沾化一中大讲堂”，邀请知名专家、名师、英模等来校做报告。实施青蓝工程，开展青年教师“拜师结对”活动，新进教师在导师指导下，成长进步快。积极开展校本研究和新高考研究，开展《中国高考评价体系》研学、出做高考题活动，培养学校自己的课程专家、高考专家、竞赛教练队伍。

三是目标引领，彰显教学特色。把目标教学落到实处，努力锻打高效课堂。围绕“目标引领—学思静悟—交流互动—精讲点拨—目标达成”20字5环节目标教学课堂教学模式，在目标教学学案设计大赛的基础上开展课堂大赛，课堂大赛重点在“交流互动、精讲点拨”环节寻求突破，中青年教师全部参加，锻炼了队伍，提升了水平。学校现有全国教育系统劳动模范1人，省优秀教师8人，省劳动模范3人，市劳动模范、市优秀教师、市名师30多人，滨州市教学能手、学科带头人70多人，获省市优质课200多人次。

(二)铸生魂、重实效，立德树人见真章

牢记“为党育人，为国育才”使命，育红根人，铸爱国魂。

一是励志教育课程化。开展“励志信朗读”、“励志跑操”、“励志远足”、“十八而志尽责成才”成人礼、“卓越领袖特训营”等丰富多彩的校本化励志活动，导师定期批阅成长册，与学生进行心灵对话，定期评选励志明星等，使学生在活动中体验，在读写中感悟。积极开设适合学生发展的课程，组织学生赴山东大学、哈尔滨工业大学开展“励志研学”等社会实践活动，激发学生用自己的力量在高效课堂中激情发展，在励志教育中自主发展，在学校课程建设中特色发展，大面积提高教育教学质量。

二是育人方式多样化。(1)充分发挥社团活动育人作用。学校指导组建艺术体育类、信息技术类、文学类等23个社团，开展经常性活动。组织开展校园文化节、艺术节、体育节、运动会、“校长杯”班级足球联赛等系列文体活动。开展“传承红色基因，争做时代新人”“学雷锋志愿服务”“青春向党建功新时代”“寻访红色足迹，传承红色基因”系列活动，“壮丽70年，阔步新时代”

“百年征程”主题歌会、朗诵会、演讲比赛等系列主题教育活动，积极引导学生争做“有习惯、有责任、有理想、有良知”的“四有”青年。(2)组织学生积极参加学科竞赛活动。成立专门的教练队伍，对学生参加各种竞赛进行精准指导。近3年，在物理、化学、生物、数学、信息技术奥林匹克竞赛中，我校有200多人次获奖。2019年1名同学获得团省委、省学联、大智教育集团联合设立的“大智之星”齐鲁学习奖学金·中学组出彩奖。2019年在全国信息学奥赛中1名同学获省赛区一等奖，2名同学获二等奖，实现我校奥赛成绩历史性突破。学校还被评为“全国中学生生物学奥赛山东赛区金牌学校”。(3)学生在科技创新大赛中屡获佳绩。组织学生参加山东省机器人大赛、全国机器人大赛、全国中小学信息技术创新与实践活动、滨州市青少年科技创新比赛、山东省中小学生电脑微视频制作比赛、全省物理化学生物实验技能大赛，共有200多人次获奖。“天空社团”参加世界教育机器人锦标赛，2名同学获三等奖。(4)学生人文素养全面提升。组织学生参加英语知识能力竞赛，“希望之星”英语风采大赛，“外研社杯”全国中学生素养大赛，“语文报杯”“叶圣陶杯”“课堂内外杯”作文大赛，共有1000多名学生获奖。组织学生参加北大暑期课堂、北大首届文科冬令营、北大文学特长生冬令营活动，2021年牛同学取得“北大暑期学堂及北大寒假学堂优秀营员”称号。举办以“弘扬传统文化，创建文明校园”为主题的师生书画展，组织学生多次参加每年一届的“海峡两岸青年学生孙子兵法辩论赛”并多次获奖，建成“山东省海峡两岸交流示范点”。

(三)铸校魂、重文化，营造良好育人环境

党建引领、组织带动、党员示范，培育学校精神文化，浓厚教育情怀、家校情怀，把沾化一中建成激情校园、精神高地。

一是文化引领，培育学校精神。巩固和发展建校60多年来的优秀文化传统，发扬一中人“做更好的自己”的价值追求和“勇于担当，敢于攀登，自强不息，追求卓越”的优良传统。努力践行“明责致远，弘毅至善”的校训精神，严肃校风、教风、学风，倡树干事创业的良好风尚，评先选优遵循“向一线倾斜，向成绩突出者倾斜，向事迹突出者倾斜”三个倾斜原则。树师德、正师风，大力开展师德师风建设年活动，教职工签订拒绝有偿家教承诺书。丰富教职工生活，组织开展教职工篮球赛、乒乓球赛等活动，举办庆“三八”系列活动，定期组织全体教职工查体。帮助教职工解决好生活中遇到的困难，让教职工感受到组织的关怀、学校的重视，家校情怀进一步升华。

二是营造氛围，发挥舆情育人作用。党组织高度重视意识形态工作，及时宣讲党的方针、政策、重大部署，将“三风一训”、学校的核心理念及围绕

学校文化建设开展的主题活动在主题广场、教学楼、综合办公楼、宣传橱窗等处悬挂张贴。建成“沾化区第一中学团委”“沾化一中”两个公众号，建成“校园之声”广播站，将党和国家取得的巨大成就，学校的重大活动、取得的重大成绩及时推送。鼓励教职工“塑好自己的形象，讲好自己的故事”，绵绵用力，久久为功。

三是综合治理，发挥环境育人作用。近几年，先后完成校园绿化、美化、硬化工程，“一场四园”建设工程，校园文化建设工程，标准化考点升级改造工程，泵房及学生公寓楼供暖设施升级改造工程，办公室空调更换安装工程，艺体馆投入使用，学生公寓楼主体工程竣工验收，现代化学校建设成形。学校高度重视安全工作，定期开展安全疏散演练，组织学生开展全国青少年禁毒知识网络大赛，开展“珍爱生命·预防溺水”专题教育系列活动。学校被评为全市“单位内部治安保卫工作先进集体”。加强对餐厅的管理，实施明厨亮灶工程，学校被评为“食安山东餐饮服务示范单位”。面对新型冠状病毒肺炎疫情，我们创造条件，积极认真准备，实现复学省核验一次性过关，保证了教育教学平稳顺利运行。

三、凝人心、聚力量，彰显立德铸魂巨大成效

学校领导班子民主管理，靠前指挥，夯实常规，广开生源，激励鞭策，实现二轮发展开门红。2019 年、2020 年学校连续两年在滨州市普通高中教育质量评价中获得第二名的好成绩，2020 年高考实现尖子生突破、总量提升。尖子生王同学高考 684 分，全市第 5 名，被中国科学院大学录取。学校获“山东省教育系统先进集体”称号、滨州市高中教学质量提升奖、滨州市学科竞赛优胜奖，目标教学模式获市优秀课堂教学模式一等奖。学校还先后获“滨州市文明校园”“滨州市特色学校”“滨州市德育示范校”“滨州市五四红旗团委”“沾化先进基层党组织”“全国青少年校园足球特色学校”等称号，沾化县委给予记集体三等功两次，通报嘉奖一次。学校党组织先进事迹先后在《大众日报》《滨州教育》《今日沾化》进行报道。

耿耿园丁意，拳拳育人心。沾化一中党总支将深入学习习近平新时代中国特色社会主义思想，增强“四个意识”，坚定“四个自信”，做到“两个维护”。以党的建设为龙头，以目标教学和励志教育为主线，铸师魂、铸生魂、铸校魂，努力实现学生向往、家长满意、教师有归属感、社会美誉度高的学校发展愿景。

一方青山碧水　培育赓续新人

——江苏省外国语学校党总支培养青年优秀教师队伍纪实

江苏省外国语学校　陈　磊

错落有致的教学楼、严整和谐的科技楼、新颖别致的艺体楼、精致雅正的行政楼……中西风格相融的校园环境给人留下深刻的印象，这就是位于江苏省苏州市的江苏省外国语学校。历经二十年发展，江苏省外国语学校发展性评估成绩节节攀升，以优秀的教育绩效实践立德树人、办人民满意教育的宗旨，成为区域内四星级高中的典范、苏州市优质品牌名校。

立德树人，教师为本。近年来学校始终坚持“以人为本，和谐发展”的办学理念，培养“文理兼优、外语见长，具有国际化视野的创新型人才”。2020年，学校在吴中区高考绩效考核中荣获重大突破奖、教学质量综合考核一等奖，为全区教育教学质量提升做出了突出贡献。在这优异的答卷背后，实质是学校党组织对“培养什么人、怎样培养人、为谁培养人”命题的回答，也是对党组织领导下的德艺双馨师资队伍建设的深入思考与成功实践。

一、悠悠文脉，弦歌不辍

追慕先贤，为青年教师上好从教第一课。

出苏州古城西南约 3.5 千米，是宋代范成大隐居处的石湖与上方山，而今苏州国际教育园依于湖畔。2000 年，一群教育开拓者依托上海外国语大学建起实验学校。2002 年，江苏省教育厅发文将学校更名为江苏省外国语学校。

事业兴旺，党建领航。“十三五”以来，学校先后在党总支沈玉方、康军、袁旭东三位书记领导下，着力探索党建与学校核心工作的最佳融合点，立足促进教师精神成长和学生生命成长目标，注重历史传承、文化育人，以让课程发挥育人功能，让教师肩负起育人职责，真正实现以全课程、全方位育人为途径，努力建设优美、高雅、和谐的文化环境涵育新人。

育人，离不开一支优秀的教师队伍。2021 年全国两会期间，习近平总书记在看望参加政协会议的医药卫生界、教育界委员时强调：“教师是教育工作的中坚力量。有高质量的教师，才会有高质量的教育。”当下学校迎来了师资建设方面新的挑战：新教师为学校注入新的活力，而来自全国各地的新生力量已然不同往昔省内师范院校毕业生。学校党组织总结办学经验、思考研讨，以“追慕先贤，赓续前行”破解这个时代的新命题。

追慕先贤，学做“大先生”。学校党总支袁旭东书记提出：学校党建要立足校园，体现在校园方方面面工作上，尤其在青年师资队伍建设上要做到“政治引领，不忘初心跟党走，青年立志做大事”。学校积极贯彻落实习近平总书记提出的“四有”好老师、“四个引路人”、“四个相统一”殷切希望，引导青年教师学做“大先生”，以赤诚之心、奉献之心、仁爱之心投身教育事业。对于刚刚踏上吴中大地的青年教师，以文化人，让新青年深深爱上脚下这片教育沃土，进而传承吴文化，培育时代新人。

每年八月，新的一批青年教师来了，学校工会便早早安排起来，带着青年教师熟悉脚下的土地——石湖，这是一个自然美景与历史文化遗迹相映生辉的地方。据此得天独厚的办学优势，学校提出“崇文崇雅”的校风，确立“借云水精神梅竹气质剪裁江南名校，融古今风韵中外文明培育时代新人”的办学目标，培养“文理兼优、外语见长，具有国际化视野的创新型人才”。在参观校园过程中，细细体味校风指引下的办学目标，在青年教师心中种下一颗文化育人的种子，让新生的力量从入校伊始就深深融入教书育人的信念。当青年教师一走进校门，就能看到彰显厚德载物的池水映照着火红的“信”字，立于教学楼前的拓荒牛，一潭清泉畔的石湖书院……浓郁的文化气息，丰富的人文内涵，这是学校传承文脉办学的源泉。

九月，沐浴着夏日的余晖，迎着初秋的凉风，新教师的第一个教师节这样度过：德艺双馨的老教师领着入职的青年教师上好师德教育第一课。在镌刻“石湖风范”的石碑及范成大、陶行知铜像前宣誓：“我志愿成为一名人民教师，忠诚党的教育事业，遵守教育法律法规……”激情青春、铮铮承诺，这是2020年新入职青年教师们的庄严宣誓。入职宣誓仪式上，学校党总支袁旭东书记邀请从教三十年教师给青年教师上了入职师德教育第一课，把开展“入职宣誓”与“师德第一课”作为教师职业理想教育的重要载体，坚定青年教师职业信念和职业操守，深刻理解教师职业责任和义务，增强教师职业幸福感、荣誉感。

九月，青蓝工程师徒结对活动的日子也深深地印在每一位青年教师心中。这一天，新教师初上讲台那份忐忑与不安在此时得以缓解，因为他们每一个人都找到了专业成长的依靠，教育教学的领路人——“师傅”将给他们以成长的力量，帮助他们解决专业发展上的困惑。正如2018年入职的邸然老师作为新教师代表发言所说，“感谢学校领导为我们配备了这么好的师傅，提供了进一步研修的平台，我们决心以师傅为榜样，不辜负师傅的培养和厚爱，不辜负学校的要求和希望，努力争取‘青出于蓝而胜于蓝’”。党组织对青年人的成长的关心关爱，让青年人时刻感受着划过心头、扣动心扉的深沉师爱，而九月这一天青年教师一声“师傅，您好”便是动听的乐章、真情的呼唤，谱写着对师恩无尽的感念！

青年教师从教的第一个教师节、青蓝工程的师徒结对，如此等等绝不只是一个简单的形式，也不仅仅是一纸协议，它构建的是一个团队，更是一种薪火相传的文化精神。在追慕先贤的育人环境中，学校邀请德艺双馨的老教师为青年教师上好从教第一课，也为青年人扣好从教生涯的第一颗扣子。正是在一代代师徒角色的转换中，江苏省外国语学校的教育精神得以传承，精湛优良的教学水平得以发扬光大，也不断铺筑着大外校“高品质特色名校”的通衢大道！

石湖之畔，风展党旗如画，青蓝结对，薪火相传，党组织领导下的一批青年教师即将脱颖而出，书写吴中教育的新篇章。

二、孜孜向学，发展有本

风卷红旗聚众英，深谋擘画育良才。规范培养，为青年教师夯实成长第一步。

教育质量是一个学校的立足之本，而教育质量的关键在于师资队伍的建设。“青出于蓝而胜于蓝”，学校的可持续发展离不开青年教师这支教师队伍的生力军，师资队伍建设的重点则是青年教师的专业发展。学校党总支近年来一直坚持以提高师德修养和教育教学能力为基础，以涵养培育青年教师队伍“严谨严格”的教风为目标。

八月盛夏，暑热难当，学校行政楼会议室研讨会的热潮也是一浪高过一浪。近年来，随着学校教育事业的发展，年均新上岗教师 30 人，多来自双一流高校，具有学历高、视野宽、思维活、技能新等显著特点，然而这些年轻教师却多非师范专业，教育实习、见习的实践经验匮乏，师范专业基本功薄弱。如此一来，青年新教师进入教学一线，转变身份、适应环境等皆需较长时间，除了传统青蓝工程项目的传、帮、带之外，迫切需要建立青年教师发展的支持系统；而青年教师的专业发展程度同样取决于刚入职时的“初任教师发展期”。

持续的高温也抵不过学校党政干部同志昂扬工作的斗志，从青年教师队伍建设问题摆在学校暑期工作研讨会的桌面上开始，思考、交流、建议、辩论，观点的碰撞、途径的选择，一刻没有停过。在结合学校建设经验和缜密研讨后，学校党总支决定由工会、教科室牵头组织开展“初任教师十年培养工程”，从生涯规划、教学科研到个人生活，方方面面关心助力初任青年教师的成长；成立以因年龄原因离开一线教研组长、年级组长、行政等岗位的骨干老教师为主体的教育教学督导组，深入教学一线帮扶青年教师站稳讲台、成长发展。学校以“初任教师高级研修班”以及“十年育苗工程”培训班为抓手，以江苏省陶行知研究会课题“1—3 年初任教师专业发展案例研究”为依托，举办教学基本功竞赛、学科能力竞赛、班主任基本功竞赛等，以老带新，以新促老。全校教师积极进取，不断提高自身修养，教学大胆创新，一批青年教师脱颖而出，成为教育教学骨干，形成自己的教学风格，班级管理水平不断提升。

三、确立信念，导向事业

2021 年 4 月 19 日，习近平总书记考察清华大学时强调：“教师要成为大先生，要研究真问题，要坚定信念。”何为“大先生”？“云山苍苍，江水泱泱，先生之风，山高水长。”创办苏州府学的范仲淹是这样表达对先贤的敬慕和赞叹的。

政治引领，殷殷嘱托青年教师激扬理想风帆。当年轻、有朝气、可塑性强的初任青年教师走上讲台开始教书育人之时，学校，首要的是帮助其确立从事教育的理想与信念。于是，2020 年 9 月时任江苏省外国语学校党总支书记、校长康军寄语青年教师：期望初任教师要有“初心和使命”，带着教育的初心，承担学校的使命；在大外校发展的关键节点，敢于挑战自己，不断沉淀、磨砺自我；做好教育的人生规划，走好教学和教育之路；期望青年教师们“长风破浪会有时，直挂云帆济沧海”。

带着这份嘱托与关爱，青年教师观看获得共和国首位“人民教育家”称号的于漪老师指导青年教师成长的纪录片，聆听名师专家的讲座报告，掀起了一股向教育前辈、名师大家学习的热潮。在学习中有所学、有所思、有所悟，名师的成长经历和经典语录给青年教师以启迪与思考。在理想信念教育之下，连续三届的初任教师高级研修班学员深切地领悟到：追求卓越、务实担当、关爱学生、反思教学、博采众长，这是初任教师通往名师的磨砺之路。青年教师纷纷表示，要以“先生”高尚的师德品质、严谨的治学态度、深远的影响力为榜样，学做“先生”，学做“大先生”，确立“严谨严格”教风，稳步成长为学校教育教学的中坚力量。

四、课堂锤炼，站稳讲台

随着新一轮课程改革的启动，学校围绕课程改革热点问题，组织全体教师学习研究新版《普通高中课程方案》、《普通高中课程标准》及《中国高考评价体系》，重新审视学校课程改革的价值功能，牢固确立以人为本、全面发展的教学质量观。围绕新教材，聚焦新课堂，落实学生发展核心素养的课堂教学研究成为每一位教师探索实践的重点。学校倡导教研组群策群力，一起锤炼教学基本功，打磨教学新模式，凝练教学新主张。初任教师高级研修活动则以课堂为中心，引导青年教师听课、备课，邀请学科骨干教师评课、磨课，同时不失时机地开展校园课堂教学大比武活动，激发青年教师积极投身到教学锤炼中去。

“基于新课程，面对新高考，打造新课堂”主题研究活动成为2020年以来的焦点，这对于青年教师而言，是挑战更是机遇。在江苏省外国语学校的校园内掀起的“课堂教学研究”热潮中不乏青年教师踊跃参与的身影：经验丰富的老教师老当益壮示范引领，初出茅庐的青年教师们活力四射探索实验，在学校教学督导组教师的倾情陪伴下，青年教师在同课异构、专题研讨等方面收获颇丰。在2020年青年教师课堂教学评比中，呈现“汇报展示现风采、你追我赶竞教坛”的场面，涌现出如李悬悬、许荣好、杨舒砚、刘敏、严良惠等一批优秀青年党员教师典型，在市、区两级教研教学评比活动中捷报频传。

“课堂教学研究”可以转化为课堂教学的生产力，更可以化作课堂教学的生命力。学校推动青年教师积极投身于教学研究的潮流之中，在“学游泳”中成长；而青年教师的热情、善思、勤学也为学校课堂教学增添了一股激情与活力，积极投入其中，精彩纷呈。

五、科研引领，提升专业

党建贴心，呵护青年教师成长。教育教学发展永远在路上，需要教师群体潜心教研，通过科研推动教学改革，通过科研培养青年教师，在新任教师培训过程中特别注重科研引领提升专业发展。

学校党总支关心每一位教师的专业成长，教科室牵头建立初任教师专业发展档案袋，并通过新任教师高级研修活动，帮助青年教师制定个人专业发展规划。定期聘请校内外的优秀教师、专家来校讲座指导。同时，鼓励青年教师发挥科研长处，做一个发现者、思考者、探究者，带着教育教学中亟待解决的问题出发，在和学生互动的交流碰撞中思考，通过教学反思推动课堂教学转变，把教研落在最实处，把论文写在课堂中，以科研催开教学成绩之花。

勤研善思，扎根于日常的教学反思，青年教师不断取得进步。在2020年学校进行的“十三五”省、市、区三级课题中，均活跃着青年教师的身影。近年来，通过校领导悉心指导，培训班学员取得丰硕成果，赢得社会、家长的高度评价。其中56人次获得省、市、区级综合表彰，53人次在市、区级学科业务竞赛中获奖，在省级以上刊物上发表论文31篇，在区级以上开设示范课、公开课27节，参与区级以上课题研究8项，指导学生48人次在省、市、区竞赛中获奖。

道而为人，一脉相承。初任教师高级研修班作为江苏省陶行知研究会课题研究、学校青年教师队伍建设的重要阵地，形成了鲜明的学校办学特色；在培育初任教师方面起到了重要作用，连续三期学员借助研修班这一平台快速成长，为学校的可持续发展奠定坚实基础。

六、用心用情，幸福归属

贴心关怀，为青年教师思虑在前逐幸福。

春风雨露，滋润心田。八月中旬，骄阳似火，江苏省外国语学校行政楼二楼会议室中却是一片清凉，以“遇见美好，迎接未来”为主题的新教师座谈会在学期开始前已然就绪，一切都是刚刚好。青年教师从五湖四海而来，虽说已然成人，却多是初涉社会。生活虽有诗和远方，但却从柴米油盐酱醋茶开始。人生事业路在何方？在踏上吴中大地的青年才俊眼中茫然、手足无措的时候，江苏省外国语学校党政领导悄然给出一剂实实在在的宽慰良方。虽然仍是暑期，以康军校长、袁旭东书记为主的学校党政领导一班人却牺牲休息时间，他们想青年教师所想、急青年教师所急，赶在开学前夕帮助新入职青年教师解决心理焦虑与实际困难。座谈会以“面对面、心贴心、实打实服务”为主线，以“关心、关注思想、工作、生活中的困难”为中心展开。会上，在“学校大家庭中的两位家长”——康校长、袁书记的鼓励下，青年教师们敞开心扉、踊跃发言，学校党政领导的笔记上记满了青年们的困惑与建议。

几年来，学校不仅关心青年教师的专业成长，还注重改善他们的生活条件和工作环境，为青年教师公寓配备了空调、热水器等设施；通过工会开展各类群团活动，如灵岩山登高、教职工集体操等，立足长远，倡导运动健身理念，关注青年教师身心健康。学校党建工作务实开展，党组织成为青年人信得过、靠得住、离不开的知心人、贴心人。新入职的青年才俊在吴中大地的江苏省外国语学校获得了满满的幸福感，学校的关爱与举措使他们获得了强烈的归属感。

七、默默守护，使命担当

点亮未来，为青年教师勇立潮头点赞。

2020年初突如其来的疫情打乱了正常的教学秩序，学生返校日期一再推迟，师生都很焦灼。青年党员教师主动站出来，发挥青年人独特优势，发掘现代化网络资源，为“停课不停学”做出了重要的贡献。是的，面对疫情，青年教师虽然不能成为最美逆行者，但是可以争相走上“云课堂”，化身“云监工”，每天打卡叫早、网上阅卷、视频授课，阴霾重重的时刻，青年人拿出了特别的担当和魄力。当2020年高考成绩揭晓，江苏省外国语学校高考成绩获得突破性跃升时，学校也迎来了树树花开、桃李芬芳。

一万年太久，只争朝夕。乘新时代春风，在学校党组织的培养下，青年教师党员在默默守护中呈现出旗帜引领作用，真正做到了“一个党员一面旗”，发挥出先锋模范作用。在学校的教育教学，诸如社团活动、校本选修、社会实践等的不同岗位上，广大青年教师爱岗敬业，勤奋工作，不断成长，已经成为学校一道亮丽的风景。

构建高质量教育体系，关键在于培养一支高素质的教师队伍。江苏省外国语学校面对时代潮流前瞻思考与行动，抓住新时代青年教师特征，培养与研究并举，师德为先、发展为本，引导广大青年教师坚持教书育人的初心使命，立德修身，严谨治学，做学生为学、为事、为人的示范，为学校教育事业可持续发展涵育了优秀新人。

悠悠文脉，弦歌不辍，薪火相传，赓续前行，而今在姑苏吴中沃土之上，江苏省外国语学校中激扬的青春身影正在续写教育新篇章。

立足老区谋发展　卓雅双修育英才

——河北平山中学办学理念与实践

河北平山中学　郭建国

2018年7月，河北省委常委、石家庄市委书记邢国辉给平山中学发来贺信：肯定平山中学立足于农村与山区实际，着力打造以卓雅文化为核心的教育品牌，迅速跻身石家庄市第一教育方阵，为国家和社会培养了大批优秀人才；希望学校坚持以习近平新时代中国特色社会主义思想为指引，继续发扬优良办学传统，学习借鉴先进经验，积极探索教育规律，大力提升教学水平，全面推进素质教育，注重强化师资建设，努力培养德智体美劳全面发展的新时代建设者和接班人，为建设现代省会、经济强市做出新的更大贡献。

邢国辉书记对平山中学的关心、嘱托与希望，激励学校进一步凝心聚力，乘势而为，不断提升办学档次与教学水平。2020年9月，平山中学再次获得河北省教育系统先进集体荣誉称号。

平山中学创造性地理解教育规律和教育方针，结合时代精神和学校特点，提出“全力打造‘低进高出、高进优出’典范学校”的办学理念，通过教师观念认同、学校制度保障、行为模式强化，将这种理念转化为具体的办学实践，取得了显著的办学成绩。

一、“卓、雅”立校：凝练文化共识，确立学校“三观”

作为一所有着70年办学历史的省级示范性高中，河北平山中学立足于农村和山区实际，植根于革命圣地西柏坡精神与中山国古都文化，结合现实需要，创造性地提出“卓雅”文化。卓，即卓越，是超越优秀的一个标准，是追求突破的一种态度，是一生追求的一种境界。追求卓越，包括打造卓越团队，确立卓越追求，创造卓越业绩，是平山中学倡导的谋事之道。雅，即高雅，是远离低俗，是言行举止得体优美，是心灵深处的德、善、孝、爱，是工作生活的积极主动。品位高雅，包括树高雅言行，养高雅情趣，达高雅境界，是平山中学倡导的做人之道。

卓雅，是平中师生的气质与品格，是全体平中人最佳的人生状态。卓雅文化，是平山中学的灵魂与精神。在卓雅文化引领下，学校确立了“平中三观”，即“精细管理、认真规范、严格落实”的管理观，“老师好，学校才好”的教师观，“让每位学生得到最适合发展”的学生观。

“一文化、三观念”，就是平中发展的总纲，是学校工作的出发点，也是检验工作的标准点，更是完成工作的归宿点。

二、“孝、善”立德：孝心善举做抓手，德育三年三级跳

学校提出，高中三年，学生的任务就是做人做事做学问，第一是做人，第二是做事，做好人、会做事才能够更好地做学问。为此，学校创新教育理念，打造适合平中校情的教育特色。

推进卓雅文化主旨教育。教育动员学生追求卓越，品位高雅，德才兼备，立德树人。

推进每日做好十件事养成教育。内容包括：晨起自警，树立信心；宣誓明志，目标激励；保持安静，心无旁骛；告别“三闲”，严格自控；适度锻炼，身心健康；抓住课堂，“五到”才好；抓零拾碎，坚持积累；纠错补弱，改后满分；落实“四清”，雷厉风行；睡前三省，自我提升，以此培养学生的自律品质与良好的行为习惯。

推进孝心善行主题教育。通过节假日开展形式多样、主题鲜明的活动，增进亲子关系、师生关系，增强学生的爱国主义情怀与家国意识，增强学生明辨是非的能力，打造和谐家庭、文明校园，实现学生健康快乐的成长。

创新德育“三级跳”模式。在卓雅文化统领下，高一开展养成教育，高二开展励志教育，高三开展成功教育，一个年级一个台阶，一个台阶一个主题，围绕主题搞德育，德育、心育并举，心教、行教并行。在主题教育总安排下，每个年级始终贯穿激情教育、孝心善行教育两条主线。每天的激情宣誓、激情跑操、激情朝天读，激发学生的精气神；开学初、放假前，升旗时、班会上，橱窗内、板报中，都是学校开展孝心善行教育的好阵地；每次放假的孝心善举系列安排，如“力所能及做家务”“给父母的一封信”“听父母讲家族故事”等，让学生心存善念、孝亲尊师、懂得感恩，赢得家长和社会的称赞。

2017 年 12 月 11 日，学校三名女生在街头救助晕倒老人，就是学校善行教育涌现的典型事例。她们的事迹，被《燕赵都市报》、《石家庄日报》、《燕赵晚报》、新长城网、凤凰网、大众网等多家媒体报道，影响广泛。

2019 年 9 月，市民闫先生通过微信给平中领导发来特殊感谢信，感谢平

山中学学生拾金不昧，做好事不留名，委托学校寻找这名同学以当面感谢。在卓雅文化熏陶下，“回家行孝，出门行善”成为平中师生的普遍自觉和责任担当。带头传播善心，随手扶起良心，时时捡起爱心，带着满满的正能量，平山中学一直阔步行进在“为党育才、为国育人”的“赶考”大路上。

三、“竞、管”立制：四大机制三条线，目标引领促发展

平山中学创新管理机制，推行四大机制：“双级部＋”单元管理机制，“处室＋”督查评价机制，“学科主任＋”专业成长机制和教师、级部双向选择竞聘机制。

“双级部＋”单元管理机制。级部是学校的管理实体，学校把一个年级平均地分为两个级部，每个级部设主任一名，在两名主任之上设一名主管。此机制倡导协作智慧共享，鼓励竞争脱颖而出，但又避免各自为营、恶性竞争。

“处室＋”督查评价机制。处室是学校的职能部门，处室下设十个“中心”，负责对级部的指导、服务、督查、评价，此机制克服了大一统的包揽而不精细的缺点，实现了精准精细、公正公开。

“学科主任＋”专业成长机制。学科教研室主任与备课组长是学校业务骨干，是教师师德建设、专业成长的引路人，让他们有充分的话语权、有更高更大的平台，才能实现学校教师更好更快地成长，为学校发展做好优质师资储备。

教师、级部双向选择竞聘机制。教师选级部，级部有压力，级部选教师，教师有压力，大家压力共担；教师选了级部，级部选了教师，形成了合力，大家拼搏共向；教师落聘，级部缺人，都是大事。此机制形成了以级部为单元、以班级为单元、以学科为单元的纵横交错的网格化管理格局，优化了组合，强大了力量，促进了发展。

同时，这四大机制又完善了三条垂直管理主线，即学校班子—级部—班主任—任课集体的行政管理主线，学校班子—学科教研室主任—备课组长—备课组的业务成长主线，学校班子—处室（中心）主任—处室（中心）的督查评价主线。三线四机制共同发力，管理更加科学化、高效化，逐步转化为实实在在的教育生产力。

从2013年开始，学校制定十年发展规划，又细分为四个阶段。

第一阶段，2013年至2016年为形象提升阶段，目标是学校本一上线人数大幅提升，校园环境大为提升，教师职业幸福感大有提升。

第二阶段，2016年至2019年为内涵建设阶段，目标是把学校建成石家庄

教研课改示范基地、德育及心理健康教育示范基地，建成河北省特色鲜明、质量上乘、人才辈出、和谐发展的一流高中。

第三阶段，2019 年至 2022 年为优质发展阶段，目标是把学校建成文化优、管理优、队伍优、装备优、环境优、质量优的优质高中，河北一流，全国知名。

第四阶段，即 2023 年总结提升阶段，目标是全校开展大总结、大反思、大提升，找问题、定措施、树信心，为下一个十年规划(2022—2032 年)实现学校的卓越发展做好准备。

2016 年至今，学校连续五年获石家庄市高中教学进步奖，获高中教学先进单位、教科研工作先进单位等荣誉称号，两次获河北省教育工作先进集体等荣誉称号。

2021 年正处于优质发展阶段的关键之年，学校与石家庄二中南校区等名校牵手，与金太阳、相阳、智达等知名教育集团合作，借助先进平台，落实新教材新课程核心素养要求，全面提升教育教学水平。3 月 21 日，学校党总支书记、校长郭建国带队，中层以上干部、年级主任、学科主任等 30 人到石家庄外国语学校参加普通高中新课程新教材实施国家示范校建设对口帮扶签约暨专题培训会。牵手石家庄外国语集团，推动平山中学“双新”改革，落地学科核心素养。

四、“模、激”立师：三级建模五环节，教师专业大提升

平山中学坚持以高质量发展为工作目标，着力打造“333”教学管理模式和高质量五环节课堂教学模式，并通过三级建模使这一模式日臻完善，每位教师根据具体的教学对象和教学内容，形成自己的教学设计和教学风格。

“333”教学管理模式，即课前“三精心”、课堂“三严格”、课后“三落实”，将课前、课堂、课后有机结合。课前“三精心”，是指精心备教学、精心备学生、精心备课堂，体现学校的备课管理。课前“三精心”，完成了与课堂教学模式相衔接的教学设计，完成了与教学设计相匹配的 PPT 课件，完成了针对教师个性与学生基础的二次备课。课堂“三严格”，是指严格遵守课堂教学三要求(普通话、多媒体、五环节教学模式)，严格开展小组合作探究，严格控制时间，倾力打造卓雅课堂，体现学校的课堂特色。课堂“三严格”，实现了课堂容量与教学效率的最大化，实现了教学任务与时间控制的最优化，实现了教师主导与学生主体的共赢。课后“三落实”，是指落实作业、落实改错、落实辅导，体现学校的课后管理。教师批改作业、督促改错与用心辅导紧密

结合，与课堂提问紧密结合，是学校培优补弱的重要措施，也是学校高考本一上人数、上分数的重要抓手。“333”教学管理模式得到了师生的广泛认同与积极参与，大幅提升了学校的教学质量与高考成绩。

高质量五环节教学模式包括：(1)单元导入，明确目标；(2)自主学习，合作探究；(3)小组汇报，教师点拨；(4)变式练习，拓展提高；(5)达标测试，课堂小结。这样的课堂，有三个关键：一是分组必须按照组内异质、组间同质的原则，一般以 6—8 人为宜，所有成员都应有具体分工；二是探究的问题必须是真问题，并值得合作探究；三是画好知识树、厘清逻辑，实现堂堂清、人人清。五环节课堂教学还依据学科特点，形成不同课型的教学模式，如新授课、复习课、讲评课等。在此基础上，每位教师还应根据具体的教学对象和教学内容，形成自己的教学设计和教学风格。

学校出台《平山中学师德建设暨教师专业成长实施方案》，引导、激励教师专业成长，落实“教师好，学校才好”的教师观。

开展“我最尊敬的教师”、卓雅教师、师德标兵等选树活动，发挥优秀教师的师德引领作用，提高教师品德修养。

实施青蓝工程和名师工程。每学年伊始，选拔优秀资深教师任新入职教师的师傅教师，师傅教师将徒弟教师扶上马，走一程。开展师徒相互听课等活动，带动青年教师快速成长。

实施名师工程，搭建多种平台，引导、鼓励优秀教师成长为学科名师和骨干教师。

开展“请进来、走出去”活动，让教师开视野，转观念，铸名师。“请进来”：平山中学先后邀请天津教科院王敏勤教授，全国语文名师魏书生，省市教科所、金太阳教育集团、相阳教育集团、石家庄一中、石家庄二中等教育界专家走进学校，让教师牵手专家开阔视野、转变观念，让专家提携教师成就名师。“走出去”：一是学校组织教师到石家庄二中南校区、衡水十三中等名校观摩学习，2019 年共有 600 多人外出观摩培训；二是创造条件，把学校名师推出去，让他们到全市、全省、全国的舞台上展示自己的教学才华和学校的教研课改成果。

2020 年，平山中学一大批教师在各级各类业务比赛中崭露头角：王海平老师获高中教学管理先进个人奖；祁永强、李刚刚老师获中国好教育燕赵联盟同课异构大赛一等奖；曲万玲等 14 名教师获全国教学大赛特等奖；韩静等 5 位教师的优质课荣获“一课一名师，一师一优课”省部级“优课”称号；牛春芳等 8 位教师代表平中先后走上全国或省市级教研课改讲台。学校成立了韩玉涛全国教育艺术名师工作室等 4 个市、县级工作室；多次承办石家庄市教科所新课程新教材新课标实施背景下的观摩课与经验交流活动。2020 年，学校 8 名教师参加市优质课比赛，获 4 个一等奖、4 个二等奖的荣誉；数学组多次被市教科所授予“高中教学先进备课组”的荣誉称号；学校课题“中华优秀传统文化与现代语文课堂教学实践研究”已结题，被中国高等教育学会教师教育分会评为结题优秀成果。

教师师德水平彰显卓雅内涵。曲万玲老师拾金不昧、杜鹏飞老师扶起老人，他们的事迹被各级媒体报道；刘新丽老师获评河北省师德标兵。他们满怀善念、大爱，充满正能量，体现出来的精神风貌、道德学识、能力水平浓缩了平山中学全体老师的精髓，升华着学校卓雅文化的深刻内涵，承载着学生、家长、社会各界的关注与期盼。

五、“适、全”立生：搭建平台促提升，特色课程促发展

学校提出“分层教学、因材施教，分类管理、特长发展”，让优秀生超常发挥，让特长生分流发展，让全体学生得到最适合的发展。创新尖子生培养模式，让优秀生出色发展。学校组建尖刀班，分年级成立“1—100 班”“2—100 班”“3—100 班”。“100”寓意为百里挑一、百折不挠、百炼成钢。这些班不是传统意义上的班级，是虚拟班、动态班。虚班实管，校长亲自参与管理，通过励志讲座、激情宣誓、专家培优、专题训练、导师辅导等多措并举挖潜提质，提高高考上线质量与上线人数。

学校成立了田径、舞蹈、声乐、书法、绘画、航模等 33 个社团，搭建平台，鼓励文化课发展不均衡的学生发展特长，让他们有自己成长的舞台和发展的空间，发挥自身的特长，提升升学档次，获得最适合自己的成长路径。

2019 年学校社团参加科技制作比赛，获市一等奖；梁乐天同学参加了国家级航模比赛；校田径队代表平山县参加市中学生田径运动会，团体总分十连冠；2016 年学校承办河北省中学生田径锦标赛，学校荣获河北省团体总分第一名；校女子足球队代表河北省参加 2017 年“一带一路”内蒙古(包头)国际青少年 U17 校园足球夏令营。近三年已经有 440 名特长生通过自身过硬的专业成绩，升入理想大学，圆了自己的人生梦想！

平山中学对学生的教育着眼于全方位，在卓雅文化的引领下，学校开创了一系列富有特色的教育课程。

学校每年组织一次研学旅行，每次创设一个主题引领，将研究性学习和旅行体验与校外教育相结合。旅行中，学生们表现出卓雅气质，团结友爱，严格自理；学习中开阔视野，增长见识，锻炼意志，增强团队协作、动手能

力及班级凝聚力。

开展心理健康教育课程，举办心理健康讲座，帮助学生了解心理学知识，掌握一定的自我心理调节技术；寓心理健康教育于各学科教育中，渗透性地进行心理健康教育；设立心理咨询室，开设心理咨询热线电话、心理咨询信箱，建立学生心理健康档案等，通过多种形式的心理咨询与辅导工作，及时矫治学生的心理问题和行为问题。

大力开发校本课程及其育人功能。校本课程分两类，第一类是手册类的，包括制度、军训、主要节日活动、学校文化及理念等；第二类是红色文化、乡土历史文化、中国优秀传统文化，使用的课本包括《新中国从这里走来》《可爱的平山》《传统文化读本》等，旨在传承革命圣地西柏坡红色基因，传承老区平山的时代精神和中华优秀传统文化。通过校本课程，实现以文化人、以文铸魂的目的。

如今，平山中学正借助“振兴县域高中”之东风，搭乘石外等先进教育集团之“航母”，继续发扬优良办学传统，积极探索教育规律，从严、从细、从实推进高质量课堂教学改革，乘风扬帆、砥砺前行，为培养德智体美劳全面发展的新时代建设者和接班人，一直在努力。

党建引领促发展　扬帆奋进谱新篇

山东省日照市金海岸中学　刘为利

习近平总书记在2018年全国教育大会上指出，各级各类学校党组织要把抓好党建工作作为办学治校的基本功，把党的教育方针全面贯彻到学校工作的各个方面。山东省日照市金海岸中学紧紧围绕这一指导思想，积极发挥党支部政治核心和战斗堡垒作用，聚力打造“烛光先锋”党建品牌，实现党建工作的制度化、规范化和科学化，有效推动学校内涵发展和教育品质提升，践履培养社会主义建设者和接班人之使命，谱写出办好人民满意的教育之新篇章。

一、夯实党建根基，凝聚学校发展新动能

党支部是学校教育教学工作最强有力的战斗组织，发挥着统一思想、汇聚力量、引领前行的重要作用。加强学校党建工作，理顺工作体制，实现各领域全覆盖，进而深化与教育教学工作的融合，有利于把党的组织优势转化为治理优势、将制度优势转化为治理效能，促进学校各部门协同发展，有效激活教干教师内驱力，凝聚发展新动能。

（一）抓实组织建设，夯实党建根基

学校从党支部自身建设、党小组星级考核、管理机制创新三个方面加强组织建设。学校每月召开一次党建工作专题会议，及时分析和解决制约党建发展的突出问题，党支部全程参与学校“三重一大”工作的部署、落实和监督，支部委员分管年级，下沉到教学一线，带领教师做好教育教学工作。依托年级建立党小组，年级主任兼任党小组长，并开展“立身为旗”系列活动——设“党员先锋岗”亮身份，上“党员示范课”做表率，创建“党员名师工作室”促发展，以品格树形象，以行动现风采。学校党支部创新党小组和党员管理模式，建立量化考核机制，推行党员积分制管理，实施捆绑式评价，着力解决“活动难组织、队伍难管理、作用难发挥”的突出问题，引导广大党员增强争先创优

意识、争树先锋模范形象，筑牢党建根基。

(二)加强思想引领，汇聚发展力量

心往一处想，劲才能往一处使。思想政治工作是学校各项工作的生命线，更是引领教师思想发展和认识提高的风向标。金海岸中学教师平均年龄32岁，大多通过招考而来，毕业于不同的院校，籍贯分属于不同的省份，尽快把教职工的思想和行动统一到学校发展的总目标上来尤为重要。学校加强教师思想引领，充分发挥党建凝聚人心的作用，将党员学习教育、“三会一课”、业务会议有机融合，明确学习内容，整体规划实施，实现了年度有计划、月月有安排；坚持固定时间学、业余自主学、专题研讨学相结合，通过微党课、主题演讲、读书交流会等活动，交流展示学习心得，让学习真正入脑入心。学校建立党支部委员与教师谈话谈心制度，了解教师思想状况，关注教师成长需求，促进教师政治理论水平和业务素养的融合提高，教师责任心和使命感显著增强，全心全意为学校发展贡献力量成为一种行动自觉。

二、党建统领教师队伍建设，激发教师成长新活力

教师是学校的第一财富。学校坚持以党建统领教师队伍建设，严把党员发展标准，严格党员发展程序，加大在教学一线教师中发展党员的力度；实施党员、教师“双培养”制度，把骨干教师培养成党员，将党员教师培养成教学、科研、管理的骨干；深化师德建设、递进培养、教师读书等系列工程，不断提高骨干教师的自身素养和教育教学能力，有效激发教师成长新活力。

(一)加强师德师风建设，打造积极生长美好姿态

师德师风建设是教师队伍建设的灵魂。金海岸中学党支部聚焦“四个提升”“五种意识”，深入开展师德师风建设活动。“四个提升”，即提升个人素质、工作境界、育人实效、群众满意度；“五种意识”，即团队意识、规则意识、发展意识、奉献意识、服务意识，以此打造师德高尚、业务精湛、敬业奉献的优秀教师团队。

学校党支部创建“烛光先锋”党建品牌，开展“三亮·三比·三满意”活动，升格师德师风建设。“烛光先锋”寓意党员教师在党组织的领导下，积极投身教育事业，争做教书育人楷模，以如烛之微光点亮团队之火炬，以先锋之姿态引领前行之路。“三亮”为“亮身份、亮标准、亮承诺”，要求党员教师要自豪亮身份，大方亮标准，敢于亮承诺，不论是在班级管理还是在教学成效上

都要达到良好以上水平；“三比”是“比能力、比作风、比业绩”，激励教师增强工作能力，树立过硬作风，创造突出业绩；“三满意”是让“学生满意、家长满意、社会满意”。在活动过程中，一大批党员教师迅速成长为学校的业务骨干，王平静老师被评为山东省优秀教师，张孝凤老师获评日照市最美教师，李敏老师荣获市地理优质课评选第一名……党员教师积极生长的姿态吸引青年教师纷纷递交入党申请书，三年来有 7 位校、区级骨干教师加入党组织中来。

(二)实施“双制”培养模式，加快青年教师专业成长

学校自 2014 年改建至今，入职青年教师近 60 名，他们刚迈出大学校园，接着跨入中学校园，角色、身份迅速转变，不熟悉教学又缺乏管理经验。对此，学校实行“课堂开放制”，即所有课堂都是开放的，教师之间可以随时听课学习，这为青年教师的成长提供了开放的空间和自主选择的机会；实施“青蓝导师制”，党员骨干教师担任青年教师的专业成长导师，师徒二人以课堂教学、班级管理为研究重点，导师讲示范课，徒弟随堂学习，徒弟讲研究课，导师跟进指导，师徒互听、互评，构建了“名师引领、以老带新、共同成长”的培养发展机制。学校明确师徒职责，实施捆绑评价考核，将考核结果纳入教师个人绩效档案，提升了师徒参与的积极性和活动实效。“双制”培养模式，加快了青年教师的专业成长，保证了学校教育教学质量的不断提高。

(三)构建层级培养机制，促进教师全方位成长

教师成长需要沃土。学校党支部本着“深耕沃土”的原则，制定培训总体方案，提供多样化培训模块，对教师进行菜单式培训，如班主任提升、课堂教学研究、集体备课研讨、小课题研究等。教师根据自身需求进行选择，每学期达到 80 学分为合格，100 学分为优秀，让教师做成长的主人，有效增强了学习的自觉性，提升了学习效果。学校基于教师专业年龄，开展层进式培训，对新入职的教师，突出一个“扶”字，扶上马，走一程，帮助其尽快熟悉课堂教学、学会班级管理，成为合格教师；对处于发展期的教师，突出一个“炼”字，在班级管理、课堂教学、课题研究等方面定目标、压担子，促其提升能力，成为骨干教师；对处于成熟期的教师，突出一个“创”字，鼓励其在教育教学改革中大胆创新，在原有的基础上实现新突破，成为区域名师。

学校大力实施“教师读书工程”，为全体教师推荐红色经典和专业阅读书目并定期购书，鼓励个人买书，开展“教师读书论坛”和“书香办公室”评选活动，让阅读成为教师的习惯；搭建“名师讲堂”“百家讲坛”“成长实验田”等平

台，给予每个教师登台展示的机会，让教师在交流分享中不断成长。引导教师基于问题开展课题研究，聚焦教与学的改进，勤思考，多总结，鼓励教师撰写教学反思、教学随笔和教研论文等，形成人人有课题、科科做研究的浓厚学研氛围。同时，以课题研究带动校本教研，提升教师研究水平和施教能力。

三、聚焦课堂教学改革，探索质量提升新举措

学校工作的重心是教学，教学的主阵地在课堂。学校党支部始终立足于深化课堂教学改革，着力打造“教师慧教、学生乐学”的课堂文化，以学生为中心建立自主、合作、探究的学习方式，激发学生内在潜能，冶炼知识积累、方法习得、思维发展与能力提高的素养合金，促进教育教学质量的不断提高。

(一)构建“双有”课堂模式，让学生成为学习的主人

基于对高效课堂的深入研究，结合初中学生的生理、心理特点，学校确定“以生为本、以学为主、先学后教、精教多学”的课堂教学理念，引导教师以“自主学习—合作探究—拓展提升—点拨指导—检测评价”五环节为基本流程，精心设计学生活动内容，引导学生有效合作，适度探究，深度交流，打造“有趣＋有效”的高效魅力课堂。“有趣”是教师按照学生年龄、心理、认知规律，创设情境，设疑启思，讨论合作，让学生在课堂上兴趣盎然，对学习充满向往；“有效”是指学生在课堂学习过程中，积极思考，碰撞交流，在有限时间内掌握更多的知识，最大限度地发展能力，提升学习品质，积淀学科核心素养。有趣是手段，有效是目的，二者相辅相成，相得益彰。在“双有”课堂探索实践过程中，学校党员教师率先垂范，带头实践，执教研讨课、示范课，推动研究逐步走向深入。“双有”课堂实施以来，课堂上洋溢着求知的热情，焕发着生命的光彩，学生成为学习的主人，学校教育教学质量跻身市区前列。

(二)开展“空中课堂”直播，助力家庭教育解困

2019 年，学校党支部基于“互联网＋教育”理念，探究将课堂延伸到家庭，组织党员教师实施“空中课堂”直播教学改革，解答学生学习中的困惑，帮助家长解决家庭教育“唯辅导班”问题，受到学生和家长的欢迎。继而，学校选拔各学科骨干教师，利用休息时间，借助课后网、钉钉平台，以年级为单位，开展网上免费答疑、公益指导活动，教师和学生在线互动，解答学生的功课

难题、学习疑问。“空中课堂”满足了学生个性化学习的需求，让学生足不出户就能享受到优质教育资源，提高了居家的学习效率，帮助学生实现了从“要我学”变成“我要学”的积极转变，解除了家长无能力辅导学生的后顾之忧，减轻了上辅导班带来的经济负担，也同步减轻了学生的课业负担。学校作为区域最早实施“空中课堂”直播教学实验的学校，受到上级教育主管部门和社会的高度评价。

(三)创新线上教学实施，用事实和效果赢得认可

2020 年春，中小学因疫情延期开学，学校党支部组织党员教师第一时间给学生送课本上门，继而召开专题会议，周密部署线上教学工作，各年级总结“空中课堂”直播经验，发挥课后网和钉钉网络平台优势，有序开展在线教学、辅导，保证了教学进度和教学效果。针对线上教学过程中学生学习难以管理和调控的问题，改进教学设计，激发学生学习兴趣，并增设助教老师，全程关注学生听课状态，及时督促提醒，成效显著。为克服线上“隔空”的不足，提高课堂效率，促进学科组及教师之间的互动交流，学校开展了线上教研活动，教师线上听课，学科组线上评课，切磋技艺，交流心得，线上教学水平得以迅速提高。在线教学两周后，通过调研，及时将年级大课调整为班级小课，由党员带头扩展为全员上阵；为解决板书问题，又将居家上课调整为到学校教室直播上课，教师置身教室找到真正上课的感觉和激情，学生的课堂获得感也有了保障。我校是日照市第一个开展线上教研活动和采用班级教室网上直播方式上课的初中学校，学校线上教学的做法被广泛推广，日照电视台对此专门进行了宣传报道。

四、护航立德树人全过程，促进学生健康新发展

立德树人，培养德智体美劳全面发展的社会主义建设者和接班人，关系党的事业后继有人，关系到国家的前途命运，是学校教育教学工作的最高遵循。学校党建工作就是要全面贯彻党的教育方针，落实好“培养什么人、怎样培养人、为谁培养人”这一根本问题。学校党支部坚持“学生第一”理念，将促进每一位学生的健康成长贯穿于教育教学工作的全过程，培养品德高尚、学业优良、勇于创新、全面发展的优秀学生。

(一)深化主题教育，补足精神成长之钙

学校落实德育教育序列化，研发节日德育课程，帮助学生树立社会主义

核心价值观。学雷锋日、妇女节、教师节、重阳节进行感恩与奉献教育，清明节、端午节、中秋节、国庆节、国家公祭日、春节进行传统文化和爱国主义教育，植树节、气象日、环境日、节水日进行生态环保意识教育，“3·15”消费者权益日、“12·4”宪法日重在培养学生的法制意识。组织学生到日照港、木浆厂、科技馆、海洋馆等地开展综合实践活动，激发学生热爱家乡、热爱科学的情感，增强振兴家乡、报效祖国的使命感和责任感。

学校党支部指导德育处、教导处，立足实际，扎实开展并深化“十大精品文化活动”，三月阳光体育节，四月励志远足，五月青春礼，六月毕业典礼，九月祭孔大典，十月金秋艺术节和足球联赛，十一月“书香金中”读书节和篮球联赛，十二月科技嘉年华。精品文化活动体现年级、月份主题引领，每项活动由系列小主题活动组成，关照学段特点，贴近学生生活，讲求活动实效，使每个学生享有公平参与、绽放精彩的机会，全方位补足学生精神成长之钙。

(二)注重因材施教，促进学生个性发展

学校实施“尊重教育”办学理念，坚持“尊重差异，因材施教”的育人原则，尊重学生的学习基础和能力差别，使不同层次的学生均有收获；尊重学生性格特点和不同成长背景，形成良好品质，发展个性特长；注重培养和激发学生自主发展的动机，引导学生学会自主学习、自我管理，进行自我评价、自我反省和自我激励，以阳光的心态、求索的精神健康成长。

日常教学中，重视班级学情与个体学习实际，关注教学起点，从学生的感受、疑问和发现出发，展开教学；实施分层作业，建立“作业自选超市”，除“必做”“选做”外，鼓励学生自主学习、主动发展。班级管理中，注重激励教育，各班级设立“争星榜”“擂台赛”，实施星级评价，激励不同层次的学生共同进步；突出养成教育，推行“量化积分制”管理，引导学生做自我成长的主人。学校将“尊重教育”理念融入校园文化中，孔子广场上坐落着颜回、子贡、子路的三座雕像，他们分别代表守纪好学、能言善辩、冲动好斗三类不同的学生，时时提醒教师要尊重差异、因材施教，更好地促进每一个学生的个性发展。

(三)实施课程育人，奠基学生美好未来

课程作为育人的载体，其重要性不言而喻。金海岸中学位于城市郊区，60%以上的学生是进城务工农民子女，他们缺少良好的阅读习惯和良好家庭教育氛围的熏陶，其文化基础、自主发展、社会参与等素养发展水平总体偏低。基于这一现状，学校构建国家课程、地方课程、校本课程“三类一体”课

程体系，落实“五育”并举，促进学生全面发展。

聚焦课程育人，学校共研发校本课程 32 门，包括德育养成、学科拓展、科技素养、艺术素养、运动之美等多个方面。德育养成课程，如新生入校课程、离校课程、文明礼仪等，指向学生的规则意识、行为规范、爱心与责任等的培养；学科拓展课程，如品读经典、创新作文、英语口语训练等，旨在进一步激发学生的学习兴趣，开阔知识视野；科学素养课程，如电脑制作、基础天文、机器人等，激发学生创新思维，使学生敢于质疑，勇于创新；艺术素养课程，如篆刻、创意拓印、舞蹈、黑陶艺术等，培养学生健康的审美情趣，提升欣赏水平；运动之美课程，如健美操、魅力足球、快乐篮球等，锻炼学生运动技能，增强身体素质，磨炼坚强意志，并帮助学生养成健康的生活方式。学校校本课程以年级为单位选课走班，规范实施，其中“运动之美”系列校本课程，吸引了全部学生参加，学生身体素质不断提高，近视率持续下降，中考体育满分率达 90%，抗挫折能力普遍增强。

党建引领促发展，扬帆奋进谱新篇。经过几年来的探索与实践，抓好党建工作促进学校品质发展的理念，已融入学校教育教学工作的方方面面，并深深根植于学校每一位教师的心中，对学校走上高品质发展之路发挥着重要的引领作用。党建引领下的金海岸中学，收获的不仅有全国百家“书香校园”、全国新教育优秀实验学校、山东省规范化学校、山东省体育项目传统学校、日照市教学示范校、山东省女篮联赛第二名、日照市区社情民意调查办学满意度第一名等 20 多项殊荣，更有教师的蝶变式成长，700 多名学生升入重点高中的优秀成绩以及数千名家长的肯定与赞誉。每一次到达都是为了更好地出发，矗立黄海之滨的日照市金海岸中学将继续高举党建之旗，扬帆奋进再出发！

风"清"政自"廉"

——党建工作引领下的清廉校园文化建设管窥

浙江省宁波市镇海区立人中学　范维胜

浙江省宁波市镇海区立人中学创立于2011年11月。建校之初，学校党总支便致力于党建工作引领下的校园清廉文化建设，着力打造一个"政风清明、校风清净、教风清正、学风清新"的风"清"政自"廉"的校园文化。

突出"一个主题"：学校党总支把"创建廉洁教育纳入国民教育体系示范学校活动"作为学校的一个重要主题，列入学校教育教学工作的重要内容，渗透到教育教学过程的始终；把"敬廉崇洁"教育作为一项长期性、基础性的工作来抓，使其成为学校德育工作的重要组成部分，最大限度地渗透和融入教育教学工作中去。

把握"三个原则"：(1)正面引导原则。学校的廉政文化教育，以"童蒙养正"为主，即以进行正气教育为主，以廉洁教育为辅，以今日之正，求明日之廉。(2)循序渐进原则。廉洁文化教育作为学生素质教育的重要内容，既要抓紧抓实，又不能急功近利。要充分体现渐进性，在教育的深度和广度上，要逐步递进，潜移默化。学校通过"故事校园"的构建，为学校的校名、校训石、思源桥、慈父树、信念墙、生命树等赋上动人的故事，营造出良好的育人氛围，创设一个"时时受教育，处处受感染"的德育环境，使学生在这样真实感人的教育环境中，陶冶情操，健全人格。(3)整体协调原则。廉洁文化示范学校创建作为一项系统工程，需要社会、学校、家庭多方参与，形成合力。行政、工会和共青团要在学校党组织的领导下，共同完善工作机制，确保活动的扎实推进和有序开展。

打造"四个层面"：(1)领导层面。在学校领导中开展"率先垂范，廉洁从政"主题教育活动，领会精神实质，不断提高理论素养，进一步落实党风廉政建设责任制，正确行使权力，做到严守党纪，廉洁从政。(2)党员层面。充分利用党组织，在党员中开展优秀党员评比活动，在廉洁文化进校园中发挥好"一名党员就是一面旗帜"的作用。(3)教师层面。结合纪律教育学习活动，认真学习《廉政准则》《教师法》《教育法》等法律法规，努力提高教师的职业道德水平，做到内强素质，外树形象。(4)学生层面。在学生中开展“敬廉崇洁、诚信守法”为主题的教育活动，把“廉洁文化”教育活动融入学生的学习、生活中。

一、童蒙养正促廉洁

学校的廉政文化教育，以“童蒙养正”为主，即以正气教育为主，以廉洁教育为辅，以童蒙之正，求成人之廉；以建设社会廉政文化基础——美德为重点，重在责任、感恩、自律、自制、节俭、进取、正气、廉耻心等美好品德和守护良心的价值观的培养，以良好的道德素养确保廉洁自律。学校党总支提出以廉政文化建设推动校园师生的精神文化建设，将其和学校办学特色特别是德育特色结合起来，力求突出亮点，形成特色，为推动学校各项工作的顺利发展提供精神动力。

(一)氛围营造

孝是中华民族最基础的道德，是中华文化的精髓所在，正所谓“百善孝为先，孝为德之本”。忠于国家、孝敬父母、爱护兄弟是为人的基本准则。“孝”作为一种传统美德，其在净化心灵、规范人伦关系、稳定家国秩序、促进社会和谐和推动廉政建设中，具有不可低估的价值和作用。浓厚的校园孝德文化环境是塑造学生廉政心灵的重要途径。学校利用校园故事文化，对学生进行慈孝、感恩、做有良心人的熏陶；利用升旗仪式进行校训、校风宣誓，利用校训石对学生不断进行感观刺激；利用电子班牌、校园橱窗、墙壁、大屏幕等校园硬件的精心设置，营造廉德文化教育的氛围，使学生耳濡目染，在润物细无声的氛围中自觉践行“孝德”文化，为清正廉洁播下了种子。

(二)经典诵读

学校党总支充分挖掘语文和思想品德课程中清正廉洁教育内容，向学生讲解传授中华民族仁人志士刚直不阿、清廉正直的事迹。学校将《弟子规》引进语文课堂教学，在每学年开学的第一个星期，利用2—3节语文课，对学生进行“弟子规”教育，让学生背诵《弟子规》，领会《弟子规》孝德廉洁的内涵。学校还组织学生广泛收集有关“忠、孝、礼、仪、信、爱”撼人心魄的故事，感受“忠诚”“孝悌”“礼仪”“诚信”“仁爱”的博大胸怀，触发学生心灵向善。

(三)榜样引领

学校党总支设立“发现美丽”推荐箱，寻找和发现学生在学习态度、学习成果、日常行为等方面的动人事例和班集体的楷模，收集和整理和教师有关的仪表仪容、内在精神、关爱学生的典型事迹、正义行为，发展每一个学生，成就每一位教师。美丽评审团对学生评审组、教师评审组推荐的人和事，每月进行一次评审，确定季度最美人物 2—3 名，在教职工会议、升旗仪式上，通过宣读颁奖词、陈述颁奖理由、颁发获奖证书进行表彰，并给受表彰师生的家庭或家长发喜报，然后在学校网站公布美丽师生的事迹，制作宣传版画、编排成 PPT 等在校园内展出。通过挖掘先进的人和事，发现身边的美丽，弘扬身边的正气，树立身边的榜样，引领积极向上之风，营造和谐温馨、富有生机的校园文化氛围，提升师生精神境界。学校还利用校园广播，每天播出一个美德故事，用故事引领学生追求真善美，激励每个师生堂堂正正做人，清清白白做事。

（四）每日反省

学校党总支充分重视“自我反省”对学生成长和成熟的重要意义，引导学生认识到“磨刀不误砍柴工”的道理。要求班主任老师每天抽出 5 分钟时间，对班级一天发生的大小事情进行梳理，肯定优点，指出问题，指明努力方向。要求学生每天抽出 5 分钟时间来反省自己一天的得失，并调整自己的思想偏差和言行失范，减少不必要的消耗，提高成功概率。

（五）校报编撰

《寸草心》是学校一份良心教育的读物，由党总支、政教处负责，每周一刊出。学校让每个班级每学年轮流编印一期《寸草心》班报，并送到每个班和每个教师办公室，现在已经编了 100 多期。每一期，都是学生自己收集资料，或是廉洁、良心、孝德名言解读，或是古今清廉忠孝的故事，或是身边的同学和老师大爱善举的榜样。用一份班级小报，定期滋润学生心中的爱之田园。久而久之，忠孝、清廉、礼仪、信爱，就会慢慢地镌刻在每个立人学子的灵魂深处。

（六）故事熏陶

青少年学生对身边的故事、生动的故事特别感兴趣。学校党总支利用校园资源，创设了“校训石”“慈孝树”“思源园”“成志树”等一个个富有立人特色的故事场景，用生动的故事来引导人、教育人、感化人、激励人，潜移默化地培养师生清正善良的品德。在“立人”校园里，老年教师展银杏之风，他们亲切和蔼，淡泊名利，沉稳理性，智慧大气，敬业爱岗，顾全大局，他们是学校的根基和宝藏；中年教师具香樟之质，他们勇于担当，乐于奉献，敢于超越，勤于反思，他们是学校的中流砥柱；青年教师呈新竹之态，他们勤奋好学，谦恭有礼，坚忍不拔，自强不息，他们是学校的未来和希望。立人教师坚守教育良心，讲作风、讲大局、讲垂范，比担当、比贡献、比发展，兢兢业业，无私奉献。

二、防微杜渐清风气

学校党总支十分重视党风廉政建设，学校成立党风廉政建设工作领导小组、廉政文化进校园工作领导小组、正风肃纪专项行动工作领导小组，明确工作责任；党政工每周联合召开专题办公会议，制订工作计划，明确工作标准，反思工作过程。

(一)建章立制

学校在党总支的倡导下，先后出台了校级班子工作制度、政务公开工作制度、廉洁从教工作制度、教职工绩效考核制度、教职工绩效考核办法、教职工代表大会工作制度、各职能部门工作标准，行事有据可依，评价有据可循。

(二)承诺践行

在党总支的指导下，学校每学年举办班子成员廉洁从政承诺和教师杜绝有偿家教专项承诺活动，制定教师廉洁教育渗透课堂教学标准；学校重大事项集体讨论，师生的合理化建议及时采纳。除了常规的学习廉政法规和警示教育外，每学期第一次行政会议，党总支都要进行“廉政意识”教育；每学年开学，党总支在全校教师中开展廉洁教育活动，并与全体教师签订廉政责任书；每年暑期师德培训，召开全体教职工廉洁教育宣传大会，举行新教师入职教育仪式，进行师德师风教育；定期召开相关涉经人员教育会议，明确财务分工，把好财务关口；规范学校收费，控制教参订购，实行“货比三家”与定点采购相结合；每年 12 月底，党总支开展廉政建设自查和督查活动。

(三)评议监督

在党总支的引领下，学校建立健全领导与干部、教师、学生廉洁谈话机制：每学年班子成员述职要述廉，教职工评议班子成员要议廉；教师年度小结要说廉，学生测评教师要评廉。学校设立校长信箱，印发学生家长调查问卷，建立长效的家校联系制度，让家长参与校服议价、膳管会管理。党总支定期或不定期地分析学校党风廉洁情况，做到“有腐必查、有腐必纠”，从思想上筑好防腐之堤，“不敢腐、不能腐、不想腐”已深入内心，营造了清廉校园氛围。

三、多措并举强队伍

教师是人类灵魂的工程师，是落实科教兴国战略、推进教育创新、全面实施素质教育的主导力量，是学生增长知识和思想进步的指导者和引路人，教师的一言一行、一举一动无时无刻不在潜移默化地影响着学生。因此，师德师能的好坏往往影响和决定了学校的校风和学风的好坏。

(一)精神熏陶强班子

党总支非常注重“主人翁精神、奉献精神、进取精神和团队精神”的熏陶，在校园的醒目位置上布置相应的立人班子团队建设的文化。在学期开学的第一次行政会议上，党总支委员厉校长都要给班子成员提出新的要求和新的目标，引导全体班子团队成员要充分树立“三比三讲四不”意识，即班子成员要比担当、比贡献、比进步，要讲作风、讲大局、讲垂范，要不怕吃苦、不怕吃亏、不怕受委屈、不怕得罪人。“身正身先、向善向上”“肝胆相照、荣辱与共”“崇德崇能、唯实惟新”“主动想到、努力做到、服务周到”已成为班子团队的共识，“以校为家”“坚守陪伴”“早出晚归”已成为班子团队的工作常态。班子团队的以身作则，为全体教师树立了榜样，班子团队的凝聚力、领导力和公信度得到了提升，学校各项工作顺利开展，学校也取得了一些成绩，得到上级和同行的认可。学校连续三年获第三方评估考核一等奖，在教育局首次党建工作考核中也获得了 A 级，学校被评为宁波市文明校园。

(二)标准导向强党员

党总支十分注重党员教师的思想教育，通过学习、讨论、谈心、亮身份、比贡献、星级考评等组织生活，提高党员的思想觉悟和自身素养，增强党员教师队伍的先锋意识。如“党员星级考评”，从理想信念、政治纪律等 8 个维度 20 个方面，通过党员自评、支部考评、总支评价等方式，对全体党员进行量化考评，确定 1—5 星级党员。2021 年的党员星级考评中，还列举了考核项目中扣分情形的表现，支部又组织党员认真学习领会考核细则，强化立人优秀党员的具体要求。在“树先锋形象，展党员风采”活动中，强化“一个党员就是一面旗帜”的意识，通过党员亮身份、亮承诺活动，要求每位党员立足岗位比贡献、比业绩，少计较、多奉献，做到“有功劳时不伸手，有苦劳时不计较，有疲劳时不抱怨”。全体党员带头勇挑重担，积极承担杂活、累活、苦活、难活，为广大教师做出了表率，为立人中学的教育事业做出了重要贡献。

(三)严格管理强师风

良好的师德师风是教师必备的基本素养，为人师表与敬业精神是师德师风的重要体现，建设一支师德高尚、作风优良的教师队伍，是实现教育梦的需要。为保证师德师风建设，提升教师的职业道德水平，学校成立了以党总支书记、校长王海为组长，班子成员和中层主任组成的师德师风建设领导小组，负责师德，对学校教师进行职业道德教育、检查、考核和处理工作，为师德师风建设提供组织保障。学校将师德师风建设作为学校校本研训的一项重要内容。通过周例会制、教研活动等有计划地组织教师学习《中小学教师职业道德规范》《浙江省义务教育条例》《中小学教师违反职业道德行为处理办法》等教育行政法规；学校每年暑期开展思想政治理论学习，把师德师风教育作为一个重要的专题，强化师德师风建设。每年年初，学校与全体教师签订师德师风责任书，每学期进行师德师风考核。学校建立了学校、教师、学生、家长共同参与的师德师风评议制度，学生通过无记名的方式进行网上答题，对本班的任课教师进行师德师风评议；家长通过调查表形式无记名答题，以便学校广泛听取家长对教师的评价，并把学生和家长的评价反馈给每位教师；教师通过自评、组长评议和校长评议三级评议，评价每位教师的师德师风，并与考核相联系，及时发现并纠正教师师德师风上出现的偏差行为。平时在校门口和校园网上公布师德师风投诉电话，随时接受社会对学校教师师德师风的监督。对于违反教师职业道德的现象，出现一起，处理一起，做到零容忍，促进师德师风的提升。

学校党总支十分注重发挥榜样的示范和激励作用，倡导“学高为师、身正为范”的风尚，大力挖掘、推广教师中的先进典型。党总支开展“树先锋形象，展党员风采”活动，“一名党员就是一面旗帜”，鼓励党员勇挑重活、累活、杂活等重担，为广大教师树立榜样；工会开展“季度最佳人物”评比，挖掘发现广大教师的闪光点，并把教师的闪光点持续连接，组点成线，连线成面，激励着教师继续前行；学校党总支还通过年度人物、先进工作者、优秀班主任和优秀党员等的评比活动，鼓励教师争做先进；利用校园网和微信平台不断宣传优秀教师的感人事迹，给被宣传教师以激励，给其他教师以感动和鞭策，引领教师学习先进，提升自我。

“立人”这个新生代的学校为何在短短的十年内蜚声省内外，缘于立人中学“守护良心”的清廉校园文化——教师守护教育的良心，学校守护社会的良心，学生守护人类的良心。源于此，立人教师秉承“夫仁者，己欲立而立人，己欲达而达人”之要义，胸怀仁爱，心存悲悯，崇德崇能，唯实惟新，立德树人。源于此，立人学子奉行“立志、立身、立学、立行、立新、立趣”之宗旨，健身修身，好学善学，创新创造，雅情雅趣，致用社会。源于此，立人中学遵循“以德立校，以德促教，以德树人”之理念，用故事浸润校园，用故事传承文化，走出了“质量＋品牌”“规范＋特色”“世界因我更美好”的卓越之路。

创新务实抓党建　立德树人沐春风

——石家庄市第四中学党建工作风采

河北省石家庄市第四中学　武玉敏

国无德不兴，人无德不立。立德树人是学校的根本任务。石家庄市第四中学党总支把抓好德育工作和思想政治工作作为党组织的重要任务，坚持立德树人，遵循德育为先，积极探索党建工作与学校德育工作深度融合、互促互成的发展之路，建立了党组织主导、校长负责、群团组织参与、家庭社会联动的德育工作机制；通过“教育活动、课堂教学”两个渠道，以文化人、以德育人，将德育渗透在校园生活的各个环节，延伸到学生发展的方方面面，让学生如沐春风，如浴甘霖，使党组织的政治核心和监督保证作用得到了充分发挥，为学校各项工作的开展提供了强有力的政治保证。

一、突出主渠道，提高人文素养

推进立德树人工作，关键是要找准切入点。我校党总支紧紧围绕立德树人这个中心任务，将党建工作与学校日常工作深层融合，积极推进党建工作“三融合”，即党建与育人工作融合、与教育教学工作融合、与学校文化融合，多形式、多渠道探索“党建＋育人”“党建＋教学”“党建＋文化”等融入式党建工作方法，促进师生共同成长。

(一)以学科教学打造党建阵地，突出课堂育人

众所周知，学生大部分的时间和精力都在课堂上，课堂教学是不容忽视的德育渠道，各学科中都包含着丰富的德育内容。为此学校党总支发出了“每个教师都是德育工作者，每节课都是德育阵地”的倡议，要求老师们构建课堂教学的价值观。备课组将如何在教学过程中落实对学生的思想道德教育作为集体备课的一项不可或缺的内容，“党员示范课”“党员教案展”等活动中也将德育教育作为一项重要的展示交流内容。老师们充分挖掘各科教材中显性的思想资源和暗含的价值取向，在学科教学过程中，依据课程特点，把德育内

容“随风潜入夜”，让德育对象“润物细无声”。例如，高二年级的政治课在讲授“哲学史上伟大的变革——马克思主义哲学的诞生”这个章节时，老师引导学生关注有关纪念马克思诞辰 200 周年大会的热点，收集整理马克思的生平事迹，用一个真实的有血有肉的马克思触动学生的心灵，拉近学生与伟人的距离，强化马克思主义对学生的感染和影响。

与此同时，学校不断延伸课堂的深度和广度，通过开展中华古诗文经典诵读，进行“与经典同行”诗文默写比赛，举办“小科学家论坛”“小文学家讲坛”“小历史学家讲坛”等活动，强化中华传统文化对学生的熏陶，增设科普大厅，建立机器人活动室，积淀学生的科学常识，培养学生求知求真、探索创新的科学素养。在学科教学中渗透思想道德教育已经成为四中教师们的一种自觉追求。他们以德为范、以德立学、以德施教，实现了德育工作的教学相长、师生共赢，充分发挥了德育课程和课程德育的育人功能。

(二)以校本课程丰富德育资源，突出课程育人

习近平总书记在全国教育大会上强调：“要树立健康第一的教育理念，开齐开足体育课，帮助学生在体育锻炼中享受乐趣、增强体质、健全人格、锤炼意志。要全面加强和改进学校美育，坚持以美育人、以文化人，提高学生审美和人文素养。”多年来，我校通过实施“三个一”工程，成就了学生“一笔好字，一手好文章，一副好口才”的终身素质。为了深度挖掘教育资源，涵养学生的终身素质，我校党总支组织召开校本课程开发专题会议，创建了“一体两翼”的课程体系：以文化课教学为主体，以艺术和体育为两翼，积极打造学校的艺体特色。以“为学生提供丰富而有特色的艺体课程”为课程建设目标，变单一的文化教学为文化和艺术、体育特长相结合的教学，编写了校本教材，全员开设了校本足球、校本书法、校本美术、校本摄影等课程。在日常教学中普及艺术及体育知识，使学生寻美悟理，健体重劳，怡情养志，涵养文明。我校也被市教育局命名为“艺体特色”学校，成为石家庄市首批 15 所特色高中项目学校之一。

(三)以主题教育进行全覆盖，突出活动育人

最好的教育是恰逢其时。学校党总支坚持“党建引领主题、活动创新形式”，为了适应新时代的党建要求，不断研习党的文件精神，结合学校的实际工作，确立什么样的教育主题是“不可不为、不可慢为、势在必行”的工作。最终将浸润传统文化、传承红色基因、践行社会主义核心价值观、强化责任担当、厚植爱国主义情怀作为学校主题教育活动的设计原则。学校构建了“以

年级为阶梯的分层次、分主题”的德育教育模式，初中年级以良好品质和习惯的养成教育为主题，高中年级以健全人格的塑造和培养教育为主题，毕业年级以脚踏实地的成功教育和向往幸福的理想教育为主题，同时持续开展感恩教育、励志教育，引导学生“心怀梦想、追求成功、回馈社会、报答父母”。

二、依托社团活动，促进全面发展

学校社团是积淀校园文化的主要载体和实现素质教育的有效形式，也已经成为学校团组织延伸工作的手臂。四中党总支坚持党建带团建，加强对团组织的指导，充分发挥学生社团骨干的优势，以社团及其成员为“磁场中心”，增强团组织的凝聚力、战斗力和吸引力。为促进学生全面发展，推动学生内涵提升，学校因势利导为学生搭建了各种发现自我、展现自我的平台，建立了象棋、播音、音乐、文学、足球、篮球、乒乓球、啦啦操、模拟联合国协会等学生社团，多方面开展各种益智、益体、益趣的校园文化活动。例如音乐社开展校园十佳歌手比赛；播音社结合“五好小公民”读本，举办讲故事比赛等；机器人社团积极参加各级各类比赛，在全国、省、市比赛中屡获佳绩；“模联”通过设置“虚拟危机”和“高仿真场景”，在国际意识、国家情怀、文化素养、学术能力、礼仪品格、语言表达等方面不断磨砺学生。同学们一方面锻炼了能力，激发了“思考力＋创新力”为核心的综合素养；另一方面通过熟悉联合国等多边议事机构的运作方式，以及学习基础国际关系与外交知识，开阔了国际视野，培养了民族的自信心。

同时，团组织依托学生会和社团，举办读书节、英语节、体育节、科技创新节及文化艺术节，充分挖掘、利用节日和纪念日的多种德育元素，通过征文、手抄报、黑板报、演讲、歌咏比赛等形式，促进学校成为富有艺术气息、运动活力、人文底蕴、创新精神的和谐校园。在党建工作的引领下，“文明社团”“多彩社团”“活力社团”“魅力社团”的创建成了团组织活动的重要抓手，开创了我校团建工作的新局面。

三、传承志愿精神，增强公民意识

培育公民意识，是学生成长的必修课，而志愿服务是学生形成公民意识的有效途径。四中党总支确立了“传承志愿精神，增强公民意识”的指导思想，让学生在志愿服务的体验和感悟中走进社会，熟悉生活，逐步培养学生的社会责任感和公德意识。党总支带领校团委，依托学生会成立了“志愿者协会”，每年组织志愿者参加绿化美化校园、义务维护交通秩序、进入社区宣讲等有益的活动，前往社会福利院、敬老院、老红军家中开展慰问活动，帮助老人打扫卫生，为老人表演节目，捐献特殊团费为老人买慰问品，用自己的行动为他人带去欢乐，为社会增添温暖，为创建整洁文明的学习环境、社会环境贡献自己青春的力量。这些活动，不仅展现了学生的良好风尚，增强了学生的协作精神和团队意识，强化了学生的社会责任感，同时使学生深刻地领会到生命的意义。可以说，党建的引领，让志愿服务更具实效性和持久力。

四、争做防疫先锋，彰显党员本色

关键时刻显初心，紧要关头看担当。防控新冠疫情的阻击战还未取得最终的胜利，这场艰辛的“战役”考验的不单是医护人员，更是各行各业的人。防疫中为了高质量实现“停课不停学”，保证防疫教学两不误，党总支号召全体教师“线上教学迎挑战，战‘疫’有方勇担当”：向党员发放《致全体党员的一封信》，鼓励全体党员发挥先锋模范作用，攻坚克难勇争先；向全体教师发放《致全体老师的一封信》，鼓励教师们以“功成必定有我”的担当倾情投入，用高质量的课堂和辅导向学生、家长、社会传递从容温和、认真负责的正能量；向全体家长、学生发放《致家长、学生的一封信》，鼓励家长和学生提高“分辨力”，增强“自控力”，以高度的自律与严格的克己配合学校做好防疫和学习工作。

在做好文化课学科教学和辅导的同时，四中党总支因势而动，在这场特殊的“战役”中组织开展一系列的活动，涵养学生的爱国情怀，提升学生的综合素养，用情怀和美育润泽学生的心灵，激发学生共同战“疫”的力量。班主任老师利用钉钉平台直播、视频会议的功能组织学生练习《不放弃》手势舞；语文教师组织学生开展“致防疫一线英雄的一封信”活动，表达对于防疫一线英雄的感恩和尊崇之情；音乐老师带领学生学习防疫抗疫的歌曲，开展“同唱一首歌，为祖国加油”活动；美术老师组织学生以“共克时艰、守望春天”为主题进行剪纸和书画的创作，引导学生关注疫情，心系祖国；书法老师组织学生以“翰墨传情、风雨与共”为主题用手中的笔墨书写对祖国的深情。一系列线上活动的开展，让教书育人在这个特殊的时期更具温情、更有力量。

疫情期间，线上线下工作切换，面对新挑战新技术，党总支充分利用青年党员教师接受新事物快的特点，开展以青年党员为主力的“以小带老、以新促老”活动，全体教师迅速调整，无一落队。在线上授课过程中，党员教师切实发挥“领头羊”的作用，没有一名教师拈轻怕重，等靠依赖，高效高质完成了线上教学任务。

榜样的力量是无穷的，为了进一步激发全体老师“抗击疫情我担当”的干劲，党总支在学校公众号上推出优秀教师先进事迹展，让“身边的榜样亮起来”。在一篇篇动人的故事中，老师们受鼓舞，找差距，以“抗疫防疫，舍我其谁”的担当积极参与到抗击疫情的各项工作中。最终，石家庄市第四中学以一支经得起考验的“硬核”团队，受到了学生、家长和社会的称赞和认可。“桥西风采”“石家庄日报官微”“河北新闻网”等媒体对学校的“停课不停学”工作进行了报道。

总之，在学校党总支的组织和指导下，学校的各项工作逐渐形成了教育主题系列化、教育内容层次化、教育形式多样化、教育渠道网络化、教育管理规范化的“五化”品牌特色。如今的四中，学校风清气正，干部勤于校务，教师爱岗敬业，学生健康阳光，学校各项工作良性发展，社会美誉度不断提高。学校先后获得了“桥西区先进基层党组织”“桥西区教育系统党建示范校”“河北省素质教育示范学校”“河北省文明校园”“河北省文明单位”等荣誉称号。没有最好，只有更好。今后我们将更加努力，以扎实的作风，开拓的精神，创新的思路，不懈的探索，让学校的德育工作在党建的引领下谱写更加美好的篇章，从而为国家培养出更多刚健有为、可堪大任的时代新人。

党旗引路育人　前小向前铸魂

云南省玉溪市江川区前卫镇前卫中心小学　黄　慧

巍巍七星山，潺潺星云湖。云南省玉溪市江川区前卫镇前卫中心小学依山而秀，傍水而灵。学校下辖5个村完小，共有教学班40个，学生1282人，教职工86人。

百年前小，薪火相传。近年来，在上级党组织的坚强领导下，学校全面贯彻党的教育方针，深入实施素质教育，以立德树人为根本任务，围绕“党旗引路，前小向前”党建发展主题，坚持“幸福花儿朵朵开”的办学理念，聚焦“做幸福教师、育幸福孩子、创幸福校园”的办学愿景，着力推进“新教师、新课堂、新课程”建设，以党建带队建、以党建兴科研、以党建促发展，实现了各项工作的蓬勃发展。

一、党旗引路，前小文化向前

(一)办学理念，与时俱进

“为孩子谋幸福，为国家谋栋梁”是前小人的初心和使命，“幸福花儿朵朵开”体现了以孩子为中心的党建发展理念。立德树人，当以孩子为中心，为孩子的幸福人生奠基，这是每一名教育工作者必须谨守的初心和使命担当。孩子是祖国的花朵，老师是辛勤的园丁，耕耘守望，静待花开，把培养人当作一件幸福的事情来做，让每一名教师都享受教育的幸福，让每一名孩子都体验幸福的教育，让每一朵花儿都能在前卫中心小学这片沃土上幸福地绽放。

(二)前小精神，激励前行

江川区是滇国故里，前卫镇素有“铜器之乡”“白药之乡”“书画之乡”的美誉，千百年来重教兴学之风极盛。得天独厚的自然风光，源远流长的历史文化，涵养了前小人积极进取的内在品格，红烛奉献、头雁争先、工匠求精、翰墨飘香，学校百年育人厚植的精神文化，已经融进每一名教师的血液，成为立德树人、提质铸品的不竭动力。

二、党旗引路，前小创“新”向前

前小人思想向前，行动向前。新教师、新课堂、新课程，“新”成为新前小的高频词。

(一)“新教师”建设走出新路子

名师出名校，师强则校兴。新时代呼唤“新教师”，前卫中心小学的“新教师”建设，走的是一条不断学习反思、不断实践探索的新路子。

1. 立足校情实际，理性应对求变

近年来，前卫中心小学面临队伍结构失衡、年轻教师断层等实际困难，学校可持续发展受到严峻挑战。面对困局，学校坚持把“新教师”建设作为一项战略性工程来抓，以从严治教、从严治学为主线，以提升素养为目标，以课改研训为抓手，不断强化师德建设，不断促进专业成长，确保教师队伍青春不老、愈学弥新。

2. 坚持党建引领，创新工作机制

一方面，学校先后出台了《前卫中心小学“新教师”建设实施方案》《前卫中心小学“1+1 青蓝工程”实施方案》《前卫中心小学名师工作制度》《前卫中心小学名师工作室管理办法》等制度和方案，为全面促进队伍提升提供制度保证，筑牢了制度基础。另一方面，先后成立教科室、中心学科组和名师工作室，形成了以教科室为“龙头”、以学科组为“龙身”、以名师工作室为“龙眼”的三位一体研训机制，为“新教师”建设注入了体系活力。同时，大力弘扬前小精神，深入推进“育人先锋”行动工程，通过领导带头、党员示范、教师奋楫，充分调动广大教职工投身教学改革和业务学习的积极主动性，在比学赶超中提升综合素养。

3. 夯实五项措施，促进专业成长

一是项目管理，课题推动。坚持“问题即课题，教学即教研，成长即成果”研训一体理念，以课题为载体，“课程化”实施校本研训。在课题研究周期内，将每一阶段的任务进行分解，形成研究模块，有机融入学期教研计划，增强工作的系统性、连续性和实效性，通过实践研究、总结交流、成果推广等过程，“派单式”促进教师专业发展。

二是名师培植，研训并重。“所谓大学者，谓有大师也。”提升办学品牌，离不开教学名师的支撑。为培养更多的前小名师，前小专门成立了语文、数学、英语三个名师工作室，以培养骨干、打造名师为目的，突出指导示范功能，围绕课题研究和课堂变革组织开展研训活动。通过赋权明责，切实提升名师的荣誉感和使命感。竖起一面旗，引领一大片。在培养名师的同时，也带动了更多的老师共同成长。

三是专家引领，交流提升。加强同教育科研机构、优质学校的联系和沟通，邀请知名学科专家及一线教学名师导向把脉，对我校的课程改革、课堂变革、课题研究、校本培训等工作进行跟踪指导。

四是“五课”研讨，磨砺成长。坚持开展“五课”研讨活动，切实提升教师的专业技能，构建高效课堂。“研讨课”：开学初，以学校教研组为单位，把教学中出现的难点、重点，教学中难于教学的课题内容筛选出来，确定为本教研组本学期研究的内容，通过集体备课、集体磨课，组织教师共同开展教学研究。“示范课”：以“名师课堂”为主阵地，由教研组统一安排骨干教师和学科带头人做课堂教学示范。“展示课”：集体备课组成员，教龄在10年以下的教师，必须在集体备课活动中进行一次课堂教学展示。“常态课”：严格落实推门听课考核制度，督促教师认真抓好备、讲环节，确保常态课堂的真实有效。“竞赛课”：本着“一人参赛，多人提升”的原则，为参赛教师成立“智囊团”，从教学设计、课件制作等每一个环节出发，反复磨课，打造精品课堂。

五是自我研修，互助互学。坚持把学习作为一种生活方式，树立终身学习理念。推进落实“五一”工程，要求教师每学期读一本教育专著，每学期写一篇教学论文，每学期写一篇教学案例，每节课写一篇教学反思，每学期上一堂公开课。实施“师徒带教”，以“优”带新，结对帮扶，加速青年教师成长。

队伍不惧年高，只怕心老学止。唯有学习，方能青春不老、愈学弥新。道不远人，办前小人满意的学校，前小人要做的，唯有学习再学习，实践再实践，提升再提升！

（二）“新课堂”建设助推质量提升

教育改革只有进入到课堂层面，才算真正进入了深水区，只有抓住课堂这个核心地带，教育才能真正发展。

1. 深化学习，把握“幸福”内涵

组织教师围绕“新课堂”理念展开学习和讨论，深刻把握“幸福课堂”的内涵：幸福课堂是提升学生核心素养的课堂；幸福课堂是开放、合作、个性发展的课堂；幸福课堂是体验快乐与成功的课堂；幸福课堂是生动有趣，学生喜欢、期待的课堂；幸福课堂是师生共同发展，都有获得感和幸福感的课堂。

2. 积极实践，走进“幸福课堂”

大力弘扬前小精神，鼓励教师积极走进“幸福课堂”。紧扣教材、依托课程标准和“幸福课堂”评价标准开展教学实践，逐步丰富“幸福课堂”的内涵和外延。不断变革课堂、优化课堂，努力让课堂变得更有活力、更加高效，力争形成个性化的“幸福课堂”教学风格，促进教学质量逐年提升。

3. 示范引领，推动“幸福课堂”

学校名师及名师工作室，成为课堂教学改革的先行者、探索者和引领者，走在课改前列，率先对“幸福课堂”进行探索研究，形成样本课、精品课，通过培训、示范、辐射，带动更多教师实践创新。针对实践过程中出现的焦点、难点问题，学校名师工作室主动承担起研讨、解疑的任务，推动“幸福课堂”走深、走实。

4. 活动推动，深化“幸福课堂”

活动是课堂教学改革的推进器和催化剂。学校教科室、中心学科组、名师工作室、完小教研组根据工作进度，有计划地围绕“幸福课堂”的构建组织教学研讨系列活动，如专题研讨、研究课、展示课、课赛、案例分析等，搭建平台，促进交流，全面深化“幸福课堂”。

近年来，通过党建引领“新课堂”建设，前卫中心小学在校本培训、课题研究、质量监测等方面成果丰硕，稳步实现了教师专业素养和教育教学质量的“双提升”。

(三)“新课程”建设成就幸福教育

新课程——新在理念、新在创造、新在实效、新在全面发展。一个个“新”，是促进专业成长做“幸福教师”，促进全面发展育“幸福孩子”，促进特色品质创“幸福校园”的“幸福教育”工程。

1. 以“立德树人”为根本任务，推进国家课程校本化实施

严格落实国家课程方案，确保开齐课程、开足课时。统筹优化教师资源，逐步实现思政、体艺课程专职专上。认真落实《深化新时代教育评价改革总体方案》，进一步健全完善教师绩效评价方案，发挥评价导向作用，推进素质教育走深、走实。结合学校实际，在岗位聘任中驱动教师理性、渐进回归专业，探索实行专职教师跨校点走教工作制度。努力改变教师只会死板“教教材”的现象，鼓励教师创造性地“用教材”，通过选择、整合、补充、拓展等方式，对教材进行再加工、再创造，使之更加符合学生、学校的特点和需要。以课程标准为依据，围绕教材建成与教材配套的校本教学资源库，实现资源共建共享。

2. 以“学生需要”为出发点，推进校本课程品质化开展

为实现“育幸福孩子”的办学愿景，前小多方整合教育资源，着力构建“国

家课程＋实践体验＋社区服务＋社团活动＋乡村学校少年宫培训”的校本课程体系，不断完善“4＋X”(“4”代表4门规定课程，即劳动教育课程、红色课程、篮球课程、乒乓球课程；“X”指各校点根据实际开发的特色课程)校本课程管理模式，努力实现“一校一品牌、一校一特色”的办学目标。根据课程目录，孩子们可以“点餐”式选择自己喜欢的“幸福课程”，培养兴趣爱好，拓展知识领域，并在课程的自主选择和个性化能力掌握的过程中更好地认识学习的价值，塑造健全人格，促进全面发展。孩子们在享受幸福童年的同时，也在开启着幸福人生。

3. 以“教师发展”为出发点，开发校本课程，丰富课程资源

《前卫中心小学“新课程”建设实施方案》《前卫中心小学校本课程开发指南》《前卫中心小学校本课程管理评价制度》等一系列制度、方案的落地落实，让前小教师人人成为课程的开发者、管理者和实施者。广大教师结合自身的特长或优势，积极参与“新课程”的开发：有的参与生活艺术系列的器乐、声乐、舞蹈、美术、书法、手工、刺绣、茶艺等，有的参与身心健康系列的足球、篮球、乒乓球、围棋、啦啦操、花样跳绳等，有的参与人文素养系列的风土人情、文学欣赏、演讲朗诵等，有的参与科学系列的信息技术、科技制作、劳动技术等，有的参与全人教育系列的道德价值观教育、成才立志教育和劳动教育等。“新课程”建设增强了教师的课程意识，提高了教师主动解释课程、开发课程的能力。现在，老师们常说的一句话就是：“做前小教师，累，但青春着，幸福着!”

三、党旗引路，前小抗疫保学向前

2020年，在新冠疫情防控这场特殊的“战役”中，前小精神依然最为闪耀。

(一)疫情面前，人人争当“逆行者”

“这是我的特殊党费。”

徐明宏，一名有着4年中心校教导主任、23年完小校长经历的老党员。他虽然年事已高，病痛缠身，但是在疫情防控工作中，他所做的各项工作依然是前卫中心小学的标杆。学校组织党员为疫情防控捐款，他捐了600元。当党建办主任提醒他“按照规定不用捐那么多”时，他说：“200元是捐款，400元是我的特殊党费。”

“请党组织接受我、考验我。”

2020年这个漫长而又紧张的寒假，范谷芬是前卫中心小学人尽皆知的大

忙人。为实现“停课不停学，停课不停教，停课不停研”的目标，在“线上教学”这条战线上，她事事在前，总是带头第一个去做：“微课在线”——她第一个试讲录播，“线上作业”——她第一个设计推送，“线上直播”——她第一个示范完成。即使生病住院了，她也一直坚持工作。看到党员能交“特殊党费”，她就花300多元买了一把测温枪偷偷地捐给学校。开学后，她郑重地向党组织递交了入党申请书。

“换成别人也会这么做。”

吴倩，一名普通的共产党员，退休不褪色。2020年2月4日，吴老师光荣退休，还没有来得及享受退休生活的安逸和清闲，疫情突然降临。学校暂时没有合适的人员接替她的工作，班上的孩子们怎么办？吴老师没有多想，继续扛起四(2)班班主任的工作，防控知识宣传、学生流向排查、体温监测日报、在线学习检查……所有的工作，她都认认真真对待，没有一样落下。工作群里，很多老师都自发地为吴老师点赞。她平和地说：“没什么，换成别人也会这么做。”

战疫期间，前卫中心小学涌现出许许多多徐明宏、范谷芬、吴倩这样的“逆行者”，汇聚成前卫中心小学防控疫情的强大正能量，换来疫情安全平稳可控、教育教学秩序井然的良好局面。

(二)疫情防控，“危”中有“机”

2020年，中国和全世界正在经历着一场前所未有的危机。危机、危机，“危”中有“机”，对于前卫中心小学来说，虽然受到疫情的冲击和影响比较大，但也在防控工作中找到了提升办学水平的契机。因为“战疫”，推动提升了前小党组织的组织力，党员干部的先锋模范作用得到充分体现，责任担当意识得到进一步增强；因为“战疫”，淬炼了教师队伍，完善了风险防控体系，学校的综合管理水平得到进一步提升；因为“战疫”，老师成了“主播”，新的教学方式得到探索和实践，每一名老师都在不断的学习和尝试中实现了专业技能成长；因为“战疫”，加班、值班成为常态，很多工作都在紧张而又漫长的假期中补齐了短板。

前卫中心小学这艘幸福大船，乘风破浪，扬帆远航，靠的是党组织的坚强领导，党员干部的厉行担当，全体教职工的同舟奋楫！展望未来，前卫中心小学将一如既往，坚持以习近平新时代中国特色社会主义思想为指导，围绕立德树人根本任务，让“幸福花儿朵朵开”，为办好人民满意的学校努力向前、再向前！

抓党建促发展　树标杆创典范

——四川省金堂中学外国语实验学校党建促发展典型案例

四川省金堂中学外国语实验学校　曾家洪

四川省金堂中学外国语实验学校是2009年创立的一所民办初级中学。学校现有学生3054人，任课教师178人。学校党支部在建校时与行政班子同步成立。2017年12月，学校成立党总支，下设两个支部，目前共58名党员。作为金堂县规模较大的“两新”组织的代表，学校以中央《关于加强民办学校党的建设工作的意见(试行)》为指导，按照“成都市党建标准化建设示范学校”的要求，通过强化顶层设计、完善工作制度、配强干部队伍、加强组织建设、夯实阵地基础、规范学习教育、突出示范引领、打造党建特色等措施，不断提升学校党建工作水平，取得了较为突出的工作成绩。

一、强化党建顶层设计，让党旗引领学校全局发展

(一)精心做好党建规划的顶层设计

党的十八大以来，学校认真落实中央全面从严治党、全面加强党的领导的战略部署，更深刻地认识到在民办学校进一步加强党的建设的重要意义，将党建工作纳入学校发展的总体规划。在学校规划中，我们结合自身实际确立了建设“成都典范、西南名校”的办学目标。“成都典范”包括四个方面的内涵，其中很重要的一个就是要努力建设成都市“两新”组织党建促发展的典范。具体又有三个方面的内容：一是让党的教育方针成为指引学校全面发展，培养社会主义优秀建设者和可靠接班人的根本遵循；二是让党员成为良好师德形象的典型和标兵，成为学校课堂改革、课程建设的先锋和旗帜；三是让党小组、党支部成为学校凝聚学校各方力量攻坚克难的核心和战斗堡垒。

(二)精心做好党建组织架构的顶层设计

为了加强学校党的领导，学校党总支书记和校长一肩挑，也进入学校理

事会。学校党总支纪检委员也是学校监事会成员，从而在组织架构上既保证学校重大决策能充分听取党组织的意见，又能在政治上把握办学方向，在纪律上防范廉政风险。学校德育处行政干部、团委干事等也由支委成员或优秀党员担任，保证有效落实“立德树人”根本任务。学校结合实际，将党小组建立到教研组，既将党建与业务有机融合，又强化了党在教研、集体备课、授课等环节意识形态工作上的领导。

（三）精心做好党建制度的顶层设计

为了进一步规范学校党建工作，提高党建工作的质量，学校从制度层面寻找着力点，先后制定了《党员积分考评制度》《党建创先争优奖励制度》《党员示范班考核制度》《支委会议事制度》《学校党政联席会议制度》等党建制度。

二、打造党建特色，彰显发展活力

（一）党员示范班，党建促进班级优质均衡发展的成功实践

从 2011 年搬迁至新校区起，我们就将“党员示范班”创建活动作为一项重要的特色品牌建设活动。这项活动的初衷是通过在党员任班主任的班级中开展示范班创建活动，充分发挥党员的先锋模范作用和支部的战斗堡垒作用，树立教师为人师表、敬业爱生的师德形象，培育班级积极向上的班风学风，为学校全面、和谐、可持续发展营造氛围、提供保障。多年来，我们的党员示范班班风正、学风浓，班级管理有特色，教师乐岗敬业，学生健康向上，在他们的带动引领下，学校各项工作都得到长足发展，很多方面都取得了突破性成绩。目前，学校已培养 31 个党员示范班，其中 2019 届 18 班和 2021 届 18 班都被评为县级优秀党员示范班，学校也因此被评为县党建特色单位。

（二）党建积分考评制度，“两新”组织规范党建工作的有力抓手

2017 年，为加强支部对党员的科学化、精细化、规范化管理，创新党员教育管理方式，增强党员党性意识，充分发挥广大党员的先锋模范作用，切实加强党的先进性建设，带头创先争优，我们在党建标准化建设的要求的基础上，结合学校党建工作实际，创造性地制定《党员积分考评细则》。

党员积分考评制度是将党员参加组织生活、教育培训等基本教育管理情况作为基本行为进行积分，将党组织倡导和鼓励的党员先锋模范行为和先进事迹等作为倡导鼓励行为进行积分，将党组织和法律明令禁止或反对党员从

事的事件和行为作为禁止、反对行为进行扣分，以此加强对党员进行实时、动态、精确管理的一项制度。同时，统计结果成为年度民主评议的重要依据。

(三)把党小组建立到教研组，让党建与业务紧密结合

2020年，支部开始了“激活红色细胞　提升组织活力——在学校党建工作中把党小组建到教研组的探索”项目的总结，并申报为全县示范性党建课题。

合理设置党小组。按照“有利于党员的教育和管理，有利于基层党支部开展党内各项活动，有利于加强党的基层组织建设”的原则，进一步科学设置和调整党小组。根据党员的工作岗位特点和分布情况来划分党小组，把党小组建设与教研组建设有机结合起来，有效地将党小组建在教研组上，不断优化党小组设置。党支部委员分别同普通党员编在一个党小组，以便更好地发挥作用和自觉接受党员、群众的监督。

选优配强党小组长。经过所在党小组党员民主推荐、支部考察、支委会任命、总支备案四个程序产生党小组长。注重从党性强、作风正、善于做群众工作、在群众中威信高的党员中选配党小组长。同时，注重考虑年龄、精力等方面的因素，进行动态管理。党小组长做到每月向党总支汇报党小组工作动态。

示范引领教研组。把党建工作与教研组的常规教学工作有机结合，按照“党小组长联系教研组、党员联系群众”的方法，通过从思想上关心、业务上联系、工作上带头、生活上帮助，使党小组充分联系教研组。在教研组内设党员示范岗，在党员中立标杆、树典型，激励党员严格自律，自觉履行党员义务，以更高的标准积极投入教育教学工作中，党员教师积极参加各项比赛和示范课，通过传帮带提高整个教研组的教学水平，体现党员示范引领作用。每名党员做到每月向党小组长做工作汇报，最少参加1项科研课堂，最少结对1名普通教师和1名学生，最少上1节党员示范课；每个党小组提交各级各类教研论文最少2篇，日常教研活动中每一次要有1个主题的思想政治学习或师德师风学习，从而在教研组内部形成“一个党员就是一面旗帜”的良好风气。

切实有效搞活动。结合强化党小组建设工作，党小组组织成员开展“走出去、请进来”“紧密联合齐发展”等活动：“走出去”——走出学校到金堂及周边开展教育活动或开展经济发展等方面的调研活动；“请进来”——把先进典型人物请到党小组来做工作指导，把外出了解到的先进人物的先进经验运用到工作之中；结合“党员示范班”中党员教师力量，带动其他班级成长，并形成文字图片资料和简讯做宣传推介。做到密切联系实际，注重解决实际工作问题。

(四)党员名师工作室，辐射引领区域教育高质量发展

目前学校有两个党员名师工作室，由两位省特级教师聂晓云和金洋琼领衔。学校响应县、局党委狠抓初中质量提升的工作部署，利用学校优质的教师资源，特别是发挥两个党员名师工作室的辐射引领作用，积极帮助县内兄弟学校及甘孜州理塘二中共谋发展。近年来，党组织每年都统筹动员组织开展党员送教下乡活动。聂晓云同志带领“聂晓云名师工作室”团队面向县内教师多次开设各类培训讲座，多次承担起全县语文骨干教师培训工作，并与理塘二中结成帮扶对象开展帮扶活动；“金洋琼名师工作室”领衔人金洋琼同志近三年在县内外学校做课例研修十余次。在疫情最为严重的时期党员名师工作室竭力为全市全县网上教学提供资源，疫情时期金洋琼和明丽琼两名党员老师接受市教科院的邀请，为全市学生进行网上教学，杨顺帆老师课堂实录被市教科院用于疫情时期教师网上学习视频，聂晓云名师工作室为全县网上教学提供十余份网上教学资料，等等。也正是有了党员名师工作室的带动，有更多的同志以他们为榜样，甘于奉献，体现了党员名师工作室的辐射引领作用。

(五)结对帮扶，党员争做联系群众、为人民办实事的模范

支部组织教师深入学生群体对部分困难学生进行了情况摸底，确定了一批确需帮助的学生并建立贫困学生数据库。组织党员教师帮扶困难学生，与这些学生一对一、多对一结成帮扶关系，从思想、学习、生活上帮助他们渡过难关，让学生不因贫失学，让家庭不因贫困失望，让党员在活动中锤炼党性，践行宗旨。

在疫情防控最为关键的时期，学校毅然组建志愿者队伍帮扶小区茗馨苑C区，宣讲防疫知识，协助小区做好防疫工作；2018年和2020年，金堂县遭遇特大洪水灾害，领导班子提前研究部署，组建抗洪突击队，保证了公共财产的安全。两次洪灾学校都承担起全县抗洪应急避难工作，积极协助教育、民政部门做好受灾群众安置工作。按照教育局党委安排，学校党总支开展与云绣中学、官仓白马学校的对口援建活动，帮助两所学校建立健全管理制度，进行师资培训，提供教育资源，援助支部阵地建设等。这一系列工作都体现了我支部党员的先锋模范作用和支部的战斗堡垒作用。

三、彰显党建引领，巩固发展成果

多年来，学校坚持以党建引领学校发展，使学校各项工作水平得到显著

提升。支部先后获得了“成都市‘两新’组织示范党组织”“金堂县先进基层党组织”“党员示范单位”“成都市教育系统先进党组织”等荣誉称号，支部参加成都市委组织部开展的“微型党课”大赛获得了市一等奖，支部工作经验被收录《成都市民办学校教改经验成果集》，支部工作案例被市委组织部向全市推介，党建工作纪实被全国知名媒体“中国网”宣传报道。

学校坚持党建引领，党的领导贯穿于教育教学工作的各个方面，大大提升了学校发展的速度和质量。支部标准化规范化建设，激发了党员同志们的担当作为，充分发挥了党员的先锋模范作用。老师们也深受感染，纷纷争先创优：教师参加市级学科教学大赛、班主任技能大赛等取得突出成绩；学校被评为“金堂县中小学行为规范四星级学校”“金堂县文明标兵单位”“成都市阳光体育学校”“中国教育创新示范性单位”“全国新教育实验优秀实验学校”“中国民办教育改革创新示范学校”“中国十佳特色示范学校”。学校德育、教学改革经验和教师发展被《中国教育报》《语言文字报》《华西都市报》《成都商报》等媒体广泛宣传。

抓党建，促发展；树标杆，创典范。以党建促改革，以党建促发展，以党建保稳定，把学校的各项工作与基层党组织建设紧密结合，充分体现党在“两新”组织中的先锋模范作用和领导核心地位是我们学校党建工作的成功经验，也是推动学校在新的起点上再创辉煌的根本保证。

逐梦乡村教育的那群人

山东省东营市胜利第五十五中学　韩向东　杨凡文

黄河尾闾，渤海之滨，有一座槐香飘溢的小镇，这就是山东省东营市河口区孤岛镇。小镇上坐落着一所初级中学——东营市胜利第五十五中学。这所因石油而生的学校，是胜利油田第一所省级规范化学校，曾被评为“中国石油天然气总公司教育先进集体”“山东省初中教学先进单位”“山东省德育工作先进集体”“全省科普示范学校”。2005 年划归地方管理后，又被评为“东营市文明单位”“东营市文明校园”“东营市群众满意的窗口单位”“东营市十佳初中”。

这一切成绩，源于一群逐梦乡村教育的人，这就是胜利第五十五中学的教师们。他们当中，有躬耕教坛 30 多年、经验丰富的老教师；有初出茅庐、热情似火的青年教师；有甘为人梯、提掖后辈的党员干部；有身兼数职、默默奉献的管理人员。一所校，一群人，正是这群砥砺初心、怀揣梦想的人，托起了小镇的教育，促进了小镇的和谐。

一、厚植土壤，支委会引领那群人

学校党支部曾被评为“东营市教育局先进党支部”。每周，党支部都要召开支委会，对一周工作进行梳理，讨论、部署下一阶段的工作。支部书记韩向东同志善于从日常细节和典型事例中发现管理的切入点和侧重点，他在全校推广“周工作清单”模式，推动教职工“每日事，每日毕”；在青年教师当中举办成长论坛，与青年人共论成长话题。为进一步凝聚师生，鼓舞师生，韩向东同志深化校园“精·和”文化建设，将“建设一所伟大的学校”纳入文化建设的内涵之中。党支部还结合学校实际，审议制定了学校“十四五”发展规划，提出了建设省级文明校园的工作目标，擘画了“十四五”期间学校的发展蓝图。

为增强全体党员的使命意识，党支部于 2018 年 6 月 23 日至 24 日，组织党员赴沂蒙老区开展红色体验主题教育，提升党性觉悟。在沂蒙老区，全体党员合唱沂蒙山小调，感受孟良崮战役中先烈们的英勇无畏，特别是在听到“最后一碗米当军粮，最后一块布做军装，最后一件棉袄盖在担架上，最后一个儿子送战场”的沂蒙红嫂事迹解说时，党员们都眼含热泪。2019 年 10 月 18 日至 20 日，学校又安排全体党员赴胶东地区爱国主义教育基地参观学习，大家到刘公岛教育基地、天福山起义纪念馆、乳山胶东育儿所、许世友将军纪念馆等地，从一幅图、一杆枪、一件事中悟初心，强宗旨。在参观后的心得体会中，大家都表示：要时刻以革命先烈为榜样，坚定共产主义信仰，公而忘私，艰苦朴素，甘于奉献，扎扎实实搞好本职工作，勤于钻研，积极探索，“不忘初心，牢记使命”，争做一名优秀的共产党员，为实现中华民族的伟大复兴而努力奋斗。

2020 年 9 月 10 日，是全国第 36 个教师节。这年的教师节，学校及党支部没有召开庆祝大会、表彰大会等，而是以全新的形式为全体教师祝贺节日。早上 7：00 前，校领导及全体中层干部即站在校门口迎候各位教师。每一位教师到校后，校领导都会亲自将鲜花及以“尊敬的____老师”起头的教师节贺卡献给每位教师，一句“节日快乐”让老师们笑逐颜开。一条红毯自校门口通向教学楼，红毯两旁，男女学生手持鲜花。老师们手持校领导亲献的鲜花、贺卡、证书，迎着秋日的朝阳，洋溢着幸福的笑容，在学生们“感谢师恩，节日快乐”的祝福声中，沿着红毯，步履轻盈地迈向三尺讲台。特殊的节日形式，让老师们感受到了不一样的温情。青年教师凌丽萍老师在朋友圈中写道：“上午连着上三节课，浑身都是劲儿。”

二、那群人：老骥伏枥，志在千里

这是一群教龄均在 30 年以上的老教师，在五十五中学，这样的老教师有 49 人，约占全校教职工的 50%。正是这群老教师，见证了五十五中从无到有的发展历程，陪伴五十五中走过了变大变强的峥嵘岁月。他们，早已为父为母，有的还升级为爷爷奶奶，似水华年让他们鬓发已白，然而如火的教育激情让他们的眼睛依旧雪亮，矢志不渝的追梦征途让他们的思维依旧敏捷，这就是五十五中学的老教师群体。

范福亮，目前学校唯一一个正高级教师，中共党员，现年 56 岁，1987 年参加工作，先后担任学校教研组长、年级部主任、教科室主任、德育处主任等职，现任学校道德与法治课教师。范福亮从教以来，一直担任班主任工作，他以德育人，以情带班。初中阶段是青少年学生价值观形成的重要时期，也是性格叛逆的发轫期。在班级管理中，范福亮同志总结出“爱、严、靠、细、勤、导、实、新”八字带班法。他相信“没有教不好的学生”。在与后进生交流中，他更注意呵护其“心”，“潺潺溪水”“润物无声”；宽严适度，要求合适；

在其闪光之处肯定和激励，在心态平静愉悦之时指出其不足。他在班里实行了量化考评责任制，班干部具体分工考评，依靠制度管理班级，令同学们信服。学习方面，建立学习互助小组，尤其是给学有困难的学生指定导师，帮助学困生制定学习目标，分析作业中的错误，检查督促作业的完成情况，班级学习风气浓厚，人际关系和谐。

作为党员，范福亮更注重思想品德课对学生思想的引导作用，注重课堂作为培养社会主义接班人的阵地作用，他总结出一套“小课堂，大社会”的思想品德课教学法。课堂上，他善于利用小组合作学习，提出一个接一个的问题，让学生在讨论、交流中不断强化思想认识，实现了学生的善学、乐学。他送走过 12 届毕业生，每个学生都有一个故事，每一届毕业生都是一次幸福的相伴。记得 2012 年，正是所带年级的中考之年，在一个雪天，范福亮不小心摔倒扭伤了脚腕，他依然拄着拐杖准时到校，没耽误学生一节课，这种精神感动了毕业班的师生，大大激发了师生的积极性。他先后被评为“东营市师德先进个人”“东营市优秀教师”“东营市中小学德育工作先进个人”“东营市教学能手”“胜利名师”等，在校园中树立了一面党员的先锋旗帜。

李雪，中共党员，1991 年参加工作，被誉为学校的才女老师。她怀着对教育事业的满腔热忱和执着追求，深深地爱着自己所从事的神圣事业，躬耕杏坛，把自己的爱与责任，把自己的满腔热情都倾注在了教育事业上，在平凡的工作中书写着教书育人的喜怒哀乐，赢得了学生的尊重、家长的信任和同事的认可。她喜欢英国著名女诗人伊丽莎白·勃朗宁夫人的诗歌，更喜欢勃朗宁夫人的那句话“我幸福，因为我爱，因为我被爱”。在追逐梦想的过程中，李雪老师也书写了自己的师之大爱，她的教育心得《后进生，我想这样帮助你》和《我幸福，因为我爱，因为我被爱》得到了全体教师的共鸣。她喜欢用“宝贝儿”称呼学生，一声“宝贝儿”感化了不少学生。

更有人小而能量大的庄红老师，端淑沉稳的梁肖慧老师，担任过教研员的赵汝全老师，他们带领英语教研组的全体老师，潜心教学，致力于培养学生的综合素质，使学生综合成绩位于全市前列，英语成为学校的优势学科。

老牛深解韶光贵，不待扬鞭自奋蹄。在五十五中学这驾办学近五十年的马车上，更多的老教师在默默地奉献着。由老教师担纲的七个名师工作室，极大地发挥了学科教学的引领作用。

三、那群人：破茧化蝶，青春担当

这是一群工作年限在 10 年左右的青年教师，有的工作还不足 5 年，相比大多数向往大城市的青年人，他们选择留在了小镇。在五十五中学，这样的青年教师有30多人，他们富有活力，义无反顾地接过了小镇教育的接力棒。青年人的到来，让这所始建于1972年的初级中学重新焕发了青春。

为推动青年人的成长，学校党支部在每位青年教师入职之初，即与其签订培养合同，从课堂教学、班主任工作、日常行政管理等方面为青年教师指定培养指导教师，实施“N对1”培育，让青年教师尽快适应教学与日常管理工作。当校长、指导教师、青年教师在培养合同上签字后，每位青年教师心中多了一分责任、一分担当、一分憧憬，心中燃起了献身乡村教育的激情之火。

在学校专门制定的《青年教师培养实施方案》中，实施了青年教师专业成长的“五个一”工程，即每周完成一份中考题，每两周写一篇教育叙事或教学心得，每月上一节公开课，每月开一次专业发展交流会，每学期认真阅读一本教育教学专业书。特别是旨在促进青年教师思想交流的“成长沙龙”，尽管利用晚上举行，青年教师也无一缺席。“成长沙龙”也是“青春·党旗·风采”青年党建品牌创建的重要组成部分。自2017年开始，目前已举办40余期成长沙龙。每次沙龙活动，支部书记韩向东同志必参加，围绕思想、政治、业务等问题与青年人共同交流。所有参与沙龙的青年教师在思想碰撞中开阔了视野，增长了见识。青年党员付锦超同志在大学时期即已加入党组织，现担任党小组长、学校办公室宣传干事，曾被评为县级优秀共产党员，参加成长沙龙活动后，他感慨地说：“成长沙龙话成长，每一个成长主题，对我都是一个极大的促进。”

青年党建品牌的创建，再一次激发了青年教师的内在活力和工作激情。党支部以推送学习材料的方式，定期组织青年教师学习党的基本理论、基本路线等，引导青年教师模范践行社会主义核心价值观，强化“四个意识”，坚定“四个自信”。同时让青年党员亮出身份，安排他们担任班主任、处室干事，主持课题研究等。目前，班主任队伍中青年教师占50%，4名青年教师担任学校中层干部，近10名青年教师主持过县级以上课题研究工作，7名青年教师担任党小组长。学校还成立了青年阳光志愿者服务队，不只在校园内活动，每年在当地的槐花节、丰收节期间，还积极参与其中，得到了社会的赞誉。

青年教师高红岩多次到党支部，表达自己的入党愿望，目前已被确定为入党积极分子。自2016年起，学校发展5名青年入党，确定入党积极分子4名，有3名青年教师书写了入党申请书。

政治上的成长，也促进了业务上的提升。青年教师参加上级组织的业务竞赛，在县级以上优质课、教学能手等的评比中，均获佳绩。2020年，在市级教学评比中，7名老师被推荐为初中第四批市青年骨干教师重点培养对象，秦长艳被评为市第十三批教学能手，刘召宁、姜文华、秦长艳、代磊磊被评为市第三批青年骨干教师。

四、那群人：多样课堂，为国育才

乡村教育难，难在学生的学习习惯和兴趣。五十五中学全体教师从书写、阅读着眼，从课程校本化入手，规范学生的学习，培养学生的兴趣，以不断提升的教学成绩稳定了学生队伍，稳定了小镇上的职工群众。

主题班、队会是对学生进行思想教育的重要形式。班会课上，五十五中学的教师给出主题，让学生唱主角。他们整合了以“美”为主题的系列班会课，结合学雷锋活动及清明节、端午节、建党节、青年节、中秋节、国庆节、春节等节日庆祝活动，开展文化传统及时代精神教育，组织开展了“美在奉献里”“美在传承里”“美在担当里”“美在成长里”“美在感恩里”等一系列教育活动，让学生讲述身边小故事，组织小组辩论会，让学生在思想碰撞中树立正确的世界观、人生观、价值观，坚定跟党走，建设社会主义的信念。

晨颂、午读、升旗仪式经典诵读、名著阅读知识竞赛、“国学小名士”选拔赛，《论语》中的哲理章句、古典诗词中的慷慨激昂、革命先辈的报国情怀，无不激发学生的爱国主义、民族主义的强烈情感。特别是在党史学习教育开展之后，每周的升国旗仪式上，学生们集体朗诵毛主席诗词，感悟伟人开阔的胸襟和高尚的品格。学校还组织编写了“传统文化”阅读校本教材——《国学文化》，每年均组织举办读书节。2020 年在市“阅读丰富人生，讲好东营故事”征文活动中，3 名学生获一等奖，学校获优秀组织奖。在山东教育电视台举办的“阅读成长·书香人生”2020 年山东省中小学生经典名著阅读展示活动省级决赛中，学生郝晨曦、王子涵、马一韬代表东营市参赛获得三等奖。

为更好地推动课堂教学，学校整合校内外课程资源，编写了“手工制作”、“学生礼仪”、“古诗文诵读”、“石油科普知识”、“走进黄河口”、“美文赏析”、“物理探究性学习”、“化学探究性学习”、抗击新冠疫情文集《托起太阳》等校本课程素材，其中“走进黄河口”“石油科普知识”等校本课程经上级修订后，在东营市推广。同时利用自身教师资源，增设了“自行车发展史”、“自行车修理”、“野外骑行知识”、摄影等课程。

艺体专项化让学生找到了自我，也让学生感受到了成长的乐趣。自 2017 年学校被教育部命名为“全国青少年足球特色学校”之后，学校完善了足球训练规划，充实了男、女足球队，筹建了足球教室，通过班级赛、校际联赛等形式，不断提升学生足球竞技水平。男、女足球队在县级以上比赛中多次荣获冠、亚军。2020年在市教育局组织的“校园足球特色学校”足球联赛中，学校男队获初中组第五名和体育道德风尚奖，女队获初中组亚军。教练员张国强、王庆明两位老师均为共产党员，他们放弃周末、节假日，带队坚持训练，用奉献和付出换来了优异的成绩。

目前，学校还有篮球队、田径队、健美操队等多个学生课外兴趣小组，有舞蹈社团、合唱社团、戏剧社团、器乐社团、书法小组、国画小组、树脂画小组、剪纸社团、素描小组等多个艺术活动兴趣小组。

每年学校均组织举办体育节、校园科技文化艺术节，为学生搭建个性成长的平台。体育节期间，学校组织举办了篮球赛、足球赛、跳绳比赛、田径运动会等，丰富了学生的课余生活。田径运动会是体育节的重头戏，大小近百个田赛、径赛项目，300余名师生参赛，百米冲刺的风驰电掣、接力比赛的协同合作、跳高赛场的龙争虎斗……奏出了校园力与美的交响曲。而每年的校园文化科技艺术节，更是精彩纷呈，合唱比赛、摄影绘画展、科技小制作评比，均激发了学生的参与热情，剪纸、刺绣作品，展现了学习发现美、欣赏美、创造美的能力。特别是最后的文艺会演，更让全校师生及当地职工群众大饱眼福，享受了一场不同凡响的艺术盛宴。相声、小品，风趣幽默，引得同学们捧腹大笑，民族舞柔婉袅娜，拉丁舞、街舞动感十足，器乐合奏配合完美，以及寓教于乐的舞台剧，赢得了在场观众的热烈掌声。有当地群众感慨地说：“没想到咱们的孩子这么厉害，真了不得！”

参加上级艺术比赛，更是获奖连连。2018年，在山东省第六届中小学生艺术展演中，学生绘画作品《世界杯，我来了》获一等奖，合唱《大鱼》《西风的话》获东营市第六届中小学生艺术展演一等奖。2019年，参加区级书法绘画比赛，师生30余人获奖。舞蹈《子衿》参加2020年区中小学校园艺术节舞蹈器乐专项展示评比，获得专家一致好评，并获东营市器乐舞蹈专项展示二等奖。

自2017年以来，学校中考成绩一年上一个台阶，学生考入优质高中及普通高中的比率逐年上升，综合录取率均在80%以上。特别是2019年中考，高分段人数列全市第二名，优质高中自主招生人数创历史最好成绩。2020年中考，孙艺轩同学获东营市中心城区状元。

五、那群人：燃起了小镇的希望

孤岛小镇，远离都市的喧嚣，却避不开教育的内卷，然而，小镇上的学生却钟情于五十五中学，外出读初中的很少，更有在外的学生，要转回五十五中学。这种现象，让当地国企——胜利油田孤岛采油厂的领导非常感慨，历届领导多次在职工大会上宣传学校成就，并表示正是由于五十五中学优异的教学成绩，稳定了职工队伍，促进了采油厂生产经营的良性运行。

五十五中学的教师善于做家长工作，教师家访率100％。家访时，教师与家长谈学生成长，谈小镇变化，谈国家发展，既鼓舞了学生，也激励了家长。“将孩子交到五十五中学，放心”是家长们常说的一句话。青年党员姜文华同志善教爱生，家长赠送锦旗“良师益友，现代师表”，高度评价姜老师的工作。

如今的五十五中学，校园布局合理，三季有花，四季常青。石榴树下，林荫道旁，老师辅导学生的身影成了校园独特的风景；书声琅琅，琴声阵阵，与鸟鸣花香一同演奏着小镇教育别样的华章。一所学校，已成为小镇文明的窗口，成为当地学生向往的求学圣地。

每年的元旦，学校都会组织迎新春元旦晚会。晚会上的节目都是大家自编自导自演的，一年来的辛苦劳累，一年来的奉献付出，一年来的成果成就，都在欢笑中再现，在祝福中永恒。“日进日新，臻善臻美”，百年树人，争创一流，逐梦乡村教育的五十五中学全体教师圆梦小镇，在为党育人、为国育才的大道上走得更远、更稳、更扎实。

抓党建　提素质　促发展

河北省邢台市内丘县南赛学区　樊利强

习近平总书记强调，加强党对教育工作的全面领导，是办好教育的根本保证。几年来，河北省邢台市内丘县南赛学区按照“围绕中心抓党建，抓好党建促发展”的工作思路，结合学校实际、勇于改革创新，以党建为抓手促进学校各项工作取得了长足的发展。

一、筑牢基层党建阵地，提升教师党员素质

学区高标准筹建了党员活动阵地——党员活动室，张贴了规范化制度，宣传了浓厚的党建文化，配备了办公设施设备。通过开展丰富多彩的活动，提升了教师党员意识，增强了教师党员责任，使学区党支部战斗堡垒作用得到了充分发挥。

（一）围绕党建基础工作大力提升党建工作水平

一是加强政治理论学习。通过开展“两学一做”学习教育、“不忘初心、牢记使命”主题教育活动和党史学习教育活动，全体党员教师的理想信念更加坚定，对党绝对忠诚，牢固树立“四个意识”，坚定“四个自信”，坚决做到“两个维护”。坚决将党的路线方针政策落到实处，将全面从严治党要求落到实处，管党治党责任全面履行。同时，将学习习近平新时代中国特色社会主义思想和十九大精神作为首要政治任务，学区党支部制订出详细的学习计划。学区党支部书记上党课、各班老师上思政课、周一国旗下讲话等活动，取得了良好的效果。2020 年上党课 4 次，党员集体学习、个人自学 42 次，每个党员书写笔记和感悟达十万余字。2021 年中国共产党成立 100 周年之际，学区党支部正在开展富有教育意义、丰富多彩的党史教育活动。

二是推进党支部规范化建设。认真落实“三会一课制度”“民主生活会制度”“发展党员制度”“党费收缴制度”“党员学习制度”等，以规范的制度提高党内生活质量。坚持做到每季度召开一次党员大会、开展一次党课，每月召开

一次支部委员会、开展一次主题党日活动。

(二)坚定做好意识形态工作

一是学区党支部积极组织全体党员到党员先进教育基地开展教育。先后组织党员到西柏坡——感受“新中国从这里走来”的革命精神；李保国先进事迹教育基地——感受“太行山上的新愚公”的脱贫攻坚精神；革命烈士陵园——感受英雄献身精神；杨秀峰抗日旧址——感受“红色教授”投笔从戎的斗争精神。尤其是利用本校被内丘县委确认为内丘县“‘红色力量’党性教育百里绿廊”的杨秀峰文化长廊和校史馆，在传承红色基因方面，对师生乃至全县党员教育发挥了极为重要的作用，近年来各级党组织先后组织党员百次达上万人参观学习。

二是各校利用学校文化如特色红色文化、校史馆、红色教育系列校本教材、杨秀峰文化长廊和雕塑、红色人物墙、革命精神角、党史一面墙、五代领导人指示等，积极营造浓厚的育人环境。

三是利用春节、清明节、劳动节、端午节、儿童节、建党节、国庆节开展丰富多彩的教育活动。

(三)大力推进党风廉政建设

认真落实全面从严治党主体责任，党支部班子成员模范带头践行中央八项规定精神及其实施细则。组织全体教职员工分别签订了《拒收礼品、礼金责任书》、《拒绝有偿家教责任书》和《师德师风建设责任书》。

(四)全力解决师生关心问题

2020年共收集师生“三心事”26件，在规定的整改时限内均已得到有效解决，得到了广大师生的认可和赞誉。

二、党员教师冲锋陷阵，捍卫疫情防控堡垒

面对突如其来的新冠疫情，全体党员教师更是主动请缨、毫不畏惧，冲锋在防疫的最前线。一是及时加入社区和学校的防疫阵线，充分发挥自身优势，积极参与防疫各项工作；二是随时关注上级通知，时刻保持饱满的工作状态，及时进行详细的摸排上报；三是认真贯彻落实“停课不停教，停课不停学”的要求，积极开展线上教学；四是转变教学模式，主动开展家校合作，确保教学效果；五是积极进行复课复学准备工作，严格按照上级要求，高标准、

精细化、全方位地开展工作，确保学生顺利复学复课；六是带头做好学校疫情防控常态化下各项工作，捍卫疫情防控战果。

三、党旗党徽亮丽校园，展现新时代新风貌

（一）教学成绩“我”最靓

教学工作是学校的中心工作，教学质量是学校的生命线。学区党员教师在教育教学管理工作中，身先士卒，发挥出了先锋模范作用。

第一，积极参与各项教育教学研究。一是认真参加学校组织的听评课和主题教研活动；二是组织党员教师走出去，先后到邢台、涿州、西安参加培训活动。

第二，带头推进教学工作。每位党员教师都制定了翔实的培优扶差措施，利用课余时间积极开展。对新参加工作的教师主动实施“一帮一”“一带一”。认真做好常规工作，带头推进“四个一”活动，即认真备好每一节课，认真上好每一节课，认真批好每一份作业，认真讲好每一次检测。

（二）学校管理“我”最行

学区中心小学始建于 1938 年的抗战时期，当时为内丘县第一抗日高小，是由河北省首届人民政府主席、时任冀西游击队司令员的杨秀峰同志亲手创办的。

历史赋予了南赛中心小学红色文化，优秀的红色基因、光荣的革命传统成为其传家宝。尤其是为深入贯彻落实好党的立德树人根本任务和习近平总书记的“要把红色传统发扬好，红色基因传承好”的指示，南赛中心小学在省、市、县革命老区建设促进会多年的精心指导和帮助下，在学区党支部和党员教师的积极谋划下，确立了以“红色文化”教育为主题，以提高学生核心素养为主线，坚持把革命传统教育作为学校德育工作和校园文化建设的重要内容，开展了生动的“红色文化教育”实践活动，形成了独具特色的教育氛围。

第一，开设红色文化校本课程。学校党员教师通过到市县档案馆或上网查阅资料，并到杨秀峰同志工作战斗过的神头、石盆、摩天岭、白芷、行家峪等地进行实地采访，在掌握大量一手资料的基础上编印出版了校本教材——8 万余字的《杨秀峰红色文化》和含 20 多个革命英雄人物的《红色小故事》。此外，还搜集整理了红色影片库、革命歌曲集、红色诗歌、红色歌谣、红色格言选等的合订本，其中包括 42 部红色影片、159 首红色歌曲、512 首

红色诗词、187首歌谣和319条格言。在教育教学过程中，开设课程方式多种多样，通过讲红色故事、唱红色歌曲、看红色影片、写红色作文、实地探访红色足迹等丰富多彩的活动，把爱党、爱国、爱家乡有机结合起来，做到计划、课时、教材、师资“四落实”，确保了校本课程的开设效果。

第二，营造红色文化育人氛围。一是筹建校史馆。搜集了老教师从教的办公用品、书本、教具、学具等，重点布置了杨秀峰同志在当地生活战斗过的图片和邓小平等领导对其评价语一面墙。定期组织学生进行参观学习，激励学生发扬好艰苦奋斗的精神。二是建设杨秀峰文化长廊。把杨秀峰同志在内丘生活、战斗、工作的事迹和理论配上照片，将杨秀峰个人简介、响应时代号召投入抗战、创办学校培养人才、教育方面精辟见解四大板块较全面地展现在学生面前。原省老促会会长白润璋同志对此给予充分肯定。三是建设红色人物墙、革命精神角，绘制毛主席的三大题词，张贴五代领导人指示。展现革命战争年代的李大钊、董存瑞、刘胡兰等英雄人物的事迹及不同的时代精神，时刻提醒学生牢记历代领导人的嘱托，争做新时代合格的建设者和接班人。四是谱写校歌《拥抱阳光》。歌词将红色文化与乡土文化有机结合。此外，每个班级还设计制作了红色班级牌、红色文化角。五是创办《鹊峰》校报，每期专栏宣传红色教育题材的小故事大教育。六是修建杨秀峰雕塑。让全校师生缅怀革命老前辈，时时刻刻铭记今天美好生活的来之不易。七是增加党史教育一面墙，将党的百年奋斗历程展现在全体师生眼前，感受我们党的伟大!

第三，围绕红色文化开展实践活动。学校开展了“五个一”系列教育活动，即每天课前唱一首红色歌曲，每周进行一次红色故事广播，每月组织观看一部红色革命影片，每学期组织一次师生红歌比赛、演讲比赛、红色故事比赛、红色征文比赛，每学年举办一次红色情景剧表演，进一步丰富了红色教育的内涵。还组建了“红色文化”社团，组织“河北红色足迹”知识竞赛，探访杨秀峰同志生活战斗过的地方，参观革命圣地西柏坡、太行山“新愚公”——李保国纪念馆、王胜纪念馆和革命烈士陵园。其他活动如清明节网上祭英烈，听爷爷奶奶讲革命小故事，利用“七一”“八一”等特殊节日组织创作手抄报、绘画、作文等。

第四，建立红色文化教育基地。学区党支部将杨秀峰旧居、李保国纪念馆、王胜纪念馆和内丘县革命烈士陵园确立为红色文化教育基地，定期组织党员教师参观学习。

(三)扶贫工作“我”最前

扶贫工作功在当代，利在千秋，是我党造福中国人民的一大福祉。南赛学区全体党员带领辖区内所有教师高度重视，积极行动，圆满完成了教育扶贫的各项工作，顺利完成了上级部门对教育工作的各校考核。一是积极开展家访、家长会，印制资助政策宣传册和明白纸进行宣传培训；二是认真对辖区内应享受资助政策的学生全部落实政策，应享尽享，不漏一人；三是及时联系在外就读学生开具就学证明和资助证明；四是完成教育局交办的各项工作和任务；五是积极联系爱心单位、企业和个人对特殊贫困生进行帮扶。

党支部和党员教师充分发挥自身能量，积极联系爱心人士、社会团体和企业，为学校和学生捐款捐物。2011 年，省老促会联系省新华书店等有关部门向校捐赠累计价值达 20 万元的图书和 22 台电脑；2013 年，捐建价值 110 万元的餐厅一座。几年来，各界爱心人士、社会团体共组织了 110 次捐赠，总价值达 260 余万元，惠及 8000 余人次。

在全体党员教师的引领下，在全体师生的共同努力下，学校的各项工作都取得了长远的发展。学区中心校的杨秀峰文化长廊和校史馆被内丘县委宣传部确定为“红色力量”党性教育百里绿廊，两年来共有省市县乡村各级组织累计数万人到校参观。学校事迹先后被《河北教育》《邢台日报》《牛城晚报》《内丘报》等多家报纸杂志以及中国老区网、“邢台发布”公众号、长城网、搜狐平台等媒体报道。2019 年，学区典型做法荣登央视《中国影像方志》内丘篇，利用珍贵的 5 分钟时间进行了详细报道。2021 年，“开学第一课从党史教育开始”被人民日报客户端、邢台新闻联播、内丘新闻和“内丘发布”公众号报道；“红色课堂”学党史被河北日报客户端、河北新闻网报道。

学区党员教师郝辰霞参加共青团邢台市委组织的少先队辅导员技能大赛，以“传承红色文化，争做向上少年”为题进行演讲，荣获市级二等奖。少先队大队辅导员王慧英老师在河北省辅导员技能大赛中荣获三等奖。教师中掀起一股“干、比、学”的热潮：在省级刊物上发表教研论文共计 50 余篇，在省、市、县级信息技术与学科整合优质课、多媒体课件、自制教具、班主任基本功大赛评比中有 80 余人次获奖。学校少先队中队多次荣获“邢台市优秀少先队中队”“河北省优秀少先队集体”等荣誉称号。学区教育教学成绩多年位居全县同类学校先进位次，多次被评为“内丘县教育教学先进集体”，学校先后获得“邢台市标准化小学”“邢台市安全管理先进集体”“邢台市依法治校先进学校”“邢台市示范家长学校”等多项荣誉称号。

七彩龙心绣党旗

——记洛阳市洛龙区龙城双语初级中学党支部党建工作

河南省洛阳市洛龙区龙城双语初级中学　曹松峰

我校党支部始终把党的建设作为新时代加强学校工作的新抓手、立德树人的新平台、服务社会的新载体，将党的建设融入治校办学、教育教学和师生成长全过程，努力丰润学校党建内涵，提升学校党建水平，走出了一条以特色党建引领，助推学校内涵发展的新路子，为学校的发展注入了澎湃动能。

七彩龙心绣党旗

根据我校实际，党建工作着重从七个方面展开，即“七彩龙心绣党旗”，由“红橙金绿青蓝紫”七种颜色构成，代表了我校党建工作的七个理念：红帆领航向，橙日暖人心，绿荷育英才，蓝军铸师魂，清气满乾坤，紫气畅未来，金色铸辉煌。七个方面既相对独立，又相互融合、相互影响，丰富的颜色体现了学校党建工作的多元化。而上方的党徽标志突出表现党建在学校工作中的引领作用、首要地位。

整个标识由两条腾飞的巨龙组成，下面一条蓝色的巨龙为飞速发展的龙城双语初中，上面的一条红色巨龙为腾飞的洛龙教育，寓意着我校党支部在洛龙区教体局党组的领导下为建设“首善洛龙”表现出应有的“龙城双语龙头”的担当，贡献出应有的“龙城双语龙头”的智慧。

龙，也代表着我校党支部的育人使命和责任担当。围绕我校的办学理念，即让每一位学生在原有的基础上都有显著的提高，我校着力培养中华民族龙的传人，培养社会主义的建设者和接班人，为中华民族的伟大复兴提供源源不断的人才支撑。

我校着力打造党建新维度，彰显党建新特色，把学校各项工作纳入党建的大旗下，充分发挥党建示范效应，促进党建工作常做常新。让“红橙金绿青蓝紫”七种颜色，与党建工作产生“化学反应”，让党建工作更有创新力、吸引力和感染力。

一、红帆领航向

我校牢固树立“四个意识”，坚定“四个自信”，坚决做到“两个维护”，始终把党建工作摆在首要位置，同步推进学校发展与党的建设，实现相融互促、相得益彰，让党建成为推动学校发展的倍增器、加速器。

一是坚持把思想政治工作放在首位。开展全体教职工“四点半读书沙龙”政治学习，开展支委会、校委会学习研讨会，开展行政会成员专题读书会，召开学习交流心得会、专题党课学习，充分运用“学习强国”平台等载体，采取理论宣讲、校园巡讲等形式，开展有深度、有特色、有成效的学习宣传和教育培训系列活动，持续推动习近平新时代中国特色社会主义思想和十九大精神进学校、进课堂、进头脑，着力在学懂、弄通、做实上狠下功夫。

二是严格落实党建主体责任。过去的一年为学校的“支部建设年”，我校树牢党建主体责任，健全把骨干教师培养成党员，把党员教师培养成教学、科研、管理骨干的“双培养”机制。持续推进“两学一做”学习教育常态化、制度化，不断改进党员教育管理方式方法，坚持和完善“三会一课”制度，民主评议党员、“主题党日”等制度，创新“1＋3＋X”党支部工作模式：1个支部委员带领1个党员小组、1个团员小组、1批骨干教师，围绕学校中心任务，开展X项攻坚克难工作，着力在增强实效性上狠下功夫。

三是坚持党建引领教育工作，注重建设党建品牌项目，引领深化教育教学改革。树立“党建＋”理念，持续打造“七彩龙心绣党旗”特色党建。

探索构建党员名师工作室，成立张金环名师工作室暨党员工作室，每个工作室都由1名优秀党员带头，引领其他党员和教师在教育教学改革、学校和班级管理等方面争先创优。党员名师工作室不仅充分发挥了党组织的战斗堡垒作用，而且还成了学校实施党领导人才工作、领导名师成长的重要载体，成为学校发展的中坚力量。

举行党员教师优质课、示范课等活动，充分发挥党组织政治核心和战斗堡垒作用以及党员的先锋模范作用，着力在聚焦教育教学主业上狠下功夫。

二、橙日暖人心

开展党建橙色暖心服务，让党员“动”起来。“暖心橙”来自青年志愿者服务及“暖心”工会，让散发着温暖能量的“橙色身影”成为学校一道亮丽的“风景线”。“爱心捐助”助力脱贫攻坚；“守护1＋1”一位党员帮扶一位学生，让每位学生感受党的温暖；“公益课堂”让孩子假期不再流浪；“志愿服务”让暖心守护千家万户，凝结“橙色”爱之暖。

积极开展“红色微心愿”“党群连心桥”“彩虹桥之暖”等党建服务项目，打通党员联系服务教师、学生、家长的“最后一公里”，真正拉近了党员和教师、学生、家长的情感距离，积极引导党员教师开展校内帮扶，校外进社区、进小区、进楼宇等活动，帮助有困难群体，给他们送去温暖与关怀，让“幸福来敲门”“春雨润万家”。

学校支部积极帮助师生解决实际困难，探望慰问患病、困难职工；积极支持开展教职工月主题文体活动，安排教师体检，听专家保健讲座，教职工生日送蛋糕，帮助解决教师家庭突发事件等，尽全力为教师排忧解难，全力破解学校发展中的难题。这些举措营造了大家庭的温馨和谐，增强了向心力、凝聚力，提升了全体教师工作、生活的幸福指数。

三、绿荷育英才

荷花的绽放，源于绿叶的守护。绿，即培养学生的核心素养，让绿草茵茵，绿意葱茏。习近平总书记在全国教育大会上强调，教育的根本问题是培养什么人、怎样培养人、为谁培养人。我校党支部始终把立德树人作为检验学校一切工作的根本标准，守正创新，稳健前行，以树人为核心，以立德为根本，全面落实新时代立德树人的根本任务，努力培养德智体美劳全面发展的社会主义建设者和接班人。

一是着力增强文化自信，在厚植爱国情感上下功夫。

学校党支部深入挖掘中华优秀传统文化蕴含的思想观念、人文精神、道德规范，结合时代要求继承创新，让中华文化展现出永久魅力和时代风采。优化升级、螺旋打磨经典诵读课程、汉字听写课程、“诗词达人秀”等课程。我校《小雅・鹿鸣》《小雅・采薇》《瞻彼洛矣》等优秀节目参加洛龙区经典诵读展演均获特等奖，并代表洛龙区参加洛阳市河洛文化旅游节经典诵读展演，被评为“特色节目”，荣获“市级一等奖”。在首届河洛诗词大会中，我校魏子田、王艺菲两位同学在来自全国各行各业的千余名选手中脱颖而出，分别获得第三名和第四名。在洛阳市汉字听写大赛中，我校力挫群雄，获得洛阳市团体总分第一名，徐彤、刘颖斌两位同学获洛阳赛区第一名。王艺菲同学代表洛阳市参加河南省汉字听写大赛荣获全省第六名，这是洛阳市初中生的最好水平。

将党建融入德育之中。推进“三全育人”，强化学生“三观”塑造，提升思政课铸魂育人水平，推进新时代思政课守正创新，通过“课程思政”精品课和“书记大讲堂”活动，强化中国共产党的奋斗史等党史教育，传承红色基因；强化学科育人，深入开展新时代爱国主义教育、劳动教育；开发用好党建品牌课程、社会主义核心价值观课程、“微德育”课程等；研发推广“红心向党”好课程、好案例，厚植爱国情感。

二是着力提升智育水平，在增长知识见识上下功夫。

聚焦重点工作，教学成绩再上新台阶。学校党支部聚焦教育教学主业，坚持目标和问题导向原则，通过开展“党建＋教学”行动，发挥党组织的战斗堡垒作用和党员教师的带头作用，使党组织领导作用充分体现，党员教师先锋模范作用更加突出，教育教学质量不断提升。

党支部始终把毕业班工作作为重中之重来抓，全方位支持助力毕业班工作。多次组织九年级教师参加省市中招备考会议，领会会议精神，落实到复习备考中；党支部和校委会人员坚持包班、导师制，深入承包班级听课调研，组织座谈，重视关爱每一名学生，疏导缓解学生情绪；多次召开学生阶段性主题会议，如百日誓师大会、分层目标冲刺会、考法技巧指导会等；制作学生目标誓词版面，张贴在学校醒目位置；邀请市区教研员到我校进行考前串讲指导；班主任、各科老师课间在走廊“坐诊”，随时为学生答疑解惑，积极传递正能量，稳定学生心态。校长胡立松同志多次带领毕业班教师、学生宣誓：“我们是毕业班奋斗团体，我们要迎难而上，我们要艰难爬坡，我们要拼搏奋进！我们想成功，我们要成功，我们能成功，我们一定能成功！我们不达目标绝不罢休！”铮铮誓言激励着师生们去冲刺、去备战、去迎考，信心满满，绝不放弃，收获满满，创造奇迹！

近三年来，学校中招考试成绩稳居洛阳市前三名。每年都有百余名学生超过洛阳市第一高级中学(以下简称洛阳一高)分数线。近三年来，先后有孙佳艺、董晓晴、曹宜可、裴桂斌等 8 名同学位居洛阳市前 10 名，其中孙佳艺、董晓晴、曹宜可的中考成绩分别获得 2017 年、2018 年、2019 年洛阳市第一名、洛阳市第三名、洛阳市第一名。近三年来先后有李克诚等 7 位同学被河南省海军航空实验班成功录取，进入河南省一流名校，有望实现飞天梦想，守护祖国的蓝天和海疆。

学校党支部努力激发每个学生的潜力，我校学生升入高中参加高考后，先后有陈相、朱亦纯、姜森元、李谨等同学被清华大学、北京大学录取。在 2019 年高考中，我校毕业生姜森元获得洛阳市文科状元，被北京大学录取；我校毕业生李谨同学被清华大学、北京航空航天大学双学籍飞行员录取……我校为中华民族的伟大复兴提供了源源不断的人才支撑。

创新研学课堂，育人模式走向新路子。2006年起我校组织编写并实施了全国第一个家本课程——“走进洛阳隋唐城遗址植物园”。如今，这一家本课程已经入选“全国十大初中教育创新成果奖”，10余年间我校陆续编写、实施了20多个系列家本课程，使学校、家庭、社区教育“三位一体”，形成了教育合力。

近年来，我们编制实施的“赏师院风光 寻水韵文魂”“若问古今兴废事 请君走进规划馆”等家本课程让学生在家乡感受河洛文化的神韵，编写的“挖掘河洛文化 讲好黄河故事”让学生领略璀璨河洛文化，讲好黄河故事；组织优秀学生赴北京参加清华、北大冬令营，赴上海、武汉参加艺术研学增长知识。

三是着力加强体艺工作，在增强综合素质上下功夫。

学校党支部着力引导学生培养综合能力，培养创新思维。帮助学生在体育锻炼中享受乐趣、增强体质、健全人格、锤炼意志。加强和改进学校美育，坚持以美育人、以文化人，提高学生审美和人文素养。

党支部狠抓体育建设，成绩斐然。跳绳社团成员曾赴中国香港、新加坡参加亚洲跳绳锦标赛，赴山东省、杭州市、广州市等省市参加全国跳绳联赛，累计获得奖牌100多枚；2020年又在全国中小学生阳光体育大会跳绳比赛中包揽所有比赛项目的第一名，且获得团体总分第一名的佳绩。在河南省有效大课间推广中，跳绳队员精心排练。如今，大课间跳绳视频已经圆满录制完成，即将面向全省推广。

学校党支部深入贯彻国务院办公厅《关于全面加强和改进学校美育工作的意见》，以陶笛为突破口，笛声悠扬，沁人心脾，用小陶笛演奏大魅力。在洛龙区器乐展演活动中，我校陶笛七重奏荣获特等奖。武汉桂香——赴华中师范大学与国内著名陶笛专家赵洪啸老师研讨提升、交流学习；上海笛韵——赴上海参加首届陶笛教育论坛暨陶笛文化节，和国际、国内知名专家共同演绎陶笛的灵动，和国际友人同台献艺，引得好评如潮；古都新声——在洛阳市音乐教研会上，我校陶笛队为来自全市的600余名音乐教师倾情演奏。授予安徽路小学“洛阳市洛龙区龙城双语初级中学优秀生源基地”称号，为学校提供强大的陶笛交流平台，为学校提供源源不断的陶笛“生力军”。此外，在洛龙区庆祝新中国成立70周年合唱比赛中，我校师生排练的合唱曲目，天籁空灵，令人陶醉，荣获洛龙区特等奖。

四、蓝军铸师魂

在充满党性、个性、灵性的党建文化影响下，以党员教师为代表，于坚守中见忠诚，于拼搏中显担当，守初心，担使命，青出于蓝胜于蓝，锻造出一大批师德高尚、教艺精湛的“铁军”。

胡立松同志，为了学校的发展，他以校为家，殚精竭虑，深入教学一线，听课评课，走进学生中间，嘘寒问暖，召开毕业班分析会，指点迷津，鼓劲加油。还记得，2017年十九大召开期间，他连续一周住校，半夜到宿舍查寝，查看生活老师值班情况，帮助学生重新盖好被子，白天还要继续学校的工作。晚上十一点多了，学校早已人去楼空，他还在为初三学生一练成绩不理想而思考，上网查找激励学生的视频。在初三一次次的年级集会上，经常能看到他带领师生们宣誓的动人场景。

曹松峰副书记身兼数职，负责党建和七年级两个班的英语课，以及班主任工作。但他从来没有落下一项工作，而且还走在了前面，他始终是以党员的标准严格要求自己的。2020年，他脚崴了，走路都需要拄着拐杖，但他想到初三毕业班和自己的班都还有很多工作要做，就坐不住了。他每天拄着拐杖坚持到校，有时疼得头上汗珠直冒，但他从没向领导说过一句困难，咬咬牙硬坚持了下来，每天下午六点半始终如一坚持坐班的还是他。不管是学校的事，还是班里的事，事事他都考虑在前，对工作总是一丝不苟。毕业班的全体师生在他的精神感召下，全力以赴，忘我工作和学习。中午班主任们放弃休息时间，陪学生们坐班学习。最后，我校毕业班再创新高，保持了上洛阳一高人数三位数的成绩。

党员温会娟老师，精明强干，身兼教职，担任班主任、英语教研组长和年级组长。不管班里事，还是年级的事，她总是安排得井井有条，每件事都考虑在前，提前做好安排，高效工作。为了不影响学校的工作，她把才半岁大的孩子托给婆婆带，中间空闲时，才匆匆赶到家里给孩子喂奶。她所带的班级和年级多次受到学校领导的表彰。

王蒙同志是青年党员教师的代表。作为班主任，他管理班级井井有条，工作业绩突出。作为语文老师他积极进取、善于钻研，所教学生语文成绩常年位居年级首位。同时，王蒙同志还是学校语文教研组组长、九年级年级组长、党小组组长兼校办副主任，他勇挑重担，不怕吃苦，负责撰写学校材料，经常一坐到电脑前就是一整天。在家里为了不影响孩子，他总是等孩子晚上十点多睡着后，写材料直到凌晨。但他从不叫苦，每天积极工作，笑意总在他的脸上浮现。

在龙城双语初中还有一大批这样的党员教师，这都源于学校支部对党员教师培养的高度重视。

一是加强师德师风建设。弘扬党员教师“红烛”精神、“先锋”作用，把教师思想政治建设作为主业，严格落实新时代教师职业行为十项准则规定要求；建立师德考核及负面清单制度，持续强化师德师风建设；锻造党员教师“硬、实、专、正”作风，用党员干部的“辛苦指数”换师生“幸福指数”和群众“满意指数”。为学生打好“红心向党”成长底色，把学校打造成党坚强领导的红色阵地。

二是搭建平台促进教师成长。党支部多方搭建平台，学校是中国教育学会初中教育专业委员会理事单位、中国当代学校特色发展研究会理事单位、中国人生科学学会中小学教育专业委员会副会长单位、河南省民办教育研究会副理事长单位、洛阳市民办教育协会副会长单位。党支部多次组织教师赴北京、上海、武汉、成都、西安等教育发达地区学习先进教育思想，聆听大咖声音；邀请教育部基础教育司原司长王文湛，全国著名教育专家梅洪建、张浩等到校做专题讲座；在 2021 年的中考备考中，尽全力邀请河南省语文、英语、物理教研员及市区教育教学专家到我校“传经送宝”，帮助教师把准中考方向，树牢备考准绳，为教师多维成长提供了广阔的空间。

三是扎实组织校本培训。寒暑假校本培训扎实推进、稳步升级；周六业务能力、管理能力、区域联盟培训周密组织、精心安排，确保教师学有所获，学有所得；举办教师硬笔书法比赛，语文、英语演讲比赛等活动，着力提升教师业务素养。

四是抓牢课堂教学主阵地。优化升级“学·展·用”课堂模式，构建“学·展·用”智慧课堂教学模式，即“主动学”“大方展”“灵活用”，包括了“导、学、探、展、评、用”六个环节。经过不断实践，我校的“学·展·用”智慧课堂模式已经成为学校师生智慧课堂操作的行动指南，真正让学生成为课堂的主人、学习的主人、思考的主人、发展的主人，让课堂成为学生飞扬激情、碰撞火花、挥洒自信、激发潜能的动感地带。自“学·展·用”课堂模式实施以来，学校累计有 100 多位教师在国家、省市级赛课平台上夺取大奖。2019 年 12 月，我校的“学·展·用”课堂模式荣获全国教学改革创新特等奖。

五是成立党员先锋队，让党旗飘扬在攻坚克难的第一线。疫情防控阻击战打响以来，我校迅速对党员进行全方位动员，对防控工作进行周密部署，成立党员突击队。形成党员教师冲锋在前、多方共同参与的防控体系。疫情就是命令，防控就是责任。2020 年 1 月 27 日，在教体局部署下，我校连夜召开校委会、支委会，传达区教体局党组防控疫情专题会议精神，安排部署我校疫情防控工作。同时动员党员教师站在最前列、冲在第一线，同时间赛跑、与疫情较量，党员教师率先 24 小时值班，明确值班职责，所有校委会、支委会成员从 1 月 28 日开始全天上岗，保持“战时”状态、“冲锋”姿态。胡立松同志坚持早到班、晚离班，统揽全局，冲锋在前，召开十余次校委会精准研究疫情防控政策。党员教师郭志强老师舍小家，为大家，坚持天天到班，每天精准掌握每一位师生的体温数据和出行数据，耐心细致地完成上级交办的各种任务。在全体党员干部的努力下，我校较好地安排了疫情防控的各种措施。2020 年 4 月 3 日，洛龙区中小学返校复学现场会在我校召开，区教体局领导、科室长和全区中小学校长都参加了观摩学习。

以上举措，使我校名师璀璨、星光灿烂。在首届洛阳市名师评选中，学校有 7 名教师被授予“洛阳市优秀名师”“洛阳市名师”称号，人数位列洛阳市义务教育学校首位；学校现有国家级、省市区级骨干教师、名师 69 人，优秀班主任 36 人。市、区教育局分别在学校成立“张金环名师工作室”“彭致华名师工作室”，引领一大批骨干教师快速成长……在这当中，党员教师比例占60%以上，他们已经成为学校管理、教学、服务的骨干……

五、清气满乾坤

青者，清也。一身正气立身从教，两袖清风以德育人。我校党支部倡树“清新简约、务本责实”的良好作风，争做为民务实清廉的好干部、好老师，确保区教体局党组的各项规章制度和工作部署落到实处、取得实效。

全力打造“为民、务实、清廉”的好干部。要求党员教师带头做到清正廉洁，严以修身、严以用权、严以律己，始终保持严肃的政治态度，倡导良好的生活行为，培养健康的生活情趣，简约简朴，清正廉洁，以良好作风树好形象、干好工作。

党支部坚持民主集中制，严格遵循“集体领导、民主集中、个别酝酿、会议决定”的原则。通过出台《促进学校改革发展的新思维》《关于学校校委会、行政会成员工作生活纪律的“八项规定”》等文件，要求党员教师以身作则率先垂范，形成“一级做给一级看、一级带着一级干”的示范效应；逐步形成能者上、庸者下、劣者汰的用人机制；重能力看业绩，实行“低职高聘”“高职低聘”，激活了民办改制学校用人机制的“一池春水”，增强了学校的办学活力。

扎实开展民主生活会，认真对表调标、查摆问题，边学边改、立行立改，自觉学在前、做在前。

六、紫气畅未来

紫色代表创新。当前学校党支部工作还存在着一些不足，如受硬件所限，党组织阵地建设不够健全，党支部组织生活形式较为单调，理论学习深度不够等，个别党员先锋作用有所弱化等。

我校党支部会进一步加强创新，锐意进取。以党建为统领，搭建“党建创意”平台，以党建项目创新、教育创新、金点子等创新项目为抓手，开展“党员示范岗”、“党员责任区”和“争做最美先锋”等系列活动，树立党员标杆示范形象，为学校日常管理献计献策，每一个金点子都闪动着教育教学智慧的光芒。鼓励党员干部立足岗位找问题、立课题、解难题，激发广大党员干部创新创效的积极性和主动性，放大党员示范和带动作用，构建了支部带动、党员带头、全员行动的创新格局。

七、金色铸辉煌

在党建工作的统领下，近年来我校建设卓有成效，金光闪烁，先后获得全国十佳“好学校”、全国百强特色学校、全国图书馆建设先进集体、全国大课间示范学校、全国传统跳绳项目试点学校、全国青少年足球特色学校、中国教育学会初中专委会理事单位、中国人生科学学会县区教育专委会副会长单位、中国人生科学学会中小学教育专委会副会长单位、“改革开放四十年·河南优秀民办学校”、河南省优质特色学校、河南省人民满意的民办学校、河南省海军航空实验班优质生源基地、河南省教育系统示范家长学校、河南省民办教育研究会初中教育专委会副理事长单位、首批“洛阳市双语特色学校”、首批“洛阳市(全面)特色学校”、洛阳市民办教育协会副会长单位、洛阳市优秀生源培养先进学校、洛阳智慧教育示范学校、洛阳市中小学师德师风先进学校、洛阳市民办教育规范化管理先进单位等称号。

在“七彩龙心绣党旗”党建理念的引领下，在区教体局党组的正确领导下，我校坚持政治建设，凝聚发展动能；坚持务实治教，汲取初心力量；坚持创新发展，焕发党员活力，较好地发挥了“磁铁效应”。为“首善洛龙”贡献出“龙城双中”的教育担当，奉献出“龙城双中”教育智慧。

红烛映党旗　丹心育桃李

山东省高密市第一实验小学　高　黎　孙　兵　綦梦迪

高密市第一实验小学创建于1948年，是高密市最早的一所市直公办小学，现有3个校区、3所幼儿园，86个教学班，3500多名学生，近200名教职工，党员60余名。70多年来，学校一直处于全市小学教育前列，特别是近年来，学校始终坚持党的核心引领，紧紧围绕“为党育人、为国育才”目标，打造“以红高粱文化育有根之人”党建品牌，秉承“为一生幸福做准备”的办学理念，突出党的政治建设，紧扣立德树人根本任务，聚焦贯彻落实习近平新时代中国特色社会主义思想和习近平总书记关于教育工作的重要讲话和指示精神，先后创新性地实施了“参与教育”“和悦教育”，推动师生幸福成长，不断提升办学品位，实现了学校发展的新跨越。

一、筑牢“红色堡垒”，党建领航深化学校内涵发展

基层党组织是党的全部工作和战斗力的基础，是党联系人民群众的桥梁和纽带。基层党组织的建设，直接影响到党的凝聚力、影响力、战斗力的充分发挥。“一个支部就是一座堡垒”，学校通过强化支部建设，更好地体现党的核心地位和引领作用。

(一)党旗领航，筑堡垒增战力

在上级党组织的带领下，不折不扣地做实“三会一课”“读书班学习”“主题党日”等常规动作，规范落实党总支换届、党员发展、支部建设等工作，充分发挥党组织在“三重一大”决策中的核心作用。班子成员深入级部、班级调查研究，结合工作实际制订学习计划，读原著、学原文、悟原理，从原著、原文中汲取养分并以理论指导实践；同时还创新开展快闪、研学、对标等特色项目，让党建更有新意，也更有新力。疫情防控期间，学校党总支成立“战疫临时党支部”，充分发挥基层党组织战斗堡垒作用，带领广大党员和教师参与情况摸排、社区执勤、师生关爱、健康教育，并组织开展“战疫一线子女关爱

行动”，为奋战在疫情防控一线的“最美战斗者”解决后顾之忧。在党员发展方面实行严把关、实考察、真锻炼，注重从中层干部和青年骨干教师中培养和发展党员，形成了培养发展新党员的梯队，确保成熟一名、发展一名、成才一名，确保每一名党员都是一面旗帜。学校全部党员表身份、亮承诺，建立了岗位透明、责任到位的党员先锋示范岗、党员责任区，落实“一岗双责”，接受师生监督，通过“党员奉献积分制”抓好党员日常管理与考核评价，不断增强党总支的凝聚力、战斗力。学校先后荣获“潍坊市党建示范校”“高密市先进基层党组织”等荣誉称号。

(二)党建引领，转作风提品位

学校始终坚持以学生为中心，致力于每一名学生的健康快乐成长，推进实施“和悦教育”，还给学生绿色成长空间，让学校成为学生喜爱的家园、乐园。我们坚持问题导向，积极拓宽问题和建议的征集渠道，切实为师生和家长解决实际问题。党员干部传承发扬“马上就办”的作风，针对家庭教育不均衡问题，结合“双报到”活动，带头走进家庭开展“大家访”活动，还把家长会、家长课程开进社区，营造“家校社”共育的良好氛围；针对学生放学时无法接送、无人看管的问题，我们实行“延时服务”，放学后组织学生开展艺术、体育、创客等 30 多项社团活动，让学生个性发展，让家长放心满意。同时，我们还积极与青岛、诸城的兄弟学校开展对标学习活动，找差距、定措施、学经验、抓落实，坚持“精致化”办学思路，进一步提升了整个教育集团的管理水平和办学品位。学校先后代表全市教育系统在中央巡回指导组调研、省委副书记调研座谈活动中做典型发言，工作受到各级领导的肯定与好评。学校获“山东省文明校园”“山东规范化学校”“最具创新力学校”等称号，被评为高密市事业单位绩效考评 A 级单位。

(三)担当作为，集团化促均衡

在上级党组织的引领指导下，作为高密市首批实施“集团化”办学的示范学校，党总支敢担当、敢作为、敢啃硬骨头，通过“帮扶薄弱学校”“校企联合办学”的形式，先后成立永安校区和花园校区，学校所属的永安幼儿园和新兴幼儿园相继投入使用，永安校区新教学楼和花园校区幼儿园的建设也正在积极对接中，教育集团呈现出“一校三区三园”的办学规模和美好发展前景，集团化管理模式日趋完善。在集团化办学过程中，党总支委员会书记带头，党员跟上，迎寒风、冒酷暑，日夜奋战在建设工地，永安校区在秋季开学前 17 天内完成了整平操场、粉刷墙壁、布置教室、购置教学设备的工作；花园校区的建设，从寒冬腊月开始，仅仅用了6个月的时间就建成了一处高标准的校区。幼儿园的建设也都是利用寒暑假的时间，党员干部想在前、干在前、冲在前，牺牲休息时间，充分展示出了党总支的凝聚力、战斗力。同时，还坚持“分级管理、分类指导”的原则，实行“一校一策”，实现“一校一品”，鼓励集团各个分校区办出特色、办出品牌，逐渐构建起科学、有序、快捷、高效、安全的管理体系，提升了整个集团的教育教学质量，促进了优质教育的均衡发展。黄骅市、博兴县、五莲县等省内外教育考察团先后到学校考察参观，通过集团化的形式“办好老百姓家门口的好学校”，为全市的集团化办学提供了样板和经验，受到上级党组织的表彰。

二、打造“红烛先锋”，德艺双修增强教师育人水平

“百年大计，教育为本；教育大计，教师为本。”教师队伍的整体素质直接关系到立德树人根本任务的有效落实，进而关系到国民素质，因此，学校始终将打造高素质的教师队伍视为学校工作的重中之重。

（一）强师德，不忘为师初心

在3月、9月“师德建设活动月”深入开展师德师风建设，引导教师从思想上找差距、找不足，明确责任，签订承诺，并予以改进，公开“问题专线”和“专用邮箱”，积极开展对党员、干部和教师的评议，不断提升教师道德修养。学校还组织开展了教师宣誓、“我为党旗添光彩”演讲比赛、“说说身边感人故事”师德征文、“师德感言”征集、“一师一品”评选推介、“师德报告会”等活动。学校党总支紧跟时代的脉搏，找准切入点组织教师进行学习，打造“红烛先锋”。如两会期间组织教师学习政府工作报告；教师节期间组织教师学习《教师法》和《教育法》；教育工作会议期间组织教师学习师德纲要、教育规划纲要；结合党史学习教育活动，带领党员教师走进“初心学堂”，聆听党史故事，观看焦裕禄、张桂梅先进事迹影像等，进一步强师德、铸师魂，牢记作为一名人民教师的初心，提升教师魅力与形象建设。

（二）提本领，牢记育人使命

学校将支部建在级部，带领老师们以“双改行动”研究为契机，积极开展课堂改革和课程改革，不断给师生“减负”，向课堂要效率、要质量，教育教学质量持续提升。我们立足课堂实际，以“评价任务的设计与实施”撬动“教学评一致性”课堂教学的深入研究，以语文主题阅读、数学生活化课程、英语绘

本阅读等专题项目研讨为突破口，加强对新理念、新方法的学习和内化，凸显学科教研特色；通过示范课、研究课、达标课、展示课“四课联动”，举行“基本功达标”“展课赛课”等活动，为教师搭建发展的平台和展示的舞台，推进课堂由“教”走向“学”的转变，促进教师专业成长。教育教学成果先后在潍坊市“双改行动研究”活动现场会、潍坊市教科院小学专项调研推进会上重点交流，并在高密市“双改行动”成果展评会上获一等奖。

（三）做表率，发挥榜样作用

我们沿着“名师育名生”的育人思路，从党员教师入手做到“五带头”，充分发挥党员先锋模范带头作用，打造名师队伍。一是书记带头讲党课，党总支书记先讲，支部书记跟着讲；二是班子领头进课堂，深入开展调查研究，一个学期班子成员听评课在200节次以上；三是党员带头上好“三课”——示范课、汇报课、研究课，通过课堂打磨历练自己；四是骨干带头练好基本功，每周组织一次“三字一画加一话”基本功培训；五是名师带头“带徒弟”，通过“同备同讲一节课，同教同研一环节”，立足课堂教学进行交流研讨，引领教师特别是青年教师快速发展。我们还通过“月度人物”“最美教师”评选，表彰先进，鼓励争先；通过美篇、公众号等渠道，及时宣传报道优秀党员教师，以树立榜样、鼓舞干劲。一年来，近20人获“齐鲁名师”“潍坊市优秀教师”等省市级表彰，100余人获高密市级荣誉称号，20余人成为全市名师工作室主持人或成员，在教育教学方面起到了业务带头作用，名师梯队式培养经验在全市重点项目展示中获一等奖。

（四）传精神，党员结对发展

“师带徒，共成长”一直都是学校的优良传统。学校成立党员名师工作室4个，设立党员先锋岗11个，党员干部带头主动发展，名师骨干引领成长。省市级党员名师带头组织开展“青年党员教师成长沙龙”，实施“青蓝工程”，结成50多对“师徒对子”，引导党员干部教师特别是青年教师学有榜样、干有方向，努力争做新时代“四有”好老师。党总支尤其注重对青年教师的培养，发挥学校党员名师多的优势，在暑假开学前组织党员骨干培训，开学以后，为每位青年教师配上党员师父，制订了青年教师三年成长计划，为他们的共同成长结对子、搭台子、压担子。一大批青年教师迅速成长起来，成为学校的骨干，一年中有30多名青年教师的教学课例登上省市级“学习强国”平台；学校被列为“中国好老师”公益行动计划基地学校。

三、培育“红心少年”，特色课程提升学生核心素养

学校立足“为谁培养人，培养什么样的人，怎样培养人”，将立德树人作为最大、最真的党建，将党建与立德树人深入融合，以党建带团建、队建，通过特色校本课程的实施提升学生核心素养，培养“红心向党少年”。

（一）以德为先育“红心少年”

教书育人，德育为先。学校将德育与学科教学整合、融合，以《山东省中小学德育课程一体化实施指导纲要》为指导，建构起德育课程、学科课程、传统文化课程和实践活动课程“四位一体”的德育课程实施新格局，全面实施全员育人、全程育人、全科育人和实践育人。学校深入实施全员育人导师制，坚定“成才先成人、育人先育德”的思想信念，将德育贯穿教育教学的始终，同时还对学校文化进行创新设计和打造，营造时时处处皆育人的文化氛围。

（二）爱党爱国扬传统文化

爱党爱国爱家乡是“红心少年”最基本的素养。学校以党建带团建、队建，以主题活动为载体，以家乡地域特色的“三贤四宝”为切入点推进实施“红高粱文化”校本课程，做好对优秀传统文化的传承和创新。剪纸、茂腔、泥塑等社团以“弘扬红高粱文化育有根之人”党建品牌为宗旨组织课程活动，增强了学生热爱家乡的情感，进而由家及国，提升学生的爱国热情。学校成功承办了潍坊市中华优秀传统文化创造性转化和创新型发展观摩研讨会，师生的素养展示、课堂开放和成果报告获得教育部及省市与会专家的一致好评。学校还先后承办了高密市经典诵读大赛和全市读书节等活动，学生在潍坊市国学小名士大赛中获一等奖，学校泥塑社团的作品受邀参加全省美术教研员交流研讨活动并受到一致好评，学校获潍坊市非物质文化示范校称号。

（三）红色课程促健康成长

我们结合小学生的教育特点，通过认党旗、识党徽、看革命影片、举行红歌演唱比赛、参观爱国主义教育基地等生动活泼、丰富多彩的形式，开展爱党、爱国、爱社会主义教育，并因时制宜、因地制宜组织开展红色基地研学活动，传承红色基因，厚植爱国情怀，加强思想道德和爱国教育。2021 年，我们通过组织开展开学思政第一课、学党史教育进校园、红歌传唱进社区、初心学堂研学、讲党史故事比赛、红心向党读书节等活动，构建“大思政”课程，推进实施“五百工程”，引导学生感悟思想伟力，学党史、感党恩、跟党

走，厚植爱党爱国情怀，传承红色基因，争做新时代好少年。学校还以“红高粱文化”校本课程为切入点，通过艺术节、体育节、读书节、科技节等丰富多彩的校园节日和艺术、体育等多样可选择的学生社团，为学生的个性发展搭建了展示的舞台。学生艺术团队先后参加了山东省庆祝六一文艺演出、潍坊市庆祝建市70周年等活动；学生代表队屡获全国创客大赛、山东省象棋团体赛等国家和省市级大赛金奖；学校荣获全国象棋特色学校会员单位、潍坊市体育先进单位等称号。

(四)五育并举成合格人才

学校按照德智体美劳“五育并举”要求，始终关注学生身心健康，面向全体学生开展阳光体育活动，保证学生每天锻炼不少于1小时，增强学生身体素质。同时积极探索创新思想政治教育和劳动教育，与驻高部队联系开展了3次军训活动，利用卫生整理、家务小帮手、种植园等活动，引导学生参与劳动、尊重劳动，做一名身心俱健的社会主义合格建设者和接班人。在全市创建国家卫生城市活动中，我们开展“杏坛薪火”志愿服务活动160余次，组织党员教师和学生一起参与国家卫生城市创建，承担了省级技术评估6项内容中的4项检查，受到专家领导的一致好评，学校荣获山东省卫生工作先进学校、红领巾示范校等称号。

“百年征程波澜壮阔，百年初心历久弥坚。”2021年正值中国共产党成立100周年，也是实施“十四五”规划开局之年。站在“两个一百年”奋斗目标的历史交会点上，我们将继续发扬和传承学校70多年的文化积淀，锚定党中央擘画的宏伟蓝图，优化“党在心中，伴我成长”党建教育新模式，充分发挥党建“红色引擎”的强大动力，把在党史学习教育中激发出来的工作热情和进取精神，转化为办好人民满意教育的新动能；我们将按照习近平总书记“红色基因就是要传承”的指示精神和习近平新时代中国特色社会主义思想“进教材、进课堂、进头脑”的工作要求，积极响应新时代党的建设总要求，谋篇布局新时代教育党建工作的目标任务和实施路径，确保学校成为培养社会主义事业建设者和接班人的大熔炉；我们将让红色基因内化于心、外践于行，将党的制度优势转化成为教育治理优势，将党的理论优势转化为立德树人优势，将党的组织优势转化为队伍建设优势，通过实际行动切实推动立德树人根本任务落到实处，努力培养德智体美劳全面发展的社会主义建设者和接班人；我们将始终不忘初心、牢记使命，担当奋进、砥砺前行，让党的旗帜在学校立德树人阵地高高飘扬，以红烛映党旗、用丹心育桃李，为新时期教育的发展做出我们应有的贡献，以优异成绩向党的百年华诞献礼。

关“助”于行，“导”爱在心

——鞍山市六中创建党建品牌行动纪实

辽宁省鞍山市第六高级中学　刘　旭
辽宁省鞍山市教师进修学院　祝世峰

有这样一群党员教师，凭着十余年如一日的执着与热诚，关注着特殊学生群体，以校内义务辅导的育人模式扶持他们成长，用人生导师的爱与力量助力他们成才。他们有一个共同的名字——“关‘助’于行，‘导’爱在心”志愿服务者，他们通过十余年的党员志愿服务，扶助了行业正气，传递了社会的正能量。

一、十年真心磨一剑，生涯引领铸未来

鞍山六中是一所普通高中，地理位置偏僻。十年前，在校学生人数稀少，而且多为进城务工人员子弟，天然地构成了一个由贫困生、学困生、留守儿童、残疾生构成的困难群体。针对这些学生学习条件差、行为养成缺位、基础知识薄弱、学习习惯不良等客观情况，学校率先向全校发出号召，倡导每一位党员发挥先锋模范作用，奉献出自己的爱心与恒心，在有限的时间与空间内，把特殊群体的孩子们集中起来进行义务课业辅导。最初，这个辅导活动只开设了高考科目，就是鞍山六中早期的“党员义务补课”。随着“党员义务补课”活动的不断深入，学校也越来越感受到，仅仅给孩子们弥补“智育”是不够的，还要把“德育”等方面补上来。于是在原有高考科目的基础上，又增加了“国学”与“学生行为习惯养成”等科目。

2020年，在鞍山六中新一届领导班子的带领下，“党员义务补课”活动有了一个新的名字——“关‘助’于行，‘导’爱在心”志愿服务。鞍山六中党委在十年的经验积累基础上，依托学校十年义务补课建立的平台，结合学校发展实际和学生成长的新需求、教育改革的新情况，研究实施了一系列新举措，扩大了活动规模和覆盖面，使学生更受益。其中最为突出的举措就是实行导师制。导师制能更加充分地发挥党员教师的专业特点，使活动的形式和内容

更接地气，更为全面有效地助力特殊学生群体成长成才，也使得这一优良传统更富生机和发展前景。

每学年初，学校为五类特殊群体学生(在前面四类困难学生的基础上，又增加了学优生)逐个建立特殊群体学生档案。学校通过家访、调查等渠道，全面掌握各班级学生中五类特殊学生群体的状况，针对每名学生的不同情况进行全面分析，并全面推行“导师制”，要求每一位党员教师都成为特殊群体学生的导师。在师生充分沟通、双向选择的基础上，按照1∶1的比例，为每一名特殊群体学生有针对性地配备了一位“生涯—学业”导师。

二、学业导师不易，生涯导师更难

除了本学科专业知识过硬外，导师们还要了解新的高考政策，了解本校的课程设置，了解高中所学科目的相关内容，指导有关学科、专业和职业的关联，为学生科学合理地选择选考科目提供更为专业的帮助。

生涯导师要定期与学生做好学习交流，熟悉学习动机，制定学习策略，为学生完成学业提供具体的指导。要熟练运用心理测验、平时测验分析和家校沟通等方式了解自己所辅导的学生，协助学生发现自身在学业及心理等方面的优势和劣势，要帮助学生进行自我认知，使他们了解自己的兴趣、性格、能力，适时引导他们的价值观。

生涯导师要熟悉大学及其开设的相关专业，了解各专业的职业发展方向，协助学生思考当下学业及未来职业的关联，在外部探索中明确人生的职业发展目标。要熟悉学生的多元升学路径，多积累有关的素材，提炼各类招生的具体要求，为学生选择不同升学方向提供具体指导。在实践中尤其是要指导学生建立生涯成长档案，指导应对综合素质评价，以便有机会拓宽升学路径。

生涯导师还要关注学生的日常生活，能及时发现学生存在的心理问题，帮助学生掌握一定的人际关系的处理方法，正确引导学生的日常行为，协助其处理一般的心理困惑，引导学生养成良好的思想品德，形成积极的生活态度。

学校党委每学期都会做好生涯导师的规划，制定生涯导师制的实施方案。在实施方案中明确规定生涯导师的遴选原则、工作内容、工作职责，完善工作指导及督查、工作绩效认定等机制。通常在学习层面，生涯导师领导小组由校长兼任，工作内容及职责同工作内容对应。学校建立学生与导师的定期交流制度(不少于两周一次)，学生与老师及时就近期的思想、学习、生活等情况进行交流，交流可以一对一进行，也可以以小组方式进行。学校也应完善家校沟通机制，生涯导师应通过家长会、电话交流、家访、新媒体沟通等方式做好交流。

学校细化生涯导师的工作内容，形成生涯导师工作手册，方便党员教师开展指导工作时记录。不同生涯导师自身擅长的领域、熟悉的工作内容、生涯辅导能力不一，因此还要协同发挥作用。学校在激发生涯导师的工作热情外，还应该摸底了解生涯导师的擅长领域，方便选配合适的学生。不同导师之间在工作开展中也应相互交流，互相取长补短。新高考更重视学生综合素质提升，综合素质评价的主要内容在校园之外，生涯导师的工作空间也并不局限于校内。学校要引导生涯导师除参与校内指导外，还应关注学生校外活动，帮助学生融入职业体验、社会调查、志愿服务、科技创新等各种社会生活实践中，以便促进学生更加丰富、全面地发展。生涯导师所起到的作用更多的是一种协助作用，是“导与学”的关系，因此生涯导师应该注意自己辅导的边界，不干涉学生的自主选择，不直接告知学生解决问题的方法，更多的是通过问题解决的线索和路径引导学生自主解决问题。另外，师生之间的关系也应该是平等和相互尊重的。生涯导师在辅导时应该注意唤起学生的主动性和自信心，让其更自主地管理和发展自己的学习生涯。

导师制实行以来，许多老师利用早晚自习、课间和其他空闲时间，在办公室、教室走廊、校园道路等地，与受导学生进行交流，师生间融洽温馨的场面随处可见。老师们通过与受导学生的深入交流，从思想层面进一步了解、掌握现阶段学生的特点和内心诉求，进一步提高了教学的针对性。这种模式得到家长的充分肯定和好评。

三、十年奉献硕果累累，服务精神全面开花

2010年至今的十年，不过是岁月长河中的涟漪微波，但是，对于奋战在“党员义务补课”征程上的鞍山六中志愿服务团队来说，十年是给“特殊学生群体”的爱与奉献。

十年间，鞍山六中共有四十余位党员教师以各种形式参与“党员义务补课”活动，整个志愿服务团队累计义务奉献千余学时。树立了“孟泰传人”“师德标兵”王启秋老师，“辽宁好人·最美人物”“辽宁省援藏优秀教师”苏宝中老师，“辽宁省向上向善好青年”周冰老师，被学生们亲切地称呼为“仙妈妈”的高锦仙老师、被称呼为“张妈妈”的张卓老师等一系列先进典型，打造出了“鞍山六中优秀志愿服务团队”等先进集体。

每一位参与“关‘助’于行，‘导’爱在心”的党员，都在用实际行动弘扬奉

献、友爱、互助、进步的志愿精神，用爱心温暖需要帮助的人，在活动中受益、感悟和成长。

现已是学校机关支部书记、高三年部负责人的薛亮谈起志愿服务经历，仍然兴奋不已。他说："党员的宗旨就是为人民服务，作为一名合格党员，更要讲奉献、有作为，我们在坚守和担当中收获了青春的成长和感悟。"作为田宏宇同学的"生涯—学业"导师，薛亮老师从该生入学之初，就带领志愿服务团队深入了解田宏宇同学的各方面情况。由于田宏宇同学的母亲身体不好，他每天都要早起为母亲做饭，然后上学，晚上回到家还要带妹妹。正是这种特殊的家庭环境使得他的语文和英语学科基础较为薄弱，特别是英语成绩，只能达到20—30分。针对这种情况，薛亮老师带领服务团队经过详细研究，为田宏宇同学量身定制了义务辅导计划。在2021年鞍山一模考试中，田宏宇同学取得了鞍山六中2021届高三物理组合第一名、鞍山地区一般高中第三名的好成绩。

郝某某同学是一名对英语有浓厚兴趣的先天性听力障碍的学生。党员尤芳老师是她的班主任、英语老师，同时也成了她的"生涯—学业"导师。从高一开始，尤芳老师就义务为她补课，经常与他交流谈心，在学习、生活、思想、心理等方方面面都倾注了大量心血，这一坚持就是三年时间。2021年郝某某已顺利高中毕业，并考上了理想的大学。

参与志愿服务的党员不弃平凡、不辞细小，不是心血来潮地做一次好事，而是持之以恒地把一件好事做了十年。他们也把志愿服务的行为升华为个人的价值理念，在服务他人、奉献社会中收获了成长和进步，实现了自己人生境界的升华。

经过多年的坚守与传承，"关'助'于行，'导'爱在心"行动已成为鞍山六中党委培育和践行社会主义核心价值观的重要抓手，成为党员发挥先锋模范作用的重要载体。它充分发挥了基层党支部的力量，充分动员了党员和积极分子的积极性和能动性，充分彰显了鞍山六中党建工作的创新性、针对性和实效性，也丰富和强化了基层党建的功能，在校园内外以及社会上下都产生了很大的影响。

鞍山六中的全体党员在各自的岗位上不断践行着"不忘初心、牢记使命"，他们用扎扎实实的志愿服务行动，把共产党员的身份亮出来，让共产党员的称号响起来，使共产党员的形象树起来，传递青春正能量，为党旗添光彩！

依托红色资源，党员引领示范

河北省衡水市安平县东黄城镇实验小学　王晓芳　赵　铭

“教育是国之大计、党之大计。”习近平总书记在参加全国政协十三届四次会议医药卫生界、教育界委员联组会时强调，“要从党和国家事业发展全局的高度，坚守为党育人、为国育才”，“办好人民满意的教育，培养德智体美劳全面发展的社会主义建设者和接班人”。这深刻回答了我国教育“举什么旗、走什么路、育什么人”的根本问题，彰显了我们党在发展社会主义教育问题上的根本立场，指明了新时代建设教育强国必须牢牢把握的前进方向。

坚持什么样的办学方向，关系教育事业的兴衰成败和社会主义现代化建设全局。我校地处“全国第一个农村党支部纪念馆”所在地——河北省衡水市安平县台城村。这个冀中平原拥有的2300多人的大村，因一个叫弓仲韬的人，数十年来，声名远播。这个滹沱河畔的村庄，在中国共产党的历史上有着重要意义。弓仲韬，1886年出生于台城村一个富庶家庭，1916年考入北京法政专门学校，在读到李大钊发表的《庶民的胜利》《布尔什维主义的胜利》后，思想豁然开朗。1919年，他参加了五四运动，同年大学毕业后，在北京沙滩小学任教。在此期间，他经常到北大图书馆听李大钊演讲，并到天桥一带的工人、市民中调查研究。1923年4月，弓仲韬加入中国共产党，李大钊正是他的入党介绍人。

入党伊始，李大钊就对弓仲韬讲：“要取得革命的胜利，只在书斋里不行，只在城里也不行，需要把工农群众发动起来、组织起来。你家在农村，就回老家建立党组织，发动群众吧!”弓仲韬牢记李大钊的嘱托，很快辞去教职，放弃了城市生活，回到老家安平县台城村。

当时的安平县，“民大饥”“民多流亡”“路有饿殍”，人民生活苦不堪言。引导父老乡亲们想清楚这无边苦痛的根源，继而懂得自救与反抗，就是弓仲韬的使命。

教农民识字，开启民智，是第一步。弓仲韬卖掉田地，自己出资在台城村创办起了“平民夜校”，自编了《平民千字文》教材，动员村中50多个青壮年农民到夜校学习。弓仲韬在教农民识字的同时，向他们讲述革命的理论。办教育，办夜校，是那时乡村党建的普遍办法。

1923 年 8 月的一个夜晚，弓仲韬、弓凤洲、弓成山 3 人在弓仲韬家中召开党员会议。弓仲韬说："根据中共中央北方局负责人李大钊同志的指示，再结合我们台城村革命斗争的实际情况，有必要建立党支部，壮大党在农村的力量。因为直隶省和安平县尚未成立党的组织机构，我们直接受中共北京区委的领导，所以叫台城特别党支部。"3 人经过讨论，一致同意推选弓仲韬任特别党支部书记，弓凤洲为组织委员，弓成山担任宣传委员。中国共产党第一个农村党支部"台城特支"由此正式诞生了。

2002 年，安平县兴建了"全国第一个农村党支部"纪念馆，并先后两次对馆内展览进行改陈，使之成为回顾党的历史、进行爱国主义教育的一个重要场所，被确定为省级廉政教育基地和省级爱国主义教育基地。"全国第一个农村党支部"的建立，在中国革命史和中国建党史上有着重要地位，该馆在爱国主义教育、未成年人思想道德教育、廉政教育及红色旅游开发等工作中，发挥着极其重要的作用。

我校依托"全国第一个农村党支部"，在"两学一做"学习教育中，利用每年的清明节、五四青年节、建党节、国庆节等重大节日，带领全校教师及少先队员赶赴这里开展主题教育活动。2021 年清明节，我校全体师生列队步行到弓仲韬墓前，进行祭扫活动，并敬献全校师生亲手制作的花篮，以寄托哀思，表达敬意。少先队员代表发表了祭奠感言，表达了对英雄先烈的感恩和敬仰之情。随后纪念馆工作人员安排师生们有序参观纪念馆，观看革命文物和图片资料，聆听历史讲解，学习先辈的英雄事迹。全体师生深切感受到今天的一切来之不易，感受到革命先烈艰苦奋斗、不怕牺牲的崇高精神。

在县委和教育局工委的正确领导下，我校党建工作坚持以习近平新时代中国特色社会主义思想为指导，深入学习贯彻党的十九大和十九届五中全会精神，积极推进"两学一做"学习教育常态化、制度化，按照县委和局工委要求，围绕我校中心工作，以全面从严治党为主线，牢固树立"四个意识"，坚定"四个自信"，着力加强我校党的思想、组织、作风、反腐倡廉和制度建设，促进党建各项工作上新台阶，持续改进工作作风，为进一步提高我校党建工作科学化水平，实现我校基层党建快速发展目标，提供坚强的政治和组织保证。

通过全体师生的共同努力，我校教育教学等各项工作取得了优异成绩。尤其是在疫情期间，党员教师率先到岗，冲锋在前，表现突出。

一、坚定初心，踏实站位，担当职责

2020年，一场突如其来的疫情打乱了学校的各项计划，疫情就是命令，防控就是责任，值班就是保证。为进一步贯彻省应对新型冠状病毒肺炎疫情防控工作视频会议精神，为确保学校能尽早恢复开学，根据疫情防控的统一部署，我校将师生生命安全和身体健康放在第一位，在第一时间制定完善了疫情防控应急预案，明确疫情防控的组织管理、具体举措、预警与应急等内容，落实防控经费，做好物资贮备。

校长王东轩同志和副校长赵铭同志，细心地落实学校师生出行或居外返安及接触高风险地区人员的摸排跟踪，严格执行安平县防控指挥部的要求，密切关注学校师生身体健康状况，做到师生“每人一表”，每日进行两次体温测量，做好记录，无异常情况，每周一反馈，发现异常及时报告。

为了全校师生的身体健康和生命安全，自觉做好新型冠状病毒肺炎疫情防控工作，做出如下提示：①勤洗手；②戴好口罩；③保持居室通风；④做好消毒杀菌工作；⑤不与他人聚集；⑥做好居家观察，测量体温工作(早晚各一次)。若体温出现异常及时报告学校、社区，做到不隐瞒，并到医院就诊。

二、引领示范，擦亮底色，深度服务

在2020年疫情期间，自从接到“停课不停学”要求，我们学校的党员教师张丽娜老师就忙碌了起来。她是六年级的语文老师兼班主任，也是学校语文教研组的组长，为保障教学进度，保证学生在家正常学习，接到通知的她，马上行动起来。

张老师同全体学生家长进行微信群聊，了解每位学生的实际情况，思路一点点厘清，问题一个个解决。得知班里的建档立卡贫困生王某某家里没有电脑，没有智能手机，张老师就拿了自己家的手机送到学生家中，并不厌其烦地一步一步教给孩子的奶奶如何使用手机看老师讲课，如何用手机提交作业。如果网络卡顿，就提前录制微课；为了督促学生学习，老师和学生同步观看课程，课后进行研讨，同时使用小组管理日日考核；为了稳定学生情绪，每三天至少进行一次视频会议交流，为学生答疑解惑，做心理疏导工作。

疫情阻挡了老师们返校的脚步，却挡不住老师们教研的热情。张老师带领组员一天教研数次，有时候教研长达一个多小时。授好课的前提是要备好课，她带领语文教研组考虑周到，落实细致，最后制定出每天的语文课、早读、课外阅读、书法练习课的具体内容和具体操作方法，提前发送到班级微信群里。

张老师要求学生早睡早起、按时吃饭、按时做作业，她根据本班的实际情况，制定了新的课程表，发到班级微信群里，让学生做好课前准备。就这样，每天早上八点钟，张老师和学生们像在学校一样，“以经典浸润心灵”，共同诵读国学经典片段。张老师也开启了一天的工作学习之旅：听课—课后研讨—讲解练习—布置作业—备课—上网批阅作业—反馈作业—个别学生疏导。夜里十点多，她依然坐在电脑前，揉着发红干涩的眼睛，梳理第二天的教学计划。为了使孩子们学习得更扎实，在孩子们听完课做完作业后，张老师还会将批改后共性错误较多的知识点进行汇总，以文字形式发送至家长群，督促学生及时改正。

张老师发动班级“健康打卡”，提醒孩子们在学好知识的同时锻炼身体，增强抵抗力；通过班级微信群给大家推送关于“新型冠状病毒”的相关知识，召开“六年级疫情期防护专题会议”，做孩子们的心灵防护员。

对于活泼好动的孩子们来说，整天宅在家中不免有些无聊，张老师就布置了很多“特殊”的作业，如“我最拿手的一道菜”“在家运动小妙招”“我是家务小能手”“讲述抗疫英雄的故事”“出一期以抗击疫情为主题的手抄报”等，深受孩子们的喜爱。张老师是六年级的班主任，又是孩子们的语文老师，同时她也是一个高三学生的妈妈，家里有常年卧病在床的母亲，既要照顾家庭，还要管理好四十多个学生，带领我校语文组齐步向前。事情很多，但张老师都尽心尽力，考虑周全，安排妥当，她用认真和勤奋诠释了一位党员教师的职业操守！在开学后的期中教学质量检测中，我们学校各年级的语文成绩都名列前茅。

三、活化载体，固本培优，建设队伍

教育引导广大党员坚持“四有教师”和“四讲四有”标准，铭记党员身份，增强党员意识，强化群众观念，接受师生群众的监督，充分发挥党员的先锋模范作用、骨干带头作用、文明示范作用、学习表率作用，做到平常时候看得出来，关键时刻冲得上去，把党员先锋形象树起来，影响和带动周围同志在各自的工作岗位上积极进取、担当有为、比学赶超，在推进教育强镇建设中当标兵、做表率。

全面加强党的建设，充分发挥党组织的政治核心作用和党员的先锋模范作用，围绕学校工作中心抓党建，加强领导班子、党员队伍建设，积极探索党员教育管理的新途径、新方法，认真坚持“三会一课”制度。深入开展了“党旗在心中，示范看行动”党员主题教育活动，在党员教师中开展了“争做课程改革先锋”活动，组织了党员“每人一课”、优质课观摩、献计献策、班级管理、教学教研交流活动。在安平县教育局组织的优质课评选大赛中，我校党员教师王东轩的综合实践课被安平县教育局评为一等奖；张丽娜老师的美术课也被安平县教育局评为一等奖；张莹老师的品德课获得了镇中心校二等奖。党员教师在教学教研活动中起到了模范带头作用。

做好发展党员工作，认真落实发展党员工作规划，科学制订年度计划，切实加强对发展党员工作的指导。围绕“把党员培养成名优教师，带动教师专业发展；把名优教师培养成共产党员，带动党员提高素质”的工作思路，按照“控制总量、优化结构、提高质量、发挥作用”的要求，2021年计划接收两位预备党员，落实发展党员的工作任务，加大对青年教师、骨干教师和学科带头人的培养发展力度，不断为党员队伍补充新鲜血液。

在“敢为人先，勇于奉献”的台城精神的激励下，学校持久的党建工作，和谐的德育环境，得到了广大教职工和社会各界的广泛好评，收到了较好的成效。在全体党员的共同努力下，党支部的思想组织、作风建设力度得到了进一步加强，党组织的凝聚力、吸引力、战斗力得到了有力提升。作为新时代的教育工作者，我们更应当仁不让地肩负起自己的责任，在巩固已有成绩的同时不断创新，拓宽工作面，充分发挥党建工作的主导作用，带领全体党员再接再厉、勤奋务实、开拓进取，谱写学校党建工作的新篇章，让党建在学校工作中发挥更重要的作用。

为党育人践初心　为国育才担使命

——蔄山中学推进“党建＋育人”工作纪实

山东省威海临港经济技术开发区蔄山中学　刘志强

蔄山中学是一所农村学校，共48个教学班，现有学生2000多人。其中进城务工农民子女占比89%，单亲和留守儿童占比15%左右。近年来，学校党支部牢记习近平总书记对广大教师提出的殷切期望——“立德树人，为党育人，为国育才”，从基层实际出发，不断推进“铸红烛先锋，创尚美蔄中”党建品牌工作。注重师德师风建设，改善提升师生关系，突出“七个有力”重点任务，为专业教学、科研、青年教师成长、学生成长等方面提供有力支撑和贴心服务，全力保障“党建＋育人”工作顺利开展。

一、筑牢信念根基，推进“党建＋思政育人”

树立“以党建聚人心，以党建促发展”的工作理念，基于育人为主、德育为先的方向，学校支部积极践行“党建＋思政育人”这一工作主线，围绕立德树人中心工作，抓好党支部建设，将思政教育融入支部建设和工作实践中，不断激发党支部的活力，扩大影响力，同时党建工作与业务工作同频共振，在课堂教学上充分发挥政治引领和价值引领作用，培养学生成人、成才。

一是发挥支部书记“一肩挑、领头雁”的优势。层层压实责任，传导压力，推动党建工作与业务工作同谋划、同落实，充分发挥党支部动员、协调和组织党员干部的功能，切实把党支部的教育、管理与监督职能落到实处。以评促改，制定刚性考核办法，进一步把党员干部置于组织的有效监督之下。

二是打造实干型党员领导队伍。学校党支部书记率先垂范，带领党员教师加强理论学习，努力提升班子学习能力；通过定期组织主题班子会议，树立“一盘棋”思想，做到年度有安排、月月有计划、项项有落实，增强班子凝聚力；在学校党支部书记的带领下，学校确定了“向我看、往前站、领着干”的行动方向，党员干部全部冲在教学一线，包年级、管学科、上示范课，率先组成防疫志愿队，积极参与各项工作，获得了社会和家长的充分肯定。

三是高度重视意识形态工作研究。制定了意识形态工作系列制度，压实校、处室、年级各级意识形态工作责任。将常规主题党日活动与开展“弘扬敬老美德，构建爱心社区”“党员十二时辰”等红色教育活动相结合，淬炼党员教师过硬党性；在特殊时间节点开展情境“体验式”党课学习，如到毛主席像章纪念馆、草庙子记忆馆参观，结合党史学习，感受革命先烈们“团结一致，同舟共济，不畏艰险，勇于拼搏”的精神。另外，组织党员教师对有深度、有说服力、能触及心灵的教育内容进行挖掘利用，学校利用网站公众号、报纸、电视台、“学习强国”等媒体和平台开展宣传教育，关注焦点，落实常态，引领师生回归本真、回归心灵，让学校成为安静、从容、向上的巨大的能量场。一年以来，学校共发表公众号 155 期，省市区级传统媒体宣传 27 篇，其中党支部拍摄的“风雨兼程入党路，甘做乡村教育人——我和我的支部”微视频，经威海组织部推送到山东省平台，极大提高了自媒体时代下我校对教育所面临的新形势的认识。

四是加大思政课教学改革。思政课是落实立德树人根本任务的关键课程，为党育人、为国育才，思政课作用不可替代，思政课教师队伍责任重大。我校积极组织思政课教师开展业务培训，创新思政课体验式教学方式，开展专题教学集体备课，全面提升思想政治理论课的教学质量和对学生的感召力；要求教师党员通过“学习强国”等平台自觉学习，不断提高专业老师的思政水平和课程思政教学能力，从而实现“以德立身、以德立学、以德施教”。

二、提高政治素养，推进“党建＋专业育人”

学校紧密结合学科课程特点，通过顶层设计，将思政元素、学科文化、专业素养等内容融入学科育人目标、课程体系、课程标准、教学过程和质量评价等专业建设全过程。

一是建立“党建＋教科研”育人的研究团队。依据教师科研专长需求，组建 14 个教科研团队和 5 个校本开发团队，党员教师主动承担拓展性课程的教学任务。通过团队建设、制度激励、氛围营造等方式打造科研共同体。把团队和课题组教师培养成党员，把党员培养成教学及科研能手骨干，充分发挥党员的先锋模范作用和支部的战斗堡垒作用。

二是形成了“党建＋骨干引领”的教研新模式。针对学科特点和教师特长，以党建为统领，以学科评价和教学比赛为抓手，通过名师和骨干教师传、帮、带，开展了“青蓝师徒结对工程”，对青年教师教育教学的各个环节进行指导。成立了名师工作室，定期举行培训研讨、送课进校、同课异构教研、调研座谈等活动。新竹高于旧竹枝，全凭老干为扶持。“党建＋骨干引领”打造了一支凝聚力高、组织活动能力强的团队，推动了教师能力发展。

三是开展了主题教研育人计划。各教研组深化研究计划，开展了思维导图在复习课中的使用实践研究。同时借助开发网上多元课程资源，建立网上学习课程体系。进一步丰富校级资源库，引导借助学海优学 App、菁优网、智慧教育云平台学科网、口语 100、洋葱学院等微视频及相关教学资源，进行知识的巩固与迁移，将线上线下教学巧妙融合，达到最佳教学育人效果。导图项目式自主学习研究等活动充分发挥党员骨干教师的带动作用，实现青年教师专业成长和学生自主学习“双培”目标。

近年来，我校各项业务比赛成绩斐然。在威海市教育科研优秀案例评选活动中，“如何实现自主学习——农村初中学生自主学习能力培养的设计与探究”获得二等奖；多个优秀案例获省市级一等奖，发表教育论文或随笔 20 多篇；7 位老师获得区级优秀教师称号；10 名教师执教区级公开课；在区组织的中考模拟试题命题比赛活动中，5 名教师获得一等奖，1 名教师获得二等奖；在区组织的优质课评选中，8 位教师获区级一等奖，5 名教师获市级奖项；6 项省市级项目立项，2 项市级课题顺利结题；校本开发团队编写了“入校德育”“青青子衿”“走近名人”“软式棒垒球”等校本课程。

四是实施“党建＋帮扶”“党建＋心理疏导”等服务育人项目。学校专门打造了心理咨询教室、留守儿童关爱室、爱心温暖小屋等，并配备 8 名心理咨询师，开通心理咨询热线服务，建立了特殊心理学生健康档案，建立了师生结对帮扶体系，开展了“百师助学帮教”“百名教师访千家”活动。面对学业困难的学生，党员志愿者们联系学生的任课教师及辅导员，深入了解相关情况，结合自身专业特长，有的放矢、有针对性地开展学业辅导。面对家庭经济困难学生，开展了“传承百年荣光，爱心汇聚力量”党员教师“一帮一”活动。党员志愿者在日常帮扶之外，走访结对帮扶学生家庭，送去慰问品，将温暖送到了结对帮扶学生的家中。学校所有党员志愿者将扶贫与扶志相结合，不仅给予学生经济上的资助，提供勤工助学的岗位以缓解学生经济困难情况，还在思想上予以正面引导，通过谈心谈话，帮助学生增强自信，树立信心，坚定信念，给家庭经济困难学生心灵的关怀和精神的鼓励。

一年来，志愿者们始终率先垂范，以身作则，秉承着对学生的“仁爱之心”，牢记立德树人的“育人之心”，发扬无私奉献的“赤子之心”，精心谋划，扎实帮扶，共登门走访 2368 次，有针对性地进行思想引导、经济资助、心理疏导、学业辅导、生活指导等个性化的助学指导，引导学生争做有理想、有本领、有担当的新时代中学生。

五是成立家庭教育团队，多样培训提升育人水平。学校以党员教师、党员班主任为主体，成立了48名“本土专业的家庭教育指导者”队伍，采取线上观摩、“请进来，走出去”、“专家实地指导”等多种培训方式，抓好家庭教育指导队伍建设，推动学校家庭教育指导工作。建立了茼山中学家庭教育指导服务网络。服务团队涵盖教师、家长和社区志愿者，开展内容丰富、形式多样的家庭教育知识普及、咨询指导等活动，每年累计服务家长达几万人次。学校定期召开家庭教育论坛、家长论坛或开放日活动，并邀请家庭教育导师金源萍和中国关工委家庭教育导师、国家二级心理咨询师肖然老师为家长进行“家风家教”“父母态度决定孩子命运”等精彩讲座。各种活动的开展，指导家长探寻在家庭教育中的有效方法，为广大学生及家长提供多元化、全方位的家庭教育服务。

三、练就报国本领，推进“党建＋实践育人”

充分发挥教师党支部的战斗堡垒作用，将班主任队伍、任课教师队伍形成育人管理合力。紧扣提升学生综合实践能力这一主线，为学生创造校内校外实践舞台，让学生在潜移默化中修身立德，在亲身体验中树立对人民的情感、对社会的责任、对国家的忠诚和对学校的热爱。

一是开展校内主题教育实践活动，强化人文品德修养。一方面学校以立德树人为纲领，以社会主义核心价值观为核心，构建了德育课程、学科课程、优秀传统文化课程、实践活动“四位一体”的德育课程体系。横向为四个年级德育主题，即初一“知礼仪”，初二“讲诚信”，初三“懂感恩”，初四“会拼搏”。纵向为十个主题月德育活动，抓住清明节、五四青年节、端午节、建党节、国庆节、期末考试、毕业典礼、入学教育、新生军训等重要时间节点开展系列实践活动。先后开展了“开学第一课”系列活动；举行“学习新思想，做好接班人”“讲文明、守诚信、懂感恩，做尚美中学生”等主题升旗仪式；开展“扣好人生第一粒扣子”“预防近视”等主题班会；开展“文明之星”评选；举行尚美体育文化节；组织“沙场秋点兵”军训活动，“播下一粒种子，让尚美之花在寝室绽放”宿舍内务比赛活动，“校长杯”快乐足球班级联赛等庆祝新中国成立71周年系列活动，“感恩，让内心长满花，让世界充满爱”感恩主题教育活动，迎元旦“想象成就梦想，科技改变生活”科幻画比赛活动，庆新年“同唱经典歌，逐梦再起航”合唱比赛活动，“劳动的身影最美丽”劳动教育活动等；还开展“思政大讲堂”“党史进课堂”“文明用语伴我行”“三人成行画准线”“成长大讨论”等多彩党建教育主题活动。本学期刘志强校长在成长大讨论启动仪式上，倡议学生心中播下“真善美”的种子，倡导学生结交“两个朋友”——图书馆、运动场，培养“两种功夫”——本分、本事，乐于吃“两样东西”——吃亏、吃苦，插上“两个翅膀”——理想、毅力，构建“两个支柱”——科学、人文。活动育人，成德于行，润德于心。另外，学校组织党员教师带领青年骨干成立文学社、棒垒球社、足球社等十个社团，这样的拓展延伸，补足了课堂教学不能充分适应学生个体发展需求的短板。近期《红色故事进校园》校本教材编写正在进行中，预计六月中旬可以印发到学生手中。在各项比赛中我校学子脱颖而出，获得多项奖项，其中科技作品在威海市科技创新大赛中获得省市一等奖。在临港区青少年游泳比赛中，蔄中游泳社团获得团体第一名的好成绩。

二是开展校外实践，增强服务社会的能力。我校党支部注重充分发挥科研引领社会实践课程研究的功能，通过深入挖掘本地德育课程资源，以综合实践活动的实施为途径，深入持久地对学生进行社会主义、爱国主义、传统美德和法治教育。根据将社会主义核心价值观有效融入教育教学各环节的需要，制定了社会实践活动评价方案，记录了学生参与实践活动的情况，与学生综合素质评价有效结合。一方面以活动为载体，不断丰富社会实践课程。每年组织我校初二学生到威海综合实践基地参加涵盖生活类、艺术类、技术类“三大模块”多门实践活动课程学习，通过认知、体验、发现、探究、操作等学习和活动方式，实现“做中学、学中做”目标；借助创建全国文明城市、防震学校等契机，带领学生自主设计标语等宣传材料，深入社区宣传。通过“植一棵小树，绿一片蓝天”“清明节烈士纪念碑前听党课”“郭永怀纪念馆红色参观活动”“天福山起义纪念馆红色参观活动”等，寻找红色教育切入点，让红色教育入心、入脑、入生活。另一方面，我们将社会实践课程与减负工作相结合，在全校开展“小手拉大手，我们一起走”活动，鼓励家长利用休息时间带领孩子走进社会大课堂，将社会实践活动由学校延伸到家庭。同时，将社会实践课程与义工服务相结合、与校本课程相结合，开设多门实践类课程，彰显出“课堂小社会，社会大课堂”的校级特色。

四、传承文化血脉，推进“党建＋文化育人”

学校党支部高度重视文化育人，突出文化引领，积极推进中华优秀传统文化和红色文化创造性转化、发展和传承，着力打造师生精神文化家园。一是用文化力量强化爱国主义初心。以庆祝中国共产党成立 100 周年为契机，广泛开展党史学习主题班会、合唱比赛、演讲比赛等爱国主义教育活动 30 余项。其中借助每年定期开展师生"大阅读"工程，深度挖掘大阅读与党史学习的契合点，用"写、读、讲、评"四个系列将"声飘校园"和班级红色读书角建设、教师读红书打卡等大阅读活动串起来，搭建长效阅读推广机制。丰富多彩、优质高效的校园活动，让书香溢满校园，让师生与智者同行，实现了在春风化雨、润物无声中提升人文情怀的育人实效。在区组织的现场作文大赛中，4名学生斩获一等奖，代表区参加威海市现场作文大赛，8名老师在"我的读书故事"征文中获得一、二等奖。二是用红色文化凝聚师生精神力量。确定每年4月为革命传统教育月，组织读红色书籍、观红色电影、唱红歌、开红色主题班会等活动。在学校公众号发布听习近平总书记讲党史、党史进课堂、红船精神、春泥精神等多项专题内容，让广大师生广泛浏览学习。组织党员教师红色服务队参与到学生返校复课等工作中，为统筹做好疫情防控工作和教育教学工作做出重要贡献。

党建引领创一流，同心育人攀高峰。下一步，学校党委将坚持以习近平新时代中国特色社会主义思想为指导，将继续用目标凝聚人，用正气感染人，用环境塑造人，构建"党建＋育人"平台，深化教育教学改革，落实立德树人根本任务，切实担负起为党育人、为国育才重大使命，只争朝夕，不负韶华，努力办好人民满意的职业教育，向党和人民交出一份满意的答卷。

党建引领“养正”文化　百年名校风展红旗

安徽省宁国市西津小学　罗　林　朱贤武

安徽省宁国市西津小学始建于清光绪三十一年(1905年)，时校名为“养正学堂”。现有教学班46个，教职工140余名，党员66人，其中在职党员教师53人。学校建有50余平方米党群活动室，打造15米党建文化长廊，营造浓厚党建氛围。近年来，学校党总支着力打造“校园党旗红”特色党建品牌，同步实施“红色堡垒”“红烛先锋”“童心向党”三项工程，以党建工作引领，确保学校教育教学落细落实，全面提升西津小学办学水平和教育教学质量，锻造“养正”文化品牌。

一、“堡垒”“先锋”互相促进，擦亮西小党建品牌

学校党组织班子成员守初心、担使命，勇扛职责，教育教学质量提升、疫情防控、线上教学、文明校园创建、抗险救灾等到处都活跃着班子成员身影。“我是党员我带头”既是口号，也是标尺，党政班子成员更是忠实的践行者。在此基础上，学校实施“红烛先锋”工程，致力于培养师德高尚的好老师。我们严格落实《新时代中小学教师职业行为十项准则》，实行师德考核“一票否决”，组织党员教师亮身份、亮承诺；加强先锋引领，提倡“我是党员我带头”，以党员教师为骨干，积极开展“四岗”——“教学先锋岗”“德育先锋岗”“服务先锋岗”“管理先锋岗”争创活动，引领广大教师做有理想信念、有道德情操、有扎实学识、有仁爱之心的好老师；实行红色传承，积极吸引优秀青年教师参与党支部活动，着力开展把骨干教师培养成党员，把党员培养成骨干教师的“双培工程”。陈聪、吕丽老师是2018年分配到学校的年轻教师，她们年轻、干劲足，积极要求上进，学校适时安排党性修养高、业务能力强的党员教师作为她们的“引路人”，切实提升她们的政治意识和专业素质。近年来，她们在思想上认识提高很快，积极递交了入党申请书，积极参与“党史宣讲”活动，现在已经是预备党员。她们在参加市级优质课、论文评选等活动中也频频获奖，崭露头角。

2021年是中国共产党成立100周年，我校党总支积极响应上级倡议，把开展党史学习教育作为一项重要的政治任务抓好抓实，让初心薪火相传，把使命永担在肩，推动西津小学教育实现创新发展。我校成立了领导小组，制定了实施方案，把开展党史学习教育纳入日常学习教育。加强理论教育和学习，提升党员和师生对党史的认识，发挥党员干部领学促学作用。坚持党员干部自学与中心组学习相结合，集中培训与在线学习相结合，把开展党史学习教育作为建立不忘初心、牢记使命长效机制的重要内容。西津小学党总支成了实实在在的“红色堡垒”，并在几场突发事件中经过了考验，战胜了一系列挑战。

(一)决战“利奇马”

2019年8月10日，第9号台风“利奇马”侵袭宁国市，其破坏程度之大，百年未遇：宁国市大面积道路损毁、通信中断、断水断电，东部几个乡镇受灾尤其严重，其中霞西、南极、甲路等乡镇多处发生泥石流和山洪。

面对如此严重的灾情，西津小学党总支第一时间动员部署学校全体师生捐款捐物。迅速组织采购灾区群众急需的手电筒、杀虫剂、消毒液、粮油等生活物资，并及时运送到甲路镇政府。与此同时，学校还对我校学生家庭受灾情况进行了统计摸底，支委成员带领班主任一行分别到受灾最严重的两名学生家里慰问，并送去慰问物品。

“灾害无情人有情”，在西津小学党总支的组织下，党员教师及青年教师积极投身到抗击洪灾、重建家园的志愿活动中。我校部分党员教师积极响应，加入市直工委组织的志愿服务队，并组成运送物资志愿小分队，深入重灾区南极乡龙川村瓦窑坪村民组，徒步十几公里为村组灾民送去大米、食用油等生活必需品。每一名党员都在尽己所能默默地为抗击灾情出力，支部的凝聚力、党员的先锋作用得到了真正的检验。

(二)阻击“新冠”

2020年新春伊始，新冠肺炎疫情突然袭来，随即一场“没有硝烟”的疫情阻击战打响了。西津小学党总支积极行动，迅速响应，不断强化学校疫情防控措施，积极协助社区开展疫情联防工作，认真做到了“守土有责、守土担责、守土尽责”。

自疫情发生以来，西津小学党总支高度重视，及时传达学习上级部门疫情防控相关要求，学校行政人员利用学校“钉钉”软件平台多次召开专题视频会议研究部署疫情防控工作及线上教学工作。班子成员靠前指挥，深入到联点社区中用音响设备开展防疫宣传，通过电话询访协助联点社区做好防控摸排，认真做好各班级线上教学工作安排。“线上教学”对所有老师来说是一个“新鲜事物”，没有经验可循，但学校全体老师仍然积极响应学校要求，一切以孩子成长为中心，摸索着开展居家线上教学工作，信息中心老师积极提供技术指导与支持。在这样一场重大的“线上教学”任务中，无论年龄大的老师还是年轻的教师，都积极奋斗在“线上”。他们从学科知识预习、新授、巩固，到疫情居家的心理调控，再到指导居家体育锻炼，大家都使出浑身解数。他们有时为备好一节线上教学课一直工作到深夜，确保第二天孩子们能够更好地领会课堂的内容，真正做到了“停课不停学”。

总务处李德军、余文湖为学校疫情防控物资采购操碎了心，在做好自身防护后，他们在物资紧缺的情况下不停奔波，多方筹措，积极筹备了 84 消毒液、洗手液、药皂、口罩、红外线测温仪、喷壶、紫外线消毒灯等疫情防控物资，为打赢疫情防控攻坚战提供坚强的物资保障。

钟彬老师通过微信公众平台、LED 显示屏等方式加强疫情防控知识宣传工作，先后在学校公众号、美篇等自媒体推送《致全体师生一封信》等 10 余篇新型冠状病毒肺炎疫情防控宣传文章。他不辞劳苦，常常加班到深夜，全力以赴做好新型冠状病毒肺炎疫情防控宣传工作。

与此同时，学校工会、少队部、教务处、教科室等部门积极行动起来，在自己的岗位上尽职尽责，默默奉献，吹响疫情阻击战“集结”号角。

党旗所指，就是党员所向。在校党支部的带领下，广大党员教师纷纷行动起来，涌现出一个个先锋模范。我校党员教师或参与小区志愿活动，或服从学校统筹安排。他们用实际行动，履行入党宣言，投身防控疫情第一线。用自己的方式，凝聚点滴正能量。激励全校教职工万众一心、众志成城，汇集起一股势不可当、战胜疫情的宏大力量。

我们坚持防控不放松，严抓教育不懈怠，取得了抗击新冠疫情的阶段性胜利。

(三)决胜“文明创建”

2020 年度是我市创建“文明城市”决战决胜年。我校党总支积极响应、迅速行动，落实上级领导的相关工作部署。加强校园环境整治，结合“爱国卫生月”行动，开展了每周一次全员参与清洁大行动，确保周边环境整洁。加强公共秩序引导，规范对单位车辆的管理，车辆一律不准在工作日进入校园。加强文明驾驶、遵守交规的宣传，杜绝乱停乱放等不文明行为。加大文创主题宣传的力度，运用网站、公众号、宣传栏、班会、致家长信等方式传播文创知识。在教师办公地点、学生活动场所，运用电子显示屏刊播文创公益广告，针对文创重点工作标准要求，在学校内部张贴宣传海报，悬挂标语、横额，营造浓厚的文创氛围。我校成立了以党员教师为骨干的“联点共建”志愿者队伍，明确任务、分工，组织开展好路段巡查、社区清理、入户文明宣传等志愿服务活动，促进志愿服务活动常态化开展。

2020年11月10日，我市成功入选第六届“全国文明城市”，这项殊荣的获得，凝聚着西津小学全体教职工的心血与汗水。同时，我校也获评“文明城市创建先进单位”。“文明城市”的军功章，有我们的一份功劳！

二、实施“童心向党”工程，培育“养正”接班人

西津小学一贯重视学生德育建设工作。新时代，我们积极探索创新党建引领德育课程举措，落实“五育并举，德育为先”，我们把党的建设融入课堂教学、日常管理、学生生活全过程，开展“西小文明小天使”“十佳新时代好少年”评选，组织全校学生集体观看爱国影片，举办“时刻听党话，永远跟党走”爱国主义读书教育，“你好，新时代——我给习爷爷写封信”“‘养正育心’红歌歌咏比赛”等系列活动，进一步加深了孩子们对党、对祖国、对家乡的热爱，从小播撒下红色的种子，精心培育红色基因。

为热烈庆祝中国共产党成立100周年，深入学习贯彻习近平新时代中国特色社会主义思想，加强学生党史学习教育，引导全校师生做到“学史明理、学史增信、学史崇德、学史力行”，让红色基因、革命薪火代代传承，西津小学德育处开展了“西小红娃心向党，意志坚定跟党走”主题教育系列实践活动。

（一）“图话百年”宣传教育活动

学校通过人民日报少年客户端、国家中小学网络云平台等刊发的“图说百年”小视频和“话说当年”文章，开展党史学习，结合国旗下讲话、学校红领巾广播站、演讲比赛、交流分享、研学实践等活动，引导学生读懂历史这部最好的教科书，从中源源不断汲取思想养分，播种理想信念种子。在参加宁国市“庆祝建党100周年合唱比赛”中，西津小学小百灵合唱团演绎的歌曲《寻根上井冈》，以均衡的声部、和谐的配合、统一的声线、灵动的表演力压群雄，从17个小学生队伍中脱颖而出，以全场最高分9.882分，荣获本次比赛的一等奖。

（二）“学习新思想，做好接班人”阅读活动

组织全校学生通过《人民日报》少年客户端、国家中小学网络云平台开设

的“走进新时代”“从小学用典”，以及全国少工委“红领巾爱学习”微信公众号等平台和专栏，深入学习习近平总书记的重要讲话内容和重要讲话精神，将阅读文章与学科教学、班团队活动、校园文化建设等相结合，持续深入开展时事政策教育，帮助学生学好主题文章、了解国家大事，理解习近平新时代中国特色社会主义思想的深刻内涵，扣好人生第一粒扣子。

（三）“西小红娃心向党”讲故事比赛活动

充分利用各类专题教育资源，以班级为单位精心举办好讲故事比赛活动。积极组织学生挖掘、整理和讲述党的故事，大力学习宣传“3 个 100 杰出人物”的感人事迹，邀请“五老”和先进模范走进校园讲述革命、建设和改革的故事，弘扬党和人民在各个历史时期奋斗中形成的伟大精神，让学生充分交流学习体会，教育引导学生感悟党的初心使命，礼赞百年华诞，厚植爱党爱国爱社会主义的情感。参加宁国市讲故事比赛活动时，学校四(6)班程晨同学讲述的是疫情期间在家用“钉钉”直播上网课时，爷爷、奶奶和自己发生的幽默小故事。他的语言生动有趣，内容幽默搞笑，让现场的观众和评委们都忍俊不禁，最终获得一等奖的优异成绩。四(7)班钱宸乐讲述的是感动中国人物——张桂梅奶奶无私奉献、无怨无悔，创办中国第一所免费女子高中的感人故事，她用真挚的感情和生动的语言打动了现场的所有人，最终获得二等奖的好成绩。

（四）“寻访红色足迹——重走长征路”红色教育实践活动

利用爱国主义教育基地、革命博物馆、纪念馆、陈列馆、革命旧址等革命场馆，组织学生瞻仰参观，开展实践体验、研学活动，进一步发挥实践育人作用，不断增强仪式感、参与感、现代感，着力引导学生在学习实践中锻炼成长，追寻红色记忆，学习英烈事迹，感受红色文化，弘扬革命精神，传承红色基因。同时结合开展劳动教育，引导学生树立马克思主义劳动观，崇尚劳动、尊重劳动，培养劳动精神，增强对劳动人民的感情。

每年清明节，德育处、少队部组织少先队员祭扫烈士陵园，缅怀先烈。一件件实物，一张张照片，一幅幅影像，将大家带回到老一辈革命家当年战天斗地的火热岁月。通过瞻仰革命先烈纪念碑，参观革命场馆，队员们感受到了革命先辈不屈的抗争精神和高尚的爱国情操，在思想上和心灵上受到深刻的洗礼。

（五）组织“红色电影大家看”活动

在清明小长假期间组织学生在家观看一部反映党史优秀人物、时代楷模和革命传统教育主题的优秀影片，如《小兵张嘎》《闪闪的红星》《地道战》等，引导学生在对历史人物与历史事件的追寻中，了解历史和人民怎样选择了中国共产党、选择了社会主义道路，激励学生学习英雄模范，汲取前行力量。

（六）“爱党、爱国、爱军队——走进军营”社会实践活动

学校组织学生走进宁国市公安局武警部队战训基地，了解党领导下的人民军队紧张而有序的生活，体会武警叔叔工作的艰辛，感受生活的安定来之不易，激发学生热爱党、热爱军队之情，体验军队严格的纪律、严谨的工作作风、优良的生活作风、规范的内务整理，提高了学生的纪律意识、团队意识，培养其良好的行为习惯。

以上活动的开展，使学生们学有榜样，奋发向上，形成心有党、心有祖国、心有集体、心有他人的思想感情，培养了学生爱党、爱国的深厚情感。

百年名校红旗展，党建引领“养正”魂。宁国市西津小学在新的时代、新的教育形势下勇于开拓、不忘初心，积极进取、砥砺前行，坚持党指挥一切，将党建工作与学校“养正”理念紧密结合，走出了一条教育坦途。未来，我们会更加清醒、更加勤勉，让“为党育人、为国育才”这一主题永远深植于西小沃土。

开启党员领航行动　创树卓越党建品牌

——乳山市府前路学校党建工作汇报

山东省乳山市府前路学校　丁宇怀

乳山市府前路学校党支部是乳山市委教育工委下属党支部，成立于1988年9月，现有党员79人，其中在职党员38人，退休党员41人。2019年6月，按上级党委要求，成立了中共乳山市府前路学校党总支，下设在职党员和退休党员两个党支部。

近年来，府前路学校党总支以“五化五星”基层党支部创建为抓手，以“党建+”模式为主线，以党建文化建设和党员行动领航为重点，探索并实施了“1551”工作策略，即“一种精神、五大工程、五个机制、一个目标”，实现了党建工作与学校特色创建、教育教学工作的深度融合。

一、一种精神——卓越党建精神引领师生不忘初心，砥砺前行

支部党员自发将“追求卓越，做最优秀党员”定位为支部的党员精神，形成了府前独具特色的岗位精神。

管理岗位：身先士卒，率先垂范，争做领头雁

教学岗位：辛勤耕耘，无私奉献，勇当孺子牛

教辅岗位：尽职尽责，真情服务，甘为绿叶

为充分展示和发挥卓越党建精神的引领作用，我校营建了四大体系的党建文化：一是党员领航行动长廊文化，二是红色中国梦楼廊文化，三是不忘初心、砥砺前行党建活动室文化，四是“红星照我成长，红旗引我前行”教室文化。四大体系营建了爱党爱国、追求卓越的浓厚氛围，成为引领全体师生奋发向上的强大精神动力。

二、五大工程——党建工作与教育教学深度融合，共促共进

（一）固根以求木长，夯实“党建＋师德——固本工程”

1. 认真组织“三会一课”及“不忘初心，牢记使命”主题党日活动，提升全体党员的思想素质，实现党员的思想领航。2017 年 9 月以来，我校党支部共组织“三会一课”学习活动 60 多次，并多次邀请乳山市党校专家、教育局党委领导同志到学校为党员上党课，结合学习主题开展了党员干部“微党课”活动。2017 年以来，我校党支部先后组织党员走进马石山烈士纪念馆、胶东育儿所、冯德英文学馆、荣成郭永怀烈士纪念馆、文登天福山起义纪念馆、牟平胶东抗战第一枪群英馆、杨子荣烈士纪念馆、栖霞英灵山胶东烈士陵园等红色基地进行教育实践活动 10 余次，走进社区参加社会公益活动 30 余次，参与帮扶困难学生、社区群众等 130 多人次。

2. 组织扎实有效的师德教育活动。2017 年以来，学校党支部先后组织了“学习乳娘精神，弘扬高尚师德”“树师德，正行风”“规范教师行为，远离有偿补课”“不忘初心，牢记使命”等师德主题教育实践活动。

3. 组织党员和骨干教师参与了“四走近四牵手”爱心领航系列行动。一是走近教师群体，牵手弱势教师。开展了“众爱成家，温暖你我”的主题活动，凝聚爱心于困难教师与病困家属。二是走近学生群体，牵手困难学生。开展了“你的微心愿，我来帮你圆”活动，每名党员认领一名困难学生，帮助他们解决生活或学习中的实际困难。三是走进社区组织，牵手困难群众。组织党员参加社区的扶贫、助学、服务等岗位活动，看望社区孤寡和困难群众。四是走进公益机构，牵手弱势群体。党支部将乳山口敬老院和幸福苑老年公寓作为党员教师服务社会的两个窗口，为老人们送去节日的关爱与祝福。

（二）利器以善其事，做强“党建＋师能——提升工程”

学校党支部充分发挥党员教师的示范引领作用，深化了“生本＋板块”的教学模式，将问题化课例研究与“生本课堂”研究巧对接。重建了“年级组教研线”的新秩序，将研究的重点由研“教”拓展到研“学”，再塑了“学科组教研线”的新格局。与畅园、西苑两所学校构成区域研究共同体，巧借三校之力来共研共进共赢。

“党建＋师能——提升工程”实施以来，本年度我校有 3 人获得威海市教学能手称号，3 人获得威海市学科带头人称号，32 人次执教县市级以上公开课，23 人次获得威海市级以上优课荣誉，11 人次获得威海市级以上优质课荣誉，37 人次获得威海市级创新大赛指导教师称号，获得国家级科研成果 1 项。

（三）乘势以提质效，抓严“党建＋管理——精细工程”

府前路学校积极开展了“三重三亮”主题党日活动，每位党员都精心制作了工作牌，亮党员身份、亮工作标准、亮担当作为，高标准，严要求，时刻发挥党员先锋模范带头作用。

为突出党员的担当性，党支部推进“星火计划”。依托“党员名师工作坊”和“星火工作室”，组织党员开展“党员有约”活动，面向师生相互约课、约心、约读、约助、约访，解决师生的忧事难事。推进“燎原行动”，即一名党员联系一个教研组，照亮一个团队；联系一个班级，照亮一间教室；联系一名学生，照亮一个家庭；联系一名新岗教师，照亮一个人生；上好一堂公开课，照亮一个课堂。“聚是一团火，散是满天星”，党员的担当作为有力地推动了学校管理的优质化、高效化。

（四）谋课以促发展，落细“党建＋课程——树人工程”

党支部遵循“国家课程校本化，校本课程生活化”的理念，从“卓行、卓信、卓慧、卓艺、卓识”五个维度建构起了以“雅行课程”“育心课程”“慧智课程”“美健课程”“体验课程”为五大板块的卓越教育课程体系，为卓越特色发展提供了强有力的课程支撑。

（五）携手以统共进，带新“党建＋团建——联动工程”

学校党支部将“党建带团建”红色教育领航作为党员领航行动的重要方面。

一是积极开展红色精神进班级活动，航天精神、红船精神、工匠精神、女排精神、长征精神、延安精神、亮剑精神、铁人精神、钉子精神，引领学生传承红色基因，为他们的学习和生活提供了强大的精神动力。

二是党员指导班级学生组织了以“红色故事大赛”“红色诗歌朗诵会”“红色文化读书交流会”等为主要内容的红色文化教育周活动。

三是组织团员参观马石山烈士纪念馆、胶东育儿所、冯德英文学馆、牟平胶东抗战第一枪群英馆、杨子荣烈士纪念馆、栖霞英灵山胶东烈士陵园等红色教育基地，进行学习活动。

四是学校党支部与团委共同组织了团员宣誓、学校体育节、读书节、艺术节等活动。

五是党团员手拉手、心连心开展了一系列的志愿阳光服务活动。

六是学校以节日为载体开展了系列主题活动，借五四运动之风开展了“庆祝五四运动100周年”主题德育活动，值此中华人民共和国成立70周年之际，学校特地举办了师生文艺会演、书画展，组织了国庆升旗仪式、师生观看阅兵仪式等一系列丰富多彩的爱国活动。我校排练的红色舞台剧《江姐》经典诵读等节目在威海市中小学生文艺会演中荣获一等奖。

三、五个机制——责任、督查、评价三位一体，筑牢党建保障体系

一是岗位职责网格化。支部将校园划分为网格责任区，每个网格责任区都有责任班级和责任教师，网格责任师生按照支部制定的网格管理细则做细做实各项工作。推动了党员学在细处、做在实处，创新打造“网格化”工作平台，由“小网格”构建起府前路学校基层党建“大格局”。

二是重点工作项目化。涉及学校党建、教学、教研、绿化、安全文化、师生行为等常规和重点工作，支部进行项目化分包管理，以集众人智慧，高效完成工作任务。

三是督查管理层级化。精致校园责任区实行责任人、党员、辖区、支部四级管理。党员协助督促责任人做好精细管理，定期督查，及时通报。

四是典型人物榜样化。2017 年以来，4 人被授予“市级优秀党员”称号，支部组织评选出了“府前优秀党员”20 多人，“感动府前师德典型”50 多人，“府前最美教师”30 多人，有效引领和提升了府前教师的整体师德素养。

五是党员评价星级化。按照过程性按项定章、年终聚章定星、依星评先选优的党员星级评价模式，确定年度党员先锋岗、党员示范岗人选，并择优推介为威海及乳山优秀共产党员或优秀党务工作者。

四、一个目标——以卓越党建带动学校卓越教育的提升

近年来，学校党支部以“五化五星”基层党支部创建工作为目标，成功助推了我校卓越教育特色学校的成功创建，先后荣获了全国青少年校园足球特色学校、全国国防教育特色学校、山东省规范化学校、威海市特色学校、威海市级文明校园、威海市德育工作先进单位、威海市科技教育示范学校等荣誉。2019 年，在教育系统党建微视频大赛中荣获二等奖。

回顾近年来的党建工作历程，府前收获满满；站在 2021 年这一建党 100 周年新的起跑线上，府前豪情满怀。新的时期，府前路学校党总支将一如既往地在各级党委的领导下，以卓越党建精神为引领，创新实施“1551”工作策略，不忘初心，牢记使命，继续带动全校教职工团结协作，勤勉工作，勇争一流，追求卓越，谱写我校卓越党建工作新篇章！

做好红色答卷　献礼百年华诞

新疆维吾尔自治区乌鲁木齐市第十九中学　刘　红

乌鲁木齐市第十九中学成立于1969年。50多年来，十九中人发愤图强，艰苦创业，诚敬勤朴，从一所普通的中学发展到自治区示范性高中，完成了历史性跨越。先后荣获“自治区文明单位”“自治区示范性普通高级中学”“自治区德育示范校”“自治区依法治校示范校”“自治区卫生红旗单位”“全国消防安全教育示范学校”“乌鲁木齐市教育信息化示范学校”“乌鲁木齐市音乐活动特色学校”等荣誉称号。在全国上下掀起的为党的百年华诞献礼的浪潮中，乌鲁木齐市十九中学一路高歌猛进，从“校本课程”“教育教学”“队伍建设”等方面定向发力，做好红色答卷，唱响时代赞歌。

一、以校本课程建设为抓手，弘扬“红色精神”

(一)结合党史教育，优化校本课程体系

为贯彻国家基础教育课程改革精神，深化新课程改革，落实“立德树人”总任务，落实十九中学“求真、向善、创美”的教育信念和“为学生的美好人生奠基”的“务本”教育思想，加快推进十九中学课程体系建设，丰富十九中学课程文化，真正做到“五育”并举，营造全面实施素质教育的良好氛围，在姜伟书记等校领导的谋划下，十九中学在原有的五大类44门校本课程的基础上，重新做了规划整合，形成了28门校本课程，构建了“2＋2＋特”校本课程模式。本模式的第一个“2”指每周上两次“阳光阅读课”，包括“《论语》撷珍”“十九楹联”“名师导读”等课程。第二个“2”指每周上两次“阳光体艺科技活动课”，包括“先锋篮球”“翼飞田径”“飞羽轻扬羽毛球”“青橄榄心理社”“新丝路民乐团”“和声管乐团”“丽声合唱团”“阿卡贝拉清唱团”“创美绘画社”“翰墨飘香书法社”“智动创客编程班”等课程。本模式的“特”有两个含义：一是指十九中学的音乐器乐特色、篮球特色、阅读特色和科技特色，在每天下午的阳光一小时校本课程中要充分体现；二是具体指十九中学的特色课程，比如社会实践

周课程、红色研学课程等。新调整的课程体系突出了思政课程，突出了党史教育，通过“特色展演、经典传承、五育并举、共庆百年”等系列展示活动来展现我校校本特色课程和党史教育相结合的成果。

（二）用好地域资源活教材，丰富红色课程资源

十九中学位于乌鲁木齐市“田字格”的中心，周围有不少的红色课程资源——乌市博物馆、乌市图书馆、自治区展览馆、新疆科技馆、爱国主义教育基地等，这些场馆都是十九中学的校本课程校外学习基地。在社会实践周活动中，有的班去参观“一炮成功”爱国主义教育基地。“一炮成功”记录着平息阿古柏的全民反侵略战争的光辉历史，体现了中国各族人民和军队高举爱国主义旗帜顽强战斗、浴血奋战的爱国精神，每次参观师生们都深受感动。每年清明节前，十九中学团委会组织学生到乌鲁木齐烈士陵园，开展“祭扫英烈，继承遗志”的系列活动。同学们庄严地祭奠牺牲在新疆的中国共产党创始人之一陈潭秋，以及毛泽民、杜重远、林基路、乔国桢、吴茂林、祁天民、陈振亚、汪德祥、彭仁发等革命烈士，身临其境地体验“发展党员”“狱中斗争”“创办刊物”等情景，深切感受到了革命先烈坚定的共产主义理想和革命气节。“红色研学旅行课”在八路军驻新疆办事处等红色教育基地上开展，广大师生在墓碑前追忆先烈，在旧址里瞻仰遗迹，在一件件实物、一幅幅照片前用心聆听党史故事、革命事迹，近距离感悟革命先烈的红色精神，把党史看在眼前、听在耳边、记在心里。同学们在“零距离”的研学活动中寻访红色足迹，传承爱国精神，更好地感受了红色文化的丰富内涵和深厚底蕴。

（三）加强思政课程建设，传承红色基因

在深入开展党史学习教育活动，为党百年华诞献礼的过程中，十九中学除了用活、用好、用足红色地域教育资源优势外，还用了一年的时间基本建成了校史馆和思政课程馆，扎实推进红色基因融入思政课程建设的工作，努力营造内涵丰富、特色鲜明的红色校园文化，引导学生厚植爱国主义情怀，播撒理想信念的精神火种。

十九中学思政课程馆，坚持用习近平新时代中国特色社会主义思想铸魂育人，遵循中学生认知规律，通过对初、高中思政课教学内容的延伸与拓展，搭建思政课程体系，具体内容涵盖了中央治疆方略、马克思主义中国化理论、中国精神、中国特色社会主义制度、法治中国、改革开放、中国梦、党史共八大专辑。建设思政课程馆是为了抓住青少年价值观形成和确定的关键时期，引导十九中学子扣好人生第一粒扣子，从而更好地完成培养能够担当民族复

兴大任的时代新人的使命任务。

在思政课程建设中，学校认真贯彻落实全国教育大会精神和第三次中央新疆工作座谈会会议精神，深刻把握“十四五”时期思政课高质量发展的新形势、新要求，打造思政课改革创新“升级版”，全面推动十九中学思政课高质量发展。引导师生自觉发扬红色传统、传承红色基因、当好红色传人，把伟大革命精神打造成为新时代最厚重、最鲜活的思政大课素材。

十九中学在不断加强传统思政课堂教学质量提升的同时，多措并举，积极推进课程思政建设，用课堂教学播撒红色火种，点燃学生信仰之光，让思政教育真正入脑入心、见行见效。学校党委书记、校长带头走进课堂，带头推动思政课建设，带头联系思政课教师，用行动践行思想政治理论课教师座谈会的具体要求。思政老师们着力将红色基因有机融入思政课的培养方案、教学大纲、教材体系之中，在课堂中播撒红色信仰的火种。用长征精神、抗日精神、抗美援朝精神、井冈山精神、延安精神、两弹一星精神、载人航天精神、抗疫精神、脱贫攻坚精神等伟大的建党精神，教育广大学生，努力培养担当民族复兴大任的时代新人。学校完成了水磨沟区思政课题“增强中学思政课教师集体备课实效性的研究”以及“乌鲁木齐市第十九中学思政第二课堂的创建研究”，为思政课程建设做了有益的探索。

二、以教育教学改革为主阵地，点燃“红色引擎”

(一)借助特色德育活动，播散红色火种

十九中学的党建工作与德育工作深度融合、共同发展。十九中学始终坚持在点滴中立德树人，在浸润中引领成长，把爱国、科学、奉献、奋斗等红色精神蕴含在德育工作的各个环节中，帮助学生厚植爱国情怀、坚定理想信念，铸就“十九学子”特有的优良品格。通过学校特色德育制度——“护导值周”，全面推进学生自主管理、服务意识、综合实践能力的提升。积极搭建家长参与学校活动的平台，形成全方位、全过程、全员育人的良好局面。13年来，每年一届的“班主任节”，从单一表彰模式逐渐发展到融入班主任专业技能大赛模式，既提升了班主任的幸福感，又促进了班主任的专业发展。十九中学2021年的班主任节的主题是“匠心筑梦育英才，与党同庆叙华章”，把党史教育和班主任发展紧密地结合了起来。

为迎接党的百年华诞，十九中学在原有的主题德育活动中又有创新。十九中学成立“水磨之声师生宣讲团”和“19讲堂”，常年坚持每日收看《新闻联

播》并记录观后的感悟，坚持评选本校道德模范并制作成视频通过各年级的道德讲堂集中学习；新生入学教育将传统文化、学业指导、家长学校和军事训练有机整合，形成了知行合一的科学训练体系；将开学典礼、毕业典礼、升旗仪式、少先队员退队仪式、十八岁成人仪式作为仪式教育的重点，培养全面发展的有家国情怀的学生。

本学期举办了“讲好中国共产党的故事，做有胡杨精神的少年”演讲比赛，“奋斗、进步，向五四青年节献礼”“五四精神传薪火，追寻足迹学党史——乌市十九中学‘学党史、强信念、跟党走’红色教育实践活动”“学史崇德，劳动现行——值周班实践宣传活动”“学史明理，吾辈奋力——值周班实践宣传活动”等主题活动。通过组织学生参加以“学习新思想，做好接班人”为主题的团队活动和主题班会，组织开展“从小学党史，永远跟党走”等党史学习教育系列活动，进一步增强了党组织和团组织的凝聚力、向心力和战斗力，不仅培养了学生，还惠及家长。

(二)举办系列教学教研活动，打造红色课堂

十九中学将党建工作与教育教学工作深度融合、共同发展，将价值引领和知识传授紧密结合，充分发挥党员教师示范引领作用，立足课堂教学，组织教师广泛开展各种形式的课堂教学展示活动，调动了全校教师上公开课示范课、带头学习提高、带头争创佳绩、带头服务师生等的积极性，丰富了课堂形式，让党史学习教育“活”了起来。本学期，十九中学的课堂教学活动的主题为“学党史、悟思想、练本领、开新局”，共分为三个阶段。

第一阶段：开学伊始，结合党史教育，开展了“恢复性”听评课活动。党员教师在此次活动中起到了模范带头作用。在两周时间里，六个年级共听评了 129 节课，校领导、中层领导、各支部书记、教研组长共 41 人组成 12 个听课组，深入一线，共计听课 499 节次。此次活动组织有序，起到了督促每个班级、每个学科、每位老师规范上课的作用。虽然听的是常规课，但绝大多数老师特别是党员教师，都做了充分准备，进行了精心的教学设计，课堂效率比较高，落实新课标要求比较到位，为整个学期的课堂教学工作开了个好头。

第二阶段：结合党史教育，开展了系列课例研究活动。4—5 月十九中学的 16 个教研组，开展了为期 8 周的课例研究展示活动。本次课例研究对象有两个来源：一是以青年老师的课为主，把教学有问题的老师的课当成重点提升对象，把考试贡献率低的备课组的课当重点研究对象；二是以青蓝工程的师傅、各级“三类人”(学科带头人、骨干教师、优秀青年教师)、有经验的高

级教师的课当作研究对象，通过课例研究全过程展示，给年轻老师做好示范。本次活动教研组长、备课组长特别认真负责，按照课例研究的步骤和要求，结合课堂教学实际，以问题为导向，把工作做得很扎实。在整个活动中，党员教师全方位发挥带头模范作用。本次活动上课老师共计 16 人，听课 254 人次，评课 217 节次。本次活动受益最多的是执教老师，不仅解决了想解决的问题，还全面优化了课堂教学方法，学到了全组老师的智慧，听评课老师也思考和改进了自己的教学。课例研究活动很接地气，很实用，受到了水磨沟区教育局教研室的肯定。

第三阶段：结合党史教育，开展青蓝工程徒弟汇报课活动。为加强对青年教师的培养，给青年教师提供专业成长的有力支撑。本学年青蓝工程师徒结对共设计 12 个学科，合计 51 人，其中徒弟 28 人，师傅 23 人。近一年来，青蓝工程的各项工作都在有条不紊地进行，师徒们除了完成《青蓝工程手册》上规定的活动外，还开展了青蓝工程结业汇报课活动，师傅精心指导，徒弟尽情展示，汇报课获得高度评价。

另外，每年 11 月是十九中学的教育科研月，会举办系列活动，课堂教学展示是保留项目。2020 年教育科研月，十九中学克服疫情的影响，进一步聚焦课堂，开展了市“三类人”暨党员代表的“领航课”活动，11 学科的 19 节领航课从新课标理念的贯彻、学科核心素养的落实、重难点的突破、教法学法的探索、教育信息化手段的辅助等多方面给全校教师做了很好的示范，收到了预期的效果。2021 年的教育科研月会延续党员教师的“领航课”活动。

(三)丰富校园内涵，弘扬红色文化

十九中学的党建工作与校园文化建设深度融合、共同发展。在党史教育过程中，十九中学继续完善“务本”教育特色品牌的建设。“务本”出自《论语·学而》，“君子务本，本立而道生”，“务本”即致力于根本。多年来，十九中学经过不断探索，凝练出了学校的教育特色，赋予了“务本”具体的含义。“务本”即“为学生的美好人生奠基”(十九中学教育思想)，就是要培养学生具有健康身心、良好教养、良善道德、家国情怀的美好品格，以及自主学习、综合实践、沟通合作、创新创造的必备能力。十九中学的“务本”教育，具体体现在对“求真、向善、创美”(十九中学校训)的追求实践中，即求真致知，向善立德，创美成人。“求真致知”包括课程之本——务精，教学之本——务效，教研之本——务用；“向善立德”包括行为之本——务正，为学之本——务勤，处世之本——务实；“创美成人”包括艺术之本——务专，体育之本——务强，科技之本——务新。在“务本”特色品牌学校的创建过程中，十九中学高举弘

扬红色文化的大旗，丰富校园文化内涵。

十九中学校园文化活动品牌“道德讲堂”以“立德树人”为根本任务，坚持理论教育与实践养成相结合，针对教师的实际情况和中学生不同阶段的特点，深入开展社会公德、职业道德、家庭美德、个人品德专题教育活动，引导全校学生认真开展党史学习，厚植道德情怀，筑牢精神之基，争当中华传统美德的传承者、社会主义核心价值观的实践者，抓住青年学生价值观形成的关键时期，通过持续深入的教育引导，推动社会主义核心价值观成为青年学子的思想自觉和行为习惯。

十九中学牢记“为党育人，为国育才”使命，充分挖掘文化资源，大力弘扬，科学引导，用心思悟，勇于践行，以中华优秀传统文化为师生“培根”，以革命文化为师生“铸魂”，以社会主义先进文化为师生“强筋”，弘扬红色文化，为文化润疆工程筑牢基石。教学楼大厅孔子像后的巨幅仿古竹简背景，镌刻着十五条《论语》名言，无声地激励着学生热爱优秀传统文化。老师们在语文、政治、历史等学科的教学过程中，自觉融入革命文化内容，通过革命领袖、革命烈士、英雄模范、仁人志士、普通一员等人物对象，以及“家国情怀”“责任与担当”“伟大的品格”“革命岁月”“理想和信念”等主题教育，积极地影响、感染、激励学生，把“红色基因”植入学生心里。学校还坚持用“国家精神”教育广大师生。国家精神是中华民族的灵魂，是社会主义核心价值观的具体体现，老师们通过一个个鲜活的英雄事迹，一幕幕激昂的战“疫”场景，使社会主义先进文化的高尚内容变得可感、可知、可爱。在引导学生崇尚英雄劳模、重塑偶像的过程中，加强学生新时代英雄主义、爱国主义文化培塑，用社会主义先进文化为学生的全面健康发展保驾护航。

十九中学将党史学习教育活动和校园文化建设相结合，通过润物无声般的浇灌、浸染、熏陶，不断增强师生的政治认同、思想认同、理论认同、情感认同，让党史学习教育深植于心，推动党史学习教育“走实、走深、走心”。

三、以队伍建设为保障，做好“红色答卷”

十九中学一直把队伍建设作为各项工作的重中之重，本学期更加注重队伍建设，为党的百年华诞献礼。

（一）加强干部队伍建设

确立“政治素质高，业务水平精，管理能力强，群众基础好”和四个“实”，即“踏实的工作作风、扎实的业务功底、稳重的处事风格、坚实的群众基础”

的干部培养目标。要求干部能加强自身建设，严于律己，勤政廉洁，敢于说“向我看齐”。要求每一位领导成为教师的楷模；要求干部严格遵守教师职业道德和党员干部必须遵守的有关规定，热爱学校、尊重教师、团结协作、廉洁自律、不计名利、无私奉献，发挥表率作用；要求领导干部对同志以诚相待，诚实守信，关心同志，乐于助人，坚持原则，公平公正，建立良好的人际关系。

学校利用每周五的中心组学习和行政会定期组织干部的学习和培训，从思想上提高干部服务师生的意识，确立了“亲和、诚信、高效”的服务理念，并提出“扎实就是能力，细致就是水平”的工作要求。工作中放开手，要求干部对个人分工负责的工作敢于大胆负责，不推诿扯皮，形成良好团结协作的氛围和踏实肯干、勇挑重担、吃亏奉献的工作精神，学校上下形成了和谐、融洽的干群关系、师生关系。

(二)加强党员队伍建设

十九中学制定了《乌鲁木齐市第十九中学落实市委〈关于坚持和加强党组织全面领导中小学校工作的实施意见的通知〉的方案》，把党的领导全面贯彻到教育工作的各方面各环节，建立了意识形态领域“13552”特色工作机制，牢牢掌握党对教育教学工作的领导权。

为进一步发挥学校党组织政治核心作用，十九中学建立理论学习制度和学校领导班子集中学习制度，并探索把党小组建在年级、学科和教研组上，实现党组织和党的工作有形覆盖、有效覆盖，六个支部结合“三会一课”、主题党日等形式，组织开展党史知识竞赛、故事会、演讲比赛、党员课堂教学比赛、征文比赛、手抄报比赛，以及“参观红色教育基地、重温入党誓词、缅怀革命先烈”等主题突出、特色鲜明、形式多样的学习活动，以活动为抓手，不断提升党建工作对落实立德树人、办好人民满意教育的重要作用。

十九中学的姜伟书记要求全体党员做到“三个一”和“五个最”。“三个一”即第一身份是共产党员，第一形象是群众的带头人，第一职责是为党工作。“五个最”即成为想到自己最少的那一位，坚持来得最早的那一位，坚守到最后的那一位，行动最快的那一位，牵挂群众最多的那一位。学校党员教师在发挥模范带头作用上争创先锋，党支部在发挥战斗堡垒作用上争创先锋，带动了学校发展和党员队伍成长。

(三)加强班主任队伍建设

学校继续以“德育研修”“青蓝工程”为核心点，进行班主任、年轻教师培养。通过推荐学习、校内研修、科研推进三重方式不断提升班主任的专业素养和教育能力，优化班主任队伍的整体素质。本学期推荐数位班主任完成国家教育行政学院组织的全国骨干班主任网络培训示范班的学习，顺利结业；通过德育例会进行校内研修，本学期主题培训有“心理问题学生的沟通与管理”“疫情防控下的班级管理”等，培训专业有高度，交流思考有深度，学习者认真有收获；本学期为班主任推荐书籍《从合格班主任到优秀班主任》，旨在提高班主任专业管理能力，也是对我校成就更多优秀班主任的向往；继续推进德育科研，将42篇获奖论文和叙事文章一并推荐参加乌鲁木齐市2021年德育成果大赛，张新芬老师的德育课题“初中班级学生自主管理的现状及对策研究”获得市级一等奖。学校十分注重对年轻教师的培养，本学期结合学校青蓝工程，完成20位班主任师徒的结对工作，其中35位在岗班主任中，有9位师傅和9位徒弟获得了本学期优秀班主任称号，实现了师徒共同发展的良好局面。

（四）加强教师队伍建设

十九中学采用个人研修、团队互助、专家引领等方式培养“四有”好教师。

持续组织业务学习。学校给老师集体购买了各科《2017年版课程标准》、各科《2017年版课程标准解读》、《课程的逻辑》、《有效教学》、《教育心理学》、《教学方法学》等书。校领导组织中层在行政会上学习，教研室制定具体方案，组织全体教师在教研活动时学习，增强理论修养，用科学的理论指导具体的教育教学实践。

组建了十九中和三十一中余映潮中学语文名师工作室、布丽燕化学名师工作室、十九中数学名师工作室、十九中物理名师工作室、刘永辉音乐名师工作室、王建国体育名师工作室等名师工作室，开展了系列活动，促进了相关学科的教师队伍建设，其中余映潮中学语文名师工作室已经开展了四个阶段的培训，每次培训惠及校内外数百名语文教师。

持续开展了青蓝工程各项活动。青年教师既有德育师傅，又有教学教研师傅，按学校要求有计划有实效地开展工作，为青年教师提供了专业成长的有力支撑。

采用“走出去，请进来”的方式培训老师。学校每年派一百多名教师参加区内外的培训。曾数次派教师参加南京师大附中、衡水一中、北京四中、宁波镇海中学等名校的学习。学校每年邀请区内外专家来校讲学，在疫情期间，多次组织老师参加各种线上培训。认真落实全员继续教育工作，提高教师的专业技能。

以活动为载体，提升教师专业素养。十九中学每年组织老师参加专业考试(和乌市高三二模一起考)，举办论文、案例、教学设计、命题、说课、说题、基本功等比赛，促进教师专业成长。如本学期组织了主题为“学党史、悟思想、练本领、开新局”的命题作文大赛、青年教师基本功大赛、课例研究报告大赛等活动。

开启新征程，当有新作为。当前，我国开启了全面建设社会主义现代化国家新征程，新疆教育也迈入了高质量发展的新阶段。乌鲁木齐市第十九中学顺应历史潮流，抓住为建党 100 周年献礼的契机，推动了学校各项事业的发展，学校的方方面面呈现出一派欣欣向荣的景象，十九中学决心用实际行动，为党和人民交上一份满意的红色答卷。

携手与爱同行，共待春暖花开

——山东省青岛第一中学2019级党支部党员先锋在行动

山东省青岛第一中学　杨爱丽

鼠来豕去远，春到景更新。然而，2020年的春节注定不同寻常。突如其来的新冠肺炎疫情扰乱了我们正常的生产、生活秩序。为阻断疫情向校园蔓延，确保师生及家长的身体健康和生命安全，教育部要求各地2020年春季学期延期开学，并印发《关于深入做好中小学“停课不停学”工作的通知》，要求全国有序、有效、深入开展“停课不停学”的教学策略。

为积极响应教育部的这一号召，山东省青岛第一中学2019级党支部积极发挥战斗堡垒作用，在校党委的领导下，本着“一切为了学生，为了学生一切”的求真务实态度，积极探索线上教学新模式，师生同心，家校携手，精准指导学生居家学习。

一、疫情中最深情的陪伴

2019级党支部认真贯彻落实中央精神和省委、市委部署要求，以实际行动践行初心、担当使命。在学校党委防控疫情工作领导小组的统一领导下，充分发挥党支部的战斗堡垒作用。而在教育战线上，有这样一群人：面对突如其来的疫情，他们提前结束寒假休假状态，保持24小时通信畅通；每日通过“云管理”“云办公”，及时了解学生动态，摸排学生情况，践行精细化管理；关注疫情数据，精心选取卫生防疫、心理健康、家庭教育、居家游戏等知识，制作微信学习资源，推送给学生和家长，做好防控宣传；提供线上辅导答疑，关爱“宅”居学生心理，传递温暖与力量……他们，就是一线班主任，用实际行动践行着初心和使命，为打赢疫情防控阻击战全力以赴，第一时间投入到了维护学生健康安全的第一线。

(一)初心使命的坚守者

自防控疫情的警报拉起，2019级全体班主任积极响应上级号召，通过手机、电脑默默关心、守护着学生。每天晨起从疫情健康上报开启，利用“钉钉”打卡功能请家长给孩子测量体温，确保每个学生每日卫生健康，督促早防护、早发现、早报告。

每个清晨的早读间，每个夜晚的夜修室，每个课间的班会都有班主任们陪伴的身影，学生的每一次作业、每一堂课的反馈，都无时无刻不牵动着班主任们的心。从早到晚，班主任们全天候无缝衔接地陪伴在学生身边，那深情注视的目光，为学生和家长带去了无尽的暖意与希望。

(二)耐心疏导的情感师

一台电脑，一部手机，联通的是班主任与学生的心。在居家学习的过程中，班主任们不仅是学生的传道授业者，更是学生的情感疏导师。他们有的利用微信群，或私信或语音电话进行沟通交流，让孩子们关注时事，树立大局意识，在不给国家添乱、保证自身健康的基础上，充实生活，得到全面发展；有的向班级群转发官媒发布的新冠疫情形势，根据不同阶段疫情防护的工作重点，指导防护措施；有的录制科普小视频，积极引导学生科学防疫，增强自我防范意识和防护能力；有的用微信、QQ、智学网等平台开展主题教育班会，播放心理健康视频，推送励志文章，引导学生励志笃学，志存高远；有的通过语音点评、视频点拨、分组分批地召开视频会议，及时关注学生学习动向和生活状态；有的进行电话家访，建立家庭心理探查档案，把家长朋友们好的做法及时推广，与家长携手落实网络教学的知识内容；有的指导学生制订详细的自主学习计划，每天和学生进行防控方法交流，对学生进行心理疏导；有的适时向家长反映学生们在各科学习过程中出现的问题，和家长们一起寻求解决的途径和方法，一起为学生们打好后勤保障战，一起为学生在战疫期间始终保持旺盛的学习热情团结协作，形成了抗击新冠的强大合力。

在疫情肆虐的关键时刻，党员班主任们把最权威的疫情防控预防措施、最贴心的心理疏导方式告知每一位学生，让每一位学生感受到学校的关心，感受到学校的温暖，感受到学校的支持。虽然他们只是教育战线上普通而平凡的守望者，但他们以朴实的语言、踏实的行动，越过时空，传递着知识，传递着爱，诠释了教育工作者的崇高情怀。

二、疫情中最温暖的目光

自打响新型冠状病毒肺炎疫情阻击战以来，全社会运转的脚步都慢了下来。但是，我们学习的脚步并没有因此而停止。网络教学给传统课堂带来了深刻的变化，但是如何有效管理又是摆在众人面前的一道难题。以集备组长为代表的2019级党员先锋们发挥引领作用，迅速研究制定应对方案，部署落实网络学习措施，以期最大限度地减少疫情对年级教育教学的影响。

（一）群策群力，搭建“空中课堂”

为给学生呈现高效有趣的“空中课堂”，2019级党支部以集备组为团队，根据各学科特点，结合班级学生的实际情况，通过视频会议在线研讨，搜集优质教学资源，集思广益，打造精品课堂，录制有针对性的微课，供学生复习和预习。

这是一次前所未有的挑战。当离开讲台与办公桌，仅能坐在电脑或手机屏幕前与学生、同事隔空交流，老师们感到非常不适应。加之寒假期间事发突然且各地交通不便，很多老师手头都没有书籍和资料，甚至没有十分便利的线上教育工具。但在特殊时期，为了学生的学业，每位老师都在第一时间投入工作中，没有丝毫怨言。

网络教研，改变的是教研地点、方式和方法，不变的是教研态度、精神和效果。紧张而有序的教研过程，彰显了一中教师扎实的教学技能和创新能力，体现了一中教师的无私奉献精神，疫情面前，不遗余力，尽职尽责。

（二）诲人不倦，在线答疑解惑

线上教学的有效性和针对性离不开细致、持续的日常监督管理和及时的跟进检查。自线上课程开播的第一天起，2019级支部的全体教师都在与学生们同步收看，及时掌握学生进度。各集备组通过召开线上备课会议，反馈学生的学习情况，进一步修改和完善网课计划，使“空中授课”更加科学、有效。

老师们利用微信、智学网、移动授课助手、腾讯会议室等各种线上平台布置、批改作业和答疑。为了让学生们能及时消化巩固当日所学知识，师生有时交流到深夜；碰到用文字表述、学生理解起来有难度的学习内容时，老师们又不辞辛劳地录成微课，只为让学生真正学通、弄懂、做实。

同时，老师们还利用平台加强家校沟通，提醒家长督促学生学习，发挥学生的自主能动性，自行学习并反馈结果。为了保证每一个学生都不懈怠、不掉队，很多老师同时穿梭于多个线上平台，其间经历过不少摸索试错、平台崩溃的情况，但老师们并不为此产生丝毫动摇放弃的念头，真正做到“教学过程要持续，教育质量不打折”，为学生的健康成长保驾护航。

三、后疫情时代最执着的守望

随着疫情防控进入常态化阶段，我国进入后疫情时代。后疫情时代的学校教育，如何实现线上与线下教学的有效衔接，让教师和学生尽快适应紧张有序的校园生活，是摆在我们面前的一道难题，需要认真思考和应对。

(一)后疫情时代学校教育教学组织管理的有效性

随着全面复课，在保证正常教育教学秩序的情况下，做好学校常态化疫情防控工作不可忽视。为此，2019级党支部在学校党委疫情防控工作领导小组的统一领导下，充分发挥党组织的战斗堡垒作用，坚持两手抓，一手抓常规教育教学，一手抓常态化疫情防控。认真落实党和政府有关疫情防控工作的要求，做好学生体温监测等常规工作；把好校门，做好外来人员入校排查工作；通过检查、评比等办法，全面做好年级的公共卫生工作；加强常见传染疾病的宣传和预防工作，提高师生的健康意识和公共卫生安全意识。

(二)后疫情时代线上、线下教学内容深度融合

开放共享的互联网突破了时空限制，让我们可以随时随地学习，线上学习将学习的自主权还给学生，打破了传统教育的滞后性。但不可忽视的是，居家学习的效果也是因人而异的，这就为复学后统一教学进度带来困难。学校及教师既不能采取“一刀切”的“零起点教学”，也不能忽视学生的个体学习差异。因此，2019级各学科以集备组为单位，发挥团队力量，合理调整教学进度，优化学习内容，整合教材，优化教学策略，共性问题全班解决，个性问题单独辅导。针对学生学习效果差异，还可化差异为资源，以生为师，生生互助，补齐线上学习短板。

线上线下融合将是未来学习的新常态。线上教学网络平台是“深度融合”的前提，学校的教学改革是“深度融合”的关键，学生学习效果是“深度融合”的检验标准。复学后的教学要构建线上线下一体化的课程新体系，创新学生学习方式和师生互动方式。其实在未来教育中，教师不仅仅是“主播”，更是学习活动的设计者和组织者，需要引导学生全员、全程、深度参与课程的教与学。

线上与线下的深度融合及应用是教育信息化的重要目标，2019级党支部及时总结疫情期间线上教学的经验成果，充分利用教育网络的资源内容优势，积极构建开放式课程教学体系，有针对性地开展灵活多样的随机点播式自主

学习，不断激发学生个性化学习的热情，使线上平台的书本知识与实际学习生活进行线上线下深度融合。通过线上线下的连通，打破传统校园的封闭性，让我们的教育更具开放性、趣味性。

同时，我们要在坚持教育本质和应用信息技术之间找到平衡点，恰当处理好育人与技术之间的关系，在教学中，信息技术的应用要让学生更有智慧，但不能因为过分依赖技术而使学生的思维能力下降，也不能因为技术的应用造成现实中人与人沟通的障碍。线上教育是对线下学习的补充和辅助，师生、生生之间的情感交流与人际互动是永远不可替代的。

（三）后疫情时代家校协同育人

突如其来的疫情让我们不得不选择居家学习。与此同时，家长也面临学生居家学习后家庭教育和居家学习生活方式的挑战。一些家长对于孩子的教育在心理上是迫切的，但是在能力与方法上是茫然的。个别家长在教育上表现出或简单粗暴，或关心过度，或放任自流等现象。当看到家长的茫然和无助后，学校迅速以班主任为纽带，通过家校群，建立起家长和学校、家长和家长、家长和学生的联系；通过云沟通、云家长会，指导家长家庭教育的方法；通过家庭亲子活动，改善家长与孩子的关系，增进彼此理解。

后疫情时代，我们要梳理在疫情期间家庭教育的问题、需求、经验，进而聚焦问题，找准根源，再有针对性地开展指导。借助专家资源，建立系统课程；借助多种渠道，提升家长的家庭教育理念；要持续、系统性地开展家庭教育工作，让家长和学校真正形成合力，充分发挥家校协同育人的优势。

病毒无情人有情，率先垂范担道义。在抗击疫情的非常时期，2019 级全体党员教师发扬“心齐要好”的不服输精神，不忘育人初心，牢记育人使命，众志成城，共克时艰。携手与爱同行，静待春暖花开！

培根铸魂　“五精荟馆”　“精美”战“疫”

——疫情背景下提升学校线上线下教学的创新与实践探索

北京市第五中学分校附属方家胡同小学　吕慧凤

疫情来势汹汹，根据习近平总书记关于新冠肺炎疫情防控的重要讲话精神和党中央、教育部、市教委决策部署，北京市做出大中小学延期开学决定，并启动“停课不停学”工作。一场因疫情而生的教育背后，学校付出了哪些心思？教师做了哪些工作？学生收获了怎样的成长？这需要学校、教师、学生、家长这个“学习共同体”一起探索，找到为之努力的方向。

一、党建引领，提前谋划，“精美”战“疫”

2020 年 1 月 24 日，东城区召开了防控疫情视频会议，部署防控及延期开学工作。彼时，武汉封城，其他地区陆续进入一级响应状态，使这个寒假蒙上阴影。“非常时期”如何学习，孩子能否保持学习状态，是家长普遍关心的话题。如何做好“停课不停学”的工作，是摆在学校面前首要的问题。这不仅需要提前谋划，更需要学校根据自身情况制定相应实施方案及措施，既保证疫情期间孩子们的生活与学习，也要促进学校教育教学工作的有效开展。

大年三十的疫情防控工作会后，我校侯丽华书记带领大家思考，随着疫情的蔓延，我们很有可能会经历一个超长假期。从 1 月 25 日开始，方家胡同小学第一时间建机制、强管理，并研判形势，在 1 月中下旬，领导小组就开始提前着手，研究谋划符合校情学情的“停课不停学”方案。接到市区精神后，又进一步遵照市区及教育两委部署，不断调整完善并细化学校“延期开学不停学”特色方案，把“增强生活适应能力”和“提升自主学习能力”作为培养学生的重点，有序推动“居家学习”工作。

为了让全校教职工及时了解学校疫情防控工作、延期开学期间教育教学具体安排，2 月 12 日下午，教导处利用线上网络平台向全体教师解读我校延期开学方案，电教老师对全体教师进行相关软件培训。2 月 13 日下午，德育处继续召开全体教师会，对我校延期开学工作进行补充说明，安排相关班主任工作。2月15日下午，召开全校家长会，向全体家长说明我校延期开学相关工作的安排。同时，学校各部门开始围绕延期开学的方方面面高效开展工作。学校启用了网上平台软件，按年级、部门进行组织架构，分别建立年级组长群、各学科群、班主任群、班级群，这样减少了信息沟通的层级，可以使学校的安排、指令一步到位。

(一)思想引领，精准定位

面对疫情，学校党支部充分发挥战斗堡垒作用，思想引领，精准定位，及时传导，统一共识。通过温馨提示(9次)、一封信(如致全体党员的两封信《党旗飘飘党徽闪闪，协力同心共克时艰》、《立即行动起来，彰显使命担当》，《致家长的一封信》)、微信公众号平台、电话联系、领导小组会、党政联席会、4次网络教职工会、“家校携手，共度战疫时期”网络学生及家长会等形式第一时间将上级精神、学校方案、四方责任等及时传导到位，统一共识。干部、党员、入党申请人、团员、骨干等关键少数，积极发挥辐射带动作用，引领教师们迅速进入工作状态，并以“精美教育体系”为依托，以学科教研组、年级组等各个教师共同体为基本单位，聚焦育人价值和教师角色定位，迎难而上，共克时艰。

一是聚焦育人价值所在。“延期开学不停学”让教师进一步思考知识学习与其背后的育人价值的内在关联。此次疫情，老师们意识到书本知识是“育人”的资源与手段，服务于“育人”这一根本目的。抗击疫情期间，教师可以从自身学科出发，用学科思考力抗战“疫”，引导学生运用各学科独特的知识体系、思维逻辑和学科精神去应对疫情中的实际问题，并能够在此基础上做到学科融合，注重学科间的内在联系。

二是聚焦师德、师能双提升。教师从指导学生角度，结合线上教学实践，以价值引领者、学习指导者、活动组织者、资源提供者等角色，本着更加专业和职业的态度做好立德树人工作。从自身发展角度，教师以学习者、研究者、合作者的身份，积极投入“五精荟馆”课程建设中，努力做好学科课程，努力把控微课质量，实现自觉的职业提升。

(二)科学施策，精准实施

为指导学生在延期开学期间科学、有效居家学习，合理安排居家生活，锻炼基本生活技能，增强自主学习、自我规划意识和能力，促进学生健康成长和全面发展，我校在延期开学期间，建立以“五精荟馆”浸润“五美教育”的“精美教育”体系，为学生提供“五精荟馆＋五美教育”，即“5＋5供给”服务模式，提供学习自助餐：针对不同学段、不同年级的学生特点，科学合理地为学生定制了丰富、自主、可选择的“学习菜单”及“营养菜品”。引导学生将“三个自主”(即学校指导学生自主安排、自主学习、自主成长)落在实处。“五精荟馆”是精品荟馆、精思荟馆、精彩荟馆、精心荟馆和精选荟馆。重点做好爱国主义教育、生命教育、心理健康教育、阅读素养提升、居家锻炼计划、艺术素养、动手实践、家务劳动、生活技能培训等方面的课程安排，借助“精美分享时刻”搭建师生、生生学习交流平台。“五美教育”是浸润“生命之美、成长之美、情怀之美、探索之美、创造之美”，在引导学生知美、辨美、悟美、行美的过程中五育并举，促进学生知行合一，全面发展。

精品荟馆——以道法(放眼世界)、语文(经典阅读)、英语(绘本阅读)为内容，以文化积淀启迪智慧，以知识的涵养点亮心灵，让阅读涵养人生。

精思荟馆——以数学(思维拓展)、信息(人工智能)、科学(科学探究)为内容，发展学科素养，汲取成长力量。

精彩荟馆——以美术(民俗文化)、音乐(民乐欣赏)、书法(写好汉字)、体育(运动小达人)为内容展开艺术实践，注重学生体质的增强，意志品质的锻炼，让艺术陶冶学生的心灵，提高审美和鉴赏能力。

精心荟馆——以劳技(居家生活)、心理(心理与健康)和影视赏析为内容，引导学生热爱生活，成为居家小能手，让生活充满乐趣。

精选荟馆——以文综、理综(综合实践)和自主实践学习相结合，从科学实验中感受学科学的奥秘；走进博物馆，博古通今，感受中华优秀传统文化的博大精深，培养学生民族自信和民族自豪感，感悟家国情怀，培育情怀之美。

我校在延期开学期间进行积极探索，开展大量工作，努力做到延期开学期间教育引领到位、指导到位、服务到位。“五精荟馆”为学生提供了五大荟馆、十五大主题、748 人次的指导性课程，同学们虽然“宅”在家中，却乐于线上学习，每天的学习和生活同样是那么多姿多彩、快乐充实且有意义。

二、教师坚守，统筹推进，隔空相伴

面对疫情，我校广大教师早已从寒假期间进入工作状态，特殊时期教学的方式很有限，“线上”成了最终的选择。我校努力做到学生“延期开学不停学”，教师“延期开学不停研”，以“精美党建”为引领，以“精美教育体系”为依托，以学科教研组、年级组等各个教师共同体为基本组织，聚焦育人价值和教师角色定位。

（一）教师管理："3＋2"线上供给＋自主导学

各学科教师在学科备课组长的带领下，做好延期开学期间的备课准备，按照学生学习要求，先行做好备课撰写工作，备课中要体现对旧知的复习，体现探究性学习，凸显学科特色。各学科针对不同课程性质以及课程线上资源的情况，研究制订课程教学计划，在教学设计上坚持系统性与灵活性相统一，线上学习坚持集中性与分散性相统一，过程管理坚持严格性与宽容性相统一。为更好地开展线上教学，成立测试组进行软件测试，由学校电教老师进行线上培训指导，同时推出线上教学平台操作指南，引导教师自学，让教师尽快熟悉网络教学平台的操作方式和教学特点。学科任课教师要提前掌握网上录课、教学资源使用、远程授课等必要的操作方法；做好线上课程计划，明确各部分学习方式，细化线上教学的过程，设置线上互动、在线反馈评价等。

在一周学习中，我们安排了"3＋2"的学习方式，"3"即三天线上供给，"2"即两天自主导学。三天的云供给，教师提供微课视频资源，引领学生学习；两天自主导学，向学生发送导学单，做好课堂内衔接，为学生自学起到指导作用。

利用网络建立学科备课组、年级教研组、学科录课审核小组、教导处等逐级联动的线上教学实施与监督机制，有序组织开展在线教学，稳定教学秩序，及时了解、发现和解决师生在教学和学习过程中的问题，保障学生按时保质地完成线上教学。学校还将借助在线教学平台的后台管理数据，对延期开学期间学生的学习状况进行跟踪，及时了解、发现和解决师生在教和学过程中出现的问题，切实保障在线教学质量。

（二）学生管理：合理作息＋自我管理

依据学科校本特色课程安排进行学习，精心研制《方家胡同小学学生居家学习与生活指导》，为学生提供自主学习规划参考，让学生合理规划自己的学习和生活，养成良好的学习习惯，能够积极参与互动，自主选择项目，主动分享精美作品。通过学校的学习管理，学生有了合理的作息，能够安排好居家学习和生活，居家生活有规律。从家长的建议反馈中看出，学校在学生管理方面还是颇有成效的。

（三）课程管理：五育并举＋"三微"并进

线上教学优势显而易见，为中小学生居家学习提供了便利条件，提高了

“互联网＋教育”的整体质量。因此，在实施阶段注重学校对线上教学的组织与管理，努力做好“微循环—微调整—微变化”，“三微”并进，让“5＋5”的供给服务更加具有针对性、时效性，以满足不同年级和学段学生的成长需求，让学校延期开学方案更加精致，推进和实施更加精准、深入人心。

1. 课程跟进——计划微循环

在课程实施阶段，将“五精荟馆”各学科的自主学习内容和学习资源梳理成表格，做好系统规划，确定了语文学科整本书阅读、英语学科绘本阅读、数学学科思维拓展、美术学科民俗文化、劳技学科居家生活等学科主题学习，据此制订各学科课程计划。各学科以两周为一阶段上交课程计划，课程计划统一按照学科课程目标、教学内容及进度、微课教案和导学单进行撰写。第一阶段的课程计划以战“疫”专题教育为主，深入挖掘教育素材和教育资源，采取灵活多样的教育形式，统筹课程学习内容，强化爱国主义教育，注重将战“疫”先进事迹教育融入居家学习重要内容，把抗击疫情作为学生教育的生动教材，培养学生爱党、爱国、爱人民、爱社会主义的思想情感，增强新时代中小学生的责任感和使命感。同时，通过线上学习方式关注学生身心健康，把学习疫情防控知识作为居家学习的重要内容，注重疫情防护知识普及，加强生命教育、公共安全教育，引导学生正确认识生命的意义和价值，正确认识人与社会、自然的关系，学会对自己的健康和生命负责，对他人负责，对国家负责。在做好第一阶段课程计划的基础上，第二阶段课程计划以“突出学科特色，关注学科素养”为辅，依据家长调查问卷反馈的建议，在第二周教学工作反馈中对各学科课程计划进行微调整，此次调整考虑线上、线下不同模式的特点和有效性，丰富线上平台学习资源，调整导学单，以专项知识复习为主，帮助学生系统梳理巩固所学内容，将线上学习和学生自主学习、自主阅读、自主锻炼、自主居家劳动充分结合起来，提高学生的自主发展能力，提高学生的自主生活能力，提高学生的自主规划能力，让学生学会学习和生活，形成独立学习的能力，养成良好的生活习惯，培养积极健康的生活态度。

2. 课堂跟进——内容微调整

在计划微循环的基础上，我们对课程内容也进行了微调整：将经典阅读整本书阅读调整为古诗词赏析；将绘本阅读和疫情有关的绘本故事阅读调整为写人叙事类绘本阅读；将数学学科的数独、二十四点和数学广角拓展调整为玩转火柴棒、有趣的数学和心中有“数”之计算复习；将民乐欣赏调整为原创歌曲学习和民乐《金蛇狂舞》赏析；将科学探究从科学角度认识新型冠状病毒调整为了解植物的生长；将民俗文化学画疫情宣传画、关注元宵佳节做彩灯调整为“博悟之旅——魅力景泰蓝”和“民俗之旅——魅力剪纸”；将居家能手关注疫情、做好防控调整为爱劳动长本领的学习；将心理与健康做好疫情防护知识普及调整为心理减压、心理游戏的推荐。体育学科的三项身体素质练习也越来越清晰，形成了“3+3+2”的多彩梯段计划。在周二、周四科任学科导学单中，也做了内容上的调整：了解人工智能在其他领域的应用；将影视赏析爱国影片观看调整为《中国通史》的推荐；将写好汉字导学单调整为介绍书法家的故事，介绍书法知识、名家字帖，展示学生优秀作品，提高欣赏水平。综合实践的学习调整为文综、理综的探究学习。努力用学科思考力抗战“疫”，努力将五育并举渗透在每一门学科的每一节微课中。通过内容的细微调整，课堂达到最佳的效果。

3. 方式跟进——时段微变化

在课程时间设置上，注重长短课时的微变化。长课时 15 分钟，短课时 10 分钟，一长一短课时的安排，真正做到减负增效，努力呈现精彩课堂。在延期开学第一周，我校进行了三次家长意见反馈，在综合家长意见的基础上，依据学段特点，在学习方式上进行变化，在五六年级提供录课视频资源，让学生自主观看，做好自主规划。

在细微调整的基础上，做到统一调度整体跟进，各年级组长统筹管理，安排好组内教学工作，协调各班精美分享时刻，统一年级学习资源包下发、布置资料留存工作等相关事宜，以确保各项工作落实到位。

教师“上线”，其实就是教育者“变”与“不变”教育理念的体现。在学校看来，这个时期，安心最重要。如果跟家长沟通好，让大家心安、不焦虑，感悟到这一切都是尊重规律的，是最好的安排，是顺势而为，那么学校、老师的付出也是值得的。在延期开学第一周，我们在周一、周三、周五分别向家长征集了建议反馈，在此也得到了很多家长的回复与感谢。由此，让线上学习成为学校和学生、家长沟通的一条纽带。

三、家校共育，学生成长，精彩绽放

延期开学，不仅是对老师和学生的考验，更是对家长的考验，孩子居家生活和学习质量与家庭教育的质量息息相关。我们充分把握这个最佳时机，对家长进行家庭教育指导，家校共育，让学生稳步有序地进行学习。

学生在内容丰富、形式多样、五育并举的课程学习中，情绪已趋于稳定，形成了一种积极向上、充满正能量的态势。学生在延期开学期间丰富、充实的一日学习，留下了很多值得回忆、值得收藏、值得推广的美好瞬间。指导学生利用班级群、班级圈选择上传自己的特色作品，为学生打开了班级成长的记录平台，帮助学生留下了人生记忆中浓墨重彩的一笔。

疫情背景下，我校对提升学校线上线下教学的创新与实践探索进行大胆尝试，这让我们再一次对教育本质、育人规律进行深度思考，始终坚持“健康第一、面向全体、五育并举、自主发展、家校协同”，专注做教育，培根铸魂，启智润心！

以下是来自家长对我校延期开学这一阶段工作的反馈。

一年级的学生刚刚进入学校一个学期的时间，利用假期把自己积累的古诗和俗语拍成小视频和老师一起分享；书写小达人们，把自己巩固的汉字写下来，不仅写得正确，还能写得工整、美观；表达小达人们把自己在这个特殊的寒假所经历的事情记录了下来，表达自己的真实感受；读书小达人们在寒假里坚持每天读书，读自己喜欢的书，养成了阅读的好习惯。

——一(1)班家长

第一天的课程，让我感受到校领导和老师们课程准备得很用心，也很充分，课程内容不是照本宣科，而是注重拓展课外知识，如语文古文鉴赏、英语绘本阅读，开阔孩子们的眼界和思维。同时，课程节奏安排也非常合理，安排了眼保健操时间和体育锻炼时间，让这个延长的假期更加丰富多彩。

——三(3)班家长

一场突发的新型冠状病毒肺炎疫情，打乱了孩子们今年的寒假和开学计划。今天是原定的开学日，但是由于疫情，我们的孩子们在班级老师们的带领下在网上进行了自主学习，每个课程都凝聚了老师的心血和付出。孩子们学得津津有味，拓展了知识，增加了见识。在学习的同时，学校还树立“健康第一”的思想，在延期开学期间教育孩子们以疫情防控为基础，兼顾学习与休息，合理安排居家学习生活。感谢学校和老师们对孩子们的教育与培养，你们辛苦了！

——六(2)班家长

用教育者的方式战“疫”，让每一个梦想都实现

——记鹤岗一中2020届高三学年“战疫”直播

黑龙江省鹤岗市第一中学　刘　娟

2020年初，面对新冠疫情的严峻形势，全国上下万众一心，践行“守土有责、守土担责、守土尽责”的誓言。在这场不见硝烟的阻击战中，医护人员冲锋在前，人民军队临危受命，各行各业恪尽职守、攻坚克难、众志成城。我们鹤岗一中高三学年也迅速行动，不忘初心，忘我工作。用教育者的方式战“疫”，通过“线上直播课”的形式，确保高三二轮复习平稳过渡。

按照教育主管部门统一部署，我校领导亲自指挥，于2020年1月30日大年初六召开紧急视频会议，安排部署高三学年开展线上辅导课工作。高三学年主任团队积极响应，号召全体教师继续发扬无私奉献、无畏困难的战斗精神，发挥基层党组织战斗堡垒作用和党员先锋模范作用，在教育资源相对落后、硬件设施陈旧的情况下，创新教学形式，探索、实践互联网线上直播课，让鹤岗这座边陲小城的高三学生战“疫”和学习“两手抓”，攻坚克难，力争做到学习效果家校一致，二轮复习稳步推进。

一、建立制度

2020年1月30日，我校领导召开了由高三学年主任团队、信息中心吴主任和九大学科教研组长参加的视频会议，安排部署工作。学年主任第一时间建立“云研究微信工作群”，并连夜制定各学科教学进度、教学内容、作业批改检查制度及直播课听评课制度。向高三全体学生和家长发出一封信，宣传直播课的重要性，指导学生和家长上好直播课。

制度的建立不是最难的，难的是把制度落到实处，难的是不断反馈完善，难的是践行制度，号召一线教师把工作开展起来，为此高三主任团队不分昼夜，几乎每天凌晨还在群里研究办法，下发通知，早上不到六点又开始收集信息，督促工作。

二、完善设备

网络直播课需要设备支持，可是有的老师家里的电脑老化，有的电脑不能兼容软件，有的没有耳麦，有的家里网络信号不稳定，等等，困难太多。而特殊时期，老师们又不能违规去学校，设备不全怎么办？巧妇难为无米之炊啊！他们东拼西凑，自费购买，求助朋友，再加上校信息中心的支持，终于克服了所有的困难，准备上课，我们的老师真是太智慧、太敬业、太无私了！

三、学习技术

在信息中心吴玉珏主任、司丙红老师的帮助下，老师们快速学习并掌握了希沃线上直播平台的操作技术，校领导亲自深入，吴主任和司老师检查每一位老师的试课效果，老师们私下里又互相帮忙试课，用了4天时间，效果还真是不错。但2月3日正式开课的当天，线上人数同时达到1600多人，课件与教学无法同步，只能听到声音，课件无法播放。希沃平台服务器不能同时支持众多学生在线听课，我们只好重新寻找线上授课平台。时间不等人，当从胡长胜老师那里了解到“腾讯课堂”能支持2万人上课时，学校领导当机立断，让老师们尽快熟悉新平台。胡长胜老师立即制作技术指导视频，老师们连夜学习，连夜改课件，一次次尝试，沟通，再尝试，试课到半夜，休息时间不睡觉。班主任们一次次呼吁学生和家长上线配合试课。几天来，校领导、学年领导殚精竭虑，信息中心的吴玉珏主任、司丙红老师和高三学年班主任以及学校其他老师每天看电脑、发微信、听试课、看视频，废寝忘食，孜孜不倦，终于在2月4日下午成功地进行了全体学生直播课。首批授课的老师们克服的困难最多，付出的辛劳最多。他们多次试课，不眠不休，充分发扬了鹤岗一中人无私奉献的精神。

四、备课教学

九大学科教研组组长深感高考迫在眉睫，时不我待，在接到任务后，立即用微信联系学科组全体成员调整教学计划，定下重点专题，网上集体备课，讨论授课细节，安排学科作业。与线上授课教师研讨沟通，并带头迎难而上，接下首批上课的重任！

我校高三原定2月3日开学，为了落实上级指示精神“停课不停学”，工作提前到1月30日大年初六就开始了，可是谁也没有任何怨言。我们用了5天时间建立制度、完善设备、学习技术、备课教学，终于成功地向高三全体学生推送了首周36学时1800分钟的线上直播课程，这是鹤岗史无前例的创新，具有开创先河的意义。

五、“云”模考

网上授课已近两个月，距离2020年高考还有81天时间，为了检测同学们的学习效果，尽快适应高考节奏，我们高三学年全体师生经历了一次特殊的考验——第一次网上模拟考试。

“模考”前一周，在校领导班子的周密部署下，高三学年、信息中心、教务处、保卫科、校印刷室多方联动，紧张而有序地完成了筹备工作。2020届高三学年先后多次组织召开了学年主任会议、班主任会议、教研组长会议，做到统一思想、充分沟通、协调一致，研究制定一模考试可行性方案。最终家校合作接力，完成一次有温度、有信度、有效度的模拟考试。

疫情期间，用这种形式考试是一种创新，是一种激励，也是对生命的敬畏。特殊时期的经历是一辈子难忘的，具有里程碑意义，网上“模考”彰显了高三全体师生团结一致、共克时艰的拼搏精神！

六、网课感悟

2020年的新冠肺炎疫情就注定了这一年的不平凡，而对于2020届高三学年的师生来说更是一场巨大的考验。原本已做好正月初十开学心理建设的我们，在突如其来的疫情面前迅速转变角色，从面对面教学转战到线上教学，在实践中学习，在学习中成长。每个人都有自己的故事要讲述，故事中有欢笑，有泪水，这些都将成为属于我们这届高三师生的共同记忆。

(一)老夫聊发少年狂——地理教研组郭兆才老师

“时代的一粒灰，落到个人头上，就是一座山。”2020年新冠肺炎疫情给人们上了一课，代价惨痛且昂贵，让人惊慌失措。我更深刻地理解了地理核心素养“人地协调”的重要性。敬畏自然不是经济问题，是生存问题。

面对疫情，“停课不停学”，老师要做“网红”。看着难以开机的电脑，想想对制作课件技术知识知之甚少，我焦虑。网络直播如何操作？怎么讲？讲砸了怎么办？我恐惧。但想想“白衣天使”“人民子弟兵”“人民公仆”，他们在一线用生命保护我们，面临高考的孩子们在期盼，直播就是老师们的战场，我们责无旁贷。

工欲善其事，必先利其器。首先网购一台新电脑，再抓紧学习希沃、腾讯等平台操作技术。一遍遍熟悉电脑和网络平台，网上收集大量课件和练习题，组合，拼接，研磨。思考学生可能的反应、可能遇到的问题及应对措施。直播前，穿戴整齐，怀着忐忑的心情提前进入直播间调试、监听，确保万无一失。功夫不负有心人，第一节直播课顺利完成。信心取代恐惧，我也可以当“主播”，为国家，为学生们尽一分力。

回想“主播”经历，收获很多，不只学习到新软件的操作，更在心理和观念上有所收获。我们要不断适应改变的社会，做出相应的改变并有所创新。

(二)什么事情都是只有经历了，才知道过程的艰辛——高三学年副主任谢松晏老师

仅仅是PPT课件的制作，我就用了两个晚上，有一次熬到凌晨三点多，一次次修改，一次次添加，刚躺在床上，觉得那个知识点用另外一种方法展现也不错，赶快起来继续修改。睡的时候似乎天都快亮了，竟然也不知道困。课件做完了，还要想授课的时候，说些什么才能吸引大家，才能让学生从头跟到尾。

第一次上网课是2月15日，9：30到11：20将近两个小时的课，说实话，很累，我好像喝了三瓶矿泉水，但是，凭着对现场课堂驾驭把控的经验，我尽量多关注评论区大家的反馈和疑问，尽力多回答同学们的疑问，耐心地将授课内容讲解透彻。看到大家做题的准确率逐步提高，我真的很开心。在临下课时，我送给了同学们一句话：“愿通过我们的努力，所有的美好都能如期而至，不再离开……”这里也同样用这句话送给我自己，送给你，送给所有努力的我们，祝福高三的学生们都能好梦成真，祝福祖国繁荣昌盛。若干年后，回首2020年的那一段日子，我们在一起，彼此陪伴，彼此支撑，彼此鼓励，奋勇前行。

(三)网课要传播知识，更要传递爱国主义精神——政治教研组舒英剑老师

怎么能让自己的网课充满魅力，思来想去，还是利用好自己的专业知识，让有温度的语言提升直播内容的“颜值”，让清晰准确的思路突出表述的力度。有了这样的定位，课上先看小视频“冬去春会来”，然后设计问题，学生回答，导入新课。在视频播放的过程中，很多学生留言：武汉加油！中国加油！还

有同学说：老师，我哭了！

视频结束后，我适时地提出问题："看了这段视频，我们的心是沉痛的，因为我们正在经历着这些伤痛的日子；但我们又是温暖的，我们也正在感受着爱和希望。今天老师把这段视频分享给大家，想请同学们从政治生活的角度分析，为什么中国必胜?"话音刚落，评论区同学们的留言就源源不断地进来：因为有了中国共产党的正确领导，因为我们社会主义制度的优越性……我适时地做出总结：看了同学们的留言，老师也很激动、很欣慰。我们生活在一个强大的中国，生活在一个人民当家做主的国家。疫病面前，我们携手同心，没有过不去的关；众志成城，更没有迈不过去的坎。所以中国必胜！中国加油！这时同学们的掌声，无数的"中国加油"再度响起！

课后我的内心也久久不能平静，我们面对的是一个个有血、有肉、有情怀的学生，是一个个充满爱国激情的学生，网络传播知识，更要传递爱国主义精神！我，就是那个传承者、传播者！

（四）"露脸"还是不"露脸"——语文组王蕾老师

从 1 月 31 日接到学校任务时的忐忑不安，到 2 月 8 日上完第一次网课的轻松愉快，经历了九天的时间。这九天里，有对疫情的担忧，有不能出门的烦闷，唯有坐在桌前精心地修改教案，才觉出自己生命的意义与不凡。

备课时，针对全体高三学生不同的能力层次，选题要难易结合，方法要简单实用，学情要预设判断，还要考虑网课上如何设计问题，如何吸引同学的注意力等。一个个问题的突破，就是一遍遍思考的成熟，通过不断地修改教案课件，终于打磨出了教学生涯的第一节网课。

网课中，我采用了选择题答题与连线两种主要互动形式，既能很好地了解学生的问题，针对性强，又能观察学生的听课状态，及时提醒。另外，"露脸"还是不"露脸"一直困扰课前的我，最后为了突出直播课的特点，在上课前一分钟时，我选择了开启"画中画"，以这样的方式陪伴了同学们 12 堂语文课。

（五）家有"超长备考听众"——语文组王雪老师

直播前，我提前注册了多个账号一边试播，一边试听，还浏览网上各种"翻车"现场，生怕重蹈覆辙。直播时，看着逐渐增加的直播人数，评论区里的真诚留言，初次直播的不适很快消散。

正当我得意地与同学们分享课件时，我那独自玩耍的两岁的小儿子用力拍着房门，惊恐万分地哭喊着："妈妈跟谁说话呢？出来啊！"这哭声若是也传到了听课同学们的耳朵里，评论区里岂不是会出现“孩子哭声”的字样！好好的网课就会这样被打断且平添诡异，必须得解决！

到学生练习环节时，我迅速关话筒，开房门，抓起宝宝塞进座椅，摆上纸、笔、零食。就这样，剩下的时间里我就多了个不参与讨论的听众。

接下来的日子，我无论是听课还是讲课，这个小家伙无论是玩还是吃睡，都不缺席。只是不知道这个拥有超长备考期的听众喜欢不喜欢?

(六)愿所有美好，与春天一起醒来——政治组组长孙晓涛老师

一场疫情，让家长变成“班主任”，老师从“三尺讲台”到“线上直播”，成为走在潮流一线的“主播”。

从我定位为“主播”的第一天，全家人都开始为我服务：冰箱上贴的不是菜单，是我的课程表；家庭成员都成为我试讲的学生。为了保证上课效果，我抱着电脑，反复确定家里哪里信号最强，最后坐在地板上开始了直播之旅。

第一次当“主播”是 2 月 6 日早晨 7 点半。前一晚，内心很激动又很惶恐，颇似初次登上讲台的大学毕业生，反复备课，完善课件，一直忙到凌晨。第二天早晨上课时，为避免被打扰，我要求所有的家庭成员“宅”在床上，不要走动。我提前半个小时坐在电脑前，打开电脑、戴好耳麦，一直在等，等着 7 点半的“铃声”。终于上课了，我像个孩子一样兴奋起来。当看到电脑显示听课人数时，老师的责任和担当让我镇定下来，那些数字就是一双双渴求知识的眼睛和期盼的眼神。讲课过程中，我回想着上课时可能出现的每一个画面，同学 A 皱眉，同学 B 叹气，同学 C 直接站起来问“为什么”，我针对问题耐心地一一讲解。

就这样，我很顺畅地上完第一节课。下课了，电脑里一片安静，我家室内也一片安静，家里人开开门把头探进来，我大声地说：“我一定做个好‘主播’!”

鹤岗一中 2020 届的高三学子们：生命的成长在自然之中接受磨砺，只要它的种子是坚强的，蔓延的根深扎沃土，必将绽放，终获硕果。我们不慌张，我们总有力量。你看那带你们追梦的破冰之人，请记住他们的故事……

第二部分

一个党员就是一面旗帜

党旗领航，以人为本

——河北省定州市开元学校党支部书记、校长周永超纪实

河北省定州市开元学校　陶彩娟　张　敬

周永超，男，中共党员，中学高级教师，石家庄市学科名师、骨干教师，石家庄市党建先进个人、新闻宣传先进个人，先后六次荣立石家庄市三等功，多次被评为市级优秀共产党员，现任定州市开元学校党支部书记、校长。他时刻牢记党和人民的嘱托，在岗位上坚守教育使命，用责任面对现实，用理想面对未来，在生活中努力践行一名党员教师的庄严承诺。

一、不忘初心报桑梓，公而忘私献青春

周永超同志2004年大学毕业后在石家庄二中参加工作，担任班主任和年级主任期间，培养出省市状元各1人，七届毕业生中有60余人考入清华、北大，《河北日报》《河北青年报》都曾报道过他的事迹。工作17年来，他的年龄在变，容颜在变，岗位在变，职务在变，但对教育的关注一直不变，为家乡发展贡献力量的决心一直不变。近几年，周永超同志给定州初中和高中学校做过6场学法指导、高考励志、志愿填报等公益讲座，收到了师生家长的一致好评。他深切感受到定州市委市政府对教育工作的重视、支持，也感受到定州人民对优质教育资源的渴盼，于是，2019年底辞职，毅然从省会回到定州，立志把多年的思考和积淀带回家乡，为家乡教育发展贡献自己的力量。

周永超奋斗了19年，通过高考走出定州，又在石家庄打拼了19年成家立业，有令人艳羡的工作，有个人优势和上升空间，有恩爱和美的家庭，有一对可爱的儿女，突然间抛家舍业回到定州，每周末不辞辛苦往返于石家庄和定州之间。为了让他扎根定州，安心工作，他的家人决定举家迁回定州。爱人从原单位辞职，孩子也放弃了在省会最好的小学求学的机会，转回定州的学校。周永超对自己的孩子说："作为家庭的一员，每个人都要为家庭做出牺牲，你们虽小，也不例外；作为社会的一员，每个人都要为社会大家庭做出牺牲，无论岗位大小，都不例外。"

“我愿意掉光我的头发，照亮定州学子的光明前程!”2019 年 12 月 16 日，周永超同志在就职演讲中发出这样的誓言。当天的就职演讲，他讲述了三个故事：平民教育家和乡村建设家晏阳初到定县(今定州市)开展平民教育，艺术家曾国俊创办道禾教育，开元学校在三天内收到海量教师简历。他用三个故事诠释了自己的教育初心——教育必须担负起社会责任和国家使命，教育是需要用爱去经营的，它是关乎孩子一生发展的事业，定州市开元学校承载着无数人对优质教育资源的渴盼，开元学校要发展成一项真正的利国利民的民心工程、民生工程。

周永超说：“教育者的初心和使命，就是立德树人。”于是，开元学校以德为先，秉持“至仁至德，向上向善”的校训，“立德、启智、健体、崇美”的校风，“学博为师，德高为范”的教风，“德业并进，知行合一”的学风，培养“高分”和“高能”兼备的综合型人才。

坚守教育初心，成就师生梦想。开元学校坚持以人为本的教育理念，让学校成为梦想花开的沃土。开元学校的发展坚持“三个度”：一是有高度，立足学生一生发展，办人民满意的教育；二是有温度，尊重学生关爱学生，办以人为本的教育；三是有态度，追求卓越突破自我，办与时俱进的教育。

周永超同志坚信，只有幸福的老师才能培养出幸福的学生，开元学校的办学理念“让师生梦想花开”充分体现了这一点。

“让教师幸福”的诺言，他一直牢记并步步兑现。他引导开元学校坚持正确的教育方向，成就有理想信念的好老师；追求高尚的品德修养，成就有道德情操的好老师；重视优质的专业发展，成就有扎实学识的好老师；培树幸福的生命体验，成就有仁爱之心的好老师。为了让老师们收获职业幸福感，开元学校建立了完善的工会制度，举办教职工健步走、摄影大赛等，开放健身房、游泳馆，“好”必有奖励、“节”必有福利，一项项举措让教师们感叹于他的“君子一诺”，甘愿追随，也势必追随!

“让学生幸福”的承诺，周永超同志更是从一点一滴做起。他在开元学校积极构建了“四大育人体系”：坚持课程育人，成就有深厚科学素养的学生；坚持文化育人，成就有浓郁人文精神的学生；坚持活动育人，成就有明确目标理想的学生；坚持服务育人，成就有崇高社会责任的学生。在开元，周永超同志真正做到了“立德树人”“以人为本”——他亲自为 2000 名学生讲解用餐注意事项，“吃完饭记得喝口汤”的嘱托还言犹在耳；他感动于学生小小年纪就能够理性规划自己的人生，“他还没有放弃自己，我们作为教师更不能”的教导还历历在目；他因为学生的一个小小请求跟级部主任再三强调，“学生想听一首励志歌曲，马上安排”，这雷厉风行还响彻苍穹。真心必换真心，学生们调皮地尊称他为“老周”，这，是信任的交付，也是未来一生的责任交付。

开元学校的先进教育理念吸引了一大批志同道合的优秀教师加入。有定州市骨干教师、师德标兵、中考先进个人王明，有石家庄市骨干教师、石家庄市中小学德育工作骨干教师梅翔宇，有定州市“教育科技成果”评审组成员、多年担任学科带头人的吴晓静，有撰写特色案例《三位一体　润物无声》并在习近平新时代中国特色社会主义思想“进教材、进课堂、进头脑”特色案例中获得河北省三等奖的马跃军，有多次获得定州市“中考学科评优数学学科优胜奖”、连续两年被定州市教育局评为“培养拔尖优秀初中毕业生先进个人”的高冲，有荣获全国“十二五”“少教多学”课题教学设计二等奖、连续五年中考荣获语文学科优胜奖的李春竹，还有许多全国重点院校毕业的高才生……

资深教师有新思想，新生代教师有硬实力。他们业务精湛、实力雄厚、成果斐然，他们为了同样的教育初心，成为学校培养优秀人才的主力军，成为学校教育、社会服务与文化传承创新的中坚力量。

二、牢记教育使命，注重教师队伍培养

（一）党建活动持之以恒，队伍建设卓有成效

周永超同志按照上级党组织关于党建工作的要求，认真组织学校领导班子、中层干部和党支部学习习近平新时代中国特色社会主义思想，严格落实“三会一课”制度，积极组织党员教师录制“微党课”“支部书记上党课”等相关内容，认真策划、组建我校“共产党员志愿者服务队”，深入社区，服务百姓，做保洁、送春联，提供教育教学咨询服务，参与植树造林和教育扶贫工作，宣传党的好政策，维护党的好形象。

坚决落实定州市委组织部《关于进一步落实“主题党日”制度的意见》的通知，切实把“主题党日”活动抓实抓好，营造氛围、形成常态。“主题党日”活动做到了“五个有”，即每月有活动方案、有学习资料、有学习笔记、有活动记录及图片。

每次活动形成了固定流程。一是组织全体党员唱国歌，重温入党誓词；二是组织听民意，党支部听取广大党员最关心、最直接、最现实的问题，出实招、办实事、求实效，及时提出改进工作的具体措施，力求把问题解决在一线；三是统一要求着装，党员须佩戴党徽，携带党章，并由本人签到；四是组织专人补课，对缺席、迟到或早退者，所在党组织做好记录，组织补课。确因特殊情况不能参加的，必须提前向党组织书面请假，并经党组织批准。

对因年老体弱、行动不便不能参加活动的党员，所在支部要安排专人送学习资料上门，并做好助学工作。

每次活动做到了有检查有评定。对开展有特色的活动进行表扬，对搞形式走过场、敷衍了事的严肃批评，责令整改，并严肃追责。

通过活动进一步统一了思想，打造了一支敢担责、能战斗、肯奉献的党员教师队伍。

(二)带着感情、带着责任开展扶贫工作

“扶贫必扶智”，是习近平总书记关于“实施精准扶贫、精准脱贫，坚决打赢脱贫攻坚战”的论述之一，教育是精准扶贫脱贫的重要渠道，要全面建设小康社会，实现中华民族伟大复兴，教育占有非常重要的位置。

定州市开元学校党支部书记、校长周永超同志作为开元学校扶贫总负责人，全面了解学生信息及扶贫政策，构建了贫困生助学工作体系，带领扶贫具体负责人做好我校教育扶贫工作。扶贫工作做到了求真务实、开拓创新，没有一名学生因为家庭贫困原因而影响到上学，在此过程中，爱心助学工作取得显著成绩。

1. 精心安排，严密部署，切实履行国家资助相关政策。成立了定州市开元学校扶贫工作领导小组，层层签订责任状，落实扶贫责任；切实履行国家对义务教育阶段推行的“两免一补”政策。本着不遗漏一人的工作原则，为让学生更多地了解国家相关资助政策，我校对全体师生进行义务教育阶段实施“两免一补”政策专项培训，杜绝了我校学生因经济困难而失学、辍学现象的发生。

2. 广泛宣传，营造氛围，确保学生熟知扶贫政策。开学初，我校按照教育局要求，通过宣传栏、新生入学须知、班会等多种形式，向学生宣传国家、省和学校资助贫困生的政策，让家长、学生、教职工对有关资助政策应知尽知。我校严格遵守规范程序，确保补助金发放规范，杜绝补助资金在发放过程中发生隔期发放、滞留、截留等违纪行为，确保补助资金发放及时、足额、准确。

扶贫过程中，我校持续通过主题班会、黑板报、学生会、家长会等多种途径集中宣传教育扶贫政策，让每个贫困户、贫困生了解教育扶贫政策，掌握教育扶贫措施。安排班主任充分利用手机短信、校讯通、板报等各种载体，宣传教育精准扶贫的重大意义、帮扶内容和典型事例等，积极引导教师关注关爱贫困学生，大力弘扬中华民族重教兴学、扶贫助学的传统美德。

3. 明确责任，狠抓落实，促进教育扶贫有序开展。本着“教师进家，温暖

入户”的学生家访，对贫困生进行摸底工作，摸清贫困生家庭状况，明确助学思路，然后有计划、有步骤地实施。制定教育扶贫督导考核制度，强化责任意识，建立责任追究制度，逐级落实责任，确保各项任务落到实处。认真按照贫困户建档立卡的工作方法和步骤，做好贫困生的统计工作。对每一位贫困学生进行入户走访，结对帮扶贫困生家庭，确保扶贫工作落实到位。为推进工作顺利进行，我校按照贫困生名单，一生一档完善档案。对于在我校建档立卡家庭的学生定期进行问题排查，及时发现问题，解决问题。为了让家庭经济困难的学生感受到国家的支持，体会到学校的安全感与归属感，我校安排帮扶教师给予学习和生活上的关怀与问候，同时做好心理辅导工作。

亲切的关心，温暖的问候，让他们感受到了关怀与友爱。经过不断的努力，一些贫困家庭的学生，在性格上发生了很大的变化。经过辅导与关怀，他们不再封闭自己，与班级同学友好相处；有的同学的学习态度有了很大的转变，作业书写认真了，准确率提高了，成绩进步了；有的同学在卫生文明习惯上改善了，不再乱丢东西，不说脏话，用普通话和大家交流……一点一滴的变化，浸透着教师的努力和付出。

（三）以人为本，创新教育模式，教育教学工作有新突破

“落后的理念带不来先进的生产力”——周永超同志这样说。他鼓励学校教师在自己的专业领域不断学习，不断进取，创造性地开展工作。

1. 开通校长信箱，架起沟通桥梁。为及时全面了解学校教育教学管理情况，倾听广大学生家长、社会各界和全校师生的意见和建议，进一步提高学校民主管理和科学决策水平，周永超同志决定开启校长信箱，分为电子信箱和实体信箱两种形式，所有来件校长亲自处理，并对来信人个人信息严格保密。他坚持做到认真对待每一封来信，诚恳接受每一个建议，及时跟进每一个问题。

自开通校长信箱以来，得到了家长、社会各界的极大关注，收到众多家长来信，有反映问题的，有提建议的，也有表扬班主任工作细致耐心的……在校学生也通过线下实体校长信箱给校长写信，有关于如何处理宿舍人际关系的，有面对考试紧张发挥失常苦恼的，有建议学校举办魔方比赛的，有给学校推荐有意义的电影的，还有给校园广播推荐励志歌曲的……对于这些来信，周永超校长都一一做了回信，并发给相关处室落实。初中的学生很容易遇到成长的烦恼，能和校长通信沟通，既解决了问题，也提高了思想认识，开元学子是真的幸福！通过这些互动，学生对学校的认同感、归属感更强烈，自主学习能力也进一步增强。

开启校长信箱，架起了一座和校长之间直接沟通的桥梁，成了家校合力、师生齐心、共谋发展的平台，在听取社会公众合理诉求、吸收合理化建议、创建和谐校园方面发挥了重要作用。

2. 开启诚信考场，培养自主管理能力。诚以立身，信以立德，信是中华民族的传统美德，是社会主义核心价值观的基本要求。为提高学生诚信意识，提高学生的自身修养，定州市开元学校于 4 月 6 日的月考中首次设置 2 个诚信考场。诚信考场的考生由学生自荐、班主任严格审核，每班推荐 2 人，共计 72 名学生。走进考场，实事求是地作答，考出自己的真实成绩，这是践行诚信、践行社会主义核心价值观的细节体现。事实证明，诚信考场是一次成功的探索活动，培养学生自主管理能力的同时，又进一步营造了优良的校风校纪。开元学校七年级的学子们走出“诚信考场”，变得更加自律、自信，以诚信的行为铸就诚信的人格，为打造诚实守信、文明和谐的校园文化贡献青春力量。

3. 成立教研处，坚持教研兴校。我校教研处坚持以教育科研理论为指导，理论联系实际。以融合教育理念为导向，以创新课堂为契机，各个学科不断规范课堂模式，坚持每周的优质课学科教研，努力打造高效课堂。“走出去，请进来”：提供教师外出学习的机会，学习先进教学经验，提高我校教师教学教研水平。推动本校科研课题的立项审批工作，为我校教师的职业发展和规划制订计划。建立青蓝工程，师徒结对，充分发挥老教师传帮带作用，培养青年教师的创新思维，加快青年教师成长。

4.“第二课堂”校本课程上线，让学生变兴趣为特长。由周永超同志首倡力推的 21 科第二课堂是以学生为主体，根据其兴趣自主选择课程，课程开设在每周日的下午，目的是让学生从烦琐的学习中解放出来，培养兴趣、发展兴趣，变兴趣为特长，提升技能，感悟生活，做有才能、有温度、全面发展的新一代。如，音乐剧《歌剧魅影》带领大家开启全新旅程；英文经典歌曲赏析，培养学生英语核心素养；英语趣配音，英雄公主任你选，打造无限可能；图像处理与美化，为以后工作学习奠基；书法课堂，一笔一画书写青春年华；诗雨轩朗诵，做一个声情并茂的朗读者；建筑博学，了解世界各地建筑风格，开阔眼界；还有历史趣谈、合唱团……21 门课程让开元学校的每一个学生都能在丰富多彩的特色课程中得到兴趣的引领、能力的提升和情感的愉悦。

5. 践行劳动教育，打造定州市首个劳动教育示范校。习近平总书记在全国教育大会提出“要在学生中弘扬劳动精神，教育引导学生崇尚劳动、尊重劳动，懂得劳动最光荣、劳动最崇高、劳动最伟大、劳动最美丽的道理，长大后能够辛勤劳动、诚实劳动、创造性劳动”。周永超同志带领全校师生认真践行，旨在让学生们从实践中领悟劳动的意义价值，形成勤俭、奋斗、创新、奉献的劳动精神。开辟良田作为劳动课的预留地，让每一个学生真正参与到种植农作物以及瓜果蔬菜等生产活动中；建立劳动值周班，锻炼学生自理能力，培养学生劳动习惯，提升学生劳动素质；成立自律委，发挥学生主体作用，实施学校民主管理，积极发挥学生在管理工作中的自我教育和自我管理作用……通过劳动教育，学生们感知到了劳动的艰辛与快乐；认识到没有劳动人类就无法生存，社会就不会进步和发展；养成了爱劳动、懂感恩的良好习惯。

6. 重视学生德育工作，创新开展德育活动。苏霍姆林斯基曾说："让每个学生都抬起头来走路。"周永超同志说："让每一个学生进入开元学校都有改变，才是开元教育的成功。"他坚持"不放弃每一个学生"的原则，创新开展德育活动，让学生德智体美劳全面发展。学校先后举办的开营仪式、趣味运动会、冰雪运动会等活动，让开元学子开阔了视野、增长了见识，树立了坚定的理想目标，为未来发展奠定了稳固的基础。同时，在河北唯一的上通风智能实验室，开元学子得以亲自实践，不再在想象中学习；在中式风格、古香古色、充满传统底蕴的书法教室，开元学子得以在墨汁、宣纸、画毡中体味中华传统横竖撇捺的文字艺术；在配备齐全、充满科技含量和智慧设计的创客空间实验室，开元学子得以接触科技的伟大与神奇……周永超同志，将这些"未所见""未所知""未所学"带给了开元学子。

三、开元学校得到社会的广泛关注和高度认可

我校自建校之初，就在不断为真正打造一所教师幸福、学生成长、家长满意、社会认可的品牌学校做出努力，积极发展定州市基础教育事业，孜孜不倦地为定州学子足不出市即可享受到国内领先、全省最佳的优质教育资源不断探索。

首年招生的开元，就收获了定州百万父老的信任和支持。2020 年 7 月 29 日 17：30，定州市 2020 年小升初招生工作结束，摇号结果出炉，最终，1817 个家庭选择了开元！开创了河北省新办学校首年招生新纪录。

开学以后，周永超同志带领全校师生，创造了开元学校一个又一个的"第一"。第一个带有实验色彩的广告宣传片，在各大视频平台被疯狂点赞；第一首原创操刀的青春版 MV《开元学校有块地》，网上点击量突破十万；第一届全员参与的趣味运动会，开辟了中山大地趣味运动会的先河；第一届少代会，开创了定州市中小学少工委工作的第一个成熟范例；2020 级家长委员会第一

次代表大会，成立了第一个以 117 位家长为代表的家长委员会；第一届学生自治自律委员会，成立了定州市第一个中学生自我管理的学生组织；第一次参加市冰雪运动会，斩获的最佳战绩“季军”在学校荣誉簿上再添一笔；第一次 89 分钟的官方直播，校长没有“带货”，但点赞量突破 5 万大关；第一次航拍加四机位直播，16 万观众通过网络看到了我们的精彩会演……

作为一个具备现代化意识的校长，他近乎固执地相信那些抽象但永恒的价值，并且坚定地认为假以时日就可以影响到身边的人。在这个需要展示智慧与理性的地方，周永超同志乐此不疲地捍卫这种价值。在他的带领下，更多的老师有了共识，我们相信“开元逢盛世，创梦赢未来”！

百年精神滋养奋斗历程

——记基层教育发展的努力前行者白帆同志

云南省玉溪市江川区大街街道大街小学　龚　娜

岁月不居，时节如流。一百年弹指间，有多少英才国士，就有多少勤勉感人的普通人。白帆校长就是这样一位普通的教育者。

白帆，男，彝族，1968 年 12 月出生在江川区九溪镇一个叫作放马沟的彝族山寨。1989 年 7 月从玉溪师范学校毕业后，被分配到江川区九溪镇中心小学矣文小学任教，虽然那是一所山区彝族小学，但那是他热恋的故土，兴奋、快意、努力，乐此不疲。2002 年 10 月加入中国共产党后，他更是满腔热血，全心倾注党的教育事业。无论是边远山区的 28 年，还是今天的区中心大街小学，他仍旧不改初衷，牢记使命，32 年始终坚守自己的职业梦想。

认识白帆有 30 年了，那时，我们还是普通朋友。

彝乡长大的他，耿直、淳朴。从小学到师范学校一直品学兼优，在学校一直担任班干部、学生会主席，刻苦努力的他渴望走出大山，这应该是山里人世世代代的梦想。然而，在他的世界里，只有阳光，他常说，“一花独放不是春，万紫千红春满园”。

矣文小学是白帆参加工作的第一个学校，这熟悉又亲切的山村彝族小学，让他一上岗就如鱼得水，汉语、彝语双语教学，语文、数学、品德、科学、音乐、体育样样精通。他每天授课五六节，那是常事。为了提高教学效果，数学课上，他自己制作教具直观教学，和孩子们一起制作钟表表盘、正方体，一边动手一边学习；科学课上，他带领孩子们去野外考察，自己动手做实验。学校缺少体育设施，大课间时，他就和孩子们围成一圈跳彝族舞。为了让山里的孩子也能说一口标准的普通话，白老师就自己掏腰包买来录音机，跟着读，他知道自己也是彝族，有一些发音存在缺陷。有时一个发音，他让孩子们反复练上十几遍，自己也和孩子们共同成长。

矣文小学是一个全寄宿制学校。老师们既是老师，又是父母。对一个刚参加工作的小伙，那绝不是一件简单的事。白老师不仅管学习、管吃住，还得管快乐。有时孩子发热，他一把拉起孩子，背着就往医院赶；有时孩子不敢上厕所，夜晚大便在床，他就拉起孩子给他们洗澡、洗被褥……有多少学生，白老师就有多少珍藏的故事。为了孩子们，白老师练就了一身过硬的本领：走进教室能上课，掂起勺子能做饭，桌椅坏了他能修。

听他讲故事，很幸福的样子！

一样的大山，一样的情怀……

2005 年 2 月 25 日，江川区教育局对口怒江州福贡县鹿马登小学的支教工作正式启动。受江川区教育局的委派，白帆同志和其他 3 位老师一行 4 人前往鹿马登小学进行为期一年的支教，并承担领队工作。

怀揣着对神秘怒江大峡谷的美好向往，憧憬着对支教工作的美丽蓝图，伴着 2 月仲春的脚步，途经了 800 多千米的行程，穿越了近 200 千米的怒江大峡谷，他们终于到达了支教的目的地——福贡县鹿马登小学。那是云南省 8 个民族特困山区之一，506 个扶贫攻坚乡之一，自然环境和交通条件非常恶劣。来到鹿马登小学，他们即刻投入了紧张、忙碌而充实的工作中。

似乎是老天爷对他们的考验——他们到达鹿马登小学后，头几天还艳阳高照，随即雨就淅淅沥沥下个不停。2005 年 3 月 3 日中午，他们正在做饭(他们的一日三餐需要自己动手)，忽听一声“下——雪——啦——”，犹如打了一针兴奋剂，他们立即放下手中的锅碗瓢盆，一溜烟儿冲到学校小小的操场上寻找久违的雪迹！操场上已聚集了许许多多兴奋不已的师生。雪，稀稀疏疏地飘落；人群，热热烈烈地欢跳，甚至有一个学生还调侃了一句：“今年来了一个白老师，就下了一场白白的雪！”不知谁又叫了一声“大——雪——”，循声往学校后山望去，皑皑白雪笼罩了整座山，旋即往山下俯冲而来，欢乐的人群达到了癫狂状。这时，隐隐传来一阵阵如爆竹崩裂的噼啪声，仔细一看，才发现雪花飞过之处，大片大片的竹子被压断，发出一阵阵噼里啪啦的爆裂声。再看看屋顶上，已积满了一层厚厚的白雪，脚底下，雪层已淹没到了小腿处。雪继续下着，越下越大，越下越猛，刚刚还沸腾的人群犹如一尊尊雕塑，瞪着惊恐的眼睛呆立不动，此时，他们才回过神来：一场暴风雪灾害来临了！于是，他们立即组织全体教师把所有学生以班为单位带回教室看护、安顿，以防学生出现意外。

大雪下了整整一天一夜，一直持续到 3 月 4 日中午才渐渐停歇。这场大雪造成了交通、电力、通信、饮水全部中断，人们仿佛一下子回到了原始社会，特别是给学校的师生安全带来了严峻的考验：食堂里的大米所剩无几，蔬菜仅仅能做一顿汤，燃料也被积雪深深掩埋……更可怕的是，鹿马登小学的学生宿舍属于木质建筑，屋顶仅是一片薄薄的石棉瓦。由于雪下得太大，房顶积雪足足有半米厚，在积雪的重压之下，学生宿舍的柱子时时传来咯吱咯吱的声音。

为学生的安全着想，他们迅速把学生安排到教室并在教室里燃起柴火，让学生取暖，并组织学生开展一些文娱活动，以此慰藉学生焦躁害怕的心情。3月4日下午，有部分附近的家长陆续通过溜索过江到校，把学生接回家去了，但还有大部分离家较远的学生只能继续留在学校里。饭，还勉强凑合着，菜是没有了，眼看着学生即将断炊，他们四人一合计，把随身携带的现钞全部凑出来，到附近的小卖部搜购火腿肠、豆腐皮、干笋子等一切干菜，但也只是杯水车薪(一是小卖部存货少，二是价格一路飙升——物以稀为贵)！这一夜，注定是一个不眠之夜！他们和学校的几个老师耐心地守护着学生们安然入睡。

3月5日，随着时间的推移，看到陆陆续续有同学被家长接走，余下的学生开始烦躁不安起来，有的甚至试图趁老师不注意翻围墙回家。这对他们来说简直就是雪上加霜，万一学生出现了什么意外，怎么向家长交代？怎么向学校交代？怎么向社会交代？3月5日中午，一个更让人揪心的消息从福贡县传来——福贡一中的一个学生在偷偷跑回家的山路上差点冻死！怎么办？总不能让这样的悲剧再次发生在鹿马登小学吧！最后经过学校班子成员研究，并请示鹿马登校区领导同意，决定从3月6日起学校暂时放假，想办法通知附近村子的学生家长接孩子回家，离家较远的力吐抗谷小组和力吐抗朵小组的10多名学生由学校护送回家。最后决定由他们一起支教的4人和当地的5名教师负责护送这10多名学生回家。

3月6日早，草草吃了饭后，他们就带着那10多名学生上路了。护送学生回家的路全是山路，且覆盖着皑皑的白雪，分不清哪儿是路，哪儿是沟渠，哪儿是山坳，只能在当地几位教师的带领下深一脚、浅一脚地摸索着前进。有的山路很陡，有的地方坡度几乎是70度，被人拽着才能上去；有的山路狭窄，宽不到30厘米，且左边是堆满积雪的山体，经雪水浸泡已经有些泥泞，右边是深不见底的山涧，一不小心掉下去，后果不堪设想！他们把学生夹在中间，每人一根棍子，边探路边摸索前进，其间还遇到几次山体滑坡，每个人都摔倒了好多次。每送一个学生回家，听到学生家长那一句句质朴的“相目哇”(傈僳语，“谢谢啦”之意)，他们心头就是暖暖的。

春去秋来，放马沟的架雄山绿了又黄，黄了又绿。边远山区的28年，他如父亲般的爱托起了孩子们的希望！

2017年3月，我们成为同事。

2020年，那是白老师就任大街小学书记、校长的第三个年头，那段时光，刻骨铭心……

万家灯火，交杯贺岁的春节之际，一场疫情考验着我们的责任、奉献，人性和大爱。

疫情防控形势严峻的那段时间，每次看到白帆同志，都是认真严肃，忧心忡忡。为保障全体师生的人身安全和身体健康，在万家团圆的除夕夜，白帆同志第一时间投入到学校的疫情防控工作中，连夜撰写了《大街小学致全体师生和家长的一封信》，向广大教职工、学生、家长发出倡议，希望大家积极行动起来，从自己防护开始，齐心协力做好疫情防控。一个支部就是一座堡垒，及时建立党支部疫情防控工作群，保证疫情及时上传下达，同时成立党员先锋队，要求全体党员要积极行动起来，成为挡在全体教职工和学生面前的“第一堵墙”。

疫情排查是这个关键时期的核心工作，他组织班子成员和各班主任通过电话认真排查学生外出返乡情况，深入全体师生内部进行宣传摸排，广泛动员班主任和学生家长参与疫情防控工作。时值春节放假，学生的防控工作增加了难度。针对这种实际情况，他通过班主任工作群、家长群、学校微信公众号为全校师生和家长及时宣传新冠病毒的防控知识，提醒全校师生及家长认真做好个人防护，倡导大家春节期间减少外出、取消聚会、外出戴好口罩、勤洗手勤消毒。从1月22日起，他每天收集各年级各班上报的教师、学生是否出现发热、干咳、乏力等情况，对所有可疑情况及时排查。在全体班主任的配合下，迅速完成了2822名学生的户籍摸排及其是否有过疫区史的情况登记汇总。每天与全体班主任老师一同排查各班是否有从外省返回的学生，将师生情况汇总上报，及时完成上级部门所有要求上报的各项信息。

作为一名党员，他身体力行到网格责任区服务，拿着疫情防控表挨家挨户询问登记、发放宣传单、消毒，并提醒居民出门佩戴口罩、不聚集、不串门，做好家庭卫生防护。当遇到社区居民不理解时，白帆同志动之以情、晓之以理，耐心地为他们讲解疫情的严重性，以及在家自行隔离的重要性。充分发挥了基层共产党员的先锋模范带头作用，以恪尽职守的实际行动践行着共产党员的初心和使命。他一直在学校值班，亲自和门卫一起严格落实“五个一律”，确保校园及周边安全。

作为支部书记，白帆同志第一时间成立党员先锋队，针对新冠肺炎疫情，提早研究，周密部署，协同学校各个部门及时做好疫情期间的“防·学”工作。他时时关注疫情发展，在学校工作群中发布疫情信息，提醒师生做好防护。

2020年2月7日，学校党支部成立以支部书记为组长、副校长为副组长的疫情防控工作领导小组，立即落实上级各部门关于防控新冠肺炎疫情的工作要求，全面领导调度学校疫情防控工作。党支部建立疫情防控工作群，他不定期适时在群内召开疫情防控工作网络会议，及时研究部署落实防控措施，每天调度防控落实情况，强化责任落实，严格追究责任，全力做好防控工作，确保广大师生度过一个安定祥和的寒假。与学校班子研究讨论，制定《大街小学预防与控制新型冠状病毒肺炎疫情防控应急预案》，科学研判，做好疫情防控工作。

2月8日上午，白帆同志带领学校各部门负责人对辖区内所有民办幼儿园的新冠肺炎疫情防控工作落实和延迟开学情况进行督导检查。疫情防控，党员先行，积极作为。党员先锋队，以最强方法防控新型冠状病毒肺炎疫情。

开学的防控工作是关键。白帆书记严抓重点，严格将学校“外防输入、内防传播”措施落实到位。3月7日上午，白帆同志组织党员先锋队所有党员，按照“户户必须见人”的原则，分为15个小组，彻底深入79户外省返回江川区的学生家里做好入户摸排，排查掌握每位省外返回学生的健康状况。在排查工作中，做到不漏一户，不漏一人，认真填写调查表，统计区外省外返回江川区居住的师生，并由学生家长签字确认。入户时，党员教师向每一位住户耐心解释，让住户居民理解和配合学校工作，要求学生返回时间不满14天的一定要居家隔离，每天上午、下午量体温上报到班主任处，密切与学校联系。3月7日下午2点前完成了79户学生入户情况的汇总。为顺利开学做好了一切准备。

经历史上最长的寒假，他们更加团结，更加勤勉了！

白帆校长一进办公室就是一个上午。了解学校发展历史，倾听教师心声，拜访历任校长，潜心思研城区小学发展方向。他是一个能活泼更能安静的人。做好传承，稳抓发展。白校长不是一个想标新立异的人。他说，一所学校的文化不是三年五年就可以内化于师生言行的，需要传承，需要静心、用心，静待花开，万不可拔苗助长。

2018年8月，在江川区委、区政府的正确决策部署和区教育体育局的坚强领导之下，通过整合城区优质教育资源，圆满完成了大庄小学、大庄中学整合，实现了大街小学又一历史发展。在秉承校风、教风、办学目标的基础上，提出了以“同心向党、童蒙养正”为校园文化主题，实施“养正教育”，弘扬“养正文化”。从小事入手，从细处着眼，努力“培养秀外慧中的学生，成就受人尊敬的教师，创造让人智慧的教育，建设令人向往的学校”，他知道，这条路需要坚持，需要很多人、后来人的坚持……

有一次走进白老师的办公室，看到了近年来学校获得的荣誉，短短4年，成绩斐然。

2018年7月，学校支部被江川区教育局党工委评为“先进基层党组织”；2018年12月，又被中共玉溪市委组织部命名为“玉溪市规范化建设示范党总支”；2019年8月，学校被中共云南省委组织部命名为省级“规范化建设示范党总支”；2019年，党总支被命名为江川区学习贯彻习近平新时代中国特色社会主义思想示范点；2020年2月，支部被江川区委组织部表彰为“疫”线最强战斗堡垒党总支；2020年7月被中共玉溪市江川区委命名为“江川区党建工作示范点”；2020年8月，学校“养习惯之根　正做人之本”被评为云南省“一校一案”落实《中小学德育指南》典型案例，案例入选全国首批德育典型案例；2020年，学校被江川区委表扬为“清廉示范学校”。

2019年8月，学校在全省教育宣传工作中被云南省教育厅评为“先进单位二等奖”；2017年11月，学校被玉溪市江川区总工会评为“工会工作先进集体”；2017年，学校在云南省青少年校园足球四级联赛啦啦操总决赛中荣获“萌芽杯”小学组一等奖；2017—2020年区教学常规检查中被评为“先进学校”；2018年1月，学校被评为玉溪市创建中国楹联文化城市“先进集体”；2018年3月，学校被评为年度玉溪教育云平台“应用示范校”；2019年9月，学校被评为玉溪市教育体育系统“先进集体”。

谈起学校发展，白帆校长有愿景、有规划、有信心！

说到自己，他有些羞涩。

2005年9月，他被江川区九溪乡党委政府评为“优秀教师”；2006年1月，被怒江州福贡县人民政府评为“优秀教师”；2011年10月，被玉溪市山区民族教育促进会评为“山区民族教育优秀工作者”；2015年7月，被中共江川区九溪镇委员会评为“优秀共产党员”；2015年9月，被中共江川区九溪镇人民政府评为“优秀教师”；2016年6月，被中共江川区九溪镇委员会评为“优秀共产党员”；2017年9月，被玉溪市教育局授予全市美丽100校园行动计划暨中小学校舍安全工程“先进个人”；2017年11月，被云南省教育厅评为2016年度《学生新报（小学生）》宣传发行工作先进个人三等奖；2018年7月，被中共玉溪市江川区教育局工作委员会评为2018年“优秀共产党员”；2018年被云南省教育厅评为全省教育宣传工作“先进个人三等奖”；2019年8月，被云南省教育厅评为全省教育宣传工作先进个人二等奖；近4年来指导并参与校区级多个课题研究并圆满结题。

白帆同志是我遇到的最朴素的校长，有着最朴素的外表、最朴素的追求。他常说，做一个有情怀的教育人，这就是幸福！

他是这样说的，也是这样做的。荣誉、奖状……从来都是让给老师们，毫不含糊。有一次，看他简历，我还调侃他的“环保”，还把我们也带“环保”了！

白帆同志没有说话，笑了笑……

党旗下，做一个有温暖情怀的教育者

——记昌乐县实验中学党委书记、校长高雪山

山东省昌乐县实验中学　曹风菊

齐鲁大地，宝石之都，首阳山下，有一座美丽的初级中学——昌乐县实验中学。走进昌乐县实验中学这个大家庭，一切都是那么的闪亮而温馨。暖心的标语，暖心的课堂，暖心的教研活动，暖心的师生对话，暖心的庆生饺子……这些日常的点点滴滴，处处彰显着浓厚而温暖的育人理念。而这正体现了昌乐县实验中学大家庭的掌门人高雪山校长的育人情怀，“做一个有温暖情怀的教育者”是高校长时常挂在嘴边说的，而他也是这样做的。

2019 年 8 月，高雪山从昌乐县教研室副主任的位置上被调任昌乐县实验中学担任党委书记兼校长。就职大会上，他当面和老师们建立了“实中大家庭”微信群，语重心长地说：“我们所从事的教育工作，面对的是有血有肉、有情有义的活生生的人，因此就要让我们的教育有温度，有厚度，有广度。我们在一起，就是一个大家庭，我们之间是没有血缘的兄弟姊妹，彼此需要抱团发展、互相成就。”

两年来，学校的角角落落，无处不留下他勤奋的身影。儒雅的举止和温暖的话语，记录了他工作生活的点滴……他是一面红色的旗帜，这炽烈的中国红，提升了学校的温度，增加了学校教育的厚度。

一、用“党建”旗帜引领学校发展

高雪山校长十分重视党建文化对人的引领作用。他提出了“落实全人教育，培养时代新人”的育人思路和目标，不忘“为党育人、为国育才”初心，牢记立德树人使命，培根铸魂，创新实施“12235”思政育人机制，不断优化育人环境，持续推进学校意识形态工作，取得了良好的成效。

（一）“一号工程”统领，筑牢思政教育“主阵地”

学校一直把昌乐教育党建“三红工程”作为学校的“一号工程”抓实抓细。

筑牢"红色堡垒"党组织。在学校党总支的统一领导下，各年级及后勤处室分别下设党支部，选拔政治素质过硬、师德师风过关、业务能力过人的党员干部担任党支部书记，党支部书记、各年级分管校长"一肩挑"比例达到100%。培养"红烛先锋"教师队伍，实施教师"双培养"工程，把党员培养成教师骨干、把教师骨干培养成党员，2018年以来，96名教师获市县立德树人标兵称号，6名教师被评为市县优秀党员、优秀党务工作者，培育了"红心向党"一代新人。围绕"扣好人生第一粒扣子"，打通党、团一体化传承红色基因全链条，开展党史国史进校园、红色教育进课堂等活动，引导学生牢固树立社会主义核心价值观。充分发挥国旗下讲话、主题活动、团队活动、社团活动的中坚作用，全面深入调动学生的主动性和积极性。

(二)"两处文化"浸润，把牢培根铸魂"风向标"

营造思政教育大氛围。学校积极营造红色校园文化和班级文化，坚持环境熏陶，通过规划红色教育展板、文化墙、板报、手抄报、主题班会等形式，做到角角落落蕴含积极的德育因素，全方位营造出一种积极向上的文化氛围，让学生在潜移默化中受到德育熏陶与教育。

优化教育舆论环境。强化正面引导，发挥微信公众号的作用，定期发布党的教育方针政策，及时推送播报教育典型和动态，配备宣传人员，推出有温度有深度的典型人物和典型事迹，引导舆论，传递正能量。

(三)"两大名片"助攻，打造明德守法"自留地"

学校通过丰富载体平台、创新方式方法、打造特色品牌等方式，让思政教育出实效、见真绩。坚持贯彻党的教育方针，坚持面向全体学生，立足学生的全面发展，坚持德育为先。坚持以"综合素养评价"为抓手，以"正向引领，定点突破，多元发力，促学生综合素质生成"为目标，持续开展素质教育，促进学生品德素养全方位提升。学校是潍坊市最早开展综合素质教育评价的试点学校之一。

同时，学校借力禁毒教育基地，开展法制教育，校园禁毒教育常规化，利用主题班会、板报等形式，不断加强学生的法制观念；通过培养小小禁毒宣讲员，以班级为单位轮流参观禁毒教育基地，通过实物参观、宣讲等形式，加强学生的法制观念。

(四)"三大学科"渗透，拓宽立德树人"主渠道"

发挥学科育人作用，坚持学科渗透、德育为先，形成以思政课为主导，语文、历史课为辅助，各学科齐头并进的协同育人模式。建立全员育人导师制，教职工人人都是学生成长导师，学校处处都是育人场所。疫情期间，我校学生李某是新冠肺炎密切接触者，局领导亲自过问，学校领导亲自安排，相关老师热情辅导和疏导，帮助李某一家渡过了难关。

(五)“五育活动”引领，开辟思政教育“大舞台”

学校通过丰富活动载体，将“立德树人”贯穿学生成长发展全过程、人才培养的方方面面。

一是重大节庆活动熏陶。结合国家重大节日及本校实际，组织升旗仪式、主题班会、书画比赛、演讲比赛等活动，实现育人目标。

二是课前演讲活动浸润。利用课前演讲，让学生针对每天身边的事有所感，有所悟，能做到“吾日三省吾身”。结合共青团、少先队系列活动，保证红色基因传承。

三是“家校社”共建教育促进。开展“父母大讲堂”发挥家庭教育的积极作用；开展“法治校长进校园”“五老进校园”“消防知识进校园”等活动挖掘社会资源，形成了以学校教育为主导，家庭和社会教育为辅助的全方位思政教育大格局。

四是社会实践活动拓展。发挥地理优势，充分利用首阳山旅游实践基地、庵上湖劳动实践基地、县创新实践基地等让学生走出校门，开阔眼界，参加劳动锻炼。

五是习惯养成活动引导。例如行走“线”上实现规则教育，女生走红色的“淑女线”，男生走蓝色的“绅士线”，单人成列，踏线而行，来往之间，井然有序，形成一道亮丽的风景线。

“问渠那得清如许，为有源头活水来。”昌乐县实验中学坚持德育为先，扎实育人，全校的思政教育成为全县教育的典范。先后荣获国家级国防教育特色学校、潍坊市禁毒教育示范学校、潍坊市文明校园、潍坊市法制宣传教育示范基地、潍坊市铸魂育人示范校、潍坊市党建品牌提升示范校、潍坊市优秀党组织、潍坊市五四红旗团委等国家和省市级荣誉。在全县教育工作满意度测评中，学校连续五年位居全县首位。

二、用“教研”良策助推教师发展

发展教师，有很多切入点。高校长做了多年的教研员，对引领教师成长有着独到的智慧。他在全校开设“青蓝工程”，为新入职教师配备导师。从教学教研、班级管理、思想生活等方面实行一对一帮扶；他扎实推进“半日教研”“三备两磨”集体备课坚实落地；夯实“三清”——“堂清、周清、月清”的教学策略，切实提高了课堂效率；他创造性地提出落实“三个基于”(基于课标、基于学情、基于数据)的教学改进项目，开展了“三个基于”课堂教学展评、优秀教学设计评选、青年教师大赛系列活动，一大批中青年教师脱颖而出；他提倡开展“书香校园”赠书读书，用“悦读”点燃教师的热情，他撰写读书心得，举行三轮读书报告，带领老师们在读书中反思、成长；疫情期间，他带领老师们线上备课研讨，线下送书上门，发扬担当、奉献精神。

(一)凝聚集体力量，打造教师发展的“动车团队”

学校通过教师发展的三级梯队，通过三项工程带动，实现“研究型、学者型”的骨干教师向“专家型、智慧型”的卓越教师发展。

1. 开展结对帮扶的“青蓝工程”

学校通过结对帮扶的活动，为近五年的新入职教师配备成长导师，开展“一师一徒”结对帮扶工程。从教学教研、班级管理、思想生活等方面实行一对一帮扶，给予青年教师以最大帮助，有力推进“半日教研”“三备两磨”集体备课坚实落地，加速了新教师的成长与发展。在老教师带动下，青年教师积极参与，开展了“向课堂45分钟要质量”大讨论、大排查、大改进活动。实施“三清”教学策略，即“堂清、周清、月清”，切实提高了课堂效率。学校同时举办青年教师座谈会、青年教师优质课评选、青年教师成长感悟晾晒等活动，帮助青年教师多方位主动发展。

2. 实施“示范带动”的精品工程

我校重点依托项目引领，示范带动，推动教师专业成长。新学年依托市教科院“基于课标的教学研究”活动，开展了“三个基于”课改项目，并以此次课改项目为契机，长远规划教师发展，持续推动教师“一年上路，两年优秀，三年引领他人成骨干”。学校组成了以学科教研室主任为骨干的“先行者研究团队”，并先后在2020年4月、2020年10月、2020年12月进行了三次“三个基于”校级培训，帮助教师进一步明确“三个基于”内涵、落实“三个基于”行动要领等。通过“走出去、带进来”的方式，丰厚学校“三个基于”教学改进项目内涵，先后组织教师到青州、寿光、潍坊等地外出进行培训，回校后对“先行者研究团队”进行校内二次培训，组织学科教研室主任进行学科内二次培训，实现骨干教师承上启下的发展，真正让先行者研究团队起到示范带动的作用。

在暑期培训结束之后，学校就以每位教师如何在教学工作或者管理岗位中落实“三个基于”推进工作进行了检测，校级领导亲自监考，教师用心书写，真正将工作落到实处。

3. 打造“名师名校长”的卓越工程

真正体现名师教学风格，组室提炼教学策略。学校成立了教学创新名师工作室，组织名师外出送课，组织名师、名校长外出培训、线上培训等，开展潍坊市第一届“新型名师名校长思享汇”等活动，打造名优教师示范引领发展，提高课堂教学效率和质量。

（二）读书实践——在阅读与分享中实现共同成长

我校把教师的读书活动当成校本教研的重要形式，积极搭建教师成长平台，努力让更多教师成为教育教学的行家里手。开展了“书香校园”赠书读书活动，校长亲自推荐阅读《重建师生关系》《做学生喜欢的老师》《智慧应对班级棘手问题》等书，并带领大家进行阅读分享。举行了线上线下读书报告，对获奖教师进行评选和表彰。老师们在读书中成长、反思，提升了育人能力。

（三）优化评价机制——促进教师主动快速发展

学校通过期中、期末教学质量检测成绩，基于各方面数据通过共同体质量检测成绩评选优秀年级主任、优秀级部主任、优秀学科主任、优秀备课组长、优秀教师。树立标杆，加强师德教育，传递正能量。通过正向的评价激励提升教师的职业幸福感。

教师发展中心每周对各学科组半日教研的听课、集体教研、分年级教研的情况，根据教导处和教科室及学校领导督查的要求进行量化，真正做到基于数据说话。

（四）科研强校——以课题研究引领学校改革创新

学校以课题研究为依托，以“全员参与、立足课堂、落实三个基于”为目标，做好科研工作普及和成果推广工作，实现以教研促教学质量的提升。

他开创实施的“打造梯形教师团队，助力教师专业发展”的做法，助推我校教师发展驶入快车道。他带领昌乐县实验中学紧紧围绕“发展教师，成长学生，构建师生命运共同体”的发展定位，秉持“办社会信任的品牌学校，做受人尊敬的品位教师，育全面发展的品质学生”的办学目标，锐意改革，狠抓落实，办学亮点日益凸显。

三、用“陪伴宝典”成就学生成长

陪伴是最好的教育，陪伴是最好的管理。走进实验中学，教育可以简化成一个词——陪伴。周末入校，他在校门口迎接每一个孩子；清晨，他办公室的灯光最先亮起；早操，跟着孩子们一起跑得最欢；晚上，他办公室的灯熄得最晚；三餐，陪孩子们一起就餐，看见学生们不经意掉落在餐位上的垃圾，都会弯腰拾起，并引导学生践行“光盘行动”。上课了，他的身影穿梭在三栋教学楼之间，及时指导老师的教学；午休和晚睡时间他对学生公寓屋里冷不冷、暖气热不热的情况，一直挂在心上；周六早，雷打不动地到校送学生是他的常态。他就像学校那棵龙头槐，无怨无悔地坚守着脚下的岗位，做着最忠实的教育守望者。

他倡导全校实施“全人教育”，把学生的需求作为学校工作的出发点。为了更好地实现教育的全体性，做好控辍保学工作，学校重新修订了《教师绩效考核量化办法》《教师工作量量化办法》《教师考勤量化办法》等制度，为每一位学生得到优质教育提供了制度保障。

提出了依靠一个抓手——综合素质评价，夯实“全人”育人观念。强调两项重点：强身益智，培根铸魂。明确“三健”目标：身体健康、心理健康、思想健康，使学生能够健康快乐地成长。落实“四全”措施：面向全体，不放弃每一个学生；全面育人，培养“全人”；全员育人，实行全员育人导师制，为每位学生配齐了导师，通过学校层面、级部层面、备课组层面将教师的导师制的一些典型感悟通过各种形式落实到教师的教育实践中；全程育人，实行全过程育人，做学生成长的引路人，做全程教育的陪伴人。学校坚持开全开齐课程，为孩子提供肥沃的“育人土壤”，促进学生五育并举，全面发展。目前我们的音乐室、美术室、体育活动场地、活动室充足，实现了100%开课率，各种球类社团、美育版画社团、墨泉书法社团等搞得有声有色。

高校长以培养全人的教育目标，提升每个实验中学学子在人文底蕴、科学精神、学会学习、健康生活、责任担当、实践创新方面的素养。疫情期间，老师们的线上教育教学不放松，线上课堂搞得扎实有效，线上教育形式更是丰富多彩，网络上主题班会、家长会、读书报告会、才艺展示精彩纷呈。为了孩子们上好线上课程，老师们线上备课研讨，线下送书下乡，送资料上门，担当、协同、争先、奉献，成就了最美的“青蓝风采”。

“酿得百花成蜜后，为谁辛苦为谁甜。”高雪山校长的温暖教育情怀，源于他对学校、对师生的深厚感情和对教育事业的深刻理解，也源于他“发展教师，成长学生，圆梦家庭，构建师生、家校命运共同体”的教育理想，他的这份教育情怀正如烈烈党旗红，让世界明亮，让人心温暖！

“天亮”一声声

——记山西省晋中市太谷区明星镇中学校党委书记刘天亮

山西省晋中市太谷区明星镇中学校　要瑞萍

有一束光，也许在一瞬间，曾经刺痛了你。可是逆着光，你的眼里却闪着泪光，因为你看见的是力量，是希望，是黑夜过后永远的天亮。

——题记

100年历史沧桑，风云激荡；100年英雄辈出，情深意长。是谁在硝烟弥漫的战争年代冲锋在前，撤退在后，抛头颅，洒热血，不怕牺牲？是谁在热火朝天的建设年代，吃苦在前，享受在后，舍小家，顾大家，艰苦奋斗？又是谁在激流奔涌的改革开放的新时代，奉献在前，名利在后，争先进，创一流，与时俱进？

是共产党员！

谷穗的低头，忘不了大地母亲的涓涓乳汁，忘不了芊芊谷秆的舍身支撑，忘不了谷节年轮的风华岁月，忘不了片片谷叶向阳光索取的绿色滋润，更忘不了用自己的生命之躯回报脸朝黄土背朝天的辛勤耕耘者！人民不会忘记，我们的共产党人凭着对事业的执着，凭着对祖国人民的赤诚，用真情和朴实的行动谱写了一曲曲新时代的奉献之歌！

他们是灯塔，照亮我们前进的道路；他们是旗帜，指引我们胜利的方向。

“路，总是要有人走的；路，总是要有人铺的。我选择铺路，因为我是共产党员。”不曾叱咤风云，没有豪言壮语，一位共产党员将他朝阳般的青春奉献给了学生，奉献给了教育事业，奉献给了我们共同的母亲——中国！

“@天亮 刘老师，我们班的灯管坏了，请求支援。”

“@天亮 刘老师，我们办公室的饮水机不出水了。”

“@天亮 刘老师，我们班广播从昨天开始就不响了，请您有时间帮忙给看看。谢谢！”

“@天亮 刘老师，暖气管漏水了。”

……

明星中学工作群里，常常会出现以上界面。“@天亮”的大多是班主任，也有普通老师。天亮言短，最好的状态是偶尔会回复一个“好”字，更多的时候是没有回应。但是，随后灯管马上换新，饮水机立刻修好，广播顷刻“说话”……

说到这里，您定会以为那个名叫“天亮”的刘老师是学校的后勤人员，又或者，您该不会以为他是学校随时候命的临时打杂工吧？

悄悄告诉你，他是我们学校的党委书记！

书记？你甭瞪大眼睛张大嘴的一副震惊的样子！走在校园里，你若是见到那个一身便装，一手钳子、一手铁丝，行色匆匆戴眼镜的老男人千万别惊讶，更不要怀疑，叫一声“刘老师”，他便满脸堆笑，而你的微笑还挂在脸上，面前的人却早已消失。

对，没错，他是书记，是我们学校的党委书记刘天亮。

1985年从师专物理系毕业后的他被分配到明星中学(原城关中学)教物理至今，算来确是明星中学元老级人物。三十多年过去了，这里的教室由平房到高楼，操场由尘土飞扬到塑胶跑道，老师们老的退休、新的进，学生们换了一茬又一茬，唯一不变的就是他行色匆匆的身影！

我来这里读书的时候他已经教书十年整，他从没有教过我一天，我对他最初的印象来自他手中的钳子。

从山沟沟来到城里，初来乍到的我，习惯了老师们自给自足地拿钳子用改锥修理学校物件的样子，在陌生的校园里看到一身中山装，裤兜鼓囊囊，一手钳子一手改锥的老师，便觉得他那种朴实敦厚的感觉莫名的亲切。每次见他，我都会低下头轻轻叫一声“老师”，也不知他听见没有，便飞奔而去。其实，他听不听得到于我真的不重要，重要的是在我的心里他是我熟悉的人罢了。

后来听班上同学议论他：“好好一个物理老师，天天在学校里修这修那，真不像老师样……”

我有些懵，老师该是什么样？我们山里的那些老师都这样啊：桌子坏了修桌子，凳子坏了修凳子，门窗坏了修门窗，去灶房帮厨做饭，给学生理发剃头也是常有的事……没个三头六臂能叫老师吗？有什么不对吗？

但后来我发现，这个学校里，除了他，别的老师都不这样，他们上课、批作业、辅导学生，忙得不亦乐乎。只有他，忙碌的工作之余就是到处修修补补，哪里需要去哪里，忙得不见天日。后来知道他是我们化学老师的爱人，就对化学老师莫名地心疼——这样的老公，家里能靠得上吗？

2004年8月，我又调回母校任教。报到那天，在见了校长后去厕所的路上，看到下水道的井盖被搬移在一边，正想绕过去，就听有人呼喊“小心!”，我惊吓之余探头过去，见井底有人站起身来——乱蓬蓬的头发，满脸污垢，用“灰头土脸”形容实在不为过，那副不变的眼镜和熟悉的笑容告诉我，是刘老师!

“刘、刘、刘老师……”不知道素来还算伶牙俐齿的我为什么突然之间就结巴了起来。十年了，他怎么……

他没有说话，自顾迅速弯腰下去忙碌着。我怔怔地站在那里，他当然不认得我，更不会记得我，他的呼喊也不过是听到人声怕有人不小心掉下去罢了。叮叮当当的修理声算是对我的欢迎吧。

不多久，灯管坏了，办公室老教师告诉我找天亮。

“刘老师？刘天亮老师?”

“对啊，不找他你自己会修吗？给你电话!”

我怯怯地拨通了他的小灵通：“刘老师，我们班讲台上的灯管不亮了……”

“哪个班?”

“138。”

电话挂了，只听得“嘟——嘟——”的忙音。

不多时，他便来了，腋下夹着根新的灯管。进门二话没说，自行搬了桌子直接跳上去，我担心他掉下来，赶紧过去扶着，他低头看我，笑着说：“不用的!”

声刚落，旧的灯管已经被卸下立在桌旁，只见他转手抽出腋下的新灯管，拆开包装纸盒，“啪”的一声扔地上。待我抬眼望去，他左手握住灯管一头，右手将灯管上的尘土从头抹到尾，然后铺开手掌往胸前上衣上一摸，便去握住了灯管的另一头，双手合力向上“咔咔”两声，三下五除二，“好了!”

跳下桌子大步到门口一按开关，待你看到灯亮时，只听得到孩子们的欢呼声，回头想要说声“谢谢”，人已经离去，顺手带走的还有旧的灯管和新灯管的包装纸盒。

也许是三分钟，或者五分钟，我没有卡时间，总之待我和孩子们回过神儿来，他已经消失在走廊尽头。他的爱人，我的化学老师那年做我的科任老师，与她说时，她也只对我笑着说声“熟能生巧罢了”。我不知道他曾经换过多少次灯管才可以有如此的速度和熟练程度，只知道这个时候的他已经是学校的副校长、党委书记。

迄今为止，我从没听过他讲过什么豪言壮语，也没见他做过什么惊天动地的大事，更没听过他取得了什么丰功伟绩，甚至好多孩子直到毕业都不知道那个手拿钳子和螺丝钉时时处处为他们服务的人，如今已经是学校的党委书记。

我曾见过他为暖气管换气时被水喷洒的狼狈样，我也曾见过他挽起裤腿清理满地积水时累得汗流浃背，我还见过他捅了臭气熏天的下水道后满身污垢……已经56岁的刘天亮老师，从一名普通的物理老师，到办公室主任，再到副校长、党支部书记，一天天、一年年，春去秋来，光阴荏苒，而他在我的记忆里，在明中师生的心里，始终不变的就只有手中的钳子、兜里的钉子和常常浑身是泥土的衣服，还有那憨厚的笑容。

一个人做一件好事不难，难的是一辈子做好事，不做坏事。刘天亮老师几十年如一日，处处身先士卒，以身作则：无论春夏秋冬，无论阴晴雨雪，晨曦中，校园里，第一个出现的总是他；不管月圆月缺，不管斗转星移，路灯下，办公室，最后一个离开的也是他！

今天"@天亮"已经成为明星中学工作群里最熟悉的风景线，无论清晨日暮，无论阴晴雨雪，教室、操场、办公室，池塘、花园、云影廊，只要工作群里"@天亮"一声，学校的任何一个有需要的角落里就会有他行走忙碌的足迹，不计得失，不图名利，就这样默默地做着一切。

我不知道他是什么时候正式成为共产党员的，我只知道这几十年里他始终都在用行动阐释着共产党员的内涵，那是他作为共产党员崇高的信仰和无声的承诺。

"@天亮"一声声，一声一声都是他的任劳任怨，一声一声都是他的不辞劳苦，一声一声都是他的兢兢业业，一声一声都是一个共产党员新时代"俯首甘为孺子牛"的最强音。

他的爱人，我的化学老师李老师，与他一同分配到学校。他一步步升职，却从未给他的妻子半点特殊优待，甚至因为他是领导的家属，李老师要承担更重的教学任务。今年她退休了，可是一直到去年，她的工作量都不曾有半点精减。从我认识她开始，刘老师就已经是学校的副校长，后来成为校党委书记，然而她从未有过半分的恃宠而骄，就那样任劳任怨，踏踏实实地干着自己的本职工作。在她即将退休的这两年里，也从未提出任何减压减负的要求。那一次看她急匆匆跑到教导处，以为发生了什么事，在门外候着她出来，才得知，那次考试没有安排她监考，她以为漏掉了她是因为她的老公刚刚成为校党委书记，学校有意照顾她，得知是所有老同志都在照顾之下才终于松了口气。就在她即将退休时，学校因新的化学老师不到岗，又安排她代三个班的课，她亦没有推脱，这是她的风格，也是她的风骨——站好最后一班岗！

这也是一名老共产党员，老领导的家属对他工作的理解和支持！

如果说刘老师工作起来像走火入魔恐怕有些不恭，但说他到了一种如痴的境界可一点儿也不夸张。也许只有他的母亲知道他有多长时间不曾回家探望了，也许只有他的妻子知道他有多久未与她共进晚餐了，也许只有他的儿子知道他有多少个节假日没有陪伴了。

也许，在母亲眼里，他不是一个孝顺儿子；也许，在妻子眼里，他不是一个模范丈夫；也许，在儿子眼里，他不是一个称职的父亲。但是，在学生眼里，在教师眼里，在家长眼里，他绝对是一位好书记，一个好党员！

他用博大的胸怀无微不至地温暖每一个学生的心，他以美好的梦想为每一个学生插上腾飞的翅膀，他用自己的生命之躯为千万名学子铺垫着成功之路。

他不是将军，却立下了卓越的功勋；他不是文豪，却写下了不朽的诗篇；他不是圣人，却点亮了人们心中的灯盏！

我埋怨自己不是名好记者，不会妙笔生花；我责怪自己不是个好说客，不能呼风唤雨。可是全社会都知道，正是因为有了千千万万个好老师，我们的教育事业才充满了希望；正是因为有了千千万万个好党员，祖国的富强才不再是梦想。

日月星辰流年水，酸甜苦辣寸草知！每位共产党员都把自己的心血，化作东风，化为细雨，用自己的行动，引发出春雷的轰鸣。在所有党员的带领下，全明星镇、全太谷区、全山西省、全中国定将创造出历史上新的佳绩和新的辉煌！

不做“名师”做“明师”

北京教育科学研究院基础教育教学研究中心　张立军

有位年轻老师曾经问我，怎样才能成为名师？我猜他一定是看到我曾经获得的一些奖励与荣誉才会产生如此疑问。比如特级教师、首都劳动奖章、全国优秀教师、北京市优秀园丁、北京市优秀共产党员等荣誉，以及北京教育科学研究院基础教育教学研究中心小语教研室主任、北京教育学会小语专委会理事长、首都师范大学兼职教授、北京教育学院客座教授等头衔。这些头衔很可能让他误以为我对“名”的痴迷和追求，并有一套成名方法。实际上，这些没有一个是追来的，它们都是自然获得的。于是，我对他说，每天想好三个“明”：第一是明白，每天想一想怎样使学生学得更明白；第二是明媚，每天想一想怎样使学生的内心变得更明媚；第三是明天，每天想一想学生需要怎样的明天。如此每天想，经年累月就成了。

成为名师，也是我年轻时一度的追求。但随着对教育教学理解的深入，我逐渐认识到对名利的热衷，会对教师专业成长构成制约。陶行知先生言：“千教万教，教人求真；千学万学，学做真人。”为师者放下对名利的追求，心里才能装下学生的真正需求。这种对教育的求真，在我 14 年的语文教学和 17 年的语文教研工作经历中，变成了一种行为力量。

一、躬行实践，解决真问题

我从事教育工作 31 年，上各种公开课大概有三四千节之多。从最开始的区级研究课到后来省市级、全国范围的展示课、赛课，到全国各地的邀请课，以及各种支教援建课，凡是能想到的大小公开课，我几乎无一遗漏地参与了。从北到南，从东到西，我走遍了全国各省市，虽然辛苦，但常常能亲历课堂教学，直面学生学习的问题，这对我来说又能获得一分内心的踏实。

我印象比较深的是 20 多年前的两次赛课经历。

1995 年，在参加北京市小学语文教学大赛时，我准备上《麻雀》一课，学校邀请了专家给予指导，我经历了多次形成设计、课堂实践，又被多次推翻设计的过程，现在想起来，我的失眠症状很可能是那时整宿熬夜落下的后遗症。大概经历了一周的反复磨课，我的手写设计纸一张张垒起来，已经达到了一本《现代汉语词典》的厚度，每一张都是8开的大纸张，且都被写满了字迹。这些文字都是经过不断思索，一点点流淌出来的。它们无不诉说着我对一节课的反复理解，那种对教材的多元理解，对教学途径的不断调整，对学生的深入分析，是我明白地进行教学的最初感受，这种对明白的追求，让我几乎耗尽了精力。那年，我获得了北京市小学语文教学大赛一等奖。

第二次印象比较深的赛课是1999年。当年10月，中国教育学会小学语文教学专业委员会在昆明举办第三届全国小学语文青年教师阅读教学大赛，我代表北京参赛。我抽到的课是古诗教学。那时古诗教学是一节课讲一首诗，采取“读—译—讲”的方式，这几乎成了古诗教学一种约定俗成的定式。在专家的指导下，我面临的挑战是必须在古诗教学中走一条前所未有的路，这条路必须是可行的、高效的、充满活力的。于是，设计、实践、推翻、再设计、再实践、再推翻……这样的状态持续了整整两个多月，最终我这节课的突破点定位在两方面，一是一节课要呈现两首古诗的教学，打破传统的“一课一诗”教学，寻求教学内容的有效取舍；二是要体现学生学习的自主性和过程性，打破逐字逐句翻译式的解读教学，寻求“诗画”与“诗话”结合的教学路径。在二十多年前，这种内容整合与学生自主的教学，可以称得上是首开先河了。那年，我获得了全国比赛一等奖。

今天，当我给教师进行备课辅导的时候，与他们一起经历的比较多的过程，便是帮助他们深入思考。对于教师总希望通过一种捷径或某种新颖的形式一课成名的追求，我一定会和他们说这样的话：“如果我们在教学中放弃了‘深打井’的研究过程，即使把井沿装饰得再漂亮，也不会有水涌出。”

教育教学中，我不绕开烦琐的思考，不回避艰难的否定自我，不安于过去已有的模式，只是为了对教师教学、学生学习中的诸多问题进行澄清。为了这分明白，我对每一节课都进行打磨实践，之后一定要出反思，白天上课，晚上反思，夜间构思。到2004年，我从一线教师转为专职教研员，离开学校时动用了搬家公司，主要是搬运我的教案和反思笔记。

不管是做教师还是做教研员，每学期出一节自己满意的经典课，这是我几十年来的自我挑战。之所以说是挑战，因为这节课至少要解决教学中的一个重点问题。诸如用《窃读记》一课的教学，解决如何透过描写把握人物内心的问题；用《琥珀》一课的教学，解决阅读科普小品与阅读思维关联的问题；用《临死前的严监生》一课的教学，解决通过细节描写刻画人物形象的问题；用《送别诗一组》一课的教学，解决古诗与生活的结合问题；用《古人谈读书》

一课的教学，解决单元整合教学的问题；用《手指》一课的教学，解决课内外联结阅读的问题；用《将相和》和《晏子使楚》的教学，解决外交智慧的认知问题；用《学奕》和《杨氏之子》的教学，解决文言文表达与构思问题；用《钓鱼的启示》和《通往广场的路不止一条》的教学，解决遵守道德与突破思维中的“守”与“破”的问题……凡此种种，不胜枚举。

自 2004 年从事小学语文教研工作以来，我始终坚持用亲自上示范课的方式影响北京小学语文教育界对问题的研究和解决，这种思考和行动力是持久和热烈的，以至于北京市小学语文老师们都知道，当我给大家谈对某一重点问题的解决路径时，是一定要用示范课演绎说明的，老师们把这称为理论导向的“标配行动”。

亲身实践，既是体力的付出，也是脑力的付出。我少有节假日和休息日，每天的多数时间都陶醉在教学研究和实践中，废寝忘食，并乐此不疲。这样做很能了解到教师教学与学生学习中的悲苦与喜乐，也很能触摸到教学行为层面的真实问题，我愿意在这种实践过程中寻求解决真问题的快乐，并把它视作一种可以不断产生价值的行为而持续进行下去。

二、守正出新，形成真研究

“做学科研讨交流活动，一般会基于重点问题，产生研讨主题，并对形式和内容有所规划，对活动效果进行预判，其中的研究课需要和主题无缝对接，如果是多节，还要考虑课与课之间的联系，即围绕主题所形成的研究价值，这需要经历无数次统整备课，才能使活动中的课产生意义。梳理和提炼是必要的，对问题的解决效果要进行客观的分析，对解决问题的路径要进行规律探索，并对进一步深化研究再做规划。如此繁杂，说明教学研讨活动完全不同于几所学校凑在一起的拼课行为。”这是我主持北京小学语文教学研究工作时，对市级学科研讨活动开展提出的基本准则，也是我始终强调的语文教学研讨活动的品质。

从 2004 年至今，我已经担任了 17 年教研员，从区级层面到市级层面，持续的专注与深入，使我在语文教学研究领域行进的步伐变得明白。坚持开展教研工作，必须要有热情，但仅凭热情往往会缺少持之以恒的长久研究力，所以要放下只求速成和短效轰动的态度。对于教育教学中出现的问题，要追根溯源，分析成因，设计破解方案，形成实践路径。这一系列动作要冷静而谨慎地产生，因为我们面对的是育人的质量问题。这些年的教研工作令我感到自豪，并不是荣誉的获得，而是惠及百万计师生的语文质量的提升，但是，每一小步的变化都倾注了那一个阶段我和我的教研团队的心血。

9年前，小语学术界曾经因为语文教学中的读写分离问题有过热议和焦虑，各地涌现出了诸如“小练笔”“读写结合”“阅读微写作”等思考和实践，但随着教育界对“核心素养”“语文要素”“整本书阅读”“单元整合”等热点的关注，很多研究者都放弃了对原有问题的持续研究和解决，转而投向了对更热门议题的讨论。教研员紧跟时代的步伐，应对具有时代感的问题，是可以理解的，一是不同时代不同问题，研究者要不断更新观念；二是时代感强的研究成果更容易被放大，成文更容易被发表。这样一说，似乎又涉及“求名”与“求明”的问题。对一个语文教学中存在的长期问题，从发现问题到改变教学观念，从改变教学观念到改进教学行为，从改进教学行为到优化教学行为，到底需要多长时间的研究和实践路径呢？

也是9年前，我在北京小语教学研究的工作规划中，提出了为解决读写割裂的教学问题而加强“读写结合”的研究。时至今日，我们对这一问题的研究从未止步，形成了主题化、系列化的研究模式。9年间，我主持召开了共18届研讨活动，推出示范课60余节，参与活动者近万人次。如果梳理一下这18届活动，或许可以看到一条艰难发展的漫长研究历程。

阅读与表达——聚焦整合的形式时期。2011年至2012年第一、第二届，研讨主题“阅读与表达中有读有写”；2012年至2013年第三、第四届，研讨主题“阅读与表达中读写互促”。

阅读与表达——聚焦语文建构与运用时期。2013年至2014年第五、六届，研讨主题“阅读与表达中有效取舍”；2014年至2015年第七、第八届，研讨主题“阅读与表达中的资源开发”；2016年5月第九届，研讨主题“阅读与表达中的资源转化与运用”，2016年10月第十届，研讨主题“阅读与表达中的资源取舍”。

阅读与表达——聚焦思维发展与提升时期。2017年5月第十一届，研讨主题“阅读与表达中的思维关联”；2017年10月第十二届，研讨主题“阅读与表达中的推想与假设”；2018年5月第十三届，研讨主题“阅读与表达中的言语活力”；2018年11月第十四届，研讨主题“阅读与表达中的多元视角”；2019年5月第十五届，研讨主题“阅读与表达中的信息转化与迁移”。

阅读与表达——聚焦统编教材的语文要素转化时期。2019年10月第十六届，研讨主题“阅读与表达中实现语文要素的转化”；2020年11月第十七届，研讨主题“习作单元中阅读与表达的路径探索”；2021年5月第十八届，研讨主题“单元视角下读写结合的路径探索”。

11年的“读写结合”研究，我们的成果主要体现在三大方面：第一是完善了形成阅读与表达整合的逻辑序列，第二是形成了阅读与表达整合的实施策略，第三是建立了一套阅读与表达整合的表现性评价体系。这些具体的研讨内容梳理和成果凝聚，使核心素养这个大概念得以在教师的具体教学中化开，在全国范围内产生了巨大影响。

围绕“读写结合”的十年磨一剑的研究，只是我和我的教研团队持续专注和深化问题研究的冰山一角，17 年来，我们还持续开展了“课内外阅读一体化”“改进学生学习方式”“单元整合教学”“生成资源的把握及利用”“小学生语文学业标准”等方面的研究，同时，受首师大《教育艺术》杂志委托，主持并参与了全国“十二五”课题“‘少教多学’在中小学语文教学中的研究与实践”，“十三五”课题“中华优秀传统文化与现代语文课堂实践研究”，“十四五”课题“基于立德树人目标的课堂教学与研学实践知行课程建设研究”，影响并带动了北京市 150 多所学校。

17 年，我编著了 6 卷 300 万字《语文教学改革与创新》，编写了《北京市小学语文学科课堂教学设计与案例评析》《阅读》《小学语文新课标教案》，参与编写了北京版小学语文教材，教育部统编小学语文教材教师用书，承担了《小学语文》《小学语文教学》《语文建设》等核心期刊的特邀编委工作。

有句话说得好，任何值得去的地方都没有捷径。是的，没有什么讨巧的办法可以使我们获得真正的成功。在教研工作中我趋向光明，享受快乐，收获欢笑，但总要在行进中穿越迷雾，在追逐中尝尽冷清，在耕耘中品味苦痛，一切的付出皆因教育教学质量的总体提升而具有了价值。

三、栉风沐雨，传播真经验

11 年前，北京小语界曾有一个由我发起组织的小组。一群人风华正茂，把满腔热情完全投入在攻克教学的难题上，没有经费，没有证书，没有固定的场地，没有专门的时间，但总能挑战大家不敢上的课、不容易上好的课，且总能挑战成功，因为他们有热情、有勇气、有想法、有精神。时过境迁，他们中有人提干，有人转岗，有人评了正高，有人成了特级，有人的孩子已经成人，有人的两鬓已经斑白，但是一直没变的依然是对语文教学的热情，那是骨子里化不掉的情怀。这群人的志同道合，促成了当年可以打硬仗的“北京市小学语文课例研讨小组”。

课例研讨小组每学期都要拿出示范课例，北京市语文教师可以随意观摩。这种自发的全公益学术研讨活动，给广大小学语文教师带来的影响是巨大的。第一年，当我们研发出了 3 节示范课例时，听课者并不多。到了第二年，礼堂中已座无虚席。到了第三年，已经开始在台上及过道加座。课例研讨不只在小组内，更在很多地区形成风气。课例小组的队伍逐渐壮大之后，在北京市各区通过建立小学语文教学工作站的形式持续开展活动，成员从最初的20人发展到200人。

一方面，课例研讨小组的示范行动，带动了广大教师的研究热情；另一方面，小组的平台也给成员们提供了更多专业发展的机会。从2008年至今在中国教育学会小语专委会主办的每两年一届的全国小学语文教学观摩活动中，北京市已经连续六届十二年获得一等奖。在首师大《教育艺术》杂志主办的每年的课题年会展示课中，北京市每届课例均获得一等奖，而这些获奖教师都出自课例小组成员。经过统计，自课例研讨小组成立以来，成员参与全国各类活动所获奖项已经超过100项。小组成员常讲，这个基于热情自发形成的专业研究团体，给予了他们专业成长的力量。当他们不断地向我表达谢意时，我告诉他们，该感谢的是团队的成员，他们促进每个人的学术研究从不止步，还应该感谢的是自己的苦行，它促使每个人学术实践不虚浮。

从事教研工作17年，我走遍了北京市的所有学校，每年除了自己做示范课百余节次，还要听评课500余节。这些年听评下来的课也接近上万节了。身为北京市小学语文教研负责人，这些年我主持的全国性研讨活动超过30个，北京市级研讨活动超过200个，讲座2000余场。我几乎没有周末，没有假日，披星戴月，栉风沐雨，不是在工作，就是在工作的路上。多年来，很多出版社找我，希望我著书立说，集结整理个人的课例，提炼成某种教育教学思想或主张，我一直没有完成，不是因为懒，恰恰相反，是因为太较真，太想出一本对得起读者和教师的书。这样边行路边思索，是一种对读者和学术的敬畏，这种敬畏之心使我不敢轻易落笔，我必须把更多的精力投入深耕过程中。

疫情期间，北京教科院基教研中心受市教委委托，负责组织录制、审定“空中课堂”的课例教学内容。小学语文学科从《语文教学改进指导意见》的制定，到课例的备、选、审、改，千余节课无一遗漏。医护人员前方战“疫”，我们从教育方面帮助居家学习的学生解决线上课堂学习的问题，保证了疫情期间停课不停学。其间，我受邀在北京卫视的《老师请回答》栏目做了一期关于居家阅读的节目，从不同学段阅读的内容、阅读环境的形成、阅读效果的达成等多方面给全市居家阅读的学生和家长提供了建议，获得几十万学生和家长的好评，我所做的这些让我觉得充实而满足。

爱上工作，其实不是件容易的事，但是不爱工作，往往又做不成事。我们养花鸟、搞摄影、品茶的心态和工作完全不同，不紧张、没风险、有情趣，没有钱没关系，倒贴钱也愿意，这种爱是属于不用扬鞭自奋蹄的。但工作不同，不能由着性子来，总要担着些责任，不能像游戏似的想玩就拿起来，不想玩就放下。故而世间多有业余爱好，少有业内爱好。虽然少，但并非没有，而且凡是能从工作的苦中榨出点甜味儿的人，多数都成了有为之人。教育者，心中若有爱常在，一课一文总关情。于是，便可以放下名利，放眼明天。

推进立德树人，深化教育改革

——记河北省衡水市第十四中学校长赵彦亭

河北省衡水市第十四中学　王春青

赵彦亭，女，1965 年 10 月出生，1984 年 8 月参加工作，硕士研究生学历，正高级职称，中共党员。曾任教于衡水中学，后历任衡水市第九中学、第六中学、第三中学党支部书记、校长，连续十一年担任衡水市桃城区唯一一所国办重点高中——衡水市第十四中学党支部书记、校长。2017 年 12 月至今，任衡水市第十四中学校长、党支部副书记。

赵彦亭同志从教三十七年来，忠诚党的教育事业，以一个共产党员的标准严格要求自己，认真履行教师的神圣职责，始终坚持在教学一线，在中学教育教学这个阵地上辛勤耕耘。

一、狠抓党的组织建设

她始终把党的政治建设摆在首位。她带领班子成员，大力推进“两学一做”学习教育常态化、制度化，深入开展“不忘初心、牢记使命”主题教育，充分利用“学习强国”、共产党员网等媒体和平台开展学习。她注重做好意识形态和思想政治工作，调整优化党小组设置，推进了党的声音向基层传递，党的决策在基层落实。广大党员以身作则，率先垂范，在教研、教改等教学工作中成为行家里手，在评课、说课等业务比赛中获得省市优胜名次，在援疆、下乡等支教行动中受到普遍好评，为十四中做出了贡献，争得了荣誉。

二、扎实推进立德树人

她带领全体教职员工，积极贯彻落实立德树人根本任务。注重思想政治课程建设，大力抓好优秀政治教研组建设，培养政治学科带头人；师资建设卓有成效，近三年来，引进了华东师大、陕西师大、河北师大公费教育师范生 70 余名，新招聘录用名校优秀毕业生 65 名，大大充实了教师队伍。每年开展新教师入职培训、区域教研和业务大练兵活动，有效提高了教师业务水平；强化了工作纪律监督，进一步优化了工作作风。注重创新德育活动。深入开展"平'语'近人"进校园活动；风清景明时节，缅怀革命先烈，传承红色基因；衡水湖远足，拥抱自然感悟青春；决战百天，卓立巅峰，高三百日誓师大会提振士气；"学雷锋活动月"声情并茂，正能量澎湃校园内外；铭记历史、追求理想、励志成才，十八岁成人礼掀起青春狂澜！

青春心向党，建功新时代，活动内容、形式丰富多彩。主题团日活动激励学子心灵；纪念五四运动百年师生书画展提升艺术素养；"勇担新使命，奋进新征程"，新教师入职培训果实累累；暑期研学营，相约在北京，树名校梦想；用汗水致敬青春，新高一军训如火如荼；西柏坡红色主题研学营，理想信念教育放新光；倾情放歌献礼新中国70华诞，师生祝福现真情；"我与祖国共奋进"主题征文撼动心扉；国家公祭日，系列爱国教育活动铭记历史；元旦大联欢，浓墨重彩珍爱新生活……

三、推进教育教学管理改革

她在长期的教学实践中，不断探索，深入钻研，形成自己的教学风格，探索出"高效课堂"教学模式，并将"高效课堂"模式在几所学校推广，成效显著，受到同行的一致好评。因教学成绩突出，她多次代表学校参加市区级说课、优质课大赛，并多次获一等奖。多次承担市区级示范课、观摩课任务，均受嘉奖；所教的语文学科成绩多次排在年级第一名，学科成绩多次在全市同学科评比中名列前茅。因在教学方面的探索和取得的优异成绩，多次被评为市区级优秀教师。多年担任班主任工作，因管理水平卓著，多次被评为学校及区级"优秀班主任"。

她扎实推进高中新课改，不断深化教育教学改革，全面推进素质教育。认真学习现代化教育教学理论，更新观念，树立与时俱进的办学理念。推进教学改革，以课堂模式和教研制度为支点，大力构建高效课堂，教育教学成绩突飞猛进。2011年起，带头进行高效课堂模式的探索研究，采取"学案导学"、"345"高效课堂模式，收到明显效果。

她全力推进高中教育教学提质升级和改革。2018年实施新的选科政策以来，选科方案制定科学，获得家长好评，成为兄弟学校的"模板"。我校首届高一学生实现了小班教学。在此基础上，修订了教师评价方案，修改了精细化管理方案，开展了高效课堂的进一步深入探索。

教育教学管理日新月异，高考成绩连续攀升：2015—2020年，本一上线人数及本科上线率连续实现历史新突破。在试题难度加大的情况下逆势而上，高分群体比例增加，尖子生实现重大突破。2019 年高考，衡水十四中文科第一名 664 分、理科第一名 691 分，均进入河北省高考前 100 名；火箭班全部本一上线，多数学生能进入“985”“211”大学；实验班本一上线率 91.7%，600 分以上学生大幅度增加。2020 年高考，衡水十四中理科最高分 697 分，进入全省前 200 名，进入全省前 300 名 3 人，进入全省前 500 名 7 人；文科最高分 649 分，进入全省前 200 名，进入全省前 300 名 2 人，进入全省前 500 名 8 人；10 个文理科火箭班，绝大部分学生高考分数超 600 分，排名第一的班级半数以上超 650 分，多数学生能进入“双一流”大学，600 分以上学生 578 人；14 个实验班学生全部高于强基计划录取控制分数线(原一本分数线)，且多数学生大幅超越此分数线；普通班本科上线率为 91.5%；美术、体育特长生成绩再次刷新纪录！

四、提升教育科研水平

她致力于教育教学研究，主持并完成(结题)中国教育学会“十一五”科研规划课题“新理念下学生自主学习方式”，主持并完成(结题)中国教育学会“十二五”科研课题“高中语文新教学方法、模式的研究”，主持并完成(结题)中国教育学会“十二五”规划课题“新时期中学语文阅读教学研究”，主持并完成(结题)中国管理科学研究院素质教育研究所科研课题“体育教学中实施安全意识与行为培养的研究”。现正在主持研究的省级课题两项，分别是“基于学生发展核心素养的学科发展的研究”和“高中学校生涯规划教育体系构建研究”；市级课题一项“关于几何体组合写生的深入研究”。主持编写出版了《新编高中同步教与学》《高考作文素材特辑》等教材用书；发表了《新课改下的教育模式》《管理与教育相辅相成》《创新教育管理，提高教学质量》等多篇国家级、省级论文，并多次获得优秀论文一等奖。

五、促进义务教育均衡发展

赵彦亭同志在完成教育教学任务的同时，担任学校管理工作。她担任衡水市第九中学校长期间，创造了桃城区初中阶段义务教育的佳绩。衡水第九中学地处铁道北，位置偏僻，生源流失严重。接手管理后，从抓教学管理入手，一年扭转了学生大规模流失的现状，创造了中考奇迹：三分之一学生升入衡水中学。自此第九中学改写了历史，一跃成为桃城区的实力学校，稳定了铁道北四分之一的生源，从而实现了桃城区初中教育资源校际均衡；更重要的是，为桃城区初中义务教育阶段教育均衡发展做出了突出贡献。

六、打造一所精品学校

她以对教育的热爱和执着把衡水三中教育推向鼎盛时期。

赵彦亭同志担任衡水第三中学校长期间，注重教师队伍培养，提升教师的业务能力和教育教学水平，一大批教师脱颖而出。在衡水市首批“骨干教师”评选中，衡水三中教师占半壁江山，受到教育主管部门的高度关注和肯定。在省、市、区各项教学能力大赛及综合评估中，衡水三中的老师都是力拔头筹。在学生培养方面也成效显著：不仅考入衡水中学的学生比例高、进入衡中的尖子生比例高，而且入学后更以综合能力突出而得到衡水中学肯定。在省市竞赛以及学校活动中，衡水三中的毕业生也令人刮目相看：曾经连续几年中考的尖子由衡水三中“霸屏”，而且这些学生最后多成了河北省高考状元。

七、促薄弱高中逆境突围

衡水十四中，在衡水市高中发展的高地上处境尴尬，在校生流失严重，招生面临困境。赵彦亭同志担任十四中校长后，转观念，强管理，聚人心，兴教研，短时间内迅速扭转学校发展颓势，两年实现了招生和升学两大突破。经过几年的努力，学校的办学成绩和不断提升的办学实力获得上级教育主管部门的认可和肯定，严格的管理、突出的教学成绩得到社会各界及家长的高度认可和赞扬。连续几年学校的高考升学率位居全市同类高中之首。

八、教育扶贫政策落实有力

认真做好控辍保学工作。她针对由于疾病、伤残、厌学、早婚早育、重男轻女、外出务工等原因失学辍学的特殊学生进行认真研究，分类施策，采取签约教师劝返、送学、送教上门等方式进行逐一解决。学生资助政策落实有力。通过建立建档立卡贫困户学生台账、拓宽贫困学生帮扶渠道、开展教师一对一帮扶活动等加大学生扶贫力度。学校成立亲情关爱室，免费为学生提供亲情电话或视频沟通。对那些孤残学生、贫困家庭学生、留守儿童，通过思想教育、心理疏导、生活帮助、行为矫正等给予特殊关爱。2015 年至今，共为 14000 名学生落实发放国家助学金 139 万元，为 600 余名建档立卡贫困生实施“三免”费用(免学费、免住宿费、免书费)87 万元。

赵彦亭同志因个人在教育教学方面的付出和努力，获得多项国家级、省部级、地市级荣誉称号。先后获得全国三八红旗手、河北省三八红旗手、河北省第一批中小学骨干校长、河北省“三育人先进个人”、河北省“五一巾帼标兵”、河北省教育工作先进个人、河北省优秀教育工作者、河北省中小学骨干教师、衡水市劳动模范、衡水市市管优秀专家、衡水市人民政府“二等功”、衡水市骨干教师等多项荣誉称号。2017 年 9 月，衡水市第十四中学被衡水市人民政府颁发“教育工作业绩突出”荣誉证书并通报表扬。

栉风沐雨三十载　为国树才管有方

——记玉溪市江川区第一中学校长金星同志先进事迹

云南省玉溪市江川区第一中学　李　霞

走进玉溪市江川区第一中学的校园，你会经常看见一个忙碌的身影，作为一名教育工作者，他情注教育；作为一位校长，他率先垂范。他给自己定下的座右铭是“以勤精业，辛勤耕耘”。他就是玉溪市江川区第一中学的校长——金星。

金星，男，汉族，正高级教师，中共党员。1990 年 7 月毕业于云南师范大学历史系，获历史学学士学位，同年 8 月分配至玉溪市江川区三街中学任教。1991 年 8 月调入江川区第一中学，历任班主任 3 年，高三综合组组长 4 年，历史教研组长 9 年，教务主任 6 年，教学副校长 6 年。2014 年 8 月调入江川区第二中学，任党总支书记、校长。2017 年 11 月调入江川区第一中学，任党委书记、校长至今。参加工作至今，承担初中语文教学工作 1 年，高中历史教学工作 30 年，其间，承担高三教学工作 22 年。

一、爱岗敬业，潜心教育三十载

30 年来，金星校长忠于党和人民的教育事业，拥护中国共产党的领导，深入学习贯彻党的十八大、十九大精神，以习近平新时代中国特色社会主义思想为指导，认真贯彻落实党的教育方针，“不忘初心、牢记使命”，恪尽职守，为人师表，为办人民满意的教育而努力工作。

从 1990 年 7 月参加工作至今，金校长积极探索，不断钻研，将适合自己的教育教学理念及方法运用于教学实践，形成了自己独特的教学特色。其间，因工作需要先后三次调动工作，无论是担任班主任、教研组长、教务主任，还是教学副校长、校长等职务，金校长始终把“爱学生、爱讲台、爱教育”，始终把“育人树品、集体精神、家国情怀”贯穿于教育教学全过程，着力锻造了自身扎实的教风，让每一名学生都能真正学有所获、学有所得。

1990—1991 学年，金校长所任教的初一(5)班语文平均分名列大庄乡第一名。1991年至今，金校长所任教班级的历史平均分在高考、省学业水平考试、校考中成绩优异。其中，1992—1993学年，任教班级本科上线22人，占全县本科上线人数的50%，学生历史最高分136分，居全市学科成绩第一名。近5年来，2014—2015学年，承担高一202班、203班、204班、205班4个班前60名学生历史教学任务，平均分列同年级12个班第1名；2015—2016学年，任教高三197B(艺术特长班)，高考平均分列同年级第1名；2016—2017学年，任教高三203班、204班，高考平均分分别列同年级3个班第2、3名；2017—2018学年，任教高一407班，平均分列同年级同类3个班第1名，该年度履职考核为优秀；2018—2019学年，任教高一(15)班，平均分列同年级同类4个班第1名，该年度履职考核为优秀。

在班级管理中，金校长深刻体会到：高度的责任心和使命感是做好班主任工作的前提，科学管理班集体是做好班主任的关键，培养学生自主管理、自主学习的能力是做好班主任的目标。在班主任工作中，金校长用爱心和真情去感染学生，真诚地与他们交流，把育人树品、团结合作、家国情怀、养成教育贯穿于整个教育过程中，把抓好班风、学风作为自己的首要任务，创造了优良的班风。金校长所带班级，班级风气好、学习氛围浓、师生凝聚力强、成绩突出，受到学校领导、同行、学生、家长的一致好评。在担任班主任期间，他先后资助了5名家庭困难学生，多次送生病学生到医院看病，多次到网吧寻找逃课上网学生，四次到雄关、安化、海门、黄营寻找问题学生(两次寻找到深夜)。金校长时刻鞭策自己：“学校就是我的家，要做学生生活中的父亲，错误中的大夫，交往中的挚友。”1992年，主动放弃晚婚假，婚后第三天就到校上课。1993年，儿子出生时，因考试在即，教学任务紧，金校长第二天就回到学校全力以赴认真备考。面对因家庭原因或经济压力较大而导致的不想读书、不愿读书的学生，金校长多方了解情况后，逐户家访、实地调查，全面细致地做家长工作、耐心疏导学生心理，帮助他们树立起克服困难、迎难而上的信心，孩子们凭借“不再沉睡、不再放弃”的决心和努力开启新的学习生活。来自安化的郭同学在金校长的教育引导和陪伴下，重燃对学习的渴望，顺利考取大学并成为江川区住建局的一名公务人员；来自雄关乡的张同学，因居住地偏远，交通不便，往返学校全靠步行，这让他产生了放弃学业的念头，金校长将自己的教师宿舍提供给他，并主动帮他辅导落下的课程，最终该同学考取大学，赴美国北卡罗来纳州留学；贫困学生宋同学在金校长的资助帮扶下，考取西南大学，现任教于昆明西山区中学。这样的例子很多，各类问题学生在金校长的教育、引导下，克服困难重返课堂，全心求学。金校长始终心系学生、心系讲台、心系教育，通过自己的努力让这句话真正落地、生根、发芽。

二、教学科研，言传身教当先锋

(一)探索教学，以赛促教

2001 年 11 月，金校长参加玉溪市高中历史综合技能竞赛，荣获一等奖。先后三次担任玉溪市高中历史教学竞赛评委。从参赛者、指导老师到评委，金校长结合实际教学经验，深入课赛，剖析课堂创设，分析评委提出的修正意见，提高课堂研究能力和授课技巧。作为市级骨干教师，他积极参与本教研组、本学校新教师的培养工作，发挥学校骨干教师的示范和辐射作用。在每年的省、市、区课赛中，积极参与指导参赛教师，与他们共同磨课、校稿，集教研组的智慧共同打造精品课。金校长注重言传身教，以良好的师德修养、严谨的工作作风，感染、带动广大青年教师不断学习进步。在金校长的指导下，叶永前、马继收、黄兴永等一大批年轻教师迅速成长起来，成为省、市、区、学校教育教学和班主任工作的骨干力量。同时，金校长多次主讲市、区各级、各层次公开课，多次受聘参加玉溪市高三年级研讨会并进行专题讲座，两次受聘担任高中学校晋级专家组成员(玉溪市民族中学、华宁县第一中学)。在担任历史教研组组长、高三年级文科综合组组长期间，金校长对学科组建设、非智力因素对学习考试的作用、高考信息等问题做了大量的研究、探讨，使江川一中历史学科高考平均分位列全市第二，仅低于玉溪一中。

(二)刻苦钻研，以研促教

金校长坚持理论和业务学习，反复学习过《美学》《春秋繁露》等书，从中汲取教学精华，提升教研水平和业务能力，积极参加课题研究、撰写论文。在教学科研工作中表现突出，被聘为玉溪市历史学会副会长。2004 年 8 月至 2006 年 3 月，金校长参加了玉溪市第二期中学骨干教师培训，完成了教育教学理论、学科专业知识、教育教学实践等内容的学习及考核，于 2006 年 6 月，被认定为“市级骨干教师”。2011 年，他作为项目主管及负责人参加我校中英校际连线“社区点亮生活”项目——“江川渔文化”。该项目已从全国 120 多所学校中脱颖而出，并获得了“优秀社区行动计划奖”，受到玉溪市教委的肯定并在《玉溪日报》发稿表扬。同时，我们的作品在全国 100 多份作品当中脱颖而出，入围英国大使馆文化教育处于 2012 年 9 月举办的全国展览。2013 年 7 月，他参加了全国教育科学“十二五”规划教育部规划课题“少教多学”课题实验研究，并于 2015 年 9 月 20 日顺利完成并结题。2018 年，他主持并参与编撰《江川文庙》(8.8万字)并出版。2019年1月，他参加了“国培计划(2018)”云南省乡村教师访名校项目“新高考改革骨干教研员与教师培训”子项目。金校长所撰写的论文《谈高中历史问题教学法与学生主体地位的发挥》发表于《玉溪教育》，《怎么填报志愿》发表于《玉溪日报》，《阅历史　观天下》发表于河南大学《中学政史地》，《结构教学在高中历史教学中的应用》发表于《赢未来》杂志并获一等奖，《浅谈中学历史地图教学》获江川区科研论文一等奖。

金校长积极参加继续教育培训，不断提高自己的业务素质。金校长近6年先后参加了2017年云南省普通高中教育高考综合改革培训会、2018年云南省普通高中教育改革发展培训会等8门继续教育培训考试，累计学时达379学时，年均学时为63.17学时。

三、敢闯敢为，为国树才管有方

2003年8月，金星同志被任命为玉溪市江川区第一中学教务主任。面对我校教学质量下滑的现状，主持制定了《江川一中教职工考核方案》《江川一中奖惩方案》《班主任考核方案》等方案，全面调动了教师、班主任的积极性。2007年10月至12月，金校长受市教育体育局的委派，到浙江杭州七中挂职副校长，并引进了发达地区先进的教育教学理念。从2004年至2012年，在金校长的努力下，我校教育教学质量稳步攀升，高考成绩一直名列全市县区学校第一(除市属三所学校)，一本上线人数遥遥领先其他县(区)，600分以上的考生有几年超过了部分市直学校。其间，因教育教学成绩突出，我校多名教师被选拔到市级中学任教，并成为其所在学校的骨干力量，每年均有学生慕名到我校求学。

2014年8月，金星同志被调至江川区第二中学，任党总支书记、校长。他狠抓班子队伍建设，加大人才引进力度，三年共招聘优秀教师40多名；加大师训力度，组织100多人次到省内外进修学习；打造“读书立品，做有教养的二中人”德育工作品牌；开设“钟秀讲坛”，弘扬耕读文化的传统精神，建立勤工俭学基地，开展勤工俭学。2017年6月，云南省勤工俭学基地工作推进会在江川二中召开。根据党的教育方针、德智体美劳全面发展的要求，江川二中多措并举、因材施教，成立了特长部。在市区第四批次录取的生源情况下，2015年高考语文、数学平均分提升7分，获市级进步奖，600分以上1人(全区第一名)，本科上线率比2014年提高4个百分点，圆满完成市区各项指标，在江川综合目标考核中获一等奖第一名；2016年高考，本科上线率比2015年提升10.32%，本科上线率提升7个百分点。特长部学生的优秀率、上线率均居全市第二名，连续两年受到市教育体育局的表彰。2015 年 4 月至 2017 年 8 月，完成了江川文庙钟秀书院(国保单位)的修缮工作，完成了江川二中改扩建工程，以上两个项目总投资 1 亿余元，学校硬件设施得到了极大的改善。

2017 年 11 月，金星同志被调回至江川一中担任学校党委书记、校长。他结合江川一中实际，开创学校管理工作新局面。一是加强党建引领。借全区教育教学改革春风以及江川区第一中学党委成立的有利条件，不断加强党建工作，强化党风廉政建设。二是强化教学中心。深入教研组进行调研，倾听教师心声、了解教师诉求，形成、确立了“以教学为主抓手、以科研为推动力”的发展格局；实行教师坐班制；压实管理过程，加大年级管理力度；组建特长部，因材施教、因人施教；建立了学校行政、年级联动听课机制，实施推门听课制度；充分发挥家长会、家委会、家长学校等的作用，开展家校共育活动，让家校联动成为新常态。三是注重立德树人。注重以德育为基石、以安全为保障，提炼出“12345”的德育安全工作思路，取得良好成效。四是发挥奖惩机制。加大对班集体考核力度，增强同班教师凝聚力；在教育教学改革中，根据区委区政府相关文件精神，转岗分流 10 人。五是加大师训力度。坚持“请进来”与“走出去”相结合，派学校中层干部、年级主任、教研组长、一线教师到浙江、上海等省市学习达 300 余人次；2019 年 3 月，金校长和北美学校签署了合作备忘录。2018 年，江川一中高考一本上线率、本科上线率、办学规模、巩固率、文科综合平均分等多项指标受到市教育局表彰，获区综合考核一等奖第一名，特长部蒋颢丞等 13 名同学分别被四川美院、四川大学、湖南科技大学等录取；2019 年，学校 600 分以上的考生人数从 2016 年的 2 人增至 10 人，一本上线人数从 2016 年的 65 人增至 76 人，特长部 18 名学生被一本学校录取，取得历史最好成绩，办学规模、巩固率、本科上线率、学业水平考试过关率再上新台阶，学校也被评为 2019 年玉溪市教育体系系统先进集体。

四、桃李园中，辛勤耕耘结硕果

1995 年 9 月，金校长被评为校级先进教师；2001 年 11 月，获玉溪市高中历史综合技能竞赛一等奖；2005 年 2 月，被评为江川县(现江川区)教育局优秀共产党员；2005 年 9 月，金校长被评为江川县先进教育工作者；2005 年 12 月，被认定为县级中学历史学科骨干教师；2006 年 6 月，被认定为玉溪市中学骨干教师；2009 年 9 月，被评为“云南省优秀教师”；2018 年 9 月，被评为校级“优秀教师”；2019 年 8 月，被评为区级 2018—2019 学年“平安校园”创建工作先进个人；2019 年 9 月，被评为市级“优秀教育工作者”。

在 30 年的工作中虽然取得了一些成绩，但学习是终身的，努力是永恒的，金校长深知学无止境。在今后的教育教学中，金校长将会更加努力，一如既往地扎实工作，不断完善自己、超越自我，成为理论基础坚实、教学能力突出的研究型、学者型、管理型教师。

在路上

——记内蒙古自治区呼伦贝尔市阿荣旗第一中学校长于宏伟

内蒙古自治区呼伦贝尔市阿荣旗第一中学　宋　英

世间通往成功的路有很多条，而选择做教育的人一定是有情怀的人。从一名普通的班主任做起，一做就是十几年，每一届都要让自己所带的班级成为最优秀的班集体。从做一名校长开始，十年如一日，要带领一所学校走出低谷，实现超越。这条路注定不平坦，但这条路在于校长脚下确实是越走越宽阔。“如果现在让我重新选择，我依然选择做教育，如果不是因为工作太多，我还想当班主任，还想走上讲台。”于校长常常这样说。他始终认为，包括自己在内的很多人都是高考的受益者，是充分享受了知识带来的红利的人，通过学习知识实现了阶层的跃迁。而从事教育工作，恰恰可以通过自己的努力让更多人走上用知识改变命运的道路。尤其是处于这样一个拥有三十几万人口的农业旗县，阿荣旗第一中学的学生多是农民子弟，作为唯一一所公办学校的校长，把好教育的出口，是于校长自觉担当起的崇高使命。十年来，阿荣旗第一中学向全国各地输送了成千上万的大学生，为家乡教育的发展和脱贫攻坚的胜利做出了杰出的贡献。

一、方向要明确，决策要有高度

2010年于校长接手这所学校的情形而今还历历在目。生源外流，升学率低，教师职业倦怠，教学水平难以提高，学校基础设施陈旧落后……

哪里有困难，哪里就有挑战。带领这所学校朝哪个方向走？如何走？这是上任之初的于校长常常思索的问题。“一定要让所有的教职员工在阿荣旗第一中学有尊严地工作!”于校长这样告诉自己，想要让老师们工作得有尊严，就要办让人民满意的学校，遵循教育规律，坚持改革创新，只有学校的各方面工作得到全社会的认可，学校在百姓心目中的地位才会提升。从此，人民至上，办让人们满意的学校，成了于校长治校的大方向。

阿荣旗第一中学的师生们不知道，为了学校办学条件的改善，于校长与上级领导进行了多少次沟通；阿荣旗第一中学的师生们不知道，为了提高教学水平，于校长考察了多少所学校，修改过多少方案；阿荣旗第一中学的师生们不知道，为了让这所学校能够以源头活水育人，于校长多少次带领教师们“走出去”，又有多少次“引进来”。但是，阿荣旗第一中学的每一个人都切身感受到这所学校在发生着日新月异的变化。2014 年，学校始迁新校区，办学规模空前，校园占地面积 88200 平方米，拥有 60 多个教学班，一线教师近 300 人，教学设施一流，多媒体教室、计算机室、理化生实验室设施齐全，室内体育馆、游泳馆全面向学生开放。校园环境宜人，春有桃红李白，夏有绿树葱茏，秋有落叶静美，冬有白雪皑皑，一草一木，四时风物都成了育人不可或缺的一部分。学生学习的热情提高了；课间的走廊里，打闹的现象少了；课堂上回答问题的声音响亮了；仪容仪表整洁了，用语文明了。老师们上课的积极性提高了，一遍铃响过之后，老师们都急匆匆地走在候课的路上；办公室里聊天的现象少了，讨论问题、备课、批改的时间多了；集体备课的时间里，老师们的参与度提高了，思想的争鸣碰撞出智慧的火花；专家讲座的会场上低头看手机的人少了，认真记笔记的人多了。这些都是让于校长欣慰的地方，他知道学生还可以做得更好，只要老师善于引领；一场讲座不会催生出多少专家，但只要有人在心底燃起想成为“专家”的热望，就意义深远。于校长深知，要办人民满意的学校，仅凭借一己之力是不够的，要凝聚人心、完善人格、开发人力，要让所有的老师和学生都动起来。

二、行动要果断，执行要有力度

作为一名决策者，仅仅与时俱进是远远不够的，他必须具有一定的前瞻性，未雨绸缪。要抓住机遇、超前布局，以更高远的历史站位、更宽广的国际视野、更深邃的战略眼光谋求发展。当大多数学校依然按部就班地按照原有的思路运作的时候，传统的理想课堂模式正如北大前校长梅贻琦所说：“学校犹水也，师生犹鱼也，其行动游泳也，大鱼前导，小鱼尾随，是从游也，从游既久，其濡染观摩之效，自不求而至，不为而成。”然而时代在变，学生在变，高考的导向在变，教学方法怎能墨守成规？

经过了一番实地考察和缜密的思考，于校长决定要带领一中走出舒适圈，轰轰烈烈的课堂改革开始了，阿荣旗第一中学迈出了探索高效课堂的第一步。这是 2014 年的春天，此时距离内蒙古地区实施新高考还有整整十年，这就是一位不断追求创新的领导者的前瞻性！

所有的改革一定都会遇到阻力，何况这是一所拥有六十多年历史的学校，老师习惯了教，学生习惯了听，一时间让“少教多学”的理念深入每一个人的思想谈何容易？课堂改革之初，有人观望，有人迷茫。但于校长坚信课堂改革势在必行，领导率先垂范，第一批骨干教师先动起来，从一场场观摩课到每一位教师都能上好一堂“课改课”，每学期的“踏雪寻梅”和“胜日寻芳”大型赛课活动涌现出了一批批课堂教学的新星。从第一场课堂改革培训动员大会开始，到每学期初的课堂改革推进会、学期末的课堂改革总结会，阿荣旗第一中学的课堂改革走过了七个春秋，从“五环”教学课堂模式到“五环智课堂”模式，在探索“少教多学”的过程中又迈上了一个新的台阶。

七年的课堂改革，阿荣旗第一中学向社会交出了一份喜人的成绩单。高考成绩喜人，看起点、比提高，阿荣旗一中的升学率年年有突破，成功跃居全市教育的第一方阵。所有的老师都努力成为课堂的管理者，他们意识到“如何让学生学得好”很重要，所有的学生都完成了从“要我学”到“我要学”的转变，所有的学生都从小组讨论和“兵教兵”的环节中发现了自我的价值，从而培养了兴趣、能力，提升了自信和水平。

于校长说，如今他不再担心从一中的课堂走出去的学生能否适应更高等的教育，因为一中学生的成绩是通过自己的努力探索出来的，获得知识的同时锻炼了能力，重要的是他们找到了获得知识的途径和方法，这就是“授人以渔”。

七年后的今天，谈到课堂改革，于校长从容地说：“改革之初，看山是山，看水是水；改革中期，看山不是山，看水不是水；如今渐臻佳境，看山还是山，看水还是水。”

三、学生要全面发展，领导要有尺度

如果一所学校只追求升学率，它不会行稳致远。学校要追求升学率，但学校不是一本、二本加工厂，学校的本质一定是为了培养人。“全面发展”的“全面”在于校长看来，首先是让每一个学生得到发展，然后是让学生的方方面面都得到发展。他认为，阿荣旗第一中学不仅仅是一个可以升学的地方，更应该是一个不断认识自我，从而找到人生方向的地方。

为了让每一个学生得到发展，阿荣旗第一中学提供了一切可以提供的便利。为了使英语成绩差的同学不至于在高考中处于劣势，学校开设了俄语课程，并为成绩优异的俄语学生争取到公费赴俄留学的资格；学校有专业的音体美教师团队专门负责特长生的培养。

为了让学生的方方面面得到发展，阿荣旗第一中学开展了丰富多彩的文化生活。

为了学生的发展，学校在厚植家国情怀上下功夫，让爱国主义精神在学生心中牢牢扎根。学校利用每周一的升国旗仪式进行爱国主义教育，引导学生热爱和拥护中国共产党，立志听党话、跟党走，立志扎根人民、奉献国家。利用每周一下午的自习课组织学生观看《新闻周刊》，利用每周六的晚上组织学生观看《这就是中国》，为学生打开了解中国和世界的窗口，培养理性思维和国际视野。

为了学生的发展，学校在加强品德修养上下功夫。学校的德育工作常抓不懈，要成才先成人，学校要教育引导学生培育和践行社会主义核心价值观，踏踏实实修好品德，成为有大爱大德大情怀的人。

为了学生的发展，学校在增长知识上下功夫，引导学生珍惜学习时光，心无旁骛，博学慎思，明辨笃行。培养学生的奋斗精神，引导学生树立高远志向，敢于担当、不懈奋斗，弘扬劳动精神，引导学生尊重劳动、热爱劳动。

于校长的目标是，当一个毕业生回想起他在一中的高中生涯时，记忆中一定不只有学习。丰富多彩的文化生活能够对学生的成长起到引领作用，同时也能够促进学生的学习。在于校长的支持下，阿荣旗第一中学各项活动开展得如火如荼：为了增强学生的身体素质，学校每学期都举行跑操比赛、啦啦操比赛、花样跑操比赛，每年举办秋季校园运动会；为了丰富学生的视野，培养良好的阅读习惯，提升学生的表达能力，学校每学期举办大型的读书分享会和演讲比赛；为提高学生的综合素养，发现学生的特长，学校每年举办大型十佳校园歌手大赛和迎新晚会。于校长说，异彩纷呈的文化生活同样是育人的一部分，他要在精神层面“富养”每一个学生。

四、内部要团结，领导要有温度

在阿荣旗第一中学，领导的温度不仅体现在对工作的热情方面，更体现在对职工的关怀方面，慰劳他们的付出，肯定他们的成绩，关心他们的疾苦。一所拥有三百多名教职工的学校，了解每一位员工的具体情况不是一件容易的事。

职工家里有老人去世，于校长无论路途多远，都要前去慰问；他也曾帮助职工的孩子就近入学，解决职工两地生活的困难，解决教职工的后顾之忧，关心教师的身心健康。学校曾聘请专业瑜伽教练组织教职工练习瑜伽，组建合唱团，组织各种活动，以丰富教师的业余生活，减轻工作中的压力。

当得知有教师生病的时候，于校长总是第一时间了解情况，提出建议并亲自联系医疗条件好的医院、技术水平高的医生，并且全程关注治疗的情况，给患病职工巨大的支持。于校长从来不刻意要求职工舍小家顾大家，总是说每一位教职工一定要把自己的身体照顾好，把自己的小家照顾好，只有这样才能安心工作，学校这个大家才能有更好的发展。

于校长的温度还表现在敏锐的观察力上，他常常在教学楼里匆匆走过，很少驻足，但他能根据一个班级的抬头率判断这个班级的学风是否纯正；他能够通过一个班级卫生打扫的情况看出这个班级的精神面貌；他能够从一篇计划或总结中看出一位教师的态度；他能通过一堂课听出一位教师的水平。于校长习惯于每天早上在各个教学楼的各个班级走一趟，一天的情况基本就了然于胸，他清楚地记得这个过程所需的时间和所走的步数。

于校长的足迹遍布校园的每一个角落，他对这里的一砖一瓦、一草一木都有着深深的热爱和眷恋。

凭借着对教育的一腔热爱，于校长上任之初的梦想正一一成为现实：每一位家长把孩子送到一中就读，心里觉得踏实；每一个学生在一中三年能够学有所成，能够学有所长；每一位工作于一中的教职员工勤于奉献的同时感到心安。但于校长并没有就此止步，眼下他正在努力沟通，要积极促成“钱学森班”落地于阿荣旗一中的计划，要不断扩大办学规模，以适应教育的高速发展。家乡的父老仅仅对一中的教育感到满足，这还远远不够，一中还要让所有的阿荣旗人感到骄傲，所有的教职员工不仅要有尊严地工作着，同时还要有幸福感和归属感。置身于“十四五”开局之年，一中未来发展的宏伟愿景也正经过于校长的擘画清晰地呈现在一中人的面前。

正如于校长喜欢唱的那首《在路上》，于校长一直在路上，引领这所学校走向更高更强，并且什么都不能阻挡他前进的步伐。在他的认知里，从来就不存在“天花板”。他常常说我们都赶上了好时代，并且我们的时代还会越来越好。在这个大繁荣大发展的时代，每个教育人都要永葆一颗对教育的初心，勇于任事、敢于担当，没有什么比把自己所钟爱的事业做出成绩更让人幸福。阻断贫穷的代际相传，最直接的方式是尽量减少生命个体对资源的依赖，从长远来看，更要让每一个生命个体成为不可替代的资源，从而带来更大的价值，这是每一个教育人都应该思考的问题。让阿荣旗一中走出去的每个学生都拥有丰盈的生命，都拥有追求卓越的不竭动力，都拥有挑战未知的勇气。我们相信，在未来的广阔天地里，他们一定会拥有属于自己的人生坐标，“自信人生二百年，会当水击三千里”。教育是永远年轻的事业，在教育的路上出走半生，将自己的生命活成一束光，照亮更多人前行的路，于校长觉得自己依然年轻，冰心玉壶。

丹心一片终不悔　固柢铸魂育新人

——记山东省威海市世昌中学党支部书记、校长于志健

山东省威海市世昌中学　张克果　董传葆　马　榕

从教28年，他经历了从体育教师到艺体组组长、团委书记、教导处副主任、德育处主任，再到副校长、党支部书记兼校长、教育主管部门负责人等不同岗位的历练，始终不忘初心，痴心于教育事业。

从管理班级到研究教育教学再到管理学校，他以扎实的工作作风和出色的工作成绩，逐渐形成了独特的教育风格，获得了来自各级教育部门授予的无数荣誉，得到社会各界的一致好评。

他，就是中共党员、高级教师、山东省优秀教师、山东省威海市世昌中学党支部书记、校长——于志健。

一、创新教育理念，让乡村中学绽放生机

2014年9月，刚过不惑之年的于志健从高区神道口中学校长的位置上被选派到威海高新区的初村镇，去筹建一所九年一贯制农村学校——威海恒山实验学校。

“那是一段令人难忘的日子。”时至今日，于志健提及筹办学校时面对的诸多挑战仍感慨不已。一方面，他要为工程建设等急需解决的现实问题多方奔波；另一方面，诸如“到底应该办一所什么样的学校”“这个区域的孩子要得到什么样的发展”“如何打造一支思想稳定素质高的教师团队”等问题也一直萦绕在于志健的心中。

在那段披星戴月的日子里，每日三次巡视校内施工建设情况，早已成了习惯。随着一座现代化高标准九年一贯制学校的崛起，他瘦了一圈。与此同时，围绕加强学校党的建设的中心目标，“办一所充满生命生长力量的现代学校”的办学思想也逐渐成形。

作为学校党支部书记兼校长，于志健认为，要办好这所新学校，首要的

是加强学校党建工作，夯实党组织基础；要树立科学理念，五育并举，着力将全面发展的要求落实到课程、教材、教学、评价、管理等各个环节，切实扭转简单以分数评价学生、以升学率评价学校的倾向；要高度重视校长和教师队伍建设，将教师队伍作为教育投入重点予以优先保障，全力造就党和人民满意的高素质专业化教师团队。为此，他创新性地提出了"四个在场"的教育理念，即学校有教师在场、成长有学生在场、教育有家长在场、社区有学校在场。他还提出以"野蛮体魄、文明精神、开启智慧"为办学方向，培养具备"高贵灵魂，人文视野，理性精神，诗意情怀"的恒山学子。

在"野蛮体魄"方面，为促进学生体质健康，他提出坚持"两球一武一能"(手球、橄榄球、武术和体能提升)为重点的育人策略，引进手球、橄榄球项目，引进企业捐款设立基金，奖励体育成绩突出及热爱体育运动的学生。以此为起点，学校排球、足球等运动项目也开展得有声有色，并多次在市区比赛中取得优异成绩，令业界同行对这所新学校刮目相看。而学生们则通过在运动中健身、收获快乐和成长，对学习和生活树立了信心。

在"文明精神"方面，他主持制定《1—9 年级阅读能力目标培养体系及评价体系》，开设晨诗会、名人传记阅读等活动，探索"日读书—周读书—月读书"三级阅读评价体系，将校园课本剧表演、主题"唱诗会"两项大型活动固定下来，吸引威海克莱特集团有限公司每年出资三万元设置"克莱特读书奖励基金"，奖励热爱阅读的学生，让乡村孩子们的思想在读、写、创、演中得到升华。

他不辞辛苦，多方奔走，引来社会资源组建陶笛、合唱、陶艺、舞蹈等社团，开展缤纷色彩的社团活动，发展学生个性特长。在他的倡导下，学校开设名曲名画欣赏课程，培养学生兴趣，对学生进行艺术熏陶，提高欣赏水平。此外，学校还设立艺术节，举办草地音乐会，既给学生施展才能的舞台，又营造艺术的氛围。

他在全市首推"打造图书馆式学校"，设立儿童文学厅、诺贝尔文学厅、国学厅、人物传记厅等主题阅读厅，建立高尔基书房、毕淑敏书房、鲁迅书房、居里夫人书房等教室书房。与新华书店合作开设校园书店……于志健推出的一项项新措施令人耳目一新，令这座乡镇学校书香四溢。

在"开启智慧"方面，他采取与驻地高校共建的方式，成立科普实验室、科技梦工厂，邀请大学生志愿者进校园开展科普活动，组织"科技扬帆校园"、参观高校科技实验室、3D 打印机进校园等活动，为学生未来发展成才提供更多方向与可能。

在他的有力推动下，学校党支部班子建设力量由弱到强不断得到巩固，这又反过来推动学校各项教育事业蓬勃发展。“前两年，威海高新区管委会招商引资，引来了世界500强企业捷普电子集团，这家企业在落户威海前曾对区内教育资源做过详细考察，并对我们的学校给予了很高的评价，对恒山实验学校这样一所乡镇学校来说无疑是最好的肯定。”于志健说。

二、植入红色基因，培养具有爱国情操的一代新人

2019年，已是威海高新区教体处副处长的于志健的身份再次发生改变，被任命为新建成的威海市世昌中学党支部书记兼校长。

威海是中日甲午战争的发生地，世昌中学之名即源于甲午海战中的民族英雄邓世昌。威海也是爱国诗人闻一多笔下的“七子”之一，见证了一段屈辱的中国近代史。面对“培养什么人、怎样培养人、为谁培养人”这一教育根本性问题，于志健再次进行了深刻的思考。

“要把立德树人融入思想道德教育、文化知识教育、社会实践教育各环节，贯穿基础教育、职业教育、高等教育各领域，学科体系、教学体系、教材体系、管理体系要围绕这个目标来设计，教师要围绕这个目标来教，学生要围绕这个目标来学。”习近平总书记2018年9月10日在全国教育大会上的讲话让于志健的全新办学理念逐渐成形。

“学校以‘世昌’立校，就要深入挖掘‘世昌精神’内核，立德树人，让学生从英雄的感人事迹和历史事件中感受英雄的精神，让英雄主义的基因和民族豪情的热血得以在世昌中学这片沃土上扎根和传承。”于志健说。

本着这一思路，他与位于刘公岛上的中国甲午战争博物馆取得了联系，并达成了多项共识，在学校教学楼内设立一处面积达200多平方米的邓世昌纪念馆，从人文、史实、地域和互动等维度形成“邓世昌”“红色威海”“七子城市”“甲午风云”“那片海”“鉴史・问心・明志”“经典剧场”“放映厅”等主题区；博物馆还投入10万多元制作了80块反映甲午战争的历史展板赠送给学校进行长期展示。在2021年5月18日世界博物馆日当天，双方还举行了一系列启动仪式，博物馆为学校内的世昌纪念馆赠送一尊按照1：1比例全铜制的邓世昌半身雕像。

“目前，我们还本着‘让优秀更优秀’的原则，建设模拟联合国社团，开设时政、国防、军事、辩论等世昌精英课程；以爱国和奋斗为评价标准，设立了班级、年级、校级三个层面的世昌少年奖，固柢铸魂，植根世昌精神，践行爱国主义。以世昌精神为依托，我们未来还将与中国甲午战争博物馆、广州邓世昌纪念馆等单位开展更多合作，成立邓世昌研究会，创设校园文化辅

课程和七子研学课程，组织开展七子城市诗会等联谊活动……”谈及如何让渗透着红色基因的爱国主义教育理念变成有形的载体，于志健有着说不完的设想。

2019年秋季，随着世昌中学首批500名初一新生入学，他也同步带领学校师生将“世昌精神”融入学校德育，进行了以“世昌精神”固柢铸魂的爱国主义教育实践探索，提出立足于“着眼核心素养，实现跨科融合，用课程连接未来，用课堂丰润生命”的课程理念，将课程、评价、学校文化以及师生发展融为一体，构建“以立德树人为根本，野蛮体魄、文明精神、开启智慧”的“1＋3课程体系”，致力于培养具有高贵灵魂、强健体魄、诗意情怀、人文视野、理性精神，适应未来生活发展的时代新人。

在主持“分段螺旋式德育核心素养体系构建与实施的研究”课题研究的基础上，于志健牵头申报立项了威海市学校思政课教学改革项目“基于地域红色印记构建初中思政课课程体系的实践研究——以世昌中学‘世昌课程’开发为例”课题，并以此为引领规划了主题内容丰富、框架结构系统与文化特色鲜明的世昌课程体系。该课程体系分为“铭史于心”、“爱国于行”和“铭史践行主题活动”课程，引导学生直面历史，铭史于心并提升兴国之能，爱国于行。

三、精研教学方法，构建特色课程体系

有了红色基因做底色，世昌中学“把学生放在学校的正中央”的育人理念以及“办一所充盈生命温情和生长力量的现代学校”的办学目标等随之变得清晰。以立德树人为根本，野蛮体魄、文明精神、开启智慧的“1＋3课程体系”成为新校区教学的主导方向。

“基础教育是立德树人的事业，要旗帜鲜明加强思想政治教育、品德教育，加强社会主义核心价值观教育，引导学生自尊、自信、自立、自强。基础教育是提高民族素质的奠基工程，要遵循青少年成长特点和规律，扎实做好基础的文章。”对习近平总书记关于基础教育的论述，于志健不仅牢记于心，更带领学校党员骨干用行动付诸实践，以“党建强”引领“教育强”，以开拓创新构建具有世昌特色的课程体系，让学生在不同领域都能得到全面发展。

为培养体魄强健的世昌少年，他对“野蛮体魄”的课程理念进行全新升级，从学生体质健康第一理念出发，将“勇气、坚毅、荣誉、协作”作为体育核心精神品格，采用“体质健康＋专项特长”的模式，形成了“野蛮体魄”课程体系。针对学生体质健康，开设“引体向上(仰卧起坐)、3000米、俯卧撑、立定跳远、跳绳”世昌五项课程；针对国粹传承、身体协调顺达，作为中国中学生体

育协会传统武术分会发起学校，又开设了螳螂拳、搏击操等一系列新颖而具有吸引力的课程；针对学校周边高校资源丰富的优势，他创新设立博士后工作站，指导开展零点体育项目以及“基于体育核心素养培育的中学体育教育过程整体设计与实施研究”课题研究；引进高水平教练和专家团队，创立篮球、柔道、网球、排球等高水平社团……

“文明精神”方面，于志健对“图书馆式学校”的建设理念进行全新升级，让整个教学楼成为一座开放式的图书馆，在不同楼层的不同区域，分别设立了不同阅读场馆，同时通过邀请本地文化名家进校园做导师，举办“文润世昌”美文欣赏课程、“星耀中华”超级演说家、“声动人心”经典诵读课程、现场作文大赛、世昌戏剧课程五个维度的“半亩塘大阅读”工程，大大激发了全校学生学习探究的积极性。

他引入文化艺术界社会资源，设立山东大学(威海)艺术学院共建研究生实践基地，与市赏石协会共建，聘邀艺术馆等专业教师，开设声乐、国画、鉴赏、涂鸦、主题展览等艺术课程，以更高的平台提升学生艺术修养、精神境界。

在开展智慧教育方面，他与同事们积极谋划，基于学校开展STEAM和PBL项目制学习理念，与哈工大(威海)、华美航空、蓝呱呱现代农业等高校、高科技企业，共建人工智能、编程、航模、种植等六大课程群，以全国青少年科技创新大赛等前沿科技赛事作为切入点，为学生提供高端、智能、开放的课程和科技场所，全面培育学生科学素养、科创能力。同时，他还充分利用好校园内的楼顶平台及闲余空地等资源，引进社会机构设计打造蓝莓园、木耳园、中药园等种植区，为学生学习有关知识提供了全程可参与的平台与空间。

针对教学手段和教学方法的研究打磨，于志健带领全校教师团队进行了艰苦细致的探索。针对教学常规方面，开展诸如三轮磨课、全学段备课，提升集体备课的有效性，组织教师将近年中考(会考)考题考点重新建构、建立教学资料库，归档包括教案、教学设计、导学案、优课、优质课等在内的教学资源，为后续备课改进提供支持保障等行之有效的好方法。此外，在课堂教学设计、教学评价体系、教科研等方面，世昌中学也都积累了一系列成熟有效的经验。

“我们实施的这一系列措施，已经成果初显。”于志健说。在前不久举行的区级及市级朗读者大赛、现场作文大赛以及中小学系列体育联赛中，学校以初二学生为主组队参赛，在与比他们高一年级的选手的同场竞技中，世昌学子丝毫不落下风，捧回了一枚枚金牌、银牌、铜牌，这也更进一步坚定了全校上下按照既定办学理念走下去的决心。

2021年5月7日，“以社会性科学议题学习促立德树人”基地校校长会议在领航基地校北京一零一中学圆明园校区顺利召开。作为SSI(社会性科学议题学习)项目研究学校代表，于志健出席会议并就该校师生参与的“小石岛是否有必要填海造陆”这一议题进行主题汇报。“通过这一课题，我们可以看出学生的社会责任感、科学素养、实践能力以及审辩思维都得到了发展和提升；教师的课程研发和教学能力得到提升，并确立了多学科融合的教学理念。”于志健指出，在后续的工作中，学校将进一步探索以社会性科学议题价值改进学校教学工作的路径，并在完成已有议题的基础上积极开发新议题，完善教学和评价机制。

四、引进科学评价体系，打造高水平教师团队

“百年大计，教育为本。教育大计，教师为本。国家繁荣、民族振兴、教育发展，需要我们大力培养造就一支师德高尚、业务精湛、结构合理、充满活力的高素质专业化教师队伍，需要涌现一大批好老师。”这是习近平总书记关于教师工作重要性的论述，也是从教28年的于志健的切身体会。“建设高水平学校，培养五育并举的一代新人是核心目标，而要实现这一目标，教师队伍的水平则是关键。”无论是教育界同行交流办学心得，还是与学校师生及家长谈及办好一所学校的根本，于志健总是将教师放在重要位置。

如何打造一支高水平的教师队伍？于志健对此有其自己的感悟，那就是通过强化学校党的建设，统一党员教师思想，树立正确的工作目标，以人性化的管理搭建高层次发展平台，让教师在提升专业能力、实现自我价值中获得职业幸福。

自2019年以来，于志健在总结过去20多年教育经验的基础上，提出“打造名师为主导、优师为主体、能师为主基，有着共同价值观和教育愿景的教师团队”的目标，以“温情、敬业、研究、创新”的团队文化为引领打造充盈生命温情的教师团队。为促进教师快速成长，他采取邀请本地教育名家开展地理学科会考教研、进行数学培优指导及设立“名师工作室”等手段，充分发挥了专家引领的名师示范作用。

他通过开展以“高贵的光辉·温暖的力量”为主题的“讲述世昌教育故事”活动，让教师在教育教学中绽放出伟大人性光辉和温暖力量的故事留在学校的历史中，引导教师队伍积极向上。他倡导实施的“夯实学校理念文化”行动，从学校、教师、学生、家长等多个层面，研讨、凝练、解读学校理念文化，

使学校理念文化内化于心，融入于行，让每一位教师产生价值共鸣。

在于志健看来，给教师最大的福利无疑是专业的成长。针对学校青年教师占比多的情况，他亲自策划成立去行政化的教师专业发展委员会，制定教师分级发展目标，实施阶梯式发展规划。按照这一理念，学校通过开展“青蓝工程”、专家讲座、“相约周三”模拟讲课、粉笔字钢笔字比赛、“相约周日”师德电影、读书交流活动、电子白板培训等助力青年教师发展。确定专业发展主攻方向，进行课题研究，以科研促发展；通过确定业内名师，跟随和研究名师发展等手段，努力形成自己的教学特质、思想，加强骨干教师能力提升培养。

此外，他还将服务教师生活作为工会的中心工作，并组织成立教师书画、搏击操等社团，定期组织团建活动，为教师做生日面，提供午休床，开设教师亲子课程，设置“雅集·世昌时光”教师空间，从细微处让每一位教师真真切切感受温情、温暖。针对年轻教师无暇照顾子女的现实问题，他还积极筹划未来推出针对教师子女的集中托管服务等，让教师专心于教学工作而无须为其子女的课外生活与学习分心。

学校成立近两年来，随着党支部堡垒核心作用的日益突出，学校教师队伍的素质能力得以持续提升，钻研教学业务蔚成风气，教学成果日益彰显。在最近两年的区、市级各类教学成果评比展示活动中，世昌中学的教师们捧回了一项项荣誉，令教育界同行对这所新学校刮目相看。

路漫漫其修远兮，吾将上下而求索。于志健表示，作为一名党的教育工作者，他将永记初心，持之以恒探索、开拓、前行，在世昌中学中继续深入挖掘世昌精神内核，寻求每一个生命充盈温情，让每一次生长充满力量，助力每一个世昌学子孜矻固柢，蓬勃成长。

执着杏坛　匠心育人

北京师范大学石家庄附属学校　米亚会

王万青，北京师范大学石家庄附属学校学区、教育集团总校长。正高级教师、特级教师、教育部师范类院校认证评估专家、硕士生导师、中国教育学会第三届理事会理事、河北省新世纪“三三三人才工程”第二层次人选、河北省中小学幼儿园教师全员远程培训项目专家、河北省首批名师工作室主持人。主持国家“十二五”“十三五”规划重点课题“基于微课程的混合教学模式研究”“基于微课程的学与教方式改革的质性研究”。2020 年 4 月，获河北省第八届基础教育教学成果奖。著有《快乐之余》《呼唤学校精神　建设现代品质学校》《简简单单教语文》《得意不忘言》四套专著。正式发表论文 60 余篇。她在教育事业上辛勤耕耘、躬行实践、书写幸福，在教育管理实践中，敢于尝试，勇于创新，聚焦课程建设、课题研究、课堂走班、课业分层、项目学习等内涵发展工作，建构了和谐的师生关系，促进了学校教育生态的良性发展。

一、点燃师生智慧火花

王校长致力于打造为师生成长创造更多机会和可能的教育生态，提出“创造适合的教育，共享成长之美”的办学理念，以“健康成长，各成其材”为培养目标，让校园里发生着的每一件事变得有意思、有意义、有可能，帮助每个师生探索找到内心幸福的路径，让每个人都能在学校里慢慢成长，发现属于自己的幸福。

幸福是什么？在学校里，如何真正实施和实现幸福教育？王校长探索幸福教育的过程中，提出了以“幸福五有”为学校师生的指引标准——“心中有奔头，手中有事做，身边有朋友，实践有方法，脸上有笑容”。她带领团队构建了“幸福力”课程体系，“幸福力”课程把生活还给学生，通过多维度的课程学习和实践，帮助师生获得幸福的能力进而发现通往幸福的路径。学校“幸福力”课程用“五化”原则统领校内课程，将真实的生活情境还给学生，让多种课程形态同为育人目标服务，为每一个孩子的幸福人生奠基，将“国家课程校本化、校本课程生活化、生活课程群落化、群落课程育人化、育人课程精品化”作为学校课程建设战略体系，将校内所有课程进行了有机的整合；开设三类课程，用个性化的学习内容给学生“适合的教育”，学校将课程分为基础型、研究型、拓展型课程三类，通过“基础必修、提高选修、兴趣专修”的课程实施机制，在课程中拓展并提升学生的兴趣，使学校每个老师和学生凭借兴趣、爱好及专长找到属于自己的成功，各成其材，每个人都享受到学习、进步、成长的快乐；八大群落统整课程内容，让学生在相关的学习领域获得完整体验与深入探究的可能，在自我成就中获得幸福，以群落化的课程开发实施为着手点，将幸福教育与育人目标结合，尝试从人文素养、交往素养、个性发展、活动体验四个方面建构“幸福力”课程体系。

作为一所年轻的学校，如何让富有青春朝气的一颗颗小种子在校园里生根发芽，学校的“幸福力”课程体系提供了一方肥沃的土壤。小李老师毕业于名校思政教育专业，从迷茫到发现自己的职业幸福，小李老师颇有话说。在经历道德与法制课首秀“失利”后，小李老师萌生退意，王校长鼓励她以专长试一试，开设一门提高选修的课程。小李老师结合自己专业开设了“魅力民俗”，第一节课身着旗袍的小李老师走进课堂带领学生在民族服饰里畅游，第二节课带着特色美食走进课堂带领学生在各地特色食谱里畅享……一个月后，小李老师找到王校长感慨地说：“每次和一群热爱民俗的学生在一起探讨，有一种在大学当讲师的感觉，专业上的精进，精神上的满足，做一名北师石附教师太幸福了。”在班主任王老师印象里，三年级前的怡瑶是一个回答问题声音都几近于无的学生，但怡瑶的乐感非常好，在学校“星探”——徐老师挖掘下，怡瑶走进了合唱课堂。在徐老师的专业引领下，怡瑶对音乐作品的表达能力、声音的控制能力、舞台的表演能力都得到巨大提升，怡瑶找到了自信，在班级中，答题的声音愈发响亮，听课的状态愈加投入，作业的质量节节攀升，幸福的身影在班级、学校、舞台上绽放……

幸福和快乐没有标准，王校长的治学理念不是将定制的幸福概念灌输给每一个人，也不是为每一个人刻画好他的幸福模样，而是以健康的情感、有效的方法、乐观的心态、崇高的目的面对一切障碍，帮助每个师生搭建通往内心幸福的桥梁。

课堂是学校教育的主阵地，如何让每个人都能在学校里慢慢成长，发现属于自己的幸福？王校长带领团队积极探索生成建构了“三阶段对话式课堂”，特点为灼灼其华、生气勃勃。灼灼其华是指课堂要言之有物，完成知识的传授。生气勃勃是指课堂上因师生互动生成一种气场、气质、气韵。具体而言，“对话式课堂”第一阶段：信息传递，着眼有效自学，注重“实”；第二阶段：

互动内化，构建“对话式课堂”，注重“活”；第三阶段：习练外化，着眼拓展运用，注重“做”。在课堂实践过程中，王校长强调从教学场景自由开放、教学主体生命绽放、教学交往互动对话、教学评价引领发展四个方面建构对话式课堂教学制度，教师和学生两个教育主体，借助交互式多媒体优势，在自由开放的教学场景中，开展积极广泛的交往和对话，激活思维，建立愉快而有效率的学习经验共享机制，从而实现共享成长之美的教育价值。在学校“三阶段对话式课堂”的加持下，“新”教师成长进入了快车道，多名教师在入职后第一年、第二年就获得国家级课例奖励；“老”教师发展迈进新路径，迅速成长为一批批省、市、区骨干名师，在专业成长中体会到浓浓的职业幸福感。

二、搭建自主发展平台

王校长立足于学校现代学校管理和运行机制，做了一系列创新育人实践尝试，为师生发展搭建了自主发展平台。

在教师发展层面，王校长强调以创新为发展原动力，全面优化资源整合，创新性构建教师自主发展体系。定期组织教师赴北京、上海、天津、深圳等地基础教育名校挂职学习，分层分项目实施精准校本研修，聚焦课堂，做实科研，项目推进，给干部教师构建多层次、跨区域交流平台；邀请国内外知名的教育专家到学校进行听评课指导，专家走进教室，直接观察课堂教学，帮助老师们理性地看待自己的每一个教学行为，分析自己的教学设计、教学过程，从预设到生成，从导入到互动；利用北师大线上优质教育资源，通过课堂直播及远程交互，扩宽教研交流范围，实现名校、区域、学校之间最大限度的资源共建共享；引入北师大心理学成果转化优质资源助力教师全员心育素养提升，针对班主任、心理教师、新教师、学科教师等分层开展专项培养，将心理学理念融入教师队伍建设、心理减压、智慧沟通、家校共育、校本心育特色创建等工作中，从而搭建出教师自主发展支持体系，培养出一支敬业、专业、乐业的教师团队。北师大毕业的范老师开心地说：“因为王校长的魅力，我选择了石家庄附校，在这里我的大学老师，比如朱京曦老师、裴娣娜老师、项华老师等经常来指导我们的发展，个人成长像坐了火箭一样，在进入学校第一年就获得了国家级赛课奖励，特别感谢王校长给我们搭建的平台。”

在学生发展层面，王校长积极为学生拓展学习、实践平台，为学生创造和提供机会，促进学生健康成长，各成其材，让每一个人都能找到属于自己的成功。借力于北京师范大学戏剧资源包，开设由英国戏剧协会专家们驻校指导的戏剧课程，打造了《shua～》《“下次开船”港》《追梦少年》《红色的鞋带》《骆驼祥子》等一系列高品质的戏剧，让孩子们在大舞台的实践体验中寻找、发现自我，开启对世界新的认知。奕甫目前就读于北京师范大学石家庄附属学校九年级，参加学校的戏剧课程已经四年多，在奕甫妈妈眼中，儿子曾是个有些内向的孩子，不擅于表达，但是在学校观摩的一场活动中，妈妈改变了自己的看法，担任小组负责人的奕甫不但带领同学做好了调查，还在台上十分流畅地完成了汇报。妈妈就问：“你在上面不紧张吗?”奕甫说：“我天天表演呀，紧张什么呢?”奕甫所说的“表演”，就是学校的戏剧课程，四年多的戏剧学习，让奕甫成长了很多，妈妈感慨地说：“有时候他表现出来的能力，甚至让我都有点吃惊，感谢学校、感谢王校长给孩子创造的成长舞台，能来北师石附太幸运了。”“铎金校园足球队”南征北战，与来自全国各地的学子同台竞技，收获累累硕果，推动体育精神深入人心，让孩子们走出校门，感受体育的魅力。推动设立借用学生的眼睛看学校管理的“校长小助理”，借用学生的视角来打量学校，让学生参与学校管理，获得表达自己想法的权利，也让老师接受不同维度的评价。在师生互动中构建更加和谐的师生关系，促进学生教育生态的良性发展。“校长助理”这一创新育人管理形式变革，完全以学生的眼光来看待管理，给学生创造更多表达自己想法的机会，让学生参与学校管理成为可能，促进了学校精心育人良性发展循环系统的形成，育人实践图书集《每一颗星星都闪亮》就是“校长小助理”的智慧结晶。项目学习充分发挥学生自组织优势，创造学生成长内部动力场，大大小小的项目不仅对学生自主发展起到了唤醒、激励的作用，也有效促进学生自主探究能力的培养，学校吉祥物豆豆就是项目负责制产物。

在幸福校园中，教师发展学校，学校成全学生，学生成就教师。每一位师生都是光荣的奋斗者，学校每一件事都有意思，有意义，有价值，学习无处不在，分享时时发生，师生不断演绎着“拔节孕穗”的生命律动。

三、助力教育优质均衡发展

王校长作为教育部国培专家、北京师范大学教育集团特聘校长培训实践导师，北京师范大学基础教育对外合作第三方评价项目指导专家、河北省中小学教师全员培训课程专家、特级教师讲学团成员，她讲学足迹遍及全国各地，对青年教师成长发挥着引领作用。2011 年以来，做示范课，举办讲座，听课人数达万余人；依托河北省中小学教师全员远程培训平台，对全省一线教师进行指导；完成河北省特级教师语文线上精品示范课录制，在河北基础教育在线、河北省教师教育网络平台发布；作为北京师范大学国内合作办公室聘任的区域教育合作第三方评价项目指导专家，分别到四川邓小平城乡发展学院和河南洛阳等地做视导评估并举办专场讲座。

“中国好老师”公益行动计划发起于 2014 年 12 月。为了让区域内更多的学校享受优质的教育资源，发挥优质教育资源的辐射引领作用，王校长积极推进组建了由石家庄长安区九所学校构成的“中国好老师”学校发展共同体，积极联合结对帮扶边远、薄弱学校开展各项育人研究实践。2015 年，石家庄长安区教育局提出集团化办学，王校长所在的北京师范大学石家庄附属学校成为牵头校。2016 年 5 月，石家庄实施学区制改革，学校又成为长安区学区制改革的龙头校；同年成为石家庄市与农村学校结对帮扶“手拉手”工作项目校，重点帮扶两所农村九年一贯制学校；同年 7 月，学校又成为北师大“美丽园丁项目”洛阳一体化建设项目牵头校，重点帮扶洛阳市三所项目校。2017 年 8 月，学校成为中国教育帮扶专项行动帮扶校，与贵州省德江县第一小学组成结对帮扶学校；2017 年底，学校成为“国培计划”骨干教师、骨干校长挂职基地，与北师大合作办学平台上九所学校组建了“片区联盟校”。截至目前，学校发展共同体已经达到 29 所学校，发展共同体中薄弱校教育教学质量均有大幅提升。王校长践行着“中国好老师”公益行动计划的口号——“你帮我，我帮他，大家帮大家”，与发展共同体成员协力研究一线教师教书育人中的问题，持续积累教育教学管理的创新经验，提炼育人成果，推动教师主动发展，共同促进儿童少年的健康成长，引领促进基础教育优质均衡发展，以星火燎原的力量将先进的教育理念播撒到各地。

当看到在多彩课堂中孩子们探寻学习乐趣时，流露在脸上的是骄傲与自豪；当看到阳光优雅的老师们在教育“自留地”创新发展时，洋溢于脸上的是幸福与满足；当看到薄弱学校探索出创新育人实践成果，弥漫于校园中的生机与活力时，王校长畅享着幸福教育流淌的清澈泉水……

当学校有了好校长

广东省佛山市南海区狮山镇联和吴汉小学　蔡阳合

2018年9月10日，习近平总书记指出："教育是民族振兴、社会进步的重要基石，是功在当代、利在千秋的德政工程，对提高人民综合素质、促进人的全面发展、增强中华民族创新创造活力、实现中华民族伟大复兴具有决定性意义。教育是国之大计、党之大计。"

为党育人，为国育才。作为一位党员校长，在学校管理工作中，坚持正确的社会主义办学的政治方向、价值取向、研究导向，抓好党建促发展，围绕教科研工作抓党建，是我要面对的一个重要课题。

好的校长是一所学校的关键所在。校长之于学校，犹如灵魂之于躯体，当学校有了好党员校长，定能呈现出有境界的教育生态，调试出适合师生的育人温度，涵养生命气象，成就点亮他人的教育人生，为社会主义事业培养更多的合格人才。

一、改造落后的乡村老校

"现要播放一个通知：各位老师和同学们请注意，由于刮风，今天的跑操暂停。"这是我到芦塘小学后，第三次叫停课间跑操。2017年10月30日，我被调到了芦塘小学任校长，报到当天，站在办公楼三楼，校园一览无余，我的感觉是蚊子多、老鼠多、树多、沙尘多。

我常常思考：学校除了教学成绩，还有哪一样东西拿得出手，让师生和家长看到自己的模样，看到自己的成长方式，看到"学研行"教育人的表达方式，看到社会主义核心价值观在校园里生根发芽。

学校品质是质量、内涵、文化、特色、口碑的集合体。如何扎根学校的文化与现实环境，寻找学校的愿景、发展趋势和前进方向？以寻求特色内涵发展为"支点"，积极推进学校顶层文化设计与校园文化建设，从德育、课程、教学等多方位凸显特色品牌效应，推动校园文化不断升级，推进学校特色内涵发展。我应该做些什么？

行动是“学研行”组织最明显的特征，也是“学研行”教育人最显著的行走方式。我想，作为一名优秀的党员，必须先从自己做起。

在工作之余，我以“党群联系”为契机，带着学校仅有的七位党员，走访历任老校长和退休老教师，探访当地村委书记和群众，与他们一起梳理学校发展史，回顾学校的光荣历程。我主动征询他们的意见，询问治校良方，收集记录了两大本的第一手材料。小组成员也积极参与、收集资料，在其中付出大量精力。

我带领党小组成员，阅读了大量的学校原始资料，以思维导图的形式，画了80多张思维导图。在此基础上，在线上利用“问卷星”，设计了17道问题，以问卷的形式进行调研，让师生、家长和居委会领导答卷，吸收了大量的治校“良方”。线下，成立了学校特色发展规划项目组，党支部书记任组长，当地居委会书记任副组长，党员和骨干教师任成员，进行了四轮师生访谈，并由此拉开了“寻找学校特色发展的DNA”序幕。

2017年11月18日，退休老教师、老校长、居委会书记、主任齐聚一堂，共谋学校新发展。“我将不负所托，团结学校所有同志，聚拢全体同事的人气，找准学校发展的切入点，不断推动学校特色、优质、均衡地发展。”在最后一次调研会上，我做最后的总结发言。

从此，吹响了特色学校创建的冲锋号。

二、寻找立德树人的表达

“人无德不立，育人的根本在于立德。这是人才培养的辩证法。办学就要尊重这个规律，否则就办不好学。”习近平总书记2018年在北京大学师生座谈会上的讲话中强调。

“蔡校长，早上好！我是狮山传播的记者。请问您为什么每年都办‘入学礼’?”

“我们现在搞一年级入学仪式，主要想告诉小朋友，‘你已经是一个小学生了’。同时，也告诉家长，对自己的要求不一样了，家长要与孩子一起共同学习，共同成长。”我回答道。

仪式德育是芦塘小学的特色德育。其中“入学礼”是学校“根教育”中六大仪式教育之一，并且每个年级还有自己的“一年一礼”活动。学校将仪式德育活动作为主要抓手，把孝德文化、感恩文化、成长文化带入日常学习生活中去，实现孝德立人、书香育人和感恩化人的“根教育”理念，以达到家校合力，正面管教，实现“根本既深实，柯叶自滋繁”办学理念。

芦塘小学的“学研行”从校内两棵百年古榕找到灵感，从唐代柳宗元的《种树郭橐驼传》得到启示，坚持“像种树一样做教育，像农民一样做教师”的理念，提炼出“根植于心，雅达于行”的校训，坚持“夯实每一位孩子的人生根基”的育人目标，大踏步迈向现代化未来学校的征程。

学校实行“四节六礼”大德育：春季有读书节，夏季有科技节，秋季有艺术节，冬季有体育节；一至六年级开展入学礼、孝德礼、感恩礼、成长礼、成才礼、毕业礼的“六礼”德育活动，让不同年龄段的学生从中发现、体验、感悟和成长，获得知识和情感的升华。

学校通过各项特色德育活动的开展，提升了学生的核心素养，端正了学生做人之根，厚实了学生的根基，张扬了学生的个性。教育需要仪式，仪式教育是学校创建“根教育”特色的首要举措。“六礼”德育活动让不同年龄段的学生从中发现、体验、感悟和成长，获得知识和情感的升华。通过举办这些仪式活动，让师生有内心情感感知的能力，培养师生的责任感。

特色凝练成特殊“教育气场”，浸染到师生的灵魂深处。深处其中的教师、学生潜移默化，呈现出学校精神的气韵，自然而然，学校在城市化、特色化、精品化、内涵化和优质化的道路上不断迈进。

三、让学生都有出彩的机会

“把培养社会主义建设者和接班人作为根本任务，培养一代又一代拥护中国共产党领导和我国社会主义制度、立志为中国特色社会主义奋斗终生的有用人才。”习近平总书记的话语久久在耳边回响。作为一名党员，将师生引向何方，是我一直思索的问题。

2019 年 10 月 27 日，“2019 年全国青少年电子信息智能创新大赛”的宁波全国赛现场，一大早，抽到同一组的芦塘小学与武汉一小学的小选手们，一碰面就交流了相应的比赛对策。小豪说：“我的机器人比较善于搭建积木。”沛佳说：“我的比较善于拿积木过来。”两个小组商讨着怎样才能多拿分。因为兴趣，大家无缝交流；因为兴趣，大家的力气都往一处使。经过近一天的角逐，最终我校选手荣获三等奖。历经百年，在全国学生竞赛的舞台上，终于有了芦塘小学生的身影。

芦塘小学坚持“五育并举”，在坚持立足课堂、保持教育质量的同时，全面发展学生各方面能力，组建了 35 个兴趣小组；开设编程课程和 3D 打印课程。党支部小组成员各自发挥自己的聪明才智，不断发掘资源，搭建平台，让学生闪亮，让学生精彩。

经过近三年的努力，南海区春晚的舞台，有了我校的《荷塘月色》；佛山小小演讲家的平台上，有了我校学生的声音；广东少儿春晚，有了我校学生的节目。学校的影响力得到很大的提升。

校长不仅涵养教师的生命，还涵养学生的生命。好学校必定怀着爱，揣着温柔，随学生的脉搏一起律动。学生的身上，也总能看到学校的气息、学校的风尚、学校的韵致。好学校，是在校长遵循教育规律的同时，坚持寻找属于自己的路，构建起丰富、多元、立体的课程和平台，聚焦学习力，打造学校的学习新生态，让学生打开视界，解放心灵，保持好奇。

五育融合，育时代新人。芦塘小学正在路上。

四、让教师幸福、专业地成长

“多谢校长送的花，校长，您有心啦!”这是2018年三八妇女节，我组织学校男教师给每一位女教师送上康乃馨的情景。女同事们都笑得合不拢嘴，笑声在校园里弥散。

“你的讲稿还要理一理，将一些非口头表达的词语去掉，再加一些肢体语言。”这是新教师技能大赛的辅导现场。

“你的讲稿的第二部分，还要精简一些，否则在有限的时间内，没有讲完整，会影响评委对你实力的评价。”这是临时聘任专任教师考编的学校组织的第一轮面试。

学校书记，应将教师的职业认同和专业发展，放到最重要的位置上。好党员，应成就一群好教师。我不断地告诫自己：当老师停止了成长，他就已经开始不称职了。我在党支部会议上，要求全体党员：把老师的成长放在首位，将老师的“考编转正”当作学校发展的重要大事。凝心聚气，一条心，一股劲，一件事，一起上。

一年多时间，学校的名教师，由原来的1位变成了5位。副高级教师由原来的1位变成了3位。在2020年的转正考编中，有18人参考，转正的教师就有9人，录取率达50%，轰动全狮山。

杨年辉老师总结说：“无思维不课堂。这是我参加第六届中国未来学校大会的最大感触。关系到思维能力的培养，知识型课堂将会逐步被思维课堂取代。”

教师是成长的职业，一旦停止了学习和接受挑战，那他们的成长就会止步，他们的职业倦怠就会随之而来。我们尝试了一种新的成长方式，打破了以往“请进来，走出去”的桎梏，积极参加“第六届中国未来学校大会”。历时三个月，经三轮理论学习、教学设计、设计理论阐述、课堂实录、课堂录像、限时网上答题、说课、答辩等环节的淬炼，得到了成长和历练！

“三个月，我们在成长。三轮挑战，我们在蜕变。语文思维发展型课堂让我真正感受到生长的气息。它，悄然改变着我的教学思维；它，悄然改变着我们的学生。”刘洁娜在比赛后说。

创生教育人“学研行”团队的两组成员入选“语文学科思维发展型主题的优秀教师”，我作为党代表，也光荣地当选 Top20“种子教师”。

为教师的成长找到一个支点，让教师做一个有专业，有文化，精神丰富、精神灿烂的人，时刻呈现“站立着、蹲下去”最美的姿态。也正因为如此，一所美丽、温情、有生气的好学校诞生，才有可能。

五、擦亮“创生教育”的品牌

“莫道丹心老，师魂仍韶华。”2020 年 12 月 12 日上午，联和吴汉小学五楼阶梯教室迎来了 10 多位退休老师，召开退休教师恳谈会，给他们送上“暖冬式”的问候。学校党支部还特地将每年的“12 月 12 日”定为学校离退休教师的“双十二”，定期“回家”聚会。

周洪佳老校长回顾了联和吴汉小学的校史。在他悠远的目光和神情中，联和吴汉小学的前身——吴汉小学的筚路蓝缕历历在目。“从刚开始的两三间房，到后来吴汉先生赞助的礼堂、宿舍，从十来亩地，到后来的三十余亩地，从极度压缩的几名教师编制、三五个班，到现在的 150 多名教师、60 个班，可以说，学校的发展经历了翻天覆地的变化。”他兴奋地说道。

退休几年的李佩芬校长，则对联和吴汉小学刚并校时的历史非常熟悉，说学校从比较简单的几间课室，几台投影仪，到后来经过黄以忠和陈国权两任校长的不断努力，现在的变化真是太大了。“学校的环境变大、变美，影响也更大。我希望学校的未来更加辉煌，培养出更多人才。”她激动地说。

每一所学校都有她特定的基因和成长密码。联和吴汉小学以我为首的党支部所有成员本着传承与创新的精神，通过查阅资料、线上调查问卷、成立特色内涵提升项目组、线下调研、总结提升方案、提升落地方案，重新定位和发展，正朝着“未来学校”的新样态不断前进。

现在，创生教育人经过近一年的努力，将“和融创生，和美吴汉”作为校训，确立了“每一个人都是天生的创造者”的办学理念，将“培育未来时代的创造者”作为教育目标，不断走向特色内涵的发展道路。爱国是基础教育的主旋律，2020 年 9 月 30 日，党支部策划的《祝福祖国》大型活动的短视频，目前的浏览量达 116.4 万，这大大超出了同志们的意料。

六、和谐共振同成长

“校长，您主讲的内容实在，语言诙谐幽默，真是收获满满，受益匪浅。我们相信，只要家校携手，用爱心和耐心共同陪伴孩子，‘根教育’的馨香一定会传播得更远。”一位家长在提问环节激动地总结道。这是我在芦塘小学主讲的第 19 场“家长大讲堂”。讲座的主题是“小学家长十个怎么办”，我兑现竞选承诺，落地有声。将家长的成长纳入学校教育教学计划，并不断进行相关培训。家校共描“同心圆”，将学校教育的效能最大化。我通过“孩子上小学了”、“如何设定合理的心理预期”、“如何建立孩子对上学的安全感”以及“如何陪小孩过好 6 年”等问题，让一年级的家长们了解到家庭教育的重要性，使家校在育人目标和要求上更好地达成共识，形成教育合力。同时，从理解、尊重、赏识、指导、引导五大方面娓娓道来，并结合众多鲜活的案例，提出了具体的方法，给家长们提出了许多接地气又中肯的建议，缓解新生家长的焦虑情绪，指导新生家长帮助孩子顺利渡过入学关，培养孩子良好的生活和学习习惯。

作为一名共产党人，我时刻将群众的困难记在心里，在自己的工作范围内，做力所能及的事，充分发挥一名教育人的光和热。

以后，在这个“富矿”的挖掘过程中，定会发现更大的教育价值和育人路径，接下来，我们党支部与家长一齐“家校共读 100 本教育书籍”。

同时，实现“家校互联、家社互通、家社互动”，形成了学校、家庭和社区良好的合作氛围。最终让家长们成为“教育合伙人”，与学校同频共振、磁场相似、步调一致。家长积极参与学校的管理、活动，接收和认同学校文化与理念，形成共同的价值观，同心、同向、同行，共同引领学校沿着正确的轨道顺利发展、和谐发展。

诚然，一个好校长能够成就一所好学校。一所好学校，既是环境的，也是文化的，更是人文的。教师在这里能找到生命的安顿与精神的依恋，教有智慧，教有特色；学生感觉是幸福的，学有智慧，学有所长；家长是满意的，育有智慧，家庭幸福，共同找到适合的位置，做最好的自己。

群众路线，也是共产党人最基本的路线和本色。

七、荣获“中国好校长”奉献奖殊荣

“现在颁发的是‘中国好校长’奉献奖，请念到名字的‘好校长’上台领奖……下一位是蔡阳合校长，有请!”听到这里，我好像做梦一样。

2020 年 12 月 26 日，由《教育家》杂志社、《光明日报》基础教育智库委员会主办的“现代学校治理研讨会暨第三届中国好校长盛典”在天津举行。在会上，联和吴汉小学迎来喜报，我在本次盛典中荣获“中国好校长奉献奖”。

“寻找中国好校长”活动历时 8 个月，吸引了全国 29 个省市自治区教育部门与相关人士万余人的关注，近 3000 人申报了好校长的评选，500 余名校长在初选中入围。经网上票选和评审委员会综合评选，活动组委会最终确定了第三届“中国好校长”名单。

在教育中升华生命，作为党员校长的我，就是这样一个存在。自 1994 年投身于祖国的教育事业，我一直是“点亮教育”的实践者，“学研行”组织的积极参与者，创建“岭南教育名镇”的积极参与者。

6 年的高中教书生涯，16 年的初中教育生活，4 年多的小学教育生活，让我明白了一个道理：教育不分阶段，将自己活成一束光，能照亮他人前进的路，人间值得。

愿我们共产党人，都是一束光。

现在已来，未来可期。

深耕学生心田

——记浙江省台州市第一中学教师项香女

浙江省台州市第一中学　潘国良

在浙江省台州市椒江区的大陈岛，人们至今仍难忘1983年自愿上岛的项香女老师。在台州市第一中学，师生们无不称赞她高尚的师风师德、精湛的育人艺术、深厚的学识水平。学生说，项老师温暖如大姐，慈祥似母亲，博学如词典，深刻如哲人。热爱教育的定力、倾心耕耘的师德、淡泊名利的坚守，让有着35年党龄的项香女老师在台州这一方土地上享有公认的美誉，她荣获浙江省特级教师、浙江省劳动模范、全国五一劳动奖章、台州市教育杰出人物等殊荣。

项香女老师毕业于台州师专，之后边工作边进修，于2005年取得研究生学历，是浙江省首批正高级教师。坚守大陈岛5年，她将广阔的世界带进了海岛，用奉献与爱心改变了一代人的命运。38年教坛深耕，她始终仁心仁术，着眼未来社会的需要，用对教育“成人”目标最执着的追求，让教育真正深入学生的内心：从道德成人到学识培植，从关注孩子内心成长到“后学生”时代的发展，从共情教育到反馈社会。在市教育局局长的多次邀请下担任市教研室主任，可两年就“逃”回了学校，因为她始终认为，讲台才是自己真正的使命。

一、为了小草的事业

1983年7月，项香女大学毕业，她给学校党委写了一封自愿赴大陈岛的申请书，并恳求领导“遂她之志”。她如愿地踏上了大陈岛——党的两任总书记(胡耀邦和习近平)都踏上过的红色之岛。

那时大学毕业，分配的工作地都不错，可她却选择了这样一个小岛：四个小时的航程，满岛的鱼腥味，高低不平的山路。许多人追问为什么，她发表一篇文章《为了小草的事业》作答。她认为，海岛山区最缺教师，孩子就是小草，去海岛教书就是为了小草的事业。当时，《人民日报》《光明日报》《中国教育报》《浙江日报》等都有报道，但她只是一笑了之，她被称为“岛上智力的垦荒者”。

上岛之后，学校还没开学，她便开始建立学生档案，对全班50多个孩子逐一家访。岛上风大浪高，尤其是台风季节，更是寸步难行，她开始有人生地不熟的孤独感了。但岛上老垦荒队员的事迹激励着她，她坚持每学年每生家访一次，周末常带着学生去社会实践。岛上渔民孩子多，许多渔民远洋作业，孩子的管教颇有欠缺，她就通过家访和孩子及家长达成协议，凡是需要的均可以代管。有些渔民夫妻没时间照顾孩子，她就把孩子的吃饭纳入自己的工作范围。小王父母经常一起出海，小王连午饭也经常缺餐，项老师断断续续一管就是三年；孩子的学习习惯不好，项老师就会在午餐后校正他的习惯；父母没在家，项老师就会护送他回家。一次台风刮起，项老师就挽着他的手臂，在风雨中从这座山到那座山，风大的地方没法行走就一起爬行，走了一个多小时才护送他安全到家。孩子父母泪水混着雨水，连声道谢。尽管那时工资有限，但她没有接受小王父母送来的钱，也没接下他父母诚心送的鱼虾。那时部分渔民并不太重视孩子的教育，常有学生辍学，项老师总是三番五次地上门劝说。由于家长出海时间长，许多孩子内心难免孤独，有时甚至抑郁。小郑同学初二刚结束，就被父亲拉着出海。尽管孩子十分不愿，项老师也多次登门劝说，但还是离开了学校。出海之前，他来告别，眼泪无声而下。看着这个才十几岁的孩子，项老师非常难受，临别时送给他一本新的笔记本和一支钢笔说：“你以后有什么想跟老师说的，都写在这里。你每次回来，就到学校，送给老师看。”每次回来，孩子都会虔诚地把笔记本交给她。每一次，项老师接过留有海水印迹满是鱼腥味的本子，内心总是满满的酸楚。孩子在笔记本中写自己种种的不情愿、种种的不适应，她含泪读完。项老师在岛上的几年里，小郑同学常来学校交“作业”，直到项老师调离海岛。那一年下半年，才19岁的小郑跳海自尽了。后来听其姐姐说，孩子的最后一篇日记，是写给她的：“有您在，您会看到我的日子怎么过，我的难受会告诉您，您也会安慰和鼓励我。但您调走了，我无处可诉，无人可说。”项老师顿时深感愧疚，潸然泪下。她没想到她的去留维系着一个孩子的生命。后来项老师找回了他们的一张合照，那个孩子微张着嘴站在项老师的左边微笑，她依着鲜活的记忆，写成了《永恒的微笑》，这个永远年轻的笑脸，凝固成她内心永恒的痛楚！后来她专程去大陈岛，通过他的家人找到那孩子的坟墓予以祭奠。此后，项老师更加注重了解学生的心理状况，她认为孩子的生命至高无上，教师有责任关注他们的内心世界，也要教会他们热爱生命。

1986年6月，第一届学生毕业，夏日炎炎，她带着孩子在大陈岛上转了半圈。她和孩子们说："你们是大陈岛的孩子，你们要热爱大陈岛，用心建设大陈岛。"这个班的学生，读了气象专业的，毕业后回到大陈岛气象站，师范毕业的，有些也回到大陈岛学校。她的第一届学生翁丽芬(全国人大代表和全国党代表)和第二届学生李丹灵成为大陈岛学校的老师，扎根海岛 20 多年。离开海岛 30 多年，项老师经常回望着那一方沃土且充满感恩，她认为这是她教育启航的地方，也是她明白教育使命的地方，从那里出发，她才走得更稳更远。

二、深耕学生的内心

项老师特别在意学生心理的健康，在做班主任的近 20 年里，她特别注意班集体给孩子的有利吸引与积极影响。每一届的第一节班课，她都在黑板中心写上一个大大的"缘"字，然后让孩子们组词、造句，每人说一句话，组成班集体的第一篇口头作文，让他们产生认同感、归属感；她会把班级比作一艘渡船，鼓励大家接下来一起尽力划船，然后大家一起合唱郑智化《水手》的来增强学生责任感。一届又一届，孩子们在对班集体的认同归属中热爱班级、互助友爱，所以，她的班集体总以"班风正、学风浓、人心齐、成绩优"而闻名。但孩子们心中的世界也比较复杂，项老师洞察入微，会依着学生的个性找适当的时间和场合与学生谈心。有一次体育委员耷拉着脑袋走进教室，这个平时嘻嘻哈哈的男生，从没有过这样的表现。晚自习时，她找上这个孩子，一起在学校的操场上散步，孩子直接说了自己的苦恼：父母老是吵架。项老师耐心地倾听，体贴地开导，当天晚上就和他父母做了沟通，周末又去家访。孩子后来高兴地告诉她："好了，现在他们其乐融融。"由此，项老师觉得，家庭教育给予孩子的不只是生命的底色，还有人生的起点。所以，每次家长会，她总会让家长们交流经验、倾诉，有时会请上心理老师。在这样的场合，家长有渠道发泄，再辅以科学的方法，会让亲子之间的沟通更畅达。

有些孩子高中毕业后走进陌生的城市和人群，难以适应，许多家长还会向她求助。一个就读于名校的孩子，因学业压力得了厌食症，母亲辞了工作陪读，父亲来电求助。项老师刚好要去该城市出差，特地找到这个孩子，大冬天，看她穿着很厚的衣服，仍让人感觉到单薄，项老师心疼极了，带着她边走边聊。因为时间紧，项老师让她寒假回母校看自己。寒假时孩子依约而来，中午项老师和她约定重温高中食堂，项老师就买了孩子最喜欢吃的菜，项老师并不急于劝食，而是和孩子谈生活。饭后，孩子说，午饭是自己这一年吃得最多的一顿饭。项老师告知了家长，并给他们一些建议。一年后，孩子在多方的帮助下恢复了健康，寒假来看她时，给了项老师一张卡片，上面写着：无人回应的冬天里，您是唯一炽热的答案。另有一名学生，读到大四，却患上抑郁症。他父亲来电说孩子最听项老师的话，希望她和孩子说说。多少次电话沟通，多少次约他见面，不论远赴孩子的学校还是约孩子来家，项老师总是让孩子尽情地倾诉，总能让孩子得到回应。这个孩子大学毕业后，留在省城的一家医院里积极地工作、生活。

项老师每年都会找高三年级400名左右的孩子聊天。尤其是选考或高考成绩出来之后，项老师的关爱更是直抵孩子们的内心，她说，此刻，我不关注你们的分数，我只关心你们的内心。许多学生听后潸然泪下。有些孩子哭着进来，因项老师的鼓励，笑着出去。不管哪个学生，项老师都会认真仔细地倾听他们学业、生活、情感等方面的困惑，并给予适当的建议。项老师的聊天术惠及了许多学生和家长；她认为，孩子内心世界安宁，才会有安定的生活，才能慧而悟。

三、在读书的世界里教书育人

项老师一直觉得，教师应该是永远的阅读者和思考者。她每天约有两个小时的阅读时间，她的阅读书单里，更多的是关于心理学和育人的。她阅读积极心理学之父契克森米哈赖的《心流》，关注学生的学习态度；阅读个体心理学创始人阿德勒的《生命的意义》，思考教育只有和社会未来的发展结合在一起，孩子才有将来；阅读于漪老师的《于漪全集》，觉得“教在今天，想在明天”是教育的真谛；思考习近平总书记强调的“培养什么人，怎么培养人，为谁培养人”，是所有教师要解答的问题。项老师以自己的阅读带动学生的阅读，她几十年来一直坚持给自己教学班的每一位学生依据其个性购买一本书，并在扉页写上赠言来引导熏陶。

大量的阅读使她对语文教学有自己独到的思考。她认为语文教学应该着眼于学生的发展与将来。从学生的需要出发，她对语文教材内容进行了大胆的取舍与整合；开放课堂教学，把文言成语故事、“四书五经”内容、唐诗宋词鉴赏等引入课堂，既充实了课堂内容，又丰富了语文内涵，既开阔了学生的视野，又提高了学生的人文素养，使课堂教学弥漫着浓浓的人文气息。同时，还以学生的发展为本，将教师的“一言堂”变为学生的“展示堂”，让学生把一些课文内容编成课本剧，或化为辩论、演讲。学生因有机会在实践中学习语文，且这些形式又为学生喜闻乐见，这不仅激活了学生学习语文的主动性、积极性，还提高了学生的口头表达能力和逻辑思维能力，使学生真正成了课堂的主人。高中课堂“课前五分钟三年规划”的经验总结《“课前五分钟”教学中的“成人”教育》《这个冬天有些冷》发表后，两篇文章一起被中国人民大学的《高中语文教与学》全文转载。这样的实践使她的研究来得很接地气。她的省级课题“中学语文教学与文化教育”获省教育厅名师一类资助的优秀课题；《高中古诗词对接学生生命教育》获省成果一等奖；和他人合作完成“中国礼”等三个省精品课程。在教育中她不断地探索，在核心期刊发表近100篇论文，主持10多项省级课题。学校教育之外，她会带孩子们走进社会，重阳节去养老院做义工，节假日做社区的志愿者。她认为社会是课堂，生活是教材，通过这些活动，增强孩子们的社会责任感和担当意识。她有省市两级名师工作室，她认为尽管自己不能给成员们做过多的引领，但她会尽量地给他们搭建平台，让她的教育理念能影响到工作室的成员。近年来，她的工作室走出了多位特级、正高级教师，还有“省万”人才。她总是想给她的学生和成员们最好的教育和影响。

四、让语文教育后继有人

百年树人，教育从来不是一个人的事，项香女老师一直关注着教育人才的培育和梯队建设。作为一名老教师、省特级教师、中学正高级教师、浙派名师实践导师、台州学院兼职教授，她在主动承担指导本校新教师成长任务的同时，2011年还主动申报建设名师工作室，成为台州市首届名师工作室(语文学科唯一一家)领衔人之一，为来自台州各重点中学的工作室的徒弟们精心设计成长方案，从他们的工作态度到学科素养、教学理念、教学艺术、课题论文等进行全方位的指导，甚至在生活上，工作室的徒弟们也得到了项香女老师的关心关照。9年来，共培养了40多位年轻教师。在他们共同努力下，工作室成员们在核心期刊上发表论文120余篇，完成了省、市级研究课题39项；有2人评上省特级教师，有5人晋升正高级教师，有3人获得全国课堂教学一等奖，有10人进入省名师培养人选的行列，8人评上市名师，2人获评省教坛新秀，6人获评市教坛新秀，2人进入市“211”人才第一层次，3人成为省师德楷模。而如今，名师工作室第三批14位老师也正在项香女老师的指导下努力成长着。

此外，项香女老师还始终关注乡村学校教育的发展，杜桥中学、宁溪中学是工作室的结对学校，浙师大附属泽国高级中学是省名师工作站组团送教学校。每年项老师都会不定期地带着工作室的老师们开展送教活动，项老师也会为老师和学生开设专题讲座，教师教学研究、年轻教师公开课、教师比赛磨课……接到邀请后项老师都会欣然前往，悉心指导，帮助乡村学校的老师们快速成长。项老师努力搭建城乡教师沟通交流的平台，实现城乡教师的共同提升，对促进教育优质均衡发展起到了强有力的推动作用。

五、让语文课堂在疫情中焕彩

55岁可以退休了，许多机构和民办学校高薪聘请她，但项老师仍守着一中的讲坛。她对台州教育的使命感与责任感始终不曾减少。2020年，新冠肺炎疫情蔓延，1月27日省教育厅首次延迟各地开学时间，项老师就开始考虑延期期间学生的学习问题。她充分发挥项香女省市两级名师工作室的作用，调研台州市各年级段的教学进度，与老师们一起录制网络视频课程，以保证学校师生的教学需求，为共同抗击新型冠状病毒肺炎疫情贡献自己的力量。

经过与工作室老师充分沟通和综合研究，项老师于2月1日正式布置任务，开发"非常时，非常课"系列专题课程，先后共开设36组教学视频，并配有相应的教学课件和练习。录制视频的老师来自学军中学、宁波中学、金华一中、诸暨中学等省内名校，以及台州一中、台州中学、天台中学等市内优质学校，保证了视频课的质量。每个视频制作完成，项老师还会细致审核，提出修改意见，要求有些课程重新录制。有些老师反复录了三次，才让项老师满意。她说，对课的质量负责就是对学生负责。"非常时，非常课"系列课程陆续在浙江省名师网、浙江省高中语文教师群和台州市普通高中教学群，以及浙江高中语文公众号等平台上线，供全省高中语文教师使用，深受好评。而她在自己的课堂上，结合"疫情"这一主题对学生进行生命教育，引导学生正确看待灾难，正确看待生命。

同时项老师挖掘已有的网络资源，针对高三学生提供了自己的高考作文讲座视频，针对高中各年级学生提供了工作室制作的"古诗词学习系列微课程"的五个系列共70节微视频课程，为学生打开学习古诗词与自己生命对接的新路径。这些网络资源与"非常时，非常课"系列课程视频都提供给了由浙江省特级教师协会、中国教师研修网、教研网组织的"心系荆楚，名师驰援"公益送教活动，为处于疫情下的学生提供一剂"暖心药"和"强心针"。项老师说，这些也算是在这个非常时期工作室能做的实事吧，她的事迹在省教研室的平台上、省特级教师的公众号上公开推送。

项老师知道，全国几千万的人民教师，都在尽职尽责，践行着"四有好教师"的要求，恪尽职守，教书育人，立德树人。她深知，一个人的努力微不足道，但只要每一位教师在教育的田野上尽职尽责，坚持为祖国育英才，为未来育良材，我们的教育就能耕种出颗粒饱满、稻浪千重的丰收局面，而她，愿做立德树人的深耕者，她说，不管有多少次选择的机会，她都会选择做教师！

“磨课”的日子

——记宁夏回族自治区教育厅语文教研室安奇老师

宁夏作家协会　陈莉莉

时光荏苒，转眼之间，备受考验的2020年已经远去，很多事情将越来越被淡忘。回忆这一年，对于宁夏回族自治区教育厅语文教研室教研员安奇老师来说，最难忘的，不是唯一的女儿考取了名牌大学心仪的专业，而是防疫抗疫期间，和各个学校选拔出来的授课老师，在“磨课室”度过的那些日子。

2020年2月1日，自治区教育厅发布关于在新冠肺炎疫情防控期间开展“空中课堂”的通知。2月4日，宁夏教育电视台节目信号顺利上星；2月5日“空中课堂”第一期正式开播；2月17日“空中课堂”第二期上线，在宁夏教育电视台和宁夏少儿频道播出，同步在“学习强国”宁夏平台、宁夏教育云平台播出，实现了学习资源全区公平共享，不漏一人，人人能看。这种由教育厅统筹管理下的大规模线上教学在宁夏尚属首次。“空中课堂”最大限度降低了疫情对教育教学的影响，得到了广大师生和家长的高度认可。而在这些成果的背后，是如安奇一样的教研员、一线教师的日日夜夜的付出。

4月初的一天，早上7点多，在宁夏教育厅一楼一间门上贴着“磨课室”三个字的教室里，几位教研员和将要录制“空中课堂”的教师已经在讨论工作了。这一间电教室，现在是初中语文科目的“磨课室”，这样的临时“磨课室”有很多个。

什么是“磨课”？好事多磨的“磨”，磨坊的“磨”，这个古老的动词不免让人想到“沉重”和“精细”这两种观感，想到早已被弃之不用的笨重的石磨，想到汗水和收获。现在用来形容一堂课的诞生过程，“磨”这个字，的确恰当。

把每节课都上成精品课，以赛课的精神准备好每一堂20分钟的“空中课堂”——这是初衷和原则。教育厅语文教研员安奇老师带领几位区县教研员和几位来自不同学校的初中语文教师正在“磨”课。这些老师到教育厅“磨课”之前，就已经在线上接受教研员的指导，初步备好了教案和课件。现在，他们带着精心准备好的课件前来“磨课”，也就是面对面展示、试讲，进一步细化、深化，探讨“空中课堂”教学中可能遇到的问题。

教研员，这个职业对很多人来说都是陌生的。对一线教师来说，教研员就是老师的指导老师，教学方向、教学内容、教学安排、考试考查等都由教研员来指导和确定，他们就是老师们的专业引领者和管理者。从1月底开始，如安奇老师这样的教研员们就加班加点组织老师们“磨课”、录制课程，没有休息日。很多个晚上，下班时夜已深，十一二点左右回到家，自我隔离于一室。如果有老师发来课件，安奇老师还要当即回复、指导。一天能指导三四个老师“磨”一遍他们准备录制的课程。而家长和学生看到的每一节20分钟的“空中课堂”，都要“磨”七八次，有的甚至更多。

有些老师经过多次磨炼，试讲得很顺利，可一站到摄像机跟前，眼前没有可爱可亲的孩子，就不知所措了，老师毕竟不是“主播”。银川市回民中学的小韩老师记得很清楚，在她录制《抓住细节，作文点评》一课时，虽然讲课内容已经烂熟于心，但在陌生的镜头前，闪亮的聚光灯下，她不由得十分紧张，又想起录制前刚替换了一张幻灯片，心更慌了。越慌越容易出错，录制一开始，小韩老师就出现了一个口误，她提醒自己不要慌，可是没几分钟又开始卡壳，焦急，沮丧，眼泪差点下来了，只好暂停录制。在一旁“督战”的安奇老师站起身来，平静地对小韩说：“别着急，慢慢来。”接着，他走到白板前，一边讲一边画，帮她一句一句厘清了思路。小韩的心绪平静下来，最终顺利完成了录课。

几个月来，面对繁重的工作任务，安奇老师没有叫过一声苦、喊过一声累，就这样带领着老师们，一丝不苟地执行着“空中课堂”的既定方针，兢兢业业地要把最好的给学生们，坚决做到“停课不停教、停课不停学”。他唯一内疚的是，女儿即将高考，他这个培养过不少高考状元的父亲，却没有丝毫余力顾及女儿的学业。甚至，几十天都没有见过女儿了。

这天上午，初中语文“磨课室”要打磨的第一个内容，是八年级下册《在长江源头各拉丹冬》一文的第二课时，授课者是永宁县望远中学的小任老师。这回已经是第四次“磨课”了。

小任老师站立在屏幕一侧，拿着文字讲稿和签字笔，对着屏幕上的课件讲述，嗓音清亮，普通话标准；安奇老师站在另一侧一边认真听着，不放过任何知识点，随时上前用手或笔在屏幕上圈圈点点，指出需要修改完善之处，一边还用手机录音和计时；另有一个老师坐在台下盯着电脑上的课件，根据安奇老师的意见对原稿进行修改。那真是逐字逐句斟酌推敲啊！

小任老师设计的本节课的学习目标，一是品味本文看似随意实则精巧的语言，体会这种语言的妙处，二是学习移步换景的写作方法。在讲授中，小任老师准备了两个提问：作者看到了哪些景物？作者看到的景物是如何呈现的？这两种提问，哪一个说法更合适，学生更能体会到作者语言的妙处？三位老师仔细加以推敲。讲授作者移步换景的写作方法时，老师要说“作者立足于……”还是“作者的第二个立足点是……”哪个更能让学生明白？又是一番商讨。一切以学生能更好地理解和掌握为原则。

“从某种意义上讲，这样写表达了作者……”小任老师念道。

“某种意义是什么意义？”安老师说着提笔将此句修改成“从思想感情的角度讲……”。

诸如此类，学生在听讲时遇到的看似不经意的课堂提问，实则经过老师们仔细揣摩，不厌其烦地一遍遍修改，力求完美。课件的每一个页面，都要经过逐字逐句的修改，要考虑字体的颜色、字号的大小、上下行格局是否美观，整体页面布局是否合理，还要考虑学生从屏幕上观看的舒适度。课件中不能出现刺目的红色，但作为教学中的重点字词要标注出来还得醒目，要考虑整个画面的色彩和谐度，仅此一点也是颇费思量的。

“吟安一个字，捻断数茎须。”安奇老师和他的同事们，为了屏幕前展示的那 20 分钟，也似如此。一篇课文，两个课时，展现在“空中课堂”的有效时间共 40 分钟，但知识容量很大。为此，授课老师要写出 8000 字左右的讲稿，在安奇老师的指导下，反复朗读和修改，直到自己和审课、“磨课”的老师都觉得满意，并要站到摄像机前，能够熟练自如地结合身体语言和屏幕上的课件流利地阐述出来。

这天上午，小任老师要讲的课，被细细打磨了 3 遍，有些细节几位老师的意见还不统一，只好下去后再琢磨，下次“磨课”时再定夺。此时，已经到了午饭时间，一直坐在后面边听课边在自己的笔记本电脑上忙碌的一位中年女老师走上前来，对安奇老师说，她下午还要给初三的学生上 4 节课(初三和高三已经于 3 月 25 日开学)，看来只能下午放学后再赶过来“磨课”了。安奇老师一听，说已经来了，就先看一遍课件的思路再走吧。

于是把 U 盘插入电脑，打开大屏幕，几位老师围在屏幕前，一张张查看课件内容，简单交流了修改意见，约好明天再来。这时候已经快到 13 点了。下午还有 3 位老师的课要“磨”。吃过盒饭后，大家继续忙碌。

在备课、“磨课”的过程中，安奇老师等前辈发现一些青年教师在落实正确的教学理念方面还存在问题。新课程要求“以学生的学习为主体”，也就是构建“生本课堂”这一理念在平时的课堂教学中做得还不错，但“空中课堂”不同于传统课堂，教和学不在同一个时空。一些青年教师在设计教学时，更多考虑的是自己的教学怎么才能顺利完成，怎样设计环节才能“出彩”，似乎忘记了屏幕前学习的孩子们该如何接受。

来自银川十三中的小马老师这一天要试讲的课文是马克·吐温的《登勃朗峰》第二课时，设计的课件图文并茂，既有照片又有地形图示，直观而引人入胜。文字内容看得出下了一番苦功，为学生们拓展了很多知识，比如马克·吐温的生平和创作成就。但小马对“的、地、得”的用法掌握得不完全准确，以及在课件讲述中存在其他问题，这些问题都由安奇老师一一给予纠正。课后作业，小马的课件上是这样要求学生的：“写上山，作者用散文笔法，描绘山中奇景；写下山，作者用小说笔法，叙述奇人奇事。请选择其中一种写法，写一篇300字左右的短文。”

这个作业对大多数初中学生来说，恐怕都不那么好完成。

安奇老师上前，把最后一句修改成了“请写一篇300字左右的赏析”。

“姜还是老的辣啊！”小马老师不好意思地说，自己在教学设计时，忽视了学生的感受和理解。

但安老师考虑的不只是学生完成是否有难度的问题，还有，这个小练笔的设计初衷是什么，与课本后面的作文训练是否雷同或冲突。虽然不同的学习内容是由不同的老师录制的，但语文教学有其系统性，必须全面考虑，不可只考虑自己的。

“安老师想得真周到。”小马赞叹道。

小马老师的课件如此打磨一遍后，先告一段落。接下来是银川市第十五中学的小杨老师，他要讲授的是作家阿来的散文《一滴水经过丽江》的第一课时。小杨老师才加入“空中课堂”的录制工作不久，这是第二次打磨课件，但小杨老师很有信心在安奇老师等专家的指导帮助下能够顺利完成录课任务，他十分珍惜这次录课的机会。

老师们做的课件，从开始到定稿，都得经过十遍八遍的改动，每个课件一路审下来，安奇老师依旧那样认真严谨，错用一个标点符号，都逃不脱他的“火眼金睛”。课件的修改是“牵一发而动全身”的，纠正一个小小的错误就得改动好几张幻灯片。参与录制课程的老师们一遍一遍地修改，没有任何怨言。每一次修改课件，每一次“磨课”，都是一次针对性极强的培训，让老师们受益匪浅。小杨老师作为“新手”，更不能例外。

有陪同老师录课的校长感慨万千地说：“每一节成功录制的课程，可以说是培训了学校校长、主管领导、骨干教师、录课教师、青年教师五个层次的教学人员，而且这样的培训效果比以前的任何一次集体培训都要显著。”

像安奇老师这样教学、教研经验丰富、文学素养深厚的教研员既是“老师的老师”，也是他们的主心骨。参与录课的老师，虽然压力大，但进步更大，这段时间他们的成长可谓突飞猛进。

“对一线教师来说，教研员就是我们的指导老师，是我们的‘定海神针’。这次初中语文学科‘空中课堂’的录课，安老师从组建队伍到具体安排，从备课、磨课到试讲、录课，他都坚守在每一个阵地，审视着每一个细节，为了把每一堂课打磨为精品课，为了每一堂课都完美呈现，可以说是殚精竭虑。”参与录课的老师们发自肺腑的话语，道出的是他们的亲眼所见、亲身感受。

小杨老师的课件打磨了一遍，已经到了晚饭时间，还有一位来自闽宁中学的年轻女老师的课等待打磨。在等待的时间里，这位女老师一直在自己推敲着课件。晚饭后，安奇老师和其他教研员将陪她打磨课件。这一天，他们的下班时间，又将是夜里 12 点，而这只是平常的一天。

“空中课堂”的录播，时间紧、任务重、压力大，备课、“磨课”到夜里九十点甚至十一二点是常事。但安奇老师和其他老师们没有一个人计较个人得失，没有一个人因为畏惧疫情而退缩或掉队。大家积极参与，忙而不乱，努力把最好的课呈献给学生，他们做到了。

疫情终于过去，教学秩序恢复正常。在“空中课堂”的总结中有着这样的话语——“教育厅党组以及所有参与到此项工作中的教研员、老师等，表现出来高度的政治责任感和勇于承担的精神品性。从工作中看到我们教师群体的勇于担责，敢于面对困难……这次工作中，老师们的备课、“磨课”等工作充分利用了‘互联网＋教学’、教研的手段，充分实践并实现了教研的新模式，这是我们工作中的一大收获，也是一大特点，既节约了时间，又保证了教学质量、保障了生命安全……”

对于安奇老师来说，本次“空中课堂”的工作经验也是空前的，他要思考和实践的很多，很多……

肩负教育使命　培育强国人才

北京市顺义区高丽营学校　张　珊

孔凡艳，女，1966 年 7 月出生，中共党员，全国五一劳动奖章获得者，全国先进工作者，“新世纪百千万人才工程”北京市级人选，北京市特级教师，北京市顺义区教育研究和教师研修中心小学教研室副主任。

小学、初中、师范，她三次写《我的理想》，写的都是要当一名教师。1984 年走上教师工作岗位，有种夙愿得偿的喜悦，驱使她全身心投入到工作中。1994 年，她成为当时全北京市最年轻的小学语文教研员，开始了她的教研之路。她为自己是一名教师而自豪，为自己是一名“教师的教师”而欣慰。所以，她学习不止、研究不止、成长不止，在教育中追寻理想！

一、向上是她的不懈追求

孔凡艳走上三尺讲台不久，就喜欢上了这个“孩子王”的工作，她认为，要想让孩子成为什么样的人，首先自己就要是什么样的人。多年来，她一直以自己的学识、情操感染着她的学生，用自己的业务水平和人格魅力引领着其他教师的专业发展。

她始终秉承着积极向上的学习态度，为了提高自身的专业素质，她先后攻读了数学大专、中文本科和研究生课程；为了系统了解所教学科的知能体系，她研读了北京版、统编版全套教材，并对比了人教版、北师大版全套教材；为了提升自己的教育教学能力，她坚持广博学习与系统专题学习，并与教学研究、实践紧密结合。

学习与实践，研究与感悟，让她很快形成了教材钻研“准、深、活”，问题设计“少、精、活”的教学风格和“先学后教，顺学而导”的教学思想。1992 年，她成为顺义区首次承担市级研究课的执教者，专家对顺义区语文教学给予了高度评价；1997 年，她指导老师参加市级评优实现了顺义一等奖零的突破，她先进的教学理念在北京市推广；2000 年，成为“西部开发　支援内蒙古”首批讲师团的成员，义务为当地教师传经送宝。多年来的执教经历，让她越来越深切地感受到自己所从事工作的重要意义。

二、教育是她的责任与使命

回忆起多年以来的教研之路，她记忆深处是2000年参加“西部开发 支援内蒙古”首批教师团，赴内蒙古巴林左旗支教的经历。震撼她的有北京市委书记贾庆林与大家亲切交谈、谆谆教导带来的提升；有内蒙古“欢迎北京市顺义区专家、学者来左旗讲学”横幅标语带来的忐忑激动；有随着弯曲的街道一眼望不到边的夹道欢迎场面的感动；有看到偌大的会议室挤满了老师时的惊讶；有一双双充满希望的眼睛带来的难忘；有内蒙古老教研员翟老师说“谢谢孔老师给内蒙古老师的启迪与帮助”时的热泪盈眶……

“那时候条件没有现在这么好，投影、课件都难以使用，不仅仅是我自己的讲座稿手写了一页又一页，老师们的听课笔记更是记录了厚厚的一本……”内蒙古教师们眼中迫切的需要、炙热的期待、动容的热泪，都令孔老师为之震撼。从那以后，她常常说：每一位老师身上都肩负着教育的责任，这是为师者的使命，我们所走的每一步都影响着国家的未来。

后来，她多次到中西部地区支教、讲学。2012年，在北京顺义最边远的大孙各庄小学兼职支教一年，把自己多年来积累的经验毫无保留地献给基层学校和老师们；随后的六年里，为了推进“京津冀”教育一体化发展，她担任了河北省三河市名师班的指导教师；作为“市学带与市骨干研修工作室”的兼职主持人、市教委支持通州计划的实践导师，为了推进北京城市副中心的整体建设，先后到通州指导教学，与通州名师工作室进行线上联动数次；近几年又带着她的团队参与“教育艺术访学名师”支教云南、海南……

2020年开年之际，新冠肺炎侵袭祖国大地。在党中央的指挥下，为进一步抗击疫情，减少病毒的传播，各级院校均进入“停课不停学”状态。特别是身处疫情重灾区的湖北地区的学生们，更需要合理安排、丰富生活、开阔眼界、积淀学识。基于此情况，孔凡艳劳模工作室、教育专家工作室成员，在工作室主持人孔凡艳老师的带领下，与全国各省、自治区、直辖市的教师们一同心系湖北、支援武汉，积极参加首都师范大学《语文导报》组织的优质课征集活动，工作室成员共为孩子们送去10节优质录像课，内容贯穿小学低、中、高三个学段，涵盖了统编教材中阅读教学、口语交际、习作指导、整本书阅读等多种课型，将来自北京顺义的语文好声音和人文关怀传递到武汉师生身旁。

她说：“这些经历都是责任使然，不仅是难忘的人生经历，更是为师者的精神财富，就这样，热爱与责任共生。”

三、奋进是她的精神符号

孔凡艳秉持认真负责的工作态度，兢兢业业。曾经为了一个“尊重个性、以学定教”的设计，要细细地揣摩几天；为了一个“遵循文路、体现学路”的板书，能苦苦地思索几个钟头；为了出好一个调研测试，“煮书”“捞针”——这是《北京教育》记者付江泓的形象说法。孔凡艳的儿子也曾写过一篇作文《有这么难吗？》来记叙妈妈对命题的完美追求。她指导教师研究课、评优课，课课都要上出风格来……在“新我”的不断生成中也彰显出每一个孩子、每一位老师的个性。

几十年来，她一直保持着“下水”的习惯：当教师时，“下水”自学课文，“下水”写作文，“下水”完成课后习题；当了教研员以后，“下水”备课，也“下水”上课，有时候还会针对同一内容做出几种不同的教学设计，以适应不同的老师、不同的学生。这样的率先垂范——超前发展自己，尤其是将教研与科研结合的做法，这种精益求精的态度，在教研员团队中起到了示范引领的作用，更深深影响着她的团队成员，让每一位老师都把每一件事情做到极致。

在第二届北京市中小学教师法治教育基本能力培训与展评活动中，孔老师指导后沙峪中心小学老师赵丽参赛。赵丽老师是一名二年级的新老师，进入复赛选择的是苏教版教材三年级语文《你必须放掉这条鱼！》，决赛抽到的是首师大版六年级的品德与社会《世界环保在行动》。没有任何的借鉴，怎样上出一节好的语文课，有顺义的特色，又体现语文学科与道德法治的自然融合呢？其间，孔老师与她一同经历了对多版本教材的对比研读，对学科关联的恰切性论证，对课堂与生活的引领。为了找到准确的“时代信息”，孔老师还通过组织部学习了北京市环境保护局的党代表培训讲座《践行“两山”理论，加强环境保护》……在等待公公手术的同时，孔老师在医院楼道椅子上完善这个独到的教学设计，利用品德与社会的教材，上出语文的味道，遵循规律，适应学情，最后夺得了北京市小学组的冠军。

四、无私是她的精神传承

孔凡艳以自己高尚的情操和对专业的执着追求影响带动教师的成长。1999 年，基本功大赛时她指导教师参加大赛 40 多小时没合眼；2008 年，承担教育部三、五年级测试工作，身受滑膜炎的病痛折磨，但她硬是没去医院看病，生怕医生把自己扣下，耽误工作；2012 年，顺义区完成北京市数字学校同步课堂78节课的录制，她参与了每一节课的备课、试讲和监听；即便是骶骨骨折了，去大孙各庄的兼职支教也一天没有少。近几年参加北大国培课程录制，参加中国教师研修网、中国教师教育网、北师大统编教材课程资源开发，与数十名骨干教师一起研磨、奋战……教研中心门卫师傅常常看见孔老师加班加点地培养教师的工作情景，都说：孔老师无私奉献，不愧是全国劳模！

孔凡艳深知，每一个孩子都需要好老师的教育，因此教材介绍、研究观摩、下校视导……每一次面对群体教师的机会，她都注意将培训落实在热点处、需求处、困惑处。尤其是通过组织联盟教研、网络研修，调动每一所学校、每一位教师的积极性，以大教研的引领和对薄弱校的关注促进区域语文教学和语文教师的均衡优质发展。孔凡艳先后成立了6个工作室，辐射上百位教师，指导成员形成教学主张、彰显教学特色，她的劳模精神也在团队中传承。

在北京市第二届“京教杯”时，指导刘时竹“访百年故宫　承千年文化”开始了主题实践课程的探索，组建的“故宫团队”涉及教研员、牛山一小和杨镇中小两所学校领导和相关老师，还有孔凡艳教育专家工作室、劳模工作室成员，以及中小学美术教师。其中赵倩、张珊、杨阳、赵丽全程参与。这个颇为壮观的“团队”中的每一个成员适时参与、贡献智慧。长达半年的实践与探究，思考与创新日夜不停歇，她们立足课程解读教材、多角度精心设计、举一反三与“举三反一”、读与写、语文与生活……及时地推广给老师们带去更多的启迪。

团队中的老师们常说“成就别人的同时也发展了自己”。在教育中追寻理想，孔凡艳和她的团队深深地体会到的是劳动的光荣，敬业的崇高！无私奉献的劳模精神也在一位位骨干教师、青年教师间不断传承。

五、研究是她的教育之魂

为进一步提高小学语文阅读教学的有效性，她深入主持课题研究，从现状调研到文献收集，从框架构想到完成假设，尤其是把设想变成现实的过程常常是漫长的、艰难的、苦涩的，但是她都亲力亲为，凭着爱与责任相伴的力量，突破一个又一个难关，使研究取得了显著成效。

“十五”期间，她作为负责人之一主持全国小语会课题“‘分层教学　自主探究’阅读教学模式的研究”，建构了以学生为主体的阅读教学模式；“十一五”期间，提炼并主持了北京市教育学会课题“依托学案提高学生语文素养的研究”，着力发展学生的自能阅读能力；“十二五”期间继续深化发展为“依托学案　实现个性化阅读的研究”，关注了阅读的本质和学生的长远发展；进入“十三五”，随着北京市教委颁布学科教学改进意见，她带领小学语文团队已经在“依托学案提高‘一带N’课内拓展阅读的实效”方面展开深入研究，被批准为“百千万人才工程”的资助项目；目前，随着统编教材的全面推进，她主持的“一带N”教学研究，已经从阅读教学扩展到口语交际、习作、语文实践活动各个领域，“在统编教材背景下，依托学案进行‘一带N’教学的实践研究”成为北京市顺义区小学语文教学的核心研究项目，相关典型课例及策略性论文在首届统编教科书优质课、优秀论文评比中脱颖而出，在《小学语文》《小学教学设计》《教育》等期刊发表。

二十年执着研究形成的顺义特色的“学案导学”，在理论和实践层面都具有前瞻性和创新性，开启了学生尽展个性、发展个性的阅读佳境，崔峦先生称是“阅读教学的成功转型”。研究项目先后获得北京市基础教育教学成果一等奖、二等奖，顺义区科技进步一等奖、二等奖。主编的研究专著《“分层教学　自主探究”语文阅读教学初探》被指定为“中小学语文教师继续教育用书”，获得“基础教育专项奖”；《“学案式阅读教学”探索》荣获全国小语会优秀成果一等奖；撰写的北京教育丛书“学案助力自能阅读”正被广大一线教师所运用，引导学生走向阅读的美好境界；2015年又出版了研究专著《从“学案”走向个性化阅读》，在理论上更具突破性，在实践上更面向群体教师，《小学教学设计》《教育艺术》等期刊隆重推介。研究成果不仅在顺义区应用广泛，还在北京市数字学校、中小学教师培训网、北京市课改总结会等媒体和会议上有过多次展示与推广，通过“西部开发”“国培计划”“全国小学语文名师工作室联盟”等途径走向全国，引领和推动了北京市及一些省市、地区的课堂教学改革，造就了一批富有创新精神的高素质教师，课堂彰显出生命的活力。核心团队的多位教师基于该课题展开了辐射研究，均在北京市规划办立项。

为了更好地在“后疫情时代”持续提升教师队伍建设、提高教师教育教学能力，她鼓励教师们利用好“空中课堂”等市级教学资源，提倡在各校内以各个教研组为单位，教师们共学、共研，碰撞思维的火花，实现教师的专业发展。同时，她以六年级统编教材为基础，以线上、线下相结合的教研新形式，开展了多次基础课程研修活动。活动的内容涵盖了教材中的新内容、学生学习的难点、教师授课的困惑。教材中语文园地中“交流平台”与“初试身手”板块是统编教材中的新内容，怎样帮助学生进行学习？怎样实现教师对教材文本的挖掘？有了这些思考，她又带领着团队教师开始了全新领域的研究，一次次研讨、一次次打磨……初具雏形后，她又尝试将板块内容与习作单元教学相关联，体现单元整体教学的新模式，形成读写一体的教学策略探究并在全区推广。与此同时，她希望更多的教师能够认识到阅读的重要性、认识到整本书教学的重要性，由此，她又将外国文学名著单元的核心课教学研究和整本书推进课作为线上研修内容和老师们进行深入研究，通过前期调研、自主探索，以及课例展示、过程回顾、成果分享等引导老师们注重教学常态化，在整本书领域进行课堂深度实践。通过她和团队教师的精准发力，补齐了教学过程中的短板，推动顺义区语文教学工作迈上更高水平、更高层次。

多年来孔凡艳共撰写、主编课题研究专著 8 部，市级以上获奖、发表论文 100 余篇，承担市级以上观摩课 20 余节，指导市级以上评优课、研究课 100 余节。可以说，孔凡艳的教育教学理念既与时俱进，又在不断创新，她和她的团队始终冲在教育教学改革的前沿。

六、立德树人是她的教育根本

孔凡艳深知教育是国之大计、党之大计。她认为，人无德不立，育人的根本在于立德。培养社会主义建设者和接班人，要在立德树人上下功夫，其中包含的家国情怀是学生发展核心素养框架的重要组成部分。作为一名语文学科教师，语文学科承担着文化传承的重任，传统文化更是需要从小根植于心。这一点不仅仅体现在课堂上，更体现在教学质量评价与调研中，她创编“紫禁城里过大年”等听读材料，汇总“嫦娥四号成功在月背着陆”等时事新闻，汇编“中国的华为　世界的华为”等阅读材料……不论是优秀传统文化的传承，还是国家科技力量的日益增强，都让学生们在不断的学习中成为“中国梦”逐步实现的见证者。

作为“教师的教师”，作为北京市第十二届党代会代表，她时刻坚定政治立场，对标对表，充分发挥党员的模范带头作用，影响着身边的教师们积极向党组织靠拢。带领教师们积极开展“有你真好”主题活动，将语文教学与思政课教育联系起来，教师们回顾着自己成长过程中那些令人难忘的人、事、情；在“与共和国同成长　与新时代齐奋进”等活动中，老中青三代党员、入党积极分子齐聚一堂，聆听成长的故事，学习语文最新的教育理念，人人感受到了年轻一代党员们积极进取的拼搏力量，感受到了中流砥柱们孜孜以求的进取精神，更感受到了前辈们几十年如一日的坚持与专注。

孔凡艳以“做表率、当先锋”行动为引领，进一步增强团队党员先锋模范意识，她和团队的先进事迹无时无刻不在激励着广大教师成为优秀的“四有”好老师，鞭策着他们成为学生合格的“四个引路人”，鼓舞着他们在新时代的征程中为实现教育强国建设不断努力奋斗！

“三寸粉笔，三尺讲台系国运；一颗丹心，一生秉烛铸民魂。”愿孔凡艳和她的团队，能够继续秉承着教育理想，担当起神圣职责使命，携手实现成长有力量，教学有智慧，做人有品质，为加快推进教育现代化、建设教育强国、为中华民族伟大复兴贡献更多智慧和力量！

像牛一样耕耘，像土地一样奉献

——记云南省玉溪市江川区第二中学赵兴阳同志先进事迹

云南省玉溪市江川区第二中学　杨　明

走进古朴雅致的云南省玉溪市江川区第二中学校园，你会经常看见一个忙碌的身影，他就是我校的教务处副主任兼教科室主任——赵兴阳老师。拥有一扇阳光明媚的心窗，教育路上的风景才会变得明亮芬芳。作为一名教育工作者，他情倾教育、身先士卒；作为一位领导，他以身作则、率先垂范。赵老师常把一句话挂在嘴边——“像牛一样耕耘，像土地一样奉献”，这句话总能给人以心灵的触动、深刻的启迪。可谁说这不是赵老师的真实写照呢？这位平凡的高中化学老师，以其朴实的工作作风和出色的工作成绩，得到社会各界人士的一致好评，他身后留下的是一条执着追求、辛勤耕耘、默默奉献之路。

一、治学严谨，魅力感召

印度诗人泰戈尔说过：“花的事业是甜蜜的，果的事业是珍贵的，但是，让我干叶的事业吧，因为叶总是谦逊地垂着绿荫。”教师的事业正是“叶”的事业，赵老师深爱着这“叶”的事业。

2003 年 8 月，凭着对教师职业的无限热爱和不懈追求，二十出头的小伙背井离乡踏上了从教育人之路。时光荏苒，赵老师已经在高中化学教学岗位上工作了整整 18 年。他最惬意的事情就是站在三尺讲台上兢兢业业教学，在教室里和学生一起探讨问题，相互促进，共同进步。如今，已成为中学高级教师的他依然坚守在属于自己的三尺讲台上，传道授业，无私奉献，默默地耕耘在教育教学的第一线，甘做“叶”的事业，成就莘莘学子的理想与希望。

教书育人，为人师表，是他遵守的信念；忠于职守，热爱本职工作，是他做事的原则。在教育战线上，作为一名老教师，赵老师深知学习是终身的事。只有不断学习才能在思想上与时俱进、在业务上首屈一指，才能做一名合格的教师。他孜孜不倦地学习新理论，探索新的知识领域，研究新的教育教学规律。坚实的理论基础和业务水平使赵老师在教学上很快就脱颖而出，他先后担任班主任、学科组长、教研组长、年级主任、教务副主任、教科室主任等职务。

相对于其他学科而言，高中化学显得比较枯燥。教一行，爱一行，赵老师对化学教学始终保持饱满的热情。他说："只有教化学的人被化学的美深深地吸引了，才能在教学过程中充分体现出化学美，让学生爱上化学。"他尊重学生的兴趣爱好，尊重学生的选择判断，尊重学生的创造发现。学生出现问题时，他疏而不堵，不强求一致，达到水到渠成的教学效果。他注意发挥学生的主动性，尊重学生的主体地位，为学生的自主学习创造条件。在他的课堂上，同学们怀着浓厚的兴趣，时而紧锁双眉，沉思不语，时而各抒己见，争论不休，跟随他一步步走进那充满生机的化学王国。

他善于把化学与现实生活结合起来，把枯燥的化学知识变得丰富多彩，充分利用学生的个性特点，展现化学的魅力，让每个学生既体会到化学的科学严谨性，又体会到化学的生活趣味性。

教育需要爱，更需要爱的激励，只有这样，才能走进学生的内心世界，才会激励学生全面发展和提高。因为招生的原因，来到江川二中的学生普遍基础较弱，缺乏自信心。他班上有个学生反应较慢，学习有困难，一道简单的题目往往讲好几遍都学不会。该学生又比较内向且很自卑，总说自己太笨了，怎么也学不会，今天教会明天又忘记，觉得很对不起老师。赵老师听后耐心地开导他："不要着急，不要看不起自己，慢慢来，要对自己有信心。"赵老师经常手把手教他，还组织其他学生轮流教他；课上简单问题让他回答，有时看他灰心想放弃，就鼓励他："没关系，不会老师慢慢教你。"通过半年的努力，这位同学的成绩有了较大的起色。

"润物细无声"，赵老师辛勤耕耘，获得了不错的教学成绩：多年来，他所教授的班级教学成绩名列前茅，他多次被评为优秀教师，2017 届玉溪市市统测平均分排名全市第八，在同级同类学校中名列第一，得到广大师生和社会的好评。

二、爱生如子，立德树人

爱是教育的根基，爱是教育的归宿。作为一名班主任，必须关爱每一位学生。首先，关爱学生的生活。赵老师好几次发现有个学生不吃晚饭，通过了解才知，学生家庭困难，当月生活费不够，于是资助其生活费。其次，关心学生的学习。一天某学生满含泪水找到他说不想上学了，了解才知是考试成绩不理想，他通过一下午谈心鼓起了学生学习的勇气。再次，关注学生的心理。学习是个艰苦的过程，毕业班学生承受很大的心理压力，作为班主任时刻关注学生的心理。一个学生有一段时间，始终不在学习状态，问之，说出了心中的苦恼，原来是不能完成父亲交付的学习任务。于是及时与其家长交流，使学生放下思想包袱，之后成绩直线上升。最后，关心学生的体魄。高考不仅考学生的智力，还要考学生的体力，每到课间活动时间，就要求不经常锻炼的同学一起跑步。正是由于这样关爱学生，每个学生都是以饱满的热情投入学习生活之中。师生关系成为朋友关系，学生关系亲如兄弟姐妹。

民主管理，有利于决策的科学化，信任学生，充分相信学生是民主管理的前提。班级组建之始，民主选举产生强有力的班委，班委集思广益，民主决策形成了有约束力的班规班纪。同时开展了“学习互助小组”“一对一结对子”活动，制定了以宿舍为单位的学习优胜、行为规范、卫生纪律评比制度，以民主决策、尊重相信学生为教育理念，极大调动了学生学习的积极性、管理的积极性。

优秀的班主任，不仅需要很强的责任心，还要有很好的工作方法。赵老师所带的理科班学生基础薄弱、自制力不强、学习能力差别很大，如何让学生尽快提高自己的学习成绩成为他教育教学管理的中心和重心。经过与课任教师和全班同学的共同摸索，形成了“典型引路，梯度推进”的指导方法。每周班会，精心选择比如《我为什么在三流学校考上北大》《高三，不只是传说》等励志故事给学生朗读，以此来增强同学们的自信心；让每次考试进步最大的同学做典型发言，以帮助他们树立信心；根据学科兴趣建立起来的互助小组，各学科形成“三人指导小组”解答学生的问题；要求课任教师每次小考出难、中、易三个层次的试卷，分别给层次不同的学生做，运用梯度推进、分数同一来评价学生。学生先后多次获省、市、县“三好学生”和“优秀学生干部”等荣誉称号。所带班级成绩优异，因德育工作突出，多次被评为优秀班主任，所带班级被授予县级“优秀团支部”荣誉称号。

俗话说“陪伴是最长情的告白”，陪伴也是最好的教育。他说无论社会怎样发展变化，我们都要做学生的好伙伴、做学生的知心人，倾听学生心声，坚信如果学生把心里话讲给老师听，教育就成功了一半，要陪伴好每一届学生，让陪伴成为一种习惯，成为一种常态，成为根植在学生心灵的一粒种子。

三、求真务实，潜心钻研

作为学校的教务处副主任兼教科室主任，赵老师工作上有创新、有眼光而且求真务实。他十分注重教学常规管理。每学期开学便拟定出有统筹性、有科学性的教学工作计划，使工作有的放矢，并注重计划的可操作性，保证目标明确、计划合理、管理到位，在此基础上，抓教学环节，确保教学质量的逐步提高。在教学中，他提倡“主导作用到位，主体全员参与，讲究课堂艺术，因材施教”的教学理念。此外要求全员听课、点课评课，让每位教师练出过硬的基本功。同时他还注重教学效果的反馈，采用月考制，注意培养学生分析问题和解决问题的能力，定期召开教学质量分析会，通过成绩的对比，找出差距与不足，想出改进的办法，提高教学质量，对教学成绩差、学生测评满意率低的教师提出警示。

“一枝独秀不是春，百花齐放春满园”，赵老师在担任学校教务处副主任兼教科室主任期间，注重调动广大教师的教科研积极性，有目的、有计划、有步骤地开展各项教科研活动，努力提高全校教师的教学水平。组织全体教师开展课堂教学“大练兵”活动，紧紧围绕素质教育的要求，对每一位教师的公开课做出客观公正的评价，从有无创意、有无突出学生的主体性作用来研究，使学校的教师课堂教学艺术有了明显提高。他特别注意对青年教师培养，主动与青年教师结对子，遇到教师上公开课，总是不厌其烦地组织教师“讨论—试教—示范—讨论”，使学校一批青年教师脱颖而出。

经过几年的探索，赵老师已基本形成了自己的教学管理模式，很好地调动了广大教师的积极性，开阔了教育教学的广阔前景，取得了显著的教学成绩。著名教育家吕型伟说过：“教育是事业，其意义在于奉献；教育是科学，其价值在于求真；教育是艺术，其生命在于创新。”所以，工作中赵老师常常用这句话约束自己，工作中要有奉献的精神、求真的精神、创新的精神。

在工作期间，他主持了一个县级课题，主编了一本校本教材，参加了多个县、市级课题研究，正申报国家级一般课题和中国教育学会子课题。多篇论文获国家级一、二等奖，在各级各类刊物上发表了多篇论文，带领学校各教研组成员参与学校校本教材的研究与开发，主编了 9 本校本教材。

他说，作为一名教师，永葆“职业青春”的秘诀只有一条，那就是终身学习，不断研究，改进教学。人们常说，“要给学生一杯水，教师要有源源不断的水”。2014 年，他取得了学科教学（化学）硕士学位，2014—2015 年，作为云南省基层人才对口培养对象，他到云南师范大师研学，学习开阔了视野、更新了理念，提升了学科专业素养、教育专业素养和文化修养，他坚信学习是原动力，而他一直这样践行着理念。

四、创新管理，注重实效

作为一名年级主任，赵老师深感自身所肩负的使命，在年级管理中，把立德树人作为根本任务，着重学生养成性教育，本着“成才先成人”“一切为了学生、为了学生的一切”，作为管理的理念，在工作中不放弃每一名学生，培养学生诚实守信、艰苦朴素、勤学好问的良好品质，为学生终身发展奠基，努力提高本年级教育教学质量。

年级管理中注重学科组、班科组的建设，通过抓学科组建设提高学科教学质量、抓班科组建设提高班级管理效能，注重团队管理。在年级管理中提倡精细化管理，将制订的年级计划落到实处，调研年级计划管理中存在的问题及落实情况，及时向年级反馈。在年级管理中把学生的行为习惯养成放在首位，每天早晨去宿舍叫醒学生，认真检查早读、上课、晚自习过程中的学生情况，并把它作为自己的一项长期工作。对学生中出现的不良行为习惯立即进行教育，对教室和宿舍卫生定期以年级组为单位开展检查和评比，表彰先进，树立示范作用，着重培养学生良好的学习生活习惯。同时，要求学生每人准备一本草稿本，在学习中要善于思考，探求学习的过程与方法，每周要求班主任检查好学生的作业，对没有按要求完成作业的学生进行谈心和交流，促进学生的发展。

在年级管理中，赵老师提出“重过程，看落实”的管理理念，他认为管理的关键就是抓落实。如果不落实，再好的决议也是一张空白纸，毫无意义，落实要常抓不懈。教学中要落实好常规工作和学科组工作，班级管理中要落实好班主任的管理工作，落实要渗透到年级管理的方方面面，要贯穿于年级管理的整个过程中，只有从小事做起、从高一入学第一天做起。“三年一盘棋”，建立学生发展评价体系，让学生形成良好习惯、年级形成良好风气，才能为学生成长打下坚实的基础，促进学生全面发展。

五、平凡岗位，党员本色

作为中国共产党党员的他，从教以来忠于党的教育事业，教书育人，忠于职守，潜心做教育。在繁忙的工作中，赵老师始终坚持政治理论学习，并及时撰写心得笔记，力争成为一名政治坚定的人民教师。在日常的教育教学中，他也十分重视对学生进行思想品格的培养，鼓励学生看新闻，了解国际、国内社会的时事动态，组织学生听政府工作报告，帮助学生把握时代的脉搏，深入理解党和国家的重大方针政策，明确自己的权利和义务，树立国家意识和公民意识。组织学生观看近两年的感动中国人物颁奖晚会、道德模范人物评选等活动，使学生进一步明确社会道德标准，树立社会主义荣辱观，使他们真正成为社会主义核心价值观的坚定信仰者和践行者，成为社会正能量的弘扬者。推荐学生利用假期观看励志电视剧，对学生进行理想信念教育、引导学生树立正确的世界观、人生观、价值观。帮助他们成为懂珍惜，懂感恩，有坚定理想信念，有正义感，阳光健康、努力奋斗的青少年。

在工作中起到先锋模范作用，积极学习党的理论知识，带头实施“目标教学法”，带头开展课题研究，带头开展高考真题研究。作为学校教务处副主任兼教科室主任，他坚信一所好学校要有一批好老师，他将培养好青年教师作为己任：一是实施“青蓝工程”开展师徒结对，促进年轻教师不断成长；二是扎实开展教研活动，有固定时间和地点的教研活动，促进教师专业化发展；三是开展校本培训，每年举行教学教研调研会，各教研组做经验交流，分享经验，促进共同提高；四是每周听课，不管工作如何忙碌，每周都要深入课堂听课，听完课后都要与教师交流，提出意见，对于教学水平不高、学科专业知识不硬的教师，他会耐心细致地进行指导，紧接着要求教师按要求上好第二课，甚至第三课，帮助教师成长。他的工作赢得了广大师生的好评，在学校起到了较好的示范作用，在他的带领下，学校涌现出了一批教学骨干和管理能手。

作为玉溪市高中名师工作室的成员，他会积极参与到高中化学名师室的各项活动中，承担专题讲座、示范教学、教学调研、课题研究等教学活动，尽可能地发挥名师的引领、示范、辐射作用。2012 年被评为云南省教育厅的“优秀共产党员标兵”，2016 年被评为区教育局表彰的“优秀共产党员”，2021 年成为玉溪市高中化学名师工作室成员。

教师是充满魅力的职业，也是赵老师钟爱的事业。他在教书育人当中付出了辛勤的汗水，释放出了一名教师的全部能量，对学校中青年教师，起到了良好的示范作用，成为学校组织教育教学的中坚力量。正是因为像牛一样勤奋，他才最终收获教育教学的真功夫。没有等来的辉煌，只有拼来的精彩。一切成绩的取得，都是在“不教一日闲过”中耕耘出来的；每个梦想的实现，都是在“不待扬鞭自奋蹄”中拼搏出来的。“捧着一颗心来，不带半根草去。”这是著名教育家陶行知一生献身于教育事业的真实写照，也是赵老师在教育战线上的座右铭。十八年风雨沧桑，他依然痴心不改，始终站在教育这一块精神高地上，守望着自己的理想，守望着那个甜美的梦，谱写一曲平凡而卓越的人生乐章。

有梦人不老，春晚花犹芳

——记全国特色教育先进个人于保东老师

山东省东营市实验中学　袁　媛

上班途中，又见于老师骑着他那辆破旧的自行车，斜挎着棕色帆布包，腰背微躬，朝学校方向用力蹬着，他那坚定的背影略显沧桑。

于保东老师，中共党员，正高级教师，从事语文教学 32 年，山东省优秀语文教师，全国特色教育先进个人，东营市教学能手，东营市青年骨干教师指导教师，东营市教育教学评审专家，东营市学校教育发展水平评估专家，山东省地方课程评审专家。山东省地方课程传统文化编委，主编教育教学论著多部，在《人民教育》《教学与管理》《基础教育课程》《中学语文教学通讯》《中学语文教学参考》《语文学习》《语文月刊》《教学月刊》等刊物发表教育教学论文 100 多篇，主持市级以上课题 10 项，主讲学术报告 30 余场。

获得诸多荣誉和成果的于保东老师，是我市语文教育领域的前沿人物，是公认的语文教育路上的领航员，但他丝毫没有架子，对学生、同事极其真诚、热忱，对事业极其热爱，把身心完全投身于语文教育中。

听于老师讲语文，正如看庖丁解牛，批郤导窾、游刃有余；又似身在富春江的小舟，从流飘荡，任意东西，悠然自得间，美景尽收；更像观武林高手作战，飞花摘叶信手拈，一剑西来解疑难。

听于老师谈教育，他说："从事教育的快乐，不是做了多少事务性工作，而是每一天对教育的认识都有更新。从事教育的快乐源于可以不断阅读，不断思考，不断与学生分享。"

一、随性有序、热爱诗书的语文教师

一杯热水，一支粉笔，一块黑板，就能将 40 余名学生全部吸引。于老师从事教育教学 30 余年，从来没有讲过一堂相同的课，从来没有用过一本相同的教案，从来没有用一种方法应对问题。即使有的课文教了十几遍，在上课之前，他仍要细细地研读文本，提取最精当的教学内容，确定最准确的教学

目标。课堂中一个看似简单的问题，可问什么，怎么问，问的对象该是谁，问的价值指向什么，都经过了深入思考。

他的课堂有一个特点是随性，局部随心而讲，随性而语，整体却十分有序，有强大的逻辑性，打破了学生对语文学科教师往往是感性的认知“偏见”。我和他们班几个学生相熟，常听他们谈及于老师。

“我所遇见的大多数语文老师在教学方面有一个习惯——严格按照教材的内容，专注于应试教育。这样的课堂，往往是枯燥无味的，而学生考出的成绩，只能说他们学习了先进的应试方法，而不是学习了语文。而老于(他的学生一向如此称呼他)就不同了，他的教学思维在我看来是专注于语文思维的培养，他有一种强大的气势，许多简单的问题经过老于的无穷追问，却往往会让我们面红耳赤，这是一种奇妙而有序的过程。”

“老于从不照本宣科，而是先让同学们根据课文内容提出自己的理解和疑问，再顺势引导，以求彻悟。有时学到某些文章，他还会布置写小论文的作业，甚至专门拿出一节课，让同学们尽情展示自己的写作才华。每当听到精彩之处，在台下的他总会伸颈、侧目、微笑，以为妙绝。”

“于老师的‘群文阅读’，给同学们留下了很深的印象。他告诉我们，读书要有‘类’概念，于老师讲到由点到线到面到体的梳理，然后整合、建构。可惜我那时对语文不太上心，不然可以对群文阅读好好探索的。”

我曾读过他的学生们写的小论文，如《〈骆驼祥子〉“性格就是命运”之辨与辩》《论保尔和冬妮娅的爱情》《孔乙己：从长衫到破夹袄》《红门的孤独》……其中不乏独到的见解，且每篇篇末都附有于老师细致的点评。于老师自己喜欢读书，也特别喜欢与学生们一起读书。他和学生共同制定了“班级读书工程”的实施细则，把指定篇目和自由阅读篇目相结合，让读书成为学生的生活习惯。他还自费为班里的孩子们开设了一个小小的图书角，并在班里设立一个专题性阅读学习园地，汇集展示学生读书所得，他让学生把经典的名言警句等制作成精美的书签，他经常在班里举办“好书都来读，我来读好书”推荐与分享会。同时，他建议家长们也参与班级读书活动，让家长和孩子共读一本书，以此带动孩子们的阅读积极性，点燃学生们的求知热情，可谓用心良苦。这些把诗书藏于心的孩子，定会把读书的种子撒向四方，等春一到，又是满园书香。

二、为学生计深远、谋发展的班主任

于老师有23年的班主任经历，他每接手一个新班，都对自己约法三章：

一是在一天之内把所有学生的名字都记住；二是在一周之内为每个学生做姓名分析；三是在一个月之内掌握学生的基本家庭情况。他认为做到这三点是有针对性开展班级工作的基本条件，班主任只有快速地与学生建立良好的师生关系，取得家长的支持，才能更有效地开展班级工作。

保持心灵的自由，保持教育的高贵，与孩子们共同成长。喜欢教育事业，喜欢学科教学，尽自己所能，帮助孩子们学习知识、掌握技能、热爱学习。看着孩子成为一个有益于社会的人。这是于老师认为作为一名班主任应有的使命和担当。

和于老师在同一间办公室工作的 4 年间，我从未听到他大声呵斥学生。他们班曾有个调皮的学生，听力方面有缺陷，当他做错事，于老师批评他时，他指着自己的耳朵说听不见，于老师就不厌其烦地一遍又一遍地重复着告诉他，什么该做，什么不该做，语气始终温和、充满耐心。于老师有很多“法宝”让学生服从他，可他绝不肯拿老师的身份“镇压”学生，在我看来他对待学生甚是宽容。因此他们班的纪律不如我们班好，班级学习成绩也屈居我们班之后。但是当在高中就读的学生回来看我时，告诉了我一个奇怪的现象，他说初中的时候，我们班学生比于老师班里的学生考得好，但是上了高中，我们班的学生好像停滞了，年级里成绩排在前面的倒是于老师的学生居多。这件事真是给了我当头棒喝，我开始认真审视自己以往的教育教学，潜下心来坚定地跟着于老师做教育教学研究。我明白了教师一定要有高远的眼光和见识，才能让学生在发展征途中储存更多的能量，让学生走得更远。

三、心怀大爱、心系教育的细心人

近几年于老师专注于整本书阅读研究和大概念大单元教学研究，数十篇文章见诸报刊，常常是一篇文章才刚刚发表，紧接着第二篇、第三篇又接连刊登出来，我都疑心于老师的一天有 48 小时，不然作为学校语文学科中心主任，忙于各种行政事务，还经常作为专家参加省里、市里举办的各种语文学科活动，同时承担两个班的语文教学任务，他的时间从哪来的呢？

从于老师十年间近百页的博客中可见一斑，他坚持写教育日记，有随手记录教育现象的习惯，在别人看来微不足道的事，也能引发他对教育的思考。比如，他会注意到刚下课时教学楼里的走廊常常一下子聚集很多学生，甚至有的学生吵吵嚷嚷、你推我搡；同时还有敬业的教师让十几个学生站成一排，正在挨个检查他们的作业；更有一些勤奋的学生围着老师，追问问题……于是他发出了这样的诘问：“教学楼内的走廊是什么？是用来供师生走路的通道。老师们为什么主动改变走廊的功能，把走廊变成了下课以后继续教育学生的阵地？同学们为什么不能遵守学校规章制度，把走廊变成了自我表演的舞台?”他继续指出：“作为教师，应该意识到，走廊中检查学生背诵，还有被学生追问、追问学生，都是限定教育范围的无限延伸，这样的延伸彰显了我们教育教学的急功近利，也无视走廊的安全功能，容易造成行走事故；作为学生，走廊中嬉戏打闹，既无视学校规定，也无视走廊安全问题，更是一种素养低下的表现。让走廊成为真正的走廊，安全、安静、安心、通畅，而不是其他，这是我们每个教育人应该思考的小问题，也是一个大问题。”

诸如此类的教育思考在他的博客中俯拾即是，这源于他对学生、对学校、对教育事业深沉的爱。于老师说过，实干兴教就是要从教育教学的细节入手，身体力行，践行正确的教育教学理念，把教育教学工作做细做实，从“一块糖”到“粉笔头”，用细节绽放教育的美丽，用细节彰显教育的智慧，用细节点亮生命的光彩，用细节奠定教育的宏伟大厦，用细节致广远、尽精微。

四、态度谦逊、臻于至善的修行者

身为一名老党员，2017 年 9 月，于保东老师率先报名，来到垦利区董集镇实验学校开始为期一年的支教生活。作为一名党员教师，他对农村教育教学的现状非常关注，在整个支教期间，他写了将近 30 万字的支教日记，其中有备课心得，有教学设计，有教学反思，有教育论文，有对教学现象的反思……并与当地老师一起潜心研究教育教学工作，于老师在日记中写道：

“一年来，通过上课，真正了解到了孩子们的精神所需。绝大多数的农村孩子淳朴、善良，他们充满着追求知识的渴望，对未来的美好充满着积极的追求，对自己所走的正确人生之路充满着坚定信心。通过与孩子们真诚的沟通交流走进了他们，了解了他们的内心世界。

“一年来，通过与董集镇实验学校老师们的交流，才更加了解和深深敬佩他们在董集这片土地上的坚守。董集的老师们爱岗敬业，认真而执着，他们默默地把自己的青春奉献给了这片养育他们的土地。正是他们的无私奉献，才成就了董集实验学校的一片蓝天。这片蓝天正是董集实验学校孩子们最纯净的翱翔天空。他们把早上的灯火当作自己早起、早读的最美陪伴；他们把晚上清冷的明月，当作自己晚睡、晚读的最美知己。而这些都成为我的榜样和楷模。

“一年来我在董集实验学校领导和老师们的关怀和帮助下，成长了很多，从他们身上学到了很多。一年来我把‘立德树人’当作自己最重要的工作，狠抓孩子们的做人，狠抓孩子们的品德培养，从多个生活小节、细节入手，对孩子们进行严格的理想教育和生活教育。

“一年来，我认认真真备课、上课、批改作业，用自己最大的能力调动孩子们学习的兴趣，注重培养他们良好的生活和学习习惯，与他们群文阅读，与他们名著共读，与他们一起自由阅读，与他们一起写作文，与他们一起吟诵，与他们一起辩论，与他们一起排练课本剧……而这一切，都是他们语文学习乃至学校生活中欠缺的，语文教学应该具有的美好虽然我不能都给他们，但我一定倾尽全力。”

于老师没有把自己当成来指导薄弱地区教育工作的“专家”，遇到不懂的问题经常诚恳地向当地老师求教。“未出土时先有节，已到凌云仍虚心。”32 年来，他不忘党的初心和使命，始终以谦逊的态度行走在语文教育的道路上，他说：“一个教师的成长史，一定是教育教学实践的磨砺史，一定是教育教学问题的反思史，一定是教育教学改革的创新史，一定是人文素养提升的阅读史，一定是道德情操完善的沉淀史，一定是心胸境界拓展的修炼史，一定是精彩教育生活的创造史，一定是坚守教育信念的守望史，一定是美好教育理想的追求史。教育教学是一场真善美的修行，在这场修行的路上，教师不断完善自己，成就学生，这样才能算是修成正果。”

于保东老师用实际行动诠释着他的教育理想，他是仰望星空的探索者，是脚踏实地的践行者，更是笃行致远、臻于至善的修行者。

五、金针度人、提携后辈的老大哥

每到开学初，我们语文学科中心的工作群，都会收到于老师的提醒，内容是：一是新学期的教学工作计划；二是市里、区里将要举行的一系列语文学科活动和各种教学评比。

于老师爱说“上山打猎，先打个兔子别腰上”。他以身作则，坚持撰写教育日志、反思札记、教育叙事和学术论文等，以此鼓励大家努力提升自己的教育思想和研究水平，盘活自己的教育教学体验和实践智慧。

他经常提醒我们，平时一定要注意积累，一定要注意自己成长，一定要自觉提升自己的班主任业务素质和能力，一定要提升自己的教育教学能力。

他还时常在工作群里分享语文教育教学最新研究动向、名师大家的课堂实录、文本解读、教学设计、报纸杂志的征文启事等。他殷切地希望我们能坚持不断读书、丰富自己，能根据教学实践写学术论文，能进行适度、适当的课题研究，能打磨出自己的代表课，能形成自己的教学风格、教育思想。

在于老师眼中，作为一线教师，不愿做班主任，不去研究课堂教学，不去提高自己的业务，不读书，不读刊，不研究课题（身边任何一个教育事件、教学实践都可以当作课题研究），不写教育教学的论文，不参加各种教学评比，只是教两个或者几个班，按照教参，教完拉倒，这样的教师，是不称职的教师。

他曾恳切地说："老师们在自我成长的实践中，如果遇到切实的困难，我会尽一切能力去帮助他们。"于老师的确是这样做的。

记得我讲校公开课《杨修之死》时，在备课过程中，发现教学设计中的主问题不清晰，我反复研读文本后，仍一筹莫展，遂向于老师求助。于老师看过我的教学设计，也说确实需要换个问法。当时正值放学，本想下午上班后再和于老师好好讨论，谁知一会儿于老师就返回办公室，拍着手兴高采烈地对我说，他想出了一个好问法。原来他在回家的路上一直琢磨这个问题，终于想到了确切的问法，就赶紧折返回来告诉我。看着于老师孩子般开心的笑容，我内心感动不已。

于老师是我们学校语文学科中心的"定海神针"。我们年轻教师出去讲课前，一定要请于老师指导过方才心里有底，而且经他指导过的课必然会取得好成绩。每当我们向于老师求教，于老师无一不允可，知无不言言无不尽。需要他助力的，他无不真诚热烈地给你助力，我们语文组受过于老师恩惠的人很多。

2013年的冬天，我得了急病，需要立刻做手术，可当时我正教毕业班，未到学期末，一时找不到合适的老师来接替我。于老师听闻此事，立刻向学校申请，接手了我的两个班，让我安心去接受治疗。本来那一年学校照顾他，只让他教一个班，他却毫不犹豫地挑起重担，急人所难，解决了我的燃眉之急，这于我是永远都难忘的。

在于老师的带领下，我校语文学科中心以"立德树人"为根本追求，围绕课程标准，立足课堂实践，提升课堂教学质量，全面提升学生的语文素养，着力打造"致远语文"教育模式。全组语文教师教研风气浓厚、勤于笔耕，已完成十几个市级以上课题，近200篇立足于课堂教学实践的教育教学论文在全国级报纸杂志上发表。生活化作文教学法、"1＋X"群文阅读模式研究和整本书阅读的研究成果已在全国范围内引起较大反响。

"桐花万里丹山路，雏凤清于老凤声"，这是于老师的愿景。

以赤诚之心，点亮教育明灯，不功利，不媚俗，为学生，为教育，师之大者，于保东老师。

立谦谨名师典范　书博雅育人华章

——记西宁市高中语文名师工作室主持人安昊

青海省西宁市教育科学研究院　耿胜利

东流逝水，叶落纷纷，荏苒的时光就这样匆匆流逝，在青藏高原的教育领域，安昊老师已经默默耕耘了26个春秋。

安昊老师是西宁市教育科学研究院的高中语文教研员。多年来，栉风沐雨，孜孜不倦，先后获得了“全国优秀语文教师”“青海省‘昆仑英才·教学名师’”“西宁市高中语文名师工作室主持人”“西宁市学科带头人”等多种荣誉称号。多年来，她长期工作在教育第一线，专心于高中新课程改革、新教材改革的研究；专注于高考的备考研究，提升西宁市地区的高考质量；致力于培养本地教师，发挥对本地区各类学校的引领、示范、辐射作用；促进了各区各校间的交流和研讨，引领着西宁市全体高中语文教师在新课改的道路上阔步前进。

一、玉壶存冰心，朱笔写师魂

是什么让安昊老师在高原默默奉献近30年？是忠诚于人民教育事业的事业心，是一颗为人师表不断进取的上进心……

一位教师，要塑造学生的灵魂，首先要塑造自己的灵魂；一位名师，要塑造教师的灵魂，更要塑造自己的灵魂。教育学生、引领教师既要言教，又要身教，而身教重于言教，所以作为一名名师，务必加强职业道德修养，应具有优良的品德和高尚的情操。

不求回报地爱护学生、呵护学生的心灵和身体健康是安昊老师最关注的事情；不计报酬地培养青年教师，引领年轻教师成长为地方名师、骨干教师、教学能手是安昊老师最高兴的事情；扶贫攻坚、送教下乡，联动乡村教师共同成长是安昊老师最欣慰的事情。

二、随风潜入夜，润物细无声

身为教师，必须保持思想的活跃，要以开阔的胸襟，接受种种不同的思想、创新的理念、鲜活的知识，方能才思不断、细水长流。为此，安昊老师潜心钻研教育教学理论、积极实践。一线教学近20年，安昊老师总是校园里那个最早出现的身影。暮色来临，安昊老师也是校园里最晚离去的身影。

作文批改，是所有语文老师最头痛的事情。安昊老师两个班级的作文都是面批，晚自习整整四个小时，安昊老师纹丝不动坐在讲台前挨个为同学们讲解作文中存在的不足与改进的方法，四个小时过去，安昊老师的双腿已经全麻，几乎无法行走。在安昊老师和班级同学的努力下，学生们在全国、省、市级各类作文比赛中获得了优异的成绩，很多同学爱上了写作。

阅读教学，是语文教学中的重中之重。安昊老师结合高考10年的真题，自己编写适合本校学生的阅读教材，去伪存真，找出最适合本校学生的阅读素材，使得阅读课“一课一得”是安昊老师的心愿。多少个不眠之夜，皆伴随着键盘的敲击声度过。

安昊老师的教学成绩多年来皆为全市第一名，尤其是在2012年的高考中，高考教学成绩平均分高达119分。培养出多名清华、北大学子，也培养出青海省高考状元，为高校输送了大批人才。

研教合一，是安昊老师的追求，她将教学研究适用于教学实践中，有校本教材的编写，有课堂教学的获奖，有课题研究的成果……在全国、省、市各级教学比赛中获得奖项20余次。

三、春蚕到死丝方尽，蜡炬成灰泪始干

为使自身专业更加精进，有更广阔的天地和发挥作用的平台，安昊老师从学校来到了西宁市教育科学研究院继续从事高中语文教育教研工作。新平台、新挑战，在这个岗位中，安昊老师力争起到“传帮带”的作用，让青海的语文教育和内地接轨。

“问渠那得清如许？为有源头活水来。”西宁市教育局成立了高中语文安昊名师工作室，工作室成员遍布西宁市以及周边县区所有高中学校。安昊老师在理论上先引领老师们学习，为大家订阅了《中学语文教学参考》《语文教学通讯》等刊物，工作室成员利用网络查阅相关语文教育教学资料，了解新的教育教学理念，反省在教学实施过程中出现的问题，寻求解决问题的有效策略，

有效提高语文教学效率。

安昊老师加强了网络名师工作室建设，西宁市高中语文安昊名师工作室网站中上传了全市语文教师的优秀案例、教育故事、教学心得以及课例分享，让优势教育资源的传播做到最大化，让更多的老师在网站上汲取教育营养，转化为个人的教育智慧。

高中语文安昊名师工作室多次开展专题讲座，从新课标解读到高考备考策略，向全市以及县区学校语文老师传授经验方法，充分发挥名师工作室的辐射带动作用，助力西宁市高中语文教师解读新课标、了解新课改、梳理新教材、备战新高考。

安昊老师针对课程改革，对全体西宁市语文教师做了关于“新高考·新课标·新教材”的专题讲座，安老师着重分析了新课标两大变化，即人文主题和学习任务群，解读了核心素养的内涵，分析了新高考人才培养模式，以及学业质量和考试评价等相关改革。针对新课改，安老师认为这既是挑战，也是机遇，鼓励所有语文教师要做教学路上的行者，勇于探索，一路前行。

应青海省教育厅邀请，安昊老师在青海省民族编译中心为全体专业技术人员开展了题为“关注社会热点·聚焦核心素养·落实育人目标——高中语文试题命题策略及要点”的培训讲座。侧重理论，安老师从“中国高考评价体系的内涵”“语文学科考试内容改革实施路径”“高考模拟试题的命题流程”“高考试卷的结构和分值分布”“2019 年新课标高考(语文)试卷内容及对应能力层级”五个方面对老师们进行了培训；侧重实践，安老师从“高考语文学科试卷综合分析(难度、信度、区分度、效度)”“高考试题命题的要点”“题型示例分析”三个方面对老师们开展培训，重点结合个人的出卷经验，向老师们讲述命题思路、策略和侧重点等命题方法。

安昊老师在董一菲诗意语文工作室线上给来自全国各省 1000 余名语文教师开展了讲座“动中肯綮　靶向备考——紧抓高考的失分点和薄弱点进行语文二轮复习备考”。安昊老师紧紧抓住了 2018 年、2019 年、2020 年高考语文学科中得分最高的三道题和得分最低的三道题，向老师们阐明了高考中最薄弱和最易失分的题目，建议老师们高考二轮复习不要面面俱到，而是紧紧抓住薄弱点和失分点有目的地靶向备考。

应青海师范大学附属中学邀请，安昊老师为中学部全体教师做了题为“学科核心素养视域下的主题单元教学”的专题讲座。安昊老师从课程改革沿程、课程标准变化、新课标呈现的教学发展、群文式阅读下主题单元设计实例等四个方面，逐一论述了新高考改革背景下，新课程标准的动态调整和变化。特别是面对这一变化，高中教学应该如何紧贴时代要求，抓稳教改命脉，站牢学科核心素养，精准发力，高效实施。

应青海师范大学邀请，安昊老师为500余名师范生举办了题为“做时代四有教师　书博雅育人华章”的讲座。安昊老师从什么是“四有”教师、如何做“四有”教师以及做一个怎样的“四有”教师等方面，从自己的亲身经历和工作实际出发，理论联系实际，为师范生带来了一场精彩的讲座。

借力各种途径，传播新课程改革理念、加强对新高考备考的指导、引导教师们开展统编教材的大单元备课，是安昊老师近几年来的职责与任务所在。

四、送教下乡帮扶薄弱，促进交流共同提升

安昊老师不顾高海拔的恶劣自然条件，多次走进乡村学校和薄弱学校，开展教育扶贫，以期和乡村教师共同成长。

应湟中县(现湟中区)教育局的邀请，安昊老师带领支教团队在乡村中学拦隆口中学开展了“送教下乡”活动。安昊老师做了题为“学科核心素养视野下的阅读教学”的讲座，强调语文课程要以核心素养为纲，以学生的语文实践活动为主线，以语文学习任务群为主要呈现方式，以自主、合作、探究学习为主要学习方式。安昊老师指出语文教师的课堂阅读教学有四重境界，勉励老师们不要做只教教材的老师，要做“钻得进去，走得出来”的教师。安老师除理论指导外，还利用多个具体的案例，深入浅出地阐述了语文学科核心素养在课堂实践中的呈现和操作，让老师们受益匪浅。

应化隆县教育局的邀请，安昊老师带领支教团队来到化隆回族自治县群科新区中学进行“送教下乡”活动。在活动中，针对老师们对高中语文统编版新教材和新课程标准知之甚少、研读不够的情况，安昊老师做了“基于新课标的学习任务群教学”的专题讲座。安昊老师着重向老师们介绍《普通高中语文课程标准》的变化，以《荷塘月色》为例讲解如何落实高中语文学科核心素养以及高中语文统编教材的总体框架：强化立德树人教育，以人文主题和学习任务群两条线索组织单元，强调“整合”与“真实情境”，使语文学习更接近真实的语文实践生活。

应大通县教育局的邀请，安昊老师带领支教团队多次来到大通县开展“送教下乡”活动。安昊老师为同学们与高三语文组的老师们做了题为“目标明确抓关键　靶向精准补漏缺”等不同专题的讲座。讲座着重进行了近两年高考语文学科试卷综合分析，紧扣高考试卷分析中呈现出的薄弱项进行指导，用数据说话，从实际出发，让学生明确了最后20天冲刺的方向，并且给老师与同学们提出了七点建议，分别从思想意识、备考侧重、作答规范、临场应考等

几个方面进行了悉心指导建议。

送教下乡活动，搭建了城乡教育联系的桥梁，促进了校际联动、优质教育资源的共享，通过自我反思—同伴互助—专业引领，开阔了教师的课程视野，助推了基层教师专业成长的进程，实现了教师间的教学互助，促进了双方教师的共同成长。

五、新竹高于旧竹枝，全凭老干为扶持

安昊老师以课题研究为抓手，带领老师们在青海省尚未进入新课改、使用新教材的时候提前开展教育教学研究。

安昊老师主持的青海省中小学教学改革项目“西部学校在高中语文教学中渗透立德树人思想的探索与研究”已经顺利结题，此项课题获得 2020 年青海省第二届教育成果奖二等奖。课题组于课题研究三年间在公开刊物共发表文章 12 篇，主编公开出版书籍 2 本；获得(国家级、省级、市级、校级)各类荣誉 15 项；承担省级讲座 3 次，市级讲座 6 次，县级讲座 2 次；编写、制作课题研究案例集、实践活动资料集 5 本，结集成册文集 7 本，影音资料光盘 23 个。课题组带领西宁市教师开展了各级各类的教研活动，落实了“立德树人”根本教育任务。

安昊老师主持的青海省教育学会中学语文教学专业委员会课题“高中语文‘整本书阅读与研讨’的探索与研究”已顺利结题。课题组于课题研究三年间在公开刊物共发表文章 7 篇，主编公开出版书籍 2 本；获得(国家级、省级、市级、校级)各类荣誉 12 项；承担国家级讲座 2 次，省级讲座 2 次，市级讲座 7 次，县级讲座 3 次；编写课题研究案例集、实践活动资料集 5 本。课题组带领西宁市高中语文教师对新课程标准以及 18 个学习任务群开展了提前研究，对“整本书阅读与研讨”任务群的教学目标、实施方法以及测评方式开展了深入探索。

安昊老师主持的西宁市中小学教育科研课题“新课标背景下基于语文学科核心素养的群文阅读教学模式研究”即将结题。研究两年间，课题组在核心期刊发表文章共 7 篇，主编出版书籍 3 本；获得(国家级、省级、市级、校级)各类荣誉 21 项；承担国家级讲座 6 次，省级讲座 3 次，市级讲座 7 次，县级讲座 3 次；编写课题研究案例集、实践活动资料集 4 本。课题组带领西宁市高中语文教师开展了“群文阅读”的路径探索，通过多次大规模的市级教研活动，使教师们的教学方式和理念发生了很大的转变，为青海省进入课程改革打下了基础。

六、落红不是无情物，化作春泥更护花

安昊老师最关注的，是西部教育落后地区青年教师的专业成长。安昊老师经常走进学校、深入一线、钻进课堂，培养一线教师“站稳讲台”。为青年教师们问诊把脉、开展形式多样的教学诊断活动。在发展自己的同时，提携新人，将诸多高原教师推荐到更高的平台发展。安昊老师每年平均听课上百节，听课后，会给青年教师提出恳切的意见，并进行细细打磨，形成书面教学诊断报告反馈给教师。

在安昊老师的悉心培养下，西宁市有30余名高中语文教师获得了“学科带头人”“青海省教学能手”“西宁市优秀教师”“西宁市骨干教师”等荣誉称号。有上百名语文教师在全国、省、市各类教学评比中获奖。

同心才能走得更近，同德才能走得更远。在以后的工作中，安昊老师将继续发挥名优教师的示范、指导和引领作用，把先进的教育理念、独特的教学风格、精湛的教学技巧、科学的教学方法，辐射到普通教师的教学中，促进教师专业化发展，全面提高高中语文教育教学质量，力争让工作室成为名师的摇篮、教研的基地、交流的平台、辐射的中心！安昊老师带领着西宁市的高中语文老师们将向着“谋求专业高位发展，享受教育幸福人生”的美好愿景一路同行！我们坚信未来会更充实，收获会更多！

向下扎根，向上生长

——一位乡村优秀党员教师的成长之路

山东省莱州市柴棚中学　陶妍君

习近平总书记曾这样描述自己心中的好老师：“当老师，就要心无旁骛，甘守三尺讲台。”“鹤发银丝映日月，丹心热血沃新花。”从事山区初中教育多年，我用对教育事业的真诚和热爱，实践着总书记所描述的好老师的标准，年复一年，把满身树脂味的山野村童滋养成一批批栋梁之材。

我是一名光荣的中国共产党党员，从入党的那一天起，我就庄严宣誓，要为鲜红的党旗增光添彩，要为实现自己的人生梦想激情飞扬。怀揣着这一崇高的理想和坚定的梦想，我师范毕业后主动回到家乡，通过公开考选成为一名光荣的人民教师。当时，我是可以留在城里任教的，却选择去乡村任教，身为党员的爸爸妈妈虽深知农村条件的落后，但仍然支持我到乡村学校去：“你是一名党员教师，更应该吃苦在前，享受在后，实实在在为教育贡献自己的微薄之力。”

柴棚中学是我参加工作后的第一站，这所学校位于山东省莱州市东南山区，是由几间四处透风的小平房组成的，道路崎岖，泥操场，冬天用煤炉取暖，教学资源极其匮乏，很多年轻老师都要同时肩负起几门学科的教学任务。面对这种情况，我履行了一名党员教师最庄严的承诺，忠诚于党的教育事业，扎根柴棚中学，尽职尽责，用知识给山区学生开辟了一片全新的天地，将自己的爱心和青春年华奉献给了山区教育。

一、铸师德，亦师亦友师生情

“教师不能只做传授书本知识的教书匠，要成为塑造学生品格、品行、品味的‘大先生’。”由于乡村学校生源水平较差，家长意识淡薄，没有老师愿意担任班主任。三尺讲台系国运，我身为党员教师，主动申请要求担任班主任。“教育，就是以一个人的心灵去精细地接触另一个人的心灵的工作。”班级管理需要用爱深入学生心灵深处，让师德成为和煦的春风，成为甘甜的雨露，成为温暖的阳光，滋养着每一位孩子的心田。

“一个都不能放弃。”这是11年来我做班主任工作的原则。我认为，一个合格的教师应该关注到每一位学生。记得两年前我班上有一位校内外都知道的学生。他有癫痫病，因此从小家长就宠着他，上学后老师也不敢管，学生都躲着他，是全校公认的不好教育的学生。可我不甘心，我拧上一股劲儿想把他领回正道。于是，促膝谈心、深夜家访、共进午餐……这些都成为我转化他的“内功”。不厌其烦的跟踪教育，使该生的行为有所好转。而几天后的一次意外事件使这位学生的心灵受到了极大的震动。那是在我的一次美术课上，该生在上课时突然发病晕了过去，直挺挺地躺在地上，牙关紧闭，口吐白沫，同学们都吓得手足无措。这时，我快步走过去，轻轻地扶起他，让他枕在自己的右臂上，松开他衣领以利呼吸通畅。几分钟后，神志还不清醒的他睁开迷蒙的双眼，看到围在身边的老师同学，看到我已被他吐出的白沫染湿的右臂，这位学生无力地点点头，泪水顺着苍白的脸颊滚滚而下。此时此刻，我和全班同学已是个个泪水涟涟。待这位学生稍微好转后，我又从宿舍拿来衣服给他换上，和学生一起把他送到医院，挂号、诊断……后来，学生父母赶到医院听说了事情的经过后感动地拉着我的手热泪盈眶，欲谢无语。这件事情后，这位学生就像换了个人一样，他变得上课遵守纪律，认真听讲，课下热情开朗，关心班集体……他在用实际行动改变着自己，用自己的成长回报着老师。

山村家庭有一个不争的事实，那就是农活特多，农忙时节，家长们一边要忙于收种，一边要起早贪黑为孩子做饭，所以，总有部分家长在孩子上到初中高年级时就想让孩子辍学打工，外出挣钱。这样的情况我遇到不下十次。每次遇到这种情况，我都要多次家访劝解说服家长，和学生谈心做思想工作。邵同学的爸爸因为肺癌去世，家里因治病欠下了大量的外债，母女俩精神失落，生活失意。那段时间，邵同学产生了辍学帮妈妈挣钱的念头。我得知后，语重心长地劝说：“咱是大山的女儿，大山的女儿是不该向厄运低头的。假如你爸爸在天有灵的话，他也绝不会让你辍学的。”为帮助邵同学渡过难关，我带头为她捐款，送新衣服给她，并向学校申请了困难学生生活补助。最终，邵同学以优异的成绩考入了莱州一中。

别人把教师当作一个再普通不过的职业，但在我看来，教师更意味着责任和使命。我为生病的学生买药，给失眠的学生买眼罩，为处在迷茫中的学生指点迷津……大多数时间，我与学生朝夕相处，晨昏相伴，课间则一直在班里发现问题并及时解决，由于课时多，我很少待在办公室里。有人说：“她太累”，我却从来没有任何抵触和抱怨，从未说过一句“很累”的话语，我深知教师是学生的样子，学生是教师的镜子，“靠班”这个看似微不足道的举动，却在日复一日年复一年地向学生传递着学习的紧迫性，让学生可以从我身上看到责任和希望，我相信，只要真心地付出，就能换来一株株花蕾的绽放。在11年的班主任工作中，我使许多“野马”成长为“佳骏”，“丑小鸭”变成“白天鹅”，“顽石”化为“金玉”，“锈锁”开了“心窍”。

二、善钻研，风光无限在险峰

习近平主席用“铺路石”来形容教师，“教师要时刻铭记教书育人的使命，甘当人梯，甘当铺路石，以人格魅力引导学生心灵，以学术造诣开启学生的智慧之门。”这句话对我有很大启发。我深深地认识到单纯的苦干和奉献已经远远满足不了时代发展的需要，而科研型教师必将成为今后发展的方向。为了心中的高峰，为了大山里的孩子们，我开始大胆钻研教学中令人瞩目的热点、难点问题，勇敢担负起教学改革探索者的重任。

我是美术教育国画专业毕业的，作为学校唯一的美术老师，全校美术课的重担责无旁贷地落在了我的肩上。工作的第一天，我满怀兴奋地走进教室，面对着简陋的教学设施，梦想立刻被无情地击碎了，原来在学生的心中，美术课只是局限在一本书和一张画纸上，美术课成了一种完成任务的应付，更别谈什么艺术修养和审美。“师者，所以传道授业解惑也。”面对这种情况，我思考该怎么办？是因循守旧还是大胆创新？站在讲台上，面对几十双渴求知识的眼睛，我深切感受到“老师”这两个字的分量。我坚定地对自己说：“我是老师，我决不能让我的学生们输在起跑线上。”

经过一段时间的考察思量，根据山区资源特点，我做了一个大胆的尝试，提前收集了一些材料，自己动手用老旧树皮和芦苇花制作了一幅猫头鹰，当栩栩如生的猫头鹰完成的时候，立刻吸引了孩子们好奇的目光。大家开始围着我七嘴八舌，“老师，我可以用松树球做条金鱼。”“老师，我能用蒲公英粘一只小猫。”“老师，我能用树枝垒一个花瓶。”……孩子们的兴趣一旦被点燃，必成燎原之势。我因势利导，鼓励学生将农村随处可见的材料引入课堂，漫山遍野的松球、野花、野草、树根、芦苇等，现在都成了孩子们的宝贝。我也利用周末休息时间，到野外去观察收集各种形态样式的材料，每次去收集材料就像是去寻宝，手起了水泡，鞋磨破了，这些都抵不过有新发现的兴奋和满足。美术教室成了我和学生们的手工作坊，丰富的手工材料，加上孩子们的巧手慧心、奇思妙想，一幅幅别具一格的艺术作品应运而生，美妙极了。我教学中认真负责、因材施教，在学校获得了校领导和老师们的认可与赞许；

在每年县里组织的“艺术月”活动中，我指导的美术作品均获得了县领导和同人们的高度赞誉。

学校急缺历史老师，校领导安排我兼任两个班的历史老师。我本想委婉拒绝，可一想，有着党员和教师双重责任与担当，我不替领导分担忧愁，谁来分担？于是，我愉快地接受了这光荣而艰巨的任务。许多老师不理解，而我认为：“我是学校的一块砖，哪里需要搬哪里！工作是组织和领导对我的信任，咱不能挑肥拣瘦、拈轻怕重！”这是一个全新的工作。“半路出家”担任历史老师谈何容易？为了尽快适应新的岗位和工作，我心甘情愿地当起了“小学生”，重新拿起课本，开始学习历史知识和相关教学法。为了搞清楚一个历史知识点，我反复查阅各种资料，甚至有时一天跑好几次学校图书馆，连学校的图书管理员也说“陶老师对图书室比我还要熟悉呢”。我还利用周六、周日的时间，向城区同行借阅资料。学校里有教师调侃说：“小陶，学校领导安排你教历史，又不是你的专业课，你怎么还这么积极？凑合上上就行了。”而我却说：“不管教什么课，咱都不能马虎，教师决定的是学生的一辈子，咱要凭着良心教书！不懂的东西，咱就学嘛！”我是这么说的，也是这么做的。备课、上课，我总是认认真真，从不敷衍了事，还“荣获”全校师生给予的亲切称号“陶认真”。

为了提高学生的学习成绩，我对教学进行了探索、改革。首先，转变教育观念，由只重视“教”转变为更重视“学”。课上，我启发学生开动脑筋，允许学生自由议论。学生提出问题，我表扬鼓励，使得他们扬起前进的意气；学生发现创新，我给予表扬，使得他们鼓起再攀高峰的勇气；学生出现错误，我及时纠正，使得他们接受错误并予以改正。其次，挖掘教育潜力，由只重视智力因素转变为更重视学生非智力因素。我努力把兴趣和动机贯穿在教学中，使课程产生新鲜感，让学生想学、爱学，学有趣味，学有收获。导入课题时我联系实际，设难质疑，抛砖引玉，诱发学生好奇心。在教学中对新授课和有难度的课我注意“审意”“对比”“析难”，化繁为简，化难为易。练习课、复习课注意变式，力争突出新意，达到旧课新上的效果。通过几方面的探索和改革，教师轻松了，学生愉快了。学生由“要我学”变为“我要学”，由“逼着学”变为“主动学”，由“苦学”变为“乐学”。凭着年轻人的不服输，凭着年轻党员的崇高理想，我这位“半路出家”的历史老师所带班级的历史成绩在镇四所学校中年年夺冠。

2017年的8月，学校其他两位历史老师因为自身原因都离开了学校，学校又缺任教初三毕业班的历史老师。这时候，校长又一次找到我，让我任教初三两个毕业班的历史，可全县的美术艺术月比赛和历史结业考试都集中在6

月上旬，我一个人能忙得过来吗？可作为一名青年党员教师，在学校和学生们都需要我的时候，怎能退缩？于是，我又一次接受了艰巨的任务，好在经过我的努力，我所教班级的历史中考成绩在全县排名前十，对于学生不足200人的乡村学校来说，是多么不容易的一件事情，背后的辛酸只有自己明白。我一直努力做让学校满意、学生满意、家长满意的教师，希望这份答卷能让学校、学生、家长满意。

三、肯坚守，甘洒青春育桃李

2017年9月，我开始担任学校历史地理政治教研组组长；2020年9月，我开始担任学校党建副主任，面对繁重的班主任工作、两个教学班的历史教学工作、全校美术课的教学工作，我继续争取在新的工作岗位上做出新的业绩。作为教研组组长，我带领本组的老师不断地开展教研工作，通过精心而严密搭建的平台，极大地促进了教研组年轻教师的进步和成长。作为党建副主任，我带领全校党员教师加强理论知识的学习，提高整体理论素质。通过开展微教育、微服务、微风采、微党课四个微窗口活动，增强党员教师的党性修养，充分发挥了共产党员的“传帮带”作用。

从教11年里，每年都有教师考选进城的机会，我可以走出这座大山，却选择为了孩子们一直留在大山中。我深知，自己从事的不仅是一份教师职业，更是一份厚重的为国育才的使命。山里的孩子们更需要读书，读书才能改变他们的思想，才能给他们提供更多的机会，守着孩子们，我心里才踏实！

山区的坚守，我将一批又一批的学子送出大山，付出了艰辛，也收获了希望。我将自己全部的爱都给了学生，对自己的女儿却照顾得很少。我白天全力以赴忙教学，只好把孩子交给父母照料，晚上回家后再照看孩子，作为母亲，我没有尽到母亲的职责，没有好好教过自己的孩子。提起孩子、父母和丈夫，我一直怀着深深的愧疚：“我能做的就是在休息的时候为家人做几顿饭，算作一种补偿吧。”

中国共产党犹如一缕阳光，指引着我。11年来，我用智慧和汗水，用执着与奉献，书写了一位乡村教师的坚守、奋斗的人生篇章。在2019年9月，经过层层选拔，我入选教育部2019年乡村优秀青年教师培养奖励计划，在290余万名乡村教师中，成为300人中的一员；2021年3月，入选第四批烟台名师人选——这是对我坚守乡村教育最大的肯定。

乡村教师不仅是一份工作，更是一份归属。花开花落、朝晖夕阴，岁月的流转永远无法磨灭一名普通党员教师对山区教育事业的忠诚，我用自己的行动践行着入党誓言，充分发挥了党员教师的先锋模范作用。我要继续把青春奉献给乡村教育，不忘初心，认真做好乡村教育的守护人，积极推动乡村教育，坚定信念，为党和国家育人，以实际行动继续践行一名党员教师的责任与使命，诠释当代乡村教育工作者的教育情怀。

青年党员教师：新建学校办学内生动力之源

江苏省常州市戚墅堰高级中学　张衍标

江苏省常州市戚墅堰高级中学（以下简称“戚高中”）是在全省普通高中资源建设背景下诞生的一所新学校，是江苏省常州高级中学（以下简称“省常中”）辐射优质高中教育资源的第一所高中分校。2018 年 9 月开始招生，现有 32 个班级，学生 1448 人；专任教师 128 人，平均年龄 29 岁，研究生学历占比近 80%；教师中党员 71 人，平均年龄 28 岁。戚高中在常态化疫情防控、教育教学教研等工作中，切实彰显党组织的战斗堡垒作用和党员的先锋模范带头作用。

一、我是党员我带头

庚子鼠年，春节临近，年味渐浓。在学校党政为落实常态化疫情防控要求，号召教师们“非必要不离常”而商讨工作方案时，今年刚刚走上工作岗位的体育教师李振飞找到我们，表达了留在常州过年的想法，在不足三分钟的短暂交流中，那句“我是党员，我带头”让我们感知了青年党员的担当。就这样，在部分青年党员教师的主动“请缨”下，学校工会向全校外地教师发出“留校过节、助力防控”的号召，全校 53 名外省教师中，37 名留在了常州过年，其中 22 名吃住都在学校。

为确保每一位留校过节的教师感受到家的温暖、节日的喜庆，既要让青年教师感受浓浓年味，也要让他们感受精细的生活服务保障，同时利用集中在校做好业务提升，学校精心安排，共设置了五项内容。

晨练篇——每天 7:00—8:00。体育馆开放，根据个人选报运动项目备齐备足体育器材和运动器械。每周三、周五集中组织乒乓球、羽毛球、篮球、排球、跳绳、踢毽子等挑战赛。

充电篇——周一至周五 9:00—11:00。图书阅览室开放，个人自学教育理论、学科教学、兴趣爱好类书籍，集中完成“寒假学习单”；每周三组织一期“读书沙龙”，每期 5 人主讲；每周五组织“省分讲坛”，每期 1 人主讲。

食育篇——每周末10:00—11:30、16:00—17:30。跟着大厨学做饭，切身体验中国饮食文化，并向全校师生展示厨艺，在全校营造“力行”食育文化；除夕夜“我们一起守岁”，校长室全体成员、部分干部、常州籍教师同留校教师包饺子、吃团圆饭，春节联欢；其间，每天皆有校长“陪餐”。

娱乐篇——周一至周五18:30—22:00。唱响“省分好声音”，在教师休闲吧一起K歌，举办“个人演唱会”“传统棋牌新玩法”“电子竞技我来秀”“经典影片我来评”等趣味性娱乐活动。

体验篇——根据常州疫情防控要求组织到常州文化景点实地体验，更好地感知“常州常州，常乐之州”“教我如何不想她”。

这些安排也被很多媒体关注了。“常州教育发布”、《常州晚报》、《常州日报》、常州电视台纷纷进校采访留校教师。后来得知，李振飞老师是把已经购买的机票退掉留下来的。在接受采访时，李老师表示，家人对他的做法也很支持：“家里人了解到学校把留校老师的吃住都安排得很好，也很放心。我们已经约定好，通过视频、电话拜年，这也是过年的一种方式。”2021年2月5日，“学习强国”江苏学习平台做了“江苏常州：教师留校过年，学校送上温暖”专门报道。

二、我是党员我能行

2020年12月6日，苏州相城中学体育馆内，江苏省基础教育青年教师教学和班主任基本功大赛(高中体育与健康)如期举行。来自江苏省13个地级市的经过校、区、市三级选拔后的26位选手同台比拼。我校青年党员教师白雪获省一等奖。

早在2014年秋，白雪老师参加省基本功大赛前突然左脚踝骨折，时隔6年，她又一次参加省赛，凭借的就是“我是党员，我能行”的豪情。白雪老师的规定动作急行跳远，7位裁判不约而同地打出了技评最高分；自选运动技能展示中，白老师手持长绸扇起舞，整套动作唯美飘逸；体操展示中，白老师又出乎意料地完成了一套男子体操难度动作，让现场观众惊叹不已；田径展示环节中，她做了跳远腾空步和挺身式动作技术，将现场气氛推向最高潮，总裁判长南师大体科院周兵教授用“完美”二字表达了他的高度赞赏。尤其当他听说白老师还是高三(3)班的班主任后，更是大加赞扬。实践课比赛中，白老师把三级跳远的主要动作技术拆解到热身环节，主体部分运用自制海绵块的不同摆放组合等教学手段，让学生们很快就学会了难度较大的三级跳远技术。评审小组裁判长在比赛结束后的点评中说道：非常感动能在这次比赛中看到像白雪老师这样逻辑安排合理、设计别样精妙的田径课……

白老师在回味参赛经历时说："有着多年运动员经历的我非常清楚，这么冷的天，肌肉极易僵硬，脚上还是单层的体操鞋，体育比赛靠的是身体稳定的发挥而非内心的异常波澜，身体冷势必影响发挥，特别是难度动作，比如燕式平衡等，于是偷偷溜到一旁找了一张比赛垫自己练习，直到快轮到自己时再归队。"直到上场前仍然不断"练习"，这就是青年教师的"基本功"。

"一院三营"教师队伍建设项目

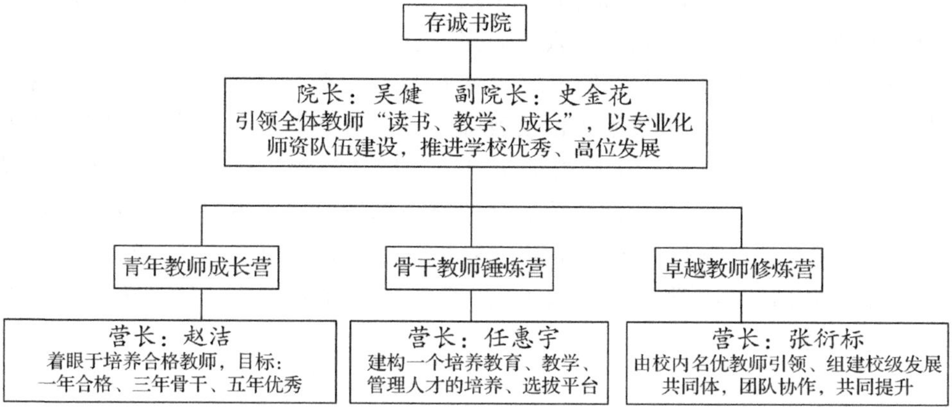

结合教师队伍年轻化的突出特点，学校成立"一院三营"，初步形成自下而上的教师自主成长模式、规划引领下的教师梯队成长格局。

"一院"即"存诚书院"。外显层面建成"书院"式图书馆，实施途径为沙龙式、讲坛式、论坛式等校本培训，全方位关注教师德育、教学、课程、科研、信息技术等方面"专业精进"。内在聚焦教师成长的学术特质——按常规发展过程界定阶梯序列：第一序列提升教师教育教学专业素养和能力，成为合格教师；第二序列提升教师教育教学专业主张，成为骨干教师；第三序列提升教师教育教学专业品格，成就名优教师。

同时，设立三个成长阵营。

青年教师成长营。对象为工作 8 年以内的青年教师，构建名师引领、经验分享、主题沙龙、课堂打磨、专题研讨等多种交流互动平台，目标定位为"一年合格、三年骨干、五年优秀"，量化指标为在校、市、省三级基本功、评优课等评比中"以赛代培"，成为校内优秀的学科教师或优秀青年教师、优秀营员比例不少于 30%，成为市教坛新秀、教学能手比例不少于 10%。

骨干教师锤炼营。35 周岁以下的青年教师占比近 80%，研究生占比近 80%。这批教师精力充沛，能力全面，是学校发展的"中坚"力量。采用"项目制"管理模式，通过与市教科院、省常中等单位密切合作，培养一批后备行政管理人员、五级梯队教师、优秀班主任及教研组长、备课组长等。

卓越教师修炼营。经教师自主申报、年级部门考核、校长室研究等程序确立人员，以“项目研究”为依托，组建学术发展共同体。主要目标为成为省特级教师、省教学名师、市特级教师后备人才、市学科带头人、市学科领军人物、市名师工作室领衔人、市特级/高级班主任、市英才培养对象等比例不少于3%。

三、我们是共产党员

2020年12月22日，“学习强国”江苏学习平台推介《江苏省常州高级中学：存诚　能贱》，介绍了省常中这一“与众不同”的校训。常州中学(即现在的省常中)1922届毕业生、著名语言学家、《现代汉语词典》主编吕叔湘先生在1987年80周年校庆题词时，郑重地写下：“一九一八年我进常州中学，童伯章校长为我们新生讲校训。两句话，四个字，一曰存诚，一曰能贱。我铭记在心，一生受用。”笔者也曾在《语文学习》(2015年第2期)发表了关于校训的内涵解读：存诚，即对祖国忠诚，对事业至诚，对同道真诚，对朋友坦诚；诚实的品行，诚恳的态度，诚朴的作风，诚信的操守。能贱，即位虽卑微，不忘国忧，乐于奉献，发奋读书；贫贱不移，达不骄妄，悲悯苦难，同情弱小；嚼得菜根，脚踏实地，善小愿为，方成大事。

身为省常中第一所分校，我们既要在从省常中走出的党的早期领导人瞿秋白和中国共产主义青年团创始人之一张太雷身上汲取前进力量，也要大力传承“存诚”精神、构建“存诚”文化、开展“存诚”行动，增强文化认同和责任担当，秉持对教育的诚挚热爱、对学生的赤诚之心，聚焦专业素养的提升，与同事精诚合作，做学生成长的重要他人。

在党总支的引领下，学校青年党员先锋队由最初的7名党员发展到现在的61名党员教师。先锋队以教学为第一抓手，不仅每天晚上九十点坚持在走廊顶着严寒答疑，更走出学校，逐步扩大志愿服务的受益人群。先锋队连续3期50多人次参加常州市“优秀教师免费导学”公益活动，8人被评为义务导学优秀教师，连续3次获评优秀组织奖。先锋队成员参加常州市中小学生心理健康服务中心的公益咨询和讲座，守护河道、“守护阳光心灵”社区联动家庭教育志愿服务等全市公益活动。新冠肺炎疫情发生以来，先锋队教师组成学校护卫队，参与到共同抗击疫情的工作中去。为抗击疫情捐款捐物，坚持线上教学，参加常州市公益线上直播课，参与守护民族团结的西藏学生抗疫守护行动，参与假期社区共建，参与“抗疫护心”活动和“96111”心理援助活动。

戚高中青年党员先锋队被评为常州市学雷锋活动示范点，入选常州市教育系统“青春建功”项目和常州市青少年儿童心理健康教育支持行动。

在党员教师的模范带头下，全体教师在“人一能之己百之，人十能之己千之”创业精神引领下，兢兢业业、顽强拼搏，两年多来，教师层面获评市“五级梯队”教师10人，入选市高级班主任、首批英才计划、城乡牵手优秀教师各1人，主持教育部教材中心课题1项，立项国家级课题子课题、省精品课题、省“十三五”规划重点课题各1项，主持市规划课题7项，发表及获奖论文100多篇。学校先后获常州市普通高中拔尖创新人才重点项目、品质提升前瞻性项目、信息化建设项目、品格提升工程、校本课程建设项目、一校一品党建品牌等项目立项，入选高中新课程新教材实施国家级示范区重点项目校、常州市创新创优项目校；由市教育局推荐评选江苏省省级课程基地1个。

四、教育学生听党的话跟党走是我们的使命

习近平总书记多次强调“育人为本、德育为先”为学校立德树人提供根本遵循。我们深入学习领会习近平教育思想的科学体系、思想精髓、核心要义和实践要求，深入开展学习调研，做好立德树人。

学校育人工作主要体现在“力行德育”上。确定“力行德育”，既取法至圣先师“好学近乎知，力行近乎仁，知耻近乎勇”的理念，也传承省常中“存诚能贱”的校训，更贴合分校“人一能之己百之，人十能之己千之”的办学精神。

“力行德育”的目标是助力每个学生成为更好的自己，要求是学会求知、学会做事、学会共处、学会生存，模式是生本立场—社会视角—具身学习—德性提升，已初步完成课程群架构、课程群实施和课程群评价体系。

课程实施主要体现在三个育人上。一是课程育人。立足课堂主阵地，各学科教师凝练学科育人的思政内涵，开设课程思政公开课，厚植家国情怀，已初步形成全员参与、全过程贯穿、全方位协同的“大思政”格局。二是活动育人。在传承省常中“话剧节”“体育节”“辩论赛”等经典德育活动的基础上，融入分校元素，比如将“诗歌朗诵”调整为“诗歌咏颂”，春季运动会全部设置集体项目，意在培养团队合作精神。三是实践育人。在组织开展“义工服务”“劳动教育”等实践活动的基础上，创新实施“踏上父母上班路——寒假职业体验”，感受职业特质，体会父母艰辛，完善生涯规划。

2021年“五四”前后，在省常中“80里坚韧行”“青春歌会”“劳动实践”等主题教育的基础上开发并实施“力行少年·青春向党——红色研学课程”，研学课程重点关注强化学生具身学习实效，激发学生主动学习的求知欲和好奇心，

促进优秀文化和革命传统传承的行动自觉，从而树立为实现家乡“美富强高”常州梦和“实现中华民族伟大复兴”的中国梦认真学习、努力奋斗的愿景；必备品格提升方面重点引导学生在课程的学习、历史的研究、活动的实践与情感的体验中，逐步养成乐于参与、善于实践、勤于思考、敢于质疑、乐于合作、勇于创新等科学品质。

红色研学课程以立德树人为根本，以确保安全为前提，让学生在具身学习中感受祖国大好河山，感受革命光荣传统，感受改革开放成就，坚定“四个自信”。

具体阐释为，一是助力具身学习。以学会动手动脑、学会生存生活、学会做人做事为追求，打造课程理念视觉化、课程实施场域化、交往评价多元化的“具身学习”样本。二是强化家国认同。引导学生用手“触摸”家乡文化，用耳“聆听”百年党史，用眼“瞻仰”先烈风采，用嘴“诉说”青年志气，用心“体认”为中国人民谋幸福、为中华文化谋复兴的使命担当。三是坚定师生自信。带领全体师生从瞿秋白、张太雷等“学长”身上汲取红色营养，从新四军用鲜血和生命凝聚成的铁军精神中萃取红色基因，从本乡本土的红色资源中镌刻红色印记，为实现中华民族伟大复兴中国梦汇聚身边力量。

课程主要包括：踏寻红色足迹——重走当年新四军征程，体认百年党史。走进新四军江南指挥部纪念馆，在全息画框、沙画、电影、动画等技术中穿越时光隧道回到80多年前新四军作战场景，在“浸润式”学习中重温革命年代的红色故事。在陈毅、粟裕两位无产阶级革命家于溧阳水西村成立新四军江南指挥部司令部中聆听老党员宣讲党史，烛照共产党人初心和使命的光芒。唱响革命旋律——开展“唱响红色旋律，传承革命精神”合唱比赛，在《没有共产党就没有新中国》必唱曲目的基础上，10个班级选取《颂红军》《保卫黄河》《不忘初心》《我和我的祖国》《龙的传人》《站起来》等经典曲目，用嘹亮的歌声唱响时代旋律，在歌声中忆往昔峥嵘岁月，抒今朝爱国情怀，表勇敢担负起中华民族伟大复兴历史重任的决心和信心。感受伟大成就——参观新农村，自觉担负起传承发展提升农耕文明、乡村善治、全面振兴的时代使命。

戚高中是新学校，戚高中人人都是德育工作者，教师自身的道德实践就是最生动最鲜活的“榜样”，学生在校时，教师能叫出越多学生的名字，记住越多学生的成长足迹，越能证明“情感培育”的价值，学生毕业后，教师的名字能被越多非任教班级学生所记得，越体现“教书育人”的实质。我们希望通过“力行德育”的有效实施，助力学生全面而有个性的成长，努力为新建高中校德育工作探索有效路径、提供鲜活样本。

教师是立教之本、兴教之源。百年征程波澜壮阔，百年初心历久弥坚。

站在“两个一百年”的历史交汇点，戚高中将一如既往秉持“人一能之己百之，人十能之己千之”的精神，在打造“为党育人，为国育才”团队的生动实践中创造新业绩，展现新作为，将立德树人根本任务落细落小落实，培养德智体美劳全面发展的社会主义建设者和接班人。

一个党员就是一面旗帜

河北省张家口市桥东区教体局　于　静

一个党员就是一面旗帜，一个支部就是一座堡垒；行动是最有力的带动，示范是最鲜明的垂范。我在第七中学任备课组长和教研组长以来，一直秉承着一个党员带动一个团队的理念，深深扎根于教学一线。

我在张家口市七中的语文组里，很早就当教研组长了，当时因为年轻也因为阅历浅而惴惴不安，但一想到学校既然给了我这份工作就代表着领导的信任，代表着我身上多了一分责任。虽然年轻，但我也能付出无限精力，保持虚心的态度。

2016 年我们学校迎来了一次语文组的春天，市级评优课给了七中语文组一个参赛资格，这个资格很珍贵，为了能让参赛教师的课一鸣惊人，我带领全校三个年级的备课组长为其做设计。杭艳霞老师要上的课是鲁迅先生的《阿长与〈山海经〉》，这是一篇经典课文，杭老师先自己备课在初二年级试讲了两节，第三次试讲时所有语文老师都去听课，提出很多意见，我们很多老师都感觉杭老师的课在设计上缺乏新意，对教材的挖掘比较浅，所以我们认为要想上好这节课，整体设计需要推翻重做。如果在一般的教师身上，可能这样的做法会让上课者觉得非常伤心，难以接受，但是作为党员，我们超越了个人荣辱，更看重的是做课本身所要传递出的教学智慧。所以在激烈商讨过后，我们决定由我(在初三)和初二组的两位备课组长梁焕、姜晓云老师组成了一个小型“智囊团”专门负责帮杭老师出设计教学思路、学案、课件。

距正式讲课的时间还有 10 天，作为一节精品课，时间短是对我们最严峻的考验。因为“另起炉灶”需要时间，制作课件需要时间，编写教案需要时间，多次磨课更需要时间。作为一名党员，这时需要的是不怕苦、不畏难的精神，于是我做出了与时间赛跑的决定。在当天讨论之后我组织几位组长和杭老师都留在学校制定教学思路。为了拼出时间，我们对自己也下了狠心，如若今天不能给出一份满意的教学思路，那么大家谁也不下班！谁也不回家！我们 4 人分别上网查找相关内容，然后每人说自己的教学设计，经过反复琢磨，我给出了 3 个设计，其中以书为线索讲述“我和长妈妈之间的浓浓深情”的设计得到了大家的认可。于是我将自己的设计思路给大家做了简单分析，根据我给出的设计环节，我们几个人又一起将设计环节进行了完善，这个初步设计听似简单，但研讨的过程却让我们从下午 4 点一直忙到晚上 9 点半。我们 4 人疲惫地从学校离开时，万家灯火，夜色已浓。晚上杭老师回家后将我们设计的内容重新整理，忙到凌晨 1 点多。

第二天，我们 4 人又聚到一起再次商量如何细化教学设计。因为我们在学校不仅要上自己的课，还要批改作业，辅导学生，所以这次的研讨我们一起研究到晚上 8 点才离校。就这样用了 2 天的时间，这节课的设计细节也初步定稿。但是杭老师觉得有些环节她有点驾驭不了，于是跟我联系，问我可不可以再给她讲讲。虽然丈夫常年在外地工作，我自己带孩子，每天都像陀螺一样不停地旋转在学校与家庭之间，但是面对杭老师的要求，作为党员我能拒绝吗？我不能！作为教研组长我能拒绝吗？我不能！正是因为这份党员的责任和对工作的信念，我约杭老师到我家一起研课，我们两人一边研究适合她语言风格的导语和过渡语，一边让她模拟讲课，就这样不知不觉中我们竟然研究到凌晨 2 点，虽然我们都感觉劳累困倦，但是那份工作的充实和满足却增进了我们之间的情谊。

经过这晚的研磨，当杭老师再次试讲时，很多语文老师都惊叹“这节课华丽转身了”，我们很高兴，这是我们集体智慧的结晶。但是在她的授课中我们还是发现了很多问题，于是我们整个语文组又再次聚到一起帮她修改，有经验的老师提意见，年轻教师学习，这次我们的团队扩大了，为了提速提效完成这节课的修改，我、姜晓云、梁焕、杭艳霞 4 位老师出设计思路，几位年轻教师主动承担修改电子教案、课件的任务，于是在大家的共同努力下，我们的进度又加快了。大家跟杭老师又进行了 3 次磨课，每次磨课耗时最少 4 小时，每发现一处问题我们就及时解决一处。就这样杭老师带着我们集体智慧的结晶在优质课评比中以有效的师生互动、深入精彩的文本解析、精美的板书设计取得全市优质课一等奖的好成绩。

本次研讨磨课的过程既艰辛又温馨，它已成为第七中学语文组一次集体研讨取得佳绩的成功案例，被年轻教师模仿传承。我想正是因为有了党员的坚定意志，党员的榜样作用，党员的感染力，才让我们的教研工作做得这么充满生机与活力。

自那以后，七中语文教研团队像怒放的鲜花一样灿烂满树。

七中的语文教研团队你追我赶都在实现着自己的梦想，他们每日披星戴月早早在班中迎接着朝阳中的学生，在暮霭黄昏中目送最后一个学生离校。看着语文教研团队年轻的身影在校园中忙碌地穿梭，看着语文教研团队的成绩节节攀升，许多年轻教师也深受感染，模仿着他们的做法早来晚走，勤奋耕耘在三尺讲台。每个年轻的教师天天跟着师傅钻研教材，日日和同辈跟着前辈进班听课，勤奋是这些年轻人每日的功课，在办公室钻研是他们追求梦想的人生，回家后加班加点是他们的家常便饭，点点成绩的积累让他们在这个阳光充足、雨水充沛、草木疯长、花儿点缀的夏季发荣滋长。

七中的中年教师虽没有占据半壁江山，但是他们将中流砥柱的作用却发挥到极致，这是因为党员教师的“挑大梁”意识，不输年轻人的干劲也影响带动了一批中年教师。姚建国老师虽已年近半百，但作为党员他常年在一线带班，满工作量上课，给年轻人树立了榜样。刘冬凌、姜晓云、梁焕等几位老师每到有年轻人做课就会不厌其烦地忙前忙后，听课磨课，倾其所有。党员王静玲老师不辞辛劳地为每位有困惑的年轻老师答疑解惑，他们用自己的经验为年轻教师铺就了一条通往成功的坦途，用自己的智慧为年轻教师敲击着语文殿堂的大门，他们以独特的人格魅力践行着为人师者的风范。芳香流动、绚烂多彩的季节里，所有语文老师都在这浓郁的季节中像花儿一样绽放。

经过语文组每位教师几年磨砺，大家硕果累累。5 年中语文组老师获奖案例共 34 篇；获奖论文国家级 67 篇、省级 25 篇、市级 34 篇，发表 31 篇；获奖教学设计 43 份；市级优质课 28 节；国家级辅导奖 78 项，省级辅导奖 56 项，市级辅导奖 47 项。从国家级到省级，从市级到区级，一份份成绩代表了一滴滴汗水，一张张奖状背后又讲述着一个个感人的故事，书写着一段段深厚的情谊。

作为一名普通党员，我虽不能做出惊天动地的大事，但是作为一名党员教师，我坚守在教学一线，上好每一节课，对每一个孩子负责，能以自己对党的一分热情感染周围的人就不会愧对党员本质。

2018 年，我被调到桥东区教体局任语文教研员。角色的转换让我一开始工作时总有些茫然而不知所措，但是党员的责任心又迫使我要在现在的岗位上做好本职工作，既然在以前的单位中我可以带好一个语文团队，那么在现在的工作中，我也可以用自己的勤奋钻研带动整个桥东区的初中语文团队。

新冠肺炎的肆虐不仅把学生困在家里，老师们也只能在线上与学生见面授课。于是我利用这难得的学习机会，组织全区语文教师在家学做微课。一开始老师们对此项技能不甚了解，但是通过在网上的自学与多次交流，很多老师尝试用不同录屏形式录微课。为了鼓励大家积极参与到研究微课中，我还组织大家一起参加中语会组织的“我讲古诗词”微课大赛。因为本次比赛没有参赛费，而且奖项级别高，很多老师摩拳擦掌，跃跃欲试。当大家把录好的微课发给我时，我却发现了很多问题。

对工作的严谨就是对老师们负责，于是我挨个儿给每个老师提修改意见、改课件，小到一个标点，大到这个教学设计的重设。因为有47位老师参加微课大赛，我每天除了正常的上班工作之外，大部分闲暇时间都用在了给老师们改微课上。我总是在想：一件事要么不做，要做就把它做好，既是对自己的交代，也是对这份工作的尊重。一想到每位老师对我充满期望的眼神和认真沟通改进的态度，我只有不厌其烦地为大家改课件、改教学稿，才对得起大家对我的信任，于是每晚，我都是一手拿手机，一手用电脑，随时发现问题，随时与老师们沟通，有的老师的说课稿改了10遍之多，有时给老师们的辅导持续到凌晨2点。有老师说我精力旺盛，只有我自己心里明白，这不是不知疲倦的金刚铁骨，而是对党的教育事业的锐意进取。正是这份对工作的严谨态度，对老师们的毫无保留，深深感动了每一位参赛教师，他们看着我不辞辛劳地为他们改课件，都将这份感动融入自己录制的作品中，最后，我们桥东区的所有参赛教师都取得了优异的成绩。

有几位年轻教师特意给我打电话表示感谢，有位教师特别动容地对我说："姐姐，太感谢您了，太感谢语文组了，正是因为在语文组，我才认识了您，才在教学上有这么大的进步。"这位青年教师用自己的亲身体验告诉身边的每一位老师，她感受到了我们语文团队给她提供的所有帮助，感受到了正是语文团队在促使她快速成长。像这样的事例在我们语文教研团队中随处可见。聚是一团火，散是满天星，这些青年教师正在用我传授的方法和做事的态度影响着周围的每一个人。

一路走来，我的教研经历见证了我的成长，也让我们语文组老师们一同风雨同舟，惺惺相惜，互证奇迹。无论桥东区语文学科这棵大树的枝干葱郁遮蔽四野，还是颀长耸立伸到风里，我们每一位老师的心都会像树根一样紧紧聚在一起后又各自向外延伸。我只是一名普通党员，没有轰轰烈烈可歌可泣的事迹，只有很多平凡而细碎的教学故事，我希望自己也能尽我所能高举党的大旗为教育事业摇旗呐喊！

张援：追求教育的纯粹与精致

苏州大学附属中学 董玉叶 颜炳忠

习近平总书记说："一个人遇到好老师是人生的幸运，一个学校拥有好老师是学校的光荣，一个民族源源不断涌现出一批又一批好老师则是民族的希望。"作为有 30 年党龄的中共党员张援老师不忘初心，勇于担责，追求教育的纯粹与精致，赢得了师生的广泛首肯和家长、社会的高度赞扬。

张援老师是江苏省苏州大学附属中学的高中化学教师，正高级教师，江苏省特级教师，江苏人民教育家培养对象。从教 40 多年，坚守课堂教学，专注教育研究。教学特色鲜明，育人成绩突出，科研成果丰硕。追求"活教化学，教活化学，化学教活"的教育理想。投身情境教学的理论和实践研究，以情境创意打造活力课堂。所教学生曾有过化学高考满分的记录。为特级教师、正高级教师、名教师开省级示范课多节。公开课被省教育厅、省教研室推荐在网络和省有线电视台播放。在苏州市、江苏省及外省市做学术报告几十次，发表省级以上论文近百篇(核心期刊 20 余篇)，2 项成果获省一等奖。

张援老师的教学以"爱心"为先导，以"智慧"为平台，以"科研"为支撑，以"实效"为核心。他认可的教育观点：陪伴，最有温度的教育；精致，最有高度的教育；赏识，最有效度的教育；奉献，最有厚度的教育。

一、陪伴，最有温度的教育

透过张援老师教育生涯留下的一串串闪光的脚印，我们能感受到他对教育理想始终如一的不舍追求：他是 2014 年江苏人民教育家培养对象(首批)，2004 年的全国优秀教师，2005 年的江苏省特级教师，2005 年的江苏省先进工作者，2009 年的江苏省基础教育改革先进个人，2000 年的江苏省师德模范，2003 年的苏州市劳动模范，2003 年的苏州市优秀专业技术拔尖人才，2018 年金鸡湖教育领军人才"杰出教师"……但无论荣誉有多高、名气有多大，他还是一如既往地关心学生、辅导学生、陪伴学生，体现一名优秀教育工作者的独特情怀。

当有同学因学习遇到困难而情绪低落时，张老师总能及时发现并予以耐心的帮助和指导，让他心情愉快地投入正常的学习中去；当有同学因学习动力不足而缺乏进取心时，张老师总能捕捉到其学习中的进步和闪光点，并不失时机地加以表扬和鼓励，让他满怀信心地投入正常的学习中去……

张援老师有这样的肺腑之言："陪伴是最好的教育。人文关怀的缺失必然带来教育视野的狭隘，有效的教学必然是精致的教学，更是以陪伴为方式的情境教学……在教育目标的达成上，也许'浸润'的方式更有效，陪伴的温情功德无量……我们无法延长课堂教学的长度，却可以拓展延伸学生视野的宽度；教学内容有限，教学创意无限。"这就是张援老师的学生之所以能够自主学习并热爱探究的深层原因吧！

有人说"兴趣是最好的老师"，其实兴趣也是最佳的动力；有人说"亲其师则信其道"，其实亲其师则亲其道，亲其师则随其道、求其道。然而，这些说来容易，做到则不那么简单。张援老师几十年如一日的坚守更显难能可贵：他用他温情的陪伴，为努力的学生点燃一把火；他用他温情的陪伴，为好学的学生注满一池水；他用他温情的陪伴，为刻苦的学生踏出一条路；他用他温情的陪伴，为志存高远的学生擎起一片天。

感受老师课堂上的魅力，只能深入到课堂上去，而要能够在课堂上展示魅力，则功夫在课外了。今天，我们常会听到有学生感叹，做张援老师的学生真幸福。因为他们从内心觉得学习是快乐的，探索是有门路的，陪伴是事半功倍的教育路径，这不正是对张援老师不懈努力的肯定与回报吗？

二、精致，最有高度的教育

作为正高级教师、江苏省特级教师、江苏人民教育家培养对象，张援老师在各种场合给老师们培训时说："我认为做一名纯粹的教师挺好，择一事而终一生，匠人匠心。"事实上，张老师是这样说的，更是这样做的。他只争朝夕、勤恳敬业、呕心沥血、追求完美，他用自己的纯粹与精致，诠释了"最有高度教育"的丰富内涵——把事情做到最好，把教育做成艺术。

听过张援老师化学课的教师都对他的教学方法很感兴趣：全新的问题切入，开放的师生交流，新颖的实验探究，广泛的媒体调动，学法教法融为一体，课堂气氛和谐热烈……有一次，一位年轻的老师在听完张援老师一节课后问他："这节课您准备了多长时间？"张老师给出了两个时间上极其悬殊的答案："我准备了10分钟，也可以说准备了20年。"对这样的回答，我们真的不需要给什么注释，它就是震撼，也很实在，因为投入与执着是他对教育的有效诠释。

在教学“分子极性”的时候，张老师搬着个微波炉进入了教室。学生眼前一亮，也心生许多问号，不明就里。接着，他往微波炉中放入几种固体——冰、碘、硫黄粉，接通电源，一会儿取出三种容器，学生被眼前的现象深深地吸引了：碘还是那个碘，硫粉还是那个硫粉，冰却不再是那个冰了，已经变成了水。对此学生展开了热议。张老师则不急不忙地做起了第二个实验：往微波炉中放入两种液体——四氯化碳、水，接上电源，一会儿再取出，四氯化碳依然如故，水却已经沸腾。面对此情此景的“蓄势”，老师想不解释也不行了。胃口被吊得很高的学生豁然开朗，问题解决也水到渠成了。

为了坚守这条“精致课堂”底线，他要求自己必须严肃对待每一节课。他努力地让自己的课堂充满活力与挑战，他给自己的每节课设定要求，用他自己的话说，他希望自己的课堂能有一个让学生眼前一亮的开头(或有意义的背景)；能有一个令人耳目一新的实验(或有启发性的体验)；能有一个有挑战性的问题……

我们知道，实现其中任何一点，对学生都是一种强烈的情感体验，对学生自主学习都会是一种巨大的推动力。而张援老师却要求自己尽量完全做到。这恐怕不仅仅是意识问题，这更是一种强烈的责任感。而这种教学态度毫无疑问会对学生的学习起到一种引导与潜在的影响，学生会在这种春风化雨式的氛围中热情高涨或潜心探究。这不就是大家追求的应有的学习情结吗？在这样的环境中生活学习的学生会不积极主动地学习吗？

“今天我来表演刀枪不入的功夫，不过出于安全考虑，我还是先用碘酒给手消消毒。”说完他拿起水果刀，手握在刀刃上，另一只手拉出水果刀(假装用力)，顿时手上流出一股“鲜血”(痛苦状)，学生一片愕然！“老师，给您纸巾，快擦一擦！”“怎么会这样，老师这回是演砸了吧？”“快！谁有创可贴？”……这时，他不慌不忙来到水池旁，用自来水冲去手上的“鲜血”，举起手掌——“请看，有没有问题？”学生更疑惑了——这到底是怎么回事？“请同学们放心，这只是一个小小的魔术，我刚才用于消毒的棉球根本不是什么碘酒，而是氯化铁溶液，刀是从硫氰化钾溶液中取出的，血红色的物质是三价铁离子和硫氰酸根离子反应的产物，这是三价铁离子的经典检验方法，下面请同学们用桌上的试剂自己试试看。”……

教育家苏霍姆林斯基说：“如果你想让教师的劳动能够给教师带来乐趣，使天天上课不至于变成一种单调乏味的义务，那你就应该引导每一位教师走上从事研究这条幸福的道路上来。”在一次教育电视台的采访时，张援面对镜头认真地说：“‘台上一分钟，台下十年功’这句老话对教师来讲，是永远都不会过时的。勇于面对教育工作中的挑战，紧跟时代的脚步，唯有不断学习，不断充实自己，让自己走向纯粹与精致。当我们对驾驭课堂教学有足够自信的时候，我们就会永葆教育的青春与活力……”其实，这就是张老师对“精致”课堂教学灵光闪现的诠释，是他长期以来积累能量的集中释放。从张援老师身上我们看到了教师工匠精神的精髓——专业、专心、专注。

三、赏识，最有效度的教育

一个人的知识与视野，决定这个人能走多远、走多久、走得是否步履坚实。一个人的气度，根植于他的学识与修养、视野与格局。张援老师的气度，在于能守得住寂寞，在于德馨业精，在于言和行正，在于坚定地传递教育的力量——赏识教育的独特魅力。

作为教育领军人物、杰出教师的张老师一贯强调：教育的真正目的，是通过对受教育者知识的传播、道德的引导、思想的启迪、心灵世界的开拓以及情感意志信念的塑造，为社会造就出人格健全、品德高尚、涵养深厚、技能全面的有用之才。在诸多教育方法和技巧中，赏识教育显示出永恒的巨大魅力：激发同学们的热情，凸现同学们的个性，弘扬同学们的尊严，拨动同学们进取的心弦。

在讲授“铁的化合物”这一章节时，张老师走上讲台，以逐渐上扬的语调说道“讲不完的化学”，同学们马上大声接下去——“做不够的实验”，然后就是瞪大眼睛等待动人的实验出场了。接下去的课堂上，群情激昂的同学们做了很多有趣又有启发性的实验，切实地领会了铁及其化合物的知识，解决了实际的问题。按常理，一节课已经相当成功了，可张援毕竟是张援，课内的问题是解决了，课外的延伸就顺利登场了！再让我们来看看他是如何给出一个极具挑战性的问题的：“同学们的课堂表现真是棒极了，我非常高兴，特备了美酒献给同学们。”于是七只高脚酒杯和一瓶“葡萄酒”就和盘托出了。高脚酒杯一字排开，然后开始倒酒，结果是每倒一杯下面就惊呼一声！“酒”倒到最后，激动不已的学生已经跑到讲台边上了，因为他们觉得从一个酒瓶中倒出的“酒”在七个高脚酒杯中分别是赤、橙、黄、绿、青、蓝、紫七种颜色，简直是太不可思议了！“真像鸡尾酒！”“还有橘子汁呢！”“老师，可以喝吗？”“老师，到底是怎么回事？”……这时的张援老师一脸轻松地告诉他的学生们：“葡萄酒瓶中装的是氯化铁溶液，至于高脚酒杯内嘛，事先涂了点试剂，到底涂的什么试剂就要请同学们根据本节课学习到的知识在课后自己去探究喽……我相信大家的实力，相信大家的探索精神。”

了解教育的人都知道，既然“学生的头脑不是一个被填满的容器，而是一支需要点燃的火把”，那么，我们就必须用崇高的师德去感染学生，用精湛的教艺去吸引学生，用赏识的眼光去认可学生，用智慧的火把去点燃学生，用期待的心灵去祝福学生。如果这样，学生们“人人都得到尊重，人人都主动参与，人人都体验成功”的精神家园就构筑起来了，那还有什么“山”跨不过去，什么“河”蹚不过去呢？张援老师就这样几十年如一日地丰富自己，鼓励学生，让学生徜徉在神奇化学的王国里，一路高歌，不断进取，收获属于年轻学生的旖旎风光。

四、奉献，最有厚度的教育

作家果戈理说：“如果有一天，我能够对我们的公共利益有所贡献，我就会认为自己是世界上最幸福的人了。”优秀共产党员、正高级教师、江苏省特级教师、江苏人民教育家培养对象张援老师就是一个乐于奉献的人。

其实，每个校园都拥有满满的奉献能量：在校园的任何一个角落，只要捧起一本有利于学生发展的书籍，教师的内心就构建了一个完整的有厚度的教育模式；在校园的任何一个时间，只要收到丰富高效的教育效果，就能塑造学生独特的善良个性，就能结交许多志趣相投、志存高远的学生朋友。我们和学生间可以相互激励，相互提醒，相互砥砺。在这个意义上，对学生的付出就是对精神进行刷新，在一次次的刷新中，学生将逐渐成长为一个有着丰富心灵层次、心智成熟的现代人。

2020 年 10 月，张援老师到贵州松桃民族高中支教。在这所传承着辛勤园丁光华璀璨的智慧和躬耕教坛的理想的校园里，张老师再次激荡着学高身正的追求和立德树人的情怀。为了诊断并指导教育教学，他听了高一、高二、高三的课，课后与每位教师进行讨论和交流，对有关问题进行了深入探讨，对青年教师的课堂教学进行了指导。其间，为松桃县高中教师开了一节高三复习示范课“氮及其化合物”，课后开设了题为“关于高三复习教学的几点思考”和“化学实验让课堂教学春暖花开”专题讲座，与松桃县高中教师分享了他的教学经验和教学理念。最后应松桃民族高中校长的邀请，为全体教师做了“做人　做事　做学问”的报告……这里，有渴求知识、活力四射的阳光少年；这里，有四季绚烂、五彩缤纷的美丽校园；这里，有和谐向上、努力拼搏的育人氛围；这里，有精致纯粹、德馨业精得像张老师一样的教师们！

红尘喧嚣处，静听花开声音；凡事纷扰中，感知暖意。张援老师用自己的奉献精神展示了教育独特的美丽与可爱，诠释了校园的善良与温情；张援老师用自己的奉献精神洞悉了教育的智慧与美妙，诉说校园的崇高与伟大……“桃李成蹊”的浸濡、“投桃报李”的感恩、“桃花潭水”暖暖情意，营造了教育的审美温馨，也感知了人间“晓看红湿处，花重锦官城”的大美景致。

足迹迈向深处，责任担负心间。张援老师认为，教育是唤醒和激励，教学是心灵间的对话。在以素质教育和创新教育为主旋律的华美乐章尽情演奏时，应正确把握研究学生与研究教材、“钻进去”与“跳出来”、基本面与关键点、“好传统”与“新做法”、“自己干”与“牵头抓”的关系，不断提升教育教学的科学化水平。只要我们以一颗滚烫的爱心去挖掘情感之渠，去购置信任之泵，使自己知识的泉水汩汩地流向学生的心田，师生心田的“兴奋点”就会在情感的不断滋润下得到激活。唯有如此，新时期教育的曙光才会在学生健全的人格塑造、深厚的文化积淀、丰富的生活体验、良好的科学见解中洒满校园。对于这些，作为带头人、领头人、贴心人的张援老师和每一位有强烈使命感的教育工作者都会努力实践之！

党员引领智慧课堂，五育并举立德树人

——广东省佛山市顺德区第一中学语文科组“为国育人”先进事迹

广东省佛山市顺德区第一中学　姜勇军

有一首诗最为动人，那就是师德；有一道风景最为亮丽，那就是师魂；有一种平台最为神圣，那就是讲台。在这平凡的岗位上，他们，乐观积极，敢于担当，肯干实干，坚忍不拔，不畏难，不退缩，迸发出了超越个体的正能量，以扎实严谨的工作态度、良好的师德，全身心地投入到教育工作中，撑起教育的蓝天，为共筑中国梦而默默奉献着。

一、科组先进建设理念与成果简介

作为“佛山市工人文明先锋号”，顺德一中语文科组内16名党员充分发挥党员先锋模范作用，立足本职工作，高标准、高起点、高质量地开展教学实践活动，主动承担各种教学任务，在“新课程、新教材、新高考”背景下科组内部兴起了教研热潮。

在科组党员们的广泛示范引领下，顺德一中语文科组全员参与“三新赋能，素养为基，智慧课堂，为国育才”教学教研实践。正高级教师2人引领，全科组38位教师参与，学术团队涵盖高级教师17人、研究生学历教师17人、广东省骨干教师2名、佛山市优秀教师名教师7人、顺德区名教师2人、顺德区骨干教师6人、高校兼职教授5人，区名师工作室1个，“十三五”立项省课题3项、市课题1项、区课题4项。科组“三新”研究成就突出，被评为“佛山市语文学科教研基地”“佛山市示范科组”“顺德区优秀科组”。

二、科组具体建设内容

1. 常态化学习并落实党的育人政策，制订日常党章党史等的学习计划。
2. 结合“为国育人”“立德树人”目标，落实科组发展三年规划。
3.“一科一策”研修：名师引领研修、项目有效驱动、立足立德树人。

4.“一师一题”：每周周一、周四科组备课组固定时间围绕“三新”进行“一周双研”，定时间、定地点、定主题、定专人、定任务、出成效，每位老师都有自己的研修项目，党员老师率先示范。

5.“一周一学”：每周科组活动组织科组全体老师集体学习党的教育理论知识，学习共产党员教改先进教师教学教改事迹。

6. 将科组“为国育人”“三新研修”写在一线教学中，为学生一生发展奠基，为教师专业发展铺路。

三、取得的成就

(一)“三新”研究达成学科认同，具有区域教研影响力

1. 黄滨、姜勇军多次在华南师大、佛山科技大学给研究生培训“三新”课程，向志国、黄滨、唐杰、赖光明、姜勇军、胡美芬、蒋莉霞、吴海等老师在省内外几十所学校开设“三新”讲座、上公开课。向志国、黄滨、姜勇军、胡美芬、赖光明担任佛山市、顺德区兼职教研员，多次参与区统测出题。他们很多是优秀党员，在“三新”探索过程中他们始终走在前端，充分体现了党员的先进性品质。

2. 科组是中国高等教育学会教师教育分会重点科研课题“中华优秀传统文化与现代语文课堂教学实践研究”实验基地，华南师范大学师范生技能训练营基地。

3. 连续 3 年，科组面向全国展示教学教改先进经验，语文科组在教学开放日活动中展示了“互联深度·智慧课堂”教学改革成果。

(二)党员同志先锋创绩，多人次参加省赛获大奖

近年来科组多位党员同志在省市各项比赛中屡获佳绩：赖光明老师 2016 年在广东省青年教师教学比赛中获得省第 3 名；胡美芬老师 2018 年在广东省中学语文青年教师课堂教学展示活动中获得省一等奖，2019 年在全国“语文报杯”教学比赛中获二等奖；张娟老师 2019 年在佛山市青年教师素养大赛中获特等奖；何烨、陈泽锋老师 2018 年在顺德区优质课比赛中分别获特等奖、一等奖。

(三)为党育人，高考成绩优异

语文科组每年教学成绩在市域居于前列，彭梅华、向志国老师培养出语

文单科省状元，2020 年高三语文平均分 118.3 分，130 分以上同学 33 人，120 分以上同学 426 人。

(四)文学社、作文比赛成绩斐然

腾龙文学社荣获“全国优秀中学生文学社百家”“全国中学生文学社团活动示范单位”称号。佛山即席作文比赛每年十几位同学获一等奖，新概念作文大赛、北大培文杯创新作文大赛、粤湘 12 所名校作文大赛等全国作文大赛已有几百人次获奖。

四、成果归因——党员教师引领智慧课堂下的“互联·深度”教研，“立德树人”与“五育并举”并举

(一)注重思想建设工作，发挥党员引领示范作用

科组日常注重团队的思想建设工作，通过党的理论知识学习、党史学习等活动，进一步强化老师们“立德树人、为党育人、为国育才”的思想认识。同时注重发挥党员的带头作用，要求党员在日常工作中做岗位上的标兵、能手，率先示范，带领身边同事共同进步。

疫情期间科组有 13 位老师参与佛山市、顺德区录制线上优秀视频课活动，在佛山市共展示优秀视频展示课 23 节，“学习强国”平台展示优秀视频课 5 节。2020 年 4 月，在“广东省新师范建设指导委员会”线上教学课例评选中，6 位老师课例获一、二等奖。这其中就有胡美芬、张娟、杨柳、赖光明、蒋莉霞、彭千、吴海、何烨、林柔莹等多位优秀党员的身影。

(二)线上线下不下线，考情学情总关情——佛山市高三语文研讨会在我校举行

疫情期间，为积极落实教育部延期高考通知要求，坚持立德树人根本任务，提升高考备考质量，科学有序地组织佛山市高三语文教师学习高三二轮、三轮复习备考策略，佛山市 2020 年高三语文研讨会于 4 月 8 日上午 9:00 在顺德区顺德一中高中部线下会场及借助钉钉构建的线上会场“双线”进行。

(三)东方风来满眼春——语文远程教学在路上

在新冠疫情蔓延的特殊时期，语文科组的老师们积极响应教育部“停课不停学”的号召，科组老师们听从党和国家的指挥，创新教育教学模式，通过线上“云课堂”恢复教学秩序，最大限度降低疫情对学生学业的影响。

远程语文教学，绝知此事要躬行——语文科组长姜勇军引领科组老师们开展远程教学。

1. 项目任务驱动，科组齐录课

2020年，疫情肆虐，“停课不停学”，同学们迫切需要优秀的在线学习资源辅助学习，顺德一中语文科组长姜勇军老师积极组织科组13位骨干教师参加佛山市优秀展示网课录制，自己带头录制了两节网课“东方风来满眼春”“有效提升作文文采”。

姜老师认为，录制网课的过程，既是对科组教研的提升，是在广东教研平台展示一中语文老师们的风采，也是老师自身信息教学技术的提升，更是对学生的帮助。“互联网＋”教育背景下，顺应时代潮流“助人强己”开展网络录课，何乐而不为？

在姜勇军组长的带动下，语文科组远程教学课例资源开发呈现“东方风来满眼春”景象。科组自“停课不停学”期间共推出了16节优秀视频展示课，全部在“佛山名师课堂”展示，4节课例在“学习强国”展示，8节课例在“顺德高中语文”公众号推出。如此担当，如此成果，在佛山市各大科组是绝无仅有的，彰显了一中风采，得到了市区教育局高度肯定。

2. 深度推进班级项目化网课教学

“停课不停学”语文课堂学什么，怎么学？面对这个问题，姜勇军科长用“教师阅读指导＋学生项目化阅读＋学生写作反馈”的方式进行语文教学，借机推进语文阅读教学改革，进行语文单元整体阅读、整本书阅读实践。

3. 在反思中前行

录制网课，上网课，科组老师们感觉上网课对教师的“教”是很大的挑战。“直播的最大好处是可以根据学生的留言板的留言和疑问，调整讲课的节奏。但是，由于课堂更加开放，学生的疑问可能会超出我们的预设，对老师的备课要求会更高，姜勇军老师说：‘只有改变自己，提升自己，才能适应新形势的需要。’”

4. 学生的评价

对于姜勇军科长引领科组老师们开展的这种“基于语文学科核心素养的项目化语文学习”，学生普遍给予高度的好评。“这样的语文课形式是我很喜欢的。”“这样的形式有着高度的自由，同时也趣味盎然。”“需要查阅大量的资料与书籍，知道得越多，越觉得自己知之甚少，却又对未知的领域充满了憧憬并不断探索，在我看来无疑是激起兴趣的绝好方法。”“这样的学习模式提供了许多不一样的体验，也让人真心地热爱文学。”“如果说在顺德一中学习是一种幸福，那么我有幸参与卓越班的语文专题学习活动，无疑是这幸福之外的又一件珍贵的礼物。”

五、“为国育人”的共产党员引领科组奋然前行

（一）黄滨老师

黄滨老师从教30年，努力践行教育改革理念，在教学改革的道路上不断摸索前进，硕果累累。改革的道路是艰难的甚至是无助的，但黄滨老师几十年如一日，坚持开展活动课程，通过每日课前演讲、诗歌创意表演、文言文人物专题演讲等活动，克服重重困难，真正实现了将课堂主体从老师变为学生，将课堂形式由“填鸭式”转变为更符合学生身心发展的自主合作探究课堂形式。黄滨老师作为广东省语文学科“改革先锋人物”在《南方日报》被刊登报道，被认为是省内外“演讲式教学”“课本作文教学”最早的探索者和实践者。

（二）张志林老师

参加工作40多年，一直从事语文教学工作，怀着对党、对人民的无限深情，把全部心血倾注在党的教育事业上，时时事事以党员的标准严格要求自己，工作态度严肃认真，工作作风勤勉严谨，工作业绩显著突出，充分发挥了党员应有的先进模范作用，赢得了广大师生及家长的一致好评。作为学校的骨干教师，青蓝工程中的师傅之一，张志林老师以身作则，率先垂范，发挥了模范带头作用。在工作上，张志林老师以校为家，老师们早上来到办公室，总会看到张志林老师的身影，晚修不需要值班的张老师也总是会主动加班，用自己的言行影响着自己的徒弟和同办公室的老师们。张志林老师教学成绩优异，总以“一切为了学生，为了学生的一切”作为自己的工作信条，以“爱”作为与学生相处的桥梁，所带的班级成绩总是处于年级前列。在教学中，敢于创新，敢于突破，积极创设学生喜闻乐见的新课堂。

（三）符柏岳老师

热爱学生是做好教育教学工作的前提，也是教师职业道德的基本要求。多年来他对学生思想积极引导，学习耐心帮助，生活关怀体贴。不是班主任的语文老师符老师，经常利用早上时间、课余时间与学生亲切交谈，多方面了解每一位同学的生活和学习状况，并切实把握学生的思想。

他擅长书法，在课堂上总能结合书法进行知识的讲解，引经据典，充分拓展学生的兴趣与视野；符老师有自己的教学风格与教学方法。学生一入学，

符老师就成体系地记录学生的高中生活，用文字点亮学生的心灵。作为一名共产党员，他始终对自己高标准、严要求，以“全心全意为人民服务”的宗旨做好各项工作，用爱与责任，托举起了教育的一片蓝天。

(四)郝永生老师

课堂上，他总是精心安排、环节紧凑，不时的幽默风趣是令学生精神抖擞的一剂良药，循循善诱、巧妙点拨是他作为一位老教师的艺术之道，不着痕迹、自然生成更是我们的追求目标。办公室里的他常常成为我们的快乐源泉，会因为讨论一个社会事件，或因为我们请教的一个题目。总之，对待教学，他是严谨的；对待学生，他是慈爱的；对待同事，他是贴心的；对待生活，他是有态度的。

(五)张德忠老师

他常常成为办公室日常教研的中心人物之一，不仅在于他总是对问题有自己独特的思考，还在于他会无私地分享他的一些想法和做法。凡是有不懂的问题，到了他这儿，他总能给你满意的答复，引发你的思考，这使得我们不得不佩服他的专业、敬业。面对教学，他总是想得很多，在学生无疑处有疑，走在学生的前面。他也会亲自示范，指导和解决学生的问题。同样地，有问题，找张老师，肯定没问题。

(六)胡美芬老师

作为一名党员，胡美芬老师始终牢记“为党育人、为国育才”这一教育使命。办公室里，她潜心钻研，忘却自我；语文课上，她妙语连珠，启发学生；教书育人的道路上，她尽心尽责；教研风采的展示中，她出类拔萃。她以四两拨千斤的从容淡定，谱写着讲台之上的春华秋实；她用滴水穿巨石的严谨认真，成就了语文学界的大方之家。她心向阳光，始终微笑，美丽了自己的青春；她追求卓越，润物无声，芬芳了学生的年华。一分倔强、三分要强、十分顽强使她成长为学校的骨干教师、优秀党员。她是真诚的摆渡人，在教育一线守精神沃土，助希望发芽!

(七)张娟老师

在教学工作中，认真备课，积极钻研教材，针对不同学生的个性差异，寻求最佳的教学方法因材施教；注重“以人为本”，注重研究学生，善于启发和调动学生学习的积极性，注重对后进生的培养，对学生的进步及时关注、鼓励，注重挖掘他们的闪光点；注重运用灵活有效的教学方法活跃课堂气氛，激发学生的学习兴趣，培养他们良好的学习习惯，向“管理”要质量，效果良好。

(八)林柔莹老师

林柔莹同志作为一名青年教师，带着一腔矢志不渝的信念和热情投身到党的教育事业中去，对党的教育事业有强烈的责任感与使命感。作为一名新教师，尽管林柔莹同志所带班级已多次获得学校优秀班集体、先进卫生班级、标杆班级等称号，但她仍不断向校内外各位名班主任学习，学习先进的班级管理教育思想。在教育教学中，不但注重学生的学科教学，更注重学生的思想政治教育，让学生们时刻铭记英雄前辈们的丰功伟绩，时刻铭记中国共产党对广大人民群众的恩情，时刻向着党组织靠拢。林柔莹老师热爱教学，以校为家。工作5年，不管是否担任班主任，林柔莹同志坚持每天早早到班或到办公室，或批改学生作业，或给学生答疑解惑。她所带领的班级成绩每次都名列年级前茅。在学生的心中，林老师早已超出了老师的角色，成为学生心中又爱又敬的林姐姐。

教师是太阳底下最光辉的职业。有人说教师是春蚕，到死丝方尽；更有人说：教师是蜡烛，燃烧了自己，照亮了别人。这些老师就是这样，虽没有轰轰烈烈的事迹，但在平凡的工作岗位上“孜孜不倦为师路，矢志不渝教书人”，谱写了一曲默默无闻耕耘者的奉献之歌，这不正是最美丽的教师吗？

教育乃是国家繁荣、民族振兴、人民幸福的重要基石，广大教师重任在肩。顺德一中语文科组的全体老师始终牢记“为党育人、为国育才”的教育使命，以文化人，以德育人，为培养德智体美劳全面发展的社会主义建设者和接班人做出新的更大贡献。

心中有美好，所见皆风景

——记陕西省西咸新区沣西新城第二学校执行校长权小红

陕西省西咸新区沣西新城第二学校　刘春丽

在国家级新区陕西省西咸新区，有一座以科技、生态著称的海绵城市沣西新城，在这里，老百姓心目中期待的美好教育图纸正缓缓铺开……

在推动“名校＋”“名师＋”工程发展，办好人民满意的教育，让优质教育资源惠及新城每一个家庭每一个孩子的背景下，她怀着一颗“以爱育爱，为学生可持续发展奠基”的热心，追随“西迁精神”，从百年名校陕西师大附中来到这里，投身到这所年轻、绿色、美丽的学校，将最好的教育送到群众家门口……

她有着红烛照人的满腔热情，有着春蚕吐丝的奉献精神，更有着开拓创新的非凡魄力，她就是沣西新城第二学校执行校长权小红。

权小红校长毕业于陕西师范大学汉语言文学专业。在近30年的从教生涯中，她从基层一线做起，历任班主任、年级组长、德育主任和大队辅导员、团委书记等职务。从教以来，教育教学收获颇丰，曾多次在全国、省、市、区级教育科研成果、赛教等活动中获一等奖；先后有20余篇论文公开发表在各级刊物上，并获市级、国家级一等奖；先后荣获“沣西新城优秀教育工作者”“沣西新城教研先进个人”，荣获“西安市巾帼建功标兵”和“全国教育改革先进个人”的称号。

2019年4月，陕西师大附中与沣西新城管委会联合办学，权小红校长被任命为沣西新城第二学校执行校长。任职以来她以身作则、务实肯干、开拓进取、勇于创新，一心扑在学校的工作上，用心血和汗水抒写着教育初心。建校初期，她从学校建设的图纸设计到工程进度的督促，再到工程的安全质量、校园文化建设、功能部室等方方面面都严格把关。她带领团队先后确定了学校的办学理念、校训、校风、教风、学风，设计了学校的校徽、校标、校旗，创建了学校的校报、心理健康报；同时优化教学常规管理，大力开展教师培训和教育科研活动，结合沣西地域特色，指导教师开发、开设校本课程；创新年级、班级管理工作机制，持续推进学校德育工作精细化管理模式；

坚持校园安全工作抓细、抓实。

作为学校党支部书记，她坚持以创新性党建工作全方位统筹学校工作。切实发挥党员的先锋模范作用，让每位党员活跃在学校教育、教学、安全管理的每一个角落。

2020年疫情期间，无论是在线上教育教学、课程管理督导，还是在疫情防控、防疫物资保障、值班值守等工作中她无不彰显党员的模范带头作用。学校积极推行“双培养”机制，将优秀、骨干教师培养成党员，将党员培养成骨干教师和优秀教师，让党员和教师的成长实现党建能力和教育管理水平“双提升”。2021年4月，学校推选出了首批16名“党员先锋岗”，涵盖教育教学、安全管理、心理少队等多个岗位，通过“党员先锋岗”的先锋模范作用，充分带动其他党员及普通教师在教育教学上的工作动力。

她还拓宽党建工作思路，创新主题党日形式，严格落实“三会一课”制度，主推“书记讲党课”系列活动，先后做了“发挥党员先锋模范作用——让党旗在‘战疫’一线高高飘扬”“深入学习贯彻习近平总书记在陕西考察时的重要讲话精神”“我把红船故事讲给你听”“朱德的家书”等专题党课。带领全体党员和入党积极分子前往西安的红色教育基地开展了“弘扬红色文化，铭记革命历史”庆祝建党99周年主题党日活动，这一活动在“学习强国”平台上得到报道。2021年是建党100周年，学校党支部以党史学习教育为主线，通过党员大会、支部委员会、班会、国旗下讲话等形式组织全体师生进行党史知识学习，学校少工委还组织全体少先队员开展了“学党史　讲党史”系列主题活动。

在学校管理方面，她坚持以精细化安全管理全面为师生平安保驾护航。她能够认真贯彻落实中央、省、市、新区及新城等上级主管部门的各项安全要求，将构建平安校园工作列为学校的头等大事，除了严格落实“三防”政策，关注学校的常态化安全管理以外，还特别在学校安全管理中渗透了“法润校园”理念，成立了西咸新区第一家少年警校，建立了西咸新区首家校外法治教育基地，申请成立了西安市“红领巾法学院”，聘请了陕西省泽城律师事务所的三名专职律师作为学校法律顾问，沣西新城同文路派出所所长、司法所所长为学校法制副校长，还专门配备了两名法制辅导员，定期组织对师生开展各类法治讲座，开展模拟法庭活动，开展防暴防恐应急疏散演练、消防应急疏散演练、防踩踏应急演练、防震减灾演练等各类演练。

在学校安全管理方面还加大排查力度。着力排查校园周边安全隐患，关注校内师生安全工作，特别是对学生纠纷问题的排查，同时对学校物业人员、安保人员以及餐饮工作人员进行安全排查并结合疫情防控需要，定时对物业及餐饮工作人员进行核酸检测。

她还注重加大对校内各类人员心理健康教育培训，积极联系辖区派出所对物业及餐饮工作人员的个人履历与社会背景进行排查，重视对校园全体工作人员的心理健康测试评估。

在权小红校长的带领下，学校以多项举措精准把脉助力教师专业成长。以国家倡导的五育并举、学科融合为指导思想，着力建设了“大风车”课程体系，从人文素养、科技创新、身心修养、艺术审美、实践探索五个方面积极转动大风车“爱阅读、善思考、勤实践、重环保、会锻炼、乐生活、雅气质”的风叶，培养全面发展的新时代好少年。

疫情期间，学校组建以权小红校长为核心的，包括了省级教学能手、市级教学能手、兼职学科教研员、校长、管理层等多名教师的课程管理组，用以督导线上教学的效果，提升课堂质量，疫情期间，每位管理组成员听课平均节数达 350 节，为线上教学起到了很好的保驾护航作用。疫情进入常态化后，这一制度被沿袭下来，收效很好。

聚焦西安教育三年行动计划，打造沣西品牌“名校＋”工程，借西安基础教育的东风，迎接西咸教育的春天。

在权小红校长的带领下，学校在推进“名校＋”工程方面，做出了一系列的工作举措。区域外，重学习，促提升；区域内，重引领，共发展。秉承西咸新区教育发展理念，大力落实课堂革命，助推“名校＋”工程，学校先后承办了西安市教育科学研究院倾力打造的陕西师大附中教育联合体、陕西师大附小教育联合体“西安好课堂”优质课展示活动；承办了沣西新城基础教育教学优秀成果展示交流活动；承办了沣西新城教育系统“预防校园欺凌”主题班会课观摩活动。

在善思重研、教学科研勤实践方面，权校长更是身体力行，在疫情期间撰写的论文《“停课不停学”背景下线上教育教学的探究与实践》在《教育学》杂志上发表并荣获一等奖；在疫情期间写给学生的信《愿你们走出“阴霾”，归来仍是老师心目中的少年》分别在“学习强国”、西部网、今日头条的“战疫·师说”“战疫情，校长说”上公开发表并获奖。权小红校长撰写的《关于学校品牌建设的思考》一文在《西部教育》上公开发表。

从学校开办到现在，教师参与评审论文共 18 篇，其中 11 篇公开发表，11 篇在陕西省论文征集活动中获奖；32 篇论文、教学设计等在各级各类成果征集中获奖；3 个新城级课题顺利结题，6 个新城级课题顺利开题；3 个省级课题开题；2 个国家级课题立项；48 篇优秀教育叙事，118 篇优秀教学设计，16 篇优秀“纪念中国人民志愿军抗美援朝出国作战 70 周年”演讲稿分别被收录到《沣西新城第二学校 2020 年教育教学成果汇编》当中。

权小红校长主持的“十四五”国家级课题“基于‘立德树人’目标的课堂教学与研学实践课程建设的研究”顺利立项。

学校参与研究教育部信息化教学实践共同体课题“大数据驱动的精准教学模型建构与实践应用创新共同体”顺利立项。

学校秉承“以爱育爱，为学生可持续发展奠基”的办学理念，坚持“德智体美劳”五育并举的教育模式，以“内塑品质，外创品牌”为宗旨，把多元化特色办学作为办学愿景。

权小红校长重视阳光体育活动的开展，学校社团活动精彩纷呈，硕果累累；心理健康教育有的放矢，收获满满。

作为2020年陕西省性别平等试点学校，学校特别重视性别平等教育工作，性别平等教育工作开展得有声有色，亮点纷呈。2021年4月15日至16日，我校参加陕西省12个市就“性别平等教育进中小学项目”实施情况进行汇报的活动，我校将性别平等内容融入校内心理健康教育读本《心之秘语》的举措，得到了西安市、陕西省妇儿工委的肯定。

作为陕西省近视眼防控示范学校，近视防控科学有效，多次受到上级教育行政部门的肯定与表扬。学校垃圾分类活动开展情况被选入沣西新城城市管理与交通运输局垃圾分类宣传片中进行推广，学校先后被评为“沣西新城生活垃圾分类先进单位”“西咸新区垃圾分类达标单位”“西安市生活垃圾分类先进单位”。

为支持学校优秀人才培养，激励学生积极上进，在西安科为航天科技集团有限公司的支持和赞助下，学校设立了沣西新城第二学校“科为航天科技教育基金”，用于奖励优秀学生、优秀教师，帮扶品学兼优的贫困生，助力我校师生卓越成长。

学校先后开展的“闪闪童心心向党，光荣入队我先行”一年级入队仪式，2020届六年级“梦想，从这里启航”毕业典礼，“弘扬红色文化，铭记革命历史”——庆祝建党99周年主题党日活动，西咸新区首家“少年警校”成立暨开学典礼，第一届少代会暨学校少工委成立大会，“校外法治教育基地”授牌仪式，陕西师大附中、附小教育联合体、西安市好课堂优质课展示活动，“上好垃圾分类这门必修课”“一场动容的开学第一课”“思政小讲堂开讲啦”活动，科技模型进校园活动，“清明祭英烈”活动，红领巾法学院举办“法润校园　护航青春”首届模拟法庭活动，“名校＋”教育联合体首届“助力十四运　逐梦运动场”春季田径运动会等16个活动分别被“学习强国”、新华网、《人民日报》、搜狐新闻、澎湃网、网易、阳光网、西安零距离、《西安日报》、西安市教育局官网等媒体报道，其中仅新华网一天的阅读量就达到了十几万。

2021年春节前夕，受沣西新城教育卫体局的推荐，权小红校长参加了由西安市教育局主办、西安教育电视台承办的“十四五”开局话教育全市教育系统新春电视团拜系列宣传活动，并做了主题宣讲。

在权小红校长的带领下，短短两年时间，诸多荣誉花落校园。学校先后获得国家级荣誉6个，省级荣誉8个，市级荣誉3个，新区级荣誉5个，新城级荣誉7个。

国家级荣誉(6个)：2020年9月，学校先后被国家教育行政学院、国学教育研究中心确定为“国学经典教育联盟校”，被确定为“中国·加拿大·美国教育合作项目英语浸入式教育研究实验基地”；2020年10月，被教育部确定为“全国青少年校园篮球特色学校”；2020年11月，被牛津国际教育研究院确定为“中国文化　世界表达　国际理解新课程实验校”；2020年12月，被教育部确定为“全国青少年校园足球特色学校”；被中央电视台确定为“希望之星暨希语盛典优秀人才选送基地”。

省级荣誉(8个)：2020年5月，被确定为“陕西省海军青少年航空学校优秀生源基地”；2020年9月，被确定为“陕西省联合国教科文组织协会会员单位”“陕西省朗诵协会人才培养基地”“陕西省青少年朗诵艺术专业委员会艺术人才培养基地”“陕西省朗诵协会会员单位”；2020年10月，被陕西省足球运动管理中心确定为“陕西省足球后备人才训练基地”，被陕西省教育厅确定为“陕西预防儿童青少年近视示范校”；2020年12月，被陕西省教育厅确定为“陕西省第四批STEM教育实验学校”。

市级荣誉(3个)：2020年11月，被西安市教育科学研究院确定为“西安市思维型教学基地校”；2020年12月，被西安市教育科学研究院确定为“西安市劳动教育实验学校”；2021年4月，被评为“西安市生活垃圾分类先进单位”。

新区级荣誉(5个)：2020年1月，被西咸新区城市管理委员会办公室授予“西咸新区生活垃圾分类达标单位”称号；2020年9月，被陕西省妇女儿童工作委员会确定为“西咸新区中小学性别平等教育工作试点学校”；2020年10月，被西咸新区水务集团有限公司授予“助力西咸新区水务集团有限公司营商环境突出贡献奖”，被西咸新区教育卫体局授予“西咸新区第四届中小学生田径运动会优秀表演奖”；2020年11月，被西咸新区教育卫体局授予“西咸新区足球特色学校”称号。

新城级荣誉(7个)：2020年9月，被沣西新城管理委员会授予“沣西新城先进集体”称号；2020年11月，被沣西新城教育卫体局、政法工作部、沣西公安分局授予“沣西新城平安校园”称号，被沣西新城教育卫体局授予“沣西新城中小学规范汉字书写大赛中小学组二等奖”“沣西新城中小学合唱比赛二等奖”；2020 年 12 月，被沣西新城城市管理与交通运输局授予“沣西新城生活垃圾分类先进单位”称号；2021 年 4 月，沣西新城第四届校园足球联赛中获初中女子组第三名、小学足球队获得道德风尚奖；2021 年 5 月，荣获“沣西新城教研先进集体”称号。

在她身上，有一种“铁人精神”，不等不靠；在她身上，有一种“老黄牛精神”，任劳任怨；在她身上，有一种奉献精神，默默耕耘，争做最好。教育工作是一项伟大的事业，作为教育工作者，她把全部真心都奉献给了自己所挚爱的教育事业，她将继续秉承“使命在肩，奋斗有我”的精神，不忘教育初心，坚守教育情怀，努力把沣西新城第二学校办成让学生专心、让老师安心、让家长舒心、让社会放心的一所高起点品牌学校，为腾飞的沣西教育增色添彩！

教书扎根初心，育人践行使命

——记“党员干将”徐静

湖北省武汉市吴家山第三中学　田　璐

武汉市东西湖区两所偏远的农场中学——荷包湖中学和新沟中学，距离吴家山城区20多公里。20世纪八九十年代，交通十分不便，从这两所中学回到吴家山城区，乘坐客运车需要两个多小时。在这两所偏远的农场中学，徐静站在三尺讲台上，默默坚守了11年，从一名普通的语文教师，成长为一名优秀的语文教研组组长。

1998年7月，徐静离开新沟中学，到位于武汉市远城区的吴家山第三中学任教，先后担任语文教研组长、教研处主任、党支部副书记、副校长。2015年4月，东西湖区教育局一纸调令，她二话没说，到位于吴家山城区西部的恒大嘉园学校开展筹建工作。当年9月学校投入使用，她担任校长，硬是把这所生源质量极差的学校，办成了综合教学质量全区排名第二的名校。还没有来得及分享收获的喜悦，2018年8月，徐静重新回到吴家山第三中学担任校长。

在吴家山三中和恒大嘉园学校教育教学和管理岗位上，除了撰写和刊发大量教育教学论文、参与重大课题研究，她还出版了个人专著《让每个生命完整地成长——我的教海碎笔》，先后被评为“湖北省语文特级教师”“武汉市有突出贡献中青年专家”“全国巾帼建功立业标兵”。

她说，作为一名共产党员，不知道接下来还会有什么重担，但无论在哪一所学校工作，都会不忘初心，牢记使命，全力以赴，撸起袖子加油干！

一、在偏远的农场学校，她默默坚守十一年

1987年7月，徐静师范毕业。怀揣教育的梦想，她回到自己的母校——东西湖区荷包湖中学任教，被任命为校团支部书记，负责教师和学生团支部工作，同时担任一个班的教学与班主任工作。

那时，徐静有一种强烈的想法——教育不应该仅仅在课堂、在校园发生，

学生不应该仅仅偏居学校一隅，应该走进大自然、走向社会，与大自然亲吻、与社会接触，在真实的环境中学习知识，学习做人。

初生牛犊不怕虎。徐静常常利用周六休息时间，带着教师团员、学生团员和部分自己的学生组成自行车队，到汉川电厂去考察，与电厂的青年团员手拉手，看车间、亲体验、畅未来；带着大家骑自行车远行30余公里到武汉古镇柏泉，享受葱郁林木，鸟语花香，探寻夏商文化遗址，探古井，访教堂，吃农家菜，饮当地井水。

春天，徐静带领大家徜徉在汉水大堤，赏花拂柳，放风筝、捉迷藏，真是应了白居易的“逢春不游乐，但恐是痴人”的心境；夏天，她带领大家在汉水里游泳，赛赛谁游得远；秋天，她带领大家帮学生家摘梨，随着大卡车到黄金堂的大市场去卖；冬天，她带领大家在学校的操场上玩堆雪人的游戏。

“那时候跟着徐老师真是快乐呀!”活动的参与者、曾经的学生、现在的同行、吴家山第三中学的地理老师李秋波说，那个时候，虽然农场学校学习和生活条件都十分艰苦，但大家学也学了，玩也玩了，学得轻松，玩得快乐!

“教育是成长，是发现，是视野的开阔，是参与世界、探寻理解和意义。”在后来的理论学习中，徐静认识到，这就是全人教育的最基本主张：全人教育要关注人生经验，而不是狭隘的基本技能。

1991年，徐静结婚生子，有了温暖的家庭和乖巧的女儿，因为家庭的原因，她从荷包湖中学调动到新沟中学，担任两个班的语文教学和教研组长工作。

新沟中学创建于1959年，是一所老校。在这所古朴的教育教学质量曾经辉煌过的学校，徐静生活工作了7年。因为城镇化的迅速推进，家庭条件好的家长都迁移到吴家山城区工作和打拼，留下来的基本上都是做着传统的小生意和外来务工人员的子女。

或许是做了母亲，对孩子有了一种母性的慈怀，不知不觉中，徐静将这种情怀带到了教室，带给了这些家境一般却有着农村孩子特有的朴实的学生，母亲和教师的双重角色，让她与学生构成了亦师亦母的关系。除了疼爱自己的孩子，她把更多的母爱，无私地给了这些留守的学生。

“在农场学校，我深深体会到师生之间的温情。”徐静说，虽然有很多机会调到吴家山城区工作，但她对偏远的农场中学竟然产生了一种迷恋，她希望能在偏居一隅的农场学校实现自己对教育的理解和追求。在她看来，这里的孩子更加需要“教育”和“生长”。

从那时候起，一些关于教育的理念开始在徐静脑海里出现，并逐渐成熟：“教育即生长”“教育即生活”，教育需要学习者积极参与到复杂世界的互动之中。在她看来，学生接受教育不仅仅是为生活做准备，也是开阔视野、发现新知的过程，是他们受兴趣、好奇心和个人发展目的驱动并做出有意义尝试的过程，学习要重视经验学习。

多年以后，恒大嘉园学校开校的第一天，教师到校。教师培训开场前，一位女教师突然跑到徐静面前号啕大哭，引来所有新老师的好奇，大家把眼光都集中到这里来，只听这位老师抽泣着说："徐老师，您还记得我吗？我是您的新沟中学93级学生刘岚，我听说您要到恒大嘉园学校任校长，我毅然决然地舍弃一切，追随您而来，只为了完成我心底的夙愿。您还记得吗，上初中时，您的一次次关怀和帮助，使我铭记半辈子，参加工作以来，我一直在寻找您，在追随您的足迹，今天，我终于来了，来到您的身边！"

刘岚是东西湖区教育局分配到恒大嘉园学校的数学教师。徐静只听说她是从吴家山五中来，至于为什么舍近求远来到一所新校艰苦创业，她一直不知道。听完刘岚的话，徐静才明白了她到恒大嘉园学校任教的原因。

徐静说，刘岚当天给了她一封信，信里谈到自己当年对刘岚的帮助。"这封信，至今还留在我的身边，成为我前行的动力，尤其是在最艰难、最迷惘的时候！"徐静说，每每看到这封信，就觉得自己在农场学校11年的坚守，是值得的，也是自己教育生涯宝贵的精神财富。

二、在薄弱校担任校长，她让学校脱胎换骨

1998年7月，因工作调动，徐静离开工作了7年的新沟中学，调入吴家山第三中学。在吴家山第三中学工作的17年，徐静对全人教育渐加理解和接纳，对教育教学理解和研究渐趋成熟，留下了她学习研究深深的足迹。

进校第一年，徐静担任七年级两个班的语文教学，同时担任一个班的班主任。或许是吴家山三中处于建校初期，教学质量压力特别大，学生成绩与家长的期望值差距过大，导致学生有厌学、畏学的情绪；或许是部分学生从农场学校转入吴家山地区，因为交往群体的变化与重新组合，导致学生有交往障碍……徐静所带的班级存在不少"问题学生"。

这些学生的家庭背景不同，成长经历不同，人格品质不同，对徐静的教育教学提出了极大的挑战，促使她努力学习，在茫茫书海中去寻求科学的帮扶依据，也促使她用研究的视角去对待每一个个体，从而真正成为学生生命中的"贵人"。

在此期间，徐静参加了学校承担的教育部"九五"规划课题子课题"实施学校心理健康辅导，促进学生主动发展"的研究，其所带班级成为课题研究的实

验班。以了解学生的心理状态为基础，力图为学生创设有利的教育教学环境和发展条件，帮助学生解决在个人成长过程中出现的种种困惑与问题，使学生学会主动寻求心理支持，掌握摆脱各种困扰的方法，全面提高学生的心理素质和心理品质。

3 年下来，徐静付出了很多，也收获了很多，而最大的收获是发现孩子们变了，他们的焦虑情绪减缓了，性格趋于平稳了，变得开朗阳光了，耐挫力增强了。

徐静越来越深刻地认识到，教育作为培养人的活动就是要使每个人的个性得到充分而自由健康的发展，从而使每个人都具有高度的自主性、独立性和创造性。随着研发的深入，徐静对语文教学和学生心理的研究成果越来越丰硕，她也从语文教师成长为教研处主任、副校长。

2015 年 4 月，徐静接到东西湖区教育局党委通知，牵头筹建恒大嘉园学校。同年 8 月，徐静被正式任命为该校校长。徐静立志要把这所相对薄弱的学校办成高水准、高质量的现代化学校。

“学校位于吴家山西部，生源质量相对较差。”谈到差不多 5 个月的筹建工作，参与其中的周辉(现任职于吴家山三中)感慨颇深。“开学前，只有教学楼可以使用，体育馆、多功能厅等辅助建筑尚未完工，学校未通电，办公用电都是临时借用施工方的工业用电。”

周辉说，徐校长在教室里“隔”出一间办公室，在里面办公，“每天早上 7 点前到校，深更半夜才能回家。历经千辛万苦，学校在 2015 年 9 月 1 日正式开学。因铺设地下网管，开学后学校的大门变更了四次”。

除了教学设施不完善，师资力量的薄弱也让徐静捉襟见肘。全校 30 多名教师中，只有 10 余名教师教学经验丰富，另外 20 多名教师都是新入职的年轻教师。徐静亲自任教语文，在一线引领，在课堂示范，在全校范围内大力推行合作学习的教学模式。

除了培养锻炼新人，徐静千方百计引进人才，充实教师队伍力量。为了从仙桃市引进一位优秀的数学教师，她多次从吴家山赶往仙桃农村，请这位老师到吴家山任教；为了让这位数学教师在吴家山安家，她凌晨排队，获得摇号买房的资格，借钱帮他垫付部分购房首付款……

恒大嘉园学校建校 3 年后脱胎换骨，教学质量发生逆转：小学 21 个班，均由建校后全区倒数一二，冲刺全区上游，初中部稳居全区前三名；2018 年小考综合考评，由 3 年前全区倒数第二名冲到全区第二名；首届中考综合考评 6 项指标中，有 5 项全区第一；学校被区教育局列为全区重点打造的三所学校之一，承接了全国合作学习年会、广东骨干教师代表团到校交流学习等近20项大中型活动。

凭借在农场中学打下的教育思想"底子"和在吴家山三中任教时积淀的教研教学"法宝"，徐静在恒大嘉园学校努力践行着"全人教育"的理念，短短3年，办学质量口碑声名鹊起。

三、在名师示范岗位上，她培养一大批优秀青年教师

2018年8月，徐静被调到吴家山第三中学任校长。根据吴家山第三中学基础好、质量高的实际，她提出了"质量＋特色"的发展目标。这种靶向式发展目标的确定，构建了新时代学校的发展格局。围绕这一目标的实施，她提出了课程建设"全天候"、课堂教学改革"全频道"的改革创新思路。徐静要求教师能高度思考、深度学习，并创造条件满足师生课堂教学创新。

"教育要安顿心灵。"一个校长的胸怀，就是一个学校的格局。徐静深谙这句话的含义和分量。她把"办人民满意的学校"落实在学校教育教学的各个环节中，尤其体现在学校课程中、课堂上。她认为，课堂是实现学校目标的第一手段。

对于教育，徐静始终没有停止思考。她说，从事教育工作，要理解三重"境界"：做教师，就要科研促教、智慧执教，成绩斐然；做名师，就要榜样示范、培养队伍，影响深远；做校长，就要勇于担当、追求卓越，成效显著。

无论是在偏远的农场学校，还是在城区的薄弱或者重点学校，徐静从未远离课堂，从未远离教学一线，徐静坚持带头从事教科研，培养优秀的青年教师。从2001年到2012年，她先后被评为"湖北省优秀中学语文教师""武汉市优秀教师""武汉市中学学科带头人""湖北省优秀教师"……面对荣誉和成绩，徐静没有自满。

她积极参加各种教研、教学业务竞赛活动。近几年在市区教研活动、教师培训中做教材教法报告40余次，上观摩课、研究课、示范课、优质课10余次。从2009年至今，多年被湖北省教育厅、湖北省人力资源和社会保障厅、华中师范大学、武汉大学等高校聘请为"湖北省'农村教师素质提高工程'中小学教师、校长培训班授课教师""教育部国培计划——中西部中小学骨干教师培训项目初中语文学科授课教师"。

围绕"课程资源的开发与利用"这一主题，徐静为来自湖北省各地的骨干教师、农村教师、资教生做专题报告近30场，在武汉市、东西湖区做专题培训10余场。2009年7月、2010年7月应邀到武汉市蔡甸区为班主任培训，谈班主任专业化发展；2011年7月，她为武汉市近200名新教师做主题为"漫

谈班主任工作”的培训；2013 年 7 月，为全区 800 余名骨干教师培训，同年 9—11 月，作为东西湖区师德演讲团成员分别到将军路中学等 4 所学校演讲等。

徐静以订立“老带新”合同方式，指导大批语文教师成才，走专业化发展之路。2012 年，指导吴家山第三中学张向华老师参加“全国少教多学教学大赛”获一等奖，指导吴家山第三中学高能英、曾蕾老师参加武汉市语文优质课比赛均获一等奖；2013 年，指导吴家山第三中学张向华老师参加“全国圣陶杯”中青年教师教学大赛获一等奖；2017 年，指导恒大嘉园学校王妙婷老师、韩梦捷老师在全国合作学习年会上展示，获得好评。近年来，她以课题研究和编写校本教材等形式，指导区内近 30 名青年教师。目前，她带领学校 50 余名教师志愿者进行“写作打卡”，引领教师日思月省，提升教师的教育教学研究力。

四、在科研促教道路上，她著书立说显才气

善于学习，乐于创新，科研兴教，智慧促教，引领区域教师形成自己的教学风格，是徐静持之以恒的专业追求。

从事语文教学 31 年，徐静重视培育学生的人文精神和语文素养，执着于语文课程资源的开发与利用的研究，多次在省市做关于“语文课程资源的开发与利用”的主题报告，为湖北省诸多语文教师提供培训指导。

徐静先后参与编写鄂教版国家义务教育教科书《语文》(7—9 年级，教育部审定通过)、鄂教版义务教育《语文读本》(7—9 年级)；主持编写《语文核心素养发展手册》(1—7 年级)，力求在语文学习中落实核心素养。《语文核心素养发展手册》面向全省发行，影响面广。

她主持和参与的市级以上课题研究多达 11 项，其中，国家级课题 2 项，省级课题 4 项，市级课题 5 项。她撰写的 20 余篇语文教研论文在核心期刊上发表，成了国家、省、市级论文发表的“专业户”，其中，她主持的武汉市“十一五”素质教育个人专项课题“初中语文合作探究教学模式研究”，获湖北省教育科研优秀教育成果二等奖，研究成果在武汉市东西湖区推广应用；她参与编写《新课标语文高效阅读》(主编：徐国英，湖北教育出版社)；她主持编写 16 本校本教材，其中主编《轻轻松松学朗诵》《文学小屋》两本语文校本教材；2017 年，徐静个人专著《让每个生命完整地成长——我的教海碎笔》由湖北教育出版社出版，在教育界引起关注；她带领教师主编的《小创客学物联网》已经公开出版，该书将人工智能知识与日常生活场景相结合，符合中小学生学

习认知能力，这一读物的出版开拓了创新教育的领域和视角，引领了省市科技教育发展。

吴家山三中工会主席李建根说，1998 年，自己和徐静一起调入该校执教，对徐静可谓知根知底。“对于教育，徐静始终充满敬畏。课堂上，她把学生当自己的孩子；当班主任，她把科任老师当家人；搞教科研，她把同事当伙伴；当校长，她把年轻教师当未来……”

李建根说，徐静的可贵之处在于追求卓越的执着秉性，在于她始终不脱离一线教学，引领示范研究奉献的影响力；在于她“撸起袖子加油干”的所作所为，更可贵的是，徐静身上，有着“能教、善带、会写”的才气，尤其是著书立说，把她对教育的理解通过文字，传递给更多的教育工作者。

“把学生教好，无愧于党，不愧对学生家长，不愧对学生。”徐静说，这是一名教育工作者应尽之责，更是自己作为一名党员的初心和使命。

有志者事竟成。徐静走到哪里，哪里就充满了活力与发展的生机。新时代的教育正需要徐静校长这样的“党员干将”，需要像她这样做教育，有梦相随，有心相伴，有情相融……

梦想的力量

河北省安新县教师发展中心　李建学

教育的根本使命是为党和国家培养高素质的建设者和接班人，培养和造就更多国家和社会未来发展优秀人才是每个教育工作者的教育梦想。我认为教育是同温暖的生命一起开始的……而那个需要温暖的生命是学生也是自己。身在乡村，怀揣梦想，总想着能给学生最好的教育，想着能够温暖身边每一个生命幸福的成长。为彼此生命的价值，更为家国的未来。

一、希冀：行走在寻梦的路上

30年为党育人的寻梦之旅，我从乡村到城镇，从小学到初中，又从初中到高中，而后再次回到乡村一所九年一贯制学校。一路走来，自己一直在用初心坚守、用青春陪伴、用情怀书写着幸福的教育人生。时刻期盼能给自己的学生创设一片教育的沃土，给他们的生命以尊重和成长；时刻期盼家乡的教育能像北京、上海等一线城市一样，有美丽的校园，先进的理念，优质的资源，能够让教育不因地域差异而限制和影响。

在中华民族伟大复兴的历史进程中，党和国家的社会各项事业快速发展，全国教育改革亦一路高歌前行。十八大以后，党和国家的教育方针全面聚焦“立德树人”“素质教育”，国家为创办公平而有质量的教育和人民满意的教育，积极推进教育均衡化发展，全力缩小地域和校际差异。我知道，在国家对教育高度重视和优先发展的大背景下，身在乡村的自己一直坚守的教育梦想变得愈来愈清晰和现实，我国乡村教育的快速发展越来越变得触手可及。寻梦的路上，我已看到了光芒。

二、欣喜：现实照进梦想

春风梳万物，燕赵起惊雷。2014年2月26日，习近平总书记在听取京津冀协同发展工作汇报时强调，实现京津冀协同发展是一个重大国家战略，要坚持优势互补、互利共赢、扎实推进，加快走出一条科学持续的协同发展路子。国务院也出台了“京津冀一体化”方案。此后，北京、天津、河北相继出台相关文件，着力推动京津冀协同发展，河北的经济社会发展被上升为国家战略。教育作为社会公共服务的一项重要内容，实现协同发展被京津冀三地政府都写进了规划和方案。作为燕赵大地上一名普通的教育工作者，我深深感受到家乡教育未来的希望。再一次感到梦想被现实点亮！但也深深懂得，协同发展带来教育发展机遇的同时，更多的还会是一种挑战。这种机遇会是理念和资源的注入，平台和机会的创造，而挑战则是每一个教育人一场主动学习、自我成长的革命。我知道，面对挑战，作为党的教育干部唯一的选择就是学习提升，唯一能做的就是充分融入。而这需要自己在思想上的高度认知，精神上的充分准备，个人素养和学校领导力的大幅提升。我暗下决心，一定要抓住京津冀协同发展的机遇，为家乡的教育，为身边每一个孩子的幸福成长，也为自己教育生命的绽放和为党育人教育梦想的达成，勇敢迎风而上，一路前行。

三、兴奋：为梦想编织羽翼

在京津冀协同发展政策的感召下，祖籍安新县端村、一直在京工作的我国金融界翘楚方风雷先生凝聚各方爱心力量，在安新县委、县政府的支持下，回报桑梓，和政府一起兴建乡学。于是，白洋淀畔一所由北京希埃希建筑设计院设计的高标准、现代化学校在田野间拔地而起。这是梦想的力量吧！新学校建成后，我受县委、县政府、教育局主要领导和学校捐资方委托，伴随着国家京津冀协同发展战略的实施，肩负发展家乡农村学校的期望和重托，走上了端村学校的领导岗位。终于，梦想的力量给了我一个真实而美丽的校园，给了我一个梦想实践的舞台，也给了我一份沉甸甸的责任和期望。

激动、兴奋！而后归于冷静和思考。自己要把端村学校办成怎样的一所学校，自己要给学生怎样的教育，如何用好国家的政策背景和北京优质的教育、社会资源，如何同京津携手，同频共振，探索基础教育改革，引领乡村学校的发展，成了我给自己的第一次命题。

我知道，要回答这些命题，除了对自己教育梦想的深度思考和认真反思、梳理，还必须要知道中国当代教育的现状和国际教育发展的趋势，更要懂得为谁培养人、如何培养人和培养怎样的人的教育命题。而后者的实现必须要靠自己站在中国基础教育的前沿去观察、审视和发现。于是，2014 年到 2015 年，我寻访了北京、山东、上海、江苏等地的 12 所名校，看文化、学管理、进课堂……潜心求教，用心悟学，吸纳、思考、借鉴。同时，密切关注着国外前端的教育理论和实践。2016 年初，我在深度学习和理性思考之后向全体教师指出："办好教育首先要加强党的领导，坚定办学方向，管理学校更要注重发挥党组织的战斗堡垒作用。""乡村教育不应该等于落后教育。""京津冀协同发展下的教育一定是面向未来，关注国际，培养国家和社会需要的全面发展的人的教育。""教育的目的不是为了选拔，端村学校要创造适合每个学生发展的教育。"于是，我向全体教师提出：端村学校要实施幸福教育，为学生终身幸福奠基，从小培养学生幸福生活的能力；学校要办成一所有影响力的品质学校，要成为农村基础教育的一面旗帜，用教育温暖每一个学生的生命！

我知道，梦想的搭建与现实的构建需要的不仅仅是热情，更需要党建引领和落地可行的教育行动、不断创新的教育智慧。于是，我逼着自己学习、反思、研究、实践，我开始从学校理念、文化、管理、课程、评价等各方面系统构建，开始借助北京优质的社会和教育资源助力学校发展，为学校在新区成立之后的快速发展奠定了坚实的基础。

四、着魔：梦想起航的日子

燕赵儿女多壮志，千年大计落雄安。如果说人生总有意想不到的惊喜，我想之于自己，最大的惊喜莫过于雄安新区的设立了。2017 年 4 月 1 日，中共中央宣布成立河北雄安新区，并称之为千年大计、国家大事。习近平总书记对新区建设提出了"世界眼光、国际标准、中国特色、高点定位"新要求。《河北雄安新区规划纲要》指出，雄安新区作为北京非首都功能疏解集中承载地，要建设成为高水平社会主义现代化城市、京津冀世界级城市群的重要一极、现代化经济体系的新引擎、推动高质量发展的全国样板。我深知，而这一切都需要新区建立与之相适应的优质社会公共服务体系和资源，特别是与之相适应的优质教育资源，而雄安三县教育的现状还远远不能适应新区建设的新要求。

随后，北京市人民政府与河北省人民政府又签署了《关于共同推进河北雄安新区规划建设战略合作协议》，在教育卫生方面明确提出北京将为雄安推出一批交钥匙工程在雄安布局落地，接受雄安委托为其代管这批教育医疗机构，帮助雄安新区建设高起点的公共服务设施。

2017 年 12 月 10 日，新区领导明确提出"千年大计，教育先行"。

一石激起千层浪，新区的教育发展被提到了前所未有的高度，教育被作为新区三县主要领导和三县人民的头等大事。新区三县迅速行动，纷纷制定教育提升发展规划。这让新区每一个教育人无比兴奋，也让每一个教育人和新区的家长看到了三县教育未来优质发展的希望！我深深地懂得新区三县的教育迎来了更优质、快速发展的重大历史机遇。

但思考之后我也深刻地认识到，雄安新区的成立对新区内的学校发展意味着什么。一是京津冀乃至全国、全世界的优质教育资源会迅速、大量地通过各种渠道和方式进入新区，形成对新区现有教育的接管、打破和重塑，形成一种全新的教育发展格局。在新区会很快诞生一大批优质的中小学和幼儿园，来承接未来新区建设者对优质基础教育资源的需求。二是雄安新区会把教育事业放在优先发展的战略地位，加大教育的投入和引入，有步骤地改造和提升新区现有基础教育的发展，使之最大限度地对接和融入新区未来教育发展的要求。三是一方面新区现有学校的硬件条件将得到极大改善，学校的师资队伍将得到补充、优化和提升，另一方面新区现有学校办学理念、管理水平、育人质量，教师的教学理念、综合素养将面临严峻的挑战，必须快速提升，与京津冀优质教育看齐，否则将会被逐步淘汰。

我深知，新区教育与京津冀优质教育之间，与新区未来教育的发展要求之间还存在着巨大的现实差距，理念的、条件的、管理的、师资的、资源的、家庭教育的……这机遇的背后是对新区原有校长和自己更大的挑战。新区现有教育如何发展，现有学校如何定位，新区未来需要怎样的校长和教师……在这一接管、打破和重塑的过程中，在全新的教育发展格局中端村学校能不能、端村学校的教师能不能、自己能不能适应并跟上新区教育发展的步伐和要求……这些成了我深入思考的问题。

细思之后，我第一次在梦想之外感受到巨大的责任和压力。但我坚定地认为，无论是学校还是个人，为党育人、为国育才，努力学习提升是适应新区教育要求的唯一的选择。

于是，我着魔般地开始了我的第二次学习之旅。两年的时间里我参加了河北省教育厅组织的在北京师范大学进行的“雄安新区骨干校长高级研修班”“雄安新区中小学研究型校长培养项目”，在苏州大学进行的“河北省乡村学校校长高级研修班”，教育部组织的在北京师范大学进行的“第 91 期全国小学骨干校长高级研修班”“第 12 期全国小学优秀校长高级研究班”。此外，我还 3 次到北京和江浙知名学校进行深度考察、跟岗培训，不断提升自身理论素养和办学实践能力。北京的中关村一小、中关村三小、朝师附小、一师附小、光明小学、润丰学校、史家小学，杭州学军小学、时代小学……都成了我参访学习的圣地。为汇集优质教育资源，我在参加了教育部全国小学骨干校长高级研修(究)班之后，主动与全国 30 个省市的优秀校长建立起学习互动平台，交流办学思想，分享育人心得和教育成果，汲取校际协同发展的丰厚营养。

五、践行：为梦想而奋斗

每一次学习归来，对我而言都是一次思想的洗礼、办学实践的反思和沉淀。借助给新学校和自己提供的深度学习和成长机会，我觉得自己的办学思路更加清晰、明确了。

2017 年 9 月，我在 2016 年提出的学校要实施幸福教育的基础上，构建并提出了端村学校“一体五翼”的幸福教育体系，作为为党育人、为国育才实施幸福教育的框架、载体和支撑。2017 年 10 月，我统整国家、地方、学校的课程，在借鉴北京清华附小和重庆谢家湾小学课程体系的基础上构建了端村学校“5＋X”幸福课程体系，作为学校实施幸福教育的抓手和终端。同时明确了 8 项师生能力培养目标作为端村学校师生的必备品格和关键能力。多年的学习和探索之后，我在一年的时间里，用行动回答了自己提出的教育命题，并将其扎实地落实在课程和课堂之上。

将学习幻化成智慧，为梦想而奋斗。在学习和实践过程中，我深刻地认识到学校管理的最好方式是实现文化管理。记得在一次参加北师大组织的校长论坛上我讲道：“建设学校文化就是在构建一个学校师生发展的场，就是在建设一种学校生态。这个场和生态应该包括学校的物质文化、精神文化和行为文化，它是学校的育人精神和价值追求。学校文化的本质意义在于影响人的发展，其最高价值应该在于促进人的发展并形成价值输出。它既显性地体现在学校物质文化、行为文化之上，也隐性地存在于学校的精神文化之中。”所以，从 2017 年暑假起，我开始系统梳理和建设学校文化，用于引领学校幸福教育的实践。基于此，我利用 2 年的时间系统构建并用 2 个月的实践梳理出了自己的学校文化，对学校的核心文化、空间文化、管理文化、行为文化、课程文化，全部进行了阐释和说明，同时明确提出了端村学校师生的核心价值追求，以校本教材的形式印刷成册。为兄弟学校的文化建设提供了基本的范式和有益的借鉴。

在学习培训中，我深切地感受到，一所品质学校应该努力找到自己的办学优势，形成自己特有的办学风格和育人精神。所以，我依据学校建校时的资源优势，开始着手打造自己学校鲜明的教育特色。学校捐资方中有一位很重要的人物——北京荷风艺术基金会的创始人李风先生。他是一位企业家，也是一位期望以艺术教育推动社会进步的理想者和实践者，尤其是对乡村儿童的艺术教育普及更是不遗余力。我觉得，将艺术教育作为端村学校的办学特色，有着天然的优势和巨大的育人价值。国家层面，大力倡导高雅艺术进校园；社会层面，乡村儿童艺术教育师资、场地匮乏；学校现实层面，李风先生可以为学校的艺术教育免费提供北京最优质的教育资源。育人层面，艺术教育对于开发学生的想象力和创造力，全面提升学生的人格和素养，培养优秀的品质有着不可或缺的作用。此外，艺术教育还能很好地培养学生的国际视野和对美好事物的欣赏和传播能力，有利于学生文明、快乐、自信、幸福地成长。于是，将端村学校打造成乡村儿童艺术教育的窗口，打造成全国艺术教育示范校，成了我对学校幸福教育的特色追求。

在荷风艺术基金会的支持下和学校的努力下，我们设置了三级艺术课程，开设了芭蕾舞、管弦乐、教育戏剧、合唱、美术、体育舞蹈等艺术学科，成立了相应的艺术社团，请来了北京舞蹈学院、中央音乐学院、中央戏剧学院、北京师范大学、中国爱乐乐团的老师上课。就这样，乡村学校的孩子们拉起了小提琴，跳起了芭蕾舞，弹起了钢琴，背上了画板，演起了话剧……高雅的艺术教育让乡村的孩子们有了享有艺术滋养的机会，让孩子们学会了审美，看到了外面的世界，特色的艺术教育也让孩子们的多元智能得到了开发和保护。在艺术学习的过程中，端村学校的孩子们从乡村走向了央视的荧屏，走进了国家大剧院，走进了北京音乐厅，也走进了国家级艺术院校……同时也和美国、荷兰、加拿大等国家和香港地区的孩子们开始了艺术交流。艺术教育悄然唤醒白洋淀畔渔家儿女的艺术之梦，潜移默化地影响着家长们的教育思想和观念。艺术教育如春风化雨，也在悄然改变着家庭和社会的风气。家长们陪孩子舞蹈、练琴、学习的多了。端村学校的艺术教育也被央视各频道、多省卫视、《人民日报》、界面新闻、人民网、新华网等国内近百家知名媒体广泛报道。2016 年，端村学校的学生在华北五省区市舞蹈大赛上一举斩获创作和表演两项金奖；2017 年 11 月 23 日，腾讯公司和北京荷风艺术基金会雄安新区艺术行动在端村学校隆重举行。艺术教育让端村学校逐梦飞翔，成为雄安新区基础教育的一张靓丽的名片。

六、收获：梦想赋予的责任

我任端村学校校长的 5 年，恰恰是中共中央、国务院正式提出京津冀协同发展这一重大国家战略后的 5 年。在京津冀协同发展的 5 年和雄安新区成立的 2 年时间里，我带领全体教师把一个新建的乡村学校倾心打造成了一所办学理念先进、办学特色鲜明、办学品质卓越、办学成效显著的河北省素质教育示范学校、北京荷风艺术基金会乡村儿童艺术教育首个项目学校、北京市东城区妇联京津冀家庭教育协同发展实践基地、北京市文博交流馆国家级非物质文化遗产传承基地、河北艺术职业学院招生考试中心和生源基地、河北大学艺术学院教育科研和社会实践基地，得到了省政府和新区主要领导的高度肯定。

近几年，北京各高校、团体、教育机构及各省市兄弟学校1000多人先后走进端村学校考察交流。2018年4月，教育部全国骨干校长高级研修班20位骨干校长“雄安行”，走进端村学校参观考察。2018年7月，河北省教育厅副厅长董友，教育部北京师范大学校长培训学院院长毛亚庆、副院长张行涛，率领教育部12位全国领航班校长和8位广州市教育家培养对象校长走进端村学校，开展校长论坛。2019年，学校代表雄安新区参加全国教育系统优秀单位评选。

几年里，我本人作为一名普通的乡村学校校长多次走进教育部组织的国家级培训，目前已分别从教育部第91期全国小学骨干校长高级研修班和教育部第12期全国小学优秀校长高级研究班毕业。多次为全县中小学校长进行校长领导力和课程改革的培训，多次受到省厅领导和培训学院领导的肯定。目前，我正在努力向着专家型校长迈进。

2020年3月，安新县教师发展中心成立，我被县委组织部任命为安新县教育工委委员、安新县教育局党组成员，分管教师发展中心并兼任中心主任，肩负起全县教育培训、教学管理、教育信息化及语言文字工作。

一年多的时间里，我认真抓好党建工作。提出建立学习型支部、专家型支部、实干型支部，结合“争先创优”“百年党史学习教育”等活动，认真抓好“三会一课”落实，坚持政治学习与业务学习相结合、集中学习与个人自学相结合、自身体悟与交流研讨相结合、理论提升与工作践行相结合，充分发挥发展中心的党员的示范带动作用，为发展中心的各项工作的顺利开展打下了坚实的基础。

实践中，我打造了教师发展中心“师道成长、师道向好、师道创新”的核心文化与价值追求。提出了以学习促进成长、以专业引领专业、以创新推动发展，用“师道”引领区域教育的教学之道、治校之道、发展之道的办学思想。确立了把发展中心办成区域名师、名校长的成长摇篮，县域教学指导、教学研究、教学管理中心，区域智慧教育、未来学校建设的推进器；让发展中心成为县域教育发展的政策智囊，区域教育培训理论与实践的创新者，国内外优质教育资源、教育智慧的分享平台；让发展中心做县域教育的领航者、新区教育的领跑者、国内教育的领先者的三级目标体系。具体工作中，我制定了中心的三年发展规划，构建了我县校长、教师的培训体系，搭建了我县“骨干校长、优秀校长、领航校长”和“骨干教师、优秀教师、学科名师”的培训梯队，开展了系列专题培训，建立了涵盖15个教育发达省市的培训专家库和校长、教师培训实践基地；修订完善了我县各学段学校、校长、教师的教学管理和评价方案，确定了课堂评价和教学质量评价指标，建立了校本研训指导方案及研训指导机制；按照上级要求完成了我县教育信息化建设5年规划，推进了我县智慧校园、智慧教室建设和信息技术与学科教学的深度融合……

我深知，成绩和荣誉是压在肩头的责任。虽然我个人和所负责的工作借助京津冀一体化和新区成立取得了一些成绩，但距离新区未来教育的发展要求还相距甚远。2021年，雄安新区已开始迎来大面积开工建设，新区教育也必将迎来更大的发展。一大批京津冀名校逐步落户雄安，未来一些国内知名教育集团和国际知名教育机构也必将布局雄安。作为新区基础教育阶段的校长和教育管理者，如何引领全县教育干部和教师跟上新区建设及新区教育发展的步伐？自己还需要更加努力地学习提升和创新发展。

“千年大计，国家大事”，参与是幸运，更是责任。眺望远方，不问归途。我将继续以“功成不必在我，功成必定有我”的决心，带领教师发展中心领导班子立足新区和我县教育教学发展实际，按照《安新县教育发展规划》，进一步提升全县各级各类学校的办学品质，加强学校教师专业素养和育人精神的培育，为实现我县未来5年的跨越式发展，为深度融入京津冀教育一体化做好充分准备。我相信，未来的自己一定能跟上新区和全国教育发展的脚步，未来的安新教育也一定能够更好地实施素质教育，落实立德树人的根本任务，培养德智体美劳全面发展的社会主义建设者和接班人，为奠定雄安新区千年大计的教育和文化基础贡献力量。

这就是我，一个在教育路上追梦、筑梦，将自己的青春和热血融入民族复兴的“中国梦”，恪守初心，努力前行的新区教育人不断成长的心路历程和不懈追求……

我坚信，追逐生命花开，定会一路芬芳。我坚信，有梦想，就会有力量！

生命与教育相爱

——记玉溪市江川区大街中学三街校区顾绍林同志先进事迹

云南省玉溪市江川区教育科学研究所　黄　毅

顾绍林，1968 年 9 月出生于云南省玉溪市江川县(现江川区)前卫。在前卫上了小学和初中，于 1986 年 7 月自玉溪师范学校毕业，1986 年 8 月到母校任教。一个风华少年从此走上了教育之路。一路走来，已然成了谦谦君子。

他不仅爱自己的事业，更爱他的学生。35 年来，他自己数不清辅导过多少学生，不管是校内的还是校外的，无数个星期天和节假日，对许多慕名而来求教的学生，他总是循循善诱、精心辅导，对许多家长给予的报酬，总是婉言相拒、淡然处之，赢得了学生的爱戴和社会的广泛赞誉。始终用“学校是我家，学生是我娃”的朴实诺言对待工作。对学生始终真情付出，用爱导航，当学生辍学时，他三番五次地去家访，去做学生及家长的工作，不让一个同学落下，让他们都顺利完成义务教育。接手的每一个班，精心管理培养，班级中同学团结友爱，班风良，学风浓，师生和谐进步，都成了学校的文明班级，其任班主任的 29 班曾被评为“云南省先进班集体”。担任学校管理工作，以校为家，把学校打造成示范性学校。

一、从不断的学习到可持续发展型人才

教师需要终身学习，才能适应时代的发展。顾绍林凭着对教育事业无比热爱的激情，从一个中师生开始就孜孜不倦地学习。2001—2003 年，被选拔参加了玉溪市首届中小学骨干教师培训；2003 年，参加了云南省骨干教师培训；2002 年 12 月—2003 年 1 月，在北京师范大学接受了为期一个月的西部地区国家级骨干教师的培训；2008 年 11 月，在北京西城区教师研修中心参加了玉溪市初中数学学科带头人培训；2017 年 8 月，到华东师范大学参加校长培训。自强不息的追求，系统的学习培训，为他的教育教学及学校管理奠定了坚实的基本功。

扎实的理论知识和勇于创新的精神动力，使他一直走在教改的前沿，在

探究如何对农村学生实施有效教学方面，不仅有他独特的风格，而且形成了一套行之有效的方法，并取得了很好的教育教学效果。多年来，不管多差的班，只要他接手，学生成绩很快就能有明显的提升。所教班的教学成绩一直在全校、全县名列前茅，履现职以来，学年末统测共获两次县第二、四次县第一、四次校第一(取消县排名)。所撰写的论文《加强教师管理　推进班级文化建设》获县二等奖，《夯实基础，数学复习之本》获省二等奖、国家级二等奖，《培育团队精神，走内涵发展之路》获国家级一等奖，被收录入《中国名优校长治校之道》一书，《有理数的加减法则》说课稿发表于《玉溪教育科研》，论文《让学生真正成为教学的主体》发表于《玉溪教育》。多年的磨砺，使他成为一名具有独特的教学风格、精湛的教学艺术、敏锐的教学领悟能力和勇于创新的教育科研型教师。

顾绍林本人还带领教师承担了江川县课题“主体教育研究与实验”学校子课题“分层教育研究与实验”的课题研究，对农村初中学生“培优帮扶”的实施进行了有效探究。2005 年，学校被列为玉溪市“培优帮扶”试点学校，并在学校召开了全市的现场会，把好的经验向全市兄弟学校推广，取得了较好的辐射效果。在做好学校工作的同时，顾绍林还应邀到全县及玉溪市的同类中学上示范课、研讨课，把自己的教学理念、教学方法毫不保留地向他们展示，并多次在校、县、市中考研讨会上做专题发言、经验交流。2004 年、2006 年他分别参加了云南省及玉溪市的中考数学命题，2006—2007 年参与编写修订了云南大学出版社出版的《新课标综合素质训练与测评》，2008—2009 年参与了《综合素质教育学业水平测试·考评分级达标》的编写。在发挥自己所长的同时，顾绍林注重其他教师的成长培养，多少个夜晚，还在和新教师、参赛教师研究教材，指导他们怎样进行教学设计，怎样让学生易于接受。他辅导的许多教师在各级讲课赛中获得较好成绩，还有许多老师成为县、市级骨干教师。2013—2015 年主持“玉溪市初中数学名师工作室”工作，2016 年至今主持“玉溪市顾绍林劳模创新工作室”工作，充分发挥了模范的辐射、引领作用。

二、从教育一线的精英到教育的引领者

自担任学校教导主任、工会主席、副校长、校长等职位起，顾绍林始终把教学质量作为学校的生命线，只自己所教的班优秀不行，还应该让整个学校都优秀起来。当校长之后，有人说“校长只需搞好管理即可”，但他坚持先做好老师，再做好校长，35 年来，从未离开“三尺讲台”，一直从事自己的数学教育教学，以自身的师德影响着周围的老师与学生。在常规教学管理中，

始终坚持“以研促改，以改促教”。按学科、年龄结构、知识结构分类，帮助教师做好职业规划，实施“名师工程”“青蓝工程”，对新入职教师进行家访……使每一位教师都有成功的可能。“做前卫人、铸前卫魂”，大家齐心合力，校园即为家园，教师们除了假期，基本上以校为家，每一位教职员工都充满激情，立德树人，安心从教。教师们具备了不甘落后的敬业精神、不搞内耗的协作精神、不计得失的奉献精神，学校呈现风清气正的良好局面，没有一个人会说前卫中学哪方面差，只说哪方面我们还需做出怎样的努力，使其更好。同时认真抓好教师的各类培训，他充分发挥示范作用，言传身教、亲自上示范课，悉心指导教师的教育教学，并带领老师分批到教育发达的市、县学校学习。开展说课、上课、反思、评课“一条龙”活动，使教师的观念得以更新，一大批中青年教师迅速脱颖而出。学校拥有了省、市、县级骨干教师27人，初步形成了各学科搭配均衡、整体优势突出的教师队伍格局。成功地将前卫中学发展起来，教学质量迅速提升，连续多年教学成绩在全县名列前茅，赢得了社会的一致好评，使前卫中学真正走在了全县的“前卫”，学校被评为云南省一级一等初中、云南省文明学校、云南省民族团结教育示范学校、玉溪市“十一五”教育科研工作先进集体、江川县教学研训工作先进学校、云南省绿色学校、江川县统一战线民族工作先进集体、江川区中华传统美德教育实践示范基地、玉溪市三八红旗集体……2019年顾绍林调至大街中学三街校区任校长，三年来，承担毕业班的数学教学工作，在紧抓教学成绩的同时，狠抓学校管理，加强教师队伍建设，让每一位教师具有存在感、幸福感、主人翁感，以“学习”为核心，构建了“学习型教师”“学习型学生”“学习型课堂”“学习型课程”的学校文化。经过近三年的努力，学校各项工作齐头并进，各项工作都取得了优秀的成绩，学校呈现出欣欣向荣的局面。

三、桃李树下谈教育，携桂扶风畅未来

几十年如一日心系教育、无私奉献，他也获得了许多荣誉：多次被评为江川县优秀教师与优秀教育工作者，2001年被评为云南省优秀教师，2003年成为《玉溪教育》第四期封面人物，2004年被认定为玉溪市首批中学数学骨干教师，2005年被认定为江川县首批学科带头人，被聘为江川县教育科学研究所兼职教研员，被玉溪市教育科学研究所聘为2006—2007年中考专家组成员、玉溪市数学理事会成员，2014年被认定为玉溪市首批数学学科带头人，2009年被评为全国模范教师，2010年获玉溪市终身从教奖，同年被认定为省部级劳动模范，2011年获云南省教育功勋奖、云南省科技兴乡贡献奖，2012

年获云南省“最美乡村教师”称号，2015 年评为“宝钢杯全国杰出中青年教师”，2018 年获云南省乡村从教 20 年以上优秀教师奖。

连续三届担任县(区)政协委员，并两次被评为优秀政协委员，2012—2017 年担任玉溪市人大代表，现担任玉溪市第五届政协委员，为民生、教育发展献计献策。

四、生命与教育相爱，奉献教育不忘初心

脚踏实地认真做好本职工作，成长为专家型教师、专家型校长，把学校办成人民满意的学校是他一生的追求，现在虽然从事的教育教学、学校管理，取得了优异的成绩，但他仍矢志不渝，奋力向前。

“春蚕到死丝方尽，蜡炬成灰泪始干”正好准确地描述了他 35 年的教育生涯，生命不止，教育不停。生命与教育相爱，砥砺前行，不忘初心。

不忘初心，教好书育好人

河北省衡水市武强县第二实验中学 周新盼

在庆祝中国共产党成立 95 周年大会上，习近平总书记发表了高屋建瓴式的重要讲话。在讲话中，习近平总书记先后 10 次谈到了“不忘初心”。“不忘初心”这 4 个字犹如夜空中的启明星，为党和国家的事业指明了正确的前进方向；又犹如久旱之后的甘霖，为每名共产党员进行了一次灵魂的净化与洗礼。那么，作为一名党员教师，我能做的就是教好书育好人。自从迈上讲台的那一刻，我就牢记从教初心，坚持以“立德树人”为根本任务，秉持“不让一个孩子掉队，不让一个孩子迷路”的教学理念，落实“爱而有情，管而有心，罚而有度”的教育原则，让每一个孩子获得全面、综合的发展。

一、求真务实，保持纯洁

2007 年，在大学毕业之际，我光荣地加入了中国共产党。时至今日，已有 14 个年头，但从始至终入党誓词一直萦绕在我的耳际，时时刻刻激励着我不断向前，不忘初心，牢记教师职责。作为一名党员教师，不忘初心，就是要求真务实，始终保持党员纯洁性。

(一)爱岗敬业，加强师德修养

作为一名人民教师，最重要的就是要拥有高尚的师德修养。教师高尚的师德修养，对学生健康人格品性的培养、良好行为习惯的养成、健全心理素质的形成、优秀学业成绩的发展都有着至关重要、潜移默化的作用。与此同时，党员教师的高尚的师德修养也能对周围的其他教师同行起示范、引领的作用。那么，如何才能形成高尚的师德修养呢？师德修养是建立在对自己所从事的教育事业的热爱，对自己学生的热爱的基础之上的。所以，作为一名党员教师应该站在为国育才的高度，牢固树立立德树人、以人为本的理念，努力抵制各种不良因素的诱惑，发扬全心全意为人民服务的精神，甘于平凡，为了学生的一切，一切为了学生，为了一切学生。

(二)加强学习，提高自身素养

苏霍姆林斯基曾经说过："在你的科学知识的大海里，你所教给学生教科书里的那点知识，应该只是沧海一粟。"作为一名教师，只有不断充电，随时随地加强自身的修养，才能维持教学的青春和活力，才能教育好不断发展的学生。有句老话说得好，教给学生一碗水，我们要有一桶水。然而，现在看来，一桶水都远远不够，必须要细水长流，而且要有活的源头。当我们自己的关于教学的整个知识系统越来越丰富、越来越庞大时，我们就会感觉教学越来越得心应手，我们在课堂上的语言就会更加丰富，更能吸引学生的注意力。因为我们在这方面的知识是学生的十倍甚至几十倍，上百倍，我们就有能力应对学生在这些方面所提出的疑问，这更能激发学生学习的积极性。

(三)端正态度，平等对待学生

花季雨季的少年，平时打打闹闹，犯点小错误是在所难免的事。当孩子们犯错误的时候，我们会心一笑，没必要上纲上线。学生的身心方面都需要教师尽心尽力地呵护，维护他们纯真的心灵。因此，在现实的教学中，我尊重学生的人格，以平等的态度对待学生。爱护学生的自尊心，充分调动学生的积极性和主动性，发挥学生的主体作用，这与缺乏尊重的"严"是相对立的。因此，有时"严"做不到的事情，通过尊重这种教育手段，却能收到较好的效果。我班有几位学生，书写格式总令我头痛，有时我真想当众训斥他们一顿，但我转而一想，万事都有原因，只要找出原因，对症下药，"病"就可以医治。如果一骂了事，也许可以立竿见影，却容易造成师生感情上的隔阂，这种心理上的"病"却永难根治。于是，我分别找他们谈心，手把手地教他们格式，诚恳地希望他们把字写端正，并及时给予鼓励。后来，他们果然没有再发生让我"恼火"的事了。

蓦然回首，作为一名党员，我始终保持党员的纯洁性，不让任何的不良思想腐蚀自己；作为一名教师，我始终铭记教师的职责，不断提升自身的业务素质。

二、潜心备课，用心教书

作为一名教师党员，不忘初心，就要潜心备课，用心教好书。备课，既是教师实施课堂教学的前提和基础，又是教师能否达到教学目标的关键与要领，同时也是有效提高教学质量和教学水平的保证和保障。

（一）钻研教材，做到"脑中有书"

认真钻研教材，包括吃透教学大纲，搞清教学目的，在此基础上研究教材和参考有关教学资料。钻研教材，应该力求达到懂、透、化的程度。所谓"懂"，就是教师对教材的文字语言、基本思想、主要内容、思考题目和图表设计等，都要真正做到弄懂弄通。所谓"透"，就是教师在吃透教学大纲精神的基础上，从知识体系上把握和领会教材的编写意图、教学目的，找出该学科的重点、难点和关键点。所谓"化"，就是教师要把教材中的知识化为己有，融会贯通，力求运用自如地化难为易、化抽象为具体、化枯燥为有趣。此外，教师在钻研教材时，要有不断更新、充实和完善教学内容的意识，注意收集整理和积累相关学科与本学科有联系的内容、信息、资料，以不断扩充知识和提高自身任教素质与教学能力、水平。

（二）准备教案，做到"心中有纲"

教案是教师组织课堂教学的"纲领"。教案内容通常包括学科课题、教学目的、教学内容、教学重点、教学难点、教学过程、教学手段的选用、教学设备器材的准备、课堂板书的设计以及影音资料的放映等。教师准备教案，一般应该体现"明确、正确、准确"的基本要求。具体地讲，就是按照每一课时要完成的教学内容，准确地安排以课时为框架的授课内容和时间分配。在教学进程的设定时，既要注意教学内容的逻辑顺序，又要准确地突出教学内容的重点，并提出难点和关键点。另外，对课题导入、课堂提问和课终小结等，也都要在教案中精心设定，以体现准确、规范和严谨的教学作风。自任教以来，我每学期都要工工整整地书写 10 本以上的教案设计，截至 2017 年暑假已完成手写本教学设计 200 多本。从 2017 年秋季开始，我开始进行电子备课，截至目前，已完成电子教案 100 多篇，约 300 万字，超过 500 课时，教学课件 200 多个。在学生作业方面，我一直坚持全批全改的习惯，每学期要给每个学生看 200 次以上的作业，每学期的作业批改次数达 1 万人次以上。

（三）运用教法，做到"手中有法"

教师课堂教学，一定要不拘一格、开拓创新，灵活运用各种新颖、有趣、有效的教法。教学方法和手段的确定，一般应该根据该课程教学内容的特点，从本单位教学设施条件和学生知识水平的实际情况出发，贯彻思想性与科学性相统一、直观与讲解相结合，以及启发诱导、循序渐进和因材施教等教学原则，选择能够把学生推向主体地位参与学习的有效方式，设计环环紧扣、步步深入的教学流程，如讲授法、读书指导法、论证法、演示法、练习法、图解法等。随着现代科学技术的发展，多媒体计算机广泛运用于教学领域，使教学方法日趋广泛、科学、先进。

总之，只要教师在备课中恰当地选择和创造性地准备自己认为最为理想的教学方法，并广泛、虚心地听取同事的意见、建议，不断充实、完善自己的教案，进行试讲试教，就能在课堂上充分展示自己的讲课艺术，并形成自己的教学风格，提高教学水平和教学质量，为我国的教育事业多作贡献。

三、立德树人，诚心育人

作为一名教师党员，不忘初心，就要立德树人育好人。如果学生是一朵含苞待放的花蕾，教师的职责就是让他们在温暖的阳光里灿烂绽放。把孩子培养成才，是我们的终极理想。

(一)言传身教，身教重于言教

作为一名教师，我们要为人师表，不但要注重言教，更要注重身教。教师工作的“示范性”和学生所特有的“向师性”，使教师在学生心目中占有非常重要和崇高的地位。教师的思想感情、处事哲理、人生观点、品德修养甚至言谈举止、音容笑貌都会给学生留下极其深刻的印象，对学生有着熏陶诱导和潜移默化的影响。学生总是把教师看作学习、模仿的对象。教师的一言一行、一举一动，往往被学生看在眼里，记在心里，模仿在行动上。教师的人格影响，不仅对学生在校时期起作用，甚至以后对学生进入社会后很长时间都起作用。所以，教师需要处处为人师表，从小事做起，从自我做起，率先垂范，做出表率。

(二)严于律己，言既出势必行

作为学生的表率，作为传道授业的教师，我们一定要严于律己——凡要求学生做到的，自己首先做到；凡要求学生不做的，自己坚决不做。“勿以恶小而为之，勿以善小而不为”，教育无小事，事事见真理。因此，教师一定要时刻注意自己的一言一行，以高尚的人格去感染人，以整洁的仪表去影响人，以和蔼的态度去对待人，以丰富的学识去引导人。与此同时，作为教师的我们在学生面前要说话算话，正所谓“一言既出，驷马难追”。只有这样，我们的学生才能在潜移默化中养成“言而有信”的道德品格，才能在今后的学习、生活、工作中诚实待人，诚信做人。

(三)培养师爱，用师爱感化

师爱是师德的灵魂。师爱是消除师生之间情感障碍的保证；师爱是培养师生情，使师生成为“知心朋友”的桥梁；师爱是转变后进生，使他们良好发展的灵丹妙药。冰心说过，有了爱就有了一切，而我要说，有了爱才有教育的一切，爱是教育的灵魂，是人性的基石，是道德的起点。那么，我们必须用爱去浇灌，去奉献自己的爱心，去呵护学生的成长。教育，首先应该是温暖的，是充满情感和爱的事业，教师应多与学生进行情感方面的交流，做学生的知心朋友。爱需要教师对学生倾注相当的热情，对其各方面给予关注，爱将教学中存在的师生的“我”与“你”的关系，变成了“我们”的关系。和谐的师生关系，是促进学生学习的强劲动力。要做好一名人民教师，就要爱岗敬业，热爱学生，爱得专心致志，爱得大公无私，让爱撒向每一个角落，让每一朵花都沐浴阳光。

作为一名教师，我既要如慈母一般去理解关爱每一个学生，让他们快乐成长，也要像严父一样去严格教育每一个学生，让他们明辨是非；既要有严师一般的威严，去感化震慑每一个学生，也要有益友一般的和善，做学生的知心朋友。

“起始于辛劳，收归于平淡。”虽然我没有光鲜的衣着，也不会有悠闲自在的生活，但是我还是坚定地选择了这份职业，因为我知道，所有的职业都是在改造世界，而我所从事的职业也在“创造世界”，我所收获的是任何数字都无法计算的生命价值和幸福成果。就像此刻，心怀阳光，脚踏净土，桃李芬芳，一路向前！

深耕杏坛谱芳华　坚守师魂报桑梓

天津市教育科学研究院　曹　媛

1998年8月，年仅19岁的她初登三尺讲台，开始辛勤耕耘属于自己的教育沃土。也正是在那一年，她成了一名光荣的中国共产党党员。从此，她将最真挚的师爱撒在孩子们的心田之上；她紧追着课程改革的脚步砥砺前行；她时刻牢记自己的使命，做好一名党员教师应该做好的每一件事。她叫闫君燕，现任天津市津南区咸水沽第三小学语文教师，曾在农村边远校——津南区八里台第一小学的教学一线奋战了17个春秋。先后获天津市“五一”劳动奖章，天津市德业双馨十佳教师、天津市“敬业奉献好人”、天津市优秀教师、津南区“最美教师”等荣誉称号。

一、她以师爱之心起航，点亮了田野的希望

闫君燕从教23年，刚毕业那年，她被分配到一所农村小学任教。19岁，本可以在父母身边撒娇的她，却担起了照顾班上所有学生的责任，像一个大姐姐甚至妈妈一样。闫君燕上班的第一个学期末，正值寒冬，那年的冬天出奇冷。而学校当时的校舍很简陋，教室四面透风，孩子们上课的时候被冻得小脸红扑扑的，握笔的手因为冻麻了而写不了字。看到这些，她着实心疼孩子们，课间时常捧起孩子们的手给他们取暖，可是这样一点温暖对于改善孩子们的学习环境还是无济于事，该怎么办呢？经过一番思考后，闫君燕决定自掏腰包买来一些塑料薄膜将窗户封好。说干就干，行动派的她再也舍不得让孩子们多受冻一分钟，从小没有干过“粗活”的她拿起了钉子和榔头，站在课桌上，“当，当，当”，一下又一下，传出来的是敲钉子的声音，传进孩子心里的却是暖暖的爱意。

在近20年的班主任工作中，她用师爱在一批又一批农村孩子心中播种下了希望的种子。

为提高农村地区家长对教育的重视，也为让孩子和家长直接感受老师的温情和关爱，她十几年如一日，坚持通过家访与家长面对面沟通。学生们散

居在村子里，雨天一身泥，晴天一身土，家访不仅费神费心，更是一项体力活，方圆几十里，村子的每条小路上都留下过她的足迹，后来学生们搬到了居民楼里，家访也从未间断过。一批批学生，一批批家长，她成了大家的老朋友。在家访中，她了解到：小玉被寄养在亲戚家，想念妈妈才每天以泪洗面；小绪爸爸在外打工，这孩子便养成了懒散拖拉的毛病；小志因母亲改嫁独自和奶奶生活，性格内向而偏激……家庭的温暖和管束的缺失让这些孩子随波逐流。征得家长同意后，双休日她就把这些孩子轮流接到自己家，补习功课，嘘寒问暖，无微不至的关照让孩子们重新振作、乐观开朗起来。

闫君燕始终坚信：每个学生都能成为最好的自己。2010 届的小文同学，有些智力障碍，嘴常常张开着，口水、鼻涕挂在脸上，见了他，同学们都躲得远远的。对这样的学生，她没有丝毫的嫌弃和厌烦，而是像一个母亲那样，一直在生活上对小文进行着无微不至的照顾和心理帮扶。她先从养成良好的卫生习惯入手，手把手地教小文洗手；孩子脸上流着鼻涕，她就用纸巾帮小文擦干净，就当是自己的孩子一样。下课后，带着小文和大家一起做游戏，鼓励他与同学们交往；课堂上，千方百计让小文练习表达自己的想法；选小助手时，把关灯的“重任”郑重其事地交给他。小文的父母和爷爷在孩子毕业的时候，拉住闫老师的手，久久不放开，眼噙热泪，说：“离开了这个班集体，离开了闫老师，这孩子以后怎么过啊，真希望他永远不毕业，永远在闫老师的班里……”现在，闫君燕还时常打电话询问小文的生活情况，一朝为师，终生牵挂。

她是孩子们的知心姐姐，即使毕业了的学生，考试失利了也会打电话向她倾诉，找到工作会把快乐与她分享，遇到困惑会对她敞开心扉，很多学生和家长，多年后依然对她念念不忘，仍将她视为好友和家人，这些都让她感受了为人师的幸福与骄傲。

二、她以专业之心护航，照亮了孩子的前程

工作之初，她给自己定了 3 个“五年计划”——第一个五年要合格，第二个五年当骨干，第三个五年做优秀，每个小的节点都是她不断前行的缩影。20 多年来，她与学生一样，拥有一个台灯下的世界。她的案头摆满了各种语文教学杂志、书籍。在这个世界里，她学前辈精神，“啃”教育理论；在这个世界里，她静心反思，总结自己教育教学中的成败得失，写下一篇又一篇的教学笔记、工作感悟。十几年前，互联网并没有像现在这样普及，那时候想要上网查阅资料、学习是相当奢侈的，更别说在一个农村小学了。闫君燕知

道，由于环境的闭塞，她无法接触到外界丰富多彩的教学知识，也就无法给孩子们带来更多的知识，所以她决定用自己当时并不多的收入在家安装网络。自从有了网络之后，她一有时间就看名师上课的视频，遇到精彩的地方她会返回去再看，一遍、两遍……她珍惜每次外出听课、培训的机会，日常订阅的教学杂志多达近 10 种，从说课到上课，从总结到反思，学习更新了理念，时间积淀了素养，实践孕育了能力。

结合农村学生课外阅读量少、阅读视野窄的学情，她潜心开展"读写结合"教学实践研究，致力于"让学生在语言实践中学习语文"。她整天和学生待在一起，在教室这方小天地里大展拳脚，实践自己的教育构想。她以"经典诵读"、"小浪花"墙报评比、"小书法家擂台"等丰富的语文实践活动，对学生进行文化浸润。她用自己更高的能力和站位，告诉所有孩子，"看，远方有更美的风景！"

进步的道路并非一路坦途，2014 年，历经层层选拔，她即将代表天津市参加青年教师教学大赛，她也是 20 年来，首位代表天津市参加这项赛事的农村校教师。最初拿到参加全国教学大赛参赛"门票"的时候，看到领导和同事们鼓励的眼神，她由衷地兴奋，可想到要代表天津市和全国 30 多位精英比拼，又很忐忑。她暗暗下定决心：精心备战，全力以赴，以最美的姿态、最佳的成绩，回报学校，回报津南教育人给予她的培养和帮助。可就在此时，丈夫生病住院了，当她打算放弃参赛时，丈夫却比她还坚强，一次又一次鼓励她，众人也纷纷予以安慰。最艰难的时光里，丈夫住院近 3 个月，她未请一天假，每天下班后往返 20 多公里外的医院，晚上回到家才能筹备比赛。多少个不眠之夜，她关起门对着镜子，从语言到板书，到教态，一遍遍地演练，经常到凌晨两三点才休息。多少回试讲磨炼，她含着眼泪想"已经可以了吧，不改了"，但一想，有的环节改进后能让学生学得更好，她咬咬牙，继续着，坚持着！

苦的是身心，振的是精神，乐的是收获。赛场上，她以精巧的教学设计、精心的课堂组织、精彩的师生互动，赢得评委会和全国各地听课教师的一致好评，最终在与全国各地 31 位优秀教师的同堂竞技中，一举拿下特等奖。突如其来的挫折没有击溃她向上的脚步，无论是专业素养，还是意志品格，她都交上了一份令人满意的答卷。

耕耘是最好的收获，2010—2016 年，她连续获得首届全国小学语文青年教师教学大赛特等奖、天津市第八届"双优课"课堂教学、学科德育双一等奖、全国小学语文教师素养大赛天津选拔赛一等奖、天津市信息技术与课程整合优秀课一等奖。她代表内地教师在第十四届海峡两岸暨港澳地区语文教学交流活动中授课，得到各地与会专家的广泛好评。2019年代表天津市获评“全国小语十大青年名师”，她主持、参与的多项市、区级课题均已结题，多篇论文获国家级、市级奖项，并发表于国家级、市级重点期刊上。《天津新闻》、天津经济广播、《天津教育报》、津南新闻等多家媒体都曾对她的事迹进行报道。

三、她用谦逊之心远航，照亮了师者的前方

时间流转，越来越多的荣誉扑面而来，如同秋天的稻穗，这些荣誉未曾让她有些许骄傲，她一如既往地用默默无闻的奉献履行一位党员教师应尽的职责和义务。2015年，她调入了津南区咸水沽第三小学，以“归零”的心态让一切重新开始。作为学校语文教学工作的负责人，她以专业精神引领学校学术氛围，科学有效地组织各种促进教师发展的培训和主题活动，带动教师夯实教学基本功，提升学科专业素养，开拓教研新路。她带领全校语文教师进行整本书阅读校本课程的开发与建构，摸索出一套较为行之有效的学校整本书阅读特色模式。分年级制定阅读书单，推行“书语心听”读书卡，开展整本书阅读课评比、“日有所诵”班级特色晨读等丰富的语文实践活动，使老师们指导学生阅读有法可依，同时提高了学生的阅读力，营造了校园人人爱读书、读好书的阅读氛围。她还带领青年教师团队，潜心开展多领域、多层面的教学研究。结合汉字教学，基于字理识字，以统编教科书要求认识的汉字为内容，她组织青年教师在“清影小语”和“三雅教育”微信公众号推出“汉字故事”微课堂，“汉字故事”系列微课已被天津市基础教育公共资源服务平台“天津云课堂”和人教社数字微平台收录。她经常与年轻教师一起备课到深夜，手把手指点，一字一句推敲。赵老师参加天津市语文教师素养大赛，两个月的时间，她和赵老师一起备战，从粉笔字练习到讲故事编排，再到才艺展示、备课试讲……看到赵老师慢慢地进步、蜕变，直到在比赛的舞台绽放风采，闫君燕由衷地为她高兴。马老师、刘老师要做研究课，她一遍又一遍听试讲，出谋划策。孙老师要写教后反思，她们反复探讨，字斟句酌……她用实际行动不断传递着她的教育温度，感染和带动着一批又一批青年教师。在她的带领下，多位教师在国家、市、区各级各类教学评比中获奖，而她全心全意地付出和帮助，赢得了老师们的认可和赞赏。

如今，她在处理好日常教学工作的同时，深深知道荣誉带来的是更多的社会责任，便将公益事业作为自己努力的又一个方向。2016年1月，为青海玉树少儿之家的孩子们募集御寒棉衣，她和爱人一起，利用双休日，驱车挨家挨户募集捐赠衣物，两天时间，共募集御寒衣物200多件。2016年9月，

为西藏昌都市贡觉县中小学生募捐图书，得到社会各界爱心人士支持，共募集图书 1000 余册。

“却顾所来径，苍苍横翠微。”20 多年来，她在这片深爱的教育沃土上以青春的奉献演绎着精彩，以全情的投入创造着美丽，她从未停止过努力，也未隐藏过爱意。学高为师，德高为范，闫君燕老师这样的园丁，将美好的故事流淌在每一个平凡的日子里。

赓续青春心向党　唱响时代最强音

——2021年学好党史必修课的心得体会

黑龙江省宝清县高级中学　刘　卓

百年辉煌奋斗路，赓续青春新征程，学好中国共产党党史，上好党史必修课，是我们新时代青年的重要任务。逢中国共产党成立100周年，习近平总书记强调："回望过往的奋斗路，眺望前方的奋进路，必须把党的历史学习好、总结好，把党的成功经验传承好、发扬好。""大力发扬红色传统，传承红色基因，赓续共产党人的精神血脉，始终保持革命者的大无畏精神，鼓起迈进新征程、奋进新时代的精神。"习近平总书记的发言在耳边震彻，一句句铿锵有力的话语让全体共产党员心潮澎湃，备受鼓舞，而我也感受到了来自灵魂深处的叩问：青年担当，树立信仰，必以青春为伴，在工作岗位上铭记初心，坚定信念，向阳向党向明天。

一、青春向党，用坚定的信念凝筑师魂

习近平总书记曾语重心长地说：作为教师，需有三要，要成为大先生，要研究真问题，要坚定信念。这深深地触动了我。明月饰窗，辗转难眠，静思中，我对我的职业、我的人生、我的理想信念，也有了更多的思考。

十年树木，百年树人，当我们选择成为一名教师，我们也就选择了一种责任，一种付出。作为一名普通的青年乡村教师，我时常感叹自己何其有幸，能生活在这幸福美好的时代，可以用毕生的热爱去追逐我心中的梦想。

遥望历史，立足当下，无数默默无闻的奉献者，都成为我教师生涯中前进的灯塔，指明方向，照亮前路。击以风雪，置于危崖，却报之以歌、馈之芬芳的女高校长张桂梅；转蓬万里，情牵华夏，得唐宋薪传，贯中西文脉的风雅先生叶嘉莹；为救学生挺身而出的最美教师张丽莉；用爱撑起"天梯学校"，在最崎岖的山路上点燃知识火把的李桂林夫妇……一串串耳熟能详的名字，一段段平凡铸就的人生，都激励着我在平凡的岗位上坚守初衷，砥砺前行。

这不禁让我想起了15年前……

2006年8月，我带着对教师职业的崇拜，满腔热情地走进了宝清县高级中学，投入到我所憧憬与热爱的教育事业中。在工作中，我看到了兢兢业业、治学严谨的老师；看到了头顶星光家访，夜伴皎月回家的班主任；看到了写满红色评语的作业本；看到了被修改过多次的教案……那一幕幕在岗位上奉献青春的画面是多么真实，那一张张被岁月刻上痕迹的笑脸是多么真诚，那一道道期待孩子成长的目光是多么真切。

工作中，我对教师这份职业有了更深刻的认识。我在《我是快乐的班主任》中写下了这样一段话："当我把青春与梦想编织在一起，用一份责任来回报养育我的祖国时，我成为一名快乐的班主任。因为我是一名班主任，肩负着教化学生心灵的重托，所以我的肩上有一份责任；因为我是一名班主任，每天都能看到孩子们灿然的笑容，所以我的心里有一份快乐。一份责任，加上一份快乐，这就是我的难以忘怀的班主任生活。"

15年转瞬即逝，这15年里，有过成功，有过失败，也有过辛酸，但更多的是收获，是快乐，是内心的充实，是对教育事业更加笃定的热爱。

雅斯贝尔斯说："教育就是一棵树摇动另一棵树，一朵云推动另一朵云，一个心灵唤醒另一个心灵。"作为一名青年教师，在百年辉煌党史的学习教育中，我用革命先辈的奋斗精神，激励自己，升华思想，不忘初心使命，涵养浩然正气。在教学工作中，我用信念指挥行动，用行动强化信念，以大爱之心育莘莘学子，执青春之笔绘师者人生！

二、青春向党，用责任与担当奉献大爱

时光倒流，重回2020年开年之初，重回那段让人难忘的特别岁月。面对严峻的新冠肺炎疫情防控工作，作为一名党员教师，我志愿加入抗击疫情的队伍，那一刻我是光荣的，更是责任重大的。根据任务分配，我负责居民楼小区执勤，每天早七点到晚七点，需要定时或不定时地入户排查，洒扫消毒，登记测温，上报信息。在飞舞的雪花中，帮寡居的大娘把豆油拎到楼上；在呼啸的北风里，帮生病的大爷把垃圾拿到楼下；视频中，逗着四楼想妈妈的小娃娃；小区宣传群里，一边宣讲防疫知识，一边讲着让大家开心的笑话……与此同时，还要组织学生们上网课；组织老师进行网络教研培训；组织家长做好科学防疫，做好"家庭班主任"；组织党支部的全体党员同志积极投身于疫情防控之中……

对于孩子们来说，这场疫情无疑更是一堂意义深远的人生课。2020年2

月，我组织学校全体学生参加了由首都师范大学语文报刊社举办的“万众一心，抗击疫情”线上征文活动。我的学生于林池在征文中这样写道：“温暖这个冬天的是爱的力量，封城封路封不住爱，隔山隔水隔不断情。祖国需要人民共同呵护，我们就更应该为中华之崛起而读书。疫情终将会过去，待到春暖花开时，让我们共同感受万物生机的美。”王博同学说：“时光荏苒，岁月如梭，中华民族生生不息，有过多少辉煌，多少成就，就会经历过多少坎坷，多少不平。一次次苦难，铸就的是中国人民打不倒的身姿，一次次艰险，成就的是中国人民压不弯的脊梁。我愿意做这样的人！”看到孩子们充满激情的话语，我激动得热泪盈眶。

2019年2月，家乡的明星、我的前辈校友、鲲龙AG600总设计师黄领才在回母校的座谈会上说：“青年，一定要树立坚定的青春信念，挫折会有，困难也会有，但都不可动摇我们的初心。”是啊，同学少年，风华正茂，我在孩子们的身上更感受到了青春的朝气，蓬勃的力量。

我将我的所见所感，写成了组诗《当春节遇上疫情》，并为小区的居民创作了相声《奋战疫情第二线》；在高考年启动仪式上，邀请历届优秀毕业生及衡水中学、白山中学、哈三中、德强高中等多所名校学生，录制短视频，为学生们加油打气；组织学年开展了“少年应勇敢，师者如是说”网上系列师生活动；等等。在网课上，隔着屏幕，我告诉可爱的孩子们：“生命的长河中，总有一些梦想，如晨星般明亮；成长的岁月里，总有一些故事，在内心深处激荡。疫情是一面镜子，越是在困难的时候，就越能清晰地看出一个人的能力，就越能考验一个人的毅力。让我们在春天播种希望，在秋天收获理想，期待满载归来，前行步履如往！”

壮志青春，扬鞭脚下，坚定信念，凝筑师魂。2021年，当接过“抗击新冠疫情优秀志愿者”“优秀共产党员”荣誉证书的瞬间，我又想起了李大钊同志的那段青春誓言：“以青春之我，创青春之国家……”

三、青春向党，用顽强的毅力镌刻人生

伫立岁月云巅，长伴历史霓虹。2021年4月4日清明节，高级中学党总支组织全体党员举行了“铭记党史，缅怀先烈”系列活动，祭扫珍宝岛革命烈士陵园，参观全国优秀共产党员于海河同志纪念馆，举办“传承红色经典”故事会，等等。春风微拂，青松山岗，当我站在党旗前，重温入党誓词时，我能感受到内心的激动和声音的颤抖。“我志愿加入中国共产党，拥护党的纲领，遵守党的章程，履行党员义务，执行党的决定，严守党的纪律，保守党

的秘密，对党忠诚，积极工作，为共产主义奋斗终生，随时准备为党和人民牺牲一切，永不叛党。”一句誓言，一种信仰，一份责任，一生践行。在一句句铭刻于心的誓词中，拭净初心，坚定目光，明确人生的目标和方向——为共产主义事业奋斗终生！

学史明理，学史增信，学史自强，学史力行。捧读着我们伟大的党的历史，这里有对历史的铭记，有对生命的讴歌，还有对青春的赞美，对希望的呼唤。每一节党课，激发着我对伟大祖国的崇敬，每一次反思，积淀着我对教师职业的热爱。在历史的长河中，我们汲取前进的力量；在岁月的流光里，我们追寻梦想的方向。青春正当时，让我们不负过往荣光，不畏前路漫漫，时刻牢记党给予我们的一切，忆往昔，我们心潮澎湃；看今朝，我们斗志昂扬；创未来，我们全力以赴！

你所站的地方，便是中国，你所读的每一行文字，都是历史。中华有梦，青春无悔，我愿青春向党，铭记百年辉煌，赓续时代使命，唱响时代强音！

党的未来，中国的未来，自是风景——这边独好！

不忘初心，用忠诚谱写新时代教育篇章

山西省临汾市第一中心学校　丁秀芳

根植教育沃土27年，我用满腔赤诚辛勤耕耘，沃野洒甘霖，爱心育桃李，为祖国培养了一批又一批的栋梁之材。以28年党龄铸就的忠诚，为党育人，为国育才，始终战斗在教育一线，深耕细研，博采众长；教学事务繁重，能任劳任怨，顾全大局，不计个人得失；教学成绩突出，能低调谦和，淡泊名利，倾情培养青年教师，创新团队建设，构建合理梯队。

一、携仁爱攀缘求索，用智慧奋楫击水

仁爱和智慧是教育教学不可或缺的要素，因此，每一位教师都应该用仁爱呵护学生的心灵，用智慧陪伴学生成长。我是这样想的，也是这样做的。

有人说："疼爱自己的孩子是本能，热爱别人的孩子是神圣。"教师这个职业就附着了"爱别人的孩子"的职业特征。

毫无疑问，我爱我的学生！爱每一届学生！爱不同性格、不同状态的所有学生！是什么原因让我对所有学生都怀有仁爱包容与宽和之心呢？一方面天性使然，我本性纯良温善，发自内心地拒绝呵斥学生，奉行一视同仁；另一方面基于对教育事业的崇敬，我热爱教育，喜欢学生，只要走进校园，走进教室，看到学生，就发自内心地感到愉悦。看到孩子们认真读书、凝眉思索的样子，我禁不住感叹——思考中的孩子最美！看到孩子们因行为失当而焦虑懊悔，我由衷地感慨——人非圣贤孰能无过，这时候，孩子最需要我们的引导！看到孩子们嬉笑玩闹，朝气蓬勃，我会微笑着赞叹——这就是生命的力量！

27年的教育生涯，我不忘从教初心，牢记育人使命，始终用爱心呵护孩子们的心灵，用智慧陪伴他们成长，始终坚信"眼里有人"的教育才是真正的教育。

"眼里有人"才能看到学生的喜怒哀乐，才能体察到他们的渴望和失落，才能真正做他们的朋友，推心置腹，走进彼此的心灵。于是，他们在学习上

有了困难，我常采用面谈的方式，用行动表达老师的关心和重视。学生们在思想上有了“包袱”，我常耐心疏导，倾情化解，直到他们放下包袱，轻装上阵。他们在经济上有了困难，我慷慨解囊，伸出最温暖的援手。我能在课堂上看到孩子们眼中的渴望，因此，传道、授业、解惑，用知识点燃学生思想的火炬。我能在作业中看到学生的智慧，因此，经常利用课余甚至是休假时间，认真批阅，细致纠错，赞叹孩子们的聪慧，欣慰于孩子们的成长；我常常备课或批改作业到学生已经放学离校，安静的楼道和校园让我感到心安……从教以来，20余年如一日，潜心耕耘，不问收获。一年年春风染绿了时光，一季季飞雪晕白了年轮，我送走了8届初中毕业生，所带学生在各级各类测试中名列前茅，过硬的教学业绩赢得了一定的社会美誉。

大家都知道，对于教育而言，用力是尽职，用智是敬业，用心是境界。真正的教育不是单纯的传授和管理，而是心灵的沟通和共振。

蓦然回首，27年的教育生涯无疑是人生最珍贵、最深刻的记忆，我喜欢这些充满快乐、幸福甚至烦恼的日子，因为它们让我倍感生命的真实和教育的价值。

记得有一次，我班一位男生在日记中写道：“我想变成一只导盲犬，每时每刻都守候在妈妈身边。”他为什么想变成导盲犬呢？通过谈话才得知他母亲身患重病，视力极度衰退。当时，我忍不住握着他的小手说：“你是一个多么孝顺的孩子啊，我被你的孝心感动了！”当天，我就对他进行了家访，带去了全班同学的支持和关爱。

“仁在无声处，爱在细微中。”就这样，我把对教育事业的钟爱渗透到了平凡而细微的工作中。

班里有个女孩，父母离异后，母亲远走他乡，父亲外出打工，她长期在“辅导站”寄宿。生活的重担和苦涩，让她眼里满是伤痛和无助，一度悲观失落，痛不欲生。为了帮助她走出心理的阴影，作为班主任，我常利用节假日，带她回家吃饭，和她一起散步，让她感受到“家”的温暖……后来，她上了高中，上了大学，活成了自己想要的样子。有一天，她给我发来短信：“亲爱的妈妈老师，谢谢您的教导。有人说，经历一些事或遇到一个人就会长大。我很幸运，遇到了您！”可见，教师的爱心和智慧，带给学生的不仅仅是知识，还有温暖和阳光。

“眼里有人”的理念让我的眼中、心里始终装着学生；“爱生如子”是我追求的境界。晓阳的父母都是乡镇干部，常年下乡，工作繁忙，无法关照子女的生活和教育。晓阳和弟弟在市区上学，年迈的奶奶仅能给他们做做饭，生活细节无力顾及。有一段时间，我发现晓阳几天都穿着同一件T恤衫，衣衫皱巴巴的，散发着较浓的汗味。了解情况后，我赶紧给他买了一件新的T恤衫，看到晓阳穿着新T恤衫的笑脸，我的眼睛湿润了。小康因患有“偷窃癖”而不由自主地偷窃他人物品，成为班内多次失窃的“元凶”。通过与他的父母沟通了解到孩子患病的原因后，出于职业道德和对学生心灵的呵护，我和小康的家长联系了临汾市人民医院的心理医生，在完全保密的情况下，为他进行了长达两年多的治疗，成功帮助他摆脱了心理疾病的困扰。后来，小康成长成为一个阳光、健康、向上的孩子，顺利上了高中，上了大学，如今已经当了爸爸。看着小康张开强健的羽翼，飞向了更高的蓝天，我用诚信和仁爱将这个“不能说的秘密”守护了20余年。

人民教育家于漪老师曾说过“教育的事业是爱的事业”，是心灵与心灵相沟通的事业，是以精神养育精神、用生命呵护生命的事业。教育教学中如果没有爱，任何所谓的努力都将事倍功半。我特别欣赏闻一多的《红烛》：“请将你的脂膏，不息地流向人间，培出慰藉的花儿，结成快乐的果子!”我崇尚这种红烛精神，于是，携着对教育事业的痴爱，带着对学生的仁爱，用智慧做楫，带着学生们在浩渺学海奋楫击水，扬帆远航!

二、甘为人梯建团队，创新务实促教研

作为学校教科研处副主任兼语文学科大组长、山西省学科带头人、山西省学科建设指导组成员、山西省中考命题专家团成员，必须要站在教育教学研究的前沿，以更开阔的视野、更宽广的思路、更豁达的胸襟审视教育现象，以先进的理念引领团队前进，以超前的思维创新教研，建设团队。

我将关注的目光凝聚于语文学科乃至全校教师队伍的整体提升。面对新时代、新形势、新任务下的教育改革与挑战，为了打造语文学科教研特色，我在课堂教学改革、教研形式创新上带领团队成员进行了积极、有益、有效的探索。第一，以每个学期20余节的观课议课活动为依托，有效搭建起老中青相结合的“扇形构架”，以45岁以上学科名师、教师党员为轴心，形成“专家组—骨干组—新秀组”为半径的“扇形构架”，形成全员观课议课常规活动，在集体备课、授课、观课、说课、议课等环节进行充分交流，细致指导，及时反馈，延续跟进。第二，以“专题小讲座”为节点，串联起每学期教研活动的链条，以学科名师、教师党员为领航人，抓实教师的专业知识理论与新课程理念的学习，营造浓厚的理论学习氛围。第三，以课题研究为依托，提升团队科研能力。自2016年6月以来，我作为课题主持人带领语文学科教研团队参加了中国高等教育学会教师教育分会科研课题“中华优秀传统文化与现代

语文课堂教学实践研究”的研究工作，历时 4 年的扎实研究，共取得 48 项阶段性优秀成果，目前已完成研究工作，顺利结题。2020 年 11 月，我作为课题主持人成功申报了山西省教育科学“十三五”规划 2020 年度“互联网＋”专项课题，开题之后，研究团队已经进入了研究深化阶段。第四，注重校本研训。在校本读本研发过程中，由教师党员牵头，语文教研团队全员参与，开发了《践行社会主义核心价值观》《阅读使人深邃》《在抗疫中升华》等读本，将特色教研活动纳入校本研训范畴，让每位团队成员在教学、教研活动实践探索中发挥特长，施展才华，极大调动了团队成员的积极性、主动性、创造性，增强了职业成就感和幸福感。第五，教师党员借助“学习强国”“三晋先锋”学习平台，分享其中有关教育的前沿资讯，既服务于教学研究，又发挥了教师党员的堡垒作用。第六，依托校报《尧声报（义教版）》，由教师党员撰写“党建园地”专栏，开辟“中国共产党党史”专栏，将教师专业化提升、学科团队建设、党建工作有效结合。

作为语文学科教研团队的领头羊，我和全体成员共同努力打造了一支素质高、作风硬、战斗力强、步调一致的优秀教研团队。2018 年 9 月，我们获得“临汾市优秀教研团队”，受到临汾市委、市政府的表彰。

一枝独秀意未尽，万紫千红才是春！充分发挥团队的引领辐射作用，为临汾市乃至山西省教育事业尽绵薄之力。近 10 年，我参与山西省教育科学研究院、山西师范大学、临汾市教育局组织的送培下乡、质量提升工程、“国培计划”、定点帮扶等活动，先后奔赴大宁、曲沃、浮山、洪洞、蒲县、隰县、襄汾、霍州、乡宁、汾西、古县、安泽、吉县、石楼、运城、稷山、沁源、壶关、陵川、岚县、平遥、祁县、朔州等 40 多个县市进行教学交流，上示范课、观摩课，进行专题讲座等 100 余场。带去了我们的宝贵经验和诚意，也带回了值得研究的科研素材和美誉。

更值得一提的是，作为山西省中考命题专家团成员，我于 2014 年、2017 年、2019 年、2021 年，4 次在山西省教科院组织的全省教师中考培训研讨会上，为全省累计 4000 余名教师做专题讲座、交流复习备考经验、现场点评并主持分会场会议，受到与会教师一致好评。

2006 年，我担任山西师范大学“顶岗支教换岗培训”活动计划的专业指导教师，多年担任山西师范大学文学院、教科院本科生和研究生的专业指导教师，累计为本科生、研究生授课 300 余节，倾力培养“未来教师”，以一位老教师、老党员的学识涵养和职业操守，践行“学高为师，身正是范”，在平凡的岗位上，努力做一个有理想信念、有文化底蕴、有精神境界、从头到脚都是光明的人。

三、用忠诚坚守信仰，用实干成就事业

以迎难而上的实干精神，在平凡的工作岗位上，不断求索，不辍耕耘。

众所周知，教师是知识的重要传播者和创造者，要刻苦钻研，严谨笃学，树立终身学习理念，不断思考创新，不断提高教学质量、教书育人本领和科研能力。因此，我把自己和学生都当作研究对象，在研究中促进自身和学生的成长，用平凡而执着的行动印证着“教学相长”的教育原则。

2000年，由于工作需要，我调入尧都区政府工作了3年。但是，由于心系教育，便毅然弃政从教，重返讲台。为了提高业务水平，我刻苦攻读，在2006年，荣幸地成为我校初中部第二个拥有硕士学位的教师。为了提高科研能力，我先后参与了4项课题研究，作为2项课题的主持人，带领团队为学校赢得了“先进科研学校”的荣誉。2006年，成为本校第一个在搜狐网站建立博客的教师，通过博客与天南海北的同行进行广泛交流，吸纳先进的教育理念，借鉴先进的教学方法和教育策略。从教以来，我先后在《语文教学通讯》《教育理论与实践》等刊物发表论文30余篇，参编或主编与教学有关的书籍30余本。我将自己多年的研究所得进行归纳整理，反思提炼，在临汾市教育局教研室李霞主任的带领下，我参与了“生本理念下多样化课堂教学模式的实践研究”，这项研究的成果获得了山西省教学成果(基础教育)特等奖。截至2017年，历时10年漫长而艰辛的研究，我申报的《用演读拓宽文言文的阅读背景实验研究》荣获山西省教学成果(基础教育)一等奖。由于工作业绩突出，曾荣立个人一等功和三等功。2019年，入选“三晋英才”拔尖骨干人才。当然，在教育教学过程中，学生必然是教师的研究对象。我观察他们每天不同的学习、生活状态；关注他们感兴趣的话题，和他们一起聊秦皇汉武、李白杜甫，也聊屠呦呦、“向往的生活”和肖战；我研究他们喜欢的书籍，分析他们的学习心理；了解他们交朋友的情况，加入了他们自建的小微信群；我不定期地对学生进行家访，加强学校和家庭的联系……

诚然，知识奠定底气，研究带来灵气，一个有底气和灵气的教师才会大气！大气的教师，会将思维的根系植入祖国的泥土，将教书育人的平凡岗位与祖国的命运紧密相连，会用大胸怀、大视野、大格局面对教育、自身和学生的发展，会用赤诚坚守三尺讲台，传授知识，播撒文明，守望信念，用平凡质朴的行动酣畅淋漓地表达自己对教育事业的忠诚和敬意。

2020年，注定是一个不平凡的年份，注定是一个载入史册的年份，注定是一个让中国人骄傲的年份。这一年，新冠疫情稀释了新年的欢乐，扰乱了

生活的脚步。寒假即将结束，开学日期渐渐逼近，为了千家万户的重托，为了莘莘学子的渴望，我们响应上级部门号召，积极筹备开展线上教学，经过短期培训，投入直播。我以一位老党员所特有的政治素养，义不容辞走在了线上教学的前列，以实干笃定前行，以勇毅担当尽责，这是无私奉献的信念鼓舞，更是敬业爱生的使命驱使。非常荣幸，我承担了学校语文学科的首播任务。线上教学期间，我除了做主播教师，还担任助教；为隔离在外地无法返校的教师承担教学任务。我顾全大局，任劳任怨，用一位老党员的责任和担当，站立成人民群众中坚强堡垒的姿态。

这次特殊背景下的线上教学，我看见了千千万万个人民教师、教师党员在教学一线的坚守。他们通过无形的网络，架设起学校通往千家万户的桥梁；他们用温和亲切的声音传递着知识，传递着信心和关爱；他们想象着网络那边孩子们的笑脸和声音，和学生们约定：微笑着，一起迎接春暖花开！非常荣幸，我是其中一员。

抗击疫情期间，教师党员是走在最前面的先锋。各项工作统筹规划、防控措施、人员配置、设施消毒、巡回检查等，事无巨细，防疫一线都有教师党员的身影。可以说，党员教师，是教育战线的领航员，是教育净土的守护者！非常荣幸，我也是其中一员。

27年，短暂而漫长的岁月，我始终以恪尽职守的敬业精神，深耕教育一线，早出晚归，披星戴月。20余年班主任工作经历，已经习惯了清晨伴着启明星的微光，来到学校，安顿班级事务；傍晚完成所有批辅任务，已是万家灯火之时。多年来，我从未因教龄的增长而放松对自己的要求，从未因有些许收获而松懈专业上的追索。

我不敢说自己这么多年在平凡岗位上的坚守，能够上升到“楷模”的高度，但是，我一直向着我心中的“教书育人楷模”迈进，用28年党龄铸就忠诚，始终不忘教育初心，牢记育人使命，顾全大局，不计荣利，20余年如一日坚持践行“四有好老师”的准则，以“四个引路人”的标准严格要求自己，努力追求“四个相统一”的境界，坚持深耕教育沃土，收获桃李三千灿放。

那些年，那些事，那份初心

北京外国语大学附属外国语学校　石　霞

当我从组织委员任老师的手里接过空白的《入党志愿书》时，还不到放学时间，但我不敢在校门口多停留一分钟，担心遇上学生家长，更担心朝夕相处的孩子们围上来叽叽喳喳地问“老师做了什么手术?”“什么时候来上班?”那时候，恐怕我的眼泪又要来“捣乱”了。于是我拿着文件袋上了车。打开文件袋，《入党志愿书》封面那鲜红的党徽赫然出现在眼前。我一遍遍地抚摸着那红色的镰刀和锤头，心里重复着一句话：我终于快入党了，这一天我整整等了 20 年!

22 年前，刚中师毕业的我被分配到家乡一所农村小学任教。我们学校是附近几所学校中唯一一所完全小学。我面对的都是高年级的学生，他们跟我相差 10 岁左右，我俨然成了地地道道的“孩子王”。孩子们来自附近不同的村子，生活环境相似，但学习基础参差不齐，要教好每个孩子绝不是一件容易的事。但是，我爱这些天真淳朴的孩子，也曾被他们是视为大姐姐、好朋友、好老师。孩子们到镇上来玩时，我邀请他们到家里吃饭。我亲自下厨，想以此“证明”他们的老师不光能上得课堂，还能下得厨房，结果我错把碱面当淀粉，好端端的一盘肉菜成了五味杂陈的“黄连”。我一次次鼓励他们参加作文比赛，并带着他们到镇上的邮局去寄作文稿。许多孩子用笔描绘了心中的家乡和梦想，他们的作文也获了奖。那年教六年级毕业班，有两个学习基础较弱的孩子，受家庭影响想要辍学。我心急如焚，也许知识不一定能改变命运，但是没有知识将来怎么在社会立足?我从上班第一天开始便与同事们一起为迎接“普九”检查而整理图书，如今怎么能眼睁睁地看着我的学生小学还未毕业就退出学校，被卷入社会的洪流?于是我骑着(也许说推着更合适)自行车，跨过一道道沟，走过一道道梁去家访。一次不行就两次……孩子们又重新回到了校园。

从我家到学校是 3 千米左右的柏油路，中间有一个很大的陡坡，我每天都要骑自行车经过。记得一个雪后的傍晚，我下班后照常骑行在那条路上，却一不留神连人带车滚下了坡。我还没反应过来，就被恰好骑摩托车经过的学区领导扶了起来。我庆幸当时没有汽车通过，也没有其他行人看见我狼狈的样子，但是更大的不安却在心底潜滋暗长。成年的我都会有这种经历，那我的学生们呢？他们从四面八方到学校的路途更艰难，每天都要骑车上下坡，拐弯过马路，那该有多危险啊！可是我们学校不能住宿，连食堂也没有，家长们都要忙于生计，难以接送孩子。而要从根本上解决这种问题需要我们共同努力，我要认真工作，努力培养学生，让他们习得本领，具有改变家乡现状的能力；我也要告诉学生，今日的辛苦都是为了未来的甜，好好读书，有能力时可回报家乡，让以后的孩子读书环境变得更好。

就这样，我在家乡的那所学校日复一日年复一年地工作着，努力着，期待着。白天上课、批改作业、辅导学生，晚上备课并继续自学大专课程(我从中师二年级开始自学)，有时还要准备公开课，迎接各项检查……虽然很辛苦，但是很充实。一年后我拿到了自考大专学历，并且直接评定小教一级教师职称，也取得了一些成绩。后来在父亲的鼓励下，我于 2001 年秋第一次向党组织递交了入党申请书。那天，我暗自发誓一定要做一名优秀的教师，做一名优秀的共产党员，为家乡的教育事业贡献绵薄之力。

可是，造化弄人，世事多变。工作 3 年后，原本决心要扎根农村教育、用实际行动改变学生命运的我，因为家庭原因，不得不告别朝夕相处的学生，告别我的家乡了。我一路颠簸，来到了北京海淀北部一所小学任教。当时由于没有北京户口，没有正式编制，我只能暂时先任临聘教师，成了学校唯一的来自外地的临聘教师。尽管刚入校的时候，学校正在施工，看上去似乎一片狼藉、百废待兴，但是比起我曾经待过的那所学校，这里已经是天堂了——占地面积大，有专业教室，有一台多媒体……唯一美中不足的是，这里的学生太少了，我所接手的六年级只有 13 名学生。学校还能办下去吗？如果办不下去了，那么我这个“临时工”该何去何从呢？焦虑，后悔，失望……曾让我一度迷失了方向。后来学校领导和同事给了我许多帮助，我才一点点振作起来，坚定起来。

我发现这里绝大多数孩子都是来自五湖四海的务工人员子女，他们和我一样没有北京户口，甚至上学还需要交借读费(几年后免除了外地孩子的借读费、学杂费等)。也许是学习刻苦的那几个外地孩子感染了我，我渐渐地爱上了这里的孩子，爱上了这所学校。遇到困难的时候，我经常对自己说，我是从河北来的，我不能给河北教师丢脸。既然不能继续改变家乡孩子的命运，那么我要让我教过的所有学生都能眼里有光，心中有梦。也许我永远不能再成为在编教师，更不能入党，但是我可以像在编教师一样，像党员一样，不打一点儿折扣地工作，让青春无悔，让此生无悔。

就这样，我在那所学校工作了整整 12 年，曾经自卑过、后悔过、抱怨过、失望过，但是更多的是付出着、幸福着、快乐着……

曾记得那个皮肤黝黑的小男孩，从小失去双亲，跟着爷爷来北京谋生，懂事的他经常在课余时间跟着爷爷去放羊。冬天，孩子那饱经风霜的小手满是灰黑色的裂口，渗着的血也滴到了我的心上。我悄悄地给了他一瓶护手霜，叮嘱他每天都要记得抹两回。从此，爱劳动的他也更爱学习了。

曾记得那个面无血色的小女孩，母亲突患脑出血撒手人寰，原本瘦弱的她更憔悴了。有一次，她突然晕倒在升旗仪式上，我才得知她经常不吃早饭。第二天，我把两袋豆奶粉塞到了她的桌洞里，并留了一张小纸条，嘱咐她每天都要按时吃早饭。后来，原本成绩一般的她，学习更努力了，甚至当了卫生委员后，我们班的卫生都不用我再操心了。

曾记得那个淘气的、爱动手打人的小男孩，开学时家里交不出学费，我就先帮他垫付了，并且告诉他不着急还。结果他越来越懂事了，当数学家的愿望也更强烈了。后来因父母离异，他回了老家，学费最终没有还。这对于我这个工资本来就不高的临聘教师来说，是一笔不小的损失，但我从未后悔。我相信那个懂事的孩子能明白，他的老师一直都很喜欢他，一直都会祝福他。

是的，我是一名普通得不能再普通的教师，但是因为有了孩子的陪伴，我觉得自己浑身充满力量，内心充满希望。无论遇到多少挫折，顶着多大压力，我都会对自己说：你永远都不能停下脚步，因为你是一名教师，你爱你的学生。你的前后左右都会有许多学生，等着你一起向前走，那时的你是最幸福的。事实的确如此！当曾经不爱学习且经常打架的孩子回到学校看望我，当转学回老家的孩子打来电话或寄来书信，当曾经教过的学生突然要加我微信……那一刻我是最幸福的。

后来经过几任校长和教职工的共同努力，我们的学校渐渐地在海淀北部崛起了——校园环境日新月异，教师队伍逐渐壮大，生源越来越多，教学质量越来越好了。学校周边的民宅开始拆迁，她似乎成了被废墟包围的孤岛，但几年后她也将是崭新的校园。每当我晚上加班回来，经过那漆黑的废墟时，内心却是那么坦然，那么明亮。从漆黑的废墟一点点走向光明，是多么美好的一件事啊！

12 年后，我挥泪告别那所公立学校，来到现在的这所民办学校任教。之所以“挥泪”，是因为心底有着些许的不甘，但更有着太多的不舍。我把最美的青春留在了那里，也把绿色的希望播种在了那里。也许若干年后还会有许许多多长大了的学生，站在那里等我，而我却去了另一所学校。

如今我所任教的北外附校，是一所颇具规模的 12 年一贯制学校。这里的学生不再是“外来务工子弟”，他们几乎都有着良好的生活环境和教育背景。我不用偷偷地塞给某一个同学护手霜，来呵护他的小手；也不用为某一个同学因为没钱交学费或者丢了手中的学费，而担忧或自责；更不用为某一个学生因突如其来的家庭变故要转学而伤感，甚至三番五次去家访、去挽留……那现在的我该做些什么呢？我想，作为一名语文教师，我需要用心培植学生的学科素养，更需要耐心呵护他们的心灵成长。在他们失望的时候给以希望，在他们失败的时候给以鼓励，在他们迷茫的时候给以方向……我还要为学校的发展献计献策、尽心尽力，为我的教育梦想而书写新的篇章。

几年来，北外附校给我提供了更大的平台，邀请全国的顶级专家指引我校语文教学的大方向使我得以和他们面对面，感悟他们的教育智慧。我还要感谢学校乃至区教委，给了我和像我一样的来自外地的老师们参加职评的资格。时隔 19 年，我的职称又有了变化。

最让我感到光荣和欣慰的是，我终于要成为一名预备党员了。这距我第一次向党组织递交入党申请书已经过去了整整 20 年，而这恰逢伟大的中国共产党建党 100 周年！这将是多么美好而令人难忘的回忆啊！可是，我的身体却“掉了链子”，需要在学期中住院做手术，暂时离开我的工作岗位，离开我朝夕相处的孩子们。为了将影响降到最低，也为了内心的坦然，我在住院前把能做的事都加班加点地处理完毕，住院等待手术那几天还在紧锣密鼓地批改作文，直到进手术室前几分钟才把作文交给家人，让他们送到学校。

那天早晨，我刚被推进手术室，躺在手术台上，两颗泪珠顺脸颊轻轻滑落，我说，这是我第二次上手术台。医生赶紧安慰我，并为我擦掉了泪滴。这不就是人们常说的医者仁心吗？可是，师者呢？当时躺在手术台上的我真的是感慨万千。几年前的那次手术使我“丢”了一只耳朵，我不能再被上天剥夺说话的资格和权利，我还要教学生朗诵，我还要和学生辩论，我还有那么多的故事没讲给学生听……我这么想着，祈祷着，便沉沉地睡了过去。等我清醒过来，开口说的第一句话就是“我嗓子哑了吗？”还没等别人回答，我已经知道了答案——我还可以继续当老师。可是等回到病房，我的嗓音又变了，声音很小，还一阵阵嘶哑。当医生来查房，我问得最多的问题就是“我的声音还能恢复吗？”医生一直耐心地回答我，还半开玩笑地说：“你声音已经够好了，难道还要比歌唱家的声音好吗？”医生一定不知道，我虽不需要比歌唱家的声音动听，但是我每天要说好多话啊！嗓子坏了，我的教师生涯便就此而结束了。

还好，我的声音在逐渐恢复。我期盼着能够早日康复，回到讲台，和孩子们在一起。那天学校通知我去取《入党志愿书》，我多想走进校园去看看朝夕相处的孩子们和同事们，可是我还是选了一个看不到他们的时间。我怕孩子们围着我问长问短，我不想在他们面前落泪。当我郑重地写完《入党志愿书》时，当我静下心来梳理我多年来的“积极分子”时光，仿佛又回到了22年前刚走上讲台的那段时光。22年，弹指一挥间，可是却有着太多的人事变迁，太多的沧桑巨变。

如今，我在河北工作过的学校早已与镇上的中心校合并，一排排平房教室被崭新的教学楼所取代。孩子们不用每天骑车奔跑在上下学的路上，他们要么被家长接送，要么住在学生宿舍里，他们可以在学校食堂共进午餐，再也不用带饭了。

我曾工作了12年的那所公立学校，早已更名为一所名校的分校。外地孩子和本地孩子都能不用舟车劳顿，就可以共享家门口的优质教育。随着新校舍的即将落成，一所北部新优质校必将诞生。

我现在所任职的学校，虽是一所民办学校，但是在各级部门的关心下，在各位专家的引领下，在所有校领导和教职工的努力下，已经成了名副其实的海淀新优质校。

22年来，从河北到北京，从公立学校到民办学校，从在编教师到临聘教师，从普通群众到预备党员，我经历了从新教师到老教师的巨大蜕变，感受到了从战胜“非典”到抗击新冠疫情的中国力量，见证了从义务教育的普及到脱贫攻坚、教育扶贫的伟大胜利！

作为一名老中师生，我从不后悔自己的选择。我骄傲自己成了最平凡的人民教师，我庆幸还可以继续自己的育人梦。如今，我早已人到中年，可谓桃李满园，但我将永远初心不泯，不忘初心。我愿克服一切困难，战胜一切磨难，用毕生的精力去教书育人！就以《入党志愿书》上我写下的誓词为证吧！

牢记使命奋斗者，不忘初心追梦人

天津市武清区东马圈镇初级中学　杨明山

坚守三尺讲台，无私奉献，甘为人梯；诚挚对待学生，以心暖心，助力成才；扎根党的教育事业，不忘初心，筑梦前行，我是天津市武清区东马圈镇初级中学党支部书记、校长杨明山。自参加工作以来，我先后担任过班主任、年级主任、教务主任、校长等职务，先后获得国家级教育成果奖、市优秀教师、市级优秀班主任、市“五一”劳动奖章、天津市教职工示范岗等荣誉。

一、执着教艺，不懈追求

2002年9月，我来到东马圈镇初级中学这所基层乡镇校，成了一名普通的语文教师。我深知，教育需要倾注热情，教学需要深厚的基本功。为了提高教学水平，每天我第一个来到学校，斟酌情感，示范朗读；下课，我认真揣摩教学流程，反思教学问题；放学，我修改教案，揣摩教态，最后一个离开教室。节假日，我经常赴外地，聆听专家讲座，回来的路上痴痴地比画模仿，详细记录下细微的感触，只为收获更多的教学灵感。为争取更大进步，我把精讲1篇文章作为日课，10年来从未间断。前辈曾这样教导我：下的功夫再大些，对自己再狠些，搞教育没情怀，当不成良师！是呀！以学生为师，他们才是真正的裁判。从教以来，我自己打印的评价表格下发了近万张，从吐字发音到细致讲解，从仪表语态到时间掌控，我耐心倾听每一位学生的意见。语言表达不顺畅，我就拿着话筒即兴发言，训练自己的语言组织能力；发音含糊不清，我就把洗好的石子放在口中，练习绕口令；肢体语言过多，我就拿红胶带贴在相应位置，一遍遍提醒自己；评价缺乏针对性，我就留心鼓励学生的个性表达。我执着地走在锤炼自我的道路上，课堂呈现越来越精致，语文变得越来越有味道。凭着这股韧劲，我让走进课堂的学生都爱上了语文。

作文教学是语文教学中最关键的一环。可又因其教法无章可循，教学成效甚微，让诸多语文教师望而却步。现成的理论对教学群体水平要求较高，与基层乡镇校教育教学融合较差。为了出路，我带领语文教师翻阅书籍、归纳理论，网络搜索寻找创新点。时间不长，老师们多有怀疑的情绪，我就耐心讲解，鼓舞士气。短短一个月，我们就初步构建起符合乡镇校学生特点的作文教学框架，汇总教法50多个，教学实践300多例。经过一年的反复实践，最终优化到22个作文教法，获得成功案例120多篇，形成了“作文八法”的作文教学模式，完成了我校作文教学的体系建设。好的方法必然带来丰厚的成果，多年来，我校学生多次参加国家级作文大赛并获得一、二等奖。尤其是新冠疫情期间，学生们通过校园网络得以高效地学习，真正实现了“停课不停学”“网学质不减”的教学愿望。而这一切，都来自行之有效的课程建设。可以说，在我带领下完成的“作文八法”等一系列教科研成果，帮助青年教师优化了课堂教学，帮助年长教师更新了教学思路。我因此先后3次代表天津市赴南京等地，参加全国语文教师教学大赛，并获得全国一等奖，得到了专家的一致好评。

成绩没能让我陶醉，鲜花与掌声没能放慢我前进的脚步。我看到毕业班的学生被束缚在繁重的课业负担中——那是无法翻越的题山，那是无法回头的题海——心痛不已。而教学不是这样的！为减轻毕业班学生的课业负担，我大胆地提出了“课上高效率，课下零负担”的想法，想法一提出，家长们表示反对，校领导满是怀疑，周围都是让我觉得窒息的压力。但只要是对学生有益的事，我都要尽力做；对教育有益的事，我都要坚持做。现成的理论是没有的，为了获取更多的数据，我跑遍了市里的大小图书馆。台灯下，成堆的理论资料成了我源源不断的精神食粮，笔记整理了一本又一本，教案推翻了一篇又一篇。为求真实，我把椅子摆整齐当作学生，讲一遍，再讲一遍，有时要讲十几遍；为求实效，我常常边练边改，彻夜不眠。经过不懈的努力，我终于总结出一套“精讲乐学”的教学新思路，成文10万余字，现已结集成册。十几年来，我没有留一次家庭作业，班级成绩却始终名列前茅，得到了社会各界的一致肯定。

在我的带领下，所有学科教师都积极参与到高效教学的实践中。学校逐步建立并完善了校本教研、教育科研制度，建立了校本教研机构。身为党员，我号召党员教师率先垂范，积极发挥先锋模范作用。通过“党员教师示范课”活动，引导全体教师敢于评价不足，敢于提出建议。要创新就不能闭门造车，我还邀请各学科专家来我校指导教科研工作。全体教师在教育科研活动中提升了自身的素养，促进了专业化发展，从而赋予了我校研究型特色学校的新定义。10年来，我校实践出一整套学校课程建设方案，凝结出一系列教育教学的新策略，打造了一支高水平的教师队伍。几年来，我校承办了多次国家市、区级展示活动，多名教师在国家、市、区级竞赛课上获得优异成绩，成功的经验在市、区推广。

二、筑牢信念，温暖他人

打铁还需自身硬。要想当好一名新时代的优秀教师，就要不断加强理论学习，提升自身能力，牢记大局意识，树立讲政治、讲境界的观念。在繁忙的工作之余，我每天坚持至少1个小时的政治理论学习，仅党支部集中学习、自学笔记就写满了3本，共计9万余字。围绕“不忘初心、牢记使命”“党史在我心”主题教育，我通过专题党课、学习成果研讨会等形式，组织全体教师深学细悟党的发展历程，牢记党的初心与使命，并带头自我剖析、对照查摆，不断提高党性修养。

身为党员，我要将师生的认识统一到党的教育高度上，调动更广泛的参与积极性。为此，我建议党建要始终把党员联系师生作为重中之重，这一提议，很快凝结成我校党支部的“一二四”工作机制。“一”指的是支委成员每学期联系一名党员同志。支委成员要在支部书记的带领下，走进党员的工作生活，长期、连续地倾听同志的心声，促进党建工作的扎实推进。“二”指的是每名党员每学期联系两名群众教师。党员们要帮助群众教师树立“比拼赶超”的意识，对照先进补齐短板，实现党群共同进步。“四”指的是每名党员每学期联系四名特质学生。教育教学是学校管理的根本。要始终秉承“一切为了学生，为了学生一切”的教学宗旨，为学生送温暖，缓解家庭、社会、学校间的矛盾。

为了促进党群之间的联系，我认真倾听师生的意愿，接受师生的合理化建议，努力促进其获得教育幸福感。通过每学期的教学筛查，我汇总了贫困、心理问题、残疾等特殊学生，建立党员联系学生档案，一人一案，有针对性地设计辅助的计划。我还利用心理咨询室，及时干预纠正特殊学生心理，使党的关怀深入学生内心，切实促进师生学校家庭间的和谐。尤其是新冠疫情期间，许多学生出现了焦虑的情绪，放任这种情绪的蔓延，必会导致一系列的教育问题，给家庭和社会带来不稳定的因素。参照中学生心理活动状态的不稳定性、认知结构的不完备性、生理成熟与心理成熟的不同步性、对社会和家庭的依赖性等特点，为了培养学生良好的心理素质，帮助学生及时调节疫情期间的心理变化，在我的带领下，学校举行了各种内容丰富的心理辅导活动：心理沙龙、线上家访、“阳光成长”主题班会，及时帮助学生找到问题的症结，准确地干预，让学生走出阴霾，看到希望。

作为一名党员教师，我始终把立德树人作为自己的职责目标。生活中，我时刻注意自身道德修养，为人师表、谨言慎行，维护好党的形象。为了让同事获得更多的幸福感，我常常深入到办公室、教工之家，与老师们热心交流，了解他们所需所求，把同事的事当作自己的分内之事，努力创建和谐的工作氛围。工作中，我把家长满意作为第一目标，紧紧围绕家长对教育的所需、所盼、所急、所忧，千方百计帮助学生家长解决实际困难。

对于乡镇校来说，家访是消弭误会、解决问题、贴心服务的最优途径。十几年来，我用脚丈量了村镇之间的距离，用真心拉近了学校与家庭的关系。犹记得我班有个叫磊的学生，他吸烟、打架、染发，凡是这个年龄段可能出现的问题他都有。找他谈话，他沉默不语；通知家长来校，却总是没有了消息。职业的敏感，让我意识到这是个极其特别的孩子。几番打听，我来到了他家的门外，破败的围墙诉说着家境的悲凉。看见我，他怔在那里，一时语塞。我捡起他掉落的铲子，放在他手里。“有什么事，跟我说说。”他一下子情绪崩溃，我才知道，他父母离异，母亲精神恍惚，他一个人挑起了生活所有的重担。他在学校所有的表现不过是自卑的发泄。这么特殊的孩子，我一定要帮他。此后一有时间，我就找他谈兴趣爱好，期望敲开他的心窗；看他继续萎靡不振，我就以自己为例，跟他谈学习，谈理想，鼓励他做生活的强者。为了保护他脆弱的自尊心，我总是悄悄将生活费塞进他的书包里，看到他有点滴的进步，我就在全班点名表扬。渐渐地，磊变得开朗起来，学习成绩有了显著的提高。班级集体活动中，经常看见他忙碌的身影，同学们接纳了他，他也收获了真挚的情谊。有人说，爱心是让孩子成长的捷径。我班的花，磊也认养了一盆。走过时，不经意地，我居然看到了花茎上有着这样一张纸卡，上面写着：你掐一朵，我浇一杯，掐之用手，浇之用心。磊长大了！经过我们大家共同的努力，磊以优异的成绩考上了高中。如今的磊，已经成为一名人民教师，他的事迹不知鼓励了多少人。这就是爱的薪火相传。

三、铭记使命，坚定信仰

作为党支部书记，我时刻不忘初心和使命，紧随时代的步伐，敢于实践，勇于担当，竭心尽力为党和国家的教育事业努力奋斗。

党建工作中，我注重发挥校党支部的战斗堡垒作用，及时传达党的政策要求，引导优秀教师积极向党组织靠拢。我创新党日活动形式，组织开展了重温入党誓词、向张富清等同志学习、集中收看庆祝新中国成立 70 周年大会等主题活动，在活动中筑牢党员教师政治定力，激励每名教师不忘初心，扎根奉献党的教育事业。组织全校党员教师开展“不忘初心、牢记使命”主题教育进社区活动，发挥党员教师理论素养高的优势，以生动案例为社区群众讲解习近平新时代中国特色社会主义思想等知识，让社区群众及时了解党的理论和政策。

“从劳动中来，到劳动中去”，劳动实践是坚定信仰的有效途径。在我的倡议下，我校为师生精挑细选了 3 个劳动实践基地。党员教师要全员参加，并全程指导学生们进行劳动实践。操作不熟的地方，党员同志率先垂范；概念不清的地方，党员同志耐心讲解。利用休息时间到敬老院打扫卫生，尽己所能，不怕脏、不怕累，以优质的服务践行着尊老敬老的优良传统。去蔬菜大棚参与劳动，学生们在党员同志指导下翻土、平地、采摘果蔬。学生既收获了劳动的快乐和丰收的喜悦，也坚定了正确人生观、价值观。

学校是教育的阵地。我还利用“三通二平台”等网络教学阵地，宣传党的优良传统，传播党的优良作风。通过“家乡百年沧桑史情展”，让党员和学生铭记历史，牢记时代赋予的使命。

在我和党员同志的带领下，我校教育教学工作科学有序地开展着，而这一切来自对初心不懈的坚持，来自对党坚定的信仰！

锐意进取志不移，勤奋工作争朝夕。日复一日的平凡岁月，默默耕耘的无悔人生，我将凭着对事业执着的追求和不变的初心，为教育事业的美好未来不懈奋斗。

默默守梦者，拳拳强国情

黑龙江省清河林区高级中学校　马丽芳

一百年风和雨，八千里云和月。今朝回首，中国共产党已经走过百年的光辉历程。犹记得毛泽东那句“俱往矣，数风流人物，还看今朝”。往矣，民族前行的根基，今朝盛世繁荣无一不是党的庇佑与引领，实现了新时代新征程之下的强国梦，中国人的步伐从蹒跚到稳健。

都说“强国强教育”，青年是未来的脊梁。甘于平凡，勇于担当，用知识改变大山里孩子的命运，这就是师者。云南的偏远山村大部分家庭贫穷，思想落后，不重视教育，尤其不重视女孩的教育。张桂梅萌生创办一所免费女子高中的想法，力所能及地解决贫困山区教育问题。这一过程充满了艰辛，首先要四处奔波筹集资金，还要做村民思想工作，让他们意识到学习才是改变生活的最好办法。建校 12 年来，已有 1804 名大山里的女孩从这里走进大学完成学业，在各行各业做贡献。这样的老师怎么会不让人敬佩，怎么可能不感动全中国人民？

最初了解张桂梅是出于同为教育者的好奇，而观看了张桂梅同志事迹的视频后，我的眼眶就湿润了，我也家访过，却因为家长的不理解而愤愤不平，不愿再次被伤害。她却可以走那么远山路只为了去了解学生家庭情况，让家长知道孩子多么值得骄傲，会有怎样的未来，只要家里支持孩子学习，考上了华坪女子高级中学，就能免学费读书。没有家长的感激话语，只有家长忙碌背影下的几句应付，她却孜孜不倦，直到让每一个想上学、努力学习的孩子有机会学习。记者采访她时，她面对镜头，说出唯一的愿望“我想要再多活两年，把这些孩子送入大学”时，同为山村教师的我深切体会到这句话的重量，有甘于平凡而又不愿让自己学生平庸地活着的期盼，也有举步维艰之下的挣扎……

我作为一名中学教师，扎根在北方一个小城镇，也曾不安现状，想要走出大山，不仅仅是想感受城市的繁华，更重要的是想远离偏远山村人们贫瘠而不重视教育的闭塞言行之下的冲击。我也曾努力用青春和热情改变他们落后的思想，让这里的人意识到教育的重要性，但是在一次次打击与阻碍下，慢慢失去了耐心，甚至想要离开。就在此时看到了张桂梅的事迹，教师不是伟大的人，却可以为孩子们撑起一片天，成为孩子心目中的巨人，改变学生一生的命运。张桂梅老师成了教育领域的榜样，其实，一个人的奉献不能实现大同世界的“中国梦”，祖国今天强大正是有许许多多个张桂梅恪尽职守。63岁的“燃灯校长”张桂梅，教书育人、立德树人，放弃了城镇工作，扎根在云南贫困山区一线，拖着病体，战胜千难万难，创办了全国第一所全免费女子高中。我们常说：有条件要上，没有条件创造条件也要上。张桂梅在资金匮乏、师资不足的情况下，身兼数职坚持办校，她的坚持化作一束光，照亮了大山里女孩的梦想，用知识改变贫困山区女孩的命运，用教育阻断贫困代际传递。

今年是中国共产党建党100周年。站在“两个一百年”的历史交会处，作为教育工作者，见证着一代代青年成长，一批批学子投身社会，成了新时代的弄潮儿，让我不由得抚今追昔、感慨万千。她那句“只要还有一口气，我就要站在讲台上”的简单愿望，为无数困境中挣扎中的学生打开了一扇希望之窗。她口中的坚持是“老师、学生一起苦教、苦学，就是把命搭上，也要把学校办出名堂”；她心中有一种信仰是“如果自己突然走了，葬礼就不办了，骨灰直接撒到金沙江，请提前把丧葬费预支给我，我想把这笔钱用在孩子们身上”。张桂梅是教育事业里平凡的一员，却也成了最不平凡的一员，她的育人精神让我们真正体会到了什么是“化作春泥更护花”的奉献，化育人心才是这世间最美的灵魂工程师。

小兴安岭脚下大山里的一所学校，既是我的家乡也是我工作的地方，这里有一个学生心目中最可爱的人，所有的老师和学生都叫她“马妈”，一个60多岁还坚守在一线的英语教师。原本可以享受退休悠闲时光的马老师，因为山区缺老师，依然坚守着，远在南方的女儿多次让她去南方与自己一起生活，也可以帮助自己带孩子，却一次次都被马老师拒绝了。她常和女儿说：“你是大山走出去的，我希望更多人走出大山。”她常常对学生说：“我老了，用不到那么多钱，我的女儿走出了大山，有了更强大的力量，不需要我的扶持了，你们现在就是我的孩子，我也希望你们去山的那边看看。”这简简单单的话语，成了孩子们努力的动力。每一个老师都要有爱学生如“幼吾幼”之心和奉献无悔的深情，不知多少教育工作者甘愿投入偏远山区，奉献自己的青春，将自己脱贫扶教的热血洒在了那片热土上。

让我们把时间再拉近一点，大家可能都看过一张“大眼睛女孩”的照片，这张名为《我要读书》的照片，让全中国的人都认识了这位来自山区面临辍学的孩子苏明娟，那双清澈的大眼睛中，对求学的渴望、对生活的向往，是我们同龄人未曾深刻经历过的。这双大眼睛，不仅推动了希望工程的发展，也改变了数百万贫困家庭孩子的命运。2017年大眼睛女孩苏明娟当选为兼职的共青团安徽省委副书记，实现了从贫穷山村的农家女孩，到团省委副书记的“逆袭”。

若想自己的人生出彩，仅仅外在给予帮助是难以达成的，唯有自己用汗水描摹生活，才会让青春拥有高光时刻，苏明娟能够从一个贫穷山村的农家女孩到如今的华丽转身，离不开好心人的帮助，离不开自己的勤奋，更离不开国家的为实现全面小康而实行的各项政策。正如她在媒体采访中所说，在她接受好心人资助的过程中，给予她最大精神鼓舞的并不是钱，而是一封封饱含鼓励的信，如若没有国家扶贫的重举，又怎会有她的未来梦。这样的爱心传递让人看到精神脱贫带给她的人格上的饱满，恰恰折射出中国扶贫救济中扶志的重要意义。

当下我们的生活衣食无忧，孩子们的学习条件愈加完备，背后是国家为了能让每一个孩子上学付出的大量人力与财力，作为新时代的青年还有什么资格不去努力，国家为了让更多“大眼睛女孩”的人生出彩，让所有深陷贫困并努力奋斗的人看到阳光，在精准扶贫上下功夫，通过制度化、常态化的救助体系来搭建人生出彩的舞台。终于在迎来中国共产党成立100周年的重要时刻，832个贫困县全部摘帽，我国脱贫攻坚战取得了全面胜利。所以，我们在一个有使命的国家里成长，又怎能不为这个国家添砖加瓦，国家让教师有了精神的安身立命处，作为教师也要甘于平凡，以党心践行自己的使命与职责，为下一个百年培养可用人才。

100年前，以党为帆的小船承载着开创新纪元的梦想起航，风浪凶猛也阻挡不了中国人中流击水。从白手到复兴，一路走来，披荆斩棘，攻坚克难，从举步维艰的昨天，走到了昂首阔步的今天。

无论从事什么职业，我们都是历史的见证者，我们建设着国家是因为我们陪伴着一批批学生努力学习，我们的一届届学生在全国各地奋斗着，成就着自己，即便面对大灾大难，也敢于承担。2020年的一场新冠疫情，让我们看到了国之温暖，看到了舍生忘死、众志成城。10年前毕业的两个学生主动请缨作为援鄂一员，加入这场有关生死的战斗，出发前我问其中一位：“害怕吗?”她简单地回答：“害怕，但是必须去!”我的眼泪在眼圈转着。古人说：“死生亦大矣，岂不痛哉!”没有人不怕死亡，重要的是不会被恐惧打败，就如《老人与海》中的圣地亚哥所说：“人生来不是被打败的。”我相信她也能成为这样的人，在没有战争的年代成为这个时代的镌刻者。出发前我发信息给她：“明知山有虎，偏向虎山行，因你骄傲。”她回复说：“我终于成为你用来教育一代代学生的榜样了!”确实，在以后的班会课我会和他们说，雅安地震时作为战地军人的学生如何抢险救灾，新冠疫情下，我的学生如何选择赶赴征程。这些不是作为一名教师的炫耀，而是告诉这些山区的孩子，你们也可以成为时代的脊梁，展现出你们的精神与风采。

党史国史是牢记初心使命的鲜活教材。学习党史就是为了让每一名国人都能在历史中汲取精神力量，从而为实现“中国梦”注入无限生机和活力。知史爱党，知史爱国。作为青少年，认真学习党史国史，我们才更能深刻感悟历史征程上中国共产党人的初心和使命，全面明确新时代里自己身上所担负的责任和担当。学党史，守初心，跟党走，我们后浪才能成为这个伟大时代的“希望一代”。

党的百年光辉九万里，人民幸福万代长，愿你我在平凡的工作中如鲲鹏展翅扶摇而上，九重云霄党心向民之志，依然岿然不倒。

三尺讲台，誓言的坚守

辽宁省盘锦市大洼区实验小学 刘 颖

张思，女，1974年出生，辽宁大洼人，中共党员，大学本科学历，高级教师。自1995年参加工作以来，她始终忠诚党的教育事业，以强烈的事业心与责任感，在平凡的工作岗位上把教书育人、管理育人、服务育人贯穿在工作始终。曾获全国青少年文明礼仪先进工作者、盘锦市十佳师德标兵、盘锦市语文学科带头人、盘锦市高效课堂十佳教师、盘锦市教育先进工作者等荣誉称号。

植根讲台约三尺，无言浇灌胜有言，对于教育，她热爱着、奉献着、钻研着、坚守着。一支粉笔、一块黑板、三尺讲台构成了她人生的精彩，她用全部的深情和爱心浇灌着稚嫩的幼苗，用满腔的热血谱写着自己的人生乐章。“当园丁培育百花，做黄牛无私奉献”是她热爱教育的誓言；“干一行、爱一行、精一行”是她淡泊坚守的工作准则；她坚信着青春是可以不等价交换的，她时刻愿意用自己的平凡年华铸就一群孩子不平凡的成长。

一、教育故事——用爱浇灌成长

“宝剑锋从磨砺出，梅花香自苦寒来。”1995年，她怀着对教育事业无比崇尚的神圣情感，走上了三尺讲台。当教师是儿时的梦想，如今她实现了这个梦想。初为人师的她，告诉自己一定要用满腔的热情去履行教师的神圣使命：敬业爱生，教书育人，为人师表。到校报到后，接到的第一项任务便是担任六年级社会学科的教学。六年级是学校最高年级，学生处于青春期初期，自主意识强烈，个别学生厌烦学习，好动顽皮不好管教。上过第一节课后，她就知道不仅仅是要完成课堂上的“传道、授业、解惑”这么简单，更重要的是要深入了解这个时期学生的内心所需、所想，要加强和学生的沟通和交流，和学生真诚交朋友，才能达到“浇花浇根、育人育心”的效果。所以她从课前、课上、课后三个方面入手，课前把课备好，生动、有趣的课才能吸引住学生的眼球和心，为备出一节生动、有趣的课，她经常穿梭于学校图书室查找和学科内容有关的课外资料，因为这是学生最感兴趣的，他们喜欢了解书本上没有的知识。过去教学条件与手段有限，她经常备课、画图片、制作幻灯片、自制教具到深夜，每次疲倦了，想起第二天会有一双双渴望知识的眼睛，她顿时浑身充满力量。在课堂上，她会根据学科特点，把每部分教学内容创编成故事讲得兴味盎然，她灵巧设计每个教学环节，提出有效的问题，引导学生积极参与学习过程，学生们争先恐后回答着问题，主体作用被充分显现。课下她转变角色，走近学生和他们变成知心朋友，关心他们，帮助他们。虽是一名科任教师，但她用爱心、关心、耐心鼓起学生心海的风帆。她的教学受到学生欢迎，因为师生配合默契，她经常承担县、学校的社会学科教学观摩研讨活动，这不但提升了她专业化发展水平，也使她在教育这条路上很快成长起来。

2001 年，她走上了班主任的工作岗位，这对于她来说是全新的开始，为了能全身心地投入工作，她把仅 8 个月大的女儿送到了外地的婆婆家，然后把全部精力投入到教育教学工作中去。由于当时太年轻，起初许多家长对她的教育教学抱有怀疑态度，有的甚至找到学校领导要求把孩子调到别的班去，这使她感觉到极大的压力，几乎想要打退堂鼓。在学校领导和老师的鼓励下，她把压力变成动力，暗下决心，一定要干出成绩，一定要用行动证明自己是一位称职的班主任。从此，她一边向老教师请教班级管理的经验，一边在课堂教学上狠下功夫。为调动学生学习积极性、全面提高学生的素质、增强集体凝聚力，她广泛阅读教育教学理论书籍，认真钻研课堂教学，锲而不舍地向有经验的老师学习。每天她几乎第一个踏进校园，而每晚放学，她又因辅导学生最后走出校门。冷风中，昏黄的路灯灯光把她的身影拖得很长很长。很多次，孩子发烧住院治疗，婆婆给她打电话让她陪陪孩子，但她放不下她的学生。担心女儿时她在教室的外面黯然哭泣，擦干眼泪后继续用微笑面对她的学生。她就是这样把更多的爱给了学生，给了她心中平凡而神圣的课堂。甚至在她的父亲做心脏手术时，她为了不耽误学生期末复习，硬是挺到学生考完试才匆匆赶往医院陪伴父亲。她在日记中写道："也许我不是一个称职的母亲，更不是一个孝顺的女儿，但我知道我是一个合格的老师，只要我的学生对我满意，这就是我莫大的幸福……"

平时在班级管理中，她非常注重班风学风建设，她在思想上关心学生，感情上亲近学生，生活上关怀学生，千方百计调动每一个学生的成长内驱力。在她的心中没有不好的学生，只有如何能变得更好的学生，她善于挖掘每个孩子身上的闪光之处，给他们搭建成长的舞台，因为她相信每个孩子都是一个完全特殊的、独一无二的存在。作为教师，要善于发现每个学生的不同个性，精心呵护这分不同，对他们加以引导和帮助，给以悦纳和确认，予以延伸和发展，让每一个学生都独一无二，成为更好的自己。她的班级有写日记的习惯，这也是她和孩子们进行心灵对话与沟通最好的渠道，起初孩子们把写日记当成一项作业来完成，大多数记得空洞，像流水账，而她每天不管多忙都会拿出固定时间进行批阅，附上真诚或者鼓励的话语，时间长了，孩子们的日记记得有内容、有温度了，因为他们知道日记成了和老师这位大朋友的心灵传话筒，当人心与人心之间架起一座沟通的桥梁，班级管理变得愉悦轻松了。对于班级后进生，她就用爱心换学生的真心。有时，为了挽救一只掉队的“大雁”，她经常放弃休息时间，进行家访，与学生个别谈心，了解学生的心理动态；与家长私下沟通，了解学生家庭状况，耐心细致地做好后进生的转化工作。在她的鼓励帮助下，一些顽皮的学生变得温顺起来，倔强的头也开始低下来，叛逆的目光也变得柔和起来，个别学生开始认识到自己的缺点和错误，不断改正、不断进步，曾有多名学生，重拾起对学习的信心，扬起理想的风帆，取得优异成绩。就是这样，她用实际行动和人格魅力感染着、教育着她的每一个学生。功夫不负有心人，经过她对教育教学的不懈努力，她负责的班级学风浓厚、秩序井然，在学校各项评比中成绩优秀，在平时的各阶段性学习考试中遥遥领先，在常规管理考核中更是名列前茅，在学校组织的“家长进课堂”活动中，她以显著的课堂教学效果，赢得了家长的赞许。

二、教学故事——用心培植希望

从走上教育岗位之日起，她便懂得了教育这项艰巨而又漫长的事业需要与时代紧密相连，需要不断进步，它也许早就脱离了只是“传道、授业、解惑”的“传统课堂三部曲”，更多的是“三部曲”带给孩子们课前期盼学习的兴趣、课上敢于提问的好学不倦精神、课后乐于继续探索学习的终身学习意识，把“学之枯燥”转换成“学之乐它”。这种对学生学习习惯与态度的培养在基础教育阶段尤其重要。

几年下来，她在教育中逐渐成熟起来，同时不断加大课堂教学与科研领域的研究，这也成为她提高自身师德修养的一个目标。随着新课程理念的不断深入，她刻苦学习教学理论和文化知识，不断提升学历水平。课余时间，我们经常会看到她穿梭于学校图书室的身影，看到她上网学习的情景。为了将她学习到的心得用于教学，她投身于学校的教科研工作，承担国家级、省市级多项实验课题，因为她说，只有不断地学习、研究，并将研究的成果用于实践，才能使我们的教学不断地创新，不断地提高。

她总是认为汉语比其他语言更有力量，更有助于直接熏陶学生的心灵，培养和塑造学生健全人格，于是她在语文学科教学中不断发挥自己的爱好优势，在语文教学上大胆改革创新，潜心研究教材教法，广采他山之石，试图琢磨出一条更高效的语文课堂教学之路。

2002年，我国当代著名教育家魏书生先生提出了“课堂教学六步教学法”，发展成为盘锦课堂教学“三段六步教学模式”，三段即为“自学阶段、导学阶段、测评阶段”，六步即为“定向示标、自学指导、自学督查、导学释疑、合作探究、自主测评”，这种教学方式突出的是培养学生自主探究、合作交流的学习能力，实质就是让学生成为课堂的主人。这恰好是她这两年一直摸索的课堂教学理念，她如获至宝，于是先从学习开始，一有机会就参加教研培训，聆听专家解读，深刻领会这种模式的实施策略，然后用于自己的课堂教学实践。刚开始由于生搬硬套、机械模仿，运用起来并不得心应手，为了调动学生积极性，刻意给学生自主、合作、探究时间，有时会造成课堂教学任务完不成，她开始反思，总结自己每一节课的教学得与失，对于成功的取其精髓，对于存在的问题着力实施解决，这样经过学习实践到实践反思，再到反思提高的过程，她不但能灵活运用这种高效的课堂教学模式，而且结合教学实际和学生特点，变“三段六步”教学模式为“四段六步”，即让四段之“预习、自学、导学、测评”统筹课堂阶段，六步之“定向、讨论、展示、点拨、检测、小结”分配课堂任务，如此一来，学生成为课堂的主人，实现了课堂上师生、生生、生本之间的对话，学生学习的积极性提高了，自主学习和合作解决问题的能力增强了，创新精神在这种高效的课堂教学中很好地被培养起来。

在她的语文课堂教学上，可以欣喜地看到“以学生为主体，教师为主导”的先进教学思想；看到创设情境诱发学生的认知需求和创新欲望，使学生从情感、思维和行为上主动参与学习的热情；看到在培养学生主动探索的同时，有意识地培养学生求新、求异、聚合、发散等创新学习活动所要求的思维方式和方法；看到语文课堂教学重视学生的听、说、读、写等能力的训练，并且训练任务有层次、有坡度，照顾和满足不同层次的学生，使她所教的学生都能得到相应的发展和提高。学生们说，在和张老师一起上课时，从不感到辛苦，从不感到乏味，总觉得自己很聪明，对学习很有信心，能感受到学习的乐趣。凭借积极的探索、大胆的创新和实践，凭借高效的课堂教学思路，她很快成了学校乃至全县语文学科的骨干教师。她经常承担县、学校的语文教学观摩活动，受到领导、同行的好评；从2004年至2012年，她所执教的语文课《麻雀》《卖火柴的小女孩》《太阳》等10节课分别获得辽宁省、市、县级各类比赛一等奖；2008 年，她在辽宁省小学语文教师专业素质大赛中获二等奖；2009 年，她又代表大洼县(现大洼区)参加了盘锦市小学语文教师素养大赛并荣获一等奖，同年，她被大洼县教师进修学校聘为大洼县小学语文学科中心教研组成员暨兼职教研员；2012 年，被评为“盘锦市高效课堂十佳教师”“盘锦市语文学科带头人”等。在课堂教学的这条道路上，她用刻苦钻研的精神和独特的课堂教学艺术创造了精彩的教学生涯。

三、管理故事——用情书写辉煌

2007 年，她走上了学校管理岗位，十余年间，先后担任学校大队辅导员、教务主任、科研主任、副校长、工会主席等职务，无论担任什么职务，她都会以科学务实的态度开展工作；无论面对多么复杂且辛苦的工作，她总会以乐观豁达的心态，充满激情地、创造性地开展工作；她出于对教育事业的满腔热爱，用享受的态度去工作，去学习，去尽责，去助人。她淡泊名利，从不计较个人得失，因为她知道自己是一名党员，她要履行党员“吃苦在前、享受在后、克己奉公、多做贡献”的誓言，所以在平时工作中，始终以一个服务者的姿态，为学生的成长服务，为教师、学校的发展服务。她用敏锐的目光、先进的办学理念、厚实的专业功底、积极的研究态度，和所有实验人一道用自己的智慧和心血打造着学校的发展。2012 年，在半个世纪校园文化的积淀和凝练下，她所在的学校——辽宁省盘锦市大洼区实验小学提出并实施了“悦文化”教育理念，即用“阅”读开启快乐学习的大门，用跳“跃”锻炼快乐的身心，用音“乐”陶冶快乐的情操，用超“越”成就快乐的人生，最终让学生实现“悦人、悦己、悦未来”的目标。在这一理念背景下，她主抓的学校素质教育工作，实现了用网络式管理健全体艺工作管理机制，实施教科研引领打造体艺精品队伍，科学统筹安排，创新学校体艺活动形式，点面结合地打造学校特色活动品牌。她欣喜地看到在她与同行们共同努力下，实验学子的综合素养提高了，教师的角色定位转变了，家长的思想观念提升了，学校的发展飞跃了，这也是她成就属于她的本真教育的核心驱动力。

党的十八大以来，习近平总书记关于劳动、劳动者、劳动教育发表了一系列重要讲话，中共中央、国务院发布了《关于全面加强新时代大中小学劳动教育的意见》，教育部出台了《大中小学劳动教育指导纲要(试行)》，对新时代劳动教育进行了顶层设计和部署落实。学校高度重视此项工作，由她带领实小团队探索实施学校劳动教育。她充分利用和挖掘学校现有资源，从课程管理、课程实施方面下功夫，打造家庭、学校、社区三位一体的劳动教育格局，开发出“基础型”“创新型”“发展型”三种劳动教育课程，培养和树立学生的劳动观念、劳动技能和劳动习惯，使劳动教育最终成为学生发展的必要途径，发挥出其树德、增智、强体、育美的综合育人作用。

“师者为师亦为范，学高为师，德高为范。走上三尺讲台，教书育人；走下三尺讲台，为人师表。”她在教育战线上奋斗了 26 年，坚守了 26 年，热情从未消退一丝，也许这便是“热爱”最好的证明。她的毕业学生会经常来看望她，一些毕业学生的家长会经常联系她，聊一聊孩子现在的情况。她说，人生最大的幸福莫过于此。她会永远拥有一颗属于教育的年轻心态，以高高兴兴的情绪、乐教爱生的情怀守好初心，创造出更加精彩的教育，更精彩的人生！

用党员本色，筑战“疫”堡垒

北京市海淀区红英小学　陈淑兰

新冠疫情的暴发给学校教育教学带来了诸多挑战。在抓好新型冠状病毒肺炎疫情防控工作的过程中，作为书记，我勇担责任，充分重视落实主体责任，为发挥领导班子的集体力量，成立了以自己为组长的领导小组，分工明确，层层落实责任，在疫情防控、在线教学等工作中发挥基层党组织战斗堡垒作用。

一、落实宣传，数据统计不疏忽

在关系师生生命安全的问题面前，我是一名认真细致的实干者。从2020年初疫情全面暴发以来，根据上级要求防控疫情的工作部署，我与各支部书记层层落实师生健康情况上报工作，每天在校区不断转发上级部门对疫情的防控宣传与监管信息，认真汇总各项数据、仔细核对信息、审查上报各项材料；对于滞留湖北的师生，我亲自一个一个打电话慰问关怀，解读政策，维护稳定。

红英小学有4个校区，4个校区师生数据的统计工作并不轻松，最多时，一上午就要处理85个班级的健康数据，完成700余人的体温统计，汇总3000余名师生的健康情况。落实疫情防控宣传、数据统计工作，我从未放松。

二、在线教学，躬身入局研课程

(一)前瞻思考，关注发展

1. 非常时期课程建设目标

严格遵守延期开学，学习内容以复习、巩固、提升为主的要求，明确“停课不停学”的“学”是一种广义的学习，学习内容和课程应关注知识面、创造力、适应性、独立性和实践能力，要坚持人文性、开放性、便捷性，坚持“五育并举”，科学合理地安排课程，注重素养提升。

2. 红英阳光岛课程要关注学生的生活价值、生存价值、生长价值、生命价值

一至六年级围绕“生长之路”“生活之趣”“生命之贵”“生存之道”“生态之美”“生灵之韵”6个主题，构建了红英阳光岛课程，体现5个方面核心思想：健康教育是基础，道德教育为核心，知识与技能教育为助力，思维习惯培养为重点，兴趣爱好为辅助。通过引导学生自主阅读、自主锻炼、自主劳动、自主探究，实现更有价值的自主成长。

3. 尊重不同家庭、不同学生的真实现状和价值需求

学校3017名学生，有约22.7%即685名学生工作日没有父母陪伴，独自在家。学生使用网上学习设备进行学习，其中借助电脑网络学习的占约69.4%，借助电视、手机学习的占约25.7%，只能借助手机学习的仍有160人，约占全校人数的5.3%。家长的需求也不同：有要求课程内容少一些的，有要求多布置些的；有期待不要太枯燥的，也有要求实用别太麻烦的；有自己单独布置作业的，有把孩子直接推给老师的，需求多元，情况复杂，所以我们必须因需制定。

(1)关注家庭差异，坚持人文性

在“延学课程”制定的前期调研中，发现各校区家庭地域条件、学生学习条件、家长陪伴情况、家长指导情况等方面差异都比较大。于是，我校的“生”之课程不仅考虑了不同年级学生的学习需求，更关注了家庭差异，在筹划课程时设立了必修课程、选修课程、自修课程，包含课外阅读、观影、TED演讲及综合实践活动等丰富人文内涵的内容，保证了不同地域、不同家庭、不同兴趣的家长和学生的需求都得到满足。

(2)关注学生发展，坚持开放性

课程建设中，我们关注学生的个性化发展，设计了开放性的课程内容，如六年级开展关于新冠病毒肺炎的小课题研究，积极引导学生从社会调研、新闻数据分析、新闻评论、绘画手工、防疫知识等多角度了解新冠肺炎。学生通过社会调研看到了疫情对于普通中国家庭的影响；通过新闻数据和新闻评论，看到了中国抗疫过程中的大国担当；通过绘画手工编程等作品表达了抗疫必胜的美好愿望。研究性课题让学生理性面对疫情，进而思考生命的意义，学会敬畏自然，在无法走出家门的情况下，一样可以增长见识。五年级的“博物馆课程”，鼓励学生线上参观博物馆，家长孩子一起动眼观察，动脑思考，动笔记录，实现书本知识与学生生活实际的有机联系，无法回到校园，一样可以坚持兴趣。我校课程中还包含了社团课程，如Python编程、衍纸、

书法、美术、管乐、合唱、科学等各类社团都在开展线上活动，丰富了学生的“延学”内容，保持了学生兴趣特长的延续性，保障每个学生的个性化发展。现在“课后一时”一直在延续，每周近40%的学生坚持选修课程的学习与训练。

(3)关注心理需求，坚持便捷性

延期开学期间，由于疫情压力以及生活、学习方式的变化，学生和家长们都会产生诸多焦虑。学校在方案制定时就考虑到家长和学生的心理需求，绘制了简明的课程一览表，每一项学习材料都有附件，每一项影视资源都附带链接，家长可以“一键式”打开，便捷易行，无须反复确认版本，也无须再花费时间精力搜索。为了方便家长快速了解课程，我们实施了家校沟通三部曲：第一步，每个年级撰写了“致家长的一封信”，清晰地介绍课程；第二步，面向全体家长下发《红英家书》，解读延期开学期间的学习方式，强调自主、开放、自愿选择的原则；第三步，推出了详细的资源包使用说明，解说课程资源使用方法。家校沟通三部曲的实施，真正做到了贴近学生、贴近家长，有效避免了家长的焦虑和迷茫，保证资源使用便捷化、利用多元化，保证个性化。

(二)关注指导，有效落实

非常时期如何上好“疫情”这堂大课？我校“延学”课程落实过程中关注需求、关注指导、关注评价，以有效学习为核心，借助教师导师、家长导师、学生自主管理，实现个性指导。

1. 及时跟踪，化解困惑

延期开学第一周，观看“空中课堂”时不少家庭遇到网络“堵车”，许多家长很着急，我们了解到情况后及时与家长沟通，解释网络课程可以随时回放，给家长合理安排时间的建议，缓解了家长的焦虑。每一周，老师们会拨通每位家长的电话，在了解学生的学习情况之外，更关注心理需求，如低年级老师指导家庭开展亲子阅读，建立良好亲子关系；又如高年级部分家长因孩子叛逆很苦恼，老师给出亲子沟通建议等。统计学习过程中网上学习存在困难的学生，单独制定解决方案。对于家长不能陪同学习的孩子，开通一对一辅导专线，为孩子送去更多的关注。

2. 导师制度，疫情生活爱无限

(1)教师导师，陪伴零距离

教师每天借助微信进行沟通，关注学生健康，兴趣、知识、能力方面的辅导和提升；每周每班记录一份“学生台账”，细致记录每个学生的学习内容和教师建议；每周都会给每个学生留出30分钟到1小时单独交流时间，倾听学生及家长在学习生活中的困惑、成长，分享反馈学习成果，化解亲子矛盾。

(2)“空中会客厅”，交流零距离

学生一直在家学习，既思念同学又略感孤独。这时，导师牵头，举行“空中会客厅”，每周每组举行网络视频会议，师生间、同学间互相交流分享生活、学习上的事情。这种导师牵头的交流活动，借助网络打破了空间的局限、时间的界限，疏解了学生的孤独、焦虑情绪，加强了学生之间的情感交流，促进了学生学习的主动性。一个多小时的时间，他们品书品影，谈天说地，评时事谈感受，展示厨艺技能……现在学生之间通过这种方式，成立学习小组，自发地探讨、思考、行动，形成了主动学习的良好氛围。

3. 家长导师，助力成长零距离

我校一贯重视发掘家长导师资源，让有精力、有热情、有责任、有能力的家长担任导师，延期开学期间也沿用了家长导师制，在线上将每个班级分成6—8组，每个组都有一位家长导师参与到学生的学习生活，弥补部分家长因工作问题不能给予的守候和陪伴，弥补部分家长在指导孩子中的力不从心，弥补教师不能对所有孩子的及时反馈。

“国王的演讲”活动中，学生表现出的责任、勇气、担当，得益于家长导师倾心倾力的陪伴与指导。三至六年级的家长导师，引导学生用演讲表达他们作为一名小小公民的思考与理解。学生们或理性思考、科学认识病毒，或赞扬奋战一线最美逆行的医护、建筑人员，或感动一方有难八方支援的团结精神，或穿过表象，思辨背后更深一层次的东西……家长作为导师，在指导学生的过程中，用自己的见识与深度引领学生的认识，让学生了解自己的使命，从而心系社会、关注时事，开启一场新时代的“国王的演讲”。

六年级的“小课题研究”中，家长导师响应学校号召，积极引导学生分小组合作开展小课题研究：“公共卫生事件ABC”“数据告诉你疫情对春节假期经济的冲击”“测算新型冠状病毒传播的最佳防控选项”……一个又一个新颖而有意义的课题，在导师的指导下如火如荼地展开，学生们也在研究中、历练中不断深化思维水平，提升研究能力。

(三)发挥督导评估的作用

为了确保延期开学方案的有效实施，学校形成“学校督导组—学校课程组—校区年级组—全体教师”管理循环体系，将过程管理真正落到实处。

学校督导组，作为延期开学期间学校教育教学工作督导评价主体，直接面对各校区、各年级家长和学生，将学生生活学习状况、家长意见、教师的工作情况进行评价，并及时反馈给学校课程组；学校课程组，7位副校干部作为各年级组长，各年级学科骨干教师作为成员，构建课程内容，调配校区资源，协调校区步伐，分工协作，同步实施，确保要求、内容、评价一致，监控年级课程学习的进度与反馈，及时调整；校区年级组，由各校区执行校长牵头，年级组长为主要成员，每周召开会议，掌握各年级学科课程落实情况，发现问题，及时协调解决；全体教师、年级组长通过年级组会议推进课程，引领教师教育教学工作，年级教师随时反映各班课程落实过程中的效果及问题，共商共议。

这种管理循环体系促进了各校区间横向、校区内纵向的交流与监督，关注过程管理，让学校特色课程得以顺利实施。

(四)关注课程成果的展示交流

在学校各部门的通力协作下，“延学”课程得以顺利而有效地开展，在学科教师的指导下，各年级学生也开展了丰富多彩的学习活动，班级交流群、教师制作的美篇、年级组及学校公众号都成为课程成果展示交流的平台。

每天学生纷纷将自己的学科学习、运动锻炼、动手实践等发到小组群中，展示自己的成果；年级教师将班级学生开展的学习活动制作成美篇，给予一分鼓励与激励；年级或学校公众号分主题、分板块将学生的学习成果提炼，转化为一篇篇有趣且有深度的报道，记录延期开学期间学生们的课程学习成果。

(五)关注教师成长

为保障“复课”后教学有序开展，我作为书记亲自带领各学科教师梳理教材，制定单元“导学单”。以语文学科为例，完成了上册教材 64 个单元的系统梳理，带动了教师的专业发展。

三、社区值守，身先士卒担责任

2020 年 2 月 2 日下午，红英小学党总支接到教工委部署的教育系统党员干部下沉到社区参与疫情防控工作的要求，我作为书记快速响应党总支号召，积极部署，在各支部党员群中发布通知，并率先报名。

在党支部的感召下，各支部党员积极响应，仅仅半天时间里，红英党总支在京的党员几乎全部报名参加社区值守。

2 月 3 日，我率先站在了社区值守的岗位上，面对刺骨的寒风、简陋的设备，依然严格遵守工作时间，按时到岗，在做好自我防护的基础上，配合社区工作人员认真值守，并做到手递手、人对人交接工作，为广大党员同志做出了表率。红英小学党总支先后共有49名党员承担了214.5小时的社区值守工作。后期，我还积极落实垃圾分类工作，参与社区“守桶人”活动。

每个平凡的春天，都经历了寒冬的历练。我同千千万万党员教师一样，在这关键时刻冲锋在前，坚守职责，共克时艰，用党员本色，筑战“疫”堡垒，在艰难时刻苦干实干，躬身入局，实现为党育人，为国育才！

牢记嘱托奋进新时代　不忘初心争做追梦人

——2021年学好党史必修课的心得体会

陕西省山阳县慈济幼儿园一级教师　洪　琳

岁月不居，时节如流。“我们都在努力奔跑，我们都是追梦人”，习近平总书记亲切的话语、殷切的期待、郑重的嘱托，激励着每一个人心怀梦想，为实现自己梦想而不断努力前行。要学会珍惜现在，不忘历史，敢于担当，一步一个脚印，脚踏实地，做一个不忘初心、牢记嘱托的追梦人。

“忆往昔峥嵘岁月稠”。你看那洒满鲜血的路上，一个个脚印记载着多少风雨和沧桑。井冈山革命根据地的建立，红军长征的胜利，抗日战争、解放战争的胜利，新中国的成立，改革开放的推进，小康社会的建成，中国特色社会主义道路的开辟，反腐倡廉、扫黑除恶，等等，每一次胜利的取得，每一个社会的进步，无不体现着中国共产党的智慧与担当，无不展示出中国共产党的中流砥柱作用和领导中华民族走向光明、走向辉煌，实现中华民族伟大复兴中国梦的核心力量。

中国共产党的过去，有巨大的物质与精神财富积累；中国共产党的今天，有突飞猛进的科学技术和举世瞩目的巨大成就。嫦娥五号成功完成月球取样；量子计算机实现算力全球领先；全国抗疫斗争取得重大成果；脱贫攻坚取得全面胜利；民法典的颁布实行，是习近平总书记治国理政的集中体现；香港、澳门回归，洗刷了百年耻辱；奥运会领奖台上飘起的五星红旗，给中国增添了新的色彩；神舟十二号载人飞船成功发射并与“天和号”核心舱对接，把我国航天事业推上了历史的巅峰，体现了广大航天工作者爱国、有担当的精神风貌。

开展“牢记嘱托，奋进商洛”党建主题活动，是贯彻习近平总书记来陕考察重要讲话精神的具体行动，是加强党的建设的现实需要，也是助力商洛高质量发展的重要举措。作为新时代的追梦人，应保持永不懈怠的精神状态和一往无前的奋斗勇气，不畏艰难困苦，敢于担当使命。

作为一名教师，何其有幸能在这样一个美好幸福的时代，用自己毕生所学去教育引导下一代的追梦人。回首自己走过的生命历程，我发自内心地感恩中国共产党。感恩中国共产党，让我从小时候的衣衫褴褛到今天的西装革履；感恩中国共产党，让我从吃难以下咽的豆渣馍、玉米馍到今天吃精面馍和美味饭菜；感恩中国共产党，让我从过去住土坯房到今天住冬天不冷、夏天不热的商品房；感恩中国共产党让我从只有一辆破旧的自行车到今天拥有私家车……走在21世纪的征途上，我看到了金菊含笑、枫叶流丹，闻到了硕果飘香；我欣喜地发现，21世纪也是充满活力和经济飞速发展的时代。

生活在新的时代、新的百年，更要牢记殷切嘱托，勇挑最重担、敢啃最硬骨，创无愧于人民的时代业绩，要坚定理想信念和永不畏惧的勇气，战胜前进道路上的艰难险阻。我从事教育事业20年，从初出茅庐到人到中年，变换的是风雨洗礼的征途，不变的是我潜心育人的情怀。二十年如一日，无怨无悔地悉心培养引导着每一位学生，用心血浇灌每一个孩子，“桃李不言，下自成蹊”。自脱贫攻坚工作开展以来，我认真贯彻教育扶贫工作精神，立足教育岗位，我的工作历程使我更加理解“教育是斩断贫困代际传递的根本途径”这句话，工作以来我坚持用真心、真情，倾心帮扶贫困学生，见证了一个个家庭因为教育而改变命运。一件件鲜活的事迹、一串串默默奉献的脚印、一幕幕感人的场景，都激励着我在从教的道路上坚守初心，不负党恩，不断前进，不断奋斗。

真情关爱，倾心帮扶。扶贫工作开展之初，我到班里的每一个贫困学生家中进行走访。每到一名学生家里，都会详细了解他们家庭的具体情况、存在的实际困难，耐心细致地向学生家长讲解国家教育帮扶政策和学校教育帮扶工作的开展情况，和学生家长一起沟通交流学生的学习和生活情况，一起探讨学校、家庭联合教育办法。在全面了解掌握基本情况的基础上，针对每一名学生的不同情况，采取有针对性的帮扶措施。对于性格内向、有自卑感的学生，时常利用课余时间和他们聊天谈心，鼓励他们树立信心。对于学习成绩不好的学生，在课上课下给予更多的关注，用提问、赞扬、辅导的方式，激发他们的学习兴趣。对于父母外出的留守儿童，我常利用周末和节假日时间去这些孩子家中了解孩子的思想动态，及时进行心理辅导，培养他们积极乐观向上的生活态度。帮扶期间，不管是不是帮扶的对象，我对班里所有的孩子都一一进行走访，并适时与家长取得联系，随时掌握他们的需求和孩子的身心成长情况，做到了对班上每一位孩子的家庭情况都了如指掌。

特殊儿童，特殊的爱。张同学是一名12岁的小男孩，患有先天性肌肉萎缩，现在已经不能站立，生活不能自理，长年瘫坐在床上，无情的病魔阻断了他求知的道路。我了解到这一情况后，便决定去张同学家给他上课。我牺牲了周末时间给他讲故事，陪他做游戏，一年来，风雨无阻，从未间断。在我的帮助下，张同学的笑容一天多过一天，现在跟一年前相比就像变了一个人，虽然肢体依然行动不便，但内心却积极、乐观，充满了对生活的希望。

让留守儿童，沐爱之阳光。留守儿童的父母在外多在家少，他们从小缺乏父母的关爱，这就需要老师多与他们进行情感上的沟通。为了树立孩子的信心，经常找孩子谈心，去他们家中拉拉家常，陪孩子聊聊天，凭借自己的执着，逐一打开了孩子们的心扉，同孩子们之间建立起一种彼此平等、信任的关系。对孩子们来说，我既是良师，又是朋友，更是知心妈妈。经常能听到孩子们私下说洪老师就像是他们的妈妈，每每此时我既高兴又难受。看着一个个稚嫩的笑脸，我的执着和坚韧便有了动力，像关爱自己的孩子一样关爱着留守儿童，给留守儿童营造了一个健康的成长环境。

学史明理，学史增信，学史崇德，学习力行。我利用课余时间，认真研读每一本著作，从党的百年伟大奋斗历程中汲取继续前进的智慧和力量。党史学习教育，首先在学，学而知之，学是基础。党在走过百年风雨征程中提炼出来的历史成绩和精神，可以说条条是精髓，字字有千钧。从“红船精神”到“抗疫精神”，无不折射出历史内涵和时代担当。党史学习教育，其次在思，思而明之，思是关键。孔子说：“学而不思则罔。”如果只学习，不思考，就会惘然无知。在学习的过程中深挖事件背后的历史，思考故事背后的精神。学习长征精神时，让我不禁感叹的是，二万五千里“长征精神”不仅仅是跨过“娄山关”，走出“腊子口”，跳出反动派的包围圈，更体现了中国共产党人对事业无比的忠诚和革命理想高于天的信念，体现了不怕牺牲和我命由我不由天的勇气，体现了团结奋进和敢教日月换新天的担当。党史学习教育，进而在悟，悟而通之，悟是升华。党史作为我们党的历史，其中蕴含着丰富的思想和工作方法，需要在学习、思考和实践的基础上加以领悟，逐渐地融会贯通、领悟内涵，才能真正掌握精髓实质，把握真谛要义，进而运用指导实践。在领悟中升华，悟出真理、真知，实现创新。在党史学习过程中，将“悟”字贯穿于学习的始终，悟出新的工作思路和方法，悟出指导工作的办法，在细照笃行中不断修炼自我，成就自我。党史学习教育，最终在行，行而成之，行是目的。思想是行动的先导，在党史学习教育过程之中，我的所学、所思、所悟的落脚点都要落实在行动上。实践是检验真理的唯一标准，充实自己，提高自己，努力践行“全心全意教书育人”的宗旨。

党员是旗帜，师德是标杆。教育的路上有很多辛酸很多苦累，但让贫困家庭的孩子和其他孩子一样完成教育、一样健康成长，是我前行的不竭动力。以奋斗创造未来，点亮梦想天空，牢记嘱托奋进新时代，不忘初心争做追梦人。

疾风知劲草，战“疫”显担当

天津市实验小学　刘　军

我是一名普普通通的教育工作者，在天津市实验小学工作，任教学副校长，是天津市特级教师。我 2000 年入党，是一名有着 21 年党龄的老党员。

在 2020 年疫情肆虐的日子里，作为一名中共党员，我不忘初心，时刻牢记自己的使命与职责。在那段特殊的日子里，我在学校党总支的领导、支持下，带领全校教师齐心协力，带头践行宗旨，创生居家学习课程，认真组织好特殊时期线上教学工作，努力保证学生线上学习的质量，受到了学生、家长和教育同人的肯定和好评。疾风知劲草，战“疫”显担当。

一、超前精心谋划，建构“实验”特色居家学习方式

2020 年年初，突如其来的疫情让学生无法到学校学习。本该热闹的校园一下子安静了下来，听不到孩子们琅琅的读书声，看不到学生们在操场尽情奔跑的身影……

为贯彻落实中央应对新型冠状病毒肺炎疫情工作领导小组会议精神以及教育部、天津市委市政府的要求，按照天津市教委提出的“停课不停学、学习不延期”工作部署，做好学生居家学习工作就成了特殊时期重中之重的工作。作为一名党员，一名学校的管理者，在没有任何经验可以借鉴的情况下，该如何发挥党员模范先锋带头作用，从而高质量地做好学生居家学习工作？我选择了迎难而上，超前谋划。

2020 年 2 月初，我就组织学校各学科教学主任召开视频会议，研究学生居家学习工作。会上，我说的第一句话就是：“各位主任都是中共党员，在特殊时期，我们要率先垂范，冲锋在前，一丝不苟地做好学生的居家学习工作。”主任们积极响应，大家集思广益，出谋划策。

结合大家的意见，我第一时间拟定了《天津市实验小学“停课不停学”学生居家学习工作方案》，并和教务主任一起拟定了《天津市实验小学“停课不停学”学生居家学习活动安排表》。

在制定方案的过程中，我觉得实验小学作为天津市唯一一所市教委直属的学校，其居家学校课程一定要是高水平的、高质量的，要真正体现出“实验”特色。于是，在学习了大量线上学习理论的基础上，为我校的居家学习制定了三个原则。

一是“面对面”。让学生每天能看到老师布置学习任务、解惑答疑，对于保证学生学习的质量至关重要。于是我们安排班主任教师每天上午告知学生当天的学习安排，提出学习要求。每天下午，安排各学科教师按课表安排帮助学生解惑答疑。让孩子们每天都能看到老师和大家一起学习。

二是“定课表”。我们每周都会分年级精心安排定制的居家学习课表。居家学习期间，学校 6 个年级共安排推送课表 70 多份。随着课程安排不断优化，课表也由 1.0，升级到 2.0、3.0。家长和学生的反馈都提到：按照学校的课表进行居家学习，学习生活有序，学习内容丰富多彩。

三是“勤沟通”。线上学习对于学生和教师都是“第一次”。只有学校及教师多听取家长和学生的反馈，才能不断地调整和优化线上教学工作。我坚持每周通过电话访谈的方式与家长沟通，听取家长的意见和建议。我要求老师们每周也要和学生、家长做好沟通，帮助学生解惑答疑。

精心建构了“实验”特色的居家学习方式只是工作的第一步，要想收到好的效果，就需要全校教师的团结一心，扎实落实。为了调动全校教师的积极性，组织好落实工作，我开动脑筋，采用了每周给全校教师写一封信、每周参加两到三个学科教研的方式。写信更多的是感谢老师们的辛勤付出，提出工作建议；参加学科教研，是为了更好地了解教与学的情况，和各学科教师一起分享经验，提高线上教学质量。

二、落实“五育并举”，构建线上学习课程体系

“弘扬伟大抗疫精神，就要把人民至上、生命至上落实到干事创业全过程、各方面，常常问问自己‘我是谁、为了谁、依靠谁’，始终把人民利益放在第一位，积极探索新时代做好群众工作的途径和办法，真心实意为群众谋福利、办实事、解难题，着力提升人民群众的获得感、幸福感、安全感。”

如何才能真正做到“真心实意为群众谋福利、办实事、解难题”，对于抗疫时期，就需要我们创新工作方式，尽心竭力做好学生的居家学习工作。根据“五育并举”的要求，我带领全校教师合理调整教学方式，创新安排学习内容，构建了适合特殊时期线上学习的课程体系，将课程安排为“眼睛课”“耳朵课”“身体课”三大板块。

“眼睛课”即用眼睛观看的课，主要由我区的精品微课课程和每天下午教师利用腾讯会议系统进行的面对面互动答疑课程构成。这样，每天既有精品微课的“新授”，又有教师互动答疑的“巩固复习”，保证了学生居家学习的质量。

“耳朵课”是学校教师为解放学生眼睛，保护学生视力，针对学生年段特点和所学课程内容，以延伸、拓展为目的而制作的校本音频课程和网络平台“优选”的音频课程。

“身体课”是指学生每天在家一小时的体育锻炼、做眼保健操和居家劳动课程。我校结合体育学科教学及学生居家体育锻炼的特点，分学段制定相应年级的体育锻炼项目及内容，还特别为中低段年级的学生创编亲子素质操，增强了锻炼的趣味性及有效性。除此之外，学校结合各年龄段学生特点，科学制定出适合学生居家开展的劳动能力培训项目，通过录制校本劳技微课，开展了以“家庭劳动小岗位”为主题的劳技实践教育活动。

我在研制这个特色线上学习课程体系过程中，不怕麻烦、精益求精。我认真学习文件要求，一次次和各学科分管主任研究、商讨，最终才形成了利于学生居家学习的课程体系。在做家长访谈时，家长们非常满意学校安排的课程，觉得孩子在家的学习确实有效，感谢学校的精心、尽心。

三、开设音频课程，为学生居家学习增添色彩

在“停课不停学”工作初期，学校对全校家长进行问卷调查和电话调研。在问卷、调研的过程中我们了解到，有近一半的家长对学生线上学习长时间盯着电子产品，影响视力的问题十分担忧。我充分理解家长们的忧虑。作为党员、作为此项工作的具体负责人，我该如何创新网络学习方式，有效保护孩子的眼睛，并保证居家学习的质量呢？

反复琢磨了一天，也没有想出好的办法，晚上躺在床上，我还在想。越想越睡不着，于是我打开手机，闭上眼睛，开始收听“喜马拉雅”音频节目。忽然，我想到如果能通过音频课程的方式让学生来学习，不是一个很好的办法吗？于是，适宜疫情防控阶段学习的天津市实验小学“耳朵课”音频课程就这样诞生了。

我带领各位学科主任，构建了“天津市实验小学‘耳朵课’课程体系”。我校的“耳朵课”分为校本“耳朵课”、优选“耳朵课”和家长精品“耳朵课”。

校本“耳朵课”是教师或师生合作，根据学习内容，有计划、有系统进行录制、上传、应用的音频课程，起到了巩固、梳理所学知识的作用。除了语

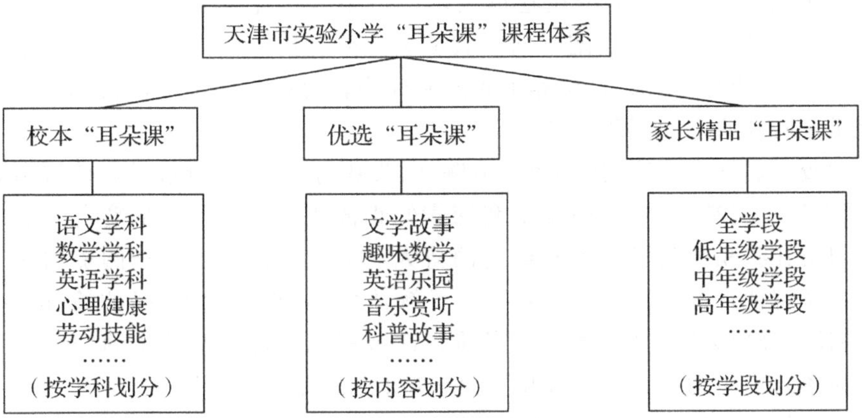

天津市实验小学“耳朵课”课程体系

文、数学、英语等学科外，我还特意和心理教师沟通，专门录制了疫情期间帮助学生调整心理状态的心理健康“耳朵课”，根据疫情阶段学生易产生的负面情绪，并结合他们的年龄特点，学校专职心理教师用浅显易懂的语言，深入浅出地讲解防疫期间如何保持心理健康。录制的“防疫期间居家氛围篇”“防疫期间家人互动篇”“让自律助我成长”“培养我的意志力”等一系列音频课，受到学生和家长的肯定和好评。

优选“耳朵课”，是各学科根据小学生年龄特点及兴趣爱好，结合我市网络学习空间上的视频微课内容，优中选优的网络音频资源，让学生听着爱听并听有所获。这些网络音频资源包括儿童文学欣赏、儿童小说、数学故事、英语绘本、名曲欣赏、防疫科普小知识等。学校按照低、中、高年段特点，分年级、分学段设置课程内容，根据学生的需求、喜好，每周进行菜单式推送。

家长精品“耳朵课”，是热心家长参与录制的课程，他们用自己的专业知识为学生们带来更加丰富多彩的课程资源。家长精品“耳朵课”中，像“中国姓氏的故事”“我和蓝天有个约会——飞行器起源”“居家抗‘疫’不停学，自律有招法”“悠久的丝绸之路”等，受到了孩子们的一致好评。

“停课不停学”期间，我校共录制了 255 节校本“耳朵课”，为学生优选推送了 457 节网络音频资源，热心家长参与录制了几十节精品“耳朵课”。

功夫不负有心人，经过我和全校教师的不懈努力，实验小学的“耳朵课”取得了很好的效果。

学生们纷纷表示：“收听校本‘耳朵课’已经成了我的日常习惯，早晨刚刚起床，我就要先收听‘耳朵课’，听一听老师讲解古诗词、古典名著，一边听还会一边跟着背诵。”“不论在吃早饭，还是午饭、晚饭的时候，我都会收听‘耳朵课’。总之，稍有空闲时间，我就会点开‘耳朵课’，仔细收听，边听边学。”“通过收听‘耳朵课’，培养了我的专注力，每每听到细节，我都会全神贯注地重复听几遍来加深印象。”

我校一名学生在谈到收听“耳朵课”的收获时，说：“听过讲述传统节日的‘耳朵课’——‘端午节’，激发了我探索知识的兴趣。端午节的赛龙舟、吃香粽的习俗让我联想到了战国时期楚国诗人屈原。于是我通过查阅资料去了解屈原，了解他直言进谏的爱国故事，了解他‘众人皆醉我独醒’的情怀，了解他‘举长矢兮射天狼’自由奔放的豪情。这短短几分钟声情并茂的‘耳朵课’像是一粒落入水中的小石子，激起了我求知的层层涟漪……”

家长们也一致反映：“耳朵课”内容丰富，孩子们可以随时收听，并且获得了课本上没有的知识，提升了孩子的专注力。

四年级的一位家长说：“学校开设的‘耳朵课’内容丰富多彩，尤其是语文老师的朗读非常优美，结合每一篇课文的内容，找到相应的拓展文章朗读，能看出来老师们的良苦用心。不仅学生喜欢听，作为家长也非常喜欢听。听老师们的朗读成了我们每天晚上的固定节目，增加了我们亲子之间的互动。非常感谢学校给我们带来听觉上的盛宴。”

还有的家长说道：“老师情感饱满的诵读，带领孩子们快乐阅读，博览群书；用美妙的语言开启了孩子心智的大门，拓展了驰骋想象的空间，不仅激起了孩子对读书的渴望，获得了愉悦幸福的感受，还能让成人重温儿时的梦。感谢老师带领孩子们成长，让孩子们懂得珍惜幸福生活，懂得勇敢面对困境，懂得爱与被爱，愿岁月静好！”

一位六年级的家长真诚地赞叹：“学校推出的‘耳朵课’形式非常新颖，让沉迷于多媒体的这一代孩子找到了收听的乐趣。他们心情愉悦地听着‘故事’，寓教于乐中学到知识。放松眼睛，放松肢体，提升了专注力，锻炼了听讲能力，提高了学习效率。”

录制、应用“耳朵课”的过程，也提升了我校教师的线上教学能力。

我校英语学科宋丹老师说：“基于网络学习空间的‘耳朵课’对于帮助学生梳理、巩固知识，提高学习兴趣，确实有着十分重要的作用。在一次线上答疑辅导时，我讲到一篇关于‘饮食习惯’的绘本阅读理解时，一位平时英语水平并不是很优秀的学生，很轻松地就完成了绘本的阅读。我惊喜地问他：为什么阅读得这样快啊？他不好意思地回答：我听了学校关于绘本阅读方法的‘耳朵课’，在家自学的过程中，正好阅读过相关话题的绘本，于是就按照从‘耳朵课’中学习的方法阅读，感觉就很轻松了……这个孩子还很希望把他阅读的英文绘本故事分享给同学。我给了他向全班分享的机会。于是通过他的分享，我班的很多学生产生了共鸣，对阅读英文绘本故事产生了浓厚的兴趣。”

语文教师石玮莹说：“我校基于网络学习空间的‘耳朵课’，不仅为学生夯实了所学知识，拓宽了想象空间，开启了心智大门，提高了审美情感，同时还拓展了所学知识的广度与深度。我们作为教师，在应用‘耳朵课’教学的过程中，也进一步提升了自身的学科素养和应用新技术的能力。当一节节精彩的‘耳朵课’传送到孩子和家长们的耳畔时，我体会到了无比的快乐。”

天津《今晚报》刊登了题为“语文‘耳朵课’有益又有趣”的报道，介绍了疫情期间我校的“耳朵课”，今日头条、新浪网进行了转载。《天津教育报》在2020年5月13日，以“‘耳朵课’保护视力叫醒心灵”为题，报道了我校基于网络学习空间，开发、建设、应用学习资源的情况，并在其微信公众号上，以“唤醒你的耳朵！天津实验小学探索线上授课新方法”为题同步发布更加详细的报道，引起了社会的广泛关注。论文《创生“耳朵课”为学生居家学习增添别样色彩》入选中央电化教育馆举办的“疫情防控期间‘网络学习空间’主题应用案例”，成为优秀案例，在国家数字教育资源官网展示；并在天津市教育学会创新杯论文评选中，获得二等奖。

“始终把人民利益放在第一位，真心实意为学生、家长服务”，是我作为一名共产党员对生命价值的追求。我将继续用高度的责任感与事业心，铸就教育事业一个又一个辉煌，完美地诠释“共产党员”这个光荣的称号！

用爱与责任、知识与勤奋追逐教育梦想

——威海经济技术开发区崮山中学校长王刚事迹介绍

山东省威海经济技术开发区崮山中学　鞠晓妍

王刚，男，1977年6月出生，1998年7月参加工作，中共党员，本科学历，2006年任威海市羊亭学校副校长，2012年任威海市第十三中学校长，现任威海经济技术开发区崮山中学校长。

回顾二十几年的教学工作，作为一名教师，他追求着“教育要为国家发展，为孩子一生幸福负责”的理想，以积极的态度、饱满的热情，肩负起了教师的职责。

一、坚守一线，用爱心诠释责任

从教以来，他主要担任毕业班的教学工作。他没有单纯地追求升学率，而是着重于学生整体素质的提高，告诉学生“富润屋，德润身”，教给学生先学会做人，然后学知识。记得第一次担任班主任，因工作需要，学校把两个初四毕业班合二为一，由他担任班主任。一开始班级学风不良，纪律涣散，问题很多，学生打架斗殴、离家出走、夜不归宿。许多家长对自己的孩子已经心灰意冷，撒手不管。他半路接手，当然是手忙脚乱，常常按住葫芦浮起瓢。大冬天，为了找学生经常半夜才回家，而家长都早已进入梦乡。许多老师也劝他，算了，这帮学生没救了。但他不愿放弃，因为他是班主任。他坚持与学生沟通，给他们力所能及的帮助，以心换心。慢慢地，孩子们开始接受他，愿意把事情告诉他，他逐渐融入了他们的生活中，他们也开始转变。最后的中考，成绩出乎意料得好，家长和学生喜上眉梢。二十几年来，他一直坚守着用爱心伴学生成长：帮助留守学生解决住宿吃饭问题，每年坚持资助至少一名困难学生。虽然累点，但心里充实、幸福。直至现在，他仍然站在教学一线上，坚持和学生在一起。

二、不懈追求，用责任书写征途

他个性要强，做事比较有韧性，敢于承担责任。所以在他担任校团委书记期间，全力配合学校，主抓学生日常管理。由于他住在村里，这大大方便他利用休息时间对部分“问题”学生进行家访，逐一摸底，化解矛盾。和家长相处多了，容易获得家长的好感和支持，学生工作也好开展。由于成绩突出，校团委多次被评为“区级优秀团组织”，他也于2002年、2003年连续两年被共青团环翠区委、环翠区教育局评为“优秀团干部”。2002年，共青团市委授予他“威海市新长征突击手”称号。在熟悉教育管理方面他真抓实干，在教育发展进程中，他也力求做到与时俱进。

2001年区信息化建设开始，各种设施建设刚刚开始起步。而当时农村学校还缺乏相关技术人员，他便主动承担起学校的信息化建设工作，亲自投身到建设中去。因为自己不是计算机专业毕业，基本上从零开始，但他有股爱学上进的钻劲。通过自学，他走在了前面。为了能够监管工程和学习，他便整天守在工地上，跟着施工人员学习。从2001年开始，基本上学校每年都有工程，所以他已经习惯了没有节假日的生活。为了给学校节省开支，能自己干的尽量自己干，比如机房建设、多媒体教室维护、实验室及专用教室改造等。2003年，他带领3名教师利用一个暑假的时间，自己设计、施工完成了校园网的二期工程，为学校节约资金几十万元。施工期间他经常连续几天忙碌到凌晨。寒冬，手脚冻僵了，他就围着办公室跑几圈，暖和过来了回来再接着干。有时晚上看工地，白天上班，每天只能睡一两个小时，就这样苦熬着坚持下来了。由于早上走得早，晚上回来得晚，同在一个屋檐下生活，母亲一个月没有看见他。结婚后，妻子常说，家就是你的旅馆。但看着学校变得越来越好，他心里也感到十分自豪，因为这里有他的汗水和付出。

当他开始从事教学管理工作后，为了能尽快履行好自己的职责，摸清工作的需要，他坚持每天早到校一个小时，晚回家一个小时。在担任威海市第十三中学校长期间，结合学校实际情况，提出“淳美教育”学校特色发展规划，以“守朴归真、教学相长”为办学理念，以规范为保障，打造团队精神，落实素质教育“三要义”，谋求师生共同发展。在担任威海经济技术开发区崮山中学校长期间，结合农村学校办学经验，以“礼和育人、细节立校”为办学理念，主张“点滴皆是教育，细节蕴含成功”，培养健康、阳光、向上、睿智的礼和少年。学校先后获得“常规管理先进单位”“学区建设先进单位”“教育工作先进单位”“行政管理先进单位”“安全稳定先进单位”“省档案管理先进单位”“山东省规范化学校”“山东省健康示范学校”“山东省信息化应用第二批试点学校”“山东省中小学安全文化建设重点研究基地”“威海市卫生先进单位”“威海市足球特色学校”“威海市绿色学校”“威海市文明校园”“威海市教育科研先进集体”“威海市德育工作先进单位”“威海市师德建设先进集体”等荣誉称号。办学经验也在《威海教育》《教师》等省、市级刊物上公开发表，他也被评为“区级优秀教师”“优秀共产党员”“先进工作者”等。

三、勤奋学习，用知识促进成长

古人云“修己以敬”。他特别重视自身素质的提高，珍惜每一次学习的机会，处处严格要求自己，并将所学及时应用于教学及管理实践中。2005 年，他讲授的“法律打击经济犯罪”一堂课被评为市级一等奖，当时这在农村学校是很少见的。这激励着他加倍努力，“教坛新星”“教学能手”“学科带头人”等荣誉称号纷至沓来，论文也在区级、市级比赛中获奖。他主持和参与的区级、市级、省级课题圆满结题，成果在一定范围内推广，文章也在刊物上发表。

2019 年，为了更好地提高自身的能力，他加入汤文江领航工作室，作为工作室的一员，他积极参与工作室活动，认真学习各工作室成员所在学校的优秀办学理念与创新想法，并结合自身学校特点，不断地提高学校教学能力和水平，做到学以致用。

四、不怕吃苦，用行动表明决心

2010 年受领导重托，前往四川省“5·12”大地震重灾区北川羌族自治县西苑中学支教。当时学校还在震后的老校上课，学生在板房中学习，他们在布满裂缝的危楼中办公，他住在一个没有房门的毛坯房内，余震不断，教学条件十分恶劣。据相关部门统计，他们那里一个月内共有 11 次余震，最大的一次是 5 级，当时感觉窗户玻璃都要炸裂。有几次晚上睡觉的时候，楼的晃动把自己和床都晃跑了，想想当地人的口头禅“大震躲不了，小震不用躲”，他把床推回去，再接着睡。

看看老县城的满目疮痍，看着孩子们刚刚走出阴霾的眼神，他忽略生活条件的艰苦，暗下决心，他不能把自己当成一个过客，要真正地把这次支教当成自己人生中需要做好的一个目标。当时和他一起工作的一名副校长，她的母亲在地震中不幸遇难，但地震时她一直与老师和学生在一起，多次进入晃动的废墟中抢救生命。还有许多老师，不忍心看着学生淋雨生病，爬进危楼去给学生拿棉被。所以他也要做点什么，他能做的就是多为他们做一点力所能及的事。

他很快摆正自己的位置，进入角色。深入课堂，全面了解情况，开展工作。提出了“落实常规管理，规范课堂行为”与建立“每月一反思，每周一简报”制度的建议，得到了陈校长的赞同与推行。他每天晚上坚持与老师们一起守护学生，走进学生宿舍查看安全与卫生等情况。他最喜欢的是，坐在学生的床边给学生们讲外面的世界，讲他的家乡威海小城的故事。最感动的是和学生一起翻山越岭去学生家里家访，学生家长欢喜地拿出自己酿的玉米酒。令人欣慰的是，自己分管的初三年级，在2010年的中考中，成绩位居安县和北川两县前茅。

为了获得更多帮助，工作中，他坚持通过电话、博客等方式与威海的学校保持联系，及时介绍这里的情况。其间按照指挥部、教体局的安排，杜郎口中学三位专家教师亲临西苑中学指导“高效课堂”；山东师范大学心理教育系李寿欣教授前来考察并达成协议，以后可以专门针对西苑中学的要求进行帮扶；2010年4月29日，宋军良局长携威海市实验中学校长姜忠军、羊亭学校校长杨亚辰一行也来到西苑中学。双方领导和学校达成“建立友好学校关系”的协议。

勤奋的工作得到了同人们的认可。2010年6月，他荣获北川羌族自治县“优秀共产党员”称号，同年7月，北川羌族自治县教体局又授予他“优秀教育工作者”称号；2011年2月，中共威海市委、威海市人民政府认定他在“威海市对口支援北川抗震救灾工作”中，荣立三等功；2012年他又被授予“环翠区十佳岗位青年”荣誉称号。但对于他而言，最珍贵的是这段让他终生难忘的学习经历。

五、认真用心，用创新展现活力

他在农村从教20多年，深知农村学生与家长的期待，也清楚农村学校工作的情况。“让农村的孩子也能享受与城里孩子一样的教育”是他的愿望。因此，他推行基于《义务教育学校管理标准》的项目式学校改进方式，以学校发展自我诊断为切入点，坚持问题导向，推进学校改革发展。课程建设方面，以“五育并举、体验前沿”为目标，以立德树人为根本任务，落实党的教育方针，对国家课程、地方课程、校本课程实施五育融合，让学生了解或体验新的技术与课程；课堂教学方面，利用大数据分析系统，开展“以评促教”的教研活动，追求“生本化的模样，生成化的精彩”；队伍建设方面，以“打造团队精神，捍卫集体荣誉”为目标，对干部队伍、教师队伍、家长、学生实施分类、分层的培训和引领；学校管理方面，以“改进工作流程”为目标，把常规工作标准化，力求规范，为自我诊断搭建框架，把重点工作项目化，力求创新突破，从而提升办学水平。

他在信息技术方面也走在了前面，积极进行智慧校园的建设。利用大数据平台、课堂教学行为分析系统，开展循证管理、循证教学。培养教师的数据意识和采集、分析、利用数据的能力。通过读取数据，教师能够进行自我评价，缓和了干群关系，营造了和谐有序的管理文化。通过分析和利用数据，教师能够改进课堂，提高了教师教育教学的水平。

他还带领学校教师自己动手，购买配件攒出一些设施设备用于学校管理和教育教学。通过出点子、想创意与一些公司合作开发了信息化工具。积极承接一些信息化课程或项目的试点工作，帮助公司进行改进，不仅争取到了免费的设备、系统，也锻炼了教师队伍。2020 年，学校被山东省评为“信息化工作示范校”。

点滴成就只代表过去。“君子素其位而行，不愿乎其外”，他会一如既往扎实工作，内外兼修，力争做一名优秀的教育工作者。

下卷

践行使命　教育扶贫

习近平总书记论扶贫

我们要以更大的力度、更实的措施保障和改善民生，加强和创新社会治理，坚决打赢脱贫攻坚战，促进社会公平正义，在幼有所育、学有所教、劳有所得、病有所医、老有所养、住有所居、弱有所扶上不断取得新进展，让实现全体人民共同富裕在广大人民现实生活中更加充分地展示出来。

（在第十三届全国人民代表大会第一次会议上的讲话）

扶贫必扶智。让贫困地区的孩子们接受良好教育，是扶贫开发的重要任务，也是阻断贫困代际传递的重要途径。

［2015 年 9 月 9 日，给“国培计划(2014)”
北京师范大学贵州研修班参训教师的回信］

治贫先治愚。要把下一代的教育工作做好，特别是要注重山区贫困地区下一代的成长。下一代要过上好生活，首先要有文化，这样将来他们的发展就完全不同。义务教育一定要搞好，让孩子们受到好的教育，不要让孩子们输在起跑线上。古人有“家贫子读书”的传统。把贫困地区孩子培养出来，这才是根本的扶贫之策。

（2012 年 12 月 29 日、30 日，在河北省
阜平县考察扶贫开发工作时的讲话）

第一部分

团队——使命必达

青山披绿添毓秀，碧水含笑风展旗

苏州大学附属中学　董玉叶　卢啸虎

一片片苍翠欲滴的叶子，正在忘情地吮吸着美丽而温暖的阳光；一朵朵五颜六色的花儿，正在散发着生命馨香而诱人的芬芳。六月的风激情而温馨，六月的雨充沛而飘逸，六月的雪域高原湛蓝而充满活力，六月的苏州大学附属中学拥有的是美好的互助情怀。2019 年 6 月，在上级教育党委、行政部门的悉心指导下，在成素萍副校长的带领下，江苏省苏州大学附属中学的 7 位党员骨干教师不远千里来到青海省海南藏族自治州第一民族高级中学支教。

一、映日荷花别样红

钟灵毓秀地，风展红旗时。在长期的历史演进过程中，青海省海南藏族自治州各民族人民在这块神奇的土地上繁衍生息，用他们勤劳的双手创造了古朴精深而独具特色的历史文明，使其成为中华文化的重要组成部分。那里草原辽阔，绿草如茵，野花灿烂；那里牛羊漫山遍野，帐篷更是星罗棋布；那里肥美的手抓羊肉、鲜嫩的血肠、醉人的青稞美酒、醇香的酥油奶茶香飘千里草原……浓郁美妙的民族风情、绚烂多彩的民俗活动、神秘庄严的祭海仪式组成了青海省海南藏族自治州独具特色的文化内涵。青海省海南藏族自治州第一民族高级中学是这块美丽神奇土地上的一颗光芒耀眼的珍珠。学校遵循“人文、和谐、科学、创新”的办学理念，坚持“励志、厚德、笃学、践行”的校训，以“依法治校、质量立校、管理兴校、文化铸校”为办学宗旨，以规范化、科学化、制度化的管理为出发点，创建了藏区办学综合水平一流的高级中学。

当时钟倒拨到 2018 年 11 月 8 日的下午，青藏高原的蓝天格外清爽。尽管室外温度在零下 5 摄氏度左右，但在海南藏族自治州第一民族高级中学的会议室里却激荡着藏汉一家亲的暖流——来自江苏省苏州大学附属中学的校长助理沈泉明和尹起老师与海南藏族自治州第一民族高级中学的久让多杰校长、马书记、张主任等领导班子成员欢聚一堂，共同见证两校帮扶协议的续约仪式。

得一波灵水之厚泽，蕴一方圆融之精气。带着好奇，带着激动，带着憧憬，苏州大学附属中学的党员骨干老师来到美丽的、久负盛名的海南藏族自治州第一民族高级中学。支教教师在久让多杰校长、马书记的陪同下参观了校史馆。听完介绍后，支教教师对他们取得的成绩表示了由衷的祝贺。同时，苏州大学附属中学的成素萍副校长也介绍了本校的办学特色：以“努力办好人民满意的教育”为己任，以“实践爱与智慧的教育”为办学宗旨，以“实践者、思想者、领跑者”为使命，以“智、仁、勇”为校训，以“正气、朝气、大气”为学校精神，着力构建学校文化内核，落根“核心素养”，营造师生共同成长的精神高地。大家都觉得，教育是以“心灵摆渡”为己任的事业，高中教育走的是一条促使学生“见贤思齐，择善尚美”的路径。在“发现美、欣赏美、塑造美”的过程中，高中教师凭着自身的文化气质去影响学生，感染学生，引导学生，最终成就美丽的学生，为学生的未来发展做好不可或缺的奠基工作。

黑发积霜织日月，粉笔无言写春秋。苏州园区学科带头人、苏州大学附属中学数学教师徐开在海南藏族自治州第一民族高级中学高二(13)班开设了题为“含绝对值的函数”的公开课。徐开老师准确的设问、精练的语言表达、精美的板书设计，以及良好的师生互动都给第一民族高级中学的高二数学老师留下深刻印象。接着第四节课，徐开老师和吴振良老师深入第一民族高级中学高二年级的数学课堂，了解到课堂上师生的风貌，体验了年轻数学老师任老师的精彩课堂，无论是从精心准备的课件，课堂上任老师激情的讲解和引导，到课堂上良好的师生互动，还是同学们投入的神态，都深深地感染了每一位听课教师。通过相互听课，达到了互相学习、共同提高教学水平的目的。下午，徐开老师首先跟高二数学备课组的8位老师进行了深入的交流，交流了上午两节课的详细情况，并且对彼此教学过程中遇到的问题进行了坦率、真诚的思考交流。徐开老师对数学教研组的全体教师做了“发动组员智慧，共建和谐备课组”的专题报告，获得了第一民族高级中学同人的高度赞同，活动在全体数学教师热烈的掌声中结束了。勤奋好学的徐老师最欣赏的名言是“宝剑锋从磨砺出，梅花香自苦寒来”。其实，人类的一切美好理想，都不可能唾手可得，都离不开筚路蓝缕、胼手胝足的艰苦奋斗。从大的方面说，我们的国家，我们的民族，从积贫积弱一步一步走到今天的发展繁荣，靠的就是中华民族自强不息的不谒奋斗，靠的就是一代又一代包括教师在内的中华人民的顽强拼搏……“黑发积霜织日月，粉笔无言写春秋”，入情入理，切中肯綮。

心中若有桃花源，何处不是水云间。全国优秀语文教师、苏州市高中语文学科带头人董玉叶老师为海南藏族自治州第一民族高级中学的高二(16)班学生上了一堂“让议论文走向纵深”的作文课，受到近百名听课师生的一致好评。这堂作文课巧妙切入，从作文教学的薄弱处下手，循循善诱，让学生的纵深思维得以有效地训练。整堂课紧紧围绕：一果多因，让议论文纵深有“信度”；正反对照，让议论文纵深有“厚度”；反弹琵琶，让议论文纵深有“角度”。董玉叶老师引用培根的话告诉同学们学习的重要性：“读书使人充实，讨论使人机智，作文使人准确。”“读史使人明智，读诗使人灵秀，数学使人周密，科学使人深刻，伦理使人庄重，逻辑修辞使人善辩。”其实，作文教学要突出“情境”。具体做法：漫溯路径，探寻作文情境教学之“根”；沐浴书香，注满作文情境教学之“水”；美文锦囊，点燃作文情境教学之“火”；意趣无痕，为学生的成长营造情境；悉心谋划，为学生的美丽规划情境；时事速递，为学生的深刻搭建平台；凸显高考，让同学的思维走向智慧；同题打擂，为同学的思绪碰撞助推；同伴引领，为同学的梦想构筑情境。温庭筠《梦江南》词中有这样一句，“山月不知心里事，水风空落眼前花”。其实，语文教师在课堂上的“心里事”就是在细节设计中促进学生语言动态的生成，语文教师在课堂教学细节设计中不能忘却自己作为语文教师的责任——问、会问、善问，否则真是“水风空落眼前花”。

青春，没有地平线。学生的心田是一块神奇的土地：播种了思想，便会有行为的收获；播种了行为，便会有习惯的收获；播种了习惯，便会有品德的收获；播种了品德，便会有命运的收获。园区学科带头人王艳红老师在海南藏族自治州第一民族高级中学进行了上课、听课及备课活动，与当地教师互相交流学情、教材、学时状况，阅读教学及词汇教学的策略，早读课、晚自习的情况，等等。总体来说，整个活动非常充实，收获颇丰。当得知有些同学没有养成好的学习习惯时，王老师深情地说：“行为养成习惯，习惯造就性格，性格决定命运……养成良好学习习惯的人，要比那种没有养成良好习惯的人、养成不良习惯的人具有更大的潜在能量……”王老师认为，课堂上适时地“追问”非常重要，通俗地说“追问”就是追根究底地问，它是教师针对某一内容或某一问题，在学生有了一定理解之后的再次补充和深化，是有针对性的“二度提问”，再次激活学生思维，促进他们进行深入探究，自主地构建知识体系。教师适时、有效的追问可以化迷茫为清晰，化粗浅为深入，化平淡为神奇，为课堂锦上添花，促进青春活力的学生生动活泼的发展。

若待上林花似锦，出门俱是看花人。苏州工业园区学科带头人、优秀班主任代表王世泉老师与海南藏族自治州第一民族高级中学的学生亲切沟通与交流。王老师乐观的微笑、自信的眼神、积极的心态、友好的表情告诉我们这样一个道理：真正有效的教育，绝不仅仅是讲授某个道理、传授书本知识，更不仅仅是培育学生的科学技能，而是把自己的精神与正能量传递给学生，维护所有学生的尊严，让学生成为一个内心强大的社会有用之人，一个能承担后果、应对变故，能改善自身和环境的强大之人。王老师亲切的话语，如同散落的精灵，带着别致的情怀，静静地洒落，汩汩清泉般滋养着学生的心田。其实，王世泉老师很早就有资助西部贫困学子的感人事迹：早在2006年，王世泉老师和家人从助学网上了解到甘肃省渭源县锹峪乡和会川镇有两位儿童因家庭变故即将失学，经过商议，家人一致决定向这两名儿童伸出援手。王老师的儿子王浩舟主动将自己的压岁钱全部捐出，分别汇给这两名儿童。从此，王老师一家人对这两个学生开始了资助，与社会慈善人士一道，分别资助他们到高中毕业和大学毕业……

运动没有“休止符”，度过生命“拔节期”。园区学科带头人、苏州大学附属中学体育教研组组长张丽萍老师和第一民族高级中学的艺体组老师们进行了广泛交流，从课堂教学、大课间活动和竞赛辅导等各方面进行了探讨。张老师受到与会教师的高度赞扬。她坚定地认为，以“摆渡心灵”为己任的老师们都希望自己的生活是香喷喷的茶水——鲜美的味道、滋润的生活、自由的精神、充盈的内心，在成就别人之时也丰富自己，即课堂上要“有雅”，清新雅致；交往中要“有趣”，活泼舒畅；视野里要“有道”，果敢豁达；内心深处要“有乐”，淡然惬意。我们很佩服张老师有如此的雅兴与高超的表达能力。

有人说：“使人成熟的，并不是岁月，而是经历。”园区学科带头人吴振良老师带去了题为“数列的单调性”的展示课。吴老师数学思维缜密，高屋建瓴地分析了这节课的重点要点，深入浅出，学生热情高涨，积极主动参与课堂，学习氛围轻松高效，听课老师给予了充分的肯定。课后吴老师参与了高一数学备课组的教研活动，相互介绍了各自学校的一日常规管理工作以及课程进度与课时安排，在愉悦的氛围中进行深度的交流，达到了此行“取长补短，共同提高”的目的。作为班主任的吴老师认为“学高为师，身正为范”无疑是教师职业的灵魂。在新时代的背景下，加强师德师风建设，塑造教师健全的人格，是教师培养的首要工作。以教师高尚的人格力量对学生进行潜移默化的教育，“润物无声胜有声”才是教育的最高境界。塑造教师健全的人格、激活教师内驱力是以老带新工作的基础。他经常与青年教师一道，开展“一切为了学生的发展”“全心全意为学生服务”等方面观念的转变教育，增强教师的服务意识，树立“爱校如家、爱生如子”的思想观念。

春风化雨育桃李，意有痴迷写春秋。苏州大学附属中学督导室主任朱士平老师为高一(15)班同学开设了一堂题为“打点计时器在力学实验中的运用”

的模块复习课，第一民族高级中学教务处张主任与全体物理老师参加听课。课后朱士平老师与物理教研组全体老师就高一模块化复习课模式进行了深入的探讨。讨论结束后，还与曾经来苏州大学附属中学跟岗培训的两位物理老师进行了深入交流，了解他们的教育教学情况。有人说："物理难，化学繁，数学的习题做不完。"但朱老师不这样认为，他说："只要坚持'四会'，学会对物理概念的反复分析琢磨，学会对物理试验的层层剖析，学会通过实践加深对物理公式中的物理量含义的确切理解，学会对类似知识点的归纳总结，就一定能准确到位、事半功倍地学好物理。"

庭中顿觉书声朗，室外有文翰墨香。课堂是教育的主阵地、主渠道，是实现高效优质教育的不二法门。金鸡湖领军人才、苏州市高中语文学科带头人董玉叶老师为海南藏族自治州第一民族高级中学的领导班子及所有语文教师做了"聚焦高品质课堂"讲座。董玉叶老师站在新课改的高度，以诗情画意的语言诠释了语文课堂高品质的三个维度：什么样的课堂是高品质课堂？高品质的智慧课堂怎么样炼成？炼就高品质的智慧课堂，老师需要做什么？董老师认为：既然语文课堂的最终目的是通过情境的设置、语言的启迪、智慧的渗入、情感的升华来塑造全面发展的"大写的人"，那么真正难忘的、美妙的、高效的、高品质的语文课堂，一定是实在的、实惠的、实诚的、不再凌空高蹈的课堂。因此，我们的语文教师一定要强调"四动"与"四实"：①情境调动，让语文课堂"丰实"起来；②问题驱动，让语文课堂"扎实"起来；③师生互动，让语文课堂"充实"起来；④工具撬动，让语文课堂"真实"起来。同时，董老师提出"四 jìng"的读书态度：静，是一种优雅的心境；净，是一种纯粹的状态；竞，是一种向上的精神；敬，是一种和谐的融洽。当以"摆渡他人"为己任的教师们静静地审视着自己，看到不断返青的碧绿出现，抱着美丽的阳光欣然入眠，送给别人的祝福与留给自己的美妙相辅相成时，教师的外在与内心都神采奕奕了，因为大家的心灵已经得到彻底的、卓有成效的熏陶与洗礼。记得有位教育大师曾满怀深情地说："我与课堂，课前有一种期待，课上有一种满足，课后有一种留恋，我对课堂充满感恩。"是什么促使这位大师有期待、满足、留恋和感恩的呢？我认为，这就是课堂的高品质，因为带有趣味的、非预设的，然而符合语文规律的课堂不但能让老师陶醉，更能让学生的思维活跃而变得神采飞扬和神思灵动，因而让老师们感受久违的快乐与难得的心理成就感。

二、问渠那得清如许

有一句话说得很精彩，不是所有的树都能生长在大漠戈壁的，胡杨做到了；不是所有的花都能开在雪山上的，雪莲做到了；不是所有的人都有勇气来到青藏高原支教的，苏州大学附属中学的教师做到了。尽管时间不长，但我们的支教教师同心同德、群策群力、不辞辛劳、众志成城，奔波在教学、教研一线，用光和热践行着支教使命。作为支教老师，他们深深懂得“授人以鱼不如授人以渔”的内涵，当好使者，带领教师们不断学习、不断进步，与新课程和现代化接轨是义不容辞的责任。

美国心理学家罗杰斯认为：“成功的教学依赖于一种真诚的理解和信任的师生关系，依赖于一种和谐安全的课堂气氛。”

为什么苏州大学附属中学校风正、学风浓、教风纯呢？是因为学校党委是一个牢固而坚强的“堡垒”，每个老师尤其是党员教师用心守护着飘扬的“旗帜”。苏州大学附属中学党委目前共有党员 120 人，其中在职党员 111 人，占全校在职教职员工的 60.3%，退休党员 9 人；下设 4 个党支部，由赵光义同志担任党委书记、校长。我们的党建活动有效、有序、有料。

(一)筑牢党建“主阵地”，让思想教育“活”起来

班子带头，提高思想教育质量。2020 年，苏州大学附属中学党委中心学习组全年开展学习研讨 15 次，党委成员带头上党课、辅导讲座 7 次。

党员跟进，掀起理论学习热潮。党委、党支部常态化开展“三会一课”，引导全体党员适应新时代、新形势，贯彻新任务、新要求，组织党员深入开展关于《民法典》等的学习研讨活动共计 12 次，推动政治学习入心入脑。

(二)畅通党建“主动脉”，让战斗堡垒“强”起来

组织建设“无死角”。规范开展基层党组织建设工作，增补党委委员，根据党员规模，增设 2 个基层党支部，进一步完善组织架构。2020 年，苏州大学附属中学党委被评为“园区教育系统先进基层党组织”“三星级基层党组织”。

主题教育“不留白”。围绕打赢疫情防控阻击战，充分发挥党员先锋堡垒作用。认真开展“2020 年党员冬训系列活动”“主题党日活动”，组织党员教师观看《为了和平》《金刚川》等抗美援朝影片，极大地提升了党员教师的爱国热情。

工作责任“再压实”。牢固树立“抓好党建就是最大的成绩”的理念不动摇，明确工作责任清单，细化到人，量化到岗，狠抓“第一责任人”职责落实，定责明责、知责履责、督责问责，层层压实各级责任，形成责任体系闭环。

(三)锤炼党建“主力军”，让模范作用“亮”出来

坚持双向培养，让党员队伍壮起来。坚持党员骨干双向培养思路，努力

建设一支以优秀党员为主体的高素质名优师团队，全年共有 9 名党员获评区级及以上骨干教师称号；坚持党管人才原则，全年引进党员教师 13 名，占新聘教师 56.5%。4 名党员获得园区优秀党员或优秀党务工作者称号。

坚持党性锤炼，让党员队伍冲起来。自新冠疫情发生以来，学校迅速成立青年党员先锋队，坚决把疫情阻击在校园外，构筑起了防疫防护的铜墙铁壁。学校积极响应教育扶贫号召，与贵州省松桃民族中学、松桃第六中学结对，开展合作共建、对口帮扶。

（四）把牢党建“主动权”，让党建业务“融”起来

履行主体责任到位。严格落实党章党规，修订完善“党组议事规则”，严格落实“三重一大”事项集体决策；有效做好部门负责人抓党建与抓业务“一岗双责”，推进党建业务融合，“一切工作到支部”原则落地见效。

聚集主责主业抓党建，实现双提升。将党建工作与学校“五域工程”“六大项目”紧密结合，把工作目标、举措、成效显性化、数据化，激发干部和教师内生动力，自动自发，同频共振，促进教师和学校同发展、同成长。

2021 年是“十四五”开局之年，也是苏州大学附属中学办学 25 周年，我们党委、行政部门将在创新人才培养，融合室场建设，德育工作序列化、主题化、特色化，国际化特色办学方面进行深入思考，对“五域工程”“六大项目”进行深化和融合，逐步形成苏附特色和品牌。全体苏附人将继续保持昂扬向上的精气神，久久为功，驰而不息，努力把苏州大学附属中学党委建设成为办学理念先进、文化内涵厚重、课程资源丰富、师资力量雄厚、学校管理精致、教育质量一流、办学特色鲜明的高品质示范高中。为此，苏州大学附属中学党委班子一定会：开门选人，建大“蓄水池”；平台育人，配置“加油站”；制度管人，激发“动力源”；政策暖人，构筑“强磁场”。我们的工作一定能抓住重点，化解难点，聚焦亮点，找到支点，构建苏州大学附属中学旖旎的风景点。

教育扶贫拔“穷根” 脱贫攻坚迈大步

——记四川广安第二中学校扶贫支教团队先进事迹

四川省广安第二中学校 曾庆林

伟人故里——四川广安，改革开放总设计师邓小平同志的故乡，全国人民瞩目的红色圣地。小平同志生前嘱托“一定要把广安建设好”时刻激励着广安人民努力奋发，争取早日脱贫奔小康。在党和国家的伟大号召和正确引领下，一场新时代下的脱贫攻坚战取得了标志性胜利，广安区委、区政府用脱贫实践交出了一份完美“答卷”。2021 年 2 月 25 日，在全国脱贫攻坚总结表彰大会上，四川共有 98 名个人、74 个集体获得表彰，广安市广安区荣获“全国脱贫攻坚先进集体”称号。

广安区地处“川东门户”，地貌以浅表性丘陵为主，因盛产玉米而被誉为“金广安”，长期以来与贫穷相连，属国家级贫困县。2014 年精准识别认定贫困村 136 个、贫困人口 16807 户 54483 人，贫困发生率 8.3%，贫困量大、面宽、程度深。如何完成脱贫攻坚的伟大使命，是摆在广大党员干部面前的重大课题。

知识改变命运，教育点亮未来。教育落后是贫困的根源，教育扶贫是阻断贫困代际传递的治本之策，事关脱贫攻坚的成效和全面小康的成色。近年来，广安区坚持经济发展与教育扶贫双轮驱动，全域全程全面推进脱贫攻坚。短短几年，广安实现了由丑小鸭变白天鹅的华丽转身。2017 年 10 月，广安区退出国贫县序列，成为全国 28 个、四川省 2 个首批摘帽的国贫县之一，被评为全省脱贫攻坚先进县(区)；2019 年，广安区实现 136 个贫困村全部退出，累计减贫 5.3 万余人，所有脱贫指标 100%完成，率先在全省实现全域整体脱贫的目标。

扶贫先扶智，脱贫先脱愚。能取得这么辉煌的成绩，这里面离不开各级党和政府对教育的重视，离不开教育扶贫的有效举措，离不开一大批在教学第一线又身兼支教重任的年轻教师的辛勤付出。

有这样一群人，他们抖落一襟风尘，挥去一身疲惫，同着滚沸的热血，和着激动的嗓音，在古朴的讲台上他们唱出知识的和谐音符，在斑驳的黑板上他们绘出智慧的美丽彩虹，在昏暗的灯光下他们为孩子编织的梦想画上飞翔的翅膀。他们每天从繁华的城市奔赴僻远闭塞的农村支教一线，在大山沟尽情挥洒汗水；他们把自己比作党的事业中的一朵小浪花，用自己的辛勤奉献，带领孩子们畅游知识海洋，他们就是近几年往来奔波于城乡之间的一群年轻教师——四川广安二中扶贫支教团队。

四川广安第二中学校(简称“广安二中”)是四川省教育厅批准的广安市四所“四川省一级示范性普通高中”之一，至今已有90余年的办学历史。学校也是省级文明单位，省级校风示范学校，省级现代教育技术示范学校，广安市每年高考“升学大户”。但广安的教育发展极不均衡，乡村学校的教育发展严重滞后。经济要脱贫，教育需先行，建设教育强国是中华民族伟大复兴的基础。党的十八大以来，习近平总书记多次强调要优先发展教育事业，要努力让每个孩子都能享有公平而有质量的教育。广安各级领导一直关注贫困山区儿童教育，并将推进教育精准脱贫作为城市先进学校责任的重要工作，希望通过先进学校坚持不懈的努力支援，让山区的儿童对自己和未来充满希望。一直以来，广安二中党委、行政部门努力加强师德师风建设，助推教育扶贫，以教师素质提升工程为抓手，推进“强师工程”的各项工作。学校教师积极响应党的号召，怀着一颗红心参与各类支教活动，将满腔热血挥洒在广安各个落后的乡村学校。下面，让我们走进这样一群年轻教师的支教生活。

一、走进农村教育，奉献爱心支教——罗娟老师的支教故事及感言

【故事】

罗娟，四川广安二中高中语文一级教师，现任高2019级1班的班主任和9班语文老师。为响应国家教育扶贫的号召，罗娟老师于2018年8月向学校提出申请，经教育主管部门批准，到广安区大龙小学支教一年。

广安区大龙镇距广安城区约15千米，是一所集小学、初中于一体的学校，全校共18个教学班，约750名学生。罗老师去支教的班级是八年级1班，担任该班的语文老师。罗老师在广安二中的教育教学任务本就比较繁重，家中孩子才几岁，但她“舍小家为大家”，每周抽出4天时间前去支教。当时公路还没有修好，从广安到大龙驱车大概要走一个多小时的土路，罗老师每次都是在本校将课上完后再马不停蹄地赶往大龙小学去支教。

大龙小学虽然离广安城区不远，但学校的留守儿童非常多，还有一些是父母离异的单亲家庭的孩子，甚至还有些孤儿。由于缺少父母的陪伴和缺乏家庭教育，这些学生的学习习惯普遍较差，没有理想目标，对学习不重视，

更谈不上什么素养，甚至个别学生连字都识不了多少。罗老师在支教期间除了给他们讲授课本知识外，还给他们带去了很多课外书籍，比如《钢铁是怎样炼成的》《假如给我三天光明》《福尔摩斯探案集》《名人传》等，每周拿一节课的时间进行阅读分享，以此来引导这些学生树立正确的人生观和价值观。

班上有个陈同学，人比较聪明，但是受到班上不良学习风气的影响，整天和一些不学习的孩子在一起。经过罗老师一段时间的引导，突然有一天陈同学给她发信息："罗老师，我不想再这样蹉跎下去了，我想好好学习，你说我还来得及吗?"罗老师收到他的信息后非常高兴，马上回信息鼓励他："当然来得及！看到你有这样的转变，老师简直太高兴了！你不知道你有多聪明，你在课堂上的发言经常带给老师惊喜！只要你肯将心思花在学习上，我相信你一定大有作为，加油吧，我在广安二中等你!"从此以后陈同学就像变了一个人似的，再也看不到他无所事事地游荡了，随之而来的是每天坐在教室里看书、做题，或者到老师办公室里请教问题。

"每逢佳节倍思亲"，为了让这些留守孩子体会到温暖，中秋节的时候，罗老师自己掏钱买了些月饼和小吃与这些孩子们一起过节。看着孩子们吃着香甜的月饼，脸上露出天真的笑容，罗老师觉得自己所有的付出都是值得的。

【感言】

支教的过程是艰辛的，但也是幸福的；一个人的力量是渺小的，但星星之火可以燎原。一个老师可以影响一个孩子，一个孩子可以改变一个家庭，我想这就是作为教师教育扶贫的意义吧！

二、梦想随支教飞扬——杨凤英老师的支教故事及感言

【故事】

从在志愿书上签下自己的名字、申请支教的那一刻开始，杨凤英老师就知道生活的环境会改变，教育的对象要改变，肩上的责任也会更重。但为了实现城乡教育均衡发展，进而实现党和国家脱贫攻坚的伟大目标，杨老师在身兼广安二中高三语文教研组长及两个班的高中语文教学工作，家中孩子小且父母年老多病等艰苦的条件下，毅然积极响应党的号召，于2018年9月开始到广安区白马乡小学支教。

2018年9月初的一天，川东的酷暑余热还未褪去，秋老虎仍在发威。杨老师坐了近两个小时的车，一路颠簸，风尘仆仆地赶到了学校报到。一到新学校，王校长就找杨老师谈话，介绍了学校一些基本情况。学校坐落在白马乡场镇旁边，距离广安主城区大概要一两个小时的车程，由于过于偏远，学

生的基础差、底子薄，王校长寄厚望于杨老师能给予学校更大的帮助。看着王校长那诚恳信任的目光，杨老师爽快地答应了，并保证自己一定竭尽所能去做好各项工作。但因为杨老师在广安二中仍然承担很重的教学任务，所以每次杨老师都要提前一个半小时乘车前往。2019 年上半年，因改修道路，必须绕路到校，哪怕要因此提前两小时乘车，杨老师仍积极参加学校开展的各项教学研究活动，认真学习新课标，刻苦钻研教材，和新同事打成一片，互相交流教学心得，共同成长。

教育家捷尔任斯基说过："谁爱孩子，孩子就爱他，只有爱孩子的人，他才能教育孩子。"接班后，杨老师注意从学生们的日常行为习惯入手，帮助学生养成良好的生活习惯，树立关心集体、团结友爱的班风和勤奋刻苦、积极向上的学风。在学习之余，杨老师和学校李老师一起带领孩子们开展"爱我校园，护我校园"实践活动，既维护了校园的环境，又培养了学生的环保意识和奉献精神，让学生们能够更多地关注校园卫生。杨老师用自己的实际行动唤起环保意识，倡导"环保从小事做起，从身边做起，从自己做起"。

【感言】

支教的历程使我成长进步，与学生朝夕相处的日子，使我感受到农村孩子更需要爱的教育，需要更好的教育。只有通过教育，才能让他们运用自己所学去改变生活环境，甚至改变命运。在这里的每一天都让我认识到教育是多么重要。看着孩子们脸上灿烂的笑容，我既感到重任在肩，又觉得欣慰无比。

三、在实践中学习，在支教中成长——王欢老师的支教故事及感言

【故事】

王欢是广安二中的一名普通党员教师，大学毕业后就在广安二中任教。2019 年 9 月，学校派王老师到杨凤英老师前一年支教的白马乡小学支教一年。

在来这所学校之前，王老师对白马乡小学一无所知。她还清楚地记得和学校的江大千、刘中兰两位老师第一次驱车前往白马乡小学的情景。那时已是秋天，晴朗的天空像大海一样湛蓝，美丽的乡村像一幅幅画卷迎面展开，吃过午饭，他们便马不停蹄地赶往白马乡小学。第一次见到那里的孩子，看到他们稚嫩的脸庞，王老师深深地爱上了那里。王老师支教的班级是七年级 2 班，班上一共 30 多个学生，绝大部分都是留守孩子，每个星期有 3 个下午和 1 个上午要跟他们待在一起，慢慢地，王老师对白马乡小学和那里的孩子有了更深的了解。

王老师并不是全职支教，除了承担白马乡小学七年级的语文教学工作外，在广安二中仍然要承担两个班的语文教学工作和一个班的班主任工作，除此以外，还担任了高中年级主任，所以在支教的那一年也就特别忙，当然也特别的充实。王老师每天早上 6 点钟起床，先安顿好家中两个年幼的孩子，然后到学校守着同学们上早自习，把当天的课安排在上午上完。处理完班级和年级当天的事情，往往已是中午，然后赶紧吃完午饭驱车前往白马乡小学。白马乡小学虽然是 14 点 10 分上课，但为了能够早一点到学校去看看孩子们上午自习的情况，王老师每次都是刚 12 点就要出发，这样可以趁着中午自习的时候检查上一次课堂留下的作业。遇到周二和周四，在支教后王老师回到广安二中常常来不及吃晚饭，又赶去上晚自习了。

尽管很累，但累并快乐着。因为王老师知道，在远离城市喧嚣的白马乡小学，有最纯真的期盼，盼望着聆听王老师的谆谆教导。

【感言】

我很喜欢在课间听孩子们聊天，听他们在静谧的乡村与云雾相守、与虫鸟为伴的故事；我也很喜欢给他们讲乡村外的生活，让那群孩子的生命轨迹丰富起来，哪怕只是小小的付出，我相信也会让他们有所改变。阳光与乌云接吻，说的不就是这些乡村里的孩子吗？他们的条件是乌云，但心里满是阳光，他们像盛开着的满地繁花。现在，为期一年的支教生活虽然结束了，但我传道授业解惑的职业生涯远没有结束，我也时常会回去看望那群孩子，无论他们将来能走多远，都衷心地祝福他们。

四、支教扶贫敲响胜鼓——张林老师的支教故事及感言

【故事】

张林，中共党员，高中化学一级教师，现担任四川省广安第二中学校化学教研组组长，曾多次被评为广安区高中化学高质量教师、优秀教师、三八红旗手，在学校 2019 年“转观念、转作风、提能力、抓落实”活动中被评为学校教学能手。

出身农村的张林老师深知教育发展对贫困地区发展的重要性，她积极响应学校的号召，于 2019 年 8 月中旬主动申请下乡支教，最后被分配到广安市广安区方坪乡小学校教初三化学。张老师在本学校的课程本已非常繁重，支教后工作量比以前大了一倍，但她克服重重困难，合理安排自己的时间，各项工作都得以顺利进行。

2019 年 9 月 1 日，张林老师走进了方坪乡小学校初三(3)班教室，在和

30多名学生相互沟通的过程中，她了解到这里的学生很多都是留守儿童，并且对学习的兴趣不大，也不知道学习的重要性。鉴于此，张老师觉得除了教授课本上的内容外，还要给同学们讲解一些其他的人文及科技信息，讲授化学对我国科技发展的贡献，让他们爱上化学，爱上学习，通过学习改变自己的现状。初三化学有很多的小实验，这些能提高同学们学习化学的兴趣。由于张老师是第一次上初三年级化学课，所以她每次做实验前都要在实验室先做一遍，以保证实验的成功率。渐渐地，同学们喜爱上了化学，也喜爱上了张老师。看到同学们对化学逐渐产生了浓厚的兴趣，张老师也倍感欣慰。

但是只让同学们喜欢化学还不够，初三化学是中考必考科目，还要从课堂上严格要求他们，让他们认真听课，该记忆的必须记忆。张老师每次去支教的时候都是早去晚归，总是想在学校多待一些时间，利用下课的间隙叫班上的学生面对面地背知识点，或者抽一些题来考查。记得第一次化学测验的时候班上只有5个同学及格，而最近的几次考试班上的及格率已经达到50%以上了。虽然还有些同学不及格，但张老师并不气馁，她把不及格的学生叫到办公室跟他们聊天，鼓励他们努力读书，传授给他们科学的学习方法，并和他们谈理想谈未来，希望他们对今后的人生进行合理的规划。

张老师印象比较深的是一位夏同学，她品学兼优，但对自己的未来很迷茫。因为在她很小的时候妈妈就去世了，爸爸一直在外打工，长期和奶奶相依为命，和外面接触的机会很少，所以对自己的未来很迷茫。张老师多次和她沟通聊天，最终，夏同学从不知道自己的奋斗目标到目标明确，并为之努力奋斗，短期内就有了一个可喜的改变，张老师也觉得她这次支教的意义得到了充分的体现。

2020年1月，由于长期超负荷工作，张老师身体出现了一些问题，声带严重受损，被迫住院。在住院的十多天里，她每天都是刚打完点滴立刻又回到自己的工作岗位上，期末考试将至，她不想让同学们的课因此而耽误。最终，她支教的白马乡小学的初三年级学生和广安二中自己的学生在期末统考中都考出了理想的成绩。

中考在即，张老师的支教生涯也即将结束，她克服了很多困难，用满腔热情默默耕耘在工作岗位上。

【感言】

支教的生活就像一杯清茶，没有鲜艳的色泽和醇厚的味道，淡淡的清香却让人回味无穷。人生几何，岁月匆匆，感谢生活让我有了这种经历。如果让我说支教的感受，我会说："简单并快乐着，平淡并享受着，付出并收获着！"

五、用支教拨开阻贫风浪——谢海龙老师的支教故事及感言

【故事】

谢海龙老师是四川省广安二中一名普通高中政治教师，曾被学校评为“最美教师”和“优秀班主任”。谢老师教学业绩突出，注重教研科研，目前已主研多项省、市、区级课题。谢老师希望将自己的思考和教研成果运用到教育教学实践当中，包括在小学、初中教育教学当中的实践。

2019 年 8 月底，在谢老师的多次主动申请下，学校和教育行政主管部门终于同意了他的支教请求。谢老师被安排在离广安城区相对较近的广安区官盛镇方坪乡小学校兼职支教，执教初中二年级两个班，小学一年级一个班，每周共 6 节课。

在前几年没通新公路的时候，方坪乡小学校到城区走小路要翻过几座山越过几道沟，几个小时才能到达。考虑到艰苦的上学条件，这里条件稍好的家庭都把孩子转校到城区学校就读，剩下的学生家庭条件较差，父母一般外出务工，学生多为留守儿童，由爷爷奶奶或者外公外婆照顾。在校教师中绝大多数都是四五十岁的老教师，年轻教师极度缺乏。学校多媒体设备全是前几年广安区搞义务教育均衡发展和教育扶贫时全区统一安装使用的。但由于教师结构趋于老化，老教师不善于使用多媒体上课，所以谢老师第一次上课时，这里的学生惊讶地发出感慨：“原来这东西，上课还可以这么使用!”除此之外，这里的老师也对多媒体教学方式感到稀奇。在支教期间上公开课的时候，学校有十多个政史地教师来听课，几乎是清一色四十五岁以上的老教师。

随着脱贫攻坚战的深入推进，方坪乡小学校的硬件设施问题逐渐得到了解决，但留守学生的思想问题很严重，这也是谢老师支教过程中遇到的最大挑战——很多学生没有目标，缺乏人生理想，自律性不强。

记得第一次交作业的时候，两个初中班都有学生没交作业，谢老师向两位班主任打听这几个学生平时的习惯及家庭背景后得知：这几个学生都是留守学生，父母在外务工，其中还有一些学生父母曾经也是两位班主任的学生；由于爷爷奶奶或者外公外婆在照顾他们的日常生活，所以这些学生没有养成较强的自制力，并且得不到有效的规范约束，平时学习生活都比较懒散，长期不交作业。在了解这些情况以后，谢老师将这几个学生叫到办公室，耐心地询问他们没有交作业的原因，然后对几个学生又提出了新要求：作业重做，必须按要求完成。最后，他们的作业在谢老师的督促下才算基本合格。就这

样，在谢老师的耐心教育和严格要求下，逐渐地所有学生的作业才算走上正轨。

在支教的过程中，谢老师逐渐发现学生对于今后自己要成为什么样的人、长大后要干什么基本上一无所知。谢老师问他们两年之后准备做什么，他们也是回答不知道。此时，谢老师想起了习总书记的那句话“扶贫的关键在于扶志”。于是谢老师利用学科之便，经常在上课时引导他们树立远大的志向；同时，也利用下课时间用多媒体给学生展示高中、大学的求学环境，以及现在国家正在发生的巨大变化，让他们明白自己肩上的历史责任，了解如何实现社会价值和个人价值的统一。渐渐地，这些学生们由一群自由散漫的孩童蜕变为具有民族责任感的少年。

在为期一年的支教生涯即将结束的时候，谢老师又问了他们初来时同样的问题，他们的答案是一年后考入广安二中，在广安二中继续努力完成高中学业，争取考上一所理想的大学。憧憬着未来，谢老师的脸上也洋溢着幸福。

【感言】

每一次经历都是一种财富，每一次历练都是一种成长。希望能有更多的人关注贫困地区的教育，关注留守儿童，并投身到支教当中，投身到偏远的乡村学校。我相信：只要人人献出一分爱，这个世界一定会更加美好！

“故事不多，宛如平常一段歌。”这几位老师只是近几年广安二中几十位奔赴支教第一线的教师的典型代表，他们工作在平凡的岗位上，没有轰轰烈烈的事迹，也没有值得炫耀的成绩，但他们用一颗平凡的心诠释了普通教育工作者的无私与伟大。

“脱贫攻坚战结束后，扶贫工作不会停止。脱贫攻坚战解决的是绝对贫困问题，后续将转为解决相对贫困问题，防止两极分化。”国务院扶贫开发领导小组办公室主任刘永富在介绍决战决胜脱贫攻坚有关情况时这样说。我相信，在今后的从教生涯中，他们依然会努力地工作，依然会关心落后地区教育发展，教书育人已融入了他们的生活，成为他们生命中的一部分。

有人说教师是燃烧的红烛，有人说教师是高级保姆，无论别人怎样评价，他们都深知自己肩负的责任有多重大。“追寻我生命的那分纯真，心中抹不去的那一片云彩，我执着地求索在漫漫路上，那传颂和不朽的真爱。”他们一直在路上！

加强党建工作，搞好教育扶贫

北京市海淀区教师进修学校附属实验小学　杜美英

2020年是脱贫攻坚工作的决胜之年，也是全面建成小康社会和“十三五”规划收官之年。作为阻断贫困代际传递的治本之策，教育扶贫发挥着举足轻重的作用。

按照北京市“咬定目标、一鼓作气，坚决助力受援地区打赢脱贫攻坚战”要求，为确保海淀区教育对口帮扶地区2020年脱贫决胜，我校自2019年11月与河北易县牛岗中心小学和良岗中心小学建立关系，签订帮扶协议以来，我们着眼学校发展的长远要求，立足教师的专业成长，以改进教师的课堂教学行为，提高学校的教学管理水平为核心内容，开展了一系列帮扶互助活动，促进教育教学资源共享，促进对口帮扶两所学校在原有基础上共同发展。

一、用最严肃的态度对待扶贫工作

为了积极响应国家有关学校结对帮扶的号召，尽快缩小学校间办学水平的差距，实现教育均衡发展，办人民满意的教育，在区教工委、教委的统一安排下，海淀区教师进修学校附属实验小学书记、校长高度重视，成立了教育扶贫工作专班，明确专人负责教育扶贫工作。学校将教育扶贫工作目标层层下达，建立了目标考核机制，书记、校长亲自抓，相关负责人具体抓，逐项抓落实，不定期地对开展活动情况进行检查，切实做到教育扶贫工作年初有计划、半年有检查、年终有总结，保障了扶贫工作效果。

面对2020年新冠疫情给工作带来的困难，进修附小及时调整工作思路，根据疫情统筹安排教育扶贫工作，积极应对疫情对教育扶贫工作的影响，进一步明确岗位职责，强化工作机制，创新工作思路，统筹师资力量，充分利用信息化渠道，全力推进学校教育扶贫工作。

二、建立最严格的机制保障扶贫效果

进修附小建立了最严格的教育扶贫工作责任制。根据已经签订的扶贫协议，逐一梳理任务清单，明确完成时限，制订工作计划，倒排时间表，明确责任，切实落实。

进修附小与易县牛岗中心小学和良岗中心小学建立了互访机制，为两所小学分别专配干部负责协调沟通工作，对在线师资培训、教研交流、学生管理、教育活动等工作予以帮扶指导，并要求将每次沟通情况记录在案，定期向工作组进行汇报。学校加强对教育扶贫过程性资料收集整理和总结，并形成工作档案，档案包括活动方案、记录、照片，重点收集受援地区学校、教师的扶贫效果、成效证明等材料。学校领导小组定期了解帮扶情况，及时发现问题，并督促整改，确保活动扎实有效地开展。

学校对帮扶工作加强管理与考核，教育教学要密切配合，周密安排，认真实施。把此项活动纳入教研组、教师及班主任的全方位考核之中。同时注重收集帮扶活动过程的典型案例，形成宣传材料，按照宣传工作程序和要求，在各级各类媒体上予以宣传。

三、用最温暖的怀抱迎接易县远客

我们三所学校刚刚签订了教育扶贫工作协议不久，进修附小就走进了易县牛岗中心小学参观访问，并向牛岗中心小学发出了邀请，欢迎易县远客走入进修附小，实地考察学习。进修附小热情地迎接了牛岗中心小学的部分干部教师，为他们送上精彩的课堂教学展示，并介绍了学校的理念和课程特色。牛岗中心小学的干部教师纷纷表示，此次进修附小之行，开阔了眼界，打开了工作思路，深受启发。进修附小用最温暖的怀抱迎接了易县远客，拉近了进修附小和易县对口小学心与心的距离。

四、成立联合党支部促进最深度的融合

习近平总书记在全国教育大会上发表重要讲话，从党和国家事业发展全局出发，突出强调了加强党的领导对于做好教育工作的极端重要性，对加强党对教育工作的全面领导提出了明确要求，为加快推进教育现代化、建设教育强国、办好人民满意的教育指明了正确政治方向，提供了根本遵循。

加强党的领导是做好教育工作的根本保证。进修附小党总支、良岗中心小学党总支和牛岗中心小学党总支虽地处三处，但我们有着共同的工作目标。经过协商，两地三所小学建立了联合党支部，实现三校抱团发展的目标，进一步彰显了党组织的示范引领作用和党员的先锋模范作用。

一年来，三校党组织认真贯彻落实“党要管党、从严治党”方针，围绕“四季党建”品牌建设要求，突出基层党组织和党员队伍的民主和作风建设，进一步提高基层组织建设规范化、制度化、科学化水平。

三校联合党支部利用线上线下学习相结合。充分利用互联网、微信公众号、党员微信群等探索建立“互联网+”党建工作载体，推进线上线下相结合，尤其是在疫情期间，三校利用钉钉网上视频召开会议、开展学习，增强信息化时代党组织活动实效性。

我们还一起建立健全“联合党总支—网格党支部—学科党小组—党员积极分子—群众志愿者”五级网络组织体系，实现了思想政治工作的全覆盖。通过试行党组织管理为主、网格党支部管理为辅的“双重管理”模式，构建了条块结合、上下联动的党员管理体系，由此干部作风有效转变，党员作用有效发挥，三校党员之间、党群干群关系进一步融洽，实现了三校之间最深度的融合。

五、最大限度发挥党员名师工作坊的作用

海淀区教师进修学校附属实验小学以习近平新时代中国特色社会主义思想为指导，开展创新型党组织建设，形成“一个支部一个堡垒，一名党员一面旗帜”的引领效果，促使学校基层党组织的堡垒作用明显提升，广大党员的先锋作用明显提升，党员干部的作风形象明显提升，党组织治理的科学化水平明显提升。我校党总支采取党员名师工作坊的方式激励党员名师立足岗位、服务教育教学，开展党务与业务骨干双培养，进一步推进课堂教学改革，落实素质教育，促进教师专业发展，提高教师专业水平，培养一支党员名师队伍，整体提高教育质量。为进一步加大对农村薄弱学校的扶持力度，提高农村学校的教育教学质量，充分发挥海淀区教师进修学校附属实验小学教育、教学资源方面的优势，多角度、深层次地开展与牛岗中心小学、良岗中心小学的帮扶送教活动，达到互通有无、资源共享、扬长避短、合作共赢，使我校与易县两所手拉手学校达成“共同体”，进修附小党总支开展党员名师工作坊送教工作，先后派出两批党员名师赴一线偏远山区实地送课。

进修附小派出的送课教师都是业务能力最强的精兵强将，由党总书记杜美英带队，教学干部郝伯阳，科研副主任谢鸿玲，教研组长申海燕、申雪梅走上讲台，为易县牛岗中心小学和良岗中心小学送上最完美的课堂。我们与易县教师一起研讨、交流，他们纷纷表示在进修附小教师的课堂上，老师教学理念先进，教法新颖，充分调动了学生学习积极性，体现了对学生的尊重，

是不可多得的精品示范课。

教育科研的目的是探索揭示教育规律，引领教师按照教育规律办事，从而促进学生的发展。为了更快提高易县牛岗中心小学和良岗中心小学的教育教学水平，进修附小还送科研讲座进校。“语文教学经验谈”“以课题为引领促艺术教育发展”，主题鲜明、深入浅出的讲座既有理论高度，又有实践指导意义，使两所小学的干部教师开阔了眼界、提高了境界，有更大的动力投身于教育教学改革，成为新课改教师的引领者，学校课程改革的践行者。

以党员名师工作坊送课活动为载体，进一步深化课程改革，有助于更新教育理念，全面实施素质教育，全面提高教育教学质量。海淀区进修附小党员名师工作坊送教活动，充分发挥党员名师的示范引领作用，并以此为契机，加快提升了易县牛岗中心小学和良岗中心小学教师队伍教学教研能力，促进基础教育均衡发展。

六、用最大的力度深入沟通交流

现代化网络的使用，无疑大大提高了进修附小与易县牛岗中心小学和良岗中心小学的沟通力度。互联网为教育扶贫工作进行理念创新、方法创新提供了全新的平台和丰富的资源。

进修附小首先根据扶贫地区培训人员的实际情况和设施设备条件，调整培训方案，科学设计课程，制定切实的网络培训工作方案。信息组高红军主任随时与两所小学的信息技术人员沟通，答疑解问，还亲自深入易县牛岗中心小学和良岗中心小学，手把手、面对面地对当地教师进行信息技术、设备使用的培训，切实解决了当地学校的信息技术问题。

进修附小与对口扶贫学校充分利用远程互动平台，开展及时、深入、有效的互动交流。根据两所学校的实际情况，采取网络听课诊断、网络示范课、网络专题等培训方式，使易县牛岗中心小学和良岗中心小学的干部、教师大有收获。每次网络培训结束后，进修附小还做好效果跟踪和满意度调查工作。

一年来，进修附小同易县牛岗中心小学、良岗中心小学在疫情期间共同开展了一系列活动。

1. 视频生动党课：“致敬最美逆行者”——两地三校党员教师共同学习白衣天使光荣事迹，一起讴歌抗疫英雄，接受防控疫情的生动党课教育。

2. 开放教学资源：共同参加海淀教师进修学校教育集团研修培训，更新教育理念，推进教育改革，为新学期的教育教学工作激发动力。

3. 网上互动教研：开放教研组活动、教学竞赛活动，使两地三校教师全员参与课堂研究，共评共研，共同提高教育教学水平。

4. 网上政治学习：三校教师共同参与政治理论学习，提高了教师政治理论水平，提升了教师政治理论素养，增强了教师的责任感和使命感。

5. 成立部门微群：我校将易县牛岗中心小学和良岗中心小学钉钉群单独编为两个部门群，使两地三校教师更深入地融为一体，计划共同召开钉钉会议，开展“颂抗疫精神，扬师德师风”主题教育开放活动，使所有教师进一步接受精神洗礼。

七、最大限度地开放资源实现共享

借助网络视频平台，进修附小和牛岗中心小学、良岗中心小学实现了最大限度的资源共享，进修附小开放了教研组活动、党日活动、学期工作会、教育集团培训等多角度、多层次的培训资源，与两所小学的所有干部教师共享，共同提高。进修附小还将教师疫情心理培训、师德培训等学习资源刻成了光盘，赠予两所学校，帮助两所小学全体教师受益。

2020 年疫情防控期间，面对易县对口帮扶的两所小学缺乏应对疫情的经验，缺乏学生教学资源的实际困难，进修附小克服重重困难，为两所学校的教师单独编班，使他们有机会登录海淀区教育资源平台，学习海淀区先进的教学方法，分享海淀区先进的教育资源。

八、用最真最暖的情感连接你我他

疫情防控期间，进修附小的干部教师时刻关心着易县牛岗中心小学和良岗中心小学的学生教师，在物资紧缺的情况下，还为两所学校送去了防疫物资。

进修附小的帮扶工作组的各位负责人保持着与两所小学干部教师的紧密联系，交流工作经验，沟通工作计划，畅谈工作设想……

进修附小的教师除了深入易县课堂，还与当地教师结下了深厚的情意，申海燕老师还与良岗中心小学音乐教师连欢老师当场结为师徒，热忱地介绍了自己的教育教学经验，解答了连老师工作的困惑和难题。回到北京后，申老师继续保持着与连老师的紧密联系，通过微信与老师互动交流，分享教学经验。

可以说，一年来进修附小与牛岗中心小学和良岗中心小学结下了深厚的情谊，也促进了学校科研突破，促进教师的能力发展。

总之，开展教育帮扶工作活动以来，进修附小以积极主动的工作态度，不断学习、尝试，使帮扶活动逐步走入正轨，营造了良好的教研、合作、研究氛围。在今后的工作中，进修附小将继续积极、主动地与帮扶学校加强交流，真正把帮扶工作做实、做细，提高三校的教育教学质量，达到帮扶目的，展现帮扶成果。

脱贫攻坚五载，砥砺前行扬帆

——鞍山市教师进修学院扶贫工作队教育扶贫纪实

辽宁省鞍山市教师进修学院　宋金诗　苏士伟　祝世峰

时光让春风拥抱新泥，我们又走进一个茂盛欢歌的时节。从 2016 年 3 月 23 日算起，鞍山市教师进修学院扶贫工作队进驻台安县高力房镇小高村已历经了 5 个寒暑了。5 年的时光，让山川改变了容颜，让那一张张热情的脸上又增添了坚定与自豪。5 年的时光，让这个团队的生命和性灵都融合在这片热土里，与村民，与山野，与泥土，与书籍，与时光相伴相依，不舍不离。这 5 年的岁月，彰显着扶贫攻坚、砥砺前行的坚韧不拔，也散发着赠人玫瑰后的醉人余香。

一、学政策，细调研，解村情，立志扶贫做奉献

通过个人申请，学院领导班子集体研究推荐，驻村工作队 3 名同志来到台安县高力房镇小高村干起了村干部的差事。从这一天起，他们就像一棵小草，深深扎根小高村这片沃土；从这一天起，走田间地头，到大棚菜园，遛村头巷尾成了工作队员的必修课，研究村里发展规划，到村民家中走访，慰问残疾人贫困户，他们把这里当作自己的家，村里的事就是自家的事。对中央提出的“精准扶贫”，工作队员通过学习充分认识到，要做好扶贫工作，一定要做到“五个精准”：自身定位要精准，了解情况要精准，选择扶贫项目要精准，为民做事要精准，方式方法要精准。按照“五个精准”的目标，工作队员们无时无刻不在思考，我们究竟能为村里做什么，能为村民解决什么困难。3 年来，工作队主动与镇里、村两委、村民进行沟通协调，走访座谈，了解情况，发挥自身优势，制定了《扶贫工作三年规划》和每一年的《扶贫计划》，为切实做好扶贫工作奠定了坚实的基础。驻村工作队与村两委积极配合，在第一时间深入田间地头、村民家中开展调研走访，掌握第一手资料。走遍了每一户低保户、贫困户，入村一个月就走完了 35 户（小高村实有建档立卡的贫困户 21 户），包括 23 户残疾户和 4 户贫困儿童家庭，组织参加村民代表座谈

会3场，全面深入掌握村里的实际情况和贫困户的实际需要。经过两年的工作，2017年底村里就实现了脱贫摘帽的目标。

2018年1月，为充分发挥教师进修学院开展教科研工作的优势，贯彻落实中央扶贫首先做好“扶志、扶智”精神，驻村工作队协调学院相关部门及立山区晨光小学，积极推动城乡教育均衡发展，提升高力房镇农村教育教学质量，重点研究制定实施“乡镇区域内教育精准扶贫实施策略研究”项目方案。此规划计划3年(2018—2020年)完成，分别从学前、小学、初中3个层面，从教师、学生、家庭等3个角度设计实施教育科研。2020年，按照规划通过3年的努力，高力房小学的教育教学水平获得了很大程度的提升，圆满完成了预定目标。

二、抓党建，强组织，做先锋，筑牢党的战斗堡垒

脱贫致富，干部因素至关重要。老百姓常说：“村看村，户看户，群众看的是村干部。”驻村工作队到村里的首个任务就是协助镇党委组织好村里的两委换届选举工作。选举当日，驻村工作队来到每个投票点，走访了个别家庭了解选举情况，使整个选举工作顺利完成，选出了村民满意的两委班子。党支部成立后，先后制定了《鞍山市教师进修学院驻村工作制度》《小高村党支部党风廉政建设制度》《小高村党内培训制度》《小高村党员管理制度》等一系列规章制度，使党支部“三会一课”制度得到有效落实。工作队积极组织参与“两学一做”学习教育，邀请市委党校孙艳、万芳教授为村干部做专题讲座。组织村干部到汤岗子镇、盘锦华塑集团参观学习，工作队轮流为村里党员上党课。工作队把加强党组织建设、培养致富带头人队伍作为帮扶的重要任务来抓，与村两委班子团结一致，共谋发展，积极推行“四议一审两公开”制度，召开党员村民代表会、张贴公告、全程阳光操作等方式，对建设新村部、修文化广场、建垃圾池、柏油路面户户通等过程中发生的矛盾纠纷，工作队与村两委三番五次、耐心细致地做群众的思想疏导工作，妥善化解矛盾纠纷，增强了党组织的凝聚力。干部群众看到村里有了新变化，心变暖了，脸上露出了笑容。

三、找门路，多协调，勤沟通，全力创造美好生活

注重环境改造，推进美丽乡村建设。经过积极开展走访调研，充分了解村里情况和贫困户的生活需要，积极找门路、想办法，改善村民生活环境。

院党委高度重视扶贫工作，3年来，每逢节假日，领导班子都带头开展走访慰问活动，现已累计走访慰问50余人次，拿出慰问金和慰问品累计金额约3万余元。获得县里政策支持，全村新修建道路16.3千米，实现了柏油道路户户通。修建垃圾池35个，基本解决村里垃圾乱堆乱放问题。与市绿化部门协调，争取到了约碗口粗的杨树苗200棵，美化了小高村的环境。协调市里有关部门支持，为小高村提供了建设新村委会所需资金35万元。争取市县扶贫政策，投入基础建设资金45万元，新建2000多平方米村民文化娱乐广场，并对村子里的一个臭水坑进行了硬覆盖。协调市体育局，争取文化广场健身器材两套，价值20多万元，改善村民健身娱乐的环境。协调市财政局、市法制办，争取文化乡村文化建设和平安乡村资金各5万元，教师进修学院也从有限的办公经费里拿出1.2万元，为村里购买了阅览桌、图书柜和党建书籍，为新村委会创造了良好的办公及学习环境。注重残疾户的生活改善，争取县残联支持，协调资金13万元，对小高村23户贫困残疾户进行无障碍改造项目，每户免费安装太阳能热水器一台，补助资金1000元。与县残联共同开展"服务乡村、送爱到家"精准扶贫小高村活动，免费为18户贫困残障家庭发放轮椅、拐杖、微波炉等生活用品（台安新闻进行了报道）。协调县残联，为村里61户残疾户实施无障碍改造工程，出资6万多元修建了甬道。协调县民政慈善部门提供3000元扶困资金，为贫困户高真才家购买了彩电、衣柜等物品。

2018年7月，驻村工作队先后与各有关部门进行过多次沟通协调，最后得到了鞍山聚龙集团慈善协会周会长的大力支持，出资10万元为贫困户高真才家捐建了一座60平方米的使用新型建筑材料建造的新房。《千山晚报》对此事迹进行了报道。

几年来，工作队先后协调市科协、市农业农村局，请相关专家为村民做科普知识讲座，在科学种植等方面进行指导；协调市妇联，聘请家庭教育方面及心理健康教育方面的专家为村民做身心健康及亲子关系等内容的讲座，在"扶智"上引领；组织市最佳阅读者、最佳阅读推广人为村镇学校教师、为家长及学生做百年党史讲座，开展读书报告和交流，宣传曾国藩关于自律修身、家风家教、读书立志、为政治军等方面的思想言论，以在理想信念等方面对学生进行"扶志"引领。

四、借优势，扶智力，帮真困，促进教育教学均衡发展

发挥自身优势，实施教育扶贫工程。通过实施与名校"结对子"、名师送

教下乡和教研员专业引领等方式，提高村镇两级学校教育教学质量。工作队协调学院学前研训部、小学研训部、初中研训部先后组织开展“精准扶贫、送教下乡”活动 9 次，名师送教 68 节；教研员专业指导 20 人次；专业讲座 15 次。如，根据镇中心校和小高村小学的需求，驻村工作队组织鞍山市中华小学、胜利小学、晨光小学 7 位名师和学院小学教研员 2 名，分别在镇中心校和小高村小学为全镇 18 个行政村老师进行体音美、语文、数学学科送教并交流教学经验与答疑解惑，为村镇两级学校教育教学质量提供示范和指导。

改善小高村小学办学条件，组织清理小高村小学周围的环境，安装体育器材。增添教学设施设备，完善现代化教学手段，增设学生文体艺术等活动室。如为每位教师配备教学所需的电脑 1 台(共计 10 台)，图书 500 册。工作队协调市内名校、名园为小高村小学和幼儿园捐赠价值 4 万多元的图书、玩教具、体育器材、学习用品等。其中，驻村工作队队员个人拿出资金 5000 余元，为村里小学购买图书、体育用品等。组织开展“关注特殊儿童，手拉手爱心奉献活动”，组织教师与 30 名智障儿童开展游戏活动并送去价值 7000 元的图书、玩教具。对 3 户贫困学生家庭进行教育资助，每户家庭资助教育经费 2000 元，并对学生学习情况进行长期跟踪。协调聚龙集团慈善协会向小高村小学提供了价值 2000 余元的传统文化书籍，并为小高村小学 2 名学生及 1 个家庭申报鞍山市“文明学生”和“文明家庭”。

2017 年 10 月 17 日全国扶贫日，由学院领导班子带队，组织各部门主任、立山区晨光小学开展扶贫系列活动。各部门主任与小高村 10 户贫困学生结成“一对一”帮扶对子，进行长期帮扶；经学院驻村工作队的组织协调，促成立山区晨光小学与小高村小学结成校际“点对点”帮扶对子，现场签订了结对帮扶协议书。学院全体班子成员、中层干部、晨光小学班子成员分别走访了 10 户贫困学生家庭，了解他们的生活状况和学生的学习状况，送去了价值 7000 余元的学生学习、生活用品和 5000 元的学习慰问金。

2018 年 5 月，工作队协调学院初中部、院办、党办党支部进行送教送培活动，采取听评课、座谈交流、培训讲座的形式，围绕中考学科 2019 年中考备考指导、基础年级教师教学中的困惑等方面进行互动探讨，工作队队长兼第一书记王振就中考复习策略为全县初中教学校长、教导主任、教研组长培训讲座。这次活动为老师们搭建起手拉手快速成长的桥梁，为学校的发展增添了新动力。

2019 年 5 月，学院协同立山区晨光小学再次来到小高村小学，送来 2 节观摩课，为孩子们送来了图书、文具、书包，并为四年级患有白血病的李宇航同学送来 1900 元慰问金。台安县电视台对此次活动进行了报道。

2019 年 10 月，协调民盟市委及民盟铁东、铁西、台安、学院支部来高力房中学开展“烛光行动，送教下乡”活动，带来了语文、数学、英语、历史、地理 5 个学科 5 位优秀教师的观摩课，全县初中 5 科教师受益匪浅。10 位企业家为高力房中学七至九年级 10 位成绩优秀、家庭困难的学生每人送来 500 元慰问金，企业家表示，将对这 10 名学生一直帮扶到初中毕业。

春华秋实，经过驻村工作队和村两委、全村群众的共同努力，现在小高村已经走上了脱贫致富的发展之路，村民的心气更顺了，发展劲头更足了。工作队队员深深体会到，扶贫工作要用活生生的事例，帮助群众树立“用辛勤劳动创造美好生活”的信心和勇气，形成“只有努力才能改变，只要努力就能改变”的发展共识。工作队队员们已把全部身心都投入到了脱贫攻坚事业中，那分情愫正如他们常说的那样：“不管到哪，小高村永远是我的家乡！”

时光流逝，学院驻村工作队的动力和热情不变，在决胜脱贫攻坚的工作中，情系村民，俯身问切，心系教育，赋智赋能。春风染绿了柳枝，吹红了花朵，激发了我们继续前行的斗志。无论是巩固脱贫成果，还是实现乡村振兴，我们不忘初心，继续将赋智与赋能相结合，拓宽教育扶贫途径，加大教育扶贫力度，从开展职业培训教育着手，在培育新型职业农民方面进行更多探索和实践，振兴乡村内生动力。让这个团队又张起风帆，在更美的朝阳里再次起航！

云端教研，让首都和新疆心相连

北京市延庆区教育科学研究中心　陈瑞雪

“我们新疆好地方啊，天山南北好牧场……”这首广为传唱的歌曲，让人们对祖国边疆充满了向往。作为一名教育工作者，除了向往那里的壮丽河山，我也期待着能走近“新疆教育”，为那里的发展尽一分微薄之力。没想到，机会就这样悄然而至了。

2019 年秋天，北京市教委组织的“首都教育远程互助工程——和田教师教育教学能力提升”项目，邀请优秀教师与新疆和田一线教师建立“一对一帮扶指导”关系，借助线上平台开展备课、上课、评课、讲座等活动，以促进新疆教师的教育教学水平提升。接到项目组的邀请，我欣然接受，因为作为一名北京市学科教学带头人，作为一名教研员，我觉得自己有责任、有能力完成这项艰巨而光荣的任务。

一、初识，满满的感动萦绕心间

与我建立“一对一帮扶指导”关系的是来自新疆生产建设兵团第十四师教育局下属的皮山农场中学的一名年轻教师。虽然北京和新疆地域不同、文化有别，还有时间上的差距，但是我们尽量克服困难，借助“云端教研”平台增进彼此了解。

依托线上交流，我知道了新疆和田的这位小张老师来自陕西南部小城汉中，毕业于陕西理工大学汉语言文学系。2019 年春天，她偶然看见了新疆的特岗教师招聘简章，便毅然报名，选择了和田皮山农场中学初中语文教师岗位。当年她便辞别父母，带着憧憬和好奇来到祖国边陲。她说：“之所以做这个选择，是因为爷爷一直教育我，要把最美的青春献给祖国最需要的地方。”小张老师在家风熏染下表现出的无私奉献的品格怎能不令人感动！我在她身上深深感受到了什么是“家国情怀”，什么是“青春风采”。

而我自己当初选择做教师，也同样怀揣着“为国家培育人才”的梦想。当我经过 20 多年不断努力，终于逐步成长为北京市优秀教师的时候，我也更加坚定了自己当初的理想信念，那就是为了国家、为了党积极发光发热，做一名有价值的教育工作者。

有这样的情怀和信念支撑，我们还有什么困难克服不了，什么任务完成不了呢！我们的“一对一帮扶指导”云端组合，一边是年轻好学、为边疆奉献青春的“小老师”，一边是充满教育情怀、乐于分享的“好老师”，真可谓是珠联璧合、相得益彰。带着满满的感动，我们一起拉开了首都和新疆“云端教研”的帷幕。

二、共研，真挚的帮扶带来改变

印象中的新疆还是当年小学课本上那幅插图：吐鲁番五光十色的葡萄晶莹饱满，葡萄架下盛装华服的维吾尔族小姑娘和小伙子轻歌曼舞，慈祥的白胡子老人开心地品尝着葡萄笑得灿烂。但是首都和新疆毕竟远隔千万里，面对不同的教师、不同的学生，我们的“云端教研”到底“研”什么，是摆在面前的第一个问题。经过和小张老师的沟通，我了解到她的教学难题，一是学生难以理解古代诗歌中的意象、意境等在传统文化中的阐释，二是学生在整体把握文言文内容和主题方面有困难。于是我们决定，这次为期两个多月的“云端教研”，以统编版七年级上册语文教材中的文言文篇目为例，研究基于新疆学生汉语基础薄弱情况下的文言文教学策略。力求在“依托传统文化立德树人”“搭设台阶读懂文言文”“提升文言文阅读能力和素养”三个方面有所突破，寻得良方。

(一)帮扶带来观念的转变

“培养什么人、怎样培养人、为谁培养人”，这是我们培养社会主义建设者和接班人必须回答的重要问题。因此，“立德树人”应该成为学科教学的首要目标，尤其是语文学科，其意义更是不言而喻。开始备课了，在我和小张老师一起解读“课标”和文本的时候，首先探讨《世说新语》中的两篇文言文意在传达什么思想，并确定了“方正”“诚信”“宽容”等核心观点。同时，因为地域文化和以前学习背景等情况，新疆和田的初中学生对传统文化的认识比较薄弱。面对这样的学情，经过讨论，我和小张老师决定把传统小故事“曹冲称象”“司马光砸缸”“孔融让梨”引入课堂，意在通过这样学生感兴趣并能够接受的材料渗透中华优秀传统文化，来实现“育人无形”的目的。再有就是基于新疆和田学生汉语基础相对薄弱的问题，我们商讨如何搭设台阶、降低难度；针对学生们的口语表达需要提升的问题，我们研究如何设计有趣的“情境”，让学生真正成为积极说话的“演说家”；面对学生们书面表达需要进步的问题，我们研究如何指导学生把文言文改成“现代汉语版小故事”……通过一次次线上研讨，我引导着小张老师一步步清晰地认识到“立德树人”“传统文化”“学生本位”“活动设计”等重要概念的意义和实际操作的策略，让她的教学观念更加科学、更加适应时代需求。

因为本次“一对一帮扶指导”项目是利用空余时间进行的线上教研，所以我和小张老师只能抓住课间和日常休息的时间争分夺秒。多少个夜晚我们云端连线，就教育教学中的某个问题寻找原因和谋划解决策略；多少个周末我们线上交流，就备课的设计和课件的制作反复修改打磨；多少个日常的瞬间，我们利用微信平台及时解决随时生成的小问题。那段与新疆“连线”的日子里，我觉得自己距离边疆是如此的近，我们的教育教学理念、研究成果实现了和新疆的无缝衔接、全面共享。

“陈老师，立德树人是第一位的”“原来这就是创设情境”“设计活动太重要了”……当小张老师弄懂某个问题之后欣喜地感叹的时候，我都会觉得那么多的付出都是如此的“值得”。

(二)帮扶助力课堂换新颜

前期研讨教学理念、共同备课等活动结束之后，利用“云端平台”，我有机会走进和田皮山农场中学小张老师的语文课堂，实时在线听她的语文课，看学生们的学习情况。透过屏幕，我看到新疆学校现在的硬件条件与其他省市无异，多媒体、录课室、教学白板等现代化设备一应俱全，只是学生们用特色的外貌提醒着我，这是“新疆课堂”。

文言文教学是语文教学中的重要部分，承载着中华优秀传统文化，承担着培养学生语文能力和素养的重任。可是，实际的教学中文言文却是学生的“一怕”(有人说，学生一怕文言文，二怕周树人，三怕写作文)，老师花了很多时间讲字词翻译、讲内容理解，学生花了很长时间背课文、背翻译，效果却差强人意。小张老师曾经也面临这样的困惑。我们通过“云端教研”设计的文言文《陈太丘与友期行》一课，正是想努力突破这一难点。

课堂上我们通过“经典故事我来讲”“课文文本我来读”“重点词句我来解”“思维导图我来画”“连环图片我来讲”“文言古诗我来改”等环节，激发学生的阅读兴趣、指导阅读方法、培养阅读习惯，全面提升学生的听说读写能力。小张老师执教的这个班是七年级，透过屏幕我可以清晰地看到学生们上课时积极举起的小手，听到他们比较标准的普通话发言。学生们认真的眼神和真诚的笑脸时时感动着远在北京的我。

小张老师在课后反思中写道："上录播课《陈太丘与友期行》时，班级里学习中等的学生竟然能站在讲台上，给同学们将本课故事娓娓道来，实在是令人欣喜。就连负责录课的那位电教老师在下课后都不由夸奖说：'学生们上课这样积极，活动这么好玩，我还是第一次见到。'"

后来，小张老师执教的《陈太丘与友期行》一课被推荐到市里参加比赛，她举一反三设计并执教的《猫》一课也受到和田地区各学校领导和同行的一致好评！线上教研帮助小张老师提升了认识，启迪了思考，创新了方法，也让她的学生不再惧怕文言文，爱上了语文学习。

(三)帮扶成果在学生身上显现

"张老师，国家对我们真的很好!""我们必须好好学习，才能把家乡建设好!""我的爸爸妈妈很辛苦，我也要多帮他们!"当小张老师在线上跟我分享班级里学生们思想上的成长的时候，我内心感动的潮水起伏难平。我们经常讲立德树人，其实当支援边疆的老师用行动、用语言把社会主义核心价值观、真善美、正能量，借助各种方式传递给新疆学生的时候，积极健康的种子就会在他们的心里扎根发芽。我和小张老师都很高兴，"教育"的作用正在这个班级的学生身上显现。

有了观念的转变和教法的创新，随之而来的就是学生学习的全面提升。小张老师这个班的学生在语文测试和普通话测试中始终名列前茅，学习的积极性和自信心明显增强。小张老师在手机上这样对我说："陈老师，在 2021 年 1 月份全兵团普通话考试中，我们班有两个学生考了 95 分以上，其中有一个维吾尔族男生""近期的普通话考试中，我们班有一个维吾尔族女生考了全年级语文第一""学生的文言文阅读部分，从以前的空白，到现在的得分率接近 60%""我一定要向您表达我的感激之情"……看到这些，我已无言，只想为新疆和田的这些孩子，为小张老师，也为我自己点赞。

三、相见，时空的距离并不遥远

我和小张老师在线上不仅研究如何教书育人，也通过"云端教研"建立了深厚的友谊！12 月初，新疆和田组织部分优秀教师进京学习，小张老师恰好位列其中。适逢周末，我辗转乘车三个多小时赶往小张老师入住的宾馆与其见面，一对"云端"师徒双手相握的那一刻，首都和新疆心手相连了。"相知无远近，万里尚为邻。"因为都热爱祖国，都热爱教育，都热爱生活，两位性情中人在"云端教研"平台结下的友谊，穿越时空，穿越民族，化成了首都和新疆之间的一道彩虹。虽然只是短暂的会面，但是那一天我们依然酣畅淋漓地聊到夜色阑珊。

习近平总书记强调："脱贫攻坚取得举世瞩目的成就，靠的是党的坚强领导，靠的是中华民族自力更生、艰苦奋斗的精神品质，靠的是新中国成立以来特别是改革开放以来积累的坚实物质基础，靠的是一任接着一任干部的坚守执着，靠的是全党全国各族人民的团结奋斗。"我们中国也曾有过这样的俗语，"人心齐，泰山移"，"众人拾柴火焰高"。在教育扶贫这条路上，有多少优秀教师身先士卒，主动作为，用自己的知识、经验、热情点燃贫困地区的希望之光；又有多少教师不计个人得失，深入贫困一线，亲力亲为助力贫困地区教育发展……我想，这就是我们中华儿女团结奋斗、勠力同心的最好写照。作为一名来自首都的普通教研员，我虽然只是"沧海一粟""汪洋一滴"，但是我依然全力以赴，努力用自己的全部智慧和精力为祖国边疆的教育事业贡献自己的一分力量。

一次难忘的"云端教研"之旅，让我和小张老师，让首都教师和新疆教师的心紧紧相连……

脱贫攻坚路上的云南小语人

云南省教育科学研究院　杨　翠　陈燕琳　张玉睿

从雪山峡谷到坝子台地，多样的地形地貌造就了彩云之南丰富的自然景观和民族文化，也带来了交通阻隔，以及经济发展和教育发展不均衡的问题。教育是全面打赢脱贫攻坚战的重要一环，是阻断贫困代际传递的治本之策，是地方经济发展的源头活水。在脱贫攻坚这场时代战役中，云南小语人以自己一点一滴的努力和长年累月的坚守谱写出一首新时期的奉献之歌。

一、课题研究与教学资源开发

(一)关注贫困地区，助力控辍保学

云南省小语教研员杨翠、陈燕琳组织团队深入贫困地区开展教学调研，了解贫困学校需求，有针对性地开展培训，前后分几批次深入到“三区三州”的怒江州福贡县开展控辍保学调研，针对全国独有的直过民族失学儿童、辍学儿童以及8—12岁从未入学过的集中安置教学点儿童，进行教与学用书的开发、编写、指导、使用。所编写出的全国第一份控辍保学集中安置教与学参考用书《语文》(一)(二)两册，共计443页，35万字。从参与调研到教与学参考用书的编写完成，真正有效地发挥了帮扶作用，让贫困地区儿童享受到公平的受教育权利。

(二)开展课题研究，培养师资力量

为提升边疆贫困地区教育教学研究，两位省教研员在“十三五”脱贫攻坚期间组织开展多项课题、项目研究，有效提升边疆民族地区教育教学水平。主要开展了“中华优秀传统文化与语文课堂教学实践研究”“中华优秀传统文化与现代语文课堂教学实践研究”“基于‘立德树人’目标的课堂教学与研学实践知行课程建设研究”“双线统一理念下语文教师课堂教学能力提升策略研究”“智慧教育背景下统编版小学语文教科书配套教学资源开发及运用研究”等课

题研究。为贫困地区培养了一批教学名师、学科带头人、骨干教师、教坛新秀，有效提升了学校教育质量，增强了教师教学的吸引力，大力支持当地做好控辍保学工作，为实现“两不愁三保障”目标做出了积极的贡献。

在相关课题研究中，完成了统编版小语教科书配套教学资源的研究开发、编写、出版工作。遵照《语文课程标准》的精神和要求，紧扣统编教科书内容，研究开发出《1＋X语文同步阅读课本》12册和《小学语文课堂教学同步指导用书》12册，为帮助边疆贫困民族地区儿童学习普通话，编写了《学说普通话》一书，有效解决了学龄前儿童入学的汉语言交流难关，并为顺利进入小学语文学习打下良好的基础，为云南小语教学提供了有力支撑。

(三)构建网络平台，推动专业成长

基于统编教材研究的需要和云南小语研究现状，云南省小语研究以“小语智慧教育”课题研究为切入点，以“云南省小语名师教研网络平台”的建设整合和云南全省小学语文教科研力量的培养，推动统编版小语教材研究和配套资源开发运用，为云南省广大小语教师提供了一个具有权威性、专业性、针对性的学习、研讨、交流平台。平台建成后，教研活动线上、线下相结合，至2021年5月，已进行了教研活动1551次，其中，与全省性活动相结合的线上教研活动150场次，线下教研活动106场次，参与教师近13万人。分团队组织开展线下教研活动1340次，线上给全省小语教师提供了获全国奖的教学示范课例46节、教学设计13份、说课稿16份、说课视频38个、微课40余份。较好地发挥了助力一线教师的专业成长，帮助教师用好统编教材，更好地引领教师提升课堂教学质量的作用。

二、疫情防控与在线教学

从疫情期间到常态化疫情防控，大多担任班主任的云南小语教师们响应号召，服从指挥，坚守岗位，积极参与线上教学，关注学生学业成长和心理健康，收集汇总与学生相关的各类防疫数据，成为疫情防控的重要力量。

云岭名师李青霖团队在疫情期间，开展“停课不停学，用心促成长”网上教学活动，团队老师们相约“云端”，通过“云讲座”“云教研”“云备课”“云录课”“云交流”“云课堂”共商共享，共教共研。发挥公众号、校报、校刊和录播厅功能，拓展育人渠道和空间。稳步推进教学资源库建设，先后共摄制、编辑课堂实录103课时，讲座57小时。2020年3月6日，李青霖在“全国继续教育网”面向全国中小学教师就“如何做好班主任工作”做专题交流。2020年

度，学习强国平台刊载了李青霖教师团队教书育人、爱岗敬业的事迹。

课题实验校玉溪市红塔区北城中心小学在马玉超校长的带领下，多措并举，积极参与疫情防控。利用各类平台宣传防控知识，制作27个相关美篇。认真开展疫情排查和填报工作，对居家隔离的学生及时给予心理疏导。26名党员教师主动请战参加防控值守，5名党员教师参与卡点值守志愿服务工作。疫情期间，学校将线上指导与居家自主学习相结合，开播“成语小课堂”“谈诗颂词”“先锋故事会”等内容，做好生命教育、科学教育和爱国主义教育。2020年5月，该校被评为“红塔区中小学新冠肺炎疫情防控期间线上教育工作先进学校”，10位老师被红塔区教体局评为“中小学线上教学优秀教师”。

三、参加驻村工作，积极送培送教

云南省小语教研员杨翠、陈燕琳积极为贫困地区学校做专题讲座指导，送课到基层，进学校：到“三区三州”的迪庆州德钦县开展统编教材教学培训，为贫困地区教师答疑解惑；到贫困县禄劝县送讲座、送示范课，开展课题研究培训；对10个边疆民族州市29个民族自治县进行统编教材的使用情况调研，参与教育部组织的对民族地区小幼衔接、小初衔接统编教材过渡教学资源的开发编写，以及征求意见工作，有效突破了统编教材在民族地区使用的不适应这一难点问题。

云南省小语专委会理事长李志云积极深入脱贫攻坚一线，于2019年起派驻大理州漾濞县瓦厂乡黑马村，担任驻村工作队长、第一书记。驻村以来，他加强基层组织建设，修订村规民约，切实解决群众实际困难。他编印资料，为瓦厂乡干部职工无偿开展普通话培训，抓“语言扶贫”，促进了瓦厂乡国家语言文字规范化工作。他积极组织、参与并指导所驻村小学教学研讨，就小学语文阅读教学方法做专题交流研讨，为瓦厂乡中心校举办全国统编语文教材教学培训，做专题讲座，为边远山区学校带去新课程、新教材培训，帮助他们跟上全国教学改革的步伐。

云南省小语专委会副理事长邓建明于2015—2016年在永仁县永兴乡那软村委会驻村扶贫，任第一书记。永兴乡毗邻四川省攀枝花市，是云南省的北大门，是永仁县最边远的山区乡镇。在做好常规扶贫工作的同时，他充分发挥自己在教育教学方面的优势和特长，深入永兴乡的4个校点开展教学调研，参与指导中心学校的教育教学改革和教师培训工作，多次为学校教师举办教育科研和课堂教学改革方面的专题讲座，参与评课议课，为当地教学质量提高和青年教师成长做出了积极贡献。

云南省小语教学名师罗蓉承担怒江州州级骨干教师跟岗培训指导工作，并多次率队前往香格里拉市红旗小学、维西县塔城中心完小、德钦县民族小学示范校和中甸小学送培送教，开展“统编教材文言文教学策略”研修、“关注课后练习，落实语文要素”讲座以及习作教学等教学研讨活动，发挥名师工作室的辐射引领作用。她所在的昆明学院附属经开学校承担了“三区三州”对口帮扶支教工作，与怒江、迪庆两地教师脱岗置换，对口支教。

云南省小语名师张砾月和工作室学员前往迪庆州维西县白济汛乡送培送教，执教示范课并开展“学好统编教材用好统编教材”讲座和“评价一堂好课的标准”研讨活动。这些教学交流研讨活动将优质教学资源和先进教学理念推广开来，让广大教师和学生受益。

扶贫先扶智。在脱贫攻坚路上的云南小语人，凝心聚力，开拓创新，立足一线，不改初心，用智慧启迪学生的心灵，用勇气塑造学生的精神，用热忱守护学生的成长，为教育事业的发展，为脱贫攻坚工作奉献着自己的力量，展现着时代的风采。

为了索玛花在彝族大地上绽放

——李丽辉校长工作室支教团队大凉山支教纪实

吉林省延边朝鲜族自治州珲春市第四中学　柴鑫鹏

2019 年 7 月，李丽辉校长接到培训基地——江苏省师干训中心发来的《教育部教师工作司关于开展四川省凉山彝族自治州教育帮扶行动的通知》(教师司函〔2019〕41 号)，教育部教师工作司将组织领航学员对口支教四川省凉山彝族自治州。这意味着在李丽辉校长的职业生涯中将迎来一次比较特殊的任务，直接参与到党中央、国务院打赢脱贫攻坚战的重要战略部署中。她深知，“三区三州”是精准扶贫工作的重中之重，此项工作意义重大，使命光荣。习近平总书记在凉山视察时指出：“最重要的，教育必须跟上，绝不能再让孩子输在起跑线上。”扶贫先扶智，脱贫扶贫，教育先行。作为承担此次支教任务的领航班的校(园)长中的一员，她既感到光荣又倍感忐忑，完成好教育部交付的任务是本分也是担当。

一晃两年过去了，自 2019 年 8 月起至今，李丽辉校长工作室与昭觉县万达融创红丝带爱心学校结成教育帮扶对子，工作室共派出挂职副校长和主任、教师 2 期共六人，跨越 3400 多千米，为了一场美好的教育之约，奔赴凉山，高质量地完成了支教工作。

一、认真选派支教教师，送教到帮扶学校

(一)克服困难，按时选派支教教师，确保帮扶工作得以落实

接到任务的一开始，李丽辉校长陷入了困境。一方面，迟迟没有收到省州对于此次帮扶工作的配套政策文件，在工作室内选派老师可能有困难；另一方面，身处边境口岸城市的珲春市第四中学也面临着新学期开学师资短缺的问题。怎么办？愁得李丽辉校长几夜都没睡着觉，反复和市教育局沟通。得到市教育局的大力支持后，李校长第一时间组织召开校支委会，统筹部署此次支教工作，制定支教教师遴选办法。召开全校教职工大会，积极动员，

宣传此次支教的重大意义。经过自主报名、支部遴选，最后支委会决议：委派富有丰富学校管理经验的陶志刚主任，省级地理教学新秀、师德标兵李培祥老师，以及对教育信息化有突出贡献的青年骨干教师柴鑫鹏三位教师，作为第一期支教工作团队；二期因为吉林省疫情严重改为线上进行；三期支教教师为柴鑫鹏、景煜、韩春发老师。

支教教师中，陶志刚老师父母身体不好，母亲刚做完手术需要人照顾；柴鑫鹏老师刚参加工作不久，家里就他一个儿子，从没离家这么远；李培祥老师和妹妹两个人在珲春，妹妹即将面临高考。在国家需要和个人需求发生冲突时，三位教师毅然选择的是前者。陶志刚老师是中共党员，李培祥老师是中共预备党员，柴鑫鹏老师是入党积极分子，就这样，三人在校领导和党支部的批准下临时成立凉山昭觉临时党小组，奔赴凉山昭觉。

临行前，学校组织师生召开了隆重的欢送仪式。在欢送仪式上，学校对于积极报名的第一期支教队员，给予了高度的肯定和赞扬，号召全校教师学习他们这种勇于奉献、敢于担当的精神。欢送会上，支教教师代表宣读支教申请书，支教教师表态发言，校长和带队的陶志刚老师在发言中数度哽咽，眼眶湿润。当学生们的现场小提琴《每当我走过老师窗前》演奏响起时，在场的许多师生都情不自禁掉下了热泪，不舍之情溢于言表。很多同学知道了这个消息，自发地给支教的三位教师写信表达祝福：

> 亲爱的陶老师：您好！得知您即将远行的消息，我思绪万分。我想，也许离别是为了更好的重聚，在您走之前，我有话对您说。您还记得吗？那次师徒结对时，说实话，当您将胸章佩带到我的胸前时，我的内心无比自豪，这代表着从今往后，我就是您的徒弟了！您还记得吗？那次师徒跳绳，我对此印象深刻，其实我几次都想要放弃了，但是您投来的赞许的目光，温暖而有力。于是我咬着牙坚持下来，最后我们取得了优异的成绩。您还记得吗？您给我写的那封信，我到现在还留着。我们的美好回忆还有许多，在离别之际，请允许我代表七、八班的同学，向您致以最美好的祝福，祝您早日平安归来！

这是我校首次承担国家级扶贫项目，对于遥远的大凉山，面对网上的各种传说，不仅支教教师，其实其他教师们也都有各种的担忧。几位即将退休的教师拉着支教教师的手说道："可能这是退休前见的最后一面，在那边一定好好照顾自己，注意安全。"一位58岁的老教师将柴鑫鹏老师拉到一旁，从包里拿出钱塞到他的手中说："这次出去支教会很辛苦，你们是替我们全校的老师去支教的，老哥没什么可表示的，就是一点心意，你们三个吃点好的。”

(二)亲自送支教教师到支教学校，了解支教学校实情，制订切实可行的支教计划，确保帮扶的效果

2019年8月30日，李丽辉校长与支教教师一行四人抵达凉山西昌，参加为期两天的“首批凉山支教教师研修班暨凉山教育帮扶行动动员会”。通过参加此次培训，进一步认识到了本次支教帮扶责任的重大，提升了支教教师的责任感和使命感。

9月2日，李丽辉校长工作室支教团队抵达昭觉县万达融创红丝带爱心学校。校长沙马伍合向支教团队介绍了昭觉县万达融创红丝带爱心学校：这是一所由万达集团、融创中国、中华防艾协会共同资助建立的九年一贯寄宿制爱心学校，主要招收对象是昭觉县农村地区的特殊家庭及贫困家庭儿童。学校教学楼于2018年9月投入使用，全校共有80多名教师和2600名学生。

当晚，支教团队与万达融创红丝带爱心学校领导进行座谈，得知：万达融创红丝带爱心学校还处在边施工边上课的阶段。学校里很多孩子来自周边的乡村和山区，孩子们入学时的成绩很差，全校学生语数外总分平均下来不到20分。学校缺少老师，很多科目都是跨科教学，有些年级实施分层教学，但是效果不佳。

与沙马校长真诚而深入地沟通后，团队成员了解、明确了万达融创红丝带爱心学校现阶段的发展目标：完善学校管理制度，培养教师队伍，培育校园文化等各项工作。

在对学校情况有了基本了解之后，支教团队连夜召开了四人小组会议，研究讨论了昭觉县万达爱心学校现状，明确了支教团队近一个月要做的工作：通过深入学校实地考察，进一步和校长、中层领导和师生座谈，查阅学校的档案资料，形成调查报告，每周一次通气会，研制具体的帮扶策略。李校长鼓励支教教师大胆工作，学校会举全校之力和支教教师一起做好帮扶工作。

李丽辉校长因公要离开昭觉，临行前嘱托三位支教教师说：“来到这里就要把这里当成自己的家，看到哪里有问题就帮助哪里，一定要牢记支教的使命。”晚上，李校长在返程途经成都时给三位支教教师写了一封长信……校长的肺腑之言让三位支教教师深受感动，支教工作也就此拉开了序幕。

(三)前后联动，背靠学校齐帮扶，确保帮扶工作取得实效

一个月后，调研的结果整理出来了，看着这些文档，支教教师愁得直挠头。报告发回珲春市第四中学后，结合万达融创红丝带爱心学校的问题经支

委会研究决定：一是委派李红梅副校长带队前往大凉山，为支教工作进行现场诊断与指导；二是每周开展一次线上工作会议。其间各项制度、计划、方案、经验源源不断地流向了大凉山，流向了昭觉万达融创红丝带爱心学校。这些资源，对万达融创红丝带爱心学校发展、完善学校日常管理，发挥了巨大作用。

2019年10月12日，由珲春市第四中学李红梅副校长、石晓月主任、刘霞主任组成的教育帮扶培训团抵达万达融创红丝带爱心学校。她们在与沙马校长进行了两个小时的交谈后，分别对学校的德育工作、教学工作展开深入调研。针对调研结果，李红梅副校长面向学校中层领导及教研组长、备课组长进行了“基于校本的团队建设策略”讲座，并帮助中层领导解答困惑；石晓月主任为学校英语教师及青年教师展示了精彩的示范课，并对英语学科集体备课进行指导；刘霞主任对万达融创红丝带爱心学校德育领导和全体班主任进行了“幸福在这里——班级管理文化建设指南”讲座。最后进一步确立了珲春市第四中学与万达融创红丝带爱心学校长期的对点帮扶细节。

10月16日，在陶志刚老师的主持下开展了教育教学管理制度研讨会。针对学校的德育工作、教学工作、食堂管理、宿舍管理、学校安全等方面进行了充分的讨论。会上，陶志刚老师将珲春市第四中学在德育工作与教学工作中的一些好的做法做了分享，得到了参会教师的广泛认同，并在会后统一老师们的意见与建议，初步制定出符合万达融创红丝带爱心学校的管理制度。

经过近半个月的听课观察、教学常规检查，支教团队对初中教师课堂教学进行了深入的剖析。与校领导沟通后，在10月25日召开的万达融创红丝带爱心学校教职工会议上，由陶志刚老师将听课、检查的建议与意见进行了反馈，并提出了“教师教育教学行为的十点要求”。同时支教团队发现教师信息化应用能力差，有的教师无法熟练使用电脑，所以由柴鑫鹏老师为全校教师主讲了“信息化在课堂中的应用”的两场讲座，对全校教师进行信息化能力培训。很快，他们由不知到知之，到掌握，到课堂运用，信息化教学在昭觉县万达融创红丝带爱心学校得以应用，课堂出现了前所未有的生机。

目睹李丽辉校长工作室支教团队所做的大量工作，万达融创红丝带爱心学校的领导、老师感慨地说：“珲春市第四中学来的支教老师，个个让人佩服!”

在确定教学常规之后，支教团队将后续工作重点投入到教科研中，帮助教师培养教科研意识。由支教团队组织并评审了万达融创红丝带爱心学校青年教师赛课活动，针对本次活动中出现的教学问题，结合教学常规检查中存在的问题，向万达融创红丝带爱心学校教导处提交了《青年教师培养方案》，并于11月2日晚由李培祥老师主持开展了“青年教师专业成长”座谈会。李培祥老师与陶志刚老师就读书学习、强化实践、反思教学、勤于总结四个方面，与青年教师展开座谈，并对现阶段青年教师在课堂教学管理与专业提升上的困惑予以解答，建立了珲春四中与万达融创红丝带爱心学校每周的新老教师结对帮扶交流平台。这些帮扶措施，极大地提升了教师教学能力，使教师逐步走上专业发展的变革道路。结合万达融创红丝带爱心学校特点，支教教师与万达融创红丝带爱心学校领导讨论制订了《中学部教育教学工作计划》草案。这是李丽辉校长工作室支教历程中浓墨重彩的事迹。

经过一个学期的努力，李丽辉校长工作室支教团队扭转了昭觉县万达融创红丝带爱心学校教育理念难以落实的困难现状，给学校教学带来了显著的成效，这对学校长久、健康发展有着重要意义，也为之后的支教工作铺平了道路。

二、多角度帮扶，为学校发展助力

(一)云端微心愿，彝汉情相牵

2019年12月26日，昭觉县万达融创红丝带爱心学校的彝族孩子们身着节日的民族服饰，她们正在迎接从3000多公里外珲春市第四中学的师生们寄来的礼物。

彝族年来临之前，为了给万达融创红丝带爱心学校的学生们带来新年的祝福，三位支教教师提前做了微心愿征集，支教教师把万达融创红丝带爱心学校学生的微心愿，做成视频传到了遥远的家乡——珲春市第四中学。四中的师生们，看到这一幅幅画面时，在短短的时间里，一个“用爱心圆梦微心愿”的行动，在老师、学生、家长中掀起。一时间，衣物、学习用品、书包、篮球、足球、书籍等物品源源不断地送往学校，班级堆满了，门前堆满了。很多班主任老师、家长主动负担邮寄物品的费用……据不完全统计，此活动师生捐物总价值达13万元，温情四溢的“用爱心圆梦微心愿”火炬在校园点燃。

2019年12月，岁尾新年之际，“用爱心圆梦微心愿”的礼物装满了整整10辆快递运载车，浩浩荡荡地从珲春出发，跨越千山万水驶向遥远的凉山。

昭觉万达融创红丝带爱心学校的师生们在操场上举行了隆重的“微心愿”接收仪式。孩子们穿上了只有在彝族新年时才穿上的民族服饰，在操场上跳起了欢乐的“达体舞”，操着不太熟练的普通话，又极其认真地在老师的指导下，大声地说："谢谢珲春市第四中学的全体师生们，祝你们新年快乐!"

(二)疫情防控，相约"云端"，网课相扶

2020年，正值李丽辉校长工作室进入第二期支教工作时，一场疫情席卷全国。在这种情况下，如何延续第一期支教的成果？如何继续帮助万达融创红丝带爱心学校的发展？李丽辉校长经过深思熟虑后，决定增加帮扶力度，发动全校老师参与到支教工作中去。不仅有李培祥老师精心录制的"地理会考复习"系列课程，陶志刚老师录制的"体育训练的方法"系列课程，还有全校老师们自发录制的每个学科、每个知识点的"知识胶囊"和微课。这136节课，在疫情期间陆陆续续地送到万达融创红丝带爱心学校师生的手中。

珲春市第四中学发动学校中层领导，通过网络平台与昭觉县万达融创红丝带爱心学校的领导班子形成帮扶共同体。每月进行一次制度文化、课程建设、课堂管理的交流，为万达融创红丝带爱心学校的管理方法和制度完善给出建议和意见。成立了昭觉万达融创红丝带爱心学校校园文化设计小组，为万达融创红丝带爱心学校的校园文化出谋划策，并制定出详细可行的方案。

当了解到昭觉县万达融创红丝带爱心学校本学期入职48名新教师，面临教师办公室分配紧张和教师办公桌不足的问题时，珲春市第四中学决定捐赠90套教师办公桌椅，并联系了成都生产厂家，抓紧生产，尽快到位，早日送到凉山。2020年5月，学校筹资向万达融创红丝带爱心学校捐赠图书3000册，价值近4万元。2020年8月，与万达融创红丝带爱心学校开展线上"学校制度制定"专题研讨会，与万达融创红丝带爱心学校共同研制，修改学校制度。

三、挖掘学校特色，助力学校特色发展

(一)培育体育特色

经过一年的接触，沙马伍合校长十分认同李丽辉校长通过活动促进学生发展的办学理念，他打算将艺术和体育作为学校现阶段发展的主要方向，将昭觉县万达融创红丝带爱心学校打造成具有民族特色的九年一贯制学校。

第三期李丽辉校长工作室支教团队抵达昭觉后发现，现阶段万达融创红丝带爱心学校在体育教学方面还存在着一些不足。为了解决体育课内容单调的问题，韩春发老师积极组织体育组的教研活动，经过与本校老师的深入磋商、交流，将田径项目的普及作为本学期体育教学的重点工作，以运动会为

契机，让学生爱上体育。

昭觉县万达融创红丝带爱心学校办校以来，从未举行过大型活动。作为珲春市第四中学的体育组组长，韩春发老师有着丰富的组织大型体育活动的经验。

此次运动会代表昭觉县校园运动会的诸多第一：第一次全体学生参加，第一次正规的田径比赛，第一次加入了游戏环节，第一次发奖牌、奖杯。极具民族特色的入场式、流畅的检录程序、详尽的裁判员工作规程……运动会当天，整个操场变成了欢乐的海洋，欢乐而不失秩序。孩子们太高兴了，这是他们第一次参加运动会。经过精心的准备、准确的预判，各位教师工作积极、严肃、认真，团队就是在这样的集体活动中形成着；欢乐中充满着激烈的竞争，孩子们尽情地跑着、跳着……

四川省省长在昭觉县验收扶贫成效时，在学生家中，看到了挂在墙上的运动会奖牌，询问并夸奖了孩子们。此事被四川电视台报道，这让万达融创红丝带爱心学校全体师生都很自豪。

(二)发展艺术特长

第一期支教中，支教团队就向沙马校长提议开设选修课，但由于教室不足和教师人员不够的问题，一直没有施行。

第三期支教团队经过与万达融创红丝带爱心学校校领导的磋商，依照珲春市第四中学选修课总体计划的基础上制订了万达融创红丝带爱心学校的选修课计划，在整体的课程配置上，包含学科类、民族传承类、拓展类和体育类共计 32 门。选修课于 10 月 14 日正式开启。

在彝族年庆活动之前，支教教师柴鑫鹏发挥专业特长，精心录制了合唱选修课练习曲目《祖国之子》的节目小样，凉山州把这个节目推荐给了央视。

在 12 月初，沙马校长接到通知，带着《祖国之子》全体学生演员进京录像，节目将会在 CCTV14 银河之声元旦晚会上播出。回到学校的沙马校长还是难掩心中的激动，在与支教团队开会时说：“这是四川所有中小学唯一在元旦上央视的节目，这是可以载入万达融创红丝带爱心学校历史的大事，更是你们支教教师的巨大贡献。”

通过运动会的成功举办、选修课的开设、受邀登上央视，这些进一步坚定了沙马校长决定将“艺”“体”作为学校特色发展元素的信心和决心。他希望通过艺体特色能让万达的孩子在成绩暂时处于劣势的情况下，能多一条走出大山、走向精彩人生的道路。

让学生在学校感到快乐和幸福，对降低辍学率有着重要意义；丰富多彩的校园生活既能增强学生的集体荣誉感和归属感，又可以让他们真正地爱上这所学校，从而爱上学习。

四、写在最后——支教成效

在2021年期末的全县统考中，初中部七、八年级几乎所有学科的平均成绩都位列全县第二！四、五、六年级总分平均分全部位列昭觉县第四名，从原来的总分平均不到20分提升为了现在的146分，四年级语文取得全县第一的好成绩。这对一所新建学校是十分难得的。

2021年4月9日，央视《见证》栏目《歌声飞出大凉山》第二集播出万达融创红丝带爱心学校的合唱队节目。

现在万达融创红丝带爱心学校正行走在规范发展的道路上，愈走愈好。

碧江：志智双扶照亮学子脱贫路

贵州省铜仁市碧江区教育局 卢 伟 文 辉

“我已经成年了，应该自立自强，为将来在社会上立足，并回报社会而接续奋斗。”坝黄镇白果村贫困学生龙喜琴的一番话，深深道出了碧江贫困学子的心。她在2017年秋考上福建宁德师范学院后，通过努力获得国家励志奖学金，并连续两年获得全国高校商务英语综合能力知识竞赛二等奖。同时，她积极参与学校管理，提升自身综合素质，入校以来一直参加学校督导队管理学生纪律。利用周末节假日，兼职做推销员赚取生活费。

在贫困学生龙喜琴的身上，充分体现出教育扶贫是摆脱思想贫困、阻断贫困代际传递的重要手段。近年来，碧江教育系统坚持扶贫同扶志扶智相结合，通过“543”工作法大力实施现代职教扶贫、职教东西部扶贫协作、控辍保学专项行动、困难学生资助、营养改善计划等，着力改善办学条件，推动贫困家庭学生有学上、上好学。2017年以来，全区九年义务教育巩固率由122.2%提高到154.3%，实现县域义务教育发展基本均衡向优质均衡迈进。

一、实施“五个计划”，扎实推进教育脱贫

1. 实施学生资助计划，让学生不失学。在贫困户认定工作中，狠抓精准识别，杜绝漏评、错评、错退，按照“精准资助、应助尽助”的原则，实行建档立卡贫困生动态个案网格化管理。2017年以来，落实国家、省、市资助资金及生源地助学贷款14625万余元，资助学生15万余人次，全力保障贫困学生无障碍入学，全区没有一名学生因贫失学。

2. 实施职教扶贫计划，让学生好就业。“输血式扶贫”全面升级为“造血式扶贫”，持续实施三年免费中职教育，招收精准脱贫班建档立卡学生855人，在减免学生的教科书费、住宿费和杂费的基础上，还免费提供生活用品、提供勤工俭学岗位。2017年以来共减免资助资金266.76万元，“自强行动”提供校内勤工助学岗位发放资助经费34.6万元。通过发挥“百校扶贫基地”作用，实现转移农村劳动力就业培训160人，职业技能培训5613人次，“雨露计划”

培训92人。探索“产教融合”“校企结合”扶贫模式，先后与杭州柏庄酒店、贵州鲲鹏通讯有限公司、贵州吉利新能源汽车有限公司等48家单位、企业签订了合作协议，为学生学习实践和就业提供了保障，就业率达到98%，真正实现了“职教一人、就业一人、脱贫一家”的目标。

3. 实施改善办学条件计划，让学生上好学。投入6.6亿元，确保全区村级完小以上所有义务教育阶段学校办学基本条件达标。新建易地扶贫安置点幼儿园5所、义务教育阶段学校6所，总校舍面积18万余平方米，学位1.3万个，确保易地扶贫搬迁安置点群众子女就近入学。推进校园信息化建设，全区84所中小学1376个班级全部光纤专线接入互联网，实现村完小以上学校班班通全覆盖。建设网络计算机教室93间，配备计算机6209台，建立智慧云课堂教室322间，安装学生平板电脑16784台，实现贫困山村以上学校教育信息化全覆盖。

4. 实施山村幼儿园计划，让农村幼儿都入园。按照“按需设点、保证覆盖、就近入园”的原则，在13个乡(镇、街道)建立38个山村幼儿园，缩小城乡儿童在早期学前教育的差距，彻底解决贫困村孩子“无园入”问题，让农村孩子能像城里孩子一样享受同等学前教育。率先探索实施学前教育集团化办园模式，组建了8个幼教集团，实现全区13个乡(镇、街道)137所公(民)办幼儿园20459名在园幼儿全覆盖。实现了教育资源有效整合、集团特色有效彰显、学前教育小学化倾向有效杜绝的“三有效”，幼教管理、收费标准、保教质量监测“三统一”，教师综合素质、教学质量、城乡统筹发展水平“三提升”，优秀教师、创新模式、幼儿展示“三出彩”。集团化办园管理经验得到省、市教育主管部门及各级政府的高度赞扬。

5. 实施校农结合计划，让学生吃得好。将全区各级各类学校后勤食堂需求与贫困村、贫困户组织生产的农产品精准对接，以销定产、产销衔接。学校食堂累计采购当地贫困户生产的农产品达163.9万公斤，采购金额达1889万元，向贫困地区采购农产品占采购总量的80%以上，有效带动了8个乡(镇、街道)20个种植养殖基地发展，促进3100亩土地产业结构调整，覆盖带动贫困村人口332户、1071人增收。初步实现贫困群众有增收，学校食材质量有提升，学校发展定位更加精准“一仗多赢”的局面。营养午餐实现农村学前教育全覆盖、农村义务教育阶段学校全覆盖，惠及义务教育学生22576人，惠及幼儿5900人。碧江营养改善计划的“四统模式”在全省推广。第九中学营养午餐管理入选《人民日报》“任仲平”思想政论片《改变中国的力量》案例。

二、完善“四个机制”，确保学生不辍学

1. 健全责任工作机制不让辍学。建立健全组织领导机构和工作机制，制定控辍保学工作方案，细化工作措施，将任务和责任分解落实到具体单位、具体负责人和具体人员。落实控辍保学“双线”责任制和“七长”责任制、控辍保学三项制度(义务教育阶段学生整班移交制度、学生排查报告制度、辍学生劝返复学制度)。

2. 重视过程管理机制不许辍学。教育主管部门规范电子学籍管理，以户籍为基准，幼儿园、小学、初中、高中分段建立服务范围内人口册和相应的学生花名册，做到底数清、信息准、无遗漏。对短时间不在校学生及时跟踪联系并劝返入学。推进教学改革，打造高效课堂，提升课堂实效，让学生喜欢课堂。严格师德教育管理，整治教师讽刺、挖苦、歧视、体罚和变相体罚学生现象，以“零容忍”对待违规违纪教师，营造良好育人环境。

3. 完善关爱保障机制不想辍学。全区推广关爱留守儿童“1234”服务体系。

(1)一只基金凝聚关爱合力。按照乡管村用原则，以村为单位，采取“政府支持、村组自筹、单位赞助、社会捐赠”等方式，设立专门专户，实行专款专用。

(2)两项规范夯实关爱基础。一是规范台账档案管理。建立留守儿童成长记录档案3700余个。二是规范活动阵地建设。在灯塔街道灯塔社区、环北响塘垅开办“下午4点半课堂”，成为留守儿童的温馨家园。

(3)三大机制确保关爱到位。一是建立精准排查机制。二是建立结对帮扶机制。在村(社区)，以驻村干部为主、邻里为辅，与留守儿童结成帮扶对子2000余对，鼓励1400余名爱心人士当“代理家长”“爱心妈妈”。三是建立督办落实机制。将留守儿童关爱工作考核结果纳入干部实绩档案，作为干部选拔任用的依据。

(4)四个保障畅通关爱渠道。一是建立健全特困供养人员和城乡居民最低生活保障制度。二是建立爱心超市，重点援助农村贫困留守儿童。三是源头关爱保障。建立中小企业创业园、返乡农民工创业园、特色食品产业园和智慧产业园四个“雁归工程”基地。四是身心健康保障。发挥“互联网＋”优势，建立亲情聊天室28个，实现留守儿童与父母“面对面”的沟通、交流、谈心，达到慰藉其心灵、提高学习成绩的目的。

4. 落实责任追究机制不敢辍学。严明责任追究，将控辍保学工作纳入年终目标绩效考核的重要内容，作为单位评优评先，干部、教师晋职晋级，教

师绩效考核的重要依据。围绕控辍保学重点工作，开展“区不漏一乡，乡不漏一校，校不漏一人”的“拉网式”控辍保学督导。对没有履行职责的乡镇、部门、学校、家庭，追究责任，严肃处理。

三、打好“三张牌”，增添教育助推脱贫内生动力

1. 打好教师素质提升牌。投入1075万元实施了两轮即“3361”师训强教和教育教学和管理能力培训提升工程，对全区教师进行全员培训、骨干引领，建立了阶梯式教师成长机制，各学段教育质量整体提升。共培养了990名区级以上骨干教师(其中省级125人，市级208人，区级657人)。第十中学李红燕老师获“国家优秀教师”荣誉称号。2017年以来，开展送教下乡1400余人次，300余名教师到偏远地区、薄弱学校开展三区支教、全职支教、兼职支教等。

2. 打好碧江昆山教育结对牌。主动学习借鉴东部发达地区的教育理念，依托江苏昆山良好的教育资源，主动对接昆山方协商并启动教育“组团式”帮扶模式，全区55所学校与昆山学校建立了结对帮扶关系，实现了城区幼儿园、小学、初中、高中、中职五个类别学校结对帮扶全覆盖。2017年来，两地交流校(园)长、骨干教师598人，培训教师超400人次，累计赴昆挂职学习35人次。另外，积极争取教育援建及学生资助项目33个，累计援助资金8703万元。连续两年成功举办昆碧教育研讨会。昆碧教育结对，助推了碧江学校内涵发展，更新了碧江教育理念，提升了碧江教育品位。

3. 打好文盲群众脱盲牌。扎实开展脱盲再教育四大工程，即读写计算“普学”、基本政策“普及”、基本技能“普训”、双语培训“普推”。送培训进村寨，送教学上门，送服务到田间地头，对贫困人口中16—55周岁587名文盲群众开展脱盲再教育工作。选派了80名教师，对文盲群众集中培训了680人次。

把汉字嵌在苗乡课堂里

——陈红梅语文名师工作室走进昆明市盘龙区三转弯小学

云南省昆明市盘龙区教师进修学校　陈红梅　张海艳

苗岭险峻，山高路远。情系教育，奉献赤情。2017 年始，陈红梅老师走进了地处昆明市盘龙区偏远山区苗族聚居地的三转弯小学，那里一道道褶皱的山脉高低交错，琅琅的读书声伴随着鸟叫虫鸣，清脆而悠扬。看到民族地区落后的教育现状，强烈的责任感让热爱教育的陈红梅老师夜不能寐。她毅然应邀带领自己的名师团队开启了三转弯小学教育帮扶活动，帮助苗族孩子更好地学习汉语，致力于“把汉字嵌在苗乡课堂里”的生态语文地方民族特色课程开发与实践。

陈红梅老师是中学高级教师，首届春城教学名师，云南省骨干教师，昆明市小学语文学科带头人，昆明市盘龙区小学语文名师工作室主持人，全国“百名班主任之星”，全国“生命致慧先进工作者”，云南省“生命教育”杰出人物，昆明市“百优”教师，盘龙区“十杰”教师，曾荣获第三届全国课堂教学大赛(学校管理研究中心赛区)特等奖。

在陈红梅老师的带领下，名师工作室共有 6 位老师参与教育帮扶活动。该教师团队主要是比较得力的中青年一线教师，所有老师均为中级以上职称，属于各学校骨干教师，具有很强的教育教学能力和学习能力，其中还有少数民族教师，对苗族文化有所认识和了解。

陈红梅语文名师工作室来到三转弯小学后进行了全面的调研，详细了解学校的情况，主持召开了学科教研会议，毫无保留地分享了自己“生态语文”的教育理念。陈老师结合自己 30 多年的教育改革经验，深入浅出、掷地有声地阐述了“生态语文”是一种用生态理念去学习、教授、研究语文的教学新模式、新流派，是基于语文本真，守望生命成长，回归教育本源的精神生命的启蒙，是一场让学生站立课程中央的改革，实现“让每一个生命温润美好”的语文生态理念，以及师生“身心至美、乐学善思、人文见长”的培养目标。教师在践行“文化自觉”场域与学习语文的生态系统中，强调人的自由性与自觉性，使学生在一个动态的、开放的、丰富的知识生态环境中，逐步形成并完善自我修养提升的自觉意识和文化传承发展的价值追求，完善自己，精神独立，灵魂高尚，是关乎每位苗族学子文化身份确认的成人仪式。

基于“生态语文”的教育观，名师团队教师对苗族文化和现有课程进行学习，结合教师自身特点开展课程的实施，深入三转弯小学进行观课、研课，针对本课程开放的内容，在各板块的指引下，开展相应的学习活动和展示活动，结合学校实际，开发编纂了“生态语文”三转弯小学特色校本课程。

一、增强贫困地区教育的造血功能

教师是学校的灵魂。培养造就一支责任心强、教学水平高的教师队伍，是学校稳步发展的根基。陈红梅名师团队进入三转弯小学后，马上聚焦课堂，开展听课活动，为教学质量把脉。“授人以鱼不如授人以渔”，只有增强贫困地区教育的造血功能，才能真正做到教育脱贫。在苗族文化生态系统中，苗族艺术文化从多方面影响学校教育。团队老师和三转弯小学老师积极发挥学校教育资源优势，开展多渠道、多形式的苗族艺术保护与传承工作，挖掘、整理、传承、发展苗族传统艺术，把优秀的苗族民间文化作为素质教育的内涵，将当地苗族人民喜闻乐见的民族音乐、舞蹈、传统手工艺制作等引进教学活动，促进教育教学，建构了整个系列校本课程的架构：唱响苗歌、芦笙课程、苗族服饰文化课程、苗族姓氏研究、走进沈从文等课程，并根据不同的年段选择不同的内容开展课程的学习。借节庆文化，拓展校本课程，组织学生和教师广泛收集资料，了解传统节日所负载的文化理念，并结合民族传统节日，不失时机地推出丰富多彩的课程实践活动。

名师团队老师们通过大量地收集资料，对三转弯苗文化开展研究，不断汲取传统文化和现代教育理念的精华，逐渐喜欢上了苗文化，为现代生活注入了新元素与新情趣。三转弯本校的老师们专业也得到了快速提升，不但收集了丰富的教学案例，撰写的论文也获奖了，还把汉文化潜移默化地融入苗文化当中，让苗族学生在更好地学习本民族的优秀传统文化知识的基础上，促进了全面发展，获得自我认同与民族认同感。渐渐地，把课题研究融入自己的课堂几乎成为每个教师的一种自觉行为，更让人欣喜的是，教师们对课题的理解正在教学实践中不断地进行调整、反思和提升。助教助学过程中，无论是名师团队老师，还是三转弯学校的老师们，大家都敢于直面挑战，善于解决问题，以永不懈怠的奋斗姿态攻坚克难，始终立足从学校实际出发，以提升育人成效为根本，抓住教师队伍建设关键要素，用一片丹心谱写了教育扶贫的亮丽篇章，在平凡的岗位书写出精彩人生。

二、点燃苗乡孩子的梦想与希望

在与三转弯小学教育帮扶的几年中，陈红梅名师工作室成员无时无刻不在探索因地、因材施教的教育路径，将自己对教育的崇高信仰与理想信念落实到教育实践中，将自己对教育规律的探索和遵循体现在润物无声的教育生活里。

昆明三转弯处于交通、信息不发达的山区，学生使用的母语不是汉语，在学习中又受到学习条件的制约，致使部分学生基础表达能力得不到有效练习，语言综合能力发展受限。结合云南三转弯苗族独特的传统文化资源优势，陈红梅名师工作室以“生态语文”理念引领，将苗族传统文化与语文综合性活动教学相结合，以达到传承民族传统文化与推动课程改革双赢的效果。抓住汉苗语音差异，正确指导学生发音。以声、韵、调这一基础为根本，重点放在单韵母的基本发音上，对于翘舌音“zh、ch、sh”要教会学生正确的发音技巧。在“生态语文”的引领下，总结出行之有效的教学方法：苗语情境法、苗汉同音法、对比教学法、双拼阅读法。在母语启蒙课、苗汉对照课、苗汉双语口语交际课的实践中，教学效果显著，“苗文启蒙”还给苗族儿童以自信，“苗汉过渡”降低了学习汉文的难度，“双拼阅读”“三课并开”促进了汉语口语和书面语协调发展，汉语文综合水平有了显著提高。我们利用苗文启蒙，实现说、读统一，增强了苗族儿童的自信心；利用苗文和汉语拼音的趋同性，实现由苗到汉顺利过渡；利用苗文和汉语拼音两种工具学习汉语汉文，便捷、高效。

“教育首先是精神成长，其次才成为科学获知的一部分。”陈红梅名师团队决定从“心灵唤醒”和“精神教育”入手，改变苗乡孩子的精神面貌，为他们点燃梦想与希望。经典是民族精神的源头，是人类文化的瑰宝，千古传承记录着民族基因中的最高智慧，是民族千年圣人对后世子孙的谆谆教诲，所承载的是圣贤伟大的思想光辉。名师团队老师将诵读经典渗透到语文朗读中，精挑细选整理开发了“诵经读典做有根的中国人”校本课程，采用阶梯式经典诵读的教学策略。根据一年级到六年级的学生的认知水平制定不同的诵读目标：一、二年级主要是以童谣、古诗、儿歌为主，三、四年级以儿歌、《三字经》为主，五、六年级主要诵读古诗、中外经典、《大学》等。在读经诵典和文化传承活动的过程中，让每一个孩子温润乐学……

三转弯小学是民族团结教育的主阵地，名师团队学校根据地理、人文特点，确定了以“苗岭欢歌、情注笙韵”为主题的校园文化。孩子们置身于这种环境之中，受这种环境文化的熏陶，在潜移默化之中了解民族知识，了解国家政策，不断增强民族自豪感，提高民族团结意识。寻访本地的苗族艺人谱写旋律优美、歌词积极向上、民族韵味十足的校歌。在每周一的升旗仪式中，学生们用淳朴的苗语唱着欢快的校歌，在快乐的歌声中开始了一个星期的学习生活，让苗族学生很快融入学习汉语的环境当中。

践行“生态语文”课程，开发苗文化寻根之旅，丰富“生态语文”课程的内涵，并自觉加入保护、弘扬苗文化的行列中，开发苗族手作课程，学习扎染、刺绣，感受美，创造美。苗族音乐是颇具特色的传统文化。在苗汉双语课中把具有苗族特色的音乐融入课堂，组建了苗族合唱队，学校把艺术教育推向社会大课堂，每年应邀参加盘龙区学生艺术节、盘龙江文化艺术节，让孩子们走出大山到城市的大舞台上展示自己，开阔眼界。孩子们从站在台上不敢抬头到自信满满地唱歌，多次受到媒体的关注和宣传，部分学生受邀到北京、上海等地参加演出活动。苗族特色的校园合唱让社会各界都慕名而来，每当有客人到来的时候，同学们都会以苗族最热情的方式来欢迎这些贵宾，他们身着盛装，双手捧着牛角杯，嘴里唱着敬酒歌，用优美的舞步迎接远道而来的客人。广大学生品尝到了成功的喜悦，受到了潜移默化的教育，使校本课程更加有意义。

系列基于“生态语文”理念的三转弯校本课程的开发，促进了学生综合素质的全面提升。通过开展课堂实践让学生学习苗文化知识，了解本民族的悠久历史与优秀传统，促进了苗文化的传承，使他们更加热爱自己的家乡。随着课程的开展与实施，孩子们发现，原来苗族是这样一个有着丰富历史文化、精湛传统技艺和多姿多彩的体育健康项目的民族，值得我们去传承的东西还有很多很多，对家乡自然而然地就产生了满满的自豪感。

习近平总书记强调：“努力做教育改革的奋进者、教育扶贫的先行者、学生成长的引导者”。教育是一项需要久久为功的事业，需要一代又一代教育人的坚守与坚持。

陈红梅名师工作室积极挖掘苗族文化课程资源，为学生创设了具有浓郁民族特色的校园文化，开发了苗族文化特色课程，为传承苗族文化精神，激发师生对民族文化的热情进行了积极探索和研究，潜移默化之中拓展了苗族学生学习语文的空间，为“生态语文”与苗族文化的融合打开了通道，为“把汉字嵌在苗乡课堂里”生态语文地方民族特色课程开发与实践进行了积极的探索。“红梅花儿”们用实际行动响应了总书记的号召，为全国1600多万名教师树立了榜样，用一个教育人最纯粹的初心，承担起新时代教育人的责任担当，用无私奉献照亮贫困山区孩子求学之路，在脱贫攻坚战场上默默奉献智慧和力量，诠释着新时代教育人对党和人民教育事业的忠诚坚守。

习近平总书记指出：“一个人遇到好老师是人生的幸运，一个学校拥有好老师是学校的光荣，一个民族源源不断涌现出一批又一批好老师则是民族的希望。”陈红梅老师和她的名师团队——“红梅花儿”，战斗在教育工作第一线，用教育的力量阻断贫困的代际传递。在我国，还有一大批这样的好老师，他们以高度的政治责任感、强烈的历史使命感和无私的奉献精神，默默耕耘，潜心教书，精心育人，在平凡的岗位上做出不平凡的业绩，推动了新中国教育事业的巨大发展。伟大时代呼唤伟大精神，崇高事业需要榜样引领。走在新时代的伟大征程上，我们需要千千万万的教育人，不忘初心、牢记使命，忠诚于党和人民的教育事业，肩负起立德树人、教书育人的时代重任，争做党和人民满意的“四有”好老师，让更多贫困地区的孩子真正走出大山、实现人生出彩，让更多的孩子接受良好教育、成为社会有用之才，为中国特色社会主义事业注入不竭动力、汇聚磅礴力量。

当学生成长贴心人　做立德树人大先生

——深州市第一中学扶贫助弱感人事迹纪实

河北省深州市第一中学　王　艳

深州市第一中学，始建于1948年5月，至今已有70多年历史。70多年师生风雨兼程，砥砺前行，成就了深州市第一中学精神家园的气度与辉煌。在党的十九大精神的正确指引下，在各级教育部门的关心指导下，在一中精神"细致、扎实、规范、科学"的感召下，在文化核心"勤学、励志、明礼、报国"的引领下，我校优秀的师生团队，以坚韧不拔的意志、超出常人的付出和日积月累的智慧，赢得了一个又一个傲人的成绩。

教学质量是学校的生命线，教学效果是教师的发言权。中考是衡量一所学校质量的重要的标准，我校历届中考成绩都高居深州市榜首。近五年更是一步一个台阶，重点高中公助生上线率由2016年的44%上升到2020年的65%，5年内录取率提高了21%。

我校先后获国家德育创新示范校、河北省教育教学先进办学单位、衡水市基础教育教科研先进单位、深州市综合考评先进单位等多项荣誉。运动会五连冠，演讲比赛、公开课多次获奖。学校各项工作扎实严谨，师生幸福，群众满意。

2017年，获河北省教育厅"关注时事，胸怀天下"知识竞赛一等奖。2019年，衡水市组织优秀学科展评，我校9名老师参赛，6人获一等奖，4人在衡水范围内做现场展示，傲人的成绩体现了一中的教学实力。2020年，3名教师参加河北省优秀课例评选，获二等奖。深州市全民健身及中小学田径运动会"五连冠"，学生参加征文、体育、演讲等活动多人次获省、地市级大奖。

深州市第一中学始终继承学校的光荣传统，在"凡事高标准，再攀新高峰，始终坚持走质量立校之路"的办学理念指导下，努力肩负起育人的社会责任，从学生的长远发展考虑，为学生的未来负责，办纯粹教育、办良心教育。全体师生向中国共产党成立100周年献礼，以实际行动回报深州父老！

千年梦想，百年奋斗，今朝圆梦。2020年，我国脱贫攻坚战取得了全面胜利，现行标准下9899万农村贫困人口全部脱贫，832个贫困县全部摘帽，

12.8万个贫困村全部出列，区域性整体贫困得到解决，完成了消除绝对贫困的艰巨任务，创造了又一个彪炳史册的人间奇迹！

习近平总书记指出“扶贫先扶志”“扶贫必扶智”。实施精准教育扶贫，必须突出重点，特殊扶持，将教育扶贫的政策精准落实到每一个贫困学生身上，确保他们接受良好教育，从根本上阻断贫困的代际传递，确保“义务教育有保障”目标顺利实现，教育战线师者要不怕牺牲，坚守教育初心，用行动铸师魂。

我校教师团结协作，创新实干，在这场助力教育脱贫实践中，展现出的精神风貌感染、鼓舞了一个又一个困难学生的心灵，诠释着师生心连心的同频脉动。他们把学生的所想、所需作为教育工作的所急、所向。他们舍小家为大家，展现了新时代教育工作者的精神风貌。

牵一发而动全身，一子落而满盘活。以师者仁心激起学生奋进之心，赋予自强之力。一人难挑千斤担，众人能移万座山。在脱贫攻坚之路上，我校教师承诺：不让一个孩子掉队。他们用热血，用担当，谱写了一曲曲动人的乐章，孕育出拨动心弦的力量。

一、第一篇章

真正的教育，从来没有点石成金的技巧，而是一段春风化雨的过程。就如大教育家雅斯贝尔斯所说：“教育是一棵树摇动另一棵树，一朵云推动另一朵云，一个灵魂唤醒另一个灵魂。”

2019年，张晓梅老师班里转来一名鼎鼎有名的问题学生小范。他家是村里家喻户晓的建档立卡贫困户，从小父母缺位，在他记事前，父母就离异，他的印象中根本没有父母的概念，与年迈、体弱多病的爷爷相依为命。从小教育缺失导致他形成了各种陋习，上课睡觉，看闲书，宿舍违纪，吸烟，打架，等等。张老师和他爷爷多次沟通，小范还是没有任何改变，成绩一直垫底，什么也不想学，后来甚至萌生了辍学的念头；自我封闭，老师和同学都走不进他的心里。即便这样，张老师认为进了她的班，就是她的兵，绝对不能让一个孩子掉队，而且要慢慢走进他的心灵。

首先，张老师从生活上接近他，从小范进班的第一天开始，就去餐厅一日三餐陪他吃饭。第一天中午走进餐厅他连饭盆都没有拿，怎么吃饭呢？只打了一个烧饼，手里拿着吃。他走近餐桌的时候，张老师微笑着招呼他，“咱俩一起吃吧！”，并且把菜推到他面前。他说：“老师，不用。”张老师开玩笑说：“你是嫌我脏吗？”他赶紧说：“不是，不是。”于是开始了第一顿师生共进午餐，并且边吃边聊：“愿意到这个班吗？”“还行吧。”“有饭盆吗？”“有，来的时候我爷爷给我装上了，但我不习惯用饭盆。”“晚上带饭盆来打点粥行不？”“行。”

晚饭时张老师又提前到餐桌前等他，这次他还真拿饭盆来了，但只有一个，打了一份菜，没有打粥，张老师就将自己的粥倒在另一个饭盆里端给他吃。他一开始有点儿不好意思，最终还是接受了。张老师又问：“今天过得怎么样，充实不？”他还是那两个字：“还行！”一连三天，在张老师陪他吃第八顿饭的时候，他从兜里掏出了100元钱，说：“老师，你替我保存着吧。”那一刻，张老师长长地舒了一口气，这个孩子开始慢慢地接受她了。

开学一个星期，张老师又发现一个问题，这个孩子一直只穿一件校服背心，就悄悄地问他：“你还有背心吗？”他说：“没了。”恰好班上有一个转走的同学留了一身夏装，张老师就说：“老师这儿有一身，你先穿了可以吗？回宿舍后换上，把换下的背心拿过来，我给你洗洗。”中午，张老师回家先用浓洗衣粉水泡上，打算晚上下班回来再洗。晚上回家后，家人说：“那是谁的背心呀？洗了两遍，水还是黑的，又用洗衣粉泡上了，你自己洗吧。”张老师又接着洗了两遍，终于露出了原来的颜色。第二天早晨，当张老师把白白的背心交到小范手中时，他的脸上第一次露出了发自内心的笑容。

冬天到了，一天早自习，张老师发现小范同学在打盹。晚自习下课后，去查宿舍，看到他的被子又薄又硬，原来孩子白天没精神，是因为晚上冻得睡不好。于是联系学校给孩子买了一床厚厚的被子，小范抱着被子，一直高兴地说：“谢谢校长，谢谢老师。”从此以后，他上课再也不打盹了。更让人欣慰的是，他懂得了感恩，学会了说“谢谢”。

张老师从关心他的生活入手，逐渐开始关注他的学习，因为如果考不上高中，他的未来还是没有出路，所以张老师时刻关注他在课堂上的表现，记在心里，为下一步的工作寻找思路。张老师把他安排在第一张桌，和一个学习成绩中上游的学生同桌，并向小范说：“进了九班这个家，就要努力学习，提高能力，有任何事都可以找老师。”还让同桌主动帮助他，给他讲题，提醒他听课记笔记。

就这样经过一个月的努力，小范月考成绩排第1167名，还是很不理想。但是张老师并没有批评他，而是帮他找各科失分的原因，陪他一起定目标，找方法。他心中虽然还很迷茫，但已经开始试着改变自己了——上课打盹的次数越来越少，同桌也说他下课开始问问题了。就这样师生继续努力着。期中考试又到了，成绩公布之后，张老师迫不及待地查看他的成绩，排第1028名，进步139名，非常震惊，继而趁热打铁继续做工作，“这一个月的努力有了效果，证明你有学习能力，有学习方法，坚持有毅力的话一定能学好。老师相信你，加油。”

就这样，在老师和同学们的共同努力下，小范同学每天都在进步。见了老师有礼貌了，能主动打招呼了，脸上也有笑容了。上英语课时，能用英语正确回答问题了，上数学课能主动抢答了，上化学课能正确且快速地书写化学方程式了。张老师很感动他有这样的表现，陪他一起努力的劲头儿就更大了。

转眼间，放寒假了。放寒假的当天，小范的大伯打电话讲述了放假接他时的一幕：孩子自己扛着行李在路上走，还不忘护着爷爷和大妈躲路边的车，这孩子像变了一个人，长大了、懂事了，知道感恩了！

2020年初，突发新冠肺炎疫情，学校延期开学，学生在家上网课，上网课需要有网，有手机或者电脑。小范家唯一的通信工具就是爷爷的老年机，要想让孩子上网课就要买智能手机，安装网络，除了经济条件不允许，张老师考虑到自控能力差的他很有可能因为迷恋网络游戏而害了自己，思来想去，最后的解决办法是，由老师每天通过打电话的方式给他安排学习任务，了解他每天的学习情况，并且不断地鼓励他：只要自己努力，无论是否上网课，都能复习好。上了一个月网课后，张老师和学校负责人带着米面油、水果等驱车来到小范同学的家中，慰问他和爷爷，并检查他每天的作业完成情况，他和爷爷都非常感动。就这样，其他同学上网课，小范在家自学。

开学后，张老师发现他在偷偷流泪，就知道孩子是自卑了，感觉跟不上同学们的进度了，在吃饭的时候又开始给他做思想工作，首先表扬他对知识的渴求和学习上进心。从当初小范同学进班之前的拙劣表现，到现在能认识到自己与别人的差距，这是多么巨大的进步。抓住这次机会，张老师鼓励他：各科老师会领着大家把所有的知识点再复习一遍，只要在课堂上跟上老师的进度，做到不懂就问，中考成绩一定不会差。中考前是小范初中三年最努力的时间，功夫不负有心人，他以裸分362分的成绩惊艳一中校园，曾经全年级倒数第一的学生能考出这样的成绩，实在令人惊讶，小范的爷爷将感谢信分别送到了学校和电视台。

小范初中毕业后选择了去职教中学学习畜牧学专业，他会经常打电话汇报自己近期在学校的表现。张老师还会经常去学校看望他，向老师了解情况，和现任班主任交流他的学习情况。

教育是一个具有延续性的过程，一个孩子进入我们的视线成为我们的学生，我们就有义务让他成为一个对社会有用的人才，初中教育虽然只有三年，但一个孩子的成长却是长期的。尤其是特殊家庭的孩子，他们的成长过程中缺乏自信，缺失温暖，教师要站出来做他们的引路人。

花开四季，各有花期，我们相信，那些含苞待放的生命，在我们的启迪浇灌下，定会走出生命的沼泽，进入心灵的绿洲，开放出更加绚烂的生命之花！

二、第二篇章

在2017级学生中，张晓梅老师的班级里有一个脑瘫患者小天，经过张老师三年如一日的坚持帮扶，小天由原来的考试成绩一位数到顺利走进高中校园，是张老师一点一滴的关爱与呵护，创造了一个令人难以置信的奇迹。

小天的家庭因病致贫，爷爷奶奶长期卧病在床，父母利用照顾老人的间隙打零工维持生活。小天上小学时行动和自理能力都很差，被同学和老师认为有智力障碍，刚入学时，适应不了住宿生活，每天都哭闹想回家。了解到这一特殊情况后，张老师首先教育所有学生："我们来到这个班就是一家人，同学之间要像兄弟姐妹一样互相帮助，要平等地对待每一个人，不允许取笑或者歧视自己的家人。"从一入班开始，同学们就都对这位同学特别照顾，帮他打水、打饭、整理宿舍内务，上课提醒小天听课。

当张老师和学生们一起不厌其烦地帮助小天时，其他老师都建议："他家离学校不远，他想走读你让他走读吧，要不太麻烦了。"张老师认为，家长把孩子送来住宿，就是想让孩子将来能够生活自理，为什么不给孩子一次锻炼的机会呢？小天从小学开始一直受别人的歧视，心理非常脆弱，有时候其他同学和他开句玩笑，他就认为是别人欺负他，每当这时，张老师就会一直陪在他身边，疏导他，给他解释，给他鼓劲儿。

为了培养学生们的生活自理能力，张老师坚持一日三餐陪着孩子们，关心孩子们的饭菜数量和种类，晚上要等孩子们入睡后再回家。其间，小天同学自然是她重点关注的对象。在张老师的陪伴和鼓励下，小天对自己有了新的认识，逐渐摒弃自卑心理，融入班集体。经过一年时间的努力，初一升初二时，小天在生活和学习各方面基本能自己料理，并且还喜欢主动帮老师和同学做他力所能及的事。家长感受到了孩子巨大的进步，对学校师生的感激之情无以言表，在一次开学的时候，送来了锦旗表达深深的谢意。

最值得骄傲的是小天的数学成绩，据了解他在小学时成绩一直是个位数，升入初中后，在老师和同学们的帮助下找到了学习的自信，无论是课间还是晚休前，同学们一直在给他讲题，帮他改错，功夫不负有心人，在初二升初三的期末考试中，小天的数学竟然考了59分。2020年中考，他的数学考了

69分，69分对于其他同学来说不算什么，但对于他，可以说是一个奇迹。现在，小天在长江中学的高中部学习，由一个别人眼中的智力障碍者成了一个高中生，顺利地接受高中教育，也避免了原本就贫困的家庭雪上加霜。

小天同学的进步，让我们坚信，任何一个孩子，只要倾注爱心，不抛弃、不放弃，陪孩子一起努力，培养他们坚定的信念，孩子们就一定会绽放出不一样的精彩。

三、第三篇章

我校共有13名建档立卡户学生，他们因为家庭困难，导致性格内向、自卑。为了让这部分孩子健康成长，顺利度过初中的学习生活，学校倾情关爱建档立卡户学生，领导带头积极走访贫困学生，鼓励他们增强信心，主动迎接困难和挑战，用知识和能力去改变自己的命运，帮助家人脱离贫困，用勤劳的双手创造幸福美好的生活。

2018级6班护迟乡某村的建档立卡学生小孟是单亲家庭，因母亲智障生活不能自理，和年迈多病的外祖父母一起生活。在学校教师的共同关注下，家庭的贫困并没有让小孟丧失希望，她更加勤奋好学、自立自强，学习成绩逐渐提高，在整个年级中名列前茅，家里的墙上贴满了她的奖状。懂事的她在假期里一边认真完成网课，一边帮家里做家务、照料母亲。她的理想是当一名医生，为更多的人解除疾苦。

11班学生深州镇某村建档立卡学生小王，升入初中后父母不幸相继病逝，目前和叔叔一家人生活。在老师的关心下，她逐渐走出阴霾，开始了坚强乐观、积极向上的生活，在学校里经常帮助同学和老师，学习也不断进步。生活的磨难并没有让孩子丧失对美的向往，她说她喜欢漂亮的衣服，长大后想去武汉学习服装设计，将来做一名出色的服装设计师。

贫有百样，困有千种，学校作为立德树人的大课堂，面对来自不同家庭的孩子，我们及时了解需要帮助的困难孩子，真诚地送去关爱，心系家国，甘为人梯，情真意切地守住教育的内在灵魂，点燃每个孩子健康成长的希望之灯。

不忘初心担使命　携手同心育栋梁

陕西省西安铁一中分校　张　莉

红旗飘飘，见证我们不变的初心；红旗飘飘，指引我们前进的方向；红旗飘飘，是澎湃的浪潮，是腾飞的号角。

传承红色基因，汇聚奋斗力量，不忘初心育人。当责任融于血液，当使命汇于精神，我们坚守教育当为人类文明之火抱薪的职责，乘风破浪，砥砺前行。91年砥砺奋进，91年弦歌不辍，西安市铁一中学坚定着一代又一代铁一教育者为国育英才的信念，传承着一代又一代铁一学子报效祖国的使命担当。

西安市铁一中学创建于1929年，为陕西省首批示范中学。2019年，被表彰为“全国教育系统先进集体”。2020年7月，学校被教育部确定为新课程新教材国家级示范校。学校以“责任、荣誉”为校训，坚持“素质与成绩兼优，全体与全面并重”，旨在培养具有“强烈的求知欲和进取精神，鲜明的个性特长，卓越的领袖才能和优秀的综合素质”的学生。2018年，在西安市教育局“名校＋”工程的引领下，西安市铁一中学勇担责任，示范引领，努力创新，积极推进落实“名校＋”“名师＋”“名校长＋”工程，不断探索尝试区域教育均衡发展新范式。西安市铁一中学通过理念引领、教研带动、教师交流、互动协同，帮扶西安市第十二中学、西安市阎良区六三〇中学、西安市大明宫中学、西安市四十五中学等“＋校”全面优化和提升；一脉相承，同频共振，西安铁一中分校、西安铁一中滨河学校、长安区湖滨学校、国际港务区铁一中陆港学校秉承西安市铁一中学的优质办学理念，让更多的学生可以在家门口上好学校，共享优质教育资源。

一、“名校＋”推进篇

(一)一所新学校，一份新责任

一份文件，一个决议，多次会议……

2020年的初夏，西安市铁一中学校长庆群在西安国际港务区“名校引进·合作办学”的签约仪式上落笔签下法人代表姓名的那一刻，她感受到了那份沉甸甸的责任——时代、政府、百姓对优质教育的托付。彼时，铁一中陆港学校所在地还是一片荒地，如何建校、如何开校、如何办好百姓家门口的“名校”，成为萦绕在她心头的问题，每天沟通、查看工程进度成为她的工作日常。站在泥泞的工地上，放眼望去，是逐渐成形的校园。恍惚间，她仿佛看到了绿茵茵的草地上孩子们奔跑时的笑脸，听到了现代化的教学楼里传来孩子们的琅琅书声。回到现实，她的眼神更加坚定，有政府的支持，有铁一办学的经验，有铁一人的干劲，荒芜只是暂时的，一切美好都会成为现实！

2020年9月1日，西安铁一中陆港学校依托政府的支持和铁一集团的全力付出，顺利实现“三一同开”(小学一年级、初中一年级、高中一年级)，这所新建校在一场盛大的开校暨开学典礼中投入使用。那天，全校师生、家长相聚于新建的奥体中心，孩子们在红毯上尽情绽放着自己的活力，演绎着各种精彩，座席上的家长，难掩喜悦与激动。当西安市铁一中学的校歌响彻场馆时，学生和家长的眼中充盈着泪水，那一刻，他们在尽情表达着身为铁一人的骄傲。正如家长们感言：“尽管陆港是新学校，但因为是铁一办的，相信孩子们会在这里茁壮成长，实现心之所向！”

西安铁一中陆港学校作为由港务区管委会政府投资兴建，委托铁一中全面管理的公办学校，小一、初一招生应收尽收，不少曾经外出择校的流失生源回流；新高一首次中考招生分数线达626分，一举迈入全市新建学校前列，成为国际港务区教育领域的一面旗帜。

(二)“云课堂”——打造智慧校园新高度

“作为教育人，我们渴望师名师之技，学名校之法，然而距离却成为最大的阻碍。自从有了‘云课堂’，距离被打破，跨区域、多频次交流成为可能。”西安铁一中航空城分校一名老师由衷地感慨。

自2018年12月29日西安市铁一中学和阎良六三〇中学签约“名校＋”教育联合体以来，西安市铁一中学扎实开展了多次名校名师送教活动，但是两校相隔65千米，如何高效地推进两校教研交流“零距离”成为一个难题。随着“名校＋”工程的进一步推进，2020年6月14日，西安市铁一中学教育联合体航空城分校揭牌成立。在西安市政府、西安市教育局的支持下，在铁一人的努力下，“云课堂”这种“互联网＋”的教育模式应运而生。这种模式打破了时空的限制，弥补了线下教学工作的局限，切实促进了跨区域教育均衡发展。

2020年10月12日下午，西安铁一中分校与西安铁一中航空城分校“云课堂”启动仪式隆重举行。当西安铁一中分校执行校长徐学芳将聘书递给首批为“云课堂”上课的12位教师时，他们精神振奋，激情满怀。在发言中，老师们表达着对“云课堂”这种教学模式的期盼；在“云课堂”实时传输视频中，两校的学生兴奋地喊着互相问好。如今，两校在教学、班主任沟通、学生互动方面，利用“云课堂”已基本实现了“零距离”交流。

“云课堂”让航空城分校的老师和学生更广泛地参与到铁一中的教育教学活动中，全面提升了送教效率，满足了更多老师和学生对优质高效课堂的学习需求。

(三)输送名师，助“＋校”提升硬核实力

学校发展，师资队伍始终是保证质量的核心要素。为确保教学质量，推进区域教育发展均衡，西安市铁一中学各校区选派一批精英骨干教师组成“名校＋共同体”支援“＋校”的教育教学工作，将铁一经验带到“＋校”，以素质拓展、名师讲座、科研探究等多种活动，促进教师团队练就“硬核”内功，为“名校＋”政策的落实做好充分的师资保障。自此，跨越两校上班，与兄弟学校教师同教研、共成长成为这些铁一老师的常态。

杨伟才老师从教30年，担任教务处主任11年，作为优秀的铁一人，他主动请缨，被聘为铁一中航空城分校副校长。就任那天，他调侃说，自己仿佛是嫁过来的“新姑娘”，娘家人叮嘱他要全心全意助力航空城分校的发展。他也不负重任，以身示范，从专业出发，经常和航空城分校的老师们一起探讨、研究试题的新理念、新热点、新形式。此外，他还多次带着航空城分校各个学科的老师，到西安铁一中分校参加各个学科的学科周活动、教研活动等，实践学习，积累经验，为帮扶“＋校”的提升尽心尽力。

与杨伟才老师相似，魏小群和杨柳两位老师前往西安市第十二中学帮扶支教。他们秉承铁一的教育理念，用扎实的业务能力和高尚的道德率先垂范，他们带领“＋校”的徒弟，在教学上求实求精，在自我历练的同时也带动了“＋校”老师的成长。目前，西安市第十二中学已组建了以铁一中教师何勰、魏小群为引领的英语、数学两个“名师＋”共同体，培养了两位区级种子教师，四位教学能手；各年级备课组以铁一中教师为备课组长，加强同课教师间的听课与交流，互相借鉴、共同提高；西安市第十二中学的教师在铁一老师的引领带动下积极参与了铁一中各级各类课题研究，完善了与铁一中的教学质量分析跟踪制度。截至目前，西安铁一中已选派10名教师前往西安市第十二中学交流，西安市第十二中学也派出5位教师每月到铁一中听课学习。在大家的共同努力下，西安市第十二中学2020届中考取得了优异的成绩。

二、支教教师的故事

(一)我来了，带来一粒种子

截至2021年初，我在“+校”西安市第十二中学支教的日子已经过半，短短一年半的时间，我有幸见证了这所学校的快速发展。2019年8月，我第一眼看到的十二中，灰墙红瓦，闹中取静，掩藏在曲折幽深、绿树成荫的老城深巷标新街里。2020年8月，第一届铁一联办班成绩的揭晓，改变了十二中的门前冷落。那年招生季，学校门前人头攒动、熙熙攘攘，这样的景象让我们感到欣喜与欣慰，在大家的不懈努力下，十二中已经获得了学生、家长的信任与认可。同时，我也在思索，作为支教教师，我们为“+校”带来了什么？

我来了，带来一粒种子

2019年9月的第一次教研组会上，面对教研组长崔老师布置的各项任务，初来乍到的我滔滔不绝地出谋划策，点燃了其他组员的发言热情。会后，我收到崔老师一个隆重的感谢短信，感谢我对她工作的支持与配合。我才意识到，多年来在铁一中养成的积极主动、热情担当的工作态度，对于“+校”来说，像火种一样珍贵。

第二次教研组会，组长宣读了碑林区一年一度教学能手大赛的通知。面对极其渺茫的获奖概率，40岁出头的我主动报名，并且最终以优异的成绩获得“2019年碑林区教学能手”的称号。我不由地感叹，机会背后是压力，但勇于挑战、不断攀登的铁一精神早已深深植入我的心里。

担任备课组长后，我学习培养新教师，并特别注意调动组内两位老教师的工作积极性，营造团结向上、积极进取的工作氛围。我们一起备课，一起制订学生阅读计划，一起制定寒暑假背诵打卡规则，一起讨论学生作文的编辑，等等。我们备课组承担了学校的文学社活动和碑林区师生诗词成语大赛等多项活动，并且取得了很好的成绩。

经过一年多的努力，学生语文学科的联考成绩优异。

我来了，让光照进你的心里

2020年初，疫情紧张时期的居家隔离让家长和孩子共处的时间增多，但家庭矛盾激化，焦虑情绪不断发酵。复课后，学生缺乏学习动力的现象比较普遍。

我自己也是一名高三学生的家长，多年的心理疗愈经验，让我在震惊之余很快镇静下来，努力去摸清孩子们一个个看似不可理喻的表现背后的真正需求。

家长会上，我送给家长三句话，第一句：孩子学习动力不足，归根结底是因为缺爱！第二句：我深信，所有不可爱的孩子或是孩子不可爱的时候，都恰恰是因为缺爱！第三句：孩子犯错误或者成绩退步，是对我们爱的呼唤，请珍惜这个走进孩子心灵的机会！他们原本就很好，只需要把光照进来。作为老师，我很荣幸来到这里，参与了这些孩子的成长。

我来了，结下一段战斗友谊

刚入校，学校聘任我担任两位新入校老师的师傅，分别辅导她们的班主任工作和语文教学，并且号召所有老师来听铁一中老师的课。看着两位精力充沛、熟悉现代教育的青年教师，一个工作经历丰富、眼界开阔，一个手脚麻利、思维敏捷，深感荣幸的同时我也压力倍增。

面对每节课追在后面的脚步，面对坐在教室后面听课的老师们，我问自己：我能给她们什么？我只有不断超越自己，才能当得起"师父"这个称号。

于是，我抓住点滴时间丰富自己，每天上学、放学的路上，耳机里播放着我订阅的各类教育教学内容以及其他的课程与培训。当我的徒弟拿着密密麻麻的听课记录感叹，当老师们说听我的课是一种春风化雨般的享受，当更多的老师来请教我教育教学问题以及育儿经验，甚至分享家长里短和人生感悟时，我收获了更多的自信和快乐。教学相长，乐在其中。

我鼓励我的徒弟勇挑重担，在主动迎接困难中快速成长。我鼓励她们参加各种比赛，一个学期，她们分别获得碑林区教学基本功大赛一等奖、碑林区诗词成语大赛二等奖等奖项，并且以优秀的教育效果及在班主任报告会上做精彩发言而受到广泛好评。

一次次危机的化解，一个个难题的攻克，课堂上的浸润，谈笑间的点拨，原本优秀的她们很快成为语文教学和班主任团队的中坚力量，而我们，已经结下了深厚的友谊。

两位年轻教师的快速成长只是十二中提升变化的一个缩影，但正是这样一个又一个教师的快速成长，支撑起十二中的快速崛起。支教老师把名校的精神火种带到了"十校"，让我们的优质教育资源可以惠及更多的学生、更多的家庭，也让我们为西安的教育事业尽献绵薄之力。

（西安铁一中分校　杨柳）

(二)共享优质资源　助力追梦少年

至今仍清晰地记得，2019 年 7 月 6 日，校领导找到我，跟我分析了西安教育区域发展不均衡的现状，以及学生、家长对优质教育资源的迫切需求。作为优质名校，西安市铁一中学勇担责任，派教师代表支援“＋校”的教育工作，我欣然接受。

2019 年 8 月 25 日，校领导带领我们一行 5 人来到西安市第十二中学进行了隆重的送教活动，并对我们提出了高标准和严要求：身为铁一中教师，一定要用扎实的业务能力和高尚的道德品质示范引领，用热情和爱心传播优质教育资源，点亮每个孩子的心灵。就这样，我们在十二中扎了根，转眼已近两年。

数学是立身之本

一个人最可贵的是有自己的思想，这对老师而言更为重要，因为没有思想的老师不可能教出具备创新意识和活跃思维的学生。我有幸被任命为十二中数学教研组长，带领整个教研组一起前进，就成了我义不容辞的责任。我把支教的铁一中数学老师和十二中数学教师联合起来，组建了数学工作室。我们定时开会、研讨、学习，准备中考资料，研究命题方向。

宇宙之大，粒子之微，火箭之速，地球之变，生物之谜，日用之繁，无一能离开数学。2019 年 10 月和 2020 年 12 月，我带领数学工作室全体成员先后两次举办了“数学学科周”活动，设计内容丰富，趣味性强，学生参与积极性高，受益匪浅，家长和教师一致好评。

学科周活动为学生提供了一个施展才华的舞台。在活动过程中，学生感受数学的奥妙，拓展了数学视野，让快乐和智慧走近学生，让学生逐渐形成爱数学、学数学、用数学的意识，从而提高学生数学学科素养。同时，也让教师进行了“微小中见精彩”“在平凡中追求不平凡”的反思，让老师们更深刻地体会到学科实践、合作共赢的成就。参观完我们的学科周活动，崔杰主任激动地说：“还是要在细节中打磨教育呀！”

从外打破是压力，从内打破是成长，努力提升自己，才能带动别人。我报名参加西安市碑林区教师基本功大赛，三笔字、教学设计均获得区级一等奖，同时获得总赛二等奖的好成绩；我报名加入了碑林区“名师＋”工作室，成为其中的一员；我还代表铁一中联合总校十二中分校进行了《数学的风采与魅力》的国旗下演讲。所有这些，在让十二中学生酷爱数学的同时，也让我一次次接受挑战，不断成长。

“群哥”带你云端玩数学

2020年春节的一场疫情，让大家困于斗室。开学季，和学生不能如期相约美丽的校园。停课不停学，隔屏不隔爱。记得在铁一中，遇到雾霾天气严重不能上课时，我们是通过录制微课来带领孩子们学习的。关键的时候，铁一总能给我灵感，我开始摸索所有的网络知识，通过QQ分享屏幕和大家搭建起无须奔走的网络课堂。但是最让我苦恼的是这里的Word文档很难实现手写功能，于是我尝试PPT切换数学软件——几何画板，但是深感浪费时间。于是我又开始搜寻，终于发现了腾讯课堂，之前所有的技术难题在这里几乎都迎刃而解。问题解决了，教学也能顺畅地开展了，由此感悟所写的美篇《跑起来才有风》，在碑林区获得了疫情线上美篇二等奖。

世界也许很小，心的领域却可以很大。铁一中的送教支教，为西安市的教育均衡发展敲开了一扇探索的大门。作为“名校＋”支教成员之一，我虽只是广袤世界的一粒沙，但我一定要在辽阔的心灵世界中播种耕耘，一定用最虔诚的态度在这神圣的岗位上把属于我的那片园地管理得天晴日朗，佳禾青青。杜威说：“教育即成长。”我坚信，只要用心做事，用爱浇灌，我和我的学生都会长成大家喜欢的模样！

（西安铁一中分校　魏小群）

(三)跨越65公里，推进教研“零距离”

世间一切但凡遇见，就有了故事。就像春遇见冬，有了岁月；天遇见地，有了永恒；我遇见了铁一中航空城分校，就结下一段教育情缘，开启一段推进“零距离”的两校教研。

2020年6月14日上午7:40，我与学校领导一同乘车前往阎良区，参加“西安市铁一中教育联合体航空城分校”的揭牌仪式。仪式盛大隆重，参会人激情满怀。仪式结束后，我作为新任命的铁一中航空城分校副校长与航空城分校领导交流，我调侃说：“感觉自己像是嫁过来的‘新姑娘’，婚礼结束，娘家人把我留在这儿，叮嘱我要全心全意助力航空城分校的发展。”

自此，一星期跨越两区在两校上班，成为常态；自此，每周跨越65公里，推进航空城分校教研“零距离”，成为我的使命。

为教师成长，插上教研翅膀

从教30年，担任教务处主任11年以来，我始终认为，教师有实力才有底气、有魅力。讲课和命题是教师的两大看家本领。给老师们发放的新学期大礼包，便是《天利38套》，这一举措对老师们是惊喜也是惊吓，但最后成果是惊艳的。前期也有老师不理解、吐槽、拖延，我就以身示范，从我的专业出发，陪着老师们一起探讨、研究试题的新理念、新热点、新形式。老师们逐渐发现，小小的一套试题有着大大的学问。教研的热情被激发了，教研的氛围就热烈了，老师们的成就感也强烈了，形成“仰之弥高，钻之弥坚”的教研理念。教研有时候是一瞬间的闪念，有时候是一辈子的执念。当教育者开始主动教研，就有了自我专业发展的内驱力。

后来，我推门听课，总是认认真真听课，诚心诚意评课，有时候真觉得自己是个“星探”，发现了许许多多老师们自己不曾发现的闪光点，也提出了许多建议。互相有了信任感，时常有年轻老师主动邀请我去听他们的课，或者拿着本子，主动找我评课，让我多说说问题。那时，我有一种从心灵深处满溢出来的愉悦和幸福。我还多次请西安铁一中分校骨干教师送教，老师们也是积极参与，主动提问解决困惑，参与课后研讨。

唤醒了老师们的教研意识，也就唤醒了教育的生命。教育者的生命，因教研而葱茏茂盛。

团队凝聚，点亮教研之光

航空城分校西校区以前一个年级仅4个教学班，有些学科老师面向3个年级“一战到底”，不少老师也习惯了“孤军奋战”的模式。如今，西校区新初一就有8个教学班，老师们干劲十足，我就进一步推动备课组、教研组开展集体教研活动。首先，我调查了老师们在教学中存在的困惑，了解老师们真正关心的教研问题，鼓励老师们保留自己新颖的点子，让大家迈开步子、甩开膀子一起干。在此基础上，协同教研组长、备课组长开会，确定本学期每周的团队教研议题，坚持说课，再发挥名校引领作用，委派西安铁一中分校的资深备课组长徐清俊老师来传帮带，分享介绍备课组教研活动的具体开展方法经验。

我还多次带着航空城分校的各个学科老师，到西安铁一中分校参加各个学科的学科周活动、各科的教研活动，实践学习，积累经验。集体教研，资料宝库丰富，老师们也越来越认真。对备课组每周一次的教研活动，老师们从不习惯到习惯，从探索到成熟，每个星期的说课成为大家最期待的环节。教研本就是各抒己见，以真理取胜，大家也是乐在其中。当知识、思想碰撞的火花幻化成信心，成就的繁花绽放在老师们的脸上时，我更加坚定了教研探索的意义。

教育想法能落地，教育实践能开花，教育者心有触动，身愿行动，这是我对教研意义的希冀，也是我个人生命在追寻着的一种价值。路遥说："即使最平凡的人，也得要为他那个世界的存在而战斗。"我慢慢相信，作为最平凡的教育者，我在教研路上的探索总能给自己、给他人添些光亮，即使不是一颗巨星，不是一把火炬，只是一支蜡烛，但遇见了，亮光也就刹那即永恒。

花开无语，芳华烁烁；春风化雨，润物无声。西安铁一中"名校＋"教育联合体在共同提升的过程中，努力实现"理念融通、信息互通、资源贯通"和"思想共鸣、经验共享、价值共建"的联合效应，全面适应新时代西安教育改革形势，以传承与奋进为航线，在变革中探寻着教育的真谛，努力推进优质教育资源共享，让更多的学生在家门口就能享受到优质的教育资源。

（西安铁一中分校　杨伟才）

用先进文化引领学校特色发展

——让每一个农村孩子都上得起学，上好学

湖北省武汉市新洲区阳逻思源实验学校 李玉红

武汉市新洲区阳逻思源实验学校创建于2011年9月，它是由新洲区政府兴办，香港言爱基金会资助，共投资6700万元，新建的一所农村全日制寄宿公办学校。学校占地面积83493.66平方米，建筑面积28117平方米，办学规模为56个教学班，可容3000个学位，是新洲区初中对外的窗口学校。

学校紧紧依靠党组织的政治核心作用，坚持党的教育方针，明确办学目标；紧紧依靠党支部的战斗堡垒作用，坚持新的发展理念，团结带领广大教职员工，大胆改革创新，锐意进取；紧紧依靠党员干部教师的先锋模范作用，坚持立德树人的根本任务，凝神聚力，创先争优。通过“三依靠三坚持”不断凸显党对教育的正确领导和党组织在学校的巨大作用。以党员为核心的学校管理、教育教学力量成为学校可持续发展的基石。学校通过先进的文化引领学校特色发展，取得了可喜的成绩。

一、坚持文化自信，为校园文化掌舵

学校党支部是学校的政治核心和组织保障。我们始终坚持党对教育事业的全面领导，积极组织广大教职员工，认真学习习近平总书记有关坚定文化自信的思想，从先进的文化中汲取有益元素凝练出衍爱文化教育特色，让爱在社会、家庭、教师、学生之间相互传递，让爱与爱渗透融合，让爱无处不在、无时不有，让爱启迪人生成长，让爱散发出人性最美光辉。衍爱教育文化由“源、诚、恒、慧、乐、实”六元素构成。“爱之源”是衍爱文化的来源，解释思源实验学校的名称由来、资金渠道与上善若水的精神来源。“爱之诚”将学校文化上升到意识形态的高度，要求师生爱祖国、爱家乡。“爱之恒”作为衍爱文化的具体表现，鼓励师生对理想、对事业的持久动力。“爱之慧”更多体现为教育机制，是衍爱文化传承与发扬的基本方法，学校确立依法治校、民主集中、自立自强、尊重差异、教艺革新、情系留守的基本方略，将衍爱延伸到各个方面。“爱之乐”是衍爱文化的结果，我们最终的追求仍是师生之

乐。“爱之实”为衍爱文化的成效，我们将以此作为前进的基石，永攀新高。

在六大文化元素的支撑下，学校确立了“让农村边远地区的贫困学生同样能享受优质的教育”的办学宗旨。“饮水思源，崇尚博爱”，学校为铭记邢李㷧先生善举，回馈政府社会之爱，彰显师生的仁爱之心，博爱之怀，将“让每一个农村孩子都上得起学，上好学”作为办学的最终追求。为了培养一群常怀感恩心、身体健康、人格健全的学生，将感恩、自强、慈善之心撒播学生心田，学校将传统文化、新洲历史文化、地域文化、教育文化以及香港言爱基金的博爱文化融为一体，创生“衍爱教育”特色，展现出独特的文化魅力和丰富的人文内涵。学校以“养博爱之心，育博学之才，树博达之人”为办学目标，提炼出“臻善、博爱、砺志、卓越”的校训，形成了“尚德、勤学、文明、向上”的良好校风。在“文化立校，依法治校，民主理校，科研兴校，特色强校”的办学方略引导下，正实现着“国际化视野，现代化水平，职业化风范，个性化发展”的美好愿景。

为了彰显衍爱教育特色，学校党支部通过政治学习、专家宣讲、主题班队会组织广大师生为办学特色的打造增光添彩。

(一)场馆景点蕴含衍爱情怀

学校在环境营造上大到教学楼，小到一草一木、一砖一石都独具匠心，与一以贯之的文化理念相符合。细节之间的有机统一将聚合成巨大的潜在力量，使置身其中者通过看得见、摸得着的实物，感受文化之中的精神力量。学校“立德树人”主题石雕和衍爱文化长廊的设计便是衍爱文化的印证。学校教学楼成马蹄形，底层部分局部架空，内外空间流动渗透并围合了一个开敞、开放的教学区，一侧墙壁宣传学校办学思想，一侧镌刻校史教育文章《思源赋》。行政楼与教学楼连成一体，拉近行政与师生、老师与学生的心理距离。运动区开阔敞亮，给予学生跃跃欲试的视觉冲击力，方便学生在各种活动场地自由驰骋。生活区格调清新，温馨小布局点缀其中，直接触发学生喜欢学习、热爱生活、珍爱人生的美好情怀。近年来，学校党支部牵头在师生中开展征集“建设校园金点子”活动，已建设“成器”陶罐陈列景点，“爱莲”荷花缸景点，“红船”景点，移栽了朴树，涂鸦了隔离墩……这些家园式的建设，美化了学校环境，发挥了潜在的育人功能。

(二)视觉文化讲述衍爱故事

学校精心设计，努力创设“时时受教育，处处受感染”的人文环境，充分利用文化长廊、橱窗、展板、美篇等传播衍爱文化，特别是活动校史馆的创建，激发了师生的文化自信，让衍爱文化浸润了学生心灵。一面面文化墙、活动展板，一处处走廊文化、教室文化、寝室文化、会议室文化、办公室文化景观，让老师们在潜移默化中热爱思源，钟情教育，勤于钻研，乐于奋进；让学生在耳濡目染中拓展知识，开阔眼界，启迪智慧，陶冶情操。近年来，学校党支部与武大委托管理团队共同谋划，对衍爱教育的内涵进行进一步的挖掘与解读，并通过教室文化、寝室文化设计评比等方式内化，力求在环境、制度、课程、精神文化建设、学生素养培养各方面不断传承与创新，积淀学校文化，化为全体师生的共同愿景和行为自觉。

(三)特殊关爱寄寓衍爱期待

学校合理利用职工书屋和图书室的资源，设置办公室及班级读书角，建设会议室外的格物读吧，通过创建书香校园，为师生创设良好的教书育人、快乐生活的环境。定时开放乡村青少年宫、留守儿童关爱站、校史馆，开展志愿者讲解，让寄宿的孩子们享受优质资源，愉悦身心，快乐成长。我校的留守儿童服务站于2013年成立，是新洲地区第一个留守儿童服务站，每天定时向学生开放，让孩子与父母进行可视电话交流，组织教师辅导学生课外兴趣活动，组织专家进行心理健康辅导，把党和政府对留守学生的关心落到实处，确保学校留守学生健康快乐成长。服务站建立有阳逻地区全部留守儿童档案，并不断与各校加强联系协调，组织留守儿童进站服务。湖北大学关爱留守儿童志愿者定期来校开展服务活动，市教育局来我校组织开展了向留守儿童赠书、过生日等系列关爱活动。

二、立足立德树人，为教育改革保驾

学校党支部坚持把“育人质量”作为工作重点，聚焦课堂，有效推进学科教学改革。在主题教育工作的指引下，党支部扎实开展了“党员亮身份，比贡献”“党员示范岗”，党员教师为新教师上示范课、结对帮扶青年教师等活动，为青年教师和新入职教师打下良好根基。支持鼓励青年教师特别是新分配教师积极参加各级组织的评优课、基本功大赛和网络学习平台活动，积极撰写教研论文等，不断锤炼自己，达到快速成长的目的。同时，积极推进特色教育课程化，学科化。双向开掘衍爱教育资源。

(一)衍爱文化渗透学科课程

一是充分挖掘课程资源。以备课组为单位收集整理教材中适于进行衍爱教育的知识点，纳入教学目标设计，安排专门的教学活动环节。二是以教学方法彰显衍爱文化。积极构建平等关爱每一名学生的生本课堂模式，让学生在课堂教学中感受到关爱，生发出热爱，让爱意在课堂传递、共鸣。近年来，学校以学生发展为本，深入贯彻“先学后教，以学定教”的教学理念，着力构建高效课堂教学模式，提倡多启发、多激趣、多直观、多实践，鼓励发问、讨论和自主合作探究。教学中强调面向全体，各年级“兵教兵”活动深入开展，小组教学模式全面推开，分层辅导成效显著。三是在教学评价环节注重爱的启迪。把情感、态度、价值观的形成作为教学评价的重要内容，引导学生以爱心培育为基础，形成关爱友善的态度、宽容向上的态度、健康文明的价值追求。学校践行《新洲区初中学校“八率”质量考核方案》，在考试中强化初中“八率”评价导向作用。在教学中分层实施目标，努力创新作业方式，不但全批全改，而且做到分层评价。

（二）衍爱文化丰盈教育细节

一是强化学校德育中的管理细节。由学校党支部主导已形成“三级四有”的德育模式，由“三级”（校级、年级、班级）牵头，在“四有”（月月有主题、周周有活动，级级有重点，天天有提高）上做文章，着眼于学生行为习惯的养成，规范管理，不断积淀人文底蕴，努力创建平安、文明、绿色、和谐的校园。二是强化教育工作中的关爱细节。班会课不以说教、训斥为主，倡导春风化雨的活动形式。教师与学生个别座谈，要求教师做到一张笑脸、一个让座、一杯热茶、一句关心的“四个一”。全校教职工要关注学生一个表情、发现学生一个困难、给予学生一分温存等“三个一”，不断在生活细节中拓展衍爱文化传承。三是强化对困难学生的特殊关爱，尤其对“四生”管理更是用心备至。针对自卑、消沉、散漫的“学困生”，“爱”在关注，用信心引路，分层施教，小组扶持，渐进提高；针对个性不良、法规淡漠的“德困生”，“爱”在关心，以情动人，言传身教，榜样感化，文化熏陶；针对窘迫、敏感、游散的“留守生”，用父母之爱，兄弟之情，送上家一般的温暖；针对一度弃学的“返校生”，“爱”在融合，用学校的办学理念，加强沟通，丰富生活，留住学生。学校对留守子女实行“一带一”代理监护人制度，对“外来花朵”实行“一对一”结对交友制度，对家庭困难学生开展“一助一”爱心支助行动，对犯了错误学生开展“一帮一”恳谈活动。四是集中展示校园动人的关爱细节。学校在各教室开辟“衍爱故事我来书”专栏，通过文字、图片等形式介绍校园内的细节故事，传递校园温情。

2020年的春节，一场空前的全民抗疫行动在全国展开。为抗击新冠病毒肺炎疫情，全国人民众志成城，共克时艰。关键时刻，党支部勇于担当，靠前指挥，表现出党组织的凝聚力和战斗力；危难之处，党员教师挺身而出，冲在最前列。学校坚决服从上级安排，以开展“停课不停教，延期不延学”的教学模式加入这场战斗中来。面对严峻形势，全体教师在全方位做好疫情防控工作的同时，采取多种形式开展线上教育教学工作，教学热情高涨，教学秩序良好，教学成效显著，涌现出一大批无私奉献、关爱学生的优秀教师。

(三)衍爱文化激活校本课程

一是研发校本课程，全面关爱每一名学生。学校每年根据学生兴趣调整校本课程开设，让学生通过自由选择、自主安排，充分释放个性，培养自信，锻炼才干，提升素质，形成人人有选择的权利、人人有参与的机会、人人有展示的舞台、人人有自信的感觉、人人有成功的喜悦的多彩课程文化。近年来，学校以“名师办学”为示范培养学生专业特长，努力提升周国安书法工作室、孙海兵音乐工作室、罗惠安创客工作室的培训功能。在体艺培训上，主要以“兴趣牵引”为动力拓展学生多元化空间，以“梯级培养”为模式促使学生持续化提升。二是成立活动社团，安排有专长的老师授课，并将每天下午第四节课固定为七、八年级活动时间，主动吸纳每一名学生。社团活动丰富学生课外生活，如竖笛、二胡、电子琴、书法、绘画、舞蹈、国学、体育等社团活动的开展，激发了学生的潜能，启迪了学生心智。2019 年 11 月，我校诚邀著名竖笛讲师郑惠文、著名音乐人闻道明莅临我校竖笛课堂，亲自授课，给我校蓬勃开展的社团活动提升了艺术品位。

三、注重示范引领，为学校发展护航

学校党支部在特色创建中，坚持以德育为首，教学为主，育人为魂，既当思想的引导者，又做活动的参与者，行为的监督者。求真务实地开展系列衍爱教育活动。

(一)德育活动系列

通过国旗下讲话，从深刻认识慈祥的父母之爱、和睦甜美的家庭之爱开始，宣讲同伴相互关心的友爱、师生平等互助的敬爱、社会大家庭大公无私的关爱。社会人士、家长代表、校长和师生代表先后走上讲台，用亲身经历的故事启迪学生懂得爱、珍惜爱、传播爱、拥有爱。围绕“知恩”“感恩”主题开展系列班会和团队活动，教育学生“心中有祖国，心中有集体，心中有他人”，常怀感恩之心，感激怀想那些有恩于自己的人；常怀感恩之心，给需要帮助的人伸出援助之手；常怀感恩之心，对他人多一分欣赏，少一分挑剔。引导学生学会感恩，学会热爱生活，从而感受到更多的衍爱。

(二)师生活动系列

我校师生活动内容丰富多彩，如教师节征文、读书节活动、庆国庆迎军运文艺会演、迎元旦文艺会演、师生书画影展、师生三笔字书写比赛、“三八”节活动、重阳节活动、教师篮球赛、班主任及备课组长论坛等，让师生在各类活泼生动的交流中释放心灵，感受作为思源人的归属感以及作为职业教师的幸福感。不断丰富学校微信公众号内容，完善了学校网站，创新学校宣传组工作，及时推送前沿动态，创新设计招生简章和毕业纪念册，展示学校师生风采，赢得了社会一致好评，极大地激发了学校师生的自信心、自豪感。

(三)志愿者服务活动系列

学校党支部在“两学一做”“学党史，知党恩，跟党走”学习教育活动中，深入实际，下沉社区，团委、政教处充分发挥志愿服务在创造衍爱生活中的积极功能，积极组织学生开展社区义务劳动、敬老助老等各类志愿服务活动，让学生在社会实践活动中接触社会，体验生活，拓宽视野，增强社会责任感和使命感，从而在“奉献、友爱、互助、进步”中感受衍爱。

一分耕耘，一分收获。在党支部的引领下，学校的办学特色显著，得到了社会的广泛认可，在建党100周年华诞之际，适逢学校创办10年之时。10年来，我们在党旗下克难攻坚，筚路蓝缕，砥砺前行，创造了一个又一个的奇迹，获得了一次又一次的殊荣。学校先后被评为全国环境教育先进学校、教育部规划课题“少教多学”先进实验学校、湖北省“课内比教学、课外访万家”先进学校、武汉市先进基层党组织、武汉市师德先进学校、武汉市贯彻教育两个规程合格学校、武汉市群众满意中小学、武汉市教育系统“双创双满意”活动先进集体、武汉市教育教学管理先进学校、武汉市素质教育特色示范校、武汉市义务教育现代化学校、武汉市四星级智慧校园、武汉市十佳书香校园、武汉市“工人先锋号”等，荣获30多项市级以上荣誉。《彰显思源办学特色，打造新洲教育品牌》《打造思源办学品牌》等四篇经验文章在省市主流媒体刊登，湖北教育频道《都市八面风》播出了学校专访节目，学校被《长江日报》、掌上武汉、微新洲网、新洲在线、阳逻在线等媒体正面报道多次，得到了社会、家长的充分肯定与赞扬。学校入选2013年和2015年武汉名校录。学校无一例违反师德规范的行为发生，无一例校园安全责任事故发生，民评民议满意率95%以上，被评为武汉市第二届群众满意中小学。阳逻思源实验学校一跃成为全区中小学的示范，也得到了全国思源学校的广泛认可和推崇。

不负新时代，奋进新征程。在实现两个一百年奋斗目标的历史交会点上，阳逻思源学校党支部始终牢记宗旨，肩负使命，在教育改革大潮中，团结带领师生以昂扬的斗志、务实的精神，奋力书写教育发展的新篇章！

让阳光照进每个人的心里

——薛吴村中心学校教育扶贫纪实

河北省南宫市薛吴村中心学校 郝华辉

一提到光明和温暖我们就不由自主地回想起小学课本中卖火柴的小女孩的形象，还有希望工程中“大眼睛”的形象，相同的是环境的艰苦和内心的渴望，不同的是两人的境遇，卖火柴的小女孩又冷又饿冻死在大年夜，“大眼睛”当选为省团委副书记。“大眼睛”的幸运在于赶上了中国希望工程。现在，“两不愁、三保障”的扶贫措施让更多的建档立卡的家庭重新燃起生活的希望，我有幸成为帮扶责任人，撒播爱的种子，把为人民服务的宗旨化为具体措施惠及每个需要的人员和家庭。

一、我们是南宫市教育局帮扶人

2019 年 5 月，我被郁洪欣校长通知成为南宫市教育局帮扶工作队一员，同时被赋予同样任务的还有吴村中心学校的裴红胜副校长，郝屯中心学校的范建华副校长，还有红庙中心学校的梁清勇副校长、李宁副校长。我们吴村乡教育一行 5 人加入南宫市教育局扶贫的队伍中来，我们 5 人分别被安排在 4 个村中，我有幸成为红庙村小组的一员。红庙小组中共同战斗的有魏福勇副局长、毛恩英副局长、张涛组长，教师进修学校的白庆海老师、刘英春老师，我们 6 人每个人承担 5 个共计 30 个贫困户的扶贫工作。

首先，我们进入两个工作群，一个是教育局帮扶工作队，由王月老师负责联系；另一个就是薛吴村乡帮扶制责任人工作群，由吴村乡李翠主任负责联系。我们穿梭于南宫市政府、南宫市教育局、薛吴村乡、薛吴村中心学校和红庙村。在吴村乡动员会上，陈桦书记给我们传达了上级扶贫工作的要求，分析了吴村乡扶贫工作情况，同时和我们参加工作的还有南宫市宣传部、南宫市司法局和南宫市自然资源和规划局。

我们通过培训和学习熟悉了扶贫的内容“两不愁、三保障”，以及就业扶贫政策。然后，我们在红庙村委会的帮助下，熟悉了各自承包的 5 户的情况。

我所承包的5户中只有一户禹振勇30多岁，父母去世后一直在山东潍坊打工。其他4户都是60岁以上，失去了劳动能力，而且还都有高血压等慢性病。

我所承包的农户中，张立成的一个孙子在红庙幼儿园就读，红庙幼儿园、红庙中心学校和南宫市教育局及时免除了每年的250元的保育费，并且帮其他4户及时代缴了医疗保险每人200元，60岁以下的农村养老保险每人100元。同时他们还享受了伟成毛毡和精强链杆的产业分红，失去劳动能力的用户也得到了土地承包的款项。一句话，我们政府的投入和宣传已经深入人心。我们在走访时，我们在建档时，贫困户都有一颗感恩的心。

我所承包的农户张建须老两口没有儿子，年龄问题和健康问题都制约了家庭收入的增长。张建须夫妇都有不同程度的高血压，而且妻子因糖尿病持有慢性病卡，每年的医药费用占据了大部分开支。我们医疗扶贫的项目让他们非常受益，而且能用好药，慢慢身体好了很多，药费少了许多。我们入户的时候，他们非常感恩我们的政府所做的工作，而且对我们的入户都感到歉意，但我们见到受益，心中就感到踏实。

张文建，60多岁，身体残疾，失去了老伴，还有一个80多岁的母亲。他还要收废品获得收入，他对低保证和残疾证因为重名现象造成延误感到不满，产生怨言。对我们来说几百元钱不是问题，可这却是他的经济来源，而且会有不公平情绪产生。我们及时与吴村乡民政部门沟通，稳定了他的情绪，解决了问题，把问题和隐患都消除在萌芽状态。

2020年是扶贫工作的攻坚年，每月的17日都是我们忙碌的日子，我们每次在红庙聚集整理档案，在贫困户中走访了解情况都感到一种责任。我们是桥梁，是纽带，在我们的沟通下贫困户逐渐脱贫然后全面小康是我们的目标。我们工作的顺利，一方面得益于建档立卡户的信赖，及时反应诉求，及时反馈信息，让我们的工作开展水到渠成；另一方面更得益于背后政府的支持，及时回馈，及时响应，给我们无穷的力量。

我们再困难也比贫困户要好得多，我们再麻烦也比乡村领导的事情要少得多。我们多一分努力，群众就少一点辛苦、多一点温暖。我们没有得到物质的东西，但精神方面感到满足，“赠人玫瑰手有余香”就是这个道理。经过全省上下的共同努力，我省现行标准下232.3万农村建档立卡贫困人口全部脱贫，7746个贫困村全部出列，62个贫困县全部摘帽，历史上首次消除绝对贫困和区域性整体贫困。这其中也有我们的工作，我们是微光，但星星之火可以燎原。

二、我们是薛吴村中心学校控辍负责人

扶贫工作是我们教育战线乃至全市今年工作的重点，教育扶贫是其中的一个重点。我们首先对薛吴村中心学校的教育数据进行摸排，核查6—15周岁适龄人口的底数，为就读人口(包括县域内和县域外)建档立卡。不让一个学生因为贫困而辍学，不让一个学生因厌学而辍学。

为了保证每个学生都能健康成长，我们学校开足开齐课程，尤其是保证了音乐、体育、美术和信息技术这些课程，让学生的核心素养形成具备了条件，我们还开设了兴趣小组保证了学生特长的发展。这些措施避免了学生尤其是学困生形成厌学心理。学校每周一次的国旗下的讲话和班会也经常把学习兴趣作为其中一个主要话题。我们的班主任和任课教师了解学生的思想动向并及时与家长沟通。

薛吴村中心学校留守儿童164名，大多数是跟着爷爷奶奶长大的。我们在与老年人沟通上有一定的困难，因此建立了微信群和钉钉群，这样我们不仅与爷爷奶奶面对面地沟通，还可以用网络把班主任老师和爸爸妈妈联系在一起。不少高年级学生产生了辍学打工的念头，我们的班主任及时发现苗头，及时做思想工作，结合学生家长、亲戚做好劝返工作并进行了翔实的记录。比如因择校而后悔的几名学生得到了班主任和任课教师的及时补课，我们的学生才开始步入正轨，重新点燃了学习的希望，家长看在眼里喜在心里，从而保证了辖区内学校没有一名辍学生的好成绩。

我们的学生资助政策保障了薛吴村辖区和在薛吴村中心学校就读的儿童和少年。资助标准每年每生小学500元，初中600元，寄宿生生活费补助每学期每生小学500元，初中625元，非寄宿生生活费补助每学期每生小学250元，初中312.5元。这些措施的实施让薛吴村辖区12名学生享受到了补助，薛吴村中心学校就读的16名学生也感受到了温暖。小学1—6年级195名学生同时享受到了每人每天2.5元的营养餐，得到了学生的欢迎和家长的称赞。

残疾学生生活不便，不论是自己还是家庭都容易产生阴影。我们辖区内共有8名残疾学生，1名在南宫市特教就读，1名在正定县文华特教就读，还有3名学生随班就读，3名学生需要送教上门。不论是随班就读还是送教上门都给班主任和任课教师增加了压力，因为在班级中残疾学生学习不能和教师正常交流，游戏不能和同学正常戏耍。需要送教上门的3名学生分别持有不同类型、不同等级的残疾证，不要说交流，就是接触也非常困难。学校的栗风爽主任、马立平老师、刘卫华老师、赵洁老师等从9月1日开始送教上门，

每月两次，每次课时不少于30分钟。我们也经历了一段坎坷，首先我们按学生年龄准备了相应的教案，发现不适合，因为学生虽然年龄增长了，但智力还停留在幼儿园的阶段。然后我们调整了送教上门的经验，采用有针对性的课程和有针对性的方法，果然效果好了不少。但是我们毕竟是普通学校，没有专业的设备和专业的知识，因此我们一方面传授知识，另一方面沟通特教学校。同时，我们找村委会和中心学校开具了无学习能力的证明。

薛吴村中心学校辖区6—16周岁儿童少年1375人，其中就读1374人，郭某因残疾不适合就读；本县市就读958人，县域外416人；建档立卡11人，市外省内的1人，县外本市就读的3人；残疾学生8人，其中送教上门的3人。我们制作了县级台账、乡级台账、村级台账和校级台账。这些数据得益于我们全体包村教师，获取在外就读学生信息时有不配合的，有不理解的，但这阻挡不了我们家访的脚步；得益于马文英、石春霞老师为寻找鞠某和郭某的就读信息，一趟趟走访，电话、微信手段用尽；得益于郝华辉、栗风爽、范荣升一个下午就开了邢台市三个学生在外就读证明；得益于马立平、刘良华、田奎雨等老师对雷某等4名学生苦口婆心地劝返；还得益于马立平、栗风爽、郑荣钧、刘卫华、李青青、崔亚男、赵洁等老师对彭某、薛某等3名残疾儿童的送教上门。

在工作之余，闲暇时间，也会考虑工作是为了什么，我也困惑过，我也焦虑过。我们是教师，教书就行了，怎么就多出那么多的事情。但是最近通过党史学习找到了答案——为了共同的信仰，不忘初心，牢记使命。相似的话题如《礼记》中的“大道之行也，天下为公，选贤与能，讲信修睦。故人不独亲其亲，不独子其子，使老有所终，壮有所用，幼有所长，矜、寡、孤、独、废疾者皆有所养，男有分，女有归。货恶其弃于地也，不必藏于己；力恶其不出于身也，不必为己。是故谋闭而不兴，盗窃乱贼而不作，故外户而不闭，是谓大同”。尤其是“矜、寡、孤、独、废疾者”这些社会弱势群体皆有所养，和我们的扶贫工作有异曲同工之妙。阳光布德泽，万物生光辉，是人类命运的共同体，是自然命运的共同体，也是我们奋斗终生的追求目标。

第二部分

个人——追逐梦想

把学问做在大地上

——海南省农垦中学牛业勋校长的扶贫故事

海南省农垦中学　程洪远

牛业勋，海南省农垦中学校长，海南省第一批正高级教师，教书、做课题、管学校，在海南的中学教育圈子已是大名鼎鼎。他做过海口市教育研究培训院院长，先后任三所重点中学校长。做校长期间，五年创办两所省一级甲等学校。2016年8月，学校接受了精准脱贫攻坚任务，他便开启了扶贫新课题的研究。这项课题没有先例可循、没有文献可查，但其重要性却关乎民族振兴。四年来，牛校长带领学校各级干部和有特长的老师，轮流在文昌市两镇三村、保亭县六弓乡奋发村三户精准扶贫对象，离海口较近的东山中学、美亭中学等贫困乡村和薄弱学校奔走。一个做教育的行家里手，硬是把脱贫攻坚这门学问，写实在田间地头、村口闾巷，字字珠玑……

一

林鸟争鸣，抑扬高下。

即便是3200名学生在校园里喧闹，牛校长也能分辨出枝头蹿跳翻飞小鸟的鸣叫，四季如此。巡校，是他的一日常规，也是他发现问题、思考办法的方式。他说，这叫闹中取静。

这天，他巡校的时候，反复回味着习近平总书记在全国脱贫攻坚总结大会上概括的“脱贫攻坚精神”。突然，省教育厅来电，大意是准备让脱贫攻坚驻村干部换防，也就是两年前学校派驻到文昌市文城镇横山村的驻村第一书记符艺华，锦山镇罗民村和花园村的振兴队员王庆海、邢飞要撤回来休整，重新再派三名队员顶上……

学校不缺人，可缺合适的人。

当初选派三名振兴队员的时候，牛校长费尽了心思。跟队员谈话，跟家属沟通，既要他们做好吃苦准备，又要解决他们的后顾之忧。他承诺，学校会尽全力支持扶贫攻坚工作，只要有利于工作推进，学校所有资源都可利用……

牛校长还想着派人的事，突然保安队长打来电话："校长，门口有几个人找您，说是文昌什么村的，是否放行?"

"问一下为啥事?"牛校长回问。

文昌到学校有百里路，村民小孩上学的事不会找他。但就在一周前，锦山镇有电话投诉学校派驻罗民村的振兴队员王庆海同志打卡不准时，还有缺勤情况时，言语之间很愤怒，希望学校管管。牛校长想，难道告状的找上门来了?

"他们不说，说见到您才说。"保安队长道。

"领他们到接待室!"

几声好鸟斜阳外，一簇春风小院中。高大的樟树早已换了一身嫩绿，榕树的小黑籽掉得满地都是，三角梅还跟她去年盛开时一模一样，最不像花的满天星也热闹地凑近这个春天。走在校园里，牛校长的每一个脚步都非常自信……

接待室里坐着四个人，单看服装与肤色就知道是跟土地打交道的人。牛校长跟他们一一握手。彼此介绍后才知道，他们都来自横山村，跟王庆海同志的驻村距离较远，分别是村支书、村主任、村民代表和驻村振兴队员。

村主任首先把一张折成小方块的纸展开送到牛校长手中。

"请愿书!"牛校长心里一惊，纸张三分之一的地方是村民签名并按下的红手印。他想起当年小岗村 18 个村民 21 个手印的故事，神情突然庄重起来……

这是一封挽留符艺华同志继续留任横山村的请愿书。

看着 22 位村民质朴的语言、工整的签名和鲜红的手印，牛校长被深深地感动了，不禁热泪盈眶……

他知道，2019 年 2 月，学校送符艺华同志前往横山村的时候，他很不放心。一是生活的艰苦，二是工作的推进，女同志都不占优势。为了支持乡村振兴工作，牛校长把当年的党员活动日放在横山村去开展，主题确定为"教育共建，文化共享，助力乡村振兴"。党员同志们自发向横山村委会捐书 600 余册，为横山村小学开展了一堂心理辅导课，还把学校急救安全屋搬过去开展了急救技能培训，最后还采取"以购代捐"的形式帮助村民销售蜂蜜、土鸡、鸡蛋等农产品。

所有这些，村民们铭记在心。他们这次来，就是带着横山村 22 户村民的愿望来的。他们说，符书记为他们解决了几任领导都没能解决的土地规划问题。在 2020 年疫情期间，又募集善款，收购农户木瓜 18 吨、其他各类瓜菜

122 吨，捐赠武汉同济医院和洪湖第四人民医院。符艺华同志被评为 2019 年度“优秀第一书记”和“优秀乡村振兴队队长”，所在振兴队被评为“优秀乡村振兴工作队”，并获得“感动文昌十大人物”称号。

看完请愿书，听完来意，牛校长沉浸在感动之中。

见牛校长没表态，村支书一行四人，以集体起立鞠躬的方式进一步请求：我们今天是背着符书记来向您请愿，请校长一定要让符书记留下来！

牛校长也正愁找不到合适的接替人员呢，老队员留下来，轻车熟路，更重要的是百姓认可，好开展工作。但他知道，符艺华一直是带病工作啊！她是在周末做完微创手术的第二天返回岗位的，本来几天就可愈合的伤口却一直不好。还有，她的父亲年前刚刚去世，母亲还需要照顾……

乡村振兴不言苦。学校派驻罗民村的振兴队员王庆海同志，有一天确实没有准时打卡，因为他在返岗途中，腹痛难忍，脚踩刹车的力气都没有了，晕倒了。后来他缺勤了，因为他躺在医院的病床上，做完直肠癌手术，等待化疗。教育厅领导登门看望，保险公司现场赔付，牛校长唏嘘不已。

派出去的三名振兴队员，只有邢飞的情况乐观一些。邢飞担任锦山镇党委副书记，驻在花园村。牛校长去慰问他的时候，他坎肩斗笠，短衣凉鞋，往人群中一站，咿里哇啦海南话一讲，简直一个活脱脱的农民，根本就看不出他是省城来的老师。他住在村办公室，自带了蚊帐，专门买了摩托车和自行车，方便走村串户。但像他这个快退休的年龄，加之天生哮喘，海南这大热的天，也够难为他了……

一边是使命，一边是困难，伟大的事业在艰难中成就。

“我努力做艺华同志的工作吧！”牛校长表态道。

送走横山村村民代表，牛校长几次翻出符艺华同志的电话，欲拨又停。他自言自语道，缓缓吧……

二

牛校长三进奋发村，是 2016 年的事情。

3 月 15 日那天，他到海南省农垦中学走马上任，当副书记、校长。8 月，从省教育厅领受到精准脱贫任务：帮扶保亭县六弓乡奋发村胡亚友、胡亚庆和胡进友三户黎族村民两年脱贫。

扶贫是门学问，但这是牛校长从来没有研究过的领域。看完资料，光这三个人名跟其家庭情况就让人迷糊。既然是学问，那就得拿出学术人的本领，做得实在点。

为记住这三个人，牛校长做了简单梳理：胡姓三家人，贫困各有因。两个“亚”字辈，末字笔画少的是小胡，小胡老婆跑了，据说是实在过不下去，哥哥因病去世，两个孩子托孤于他，一人带三个懵懂小孩，困在家里，眼睁睁地受穷；末字笔画多的是大胡，大胡有思想，没资金，夫妻勤快，但山坡挖不出黄金，入不敷出；剩下一个是老胡，老胡和长子患有慢性病，常年吃药，另两个儿子也已成年，但没有手艺，闲在家里，无事可做。

掌握了一手资料，牛校长决定入村调研。

六弓乡是一个少数民族(黎族)山区乡，也是海南全省45个贫困乡镇之一。这里冬春少雨，是保亭县较为干旱的地区。

一进奋发村，正是海南最热的时候。

牛校长带着相关人员，从海口驱车260余里，一路山道弯弯，坡坡坎坎。他饶有兴致地吟出一联：野云轻佻频婀娜，山道矜持故蜿蜒。路到村头变窄，只能步行进村。可下车没走几步，热浪扑面而来，所有人员大汗淋漓。偏巧，因为走得急，车上没有备水，村里也找不到小卖部。一行人浴着暑气，咽着口水，找到了小胡——胡亚友的家。

小胡站在路边，牛校长也站在路边，一棵叫不出名字的树给他们遮着太阳。小胡30岁左右，一脸憔悴和麻木，全然没有“请坐、看茶、敬烟”的意思。膝下三个孩子围着他们，像看外星人。大胡不到50岁，女儿出嫁了，儿子上初一。老胡近60岁，三儿子躺在木板上，见到牛校长反而蒙头大睡，自始至终没答一句话。好在牛校长有“套路”：提前给小孩们买了牛奶、饼干、糖果和玩具，给三户扶贫对象分别买了花生油和东北米，一一送上之后才打开了见面僵局，才有了亲切的味道……

扶贫，不是来让人感恩戴德的，牛校长安慰自己。他还了解到，小胡自己也有两个小孩，一儿一女，男孩被老婆带走了，已离开8个月。深受黎族传统思想影响的小胡已然心灰意冷，冷漠从不意外。谁能让一个家庭破碎的人激情燃烧呢？

在村里转了一圈，牛校长们发现胡姓三家都住在山坡上，林地多，耕地少，人口多，劳力壮。小胡家房屋矮小、灰暗，确实没个坐的地方。大胡和老胡家稍好，可以勉强给每人凑一张塑料凳，尽管有些破。看到邻家的五脚猪、鸡仔、鹅群，牛校长竟忘记了口渴，挨家挨户做起了动员，长篇大论，展望未来，鼓舞信心……

牛校长有一个重要的发现，老百姓缺的是资金和技术，他的朋友搞热带农业开发，缺的正是地和人。如果把他们联合起来，各取所需，岂不两全其美？他此时甚至朴素地认为，扶贫就是资源的重组，利益的再分配。

“有你老婆电话吗，发给我!”临走时牛校长问小胡。

小胡匆忙去摸手机。

牛校长心里有了底，坚定承诺：一定帮大家脱贫。

返程的车已经启动，小胡骑着摩托车送来几瓶冰冻矿泉水，说是刚到乡上去买的……

二进奋发村，是在2017年春天。

牛校长按照老“套路”给三户人家买了见面礼。这次他是来看扶贫变化的，特意邀请了海南景鹏热带农业开发公司的钟总。上次调研之后，他跟钟总达成了协议，以产业扶贫或就业扶贫方式，帮助三户人家脱贫。其中包括种养技术培训、林地开发，包销所有种养产品；根据个人意愿，接收三家人员务工，工资按天结算。此外，学校给小胡、大胡各买了7只羊，另给小胡挖了一个鱼塘，放了鱼苗，给大胡买了10只香猪苗，把老胡家的三个儿子安排到景鹏公司务工。半年过去了，三家脱贫了没有，牛校长想亲眼看看。

第一个见到的是小胡。小胡满面红光，老婆小鸟依人般站在旁边。四个孩子上学去了，夫妻俩刚从鱼塘回来，把幸福和喜悦写在了脸上。上次给牛校长遮太阳的那棵树下，排了一排崭新的塑料凳，凳子上放着一盘切片的西瓜……

为小胡的家庭，牛校长确实做了不少“扶贫”之外的事。先是给小胡送来四张课桌椅，每个孩子一张，算是做作业的地方。然后送来一台电视并把房子粉刷一新。上次回去，他把联系小胡老婆的事交给了一位副校长，要求必须成功。副校长知道小胡夫妻关系很好，主要是男家穷，女家阻拦，随即凭借其三寸不烂之舌，做通了思想工作，保证了交通费用。随后，小胡的岳父一行五人，第一次坐飞机从贵州来到奋发村，住了5天。这时，小胡的羊生了仔，鱼出了塘，打工挣了钱，日子比较宽裕了，有了兴旺的景象……

大胡的香猪出栏了10头，赚了一笔，此时正在装修一间新房，他说按酒店标准，享受享受；还搭了一个长铁棚，如长廊一般，连接厨房、卧室和猪圈，专供行走。圈里还有10多头猪，即将出栏，希望学校买点。牛校长说，只要价格公道，学校随时包销。

就在牛校长访问大胡的间隙，小胡夫妻俩哼哧哼哧抬着一大串香蕉，送了过来……

老胡家的变化主要在三个儿子身上。老大受培训后，到临高做了涂料工；老二紧跟景鹏公司，专做槟榔生意，每斤可卖到26元；老三在家种植秋葵。景鹏公司认购了胡姓三家的瓜果蔬菜和猪羊肉，他们的生活又多了一重保障。在回程路上，牛校长给钟总竖起了大拇指。他说，您帮了学校也帮了村民，我代表学校和村民感谢您。钟总回诺："三赢！"

三进奋发村，是扶贫工作圆满完成之后的事了。牛校长一个人去的。他看到小胡也干起了收购瓜果蔬菜的生意，走村串户，还打算买一辆皮卡车，把菜卖到县城去。大胡不养香猪了，小孩上了农校，专种豆角卖，产量高，市场行情非常好。老胡的槟榔大丰收，2020 年收入 6 万多元。牛校长暗暗为他们高兴，也为自己的扶贫工作松了一口气。

这次他没有买任何见面礼，回来的时候，反倒被村民"套路"了：车的后备厢塞满了水果、蔬菜……

三

牛校长一直在重点中学任职，可他喜欢跟薄弱学校打交道。个中原委，他要不说，恐怕没人知道。

1994 年，牛校长从内蒙古应聘来到海南。没过几个月，他就得了一场病，打针无效，吃药不好，面黄肌瘦。这时，他的一个海南同事，把他接到陵水老家，接受土方治疗。他在同事家里住了近两个月，每天没事的时候，他就到村头学校转悠。度过那段"卧病天涯"最孤独的日子，他对海南人和海南教育产生了一种特别深沉的爱：努力为海南教育做点事，发动更多的人来做事。这是牛校长大病初愈的理想，也是一个海南校长的初衷。无须说出，自在心头。

教育是慢活、细活，平淡无奇，波澜不惊。

澄迈福山中学是牛校长确定的最近的支教点。他嘱咐支教人员，采取一人负责一个学科的方式，帮助福中提升学科教学水平，支教无成效者，学校不给签字。这份口头军令状，激励了教师，也鼓舞了学生。半年过后，福中的中考成绩各项指标全县第一。澄迈县教育局要推广福中经验，决定在福中召开教研现场会，支教老师应邀上了示范课。有领导当场表态，牛校长派老师支教，澄迈的所有学校任您选。福中校长说，你们带来的不仅是规范、严谨的学术态度，更是把农垦人坚忍不拔的"拓荒牛"精神也带来了！

学校与海口东山中学建设同步课堂，也是牛校长的大手笔。学生除可以同步听课外，还能视频回放，各取所需。

选择美亭中学作为另一个支教点，一是因为这里的校长主动邀请，二是因为这里还是红色教育基地。美亭战役纪念碑就在学校附近，美亭战役是解放海南岛的关键之战。2019 年，牛校长率 100 余名党员，来此凭吊先烈。美亭中学的校长全程讲解了美亭战役。牛校长利用学校的人才及资源优势，给美亭中学捐赠了投影仪，维修了教学设备。2020 年秋，美亭中学 50 名师生到省农垦中学“教学开放周”听课，到食堂免费就餐，孩子们羡慕不已……

海南太需要好的教育了。白沙县中心小学每年送 4 名孩子到农垦中学来读书，美亭中学也想送几名孩子过来。牛校长在学校组织了一支艺术表演队，常常到乡下学校去表演节目，开展活动。舞蹈队的高雅气质、过硬的基本功，书画队的现场书画，让乡下孩子们惊羡不已！牛校长说，我们帮不了更多，但我们可以不让乡里孩子失去希望。

又到中考、高考临近的日子，该是牛校长给三所学校准备资料、安排对口交流的时候了……

清澈的爱，只为教育。

把每一滴汗水都埋进于田的教育热土

天津市西青区教师发展中心 徐延志

秋已深沉，下乡调研走进了于田县科克亚中学，这里没有鳞次栉比的大厦高楼，这里却有亲切质朴的孩子笑脸。有感于此，作打油诗一首，以记感怀：秋在于田已十分，最喜不惑返童真。不教好时空空过，细看枯叶颜色深。

——题记

转眼之间，返津已经一年多了。于田的风、于田的土、于田的人、于田的情、于田的事总会在夜深人静时涌上心头，总是如此的守时。那些被风沙打磨的回忆就像是泡在烈酒中的杏子，与美酒的醇厚已经深深融为了一体，浓郁且悠长。

2018 年注定是一个不平凡的年头，中国改革开放已经走过了 40 个年头，取得了举世瞩目的伟大成就。在这个特殊的年份我加入了教育部“万名援疆”的队伍，飞越万里，从渤海之滨的天津来到了塔克拉玛干沙漠边缘的美丽县城——于田县。到达于田，随即进入工作状态，不敢有丝毫的懈怠。入疆首日，被任命为于田县教育局教研室主任，开启了一次全新的征程：这是一次全新的挑战，更是一分沉甸甸的责任。

入疆前，我做天津市西青区教研室中学语文教研员、中教处副主任的工作，做教科研工作近 10 年，对教科研工作的规律及路径非常熟悉。构建知趣、智趣、情趣、理趣四趣融通的“简美”语文课堂是我的教学主张，同时在“区域微教研”的设计、实施及评价等方面具有扎实的积累和深刻的思考。结合自己的教育教学实践，跟于田县教育局成英林主任细致沟通后，为于田县教研室设计了“于田县教科研工作提质增效十步联动总体构想”：第一步，充实壮大教研室专兼职教研员队伍，逐步完善教科研工作体系；第二步，建设并依托教科研实践(验)基地，以点带面，辐射全县，全面推动学校教科研工作的开展；第三步，引入外域先进的教科研力量，进行浸润态、组团式帮扶活动，做到借力打力；第四步，统筹开展精品学科教研活动，示范引领全县的学科教科研工作扎实开展；第五步，研制课堂观察评价工具，促进全县常态课堂及复习课堂的质量提升；第六步，逐步开展“微课题”研究，引领全县教师走教科研一体化的专业发展之路；第七步，用好用活于田县智慧云教育平台，开展专题性“智慧教研”系列活动；第八步，逐步推进区域“微群落”集体备课以及生态组队教研的新型教研模式的构建，促进当地教师的备课、讲课及评价的品质提升；第九步，推动于田县与周边县市及乌鲁木齐市沙依巴格区的“教研联合体”的建设，引入疆内优质的教科研资源；第十步，坚持立德树人的育人导向，以课程思政为突破口，让学科教学与思政学习自然融合，浑然一体。这十个步骤环环相扣，协同一致，收到了很好的引领示范的推动作用。在教研室全体同志共同努力下，于田县的教科研面貌焕然一新。

于田县地处塔克拉玛干沙漠的边缘，教育教学的整体水平有待提高，教师专业水平提升乏力一直是困扰于田县教育的重大课题。破解这个难题的关键是开展高质量的师资培训，开展高品质的教科研实践项目。建立专兼职结合的教研员队伍变成了当务之急。因此，我把工作的第一步定位于充实壮大教研室专兼职教研员队伍，逐步完善教科研工作体系。开学初，在县一中、县 CEC 希望学校以及县二小三所龙头校遴选并聘任了 29 名师德高尚、业务精良的教师任于田县教研室兼职教研员，极大地缓解了教研室专职教研员严重短缺的困境。遴选过程中，高度关注天津援疆团队学科名师和当地优秀民族教师的比例，做好“津于”两地教师的协同融合。同时，为了充分发挥天津援疆教师的专业优势，做好传帮带，在兼职教研员队伍中，实施了师徒结对的“青蓝工程”，切实提升了当地教师的自身“强髓造血”能力。开展的几次大型活动中，兼职教研员团队勇挑重担，起到了重要引领及支撑作用，例如在和田地区“津和杯”教师技能大赛中，兼职教研员被聘为评委，完满地完成了评审工作。兼职教研员现场评课议课专业且透彻。这种专业而接地气的评课议课活动对于田县的青年教师的专业成长是极其珍贵的馈赠。

建设并依托教科研实践(验)基地，推进区域教科研联合体的建设。开学伊始，教研室评定了县一中、县二小以及县 CEC 希望学校三所学校为于田县教科研实践(验)基地，充分发挥了教科研领头羊的作用，为其他教科研工作薄弱校提供了学习借鉴的样本。基地校建立以来，承担了大量的教科研实践项目和活动，效果良好。教科研基地成了全县教科研工作的热区和高地，成了区域教科研的助推器和孵化器。

引入县域以外先进的教科研力量，进行渗润态、组团式帮扶活动。渗润态强调送教活动的优雅自然、质朴有效的设计理念；组团式强调送教活动的视角立体、主体多元的人员结构。援疆期间设计并实施了两次“天津市西青区教育局组团式送教入疆”活动。西青区教育局高度重视这项活动，前后共派出了28位专职教研员、校长及名师，跨越了万里的距离，开展了细致的送教入疆活动，深刻改变课堂教学面貌，有力地提升了于田县中小学教育教学品质。无论是规模，还是规格，西青区教育局的组团式援疆在天津市“教育援疆”主题活动的历史上都刻下了鲜明的“西青印记”。

对外引入高质量的智力支持，对内苦练内功，开展精品学科教研活动，以主题式教科研活动推动全县教科研工作的扎实开展。例如“初三毕业班复习课研讨活动”系列开展了语文、数学、物理、化学、地理以及道德与法治几个学科的研讨活动，设计精细，实施扎实，收效明确，指引整个县域毕业班教师的复习工作的正确方向。又如“研制课堂观察评价工具”的主题教研活动，促进了全县常态课堂及复习课堂的质量提升。教学评价的生态化实施是教育教学质量提升的关键一环，决定了课程改革的成败。抓住了“评价”就是抓住了课程改革的牛鼻子。基于于田县的学情特征，研制《于田县中小学复习课课堂评价清单》，这成了教育局教研室督查引领全县复习课课堂效益增值的重要抓手，让全县教师在复习工作中方向明确，有的放矢，成效明显；也摒除传统的复习课少慢差费的顽疾，提供了评价工具的有力支持。

开展“微课题”研究，实现常态教研与科研的深度融合。现实中，教师的课堂教学与课题研究成“油水分离”的状态，教师的“做”(课堂教学)与“思”(理性思考)被生生地割裂开来，这种问题在教育欠发达的于田县更加突出。为此，引导当地老师开展微课题的研究，成为我们有效提升教师教科研水平的重要选择。做好微课题研究，首先从构建“微循环圈”教研模型开始。区域教研微循环系统主要由五个部分组成，五个部分分别是微原课、微问题、微诊断、微课题以及微成课。五个部分各自独立又相互联系；五个部分按照一定的次序依次展开，首尾相顾便形成一个精细而富有弹性的教研微循环圈。微课与微课题是这个循环圈中两个核心支点，是教学与科研的重点研究对象，微问题是二者之间的纽带。微原课，即微型原生态课堂教学。微成课，成课之“成”与原课之“原”相对应，强调经过微循环圈校正修复之后，微课有了新的面貌、新的变化和新的增值，并且不回避产生新的问题，相反，新问题又会成为另一次微循环的起点。将微课与微课题融合到一个简明而精细的区域教研微循环圈中，产生了联动效应，从而将课题研究始终建立在真实的实时的教学情境中，逐步走向常态化、规范化，实现区域教科研的一体化。

用好用活于田县“智慧云”教育平台，开展丰富多彩的专题性“智慧云”教研活动，通过于田县视频直播系统实现了全县的云直播。我们的智慧教研聚焦一个“融”字，开发了“融”系列课程：融德课堂，聚焦学生健康的思想品德的养成教育，学科德育的渗透是其主要的着力点；融慧课堂，聚焦学生核心素养的落地生根，学生关键能力的培养是其主要的着力点；融美课堂，聚焦学生美育素养的培养，综合性实践能力的培养是其主要的着力点。其中“融德课堂”的构建为于田县的智慧教研开启了先河，智慧云课堂系列讲座之《如何上好思政课》，由天津市援疆教师许云钢老师讲授，好评如潮，这节课在2019年具有很强的前瞻性和引领性。基于于田县智慧云平台的“融”课堂的有序构建，为于田县信息技术与课堂教学的深度融合描绘了一幅多彩的动人画卷。

逐步推进“区域集体备课、生态组队教研”的新型教研群落的生态化构建，让于田县教师的备课、讲课及课程评价不再是单兵作战，而变成了组队攻坚，群落实施。集体备课是以团队攻坚为主要形式，以优化教学设计、突破教学实际问题为核心目标，是一种有计划、有分工、讲程序、重落实的教师间协同实施的教学研究活动。整体设计，深度优化，合作探究，二次反思，个性应用是其内在的逻辑线索。抱团取暖是集体备课的初始诉求。例如，于田县“微群落”集体备课专题现场会的召开，吹响了于田县“群落式”集体备课的集结号。

一年半的援疆工作复杂而充实，还有很多的遗憾和缺陷，鼓起勇气、砥砺前行，把于田县的教科研工作做得更扎实更有效是我们援疆人不变的追求。我们一年半的援疆工作已经结束，重启了天津的工作与生活；援疆不会结束，与于田师生的心依然贴近，遥相呼应。援疆从未停步。2019年组织了于田县10余名校长、教务主任来西青区学访，深入到联谊结对学校，进课堂，听报告，看校园，收获颇丰。

在2021年，与于田的互动交流又谱写了新的篇章。经过了近两个月紧张而有序的准备，西青区初中学段语文学科创办“精品教研活动”暨天津市与新疆和田地区于田县“手拉手”帮扶教研活动于4月30日成功开展。脱贫攻坚是一项长期而重大的任务，是以习近平同志为核心的党中央从战略全局高度做出的重大决策部署。天津市一直站在援助新疆脱贫攻坚战线的最前列。本次精品教研活动就是天津市对于田县教育深度帮扶的一次生动实践，天津教育人通过实实在在的行动践行了“手拉手，一家亲”的核心理念。本次活动通过“云上西青”直播平台向天津市及新疆和田地区于田县的全体初中语文教师直播，实现了“津于”两地跨越万里的联合“融教研”，这也是天津市对西部地区教育扶贫持续发力的具体举措。活动从早晨8:30开始，历时两个半小时，达成了所有的预期目标。本次活动以“学研同程”视域下微课群的动态构建与微诊断为活动主题，以立德树人根本任务为导向，以学生核心素养的培养为目标，以“学研同程”为主视角，设计并实施了本次精品教研活动。活动开始，西青区教师发展中心于恒彪主任与新疆和田地区于田县教育局教研室艾比拜主任进行了跨越时空的“西于连线”。此时，我们连通的不仅是知识与智慧，更是东西部地区深沉而浓烈的感情。

有来有往，有情有义，于田与西青的联系在日益加深，我们援疆人就是那根扯不断的筋脉。可喜的是学生层面的交流也逐步地开展起来了。于田县和西青区几千个孩子的心灵在互相敲击，在低声耳语，不知道还有什么比这股乐音更动听？愿鸿雁飞越天山昆仑。

于田强劲的风沙打磨了于田人民粗犷质朴的性格。一张充满稚气的笑脸、一个麦香扑鼻的烤馕、一壶滋味醇香的藿香茶、一串滋润干香的羊肉串、一杯清澈甘冽的伊力老窖，都是于田生活的点点滴滴，都是我们这些天津援疆人的于田记忆。在于田的援疆生活是清苦的，但从不单调；工作是紧张的，但从不忙乱。一年半的时间里，用我们援疆人的智慧和执着给于田当地的教育教研工作抹上了厚重的天津亮色，成就了“津于一家亲，共筑中国梦”的佳话。回首援疆的日日夜夜，我可以大声地说，我把每一滴汗水都深深地埋进了于田的教育热土。

想你，杏花盛开的于田。

你的万水千山

——莆田援疆教师的玛纳斯情怀

福建省莆田华侨中学　李天荣

万里支教路，莆玛援疆情。2020年4月9日的凌晨4点，在莆田市政府大楼前的升旗台上，我们在兴奋地等待接我们去福州长乐机场的汽车。西边的天空上还挂着朗月，市政府大门上的国徽和旗杆上的五星红旗清晰可见，我们怀着无比激动的心情等待着即将奔赴的援疆之路，心中油然生起一股豪迈之情，竟脱口吟出一首小诗：四月九日春意闹，凌晨明月西边照；不负韶华援疆去，圆梦教育情怀绕。说真的，行前的这种情怀只能是一种感情、一种信念、一种希冀、一种想象，甚至是一个口号，可经历了一年多时间的援疆教育教学实践，我终于知道援疆老师的情怀——你的万水千山究竟在哪里？在天山北麓，在玛河大地！

一、万水千山的情怀，在孩子们渴求知识的明亮眼神中

一切为了孩子，为了孩子的一切。援疆老师的情怀在充满求知欲的学生的眼睛中。由于受今年突如其来的疫情和学校教师数量不够等原因影响，玛纳斯县第一中学高一6个班级急缺政治教师。当我第一次走进高一的教室时，学生们可高兴了，他们说："终于有援疆老师给我们上政治课了！"看到孩子们充满好奇和求知欲的眼神，我决定一定要把自己的平生所学教给这些可爱的学生；我一定要钻研教学，认真备课，运用科学的教学方法激发学生的学习兴趣；我一定要走进学生的心里，做学生的良师益友。经过一段时间的教育教学和与学生的交流交往，这些学生喜欢上了我这个援疆老师，我也喜欢上这些有汉族、回族、哈萨克族等民族合班的学生。哈萨克族学生散杜哈西·奴尔木汗对采访她的记者说："福建老师上课会用一些新颖的方式，激发了我们学习思想政治课的积极性。"

后来，因为教学调整，我不再教其中的一个班级，有一次我在校门口遇到这个班的几个学生，他们看到我就围着我问："老师！你为什么不教我们班

呀，我们好想听你的课，我们好喜欢你呀！”听着他们的话，我恨不得自己有三头六臂，能够教这里所有的学生。

二、万水千山的情怀，在与青年教师们共成长的真挚感情中

援疆老师的情怀在青年教师的专业成长中。习近平总书记说：“一个人遇到好老师是人生的幸运，一个学校拥有好老师是学校的光荣，一个民族源源不断涌现出一批又一批好老师则是民族的希望。”青年教师的专业成长是学校拥有好老师的关键环节。

我出生于1963年，作为一个有37年教龄的正高级职称老教师、福建省优秀教育工作者、福建省政治学科教学带头人、莆田市政治名师工作室领衔名师，我更有义务有责任肩负起培养青年教师专业成长的重任，我觉得教育援疆不仅仅只是为学生上课，还应该为受援学校打造一支带不走的骨干教师队伍。玛纳斯县一中的政治组青年教师较多，为此，我对组内青年教师说：“我的课堂是敞开的，随时欢迎大家去听我的课。”我还主动向学校申请，多次开设示范课。2021年是中国共产党成立100周年，在此我开设了“坚持党对一切工作的领导”示范课。

百年征程波澜壮阔，百年初心历久弥坚。在防控疫情的过程中，我们党总揽全局、协调各方，以人民为中心，坚决打赢抗疫攻坚战，充分显示了我们党的性质、宗旨、地位、作用，充分显示了党的英明、伟大。所以，我决定通过“坚持党对一切工作的领导”示范课来献礼建党百年、宣传伟大的抗疫精神，引领青年教师专业成长，促进他们去研读新课标，更新教学理念，改进课堂教学。本框题知识内容丰富，青年教师在理解这个框题时，大多感觉把握不住逻辑关系，在教学设计上容易陷入文本解读窠臼，课堂教学过程像在读文件，学生也无法从情感态度价值观上体会党的伟大英明。为此，我给这堂课定下标准：课堂理念要新，学理要强，逻辑要严谨，思维要活跃，设计要科学，过程要合理，师生要互动，语言要生动，板书要规范，教态要自如，知识要落实，技能要提高，情感态度价值观要升华，学科核心素养要培育。我用议题式教学方式来设计本课，把议题定为“战疫中的中国共产党”。设计思路如下：

(1)环节设计。①课前自主学习，通过科代表要求学生通读必修二第五课，了解抗疫的时事；②课堂议题展开，回望过去(历史和人民的选择)，立足当下(战疫中的党)，展望未来(加强党的全面领导)；③课后由全班同学合作做一份“战疫中的中国共产党”手抄报。

(2)问题设计。课堂教学以问题为导向，问题设计科学合理、有思维张力和激发探究活力才会激活课堂，根据教材逻辑，我设计了三个问题：①“站起来，富起来，强起来”说明了什么？②为什么党能够领导人民取得战疫的伟大胜利？③面对疫情造成的损失以及复工复产复学等的困难，应如何坚持和加强党的全面领导？

(3)活动设计。①营造提示学生思考问题的情境。如学生齐声朗读“战疫中中国共产党一声令下”的情境材料，提示学生思考“为什么党能够领导人民取得战疫的伟大胜利”这个问题。②引导学生运用资料的方法。如让学生上网搜索有关抗疫的时事，从历史学科角度思考“站起来，富起来，强起来”的历史意义，从而去感悟和体会党的领导和执政地位的确立是历史的必然、人民的选择。③制定共同探究的策略。“面对疫情造成的损失以及复工复产复学这个复杂的情境，应如何坚持和加强党的全面领导”这个问题，需要师生共同探究，找到这个问题的正确答案。④为学生提供表达和解释的机会。

一堂课，如果学生动起来、活起来、思考起来，并能流利地表达主要观点，并能为观点提供例证，那一定是一堂高效的课。如通过展示中外抗疫对比情境材料，就有学生说，没有对比就没有伤害，没有对比就没有优越感，党中央速度快、力度强，一声令下，全国响应，举国上下一盘棋，调动一切力量控制疫情，充分说明了坚持党的领导是中国革命、建设、改革开放事业不断取得胜利的政治保证，党的领导是中国特色社会主义的本质特征，是中国特色社会主义制度的最大优势。按照这个教学设计，我顺利地完成了课堂教学，取得了良好的教学效果。评课时，老师们对本课的教学设计和教学实施过程给予很高的评价，他们说教学设计科学合理，课堂教学实施过程预设生成巧妙结合，深入浅出，生动扎实，逻辑严谨，情景交融，语言生动流畅，板书规范工整，自主、合作、探究运用得当，鼓励、表扬的语言增添了学生的学习自信心，在传授知识技能的同时，也给学生带来情感态度价值观的升华，展示了一节有教学主张和教学风格的思政课。

同时，我积极参加校本教研，与青年教师就新课程理念、前沿理论、教学策略等进行“头脑风暴”，充分发挥名师工作室和莆田市高中中心组的平台优势，为他们提供高三冲刺阶段的复习资料。玛纳斯县一中德育处主任王娟老师在接受记者访谈时说：“李天荣老师和蔼可亲，而且上课风趣幽默，政治功底特别深厚，尤其是在我们教研组活动中，能跟我们年轻人亲切交流，给我们一些指导。”青年教师员保国听完我的课后，给我发了一条微信说：“李老师，您是我所遇到的政治老师中讲课讲得最深刻的老师，我以后还要多多跟您学习和请教，望不吝赐教。”看着这些好学的青年教师，我觉得促进他们的专业成长就是援疆教师的情怀所在。

三、万水千山的情怀，在学校关心援疆教师的浓浓暖意中

援疆老师的情怀在学校领导和同事的点赞中。玛纳斯县一中的领导非常关心我们援疆教师的工作和生活，入校第一天，校长早早就在校门口等我们，她见到我们的第一句话就是，“非常感谢你们不远万里来到我们学校支教，我相信你们一定会把福建先进的教育理念带到玛纳斯，给我们学校增添新的活力!”一声感谢让我们备感亲切。端午节到了，学校领导班子带着粽子到援疆楼看望我们，向莆田援疆分指挥部汇报了援疆教师在学校的优异表现和发挥的积极作用，并邀请我们到哈萨克族副校长木拉提家中共度“民族团结一家亲”的端午节。在哈萨克族老师家中过端午节，让我们有一种家的感觉，让我们体会到民族团结一家亲的深情与温情，让我们感受到用心、用情、用力援疆支教的重要性。中秋国庆双节来临，学校特地组织了一次援疆教师的茶话会。会上，学校张书记、田校长做了热情洋溢的讲话，充分肯定了援疆教师的工作表现，给我们这批援疆教师满满地点赞！学校领导的鼓励和支持让我们信心倍增，让我们更深刻地理解了自己的价值所在、情怀所在。

四、万水千山的情怀，在莆玛教育交流交融的“山海协作曲”中

援疆教师的情怀在教学理念的交流交融中。教育的发展需要不同的教学理念、不同的教学方式的交流交融，通过交流交融才能在教学实践中进行教学创新，从而促进教育教学的发展。莆派教学海纳百川的海洋气息与玛派教学恢宏大气的天山气息交流交融，一定会对双方老师的专业成长都有帮助。有一天，教研室主任郑老师给我打电话，邀请我为学校2020年“主题教研月”活动做一个专题讲座，我欣然答应。11月10日，我为全校教师做了题为“高考评价体系视域下的新课程教学策略”的专题讲座，结合自己多年的教学经验和思考，从抬头看天、脚踏实地、埋头巧干三个角度阐述了根据新课程标准编发的《中国高考评价体系》《中国高考评价体系说明》对教学将产生什么影响，我们如何应对，以及教学策略如何调整，受到了好评，产生了很好的示范导向作用，实现了一次规模较大的交流交融。学校还聘请我为“推门听课”教学督察员、“主题教研月”微课题论坛评委，聘请我担任两位青年教师的“师父”，我与他们互相听课、评课，探讨新课标，探究新策略，对他们在实践中遇到问题进行详细的剖析和答疑。这些“传、帮、带”工作，就是在为玛纳斯县教育“造血”，就是在用心用情践行“青蓝工程”，就是教学理念在交流交融中不

断产生的援疆情怀。

五、万水千山的情怀，在“家乡亲友如相问，一片冰心在天山”中

援疆老师的情怀在对家乡、亲人的思念中。万里赴边疆，关山度若飞，相对于旅途劳顿、水土不适来说，对家乡、亲人的思念更考验我们的援疆干部人才。夜深人静的时候，是想家的时候，对家乡、亲人思念的心就像一片桑叶，上面爬满了蚕宝宝在拼命地咬噬。家家都有本难念的经，每个援疆人都有许多事牵挂在心。有一位援疆干部的父亲病危，当儿子的却不能在病床前行孝；有一位援疆老师的岳父去世了，当女婿的只能把悲痛留在心中不敢表露；有的援疆干部家中孩子的学习成绩下降，只能急在心里却鞭长莫及；我的女儿参加公务员国考，因为疫情，面试一推再推，孩子一边要上班，一边要准备面试，一边还要准备新一轮公务员考试，压力很大，而我却远在万里之外，两地书，父女情，万分思念云中传，终是孩子努力，天道酬勤，以总分第一的成绩考取。对于家乡和亲人，我只想说一句“家乡亲友如相问，一片冰心在天山”！

六、万水千山的情怀，在“相亲相爱”的援疆一家人中

援疆教师的情怀在援友们的深厚感情中。都说人世间最真挚的感情、最纯洁的友谊是一起同过窗、一起扛过枪，我觉得还要加上一句，就是“一起援过疆”。援友们来自不同单位，原先互不相识，因为援疆这个共同目标，我们走到了一起，一起工作，一起生活，一起学习，天长日久，我们的感情也越来越深厚了。我们莆田援疆分指挥部的 12 名干部团结一心，齐心协力，用心用情用力做好援疆的各项工作。食堂是我们交流感情，发布趣闻逸事、家乡亲人消息的地方，一到吃饭时间，我们有说有笑，其乐融融，就像一家人一样。每到有援友生日的月份，分指挥部就会选一个时间，加几道菜，摆上生日蛋糕为援友庆生。偶尔有客人来，我们也在食堂用莆田卤面、兴化米粉招待客人。每当遇到这样的日子，我们也会喝上两小杯当地葡萄酒，有欢歌、有笑语，让我们感受到家的温馨，幸福感也就油然而生。

莆田援疆人，相聚一家人。援疆教师的情怀就是在学习、生活、工作中的一点一滴，这一点一滴汇集起来，就是援疆教师的教育情怀、胡杨情怀、莆玛情怀、家国情怀。

岁月有爱　满路繁花

天津市宁河区桥北街实验学校　刘万祥

白杨礼赞

——献给援疆教师

315 国道边，肩并着肩
茫茫沙海中，手挽着手
风来了，你们昂起头
沙来了，你们挺起胸
稳下神来，深深钻探，绝不言败
狠下心来，枝枝向上，绝不旁逸
哪管他平沙莽莽黄入天
哪管他大漠穷秋塞草衰
风雨雷电，让你躯干笔直
雾霜冰雪，使你身姿伟岸
因为你们是白杨树
你们是东风吹拂下
植身沙漠绿洲上的白杨树

蓝天白云，同一片天空
你们甘愿边陲建功
巍峨昆仑，同一根基
你们甘愿边疆立业
春蚕到死丝方尽
蜡炬成灰泪始干
默默坚守、无私奉献是一种风格
更是青春的嘹亮誓言

春来了，笑靥如花，花开花落

秋来了，领首莞尔，云卷云舒
浊酒一杯家万里
燕然未勒归无计
你们要把
最美的年华铭记在昆仑一隅
那是
人生中最美的涟漪
祖国繁荣昌盛中最美的献礼

这是2018年10月，我初到新疆于田时写下的一首诗，表达了对天津援疆教师积极响应国家号召，义无反顾奔赴南疆，无私奉献精神的高度赞美。

我叫刘万祥，天津市宁河区原小薄中学教师、教科研主任(现宁河区实验学校教师、教科研主任)。在我的心里始终有一个支教梦想，也一直在等待这样一个机会。三年前，终于有了一个援疆的机会，我放弃诸多顾虑，包括当时父亲车祸，生死未卜，我强忍住悲痛，毅然向组织申请援疆(到疆一周后又返回天津处理了父亲后事)。2018年8月底，我告别可爱的女儿、亲爱的学生，离开了依恋的家乡，作为天津市万名教师首批支教团的一员来到新疆和田地区于田县参加支教工作。于田县位于新疆维吾尔自治区西南部，东临民丰县，北邻塔克拉玛干沙漠与沙雅县接壤，西与策勒县相毗邻，南与西藏自治区改则县、日土县相接。其中维吾尔族人口占全县总人口的98.3%。从此，5000公里外的新疆于田，有着一股来自天津的教育力量在蓬勃生长。在一年半的时间里，新疆于田的土地上留下了我坚实的脚印：在参加于田一中的听课指导中，在维吾尔族家长的家里，在于田一中的融媒体课堂上，在师徒结对的手册里，在参加支教团民族团结一家亲的捐赠活动中，在迎新晚会上，在支教团的工会活动中……

我在援疆感言上留下了这样的话语：“因为梦想，我来到了新疆，从渤海之滨到西北大漠。万里之遥的于田，从此成了我的第二故乡。生命历程中短短一年半，却给了我人生永恒的精彩。如果有机会，我们还会重新再来……”

一、劝君此去要珍重，西出阳关有挑战

援疆，是一种情感、一种心态。当到了新疆于田县看到黄沙漫天的景象时，不由让我想起了岑参在《走马川行奉送封大夫出师西征》中的句子——“君不见走马川行雪海边，平沙莽莽黄入天。轮台九月风夜吼，一川碎石大如斗，

随风满地石乱走。”

于田县属暖温带内陆干旱荒漠气候。南部山区为半温润气候区；中部平原为暖温干旱气候区；北部荒漠为极端干旱沙漠气候区。气候主要特点是四季分明、昼夜温差大，热量资源丰富，光照充足，降水稀少，蒸发量大，春夏多风沙和浮尘等灾害天气。

除了恶劣的环境外，于田支教驻地还时常会出现停水、停电、没网络等状况。面对所有的问题，只要心态好了，都不是问题！

但迥异的自然条件和生活习惯使得我初到于田时出现了腹胀腹泻、咽喉疼痛、嘴唇裂皮、口腔溃疡和皮肤过敏等症状，同时经常会出现厌食、食欲不振等情况。初到于田两个月，我的体重就锐减 10 公斤。更值得一提的是，由于当地恶劣环境等原因，援疆团队中一位老教师不幸心脏病发作，提前结束了援疆支教，返回了天津。这对我们来说更是一种告诫和无形的挑战。

那么，来到于田最大的挑战是什么呢？想想之前有经验的领队就告知所有援疆教师如何克服思乡和寂寞。

桑梓杳杳返路难，
逆旅空空寒意阑。
昨夜窗前听风雨，
好似乡音却失眠。

我写了这样一首小诗表明当时独处的心境。“怎么办？……我一定可以克服的。”心里默默地下了决心。读读书、写写字，这是在睡不着的时候做得最多的事情。在其他大段大段的时间里，我学习了新疆的历史，我回想白天课堂里哪个学生表现优异，哪个学生又调皮捣蛋了，如何改正他们的不良习惯等。这样时间过得很快，也很轻松地度过了一个又一个难眠的夜晚。

于田县与内地交流不多，教育水平不高，教育观念滞后，教学师资力量薄弱，水平低下。学生文化知识基础差，知识面窄，学习思维上存在“碎、单、浅、慢、断”现象，孩子们良好的学习习惯也亟待养成，教育教学工作困难重重。面对这些困难和挑战，我没有退缩，没有埋怨，立足实际，积极探索。我先从熟记学生名字开始，维吾尔族学生的名字特别长，而且女生叫××古丽，男生叫××木江的特别多，我所教的班里叫××古丽的有 5 个，祖丽阿亚××的有 3 个，××木江的有 3 个，怎么办呢？晚上回到宿舍拿起花名册背名字，利用在班里上课、课间辅导的时间用名字去对人。有时免不了要出笑话，但经过两个星期，全班 48 个学生每个学生的名字我都能熟练地叫出来了。维吾尔族教师和临聘教师听课后，对于我流利地说出学生名字感到很意外，“你记学生名字有什么绝招吗?”“没有，我就是‘卖油翁’而已。”我笑着回答她们。之后，就是逐步熟悉每个同学的生活、学习习惯了，不断的努力逐步拉近了我和学生的关系。

二、随俗潜入心，润生细无声

来到于田，我担任七年级语文教学工作，每周 14 课时。通过一段时间的接触和了解，我针对于田学生读不流畅、写不规范、考试无所适从的现象，设计了一套“字—读—测—助—辅”的教学方法，即“字词入手—每日必读—阶段小测—小组互助—课下辅导”的教学流程，用在日常教育教学工作中。“字”即从最起码的字词读音、笔画做起，手把手教他们怎么读怎么写；“读”即每天读规定的古诗、名段，让优秀的学生上台示范领读，激发引领后进生；“测”即每周一小测，有针对性地安排字词段篇基本知识的考查；“助”即把班里所有成员根据组内异质、组间同质分成 8 个小组，同组内相互帮助，异组间竞争对抗，共求进步；“辅”即针对小测和平时作业出现的问题进行针对性的辅导。祖丽阿亚·买提尼亚孜同学平时成绩很好，可是每次测验失误丢分较多，最高达到 20 多分，是出了名的“小马虎”。通过“字—读—测—助—辅”教学法的培养和锻炼，她现在测验的失误丢分率大大降低了，成绩也由原来的 50—60 分，提高到现在的 70—80 分了。当然受益的不只祖丽阿亚·买提尼亚孜一人，在期中期末的考试中我带的班语文成绩总是名列前茅。

为了提高课堂的质量和效果，我经常上网查资料，看当地专家讲座，和同事探讨，备学生，备教材，努力做到使课堂教学符合当地学生学习实际，使得课堂效果精彩高效，使得同学们乐学、愿学、善学。2018 年 11 月，为了上好《猫》这一课，我事先请几位有美术基础的同学画了几张猫的图画辅助教学，并让几位同学讲一讲自己养猫的故事，学一学猫叫，使得课堂教学直观生动有趣。课堂教学中，我还采用了“小侦探断案”“今日说法”等和课文紧密契合的栏目内容，使学生体验语文和生活的密切联系，激发学生学习语文的兴趣，结果此课被评为引领示范课一等奖。像这样的课例还有很多。

我还注重与学生的沟通交流，针对学生特点，对症下药，及时调整教学思路和方式方法，努力去打开每一位学生的智慧大门。班中有一位叫亚力坤的男生非常聪明，但就是不爱学习。我利用一次打篮球的机会，让这个聪明而调皮的学生在学习、生活上有了转变。亚力坤在班里篮球打得不错，号称“无敌手”，亚力坤看我五大三粗的就想让我当众出丑，于是他便邀请我比试一番篮球。看到此情况，我先将了亚力坤一军："如果你输了怎么办？"亚力坤大庭广众之下说："输了的话我一定好好学习语文！"我补充道："所有学科行吗？""成交！"亚力坤胸有成竹地说。"怎么个比法？"我问。"第一局比'斗牛'，第二局比五点投篮，第三局比三分球。"亚力坤骄傲地说。周围的同学也都纷纷围拢过来，看热闹。"好，成交。"我毫不犹豫地应战了。结果亚力坤自然敌不过曾经在校队接受训练的我了。看着一脸沮丧的亚力坤和周围同学羡慕的眼光，我诚恳地指出亚力坤及其他同学投篮的不当之处，并一边做示范一边跟同学们说，之所以我能赢，是我曾经在校队里认真学习训练过，由此讲到课堂所有知识也都是应该认真学习的，付出努力才能有成效！从此，亚力坤在学习上比以前认真多了，课上课下也听话多了。

另外，我努力不让任何一位学生掉队。刚接手这个班语文教学工作的时候，阿里木江·艾买尔江同学写作业字迹潦草，涂改严重，粗心大意，错误率较高。发现了他的缺点之后，我给他买了钢笔习字帖，手把手地教他练习钢笔字，要求他坚持练习，每周一篇，养成规范书写汉字的好习惯。通过三个多月的刻苦练习，他不但汉字书写规范美观，而且作业也认真细致整洁了。为了鼓励学生都养成良好的学习习惯，我规定作业中有连续 10 个优的同学都可以得到老师奖励的笔和本（自费购买），并专门购买了印有各种鼓励图案的印戳，印在学生的作业本上，这样使同学们的作业质量大有好转。

由于成绩显著，2019 年我在于田县智慧云平台"融德课堂"课程建设中面对全县做了展示课，受到专家和同事的一致好评。在全体援疆教师和民族教师的努力下，于田一中也由原来综合排名成绩倒数一跃跨进了全县综合排名前三名的行列。

三、津沽亲友如相问，一片冰心在于田

来新疆之前，市教育局领导就叮嘱所有援疆教师：于田地处多民族地区，情况非常复杂。在那里工作，必须有着成熟的政治素质、过硬的业务水平以及高尚的师德风范，才能赢得当地老师和民族家长的信任，工作才能做好。人还没到新疆，我就整天地认真研究起了维吾尔族的风土人情、国家对新疆制定的政策法规，以及少数民族的宗教信仰等，为争取早日融入新疆人民当中，成为他们心贴心的一员做着准备。维吾尔族是一个能歌善舞的民族，一个热情好客的民族，更是一个有着优秀传统文化的民族。在日常的教学之余中，我深深地感受到维吾尔族人的热情与淳朴。因此每个学期我都主动为当地贫困学生捐款、捐物，自费买一些学习用品并不露痕迹地发给同学们。无

论是外出购物还是吃饭，我们都热情有礼，也主动提醒过马路的大小学生注意安全，因此每次出门看到小学生的时候都能听到“老师好”的打招呼声。

另外，我还积极参加民族一家亲的结亲活动，我与班中的维吾尔族学生麦迪乃木结亲，每学期都送她小礼物并鼓励她好好学习，考到天津。我也多次殷切嘱托孩子们要好好学习考入天津新疆班，并诚恳承诺请他们吃遍天津的美食，他们都欢欣鼓舞。

当然还记得我初到于田生病的那段时间，尽管我什么也没有说，一直坚持着，可当地老师和可爱的维吾尔族孩子们还是看了出来。老师们教我克服水土不服的有效方法，孩子们一有时间就围在我身边嘘寒问暖，逗我开心，还给我买了水果，我感受到家乡亲人般的温暖。因此，每天走进校园的大门，听着孩子们的纯真问候，看着值日领导、民族老师的热情微笑，每每这时，我的心里都会涌上一丝幸福和感动。虽然于田经济还不够发达，这里的人民生活还不够富裕，但这里不缺乏精神财富，他们可以自信地面对每一个人，可以快乐地做好每一天的工作。我知道，我已经深深地爱上了于田，爱上了于田这群可爱的孩子。

不是每一朵花都能盛开在雪山，雪莲做到了；不是每一棵树都能屹立于戈壁，胡杨做到了；不是每一位教师都能在新疆培养一批学生，我们做到了。

“于田凄凄别，西风袅袅秋”，因此，离开就显得愈加伤感和依依不舍。

别于田

悄悄地，我们走了
一如我们忐忑地来
我们轻轻地挥手
作别于田的色彩
那远方巍峨的昆仑
晨曦中他就是一位号手
吹响繁忙一天的号角
夕晖中他又像一位挚友
引领我们
走向崭新的黎明
于田的黎明
夜色淡去，悄无声息
这分静谧
只属于位居西北荒漠中

不断崛起的你
路旁的白杨红柳啊
曾经我每天都从你身边经过
但只有这次
我才认真欣赏品读
原来你是那样的亲切和悦
那是于田人民的亲切和悦哟
举手投足间
一颦一笑中
优美动听的谈论里
定格了你们的淳朴与友善
这也像极了库尔班大叔
是啊
库尔班大叔的故事
一直在民众中广泛流传

轻轻地，我们走了
一如我们忐忑地来
我们挥一挥手
作别于田的色彩
“老师，你们还会来吗?”
孩子们的期盼
时时在脑际萦绕
如果有机会
我们还会重新再来

这是2020年2月，我离开新疆于田时写下的一首诗。别了，于田！别了，第二故乡！如果有机会，我们还会重新再来……

扶贫扶智展大爱　传承文化向未来

——记优秀教研员贾玲老师的大爱情怀和教育践行

陕西省西安市新城区教师进修学校　胡　洁

贾玲，女，中共党员，现系西安市教育科学研究院副院长，中共西安市第十二届党代会代表，教育部基础教育语文教学指导委员会委员，中国教育学会中学语文教学专业委员会副理事长，全国优秀教研员，陕西省优秀教研员，陕西省特级教师，正高级教师，陕西师范大学硕士生导师，陕西省教师队伍建设专家委员会委员，陕西省教育学会当代名师研究中心学术委员会副主任，西安市“名师导航”工程主持专家，贾玲“名师＋”研修共同体主持人，西安市“有突出贡献专家”，西安市模范教师，西安市“巾帼建功立业标兵”，西安市人民政府首届特聘督学。全国“中华优秀传统文化与现代语文教学实践研究”课题组副组长，教育部“国培计划”教师培训专家，全国统编新教材培训特聘专家。

主持并完成国家级、省级、市级课题 10 余项，多项成果获奖；出版教育专著《新语文　新理念》《中学语文考试与评价研究》2 部；在全国中文核心期刊及省级以上刊物发表论文 120 余篇；主编人教版高中语文选修教材《〈中外传记作品选读〉同步解析》、中华书局《唐诗鉴赏辞典（中学生卷）》，主编《高中语文新课程阅读》《初中名著阅读指导》等教辅用书几十种，为教师教学和学生学习提供支持；应邀赴全国各地做新课程、新教材专题培训 100 余场，受到欢迎和好评。

一、践行名师工程　乡村学校换新颜

2015 年，西安市“名师导航”工程启动。作为一名特级教师，贾玲老师积极承担了临潼雨金大学区的帮扶引领工作。这是全市最大的一个农村初中学校的大学区，地处临潼区、阎良区的交界处，较为偏僻，由任留初中、徐扬初中、栎阳初中、新市初中、北田初中、雨金初中组成；学校的硬件、软件条件都比较薄弱，6 个学校语文组共 47 名语文教师，仅有 2 位高级教师，二级教师占到66%，教育研究和教学研讨开展较为困难，教师的课题研究几乎是空白。

以后的三年时间里，贾老师不辞辛苦、尽心尽力，克服困难、无私奉献，持续助力农村老师的专业成长。她下沉课堂，开展集体备课，研究教材，抓中考复习备考工作，提高了学校的教育教学质量，提升了学校的教学研究水平。

她开展丰富的教学活动，引领教师成长。工作启动后，贾老师积极和大学区领导、负责人沟通，制定了活动方案。按时召开丰富的教学活动，名师示范课、教师展示课、新教材培训讲座、新教材展示课、弱势科目中考备考复习指导讲座、校本研修培训课、网上阅读交流会、课题研究指导讲座、作文提分要领培训讲座等活动的开展，开阔了老师们的视野，大大地提升了老师们的教育教学水平。其中，她指导任留初级中学的张翠萍老师参加了“第五届全国初中语文教师教学基本功展评暨教学观摩研讨会”，鼓励该校的王锦老师以《安塞腰鼓》视频课的形式参赛，取得了一等奖的好成绩。这些成果对于这所农村学校是前所未有的，极大地鼓舞了老师们的热情，这些平时很少有机会走出去的老师们在参加交流比赛活动时更活跃、更自信了。老师们高兴地说，这些成绩和荣誉均实现了本区域“零的突破”，对他们今后的提升具有里程碑式的意义。

她指导系统的备考工作，提升教研能力。中考成绩是衡量学校质量的重要标准之一，受到师生和家长的高度关注。贾老师了解学校的实际情况之后，立即落实工作，积极协调组织，连续三年召开大学区中考复习备考培训会，先后涉及所有中考科目。专业的引领点拨，系统的讲解指导，为老师们的中考复习指明了方向，雨金大学区的中考成绩逐年提升。大学区各个学校均位于农村，以往老师们只教不研，教研气氛不浓，大大阻碍了学校教育的发展和教学质量的提升。借着备考引领的机会，贾老师组织老师们开展了系统的教研活动。

三年期间，贾玲老师每年为这个农村学区的每一位语文教师订阅《中学语文教学参考》，并按时了解老师的学习情况，不管是现场交流还是网络互动，她总是热情地回复着老师们的任何一个问题，切实地解决了教学中的难题。统编教材启用之初，贾老师就给学区老师进行了统编教材培训，明确新时代育人教学的目标。现在，学校的教研氛围越来越浓厚。老师们经常会为一节课的教学内容反复推敲，会协作完成一个单元或一个专题的教学设计的系统整理，也会及时书写自己的教学反思等，真可谓“百花齐放春满园”。

她带领老师们进行课题研究，打造书香校园。课题研究一直是农村学校的薄弱项，老师们对于课题研究知之甚少。在贾老师的指导下，终于打破僵局，看到了希望。2015 年，贾玲老师帮助指导学区语文组申请了市级小课题“拓展农村学生的写作空间”。课题组成员 5 人，由张翠萍老师负责，其他 4 位老师均来自大学区的各个农村学校。研究对象涉及面广，研究意义大。贾老师对小课题的研究过程认真指导，还亲自为老师和孩子们订阅和捐赠了多种读物，如《中学语文教学参考》《新作文特快》，中学生版《读者》《少年月刊》《满分作文》及课标要求阅读的中外名著等。学校也开展了丰富多彩的读书活动，如“名著漂流记”“好书推荐会”等。学生的阅读兴趣提高了，学校的读书氛围更浓了。课题顺利结题时，学校里已是书声琅琅，文韵满园。

这几年来，贾老师坚持走进农村校园，在教学的一线践行名师的先进理念。在她的持续指导、用心培养下，临潼雨金大学区涌现出的年轻的优秀教师越来越多：张翠萍老师 2017 年被评为市级“教学能手”，刘伟老师、叶丹萍老师都先后被评为“临潼区教学改革先进个人”，张阳老师在区级赛教中取得了优异的名次。学区的知名度提升了，被人们赞誉为“渭北明珠”。

二、常赴偏远地区　千里送教助发展

贾玲老师富有教育情怀。十多年来，她坚持送教到县，送培到校，助力偏远地区的教育发展。她负责完成了陕西省“名师大篷车”送培到县西安市中学语文的培训工作，进行语文教学专题讲座和观摩课，每一次都受到一线教师的欢迎；她履职尽责，积极承担西安市高中新课程“送课下乡”活动，先后多次送课送培到周至县、蓝田县、户县(现鄠邑区)等偏远县区、山村学校、薄弱学校，将新课程理念和实施经验送到乡村学校，推进教育改革，促进教育公平。

作为有影响力的教研员和教育专家，她曾应邀赴广东、山东、河南、山西做国家统编教材培训，做新课程、新教材、新高考培训，为一线教学服务，受到好评。她还多次应邀赴陕西的延安市、榆林市、铜川市等革命老区做教师培训、课题指导，赴安康市、商洛市等偏远山区地市进行教材培训、听课调研等；她多年来承担了西部地区教师培训、“国培计划”中小学教师培训项目等，利用线上和线下等形式，为内蒙古、新疆、宁夏、贵州、云南、广西、四川等的老少边穷地区做培训，并克服各种困难，赴国家重点扶贫的云南怒江傈僳族自治州、甘肃通渭县、陕西延川县、陕西白河县等国家级贫困县区进行义务支教，用真诚和智慧扶贫扶智。

情景一：2020 年 12 月 18 日早晨，甘肃省通渭县。雪封山塬，滴水成冰。

但在通渭县思源实验学校礼堂内却掌声雷鸣，激情澎湃。通渭县全县的教师正在聚精会神地聆听西安市教育科学研究院副院长贾玲的讲座。这次送教活动旨在进一步落实“陕甘扶智项目”。贾老师在通渭县思源实验学校主会场做了题为《积极推进校本研修，促进教师专业发展》的专题讲座。在这场专门为通渭县“教情”定制的学术报告上，她阐述了校本研修的概念内涵、产生的背景、现实意义、校本研修与新课程实施的相互关系等子专题，介绍了西安市校本研修的开展情况，并针对通渭县的具体情况，提出了对通渭开展校本课程研究、开发、实施的具体意见。

情景二：2019 年深秋，在延安教研中心组织下，贾老师带领西安语文团队与延安语文教师研讨交流整本书阅读教学专题。“红星照耀中国”观摩课、《阅读经典　传承文化》的专题讲座带给老师们启迪，指导他们开展师生共读。

情景三：2020 年夏末，去安康白河县开展“教育扶智”，用阅读点亮心灯，开启山区孩子的未来；2020 年寒冬，赴陕北延川县，开展“国培”送教下乡，助力青年教师成长……

这样的辛勤奔赴几乎每个月都会发生，贾老师用她的坚定执着与深切关爱助力偏远地区的教育发展。

三、立足文化传承　开拓探究创新篇

中华优秀传统文化积淀着中华民族最深沉的精神追求，是中华民族生生不息、发展壮大的丰厚滋养，是中国特色社会主义植根的文化沃土，是中华民族精神的“根”与“魂”，是最宝贵的精神品格和命脉。深知语文教学传承文化的学科责任，贾老师一直致力于在研究与实践中传承中华优秀传统文化，带领着西安市乃至全国各地语文人开展语文教学革新，以适应新时代的发展。

西安市“中华优秀传统文化与现代语文课堂教学实践研究”在全国总课题组的带动和引领下，开展实践研究已多年。她带领着西安课题研究团队，和全国各地的教育同人一起，以课题研究为平台，以文化育人为目标，以课堂教学为阵地，以学科活动为辅助，以读写结合为路径，以地方资源为特色，取得了丰硕的阶段性成果。

(一)坚守课堂教学阵地

贾玲老师始终强调，课堂是课题研究的主阵地，是文化的修习、传承、理解、创新的最重要的场所。她和课题专家及一线教师一起，根据工作实际，结合全国统编初中语文新教材和《普通高中语文课程标准(2017 年版)》中的相关精神和要求，深入初中、高中教学一线，进行教学指导，将教师培养、资源建设、教学提升齐头并进，在“全国‘语文报杯’中青年教师课堂教学大赛”

“全国语文教师基本功大赛”“全国‘教学艺术杯’课堂教学比赛”等赛事中喜获丰收，涌现了一批优秀教师和教学新秀。

2018 年 8 月，山西临汾的“中华优秀传统文化”课题年会上，西安高新一中初中校区的青年教师周攀峰，以《秦风·蒹葭》为切入点，带大家进入《诗经》整本书阅读，令在场师生耳目一新；2018 年 9 月 26 日，西安市高中新课程培训活动中，西安交大阳光中学的仪敏老师，通过朱光潜的美学名著《谈美》的导读，引发了现场关于整本书阅读教学的热烈讨论。这两节课，在本届年会的教学评优活动中，分别获得初、高中学段一等奖。

（二）推进“书香校园”建设

贾老师积极倡导以精品阅读推进“书香校园”建设，成果显著。她主持领导的西安团队中，初、高中学段皆有优秀课例，在省市乃至全国展示交流。西安市交大附中航天学校的王小宇老师执教的《名著阅读·〈西游记〉》，经西安市教科所推荐，在“全国第十二届‘人教杯’名著阅读研讨会”上绽放光彩；西安铁一中分校的张晨老师在安徽合肥举办的全国名著阅读观摩研讨会上，展示的《红星照耀中国》整本书阅读观摩课，受到教材编写专家、与会教师的高度好评。

“书香”不仅仅属于校园，它应该弥散在我们的家国之中，浸润滋养着每一位中华儿女。为使中华优秀传统文化之花盛放在现代文明的土壤中，课题组与宣传媒体合作，扩大课题研究的影响力。

2018 年 4 月 23 日，在“世界读书日”来临之际，贾老师还应邀走进西安广电中心，与著名播音主持人共同制作“书香西安”专栏节目，与广大市民朋友谈谈如何读书、阅读与成长等话题，倡导以文化经典阅读，推进个人、家庭、社会的文明、进步与发展。

2018 年 12 月，她应全国总课题组的邀请，参加在云南举办的课题中期年会，并在会上做了《在整本书阅读中传承中华优秀传统文化》的讲座。2019 年 4 月，课题组还举办了以“追寻经典印记，丰厚人生底蕴”为主题的西安市整本书阅读观摩研讨会，800 余名教师参会学习，贾老师做了《阅读经典名著　传承优秀文化》的专题报告；5 月，她还应邀参加兰州市教育局、教科所举办的“名师大讲堂”活动并做读书报告，受到好评。2021 年 4 月 22 日，她策划并组织开展了西安市第三届整本书阅读活动，其主旨是“阅读红色经典，传承革命精神”。

（三）借助现代传播途径

贾老师乐于与时俱进，常主动参与新型课堂的开发探究工作。她发现，随着时代的发展，媒体技术的多样性也为传统文化的传播起到了推动作用。

在西安市第二届电视微课大赛中，她赞赏曲江一中胡玮玮老师的“诗歌人物鉴赏”和陕西师范大学附属中学张璐老师的“‘互文’知多少”，形式新颖独特，效果好；她推荐陕西师范大学附属中学的李瑞杰老师和西安市经开第一学校姜蕊老师参加全国首届语文微课大赛，他们的微课作品“《社戏》里的‘好豆’与‘好戏’”“《木兰诗》中的木兰形象”双双荣获一等奖。

除此之外，贾老师还积极组织老师们参加西安的“一师一优课，一课一名师”评选，特别关注关于我国优秀传统文化和人物的课例，给予学生细致的指导。如西安汇知中学王彬老师执教的《记承天寺夜游》，引领学生从苏轼的个人苦难升华理解中华民族砥砺前行的精神。西安市第七十二中学杨洁老师在执教《毛泽东：忆往昔，峥嵘岁月稠》这篇人物传记时，巧妙加入《中国少年说》片段，让学生既体会了这些民族脊梁的豪情壮志，又感悟着中华民族的文脉、血脉、国脉必将源远流长。还有西光中学杨静老师的《古诗苑漫步》、西安市八十九中学张宁伟老师的《有教无类》等，无一不闪耀着文以载道的光芒。

（四）创建多维评价方式

《基础教育课程改革纲要（试行）》中明确提出：“建立促进教师不断提高的评价体系。强调教师对自己教学行为的分析与反思，建立以教师自评为主，校长、教师、学生、家长共同参与的评价制度，使教师从多种渠道获得信息，不断提高教学水平。”贾老师常鼓励老师们：“作为中华优秀传统文化的传承者，只有不断提升专业水平，才能在实现中华民族伟大复兴的大背景下，引导学生真正感受到民族自信。”

从 2013 年起，西安开始进行中考综合素质考试改革，这是创新教育评价体系的新举措。贾老师作为主要的命题负责人，反复研究，深入思索，力求命题能引领学生，走出只重视升学考试课程学习的误区，更加关注传统文化。如在考试中涉及的中华传统文化有：对我国传统二十四节气的认知、对北宋关学创始人张载先生的“为天地立心，为生民立命，为往圣继绝学，为万世开太平”的理解等，无一不是在倡导学生自觉学习民族文化，传承民族精神。

巍巍昆仑，滚滚长江，中华文化源远流长。《尚书》有云：“功崇惟志，业广惟勤。”作为教育工作者，贾老师心怀责任，肩负未来，带领老师们深入挖掘中华优秀传统文化蕴含的思想观念、人文精神、道德规范，让更多的青年学子体会到中华文化展现出的永久魅力，并将其与时代发展结合起来，守正创新，大放异彩。

“援青是我的家国梦”

——走近聊城市第二批援青干部陈海蓉

《聊城日报》全媒体记者　曹天伟

“青鸟泉边草木春，黄云塞上是征人。归来若得长条赠，不惮风霜与苦辛。”每当读起唐代人卢肇的这首诗，陈海蓉脑海里总会泛起无限遐思。

聊城市第二批援青干部、青海省海北州刚察县教育局副局长、刚察县副县长，这些身份，对陈海蓉来说意味着千钧重担。2019 年 8 月 19 日上午，在市教育局，我见到了刚刚结束 3 年援青任务返聊的陈海蓉。自信中透着沉稳，沧桑中充满朝气，距离我上次去青海采访已有两年时间，但她那坚强勇毅的援青干部形象仍然令人动容。

从海拔 33 米的江北水城，来到海拔 3300 米的青海湖畔，3 年来，陈海蓉和聊城其他 5 名援青干部人才一起，不忘初心、牢记使命，与当地干部群众并肩战斗、奋力攻坚，把一腔赤诚播洒在青藏高原，用实干担当谱写出一曲感人至深的奉献之歌。

一、“捧一颗心来”

“捧一颗心来，不带半根草去。”3 年前，在刚察县教育局举行的见面会上，陈海蓉深情简短的表白，成为她“践行援青使命，融入刚察教育，立志改变刚察教育”的铿锵誓言，融入藏区工作的每个日夜。

2019 年 8 月的刚察，正是草原绿意盎然，青海湖鱼游浅底、鸟翔蓝天的最美季节。放下行囊的 6 位援青干部人才来不及欣赏青海湖畔的旖旎风光，马不停蹄地走访调研。田间地头、牧民帐篷、工地车间，到处都留下他们的足迹。

“藏区最好的房子是学校，物质条件大为改善，教师待遇大幅提高，为什么教育质量还是上不去?”初到刚察，陈海蓉苦苦寻找问题的答案。学校一开学，陈海蓉就组织全体教研员、各中小学教学副校长，对各中小学、各幼儿园教学常规工作开始视导和调研。藏区地广人稀、交通不便，她披星戴月、风雪无阻，到学校、进课堂、下牧区，与师生、家长们促膝谈心，6天时间走遍了全县8所中小学及幼儿园的每个角落。

白天马不停蹄调研，晚上组织学校负责人开会，深夜继续加班梳理调研成果……由于长时间工作，陈海蓉常常嘴唇青紫，脸色发白，但她顶着高原缺氧的诸多不适，从不轻言放弃。

刚察县教育局教研室主任杨卓玛常常在深夜还看到对面陈海蓉的屋子亮着灯。“刚开始还以为她刚从山东过来，因为缺氧睡不着觉。后来才知道，她还在加班，为了援青事业经常工作到深夜……”

看着陈海蓉日渐消瘦，大家劝她多休息，适应一下气候。“援青是我的家国梦。”她平静地说，“既然选择了这条路，就选择了吃苦，就选择了无怨无悔。”

像陈海蓉一样，3年来，聊城援青干部严于律己、踏实肯干的形象已深深烙印在当地干部群众的心中。初到刚察，聊城援青干部管理组在领队丁耀伟带领下，坚持以党建促援建带队建的工作思路，在山东省对口支援海北州的四个市中，率先成立了党支部。管理组制定了会议、学习、宣传、财务、请销假等7项规章制度，用制度管人管事，用纪律规范言行。坚持过好组织生活、写好援青周记，每周进行集中学习和研讨，形成互相督促、共同提高的良好氛围。同时，抱着“到青海工作不是挂职而是任职”的态度，做到援建工作、支部工作和分管工作三不误、共促进，当好山东聊城与青海刚察的桥梁纽带。创先争优、健康向上的氛围，成为聊城援青干部干好工作的有力保障。

二、“我来援青干什么?”

山东援青从2010年开始，选派教育干部人才到刚察县长期帮扶这是首次，教育援建没有成熟的经验可以借鉴。“我们的教育质量比山东的差一大截，在海北州也是比较差的，可是到底差在哪儿，我们也说不清楚。”很多刚察老师这样说。

“我来援青干什么”的思想讨论在聊城援青干部管理组开展后，陈海蓉就一直在深入思考和探索：刚察教育的问题和困难到底是什么？怎样帮助刚察教育“找题、破题、解题”?

一个人的力量不够，陈海蓉就向山东省的教育专家求援。在她的努力争取下，山东省的8名教育专家组成团队，对刚察县的教育质量进行了一次全面的诊断评价，运用科学评价手段，为刚察教育量身定制诊断分析方案，深度剖析、对症施策，为刚察全面提高教育质量提供了科学有效的工作方案，开展了有针对性的能力提升培训。刚察县教育局将此方案确定为刚察县教育发展的指导意见，各学校也都以此为指导开展了富有成效的教学和管理改革。这项工作得到青海省教育厅的认可和推广。

在此基础上，2017年和2019年，分别签订了山东聊城援建青海刚察教育事业《合作备忘录》和《对口支援合作协议》，确立并深化了教育援建的六大工程，创新并完善了援建工作的长效机制，助推刚察教育内涵建设，提升教育质量。

刚察县地处高原藏区，群众对教育的重视程度不高。围绕扶贫扶智，陈海蓉组织援青教师团队建立了志愿服务站，开通家长微信群，通过《致家长的一封信》，宣传教育援青的目的和意义，针对家庭教育、困难帮扶、心理疏导等方面进行志愿服务。自费资助贫困学生，深入牧区进行精准扶贫，在“六一”儿童节向小朋友们捐赠图书，等等，使教育援青更全面地服务于刚察发展，提高了社会、家长和学生对知识和能力的重视。

三、“青鸟”架桥献高原

“虽然两地的学校已经实现了结对帮扶全覆盖，是亲戚，但是这两家亲戚相距4000里之遥。如何实现两地优质教育资源共享和深度交流融合？远程同步课堂能把‘远亲’变成‘近邻’。”陈海蓉说。

距离刚察县城30公里的泉吉小学，她已经去过30多趟了，为了实现两地学生同上一堂课，她操碎了心、跑断了腿。聊城捐赠的设备与原有的设备不匹配，信号无法传输；双方网络不匹配，信号传输延时；双方教师有畏难情绪……为了解决问题，她确定了课题引领、试点先行、稳步推进、完善提升的工作思路，协调聊城市教育局捐赠了30万元的设施设备，实现了远程同步课堂在刚察县的全覆盖，学生们足不出户就能享受到优质的教育资源，老师们不用千里跋涉就能接触到先进的教育理念，让轻量级、高效率、大规模、可持续的教育援建成为可能。

刚察县寄宿制完全小学副校长梁研春说：“学生在远程同步课堂上课已经常态化，主要解决了学校的薄弱学科、学科中的薄弱环节问题，同时还开展了教师的同步教研和同步培训，教学和管理中遇到困难可以随时向聊城的老师学习请教，这种帮扶太有效了！”

陈海蓉说：“在高原藏区工作，对‘我是谁、为了谁、依靠谁’的认识更加清晰。当老师们对着你微笑的时候，当孩子们给你热情拥抱的时候，他们不仅是在感谢你，更多的是在感谢党和国家援青的大好政策。”

四、一个人的背后，是一个团队

“一个人进步的背后，是一个强大的团队。”陈海蓉常对人说，3年援青取得的每一点成绩，都离不开聊城援青干部管理组战友以及家乡领导的鼓励支持。

2019年8月20日上午，我见到了聊城援青干部管理组领队丁耀伟。回忆起援青的难忘岁月，他用三个角色定义这3年的工作：“我们是‘战士’，要扎根高原、艰苦奋斗，用实干完成组织交给的任务；是‘学生’，不仅要尽快适应当地的自然条件、民族风俗、饮食习惯等，更要学习当地干部群众吃苦耐劳、战天斗地的精神；是‘使者’，要把支援方的优势和受援地的短板结合起来，当好东西部交流的桥梁和纽带。”

“走进刚察门，就是刚察人，就要干好刚察事。”聊城援青干部是这么说的，也是这么做的。

正如青海湖中逆流而上的湟鱼一样，生活在这里的人们，始终怀揣着对幸福生活的梦想。援青干部们的职责，就是帮助藏城人民铺上一条通往梦想彼岸的桥梁。3年来，聊城援青干部结合刚察县自然资源、产业发展实际，全力协调推进县域垃圾综合整治、高原“美丽乡村”建设、集体经济“破零复壮”工程、县乡“三基”阵地和广播电视基础设施建设等援建项目。刚察高寒缺氧，施工期短，建设成本相对较高，为确保援建项目顺利推进，每名援青干部负责督导落实1—2个援建项目，早谋划、早准备，全力靠上、统筹推进，并及时督促检查，严把质量关口，使山东援建项目真正成为刚察县的民心工程、造血工程和放心工程。3年来，山东省规划内援建刚察县的16个项目，总投资9595万元，全部得到顺利实施。

在推进项目援建的同时，聊城援青干部充分发挥主观能动性，创新完善援建机制，拓展对口援建的外延和内涵。在市委、市政府的大力支持下，聊城市率先建立县市区对口帮扶刚察县各乡镇、县直部门、市直部门的援建工作机制，8个县市区、18个市直部门(单位)与刚察的乡镇、部门(单位)建立了结对帮扶关系，在发展理念、资金技术、扶贫开发等方面进行帮扶。3年来，聊城市各方面共向刚察县支援资金物品2879.33万元。

教育资源匮乏、医疗条件落后，是藏区群众的“心头之痛”。针对当地群众需求，聊城援青干部积极争取协调，改善当地上学就医条件。3年来，聊城教育系统累计援助刚察县各学校资金物品173.66万元，开展交流交往253人次，在海北州率先实现了学校结对帮扶全覆盖。在医疗方面，聊城市卫健委组织知名医疗专家到刚察县开展义诊活动，为群众送医送药和义诊180多人次。投资66万元建立了刚察县藏医院远程会诊教学系统，使藏区患者能够及时得到聊城市级医院专家的高水平诊疗；投资1100万元升级改造了刚察县哈尔盖镇卫生院的基础设施和医疗设备……

巍巍高原，见证艰苦奋斗的日日夜夜；清清湖水，诉说亲如一家的深情厚谊。当下，聊城新一批援青干部已经踏上为期3年的征程，在往批援青干部的精神鼓舞下，他们必将与藏区广大干部群众携手并肩，共同续写雪域高原的美好明天！

“朱鹮之乡”第一书记带领脱贫致富的蝶变之路
——记陕西汉中洋县任桃村第一书记邓斌

陕西省汉中市教研室　万敏杰

在陕西南部，有一个全国闻名、世界知名的地方，那就是“东方宝石”朱鹮的栖息地——汉中洋县。

这个位于汉中盆地东缘，北依秦岭，南屏巴山，古称“洋州”，今称“朱鹮之乡”的洋县，总人口 44.5 万人，却是国家级贫困县，在 271 个行政村里，有 110 个贫困村，有 110 个驻村扶贫第一书记，常年奋战在扶贫第一线。

提起上百名的第一书记，人们首先想到的是在任桃村驻村达六年之久的第一书记邓斌。可谁能想到，这位扎根穷山沟六年的邓书记，却从小生活在城市里，是家庭条件优越的独生子，是从小泡在蜜罐子里长大的。然而他却毅然决然地选择了一条最为艰难、辛苦的扶贫路，而且这条路一走就是六年。“他父母年迈多病，都是我照顾生活，带他们去看病；我儿子中考、高考时，他都不在家，他都快忘记我们这个家了。”邓书记的妻子，在南郑区做小学老师、担任班主任的林老师，说起来自己承担的工作、家庭的重任以及六七年来的辛勤付出，全是委屈和辛酸。也正因为邓书记心里装的是 100 多户贫困家庭，300 多个贫困个人，有这种“舍小家为大家”的精神，才使得任桃村的面貌在短短的六年里发生了天翻地覆的变化。

如今走进任桃村，一条条联户水泥路干净整洁，一栋栋安居房白墙红瓦，在青山绿树的环抱下，形成一条美丽的乡村风景线。

但六年前的任桃村，却是全县出了名的穷山窝，在洋县的八龙、四郎、白石一带，广为流传着一句民谣：“穷八龙干四郎，白石不是个好地方。”隶属白石镇的任桃村，村里八沟连九梁，一眼望去都是绵延的山岭。这个出了名的穷山沟，农作物主要是玉米、花生、黄豆等，收成还要看是否风调雨顺，要靠天吃饭。2015 年 7 月，邓斌刚担任驻村第一书记时，全村 383 户 1274 人，其中建档立卡贫困户 102 户 312 人，贫困人口占总人数将近三分之一。

面对这样贫穷落后的现状，邓书记看在眼里，急在心里，怎样在这个深度贫困村里蹚出一条脱贫的道路，带领村民走上致富奔小康之路，成为邓书记的愿望初心和责任使命，也是他面临的严峻考验。但常年的农村基层工作经验使他明白该从哪里着手，才能揪住脱贫致富的牛鼻子。

一、树立榜样示范，带领村民走上了共同富裕的金光大道

其实，早在十几年前的2008年，邓斌就参加了汉中市组织的百名干部下基层活动，在洋县龙亭镇江村驻过队。2011年，邓斌所在单位——汉中市教研室开展包村扶贫工作，他作为包村扶贫干部，在当时的洋县白石镇范夏村驻村整整三度春秋，直到2015年。这一年，单位要选派干部到洋县纸坊街办任桃村担任驻村第一书记，由于帮扶村地处山区，派谁去一时成了领导的烦心事。邓斌主动请缨："按照派人标准和要求，我完全符合，我第一个去驻。"邓斌是独生子，妻子是小学教师，平时工作很忙，儿子又正在上初中，父母年迈多病。一边是工作，一边是老人和孩子需要照顾，在公与私之间，邓斌毫不犹豫地选择把群众利益放在第一位。就这样，邓斌第三度进山，成为农民脱贫致富的领路人。事非经过不知难。任桃村自然资源匮乏，耕地分散，青壮年大部分在外地打工，村子里留守的大部分是"九九""三八""六一"成员，扶贫工作怎样找到切入口？

"任桃村耕地零散，集中土地发展产业的条件不成熟。培养致富带头人，树立脱贫致富榜样，让他们带动村民发展，星星之火，可以燎原。"在任桃村村委会的临时住所里，通过对村情民情的综合分析，邓书记终于找到了脱贫致富的思路和抓手。

2020年40出头的任恒昌就是在邓书记引导、帮扶下，回村创业的第一人。

邓斌与任恒昌是在2013年初一个偶然的机会相识的。当时在范夏村扶贫的邓斌搭乘任恒昌的顺风车去洋县县城。那时任恒昌靠一辆农运车跑运输挣钱养家，经营情况时好时坏，完全没有保障。邓斌在车上对任恒昌说："现在农村政策这么好，你要不要考虑发展个产业？跑车常年风里来雨里去，收入又不稳定，这样不长远。"这话让任恒昌动了心。之后，邓斌又多次找了任恒昌谈话动员。"邓书记没架子，说话办事都是实心实意的。"任恒昌这样谈对邓斌的印象。

任恒昌参加各级培训活动，学习种养殖技术，2016年到流转土地成立恒昌种养殖专业合作社，注册"农牧思青"品牌，考取职业农民认证资格证书……他一路走来，都是邓斌一直在给他寻找机会、搭建平台，帮助他解决困难，协调资金。"他就像我的自家兄弟一样。"任恒昌说。全力帮助任恒昌发

展，邓书记是有着长远考虑的。

“你是党员，你得带动村里的贫困户一起发展。”

为了让村里的贫困户入股合作社，邓斌带着任恒昌挨家挨户地去做工作。“有时我们半夜还在村民家里，难听话也没少听。”任恒昌对合作社创办初期艰难的情形记忆犹新。

2017 年，恒昌种养殖专业合作社第一次给入股的 32 户贫困户分红，户均 400 元；2019 年，该合作社养牛 100 多头，通过订单农业的形式发展种植瓜蒌、玉米等 98 亩，连续三年向入股的贫困户分红，户均 375 元。另外有 40 多户贫困户在合作社里务工，人均每天工资 80 元左右，那些留守妇女和老人在家门口务工，就能挣到钱，他们的积极性一下给调动了起来。

2020 年，邓斌给合作社争取了 50 万元的苏陕扶贫协作项目资金，任恒昌准备扩大规模，带更多的村民一起发展和脱贫致富。

今年 56 岁的村民任新德，也是在邓斌的鼓励和帮扶下成立了食用菌种植专业合作社，发展香菇产业。“邓书记第一次给我打电话是在 2016 年的一个晚上。他说：‘你自己有技术，对市场也了解，完全可以回村搞种植，也可以照顾家里。’”任新德笑着说：“我当时常年在镇江村给别人管理香菇种植大棚，还不认识邓书记。”那天晚上邓书记的电话给他很大的触动，接完电话，任新德就给儿子打电话，和他商量种植香菇的事。

2019 年，任新德家的 42 个香菇种植大棚生产 8 万多袋香菇，纯收入达到 40 余万元，向雇用的十几个村民，累计发放工资 16 万余元。除了这些合作社，种植了 150 多亩烤烟的华金成、发展香菇产业的程云等都是在邓书记的鼓励、帮助下发展起来的，他们已经成为任桃村脱贫致富的带头人。邓斌和村领导班子成员带领贫困户采取“合作社＋基地＋贫困户”模式，因地制宜引导贫困群众发展烤烟、香菇、博落回等特色经济作物以及中蜂、肉牛养殖。全村共有中蜂 300 多箱、肉牛 120 多头，烤烟 160 亩、花生 220 亩、博落回 50 亩、袋料香菇 12 万袋。仅 2020 年一年，村集体就为贫困户分红 5 万多元。

如今 6 年过去了，任桃村摘掉了“穷帽子”，村容村貌换新颜，全村建档立卡的 102 户贫困户，312 人贫困人口已经全部脱贫退出，任桃村成为洋县 110 多个贫困村中率先脱贫的村，邓斌受到了洋县县委、县政府和汉中市委、市政府的表彰奖励。

二、发挥项目带动，脱贫致富的康庄大道越走越宽

懂政策用政策、察实情解民意、跑项目争资金、走村串户、入户走访，

邓书记扶贫工作的日程安排得满满当当，但他知道抓大放小，明了轻重缓急。“现在有政策保障，当下脱贫很容易，但以后呢？怎样巩固脱贫成果？”这个问题一直萦绕在邓斌的脑海里。他也清楚地知道，摆在他面前脱贫工作的“三座大山”和“三大战役”就是道路问题、吃水问题和旧危房改造。

邓斌刚到村里的时候，任桃村只有一条主干道是水泥路，其他通组路都是泥土路，晴天尘土飞扬，雨天泥泞不堪，村民走过，晴天一身灰，雨天一身泥。而且 11 个村民小组中，就有 8 个小组吃水存在困难。

针对制约任桃村脱贫致富的瓶颈问题，邓斌一趟趟往县城交通、水利等部门跑，争取项目资金。通过管网改造和安装抽水设施，家家户户用上了自来水，所有通组道路实现了硬化，路两边修建了绿化带，安装了路灯，村里有了乡村大舞台和健身器材……

四组贫困户张金玉是邓斌的包扶户，65 岁的张金玉被心脑血管疾病缠身，儿子任卫利种地挣的钱仅能补贴家用，母子两人一直住的是土坯房。邓斌一边动员任卫利到南方务工增收，一边为他们申请危房改造，亲自跑手续、办材料。2019 年 4 月份，张金玉终于住进了安全舒适的楼房。

2020 年冬天的一个晚上，邓斌正在张金玉家里入户走访，张金玉突然身体不适，邓斌赶紧开车送她到县城医院，办完住院手续后才匆忙回村。由于天黑积雪路滑，邓斌的汽车在经过一个急弯时险些掉进悬崖。“一只轮子已经悬空了，我惊出一身冷汗，过了好久才平静下来，慢慢把车挪回路上。”提起这次意外，邓斌仍心有余悸。

二组贫困户华存娃一家 6 口，3 人残疾，华存娃患有慢性病，全家收入靠儿子华军一人支撑，日子过得紧巴巴。邓斌联系单位给华存娃家捐赠了床、衣柜等家具，鼓励他们发展中蜂和肉牛养殖，还四处帮华军找工作，想尽办法提高他们的收入。2017 年，邓斌在白石中小帮华军联系到保洁员岗位。在邓斌的帮扶下，华存娃家养了 16 箱中蜂和 1 头牛，加上华军务工和种地挣的钱，年人均纯收入达到 6600 元，2020 年顺利脱贫。

也许一组数字，最能客观地反映出邓斌六年来的扶贫历程和辛勤付出：刚到扶贫村时，邓斌的小车行程还不到 9800 公里，驻村六年时间，里程表显示 8 万多公里，可以绕赤道两圈，其间他换过 8 套轮胎，维修了 20 多次，一辆九成新的小车，快被跑残了，几乎报废。

三、咱村里的城里人，村民们对第一书记最亲切的称呼

现如今在洋县任桃村，一提起驻村“第一书记”邓斌的名字，妇孺皆知。

他已经融入他们的生活，成为他们中的一分子，邓书记外出开会一两天，村民们都会问，怎么没有见到咱邓书记，他成了他们的主心骨和贴心人，村民亲切地称他是“咱村里的城里人”。

2020 年 50 岁的邓斌，高高的个头，快人快语，做事稳妥可靠。村民对他的评价是热心热情，真心真情，村民家里遇到大小事都愿意给他讲，都让他给出主意、想办法。自 2015 年至今六年过去了，邓斌也可能并没有干出惊天动地的大事，他每天遇到的不过是村子发展、村民生活的一件件小事琐事，而正是这一桩桩一件件实实在在、平平常常的小事，诠释了他作为第一书记的为民情怀。

六组贫困户任培柱 2016 年被评为建档立卡贫困户，全家 4 口人，由于缺技术靠种地年收入千元左右。2016 年，邓斌将他介绍到县城打零工拉煤卖煤。2017 年，他又建起标准化圈舍，养牛 9 头，家庭人均年收入 8400 元。2018 年，顺利脱贫摘帽。

在恒昌肉牛养殖合作社，越冬时节，邓斌走进牛舍，向农场主任恒昌了解肉牛的头数，一起给肉牛添加青草。室外的打料机轰鸣作响，闲不住的邓斌顺手操起大锨帮助工作人员搓起了玉米……

2018 年元月的一个夜晚，参加完县上脱贫攻坚会议后已经深夜 11 点左右，当时雨雪交加，他一人驾车过了木瓜园村北边的山崖下坡时，由于路面积雪结冰，车轮打滑，连人带车险些坠入悬崖……到今天想起那天晚上那危险的一幕他还有点后怕。

在他不懈努力下，任桃村贫困发生率由最初的 32.6% 降至 2018 年的 2.34%，现在已经降至 0，2018 年顺利实现脱贫摘帽。

2017 年 8 月的一天晚上 10 点左右，天下大雨，忙碌了一天的邓斌正准备休息，华军前打着雨伞来到他的住处说：“邓书记，华中成家老两口赖在我家不走，要与我们拼命哩。”一听此话，他立即穿上雨衣，与村委会副主任任培枝一起随华军前来到他家，给华中成做工作。他首先代替华军前给华中成赔了不是，经过 4 个小时苦口婆心的劝说，终于使双方的矛盾得以缓和，直到凌晨 4 点才平息了事态，将华中成家老两口送回了自家的屋内。事后，他又多次做工作明晰了界畔，化解了这两户之间积存多年的隔阂。目前这两户关系和好如初。

2017 年腊月二十八日中午，一组村民李巧兰和村医张新成的妻子发生争吵，李巧兰读高中的儿子寒假在家，见自家利益受损，手持斧头准备大打出手。当时正收拾行装准备回家过年的邓斌知晓后，立即赶赴现场，首先拉开了厮打在一起的李巧兰和张新成的妻子，令她们各自回家。然后分头了解情况，做工作，用两个小时疏通了堵住的道路，避免了一次重大恶性案件的发生。驻村四年来，他共调解民事纠纷40余起，实现了全村无上访，村里无积案。通过法律知识宣传讲解，村民的法律观念普遍增强。

驻村四年来，他不仅自己身体力行投身于精准扶贫工作，还通过本单位为任桃村争取扶贫资金80余万元，为村上添置了桌椅、电脑、打印复印一体机、电视等办公设施，联系本单位干部职工自觉捐款3万多元为贫困户购买米面粮油，为学龄儿童赠送文具书包等学习用品，为当地村民发展产业排忧解难。

2018年，二组养牛大户任红洲养肉牛80多头，整天要给牛粉碎饲料，但因动力能源不足电机难以启动，粉碎饲料不能正常进行。任红洲先后到办事处、县上跑了多趟都没能解决。邓斌闻听此事后，直接与市上电力部门联系，协调县上有关部门将原30千瓦的负荷改为50千瓦的动力线路，解了任红洲的燃眉之急。

二组种烟大户华金成种植烤烟100亩。2018年9月，大片烤烟遭受冰雹袭击，损失惨重，华金成整天面对损失的烤烟悲观失望，对产业发展失去了信心，打算卖掉自家的房屋外出流浪。邓书记知道后及时上门，一方面劝他鼓足勇气，树立战胜困难的决心；另一方面积极想办法为他申请产业补助和民政救济，协调产业贷款4万元，2020年落实的100亩烤烟已经起垄，烟苗已经出芽。

这样细小琐碎的事，还有很多很多，也许三天三夜也说不完，虽然普通平常、波澜不惊，但每一个故事都充满了真情和温暖，都闪耀着人性的光辉，这就是一个驻村第一书记，六个年头，2200多个日子，天天都要面对和解决的琐事……

六载春夏秋冬，2000多个朝夕相处的日子，邓斌在村民中赢得了良好的口碑。他们亲切地称他“我们的邓书记”“咱村里的城里人”。

邓斌自2015年以来，先后被市委、市政府，县委、县政府评为“汉中市脱贫攻坚先进个人”“汉中市驻村联户先进个人”“汉中市包村扶贫工作先进个人”“优秀第一书记”“优秀共产党员”“优秀驻村工作队长”，受到表彰奖励。他所在的单位汉中市教研室也多次被评为汉中市扶贫工作先进集体。洋县纸坊办事处、洋县电视台、洋县宣传部、《西北信息报》、《陕西农村报》、《教师报》、《汉中日报》、《陕西日报》等机构和媒体，分别以《邓斌：致富一方，扶持一人，带动一片》《扎根山区的城里人》《他是任桃群众心目中的“第一书记”》《扎根山区的城里人——汉中市教研室下派洋县任桃村“第一书记”邓斌工作纪实》《扎根山村五年的“扶贫精兵”——记汉中市洋县纸坊办任桃村第一书记邓斌》《邓斌：桩桩实事映初心》《第一书记的为民情怀——汉中市教研室下派任桃村驻村“第一书记”邓斌驻村纪实扎》等为题，对他的扶贫先进事迹进行了广泛的宣传和报道。

扶贫永远在路上，乡村振兴的集结号又骤然吹响，邓斌又开始了他带领广大村民脱贫致富，振兴乡村，建设社会主义新农村的伟大而平凡的征程，路漫漫其修远兮……

肩负神圣使命　甘为学子人梯

——记“全国师德标兵”团风县磙子河小学教师张先田

湖北省团风县实验中学　童丽慧

他生在崎山，把一颗爱心毫无保留地献给了山乡的子弟，成长为“大山里的孩子王”。

他热爱教育，让青春在30多年的教书育人中挥洒，收获着“感动黄冈十大人物”的美名，是名副其实的“黄冈教育时代先锋”。

他甘守清贫，将大部分的收入资助给了贫困学生，荣获了第三届“湖北师德标兵”“湖北五一劳动奖章”荣誉称号。

他践行共产党员的誓言，为人民服务，甘为人梯。他无私救助寒门学子，为他们呼吁、奔走，被授予“全国师德标兵”称号！

他，就是团风县淋山河镇磙子河小学的教师张先田。

一、大爱无声守深山

张先田在海拔600多米的团风县淋山河镇黄龙岩教学点坚守了整整30个春秋。30年中，命运之神一次次的挑战，都没有动摇张先田扎根大山的坚定信念；山外精彩世界的种种诱惑，都无法改变他痴心从教的坚定决心。

1978年秋天，在“万亩桑茶园”指挥部担任宣传员的张先田被村老支书找去，恳求他到黄龙岩小学执教，他丝毫没有犹豫，卷起铺盖就来到了荒山脊上的黄龙岩。

刚入教坛不久，南海舰队来招兵，张先田被录取了。当他上完最后一节课准备离开学校时，几十个孩子一下子把他团团围住，拉扯着说：“田老师您能不能，不走!”望着一个个可爱的孩子，他的眼泪止不住地往外流。一边是儿时的梦想，军营的召唤，一边是学生的哀求，乡亲的挽留，他在抉择中痛苦，在痛苦中抉择。最后他还是放弃了一生中最后一次圆“军人”梦的机会，留了下来。

1982年春天，张先田家来了一位亲戚——香港某珠宝行老板。这位亲戚见张先田英姿勃发，便一再要求他放弃教书的职业，去广州或香港经商。他婉言谢绝了亲戚的一番好意，心甘情愿地放弃了赚大钱、当老板的难得机会。

2001 年，张先田撰写的《再见初恋“情人”，人已到中年》的纪实文学发表后，引起了媒体的广泛关注，内地乃至港澳 20 多家媒体纷纷转载，引起了广东电视台的极大兴趣，广东电视台多次邀请他赴粤编写剧本、拍电视剧，并许诺破格录用。面对优越的条件和丰厚的报酬，他没有动心，毅然决然地回到生他养他的大山中，与孩子们快乐相守。

张先田常常告诫自己：既然选择了教育，就应该时时处处替学生们着想，山里的孩子读书不易，当山村教师就要有更强的吃苦耐劳的精神、更多的奉献精神和勇于担当的责任感，要耐得住寂寞，守得了清贫。

30 年中，无论是同乡同村先富者的不理解，还是天南海北文学笔会的邀约，都没有动摇张老师扎根大山、痴心从教的坚定信念，都没能改变张老师对大山孩子们的一片赤诚。无论是在大山顶上的教学点工作，还是在大山脚下的磙子河中学任教，张老师始终把满腔热血倾注给教育事业，始终把绵绵的慈父之爱奉献给大山的孩子们。

春风一次次吹绿黄龙岩，一拨拨外出打工的人纷纷盖起了楼房，实现了小康生活，一茬茬的孩子们在这里学到知识，从这里扬帆远航。

二、大爱无言育桃李

让“留守学生”体验亲情。一直担任班主任工作的张先田老师，认真思考，积极探索“留守学生”的教育方法，高度重视那些学业失教、心理失衡、道德失范、安全失保的特殊群体，使他们在党和政府的关怀、社会各界的关爱、学校的教育、老师的培养下茁壮成长。他义务当上了“留守学生”的“爱心爷爷”，自费安装了一部“爱心热线”电话，为“留守学生”同亲人们联系搭建平台，竭尽全力使“爱心驿站”成为“留守学生”的温馨家园。

留守学生程某生活在贫困的单亲家庭中，长期患有一种叫“排泄性休克”的病。有一天他的“排泄性休克”复发，高烧不醒，深夜查寝的张先田发现这一情况，连夜将他背回宿舍治疗。在了解到程某家庭情况后，张先田将他接到自己家中生活，像亲生父亲一样照顾他，让程某在顺利完成学习的同时，感受到了亲人之爱。2011 年 9 月 6 日，张先田参加完“湖北省第三届师德标兵”颁奖典礼后，匆匆赶到黄冈英语信息学校为程某庆贺 18 岁生日。张先田的无言大爱深深感动了广州雅新钢结构制品有限公司负责人张彦元、罗秋芳夫妇，2012 年初他们成为程某的“爱心爸爸妈妈”，承诺承担程某念高中、上大学的全部费用。

夏某的父母在黄州经商，面对恨铁不成钢、上网成瘾的儿子束手无策。经人介绍，慕名转到张老师的班级就读。面对家长的恳求，张老师郑重地承诺：我会像亲生父母一样对待他。为了控制夏某少上网不上网，张老师每逢双休日放假就与他的家长联系，坚持按时到候车点接送他。无论是炎热的夏夜，还是寒冷的冬夜，张老师常常打着手电筒焦急地呼唤夏某的名字，四处寻找夏某的身影。经过一年苦口婆心的教育，不厌其烦的辅导，终于使这个出了名的“网虫”转变为刻苦学习、成绩优异的三好学生。

谌某的父母参加青海玉树地震灾区援建工作，托亲属将爱上网、逃学、撒谎的儿子转到张老师的班级就读。由于该生长期在四川、新疆、青海等少数民族地区学习与生活，回到家乡难以适应新的环境，显得孤僻、内向、固执，整天躲躲藏藏，约好的几次家访都不见面，拒人于千里之外。为了拉近师生、同学间的距离，张老师想方设法创设平等、友好、和谐、快乐的环境，使他充分感受到班集体的温暖。在张老师的严格教育和精心呵护下，在同学们的“心连心，手拉手”的带动下，该生爱上网、逃学、撒谎的坏习惯彻底改变，前后判若两人。白发苍苍的爷爷奶奶笑得合不拢嘴，长年在外的父母更是感激不已，“张老师，孩子能有今天，真是不可思议啊!”家长的信任和尊重，更增添了张老师“办好爱心驿站，当好爱心爷爷”的决心和信心。通过自己的亲身经历，张老师深刻认识到：作为有爱心的教师就应该把这些远离父母关爱，特别是单亲家庭的“留守学生”视为自己的儿女，使他们幼小的心灵得到健康的发展，少一点孤独和忧愁，多一点温暖和快乐。人们都说：张老师是孩子们的“生活保姆”“家庭医生”“爱心爷爷”“知心朋友”。

让“困难学生”感受温暖。“师者，所以传道受业解惑也。”他时时刻刻牢记教师的神圣职责，一言一行、一举一动都严格遵循师德标准。他常常扪心自问：对学生管勤了没有？对学生知道了多少？不断完善“人类灵魂工程师”的形象，既当学生的良师，又做学生的益友，真正成为学生的知心人、贴心人。人们大多把自己培养出来的品学兼优的好学生作为自己教育成功的资本，而他则认为能把“困难学生”转变好了，才算是尽到了教师的天职。因此，他对“困难学生”更是情有独钟，把更多的精力、更多的心血倾注在那些需要关心、需要温暖、需要医治的孩子们身上。

2009 年春季开学报名时，他接收了分别来自偏远地区杜皮乡、马庙镇的 6 名学生。出乎他意料的是，这 6 名学生都是经过无数次转学后“慕名而来”的“困难学生”，他们都有明显的共同点——打架、上网、抽烟、喝酒、赌博、偷窃，都是家长管不了、学校不愿收的“调皮学生”。当他们的爷爷奶奶、爸爸妈妈恳求他无论如何得收下他们的孩子时，他再也没有退路了，职业道德的约束、教师职责的驱使使他下定决心，一定要将这一匹匹脱缰的“野马”驯服。

在新学期的第一次主题班会上，他激情飞扬地讲道：“张老师的班级不是废品回收站，不是垃圾场，76个学生一个都不能少，一个都不能掉队！大家有信心吗?”“有!”坚定响亮的回答声使他增添了克服困难、迎难而上的勇气与力量。

如何与这些“困难学生”相处，教育他们好好学习、积极向上，成了摆在张老师面前的首要问题。他仔细分析了这些学生的具体问题和个体差异，分门别类，对症下药，迅速制定全新的班主任工作方案，选择从正面突击，以爱浇灌，平等对待每一个学生。让那些经常被父母体罚、挨老师批评、受大家伤害的“困难学生”，感受到班集体的温暖，体验到老师的一片真爱，从而达到教化育人、逐渐向好的效果。

父亲因车祸成了植物人，自己患有严重肾病综合征的小张同学，是张老师联系报社、电视台发动社会捐款，争取政府部门救助，才挽救了这个濒临破碎的家庭。张老师鼓励他克服困难，战胜病魔，立志成才。

父母早年离异，身患粒白细胞综合征的大学生舒某，是张老师看报纸得知的一个渴望救助的少年。从2003年起，张老师一直想方设法资助舒某，经常奔波于各级媒体和政府部门，为他筹资治病。值得欣慰的是，被医院、专家宣判了“死刑”的舒某，最终脱离了死神，获得了新生，重返大学校园。

在一次走访中，张先田老师利用双休时间带领学校年轻老师到眠龙村荒冲湾童某同学家，聊天中得知童某父母双亡，祖孙二人相依为命，生活特别困难。走访老师主动义务帮他家干农活、做家务。男教师上山砍柴、下地种菜，女教师摘棉花、洗被子、打扫卫生。家访结束后，张老师帮助童某同学申报家庭经济困难学生补助并纳资助对象，童某的奶奶感动得泪流满面。

全国大学生新闻传媒艺术团在张先田老师工作的学校拍摄新闻纪录片《讲述大别山的故事・上山上学》时，对他给予了高度评价：“张老师无愧于大别山区的‘崎山红烛’，无愧于‘大山深处的孩子王’。”

让“特殊学生”享受阳光。他常常警示自己：既然自己选择了教师职业，每时每刻都应该为大山里的孩子着想，不应该计较个人的得失；既然自己是一名共产党员，那么每时每刻都要以人民的利益为重，不应该追求个人的名利，唯有脚踏实地、尽心尽责地培养、教育、关心、帮助大山里的孩子们，为他们外出求学铺平道路，忠实履行教育扶贫的神圣使命，阻断贫困代际相传才是自己毕生的追求。

欧阳姐弟俩是张老师几十余年教育生涯中最伤神的两名学生。姐姐患有先天性疾病，几乎丧失了自理的能力，属特殊教育对象；弟弟智力低下，各门功课特差，经常打架闹事，给班级添乱子。同事们都好心地提醒他："你这是何苦呢？这样的学生也收下，不怕毁了你的名声?"他回答说："这个家庭很特殊，这两个孩子更特殊，不忍心看着姐弟俩这么小的年纪就失去了上学的机会。我没有理由将他们拒之门外啊!"接下来的工作，就是给这对姐弟开小灶，填沟补漏，尽可能地为他们营造宽松、舒适的学习和生活环境。为了把工作做得细致到位，他一方面组织班委会积极开展主题班会活动，让同学们利用班会这个特殊的平台去主动帮助这对姐弟；另一方面加强对姐弟俩的管理，一日三餐带他们去食堂就餐，早晚查寝嘘寒问暖。两年时间，几乎做到了朝夕相处，形影不离。功夫不负苦心人，姐弟俩在他的呵护关爱下，没有出现一次意外事故。当国家教育网《资教中国·精极影视》栏目来校拍摄专题片《大山深处的孩子王》，采访姐姐时，她当着记者的面紧紧地抱着张老师，热泪盈眶地说："张老师就像我们的爷爷一样，我们都热爱张老师。"那些好心劝他的同事们，一个个都心悦诚服，家长更是感激不尽，逢人便夸他们的孩子遇到了一个难得的好老师。张老师没有因家长们对他的称赞而沾沾自喜，他深刻地认识到：对于那些特殊的学生，除特殊的关爱外，还必须用特殊的手段去开启他们的心智，让他们享受到比其他学生更特殊、更优越的待遇。让他们像正常学生一样完成九年义务教育，为他们学会学习、学会生活、学会做人创造条件，打好基础，将来才能够成为一个自食其力的人。

三、大爱无疆铸师魂

弯弯的山路，张先田数不清多少次摸黑走过；沉默的大山，一定深情地记得张先田的感人师魂。

2006 年当选为"感动黄冈十大人物"后，张先田更是以强烈的责任感去关爱社会弱势群体中的学子。孤儿张某在他的资助下，考上了湖北师范学院；特困家庭出身的陈某，靠张先田资助从小学念到了大学……

30 余载，他用自己微薄的工资垫付学费累计达 10 多万元，先后资助 360 多名贫困学生和残疾儿童，使 200 多名贫寒学子走出大山，走进高等教育的殿堂。

一个人的力量、一个家庭的付出毕竟有限，为了帮助更多的需要资助的学生，张先田发起并实施了"红烛计划"，呼吁社会力量参与助学。2017 年他又组建了"乐善助学——湖北团风站"，桐城、广州、武汉等地的爱心人士纷纷为山区贫困学子伸出了援助之手，共同为大山里的孩子们放飞梦想、点燃希望，受助学生覆盖全国。

化身为桥，化爱为灯。30余年来，张先田先后收获了“黄冈市十佳师德标兵”“黄冈教育时代先锋”“感动黄冈十大人物”“湖北省三育人先进个人”“湖北省十大师德标兵”“湖北省五一劳动奖章”等荣誉称号。2013年，他还被评选为“全国师德标兵”，这也是团风县建县以来获此殊荣的第一人。

漫漫人生，一个人能有几个30年？短暂征途，个人又该怎样让自己活得精彩？张先田一直不忘初心，用自己30余年的默默坚守，以一名普普通通的共产党员、平平凡凡的人民教师的赤子情怀，脚踏实地践行自己的庄严承诺，给自己的人生绘制了一张并不多彩却很丰满的答卷。正如时任湖北省委副书记、省总工会主席张昌尔在接见张先田时的高度评价：“张老师扎根山区30余年，无私奉献大半辈子，他不仅是黄冈基础教育的一面旗帜，更是湖北广大教师的优秀代表！”

是的，燃烧自己，照亮别人，这是身为人师的崇高境界；不忘初心，牢记使命，这是共产党人的责任担当。面对孩子们的簇拥，他收获着简单的快乐和平凡的幸福。执着追求，无悔坚守，平凡人生如此，谱出的恰是最动人心扉的赞歌！

匠心筑梦，自强不息，建功新时代

云南省曲靖市富源县第七中学　荣泽科

2001年9月，丹桂飘香，那是一个秋天——

从师范学校毕业，我被分到云南省富源县墨红镇一个村完小——普冲完小任教。这所小学偏僻落后，条件艰苦，因为平时几乎没有跑运输的车，得趁赶集天乘车前往学校报到。路上，满眼的青山绿水，水鸟翔集，独木水库起伏的粼光荡涤着我不平静的心绪。凭我“学霸”级的素质，我想我能够到镇上的中学或小学任教，更在心中规划了三年的成长目标：一年站住脚，二年出成绩，三年有特色。美好的设想让我兴奋得辗转反侧、翻来覆去、难以入眠。但现实却是被分到村完小任教，感觉和别人相比输在了起跑线上，着实给了我不小的打击。沮丧中还是有一丝光亮照着我，想起了毕业时导师说的话“不要把生活理想化，请用奋斗去创造理想化的生活”，便又多了几分乐观和豪情，毕竟我才20岁，没有什么奇迹不可以创造。在我前座的两位妇女正高兴地议论着：“听说我们这儿分来‘正规’的新老师了，我儿子班的学生都有救了！”当时我的内心震撼了，当地老百姓对好老师多么渴盼啊！后来的经历让我明白，这是人民群众对优质教育的憧憬，更明白了党的教育方针“办人民满意的教育”的高瞻远瞩。

果不其然，我接手的是一位当地代课老师所教的班级，我承担了该班所有学科的教学任务，也就是“包班”。更让我没有想到的是，这个班所有学科成绩全镇倒数第一名。已经是四年级了，很多学生字母认不全，不会查字典，字写不到一块，教学过程的艰难可想而知。再加上很难找到优秀的老教师请教，更没有高质量的教研分享，颇有几分“行路难”的感慨，但只要想到那两位妇女的议论，人民对优质教育的期待，从不服输的我坚定了啃“硬骨头”的决心，一定不负所托。

我沉下心来，除了钻研教材、摸透学情、精讲精练、对症下药之外，还利用中午和傍晚帮助学生强基础、补短板，有时忙得一天只吃一顿饭。其间，为了坚定自己的斗志，书写了诸葛亮的《诫子书》以及韩愈的《师说》挂于床头，常自吟“年与时驰，意与日去，遂成枯落，多不接世，悲守穷庐，将复何及”

“师者，所以传道受业解惑也”给自己打气，以文化和情怀的力量助力自己克服困难，砥砺前行。

与此同时，“又患无硕师、名人与游，尝趋百里外，从乡之先达执经叩问”。只要镇上有公开课，没车就步行8公里去听课，向优秀教师逐一请教早已准备好的问题，以期尽快提高自己把握教材和掌控课堂的能力。后来，为了能随时到镇上听课，索性借钱买了一辆摩托车。从此，一个飞扬着青春气息的乡村教师，一人、一车、一包，常常出现在花明柳暗、蜿蜒小道、月明星辰之间，俨然是一道青春飞扬的风景线。于今来看，更是激情燃烧的奋斗岁月。“星光不问赶路人，岁月不负有心人。”渐渐地，学生们的成绩有了起色。

我和学生一起成长的岁月里，更收获了人民群众最质朴的感激。瓜果成熟的季节，每日清晨，我打开房门时，总有一些辣子、小菜、玉米棒子、桃儿、梨儿呈现在我眼前。校长深情地对我说：“群众的眼睛是雪亮的，你的激情付出，他们都看得到；你对他们的孩子好，他们就倾其所有对你好。”我知道，这个地方穷啊，这是他们表达敬意最朴实的方式啊！更是对美好未来的真切憧憬啊！我内心感动不已，他们最真挚的心给予了我力量，坚定了我教书育人的决心。星光总会照亮前行的路，三年如一日的激情拼搏，这个班竟然在小学毕业的时候，考出了全镇第一名的好成绩。学生看到自己的成绩，惊讶得不敢相信，我的心里也乐开了花，世界上没有任何一种快乐可以与之相比。

教育的情怀，教育的心性，特别是追求卓越的一颗匠心，也在这三年里，同着这里的大山，独木水库的清波，淳朴的乡情，成功的喜悦，一起扎下了根。

2004年9月，丹桂飘香，那是一个秋天——

中国共产党缔造的时代，绝不会辜负一个进取奋斗的人前进的步伐。2004年9月，墨红镇公开选拔中学教师，在各项考核中，我的得分名列前茅，于是从墨红镇普冲完小调入墨红镇中学任教，我满心欢喜，意识到专业的发展与提升将进入一个新天地。但新环境还是给了我莫大的挑战，甚至是痛苦，中学教师不信任，聘课连连碰壁。那种情景给人的打击是巨大的，我在墙角偷偷地流过泪。最后，无奈地接受了学校安排的“小科目”教学，政治2个班，生物2个班，历史2个班，共6个班，尽管我的专业是汉语言文学，语文才是对口的。想想别人的不屑，再想想最艰苦的地方都战斗过，还有什么困难战胜不了呢！我写下一句话贴到床头——坚持到底，力争第一。自此，啃教材、翻资料、写教案、改作业、攻读教育专著、学习名家案例，成了夜晚最独特的风景。

别人害怕上公开课，我却积极请战，竟成了公开课“专业户”，但凡上级来教学检查，我都是学校的“首席讲师”，我更在“不怕丢脸”的勇气中成长。记得有一次，富源县教体局教学大检查，学校早上还被批，下午我以一节“高效课堂”的展示课，征服了所有听课领导，反馈会上甚至给出了三个没想到的高度评价：一是没想到一所乡镇中学“高效课堂”搞得这么好，二是没想到语文可以这样教，三是没想到效果这样好。果然在学年末统考中，我又教出了第一名，一种在逆境中卓然而立的幸福溢满心田，心中涌起“雄关漫道真如铁，而今迈步从头越”的万丈豪情，我把黑暗的日子过成了阳光灿烂的日子。

之后的日子，成长的岁月如歌，获得专业化发展是我对事业的执着追求。在我看来，干教育，就要有一股狠劲，不逼迫自己一把，是不会知道自己有多大潜力的，更不会知道自己到底有多优秀；干教育，更要有一股钻劲，只有钻得进去，才能走得出来。激情奋斗，坚持学习，厚积薄发，敢于担当，我的能力和学识有了惊人的长进，同时也引起了学校以及上级主管部门的关注，给予了培养，一切有利于我成长的幸事接踵而至。当然，我也特别珍惜来之不易的机会，没有辜负组织的信任，先后参加过县级、市级、国家级课赛以及各级各类演讲比赛和党课比赛，先后获得过一等奖、二等奖。

印象最深的还要数 2019 年富源县举办的“喜迎十九大，讲述新变化”的微党课比赛，全县总共有 1100 名党员参加比赛，经过五轮淘汰，选出 10 人参加在县委政府举办的决赛，我不负众望，成功进入决赛，给富源县所有党政机关的主要领导以及单位代表上了一堂生动的党课，我也是自赛事以来唯一代表教育党工委进入决赛的人。其实，相比过程的艰难，竞争的激烈，这场历经一个月的比赛，我最大的收获还在于感动。为了授课的具体可感，我研究了身边许许多多党员的先进事迹，正是在他们的拼搏奋斗下，各项事业才蒸蒸日上，我生活的家乡才旧貌换新颜。我对中国共产党的认识更加深刻而具体，她是真真实实地为中国人民谋幸福、为中华民族谋复兴的党，代表了中国人民最广泛的利益。

我在比赛中讲到了“富源好人”拐杖教师——程飞的故事，感动了所有人，更感动了我自己。程飞老师大学毕业后回归桑梓，潜心育人。可就在他 22 岁那年，因公出差，横遭车祸，不公的命运折断了他的双腿，腰椎粉碎性兼压缩性骨折，落下了终身残疾，双脚再也不能走路了，生活再也不能自理了。倘若普通人，或许早丧失了生的勇气，但程飞老师却选择了生的坚强，因为他的心愿始终放不下，放不下稚气未脱的孩子，放不下心爱的教育事业。从此，他又创造了一双能够行走的双腿——拐杖，用它丈量生命新的长度，书写新的诗篇。

他从不迟到、从不早退，课堂上总有他活跃的身影。有人心疼他，劝他说："何不办病退呢?"他坚定地回答："我是一名共产党员，只要我这身体还允许，我都会把时间用在备课上，把激情用到授课上，把热情用到辅导上，把感情用到每个孩子身上，直到拐杖都无济于事的那一天。"

仗"拐"前行，用爱给孩子种下了梦的人，这就是我身边的党员，我心中最伟岸的形象。因一次比赛邂逅的先进事迹，成了助推我进阶的精神食粮。作为一名党员教师，就应做到生命不息，奋斗不止，不忘初心，砥砺前行，以行动发出奋斗的誓言，把父亲般的背影、母亲般的脚印留给孩子，献给党。

我也要做程飞老师那样的好人。于是，我越发努力，教学教研齐头并进，不断充实自己，还通过示范引领、辐射带动，引领了一批同人，为一个地区的教育事业做出了力所能及的贡献。

我先后主持并完成国家级课题"优秀传统文化与写作教学研究"、市级课题"初中语文高效速读速写策略研究"各一项，主持并完成县级课题"少教多学理念在语文高效课堂构建中的策略研究""课堂导入的方法和策略研究"两项；参与并完成国家级课题"少教多学理念在中小学教学中的具体策略研究"一项，省级课题"区域教学模式探究""区域教师培训策略与路径研究"各一项。发表教研论文 30 多篇，文学作品散见于《西部文学》《曲靖日报》等刊物。先后担任过教研组长，《学生新报》学校记者站副站长，课题中心副主任，学校办公室副主任，富源县语文联合教研组副组长，《富源县语文联合研修》副主编，富源县课赛主评，富源县"送教下乡"主讲教师，曲靖市"名师大篷车"送培专家，富源县第七中学语文名师工作室主持人，富源县初中语文荣泽科名师工作室主持人，曲靖市第二届初中语文荣泽科名师工作室主持人，全国读写实验学校学科负责人，上海市教育委员会语文教师专业发展研究共同体学校负责人，当代微篇小说作家协会会员，当代微篇小说作家协会云南分会作协副主席，富源作协会员。2007 年以来，为曲靖市各级各类学校送培 60 余次，为 2300 余名教师开展过讲座，2600 余名学生上过公开课。带队到昆明参与全国视野下的命题研究，带队到内蒙古、贵州、海南、重庆参与过课题研究、名师工作室联盟研讨和群文阅读等学术研讨活动。承担过麒麟区、富源县教师全员集中培训任务。带领富源七中全体师生参加第 17 届"为学杯"作文大赛少年作家培养计划，1062 人获奖，进入总决赛 609 人，教师获奖 72 人。先后获得"优秀班主任""优秀教师""曲靖名师""省级优课名师"等荣誉称号。连续三届获富源县人民政府颁发的"名教师""名班主任"荣誉称号，享受富源县人民政府特殊津贴。

静心思进中彻底完成了蜕变，我成长为研究型、专家型教师。这当然得益于党对教育事业的高度重视，对教师队伍建设的顶层设计，特别是习近平总书记提出了“四有”教师的标准，各级各类主管部门都行动了起来，我才有了正确的前进方向，才成长为新时代一名合格的人民教师。真心感谢党和组织的培养，带着一分感恩的心以及对中国共产党的热爱和敬佩，我光荣地加入了中国共产党。拥有了党员的身份，我更加朝着争先创优方面发展，我要给党增色添彩，我要让身边的人真正认识到党并不抽象，党就在身边，党员就是先进的代表，党员就是无怨无悔、干事创业、激情昂扬的领军人物。

2019 年 9 月，丹桂飘香，那是一个秋天——

人生，一路向前，经过许多路口，翻过许多大山，蹚过许多河流，方可领略成长路上的斑斓风景。预测未来，不如创造未来。为了和更多的教育达人同道，进一步提升自己的专业素养，2019 年，富源县遴选县直属学校中学教师，我以第一名的成绩考入富源县第七中学任教。这是一所朝气蓬勃、大师云集、奇迹不断的学校。当然给予我的挑战也是前所未有的，但喷泉之所以美丽，是因为有了压力，不负过去、不惧将来是我的信条，我的信心。我深深地意识到，要想再次成长，就要直面挑战，风华正茂时，踏荆棘起舞，才能不悔此生！未来不能改变我是谁，但我可以改变我自己。我积极发挥自己的特长，积极参与学校的各项活动。教研教改，活动主持，演讲指导，党课宣讲，期刊汇编，校际交流，青蓝结对，但凡学校有需要，我都愿意贡献自己的点滴力量。城里的工作和生活有很多独特的地方，我很快意识到，在城里当老师，更应“以教养性，以育安心”，静下心来教书，潜下心来育人，用“四有”教师的标准严格要求自己，乐育英才，才能做一名新时代的好老师。

未来，丹桂飘香，某个秋天——

未来，可以是什么，没有人可以精准地预测，但我们能把握未来，先辈已经给出答案。曾国藩有言：“第一要有志，第二要有识，第三要有恒。有志，则断不甘下流；有识，则知学问无尽，不敢以一得自足；有恒，则断无不成之事。此三者缺一不可。”未来，更是一种良好的心态。曾国藩亦言：“物来顺应，未来不迎，当下不杂，既过不恋。”未来，方向很重要，牢记党和国家的重托，响应习近平总书记做“四有”教师的号召，以此为远航的灯塔，暗夜里的明星，我们必将春耕秋收，桂香相伴，未来可期。

激情装扮岁月，铸就非凡人生。回顾我从教的十余载春秋，我的成长历程仅是新时代人民教师激情奋斗与敢于担当的缩影！个人的命运与国家、民族的命运紧密相连，面对百年未有之大变局，人民教师的使命光荣，因为忧国忧民乃融于吾辈血液中的情怀。在党的教育思想的指引下，教育主管部门的关怀下，成长沉淀的岁月里，我们可以骄傲地说，新时代的人民教师，能担当中华民族伟大复兴的历史责任。请党和人民放心，我们有一颗真心——一颗当好一个好老师的真心，是我们身上最重要的精神密码，是我们勤勤恳恳的内驱动力，诠释着“匠心筑梦，自强不息，建功新时代”的铮铮誓言！

朋友，一路向前，经过许多路口，向您挥挥手，问一声，您又在成长的哪个路口？

孩子，把手给老师

陕西省咸阳市杨陵区高级中学　高凤香

贫穷，曾让我衣不合体；贫穷，曾让我食不果腹；贫穷，曾让我回家无处安寝；贫穷，曾让我步行十里求学。因为贫穷，我曾极度自卑；因为贫穷，我曾差点精神崩溃。幸运的是，读高中时遇到一位恩师王承堂，他怜惜我一年四季穿一身衣服，过年前，掏出五块钱，让我去做一件新衣；也是因为他的资助，我才能在学校吃饱肚子，精力充沛地学习。他是我深陷逆境时飘来的一把稻草，浮我上岸，让我稳稳地站起来，沐浴温暖的阳光，健康地生长。望着他做饭时驼下去的背影，听着他讲课时的谆谆教诲，我的梦想渐渐清晰：总有一天，也要学着他，用苍劲的大手，扶起那些跟我一样深陷困境的学生，让他们在校园里尽情地笑，毫无顾虑地生活。

师范毕业后，我如愿以偿当上一名语文教师，加入了中国共产党。三十年来，我循着王老师的踪迹，向教育的长河深处潜泳。除了练就过硬的专业技能之外，我尝试用各种方式观察学生，了解学生，及时把手伸向那些濒临困境的学生，竭尽自己所能，传道授业解惑，让他们在前进的道路上走得更加稳健，更加阳光。

一、被褥里面藏暖意

当班主任，最让我揪心的是家境贫寒的学生。从他们身上，我总能看到自己当年在学校的影子。没有饭吃，我放学后待在教室装模作样写作业，估摸大家吃完饭，才忍着辘辘饥肠回到宿舍，喝下一大杯凉开水躺着休息。邻铺的好友问我是不是闹肚子，我撒谎说“是”，然后狠劲揉揉“咕咕”响的肚子，拉过棉被蒙上头，让眼泪悄无声息地流……工作以后，我再也不要学生受这种折磨，想办法走进他们的家庭，弄清他们的隐忧。

女孩敏走进我的视野，是在我接到一班新生之后。她长得很秀气，很精致，满月似的脸盘上，滴溜溜地转着两颗黑葡萄，水汪汪、亮晶晶，看着就想捧到手心里。但敏的父母似乎对这个女孩并不怎么上心。有一天，我去检查宿舍，科代表给我讲了敏的家世。敏的亲生父母在她出生不久就分开了，敏一直跟着父亲和继母生活。父母常年在外打工，即使周末回家，也是敏一个人，自己做饭吃。我看了看敏的床铺，很是单薄。褥子又脏又薄，坐上去很难受。被子又轻又薄，稍一抬手，就整个提起来。真不知敏一夜一夜怎么熬过来的。科代表说，敏每天起床都很早，其实是被冻醒的，她妈知道了要给敏缝一床厚褥子，现在还没做呢。听着科代表的介绍，我的心如针扎了一般，赶快对她说，让她母亲别管了，我来缝。

放学路上，刚好碰见卖蚕丝被芯的，特别柔软，我就买了两床，拿到缝被子的小店，让她们用纱布把被芯包好，再裹一层松软棉布缝好。下午，我在家里翻出一条被罩，一个热水袋，一床我弟弟读书时用的厚褥子，坐老公的车送到学校，趁着敏上课的时间，抱进女生宿舍，让管理员打开敏的宿舍，给敏铺好褥子，叠平被子。临走，反复叮咛管理员，不要说是我送的，怕敏知道后，会有心理负担。那几天，我一直观察敏，没发现敏的神情有任何异样。她照样来教室上课，照样伏着桌子写作业，下课照样和同学说说笑笑。看到敏这样，我心里踏实了。每当想到寒冷的夜晚，敏躺在暖和的床褥里，恬然地入睡，我的心就像棉花一样温软。

过了周末，科代表找到我，说敏这几天跟疯了一样，整晚整晚不休息，逮住谁问谁。宿舍的同学都跟着不能安宁。更为闹人的是，敏一有时间，就缠住宿舍管理员打探，是谁给她送的被褥。管理员走到哪里，她就跟到哪里。她说问过家里了，没有任何人给她送过东西。竟至于她继母怀疑是不是敏的亲生母亲送的，还引发了家庭内战。我一看事态发展得有点严重，没办法，只能把敏叫出来，给她讲了实情。就连那些宿舍管理员，他们都说，管理宿舍几十年了，从来都没见过有这样当班主任的。我却觉得，自己也是贫寒家庭中长大的，如果没有老师和好心人的帮助，自己如何度过生命中的一个个冬天？

自从知道事情的真相后，敏在班上的表现特别突出。她不是巧言利嘴的女孩，没有跟我说一箩筐的感谢话，却变得越来越有眼色。黑板没擦，她就主动走上去，把黑板擦干净。要是我在另一个班级上课，她就会把我的水杯送过去放好。如果我往教室走，她远远看见，会跑到我跟前，接过我的教本，蹬蹬蹬地跑去教室。她不是小组长，上课小组讨论发言，她最积极，时不时地组织组员这样做那样做。自习课上，敏比以前安静多了，她在用心学习。她成绩原本不好，后来的进步却很明显。看到敏的变化，我发自内心地高兴。

敏家里困难，我给她申请了国家助学金。敏在办理时，她的户籍竟然在网上查不出来。敏的父亲到派出所去办，谁料到，户口本拿到派出所几个月没办下来。敏怕我担心，没告诉我。结果，学校要给学生发放助学金，200 名学生因为敏一个人给停下来。她的父亲放弃了，我却想尽一切办法帮她上户口、办身份证。当我把打上助学金的银行卡递到敏的手里时，她的眼里闪出了泪花。

教书三十余年，我已经无法计算自己到底资助过多少学生，资助过多少费用，也无法统计给学生买过多少纪念品，帮助他们解决过多少困难。帮过的学生，很多连名字都想不起来了。他们毕业多年后到家里聊天，我才隐隐约约记起来。特别心疼的就是那些孤苦无依的学生，只可惜自己没有万贯家财，替他们解决全部的后顾之忧。但我会通过各种途径，尽最大努力帮助他们。学生时代，王老师给我撒下扶危济困的种子，早已在我的职业生涯中长成参天大树，荫蔽着每一个来到我身边的贫家孩子。我会用心呵护他们，勤心扶持他们，让他们在我茂密的树荫下茁壮成长。

二、家访途中解心忧

班级管理中，教师最难走进的是学生的内心世界，特别是高中学生，进入叛逆期，不只防家长，更防老师，他们竖起一道厚厚的心墙，把心灵的风雨死死遮住，把关注的目光密密防住，不跟家长、老师交流已经成为通病。他们很敏感，常常会有怪异的举动，爆发出异乎寻常的火药味，老师、家长如果不了解真实情况，采取错误的做法，当面斥责，就会适得其反，跟孩子的距离越拉越远，界墙越积越厚，甚至会影响孩子的心理健康，导致精神疾病，而这种精神困境比物质困境更可怕。因此，我坚持让学生写随笔，及时把他们的情绪宣泄出来，如果发现有家庭问题，我就会走访家长。

为了更全面地了解 2015 届的学生，我利用节假日走遍杨陵区的大街小巷，走访完所带班级的学生。学校地处杨陵城市中心，被家访的学生基本散居周围农村。杨陵地貌狭长，东西跨度大。我不是当地人，没有自东向西全部走过，不知道学生留的村址具体在什么位置，房宅具体在哪条街道，更不知道走访完全班的学生需要多长时间。每次去之前，学生和家长只能在家里等着。待我抵达后，坐一阵子，说一程话，喝一碗茶，再继续赶往另一个学生家。

我们班杨陵本籍的学生分布于五泉、揉谷、大寨、李台、杨村五个乡镇，自西向东涉及 32 个村民小组。城区学生 6 名，借读学生 2 名：武功河道 1 名，渭南 1 名。渭南庾寒寄住在付家庄的姐姐家。春节收假，我没有计算过自己跑了多少路，累计花过多少时间，和家长说过多少话，但我切切实实地知道，我已跑遍所有学生的家，知晓每个学生家的门楼款式，知晓他们家具的摆设，知晓他们的经济状况，知晓他们父母的精神状态……

有个男生晨写随笔，常常写到班里一个女孩莉。他跟女孩爱爱恨恨分分合合的悲喜，不仅写进随笔，还常常挂在脸上。他的情绪直接影响到他的考试成绩。相处愉悦时，他的成绩可以冲到年级前十；发生矛盾时，他的成绩可以退到百名之后。开始，我给晨留言，他还能调整几天，但女孩一黏他，他就无力自拔。我找两个人都谈过话，好转是暂时的，波动却一直延续到高三。

于是，我决定找晨的父母谈谈。晨的父亲在韩城上班，春节刚好在家。晨的母亲说，他爸一年回来的次数少，跟孩子接触更少，沟通起来难度很大。孩子不认同他爸，他爸看不惯孩子，说几句就吵嘴，甚至动粗。晨的母亲打我一进门，就说个不停。她爱唠叨，叛逆期的孩子不愿听。晨在家里得不到温暖，所以，就想在学校找个能够给予他温暖的人。

晨家的住宅，是我见过的最旧的房子。家具用物也是一律的旧。唯有矮小的木桌上的一台电脑，格外醒目。他母亲说，晨闹着要电脑，拗不过他，就给买了，却发现他整天偷着跟一个女孩聊天。我环视一圈房间，再盯着晨看。晨低下头抠手指头，一句话也不说。晨送我出门时，我拉着晨的手，对他说："你现在长大了，是男子汉了，看得出你是一位有担当的男孩子，老师相信有担当有责任心的男生会撑起自己的家庭，带给家人幸福，赢得所有人的欣赏。"

春季开学后，晨来学校，像变了一个人，似乎一转眼便懂事了。他不再跟我顶嘴，班级的事务很是上心，每次劳动都能看到他忙前忙后的身影。他当了小组长，带领组员讨论问题，发言展示，比别的组长都积极。随笔中再也看不到你情我爱的文字，写的都是积极进取的心劲。

我曾经也是一个特别敏感的女孩，有过青春期深陷感情困境不能自拔的苦恼，有过对未来失去信心彻夜难眠的绝望。我希望我的学生都能拥有阳光的心态，树立正确的爱情观。上课时，我特别留心他们的表情，只要发现问题就找他们谈话。阅读随笔时，看他们的情绪是否正常，经常会给他们留言，帮他们树立正确的人生观与价值观。

现在，学校教育已经很重视对学生的心理辅导。国家富裕了，各种资助政策缩小了学生之间的物质差距，但精神问题层出不穷。精神的扶贫比物质的扶贫更重要。因此，想让我们的每个孩子都健康发展，还有很长的一段路要走。我会利用一切机会，对学生进行心理疏导，把他们从各自的精神困境里解脱出来。看到他们明媚的笑脸，听见他们亲热地叫我"香妈"，我的心比喝了蜂蜜还要甜。

三、支教路上传诀窍

当一名好老师，不只需要一颗教好自己学生的善心，更需要有一颗开启学生智慧之门的博爱之心。所以，提高自己的业务能力，教会学生自己发现问题、分析问题、解决问题的同时，也要帮助学生，带他们走出学习困境，这才是优秀教师职业生涯中的重中之重。近十年，我去过很多学校，听过不少公开课，见过不少学生，常常为老师不能答疑解惑而着急，为学生不能豁然开朗而心忧。

2018 年 11 月 30 日，我到云南腾冲八中支教，应课题组和学校老师要求，上一节高三作文指导课。读了高三学生的模拟练考作文，我发现了很多问题，随之很快形成明晰的教学思路。我很清醒，这些即将参加高考的孩子们，容不得我来半点儿铺垫与雕饰，我得去浮华，去繁饰，教给他们一些真金白银般的写作本领。

作文题选取了李嘉诚的一则格言。从发来的学生作文看，审题难度挺大。李嘉诚先生的这则格言，蕴藏着深刻丰富的生存智慧，要让十七八岁的孩子理解透彻，很不容易。通读七八篇习作，没有找到一篇紧扣题意的作文，多多少少都有所偏离。原计划诊断论据运用存在的问题，临时把课堂重点调整到审题立意方面。为把这个问题讲深讲透，我查阅了李嘉诚的创业历程和这句格言的来历，以及其他人对这则格言的解读文章。

孙永弟，是班里作文写得相对比较好的学生，语言功底不错，但审题出现偏差，选用的事例也不是都恰当。我提前一天发给他们老师一篇我依据梁祝素材写的评论《文学创作要指向老百姓的精神缺失》，让印发给学生，作为议论文样本与学生的练考习作进行对比阅读，查找问题。课堂上，我先让全班学生齐读作文题，再让孙永弟分析作文题，发现她对这道作文题的理解的确不到位。于是，我引导学生抓关键词分析，逐层把握格言的深层意蕴，听完后他们恍然大悟。再次对照自己的审题立意，孙永弟便准确地谈出了她作文的偏差及所选事例的不当之处。

接着，我让学生分组谈论。我喜欢学生之间的交流，喜欢倾听学生的交流。学生思维碰撞时，常常闪现奇异的火花。作为一名老师，教过三十年书，方才明白，学生疑点的融通不是老师讲出来的，而是他们练出来的，是他们心灵深处冰封的触动，是哗啦一声的春水解冻。而老师，该是一缕又一缕的春风，适时地拂过他们冻结的心田。

学生交流之后，争相发言。没有分析到位的学生，我一两句话的提醒，他瞬间就明白了。我没让思维有漏洞的学生呆呆站着，或者茫然坐下，他的问题有可能是很多学生的问题，引导其掌握解决的方法，也就帮着其他学生解决了问题。前几名学生在我的点拨下洞悉并修改了作文的症结，后面的学生修改就更加顺畅了。整节课学生的思维都在动，我在他们偏离时适时点拨，把他们拉回正轨。

这节课是我平日里惯常讲的课，是建立在学情基础上有针对性地解决问题的课。孔子曰：不愤不启，不悱不发。愤也罢，悱也罢，都是主观怀有浓厚的学习欲望，并反复付之于学习实践，仅凭个人智慧难以通达、形成心口滞涩的焦急状态。仿若泉流冰下，幽咽凝绝；铁骑刀枪，突围无望。此时，需要外力帮着凿开冰层，推倒重围，给其一条通道，一个缺口，让泉水汩汩流淌，铁骑驰骋疆场。这就是启发的作用与力量。来到腾冲，我用这样的方法上完课，走出教室，遥望来凤山，眼睛潮潮的。我竟然在这遥远而又偏僻的腾冲，在从没有听过名字的腾冲八中，帮助高三的孩子走出了他们审题的困境，怎能不欣慰！

四、报告现场植仁心

每年中考前一个月，我都要去杨陵区内外的几所乡村初中做报告。临近大考，学生们身心俱疲。反复练考，成绩不能突飞猛进；父母天天盯着，没有一点人身自由。老师们也是各种怨言。领导反馈过来的问题不可能通过一场报告全部解决，但我力争突出一个方面，顺带其他。即使再忙，我也会挤出时间赶过去，帮助更多的学生走出中考的困境。

杨陵区第四初级中学的会场，我去过好几次。那天，我照例站在会场门口，等新一届初三毕业生全部落座，我再进去。看见会场安静下来，分管领导强调纪律的话音落地后，我正要进去，有两个学生扛着凳子急急忙忙从我身边溜过去了。我顿了一会儿，待到看不见他们走动的人影，我才进去。

我站在主席台上，发现那两个学生坐在走道的最后排，且坐在自己带来的小圆凳上，非常醒目，其他学生则全部整齐地坐在靠背椅里。环视一圈，发现第一排恰好有两个座位空着，我灵机一动，提议所有学生掌声欢迎进来最迟的两位同学前排就座。他们两个听到会场雷动的掌声，脸瞬间红了，站起来把小圆凳靠后墙放下，快速走向前排。我捕捉到了他们的尴尬，便大声问同学们，一般最后进会场的都是什么人。300 多名学生异口同声地回答：是领导。两个学生坐稳后，我把眼神迅速转向他们，并告诉他们：将来有一天，你们也能当领导！他们听到后，开心地笑了。报告会期间，我适时地抛出小问题，然后用话筒对着他们，示意他们大声回答。回答对了，我当众肯定，并让全体同学给予他们奖励的掌声。报告结束后，两个孩子一直不走，直到所有的学生都出去了，才兴奋地跟我交流。

这么多年，做过几十场报告，遇到过各种各样的农村学生，也生出五花八门的稀奇问题，我都抱着一颗慈爱之心替他们分忧解难。我知道，孩子们都有一颗脆弱敏感的心灵，当老师的唯有呵护，唯有引导，唯有包容，方能走进他们的心灵世界。记得有一个站起来说话紧张得嘴唇都哆嗦的女孩，刚开始说话怎么都说不清楚。当时的她该有多紧张啊！我便利用报告内容想办法开导她，看着她紧皱的眉头慢慢舒展开来，我的心也跟着轻松了。没想到最后，她竟然能流利地回答我的问题了。

虽然是素未谋面的一群初三学生，但他们给了我来自乡间的最热烈的掌声，最密切的配合，还有源自内心的最真诚的回应。也许是三十年教师生涯熔铸出来的“学生瘾”起了作用，看见他们瘦小的个头，稚嫩的面孔，期盼的眼神，豁然的笑容，我竟是如此欢喜！

还有一群乡村的老师，每次报告会都听得特别专注。他们频频点头，不断记录，会后加了我微信，传来他们的听讲感言，留下最真诚的谢意与祝福。这一切，都给了我继续走出去根植仁爱、播撒智慧的信心和勇气。我相信，教会面前这一批批老师，他们就能带动更多的学生，帮助更多的学生。落后与贫穷不可怕，只要我们齐心协力，总有一天能走上教育的康庄大道。

五、结束语

2020年9月，参加完陕西省的教师节表彰大会，听完全国育人楷模丁海燕的事迹后，我落泪了。身处山区，她生活拮据，却常常翻山越岭，走进学生家，为学生辅导功课，给贫困学生送吃送穿。这样的教师，是可以涤荡心灵的。回到家，我把最新出版的60本散文集《栖息地》打包好，邮寄给咸阳市旬邑马兰齐心九年义务寄宿学校的老师，希望他们能跟丁海燕一样，带着孩子们读书，读懂人生。

台湾女作家琦君说，眼因流多泪水而愈益清明，心因饱经忧患而愈益温厚。坎坷的生活经历，贫寒的家庭境遇，温馨的教育历程，让我的眼日益变得清明，让我的心日益变得温厚。曾经的我，深陷困境，伤痕累累，被老师摆渡，坚稳上岸；如今，我愿做一位摆渡的爱心老师，荡起小船，走进困境，渡落水的学生上岸。我会牵起他们递过来的一只只手，劈风斩浪，引领他们走向繁荣富强的新生活。

不忘初心行师道 三十余年守乡村

——记云南省禄丰市第三中学正高级教师李孝文

云南省禄丰市第三中学 王智荣

西南边陲，云滇巍巍，彩云之南，故为云南。云南省禄丰市第三中学是一所离县城40多公里的乡村高级中学，全校2000多名学生。学校条件艰苦，生源薄弱，硬件设施简陋，但多年高考成绩优越。学校始终坚持党的方针，教书育人，在脱贫攻坚的征程中，为党的教育事业做出了应有的贡献，也涌现出了许许多多优秀的教师。在许多敬业奉献的教师中，李孝文老师，作为云南省禄丰市第一位正高级教师，就是这众多优秀教师中的一员。本文将记述他对家乡的真挚情感，以及成长奉献的特别经历。

一、扎根小学，倾心育人

“初出茅庐承父志，青春做伴早还乡。”1986年7月，19岁的李老师从中等师范学校毕业，带着青春的朝气，怀着对家乡的热爱，回到了家乡碧城镇胜利小学任教。学校距离禄丰县城40多公里，是一所偏僻的半山区寄宿制农村小学，汉族和彝族、苗族等少数民族学生同校。当时，全校只有6名老师，其中4名代课老师，学校闭塞偏僻，信息稀少。办学条件差，校舍简陋，教室、宿舍阴暗潮湿，挂满了蜘蛛网。虽贫穷落后，但民风淳朴。“独上高楼望尽天涯路”，带着父亲的嘱托，踏着父亲一个从教十多年的老民办教师的足迹，为彻底改变家乡孩子童年苦涩的记忆，李老师走上偏僻乡村的三尺讲台，以一颗善良而炽热的心教会一个个学生认字、做题。特别是面对贫困生和留守儿童渴望求知的稚嫩目光，课堂内外，李老师更加专注，更加耐心，坚持每天课后辅导学习困难的学生，每天送离家较远的学生回家，每晚进行书面教学反思，每个周末家访后进学生。其他老师都来自学校附近村里，放学后就回家，只有李老师一个年轻教师住在学校。孤独寂寞，唯与学生、教材、作业为伴，以学校为家。李老师常回忆：“课余自己学习烧火做饭，青菜、洋芋是家常菜，中午烧柴火做饭时弄黑了脸，有时不注意带着黑脸就给学生上课，引得学生哄堂大笑。而在笑声过后一个学生突然跑到我跟前踮着脚用袖子给我擦脸的纯真动作，记忆犹新，这就是学生对老师亲近与认可的诠释。”晚上，附近村子里的学生也常常三五成群，约着到李老师宿舍玩，李老师便时常给他们义务补课。爱得更多，情谊更浓。植根乡土，默默耕耘，六年青春，生活清贫，初尝艰辛，艰苦但快乐，懵懂而执着。学生渴求的目光、家长信任的微笑使他内心充实，初心不改。

二、组建新校，艰苦创业

6 年的付出，博得了学生的喜爱、家长的信任，也得到上级教育主管部门的认可。1992 年，当地政府要在碧城镇西边山脚原学校旧址，成立一所新的“西河中学”。这所中学校址闭塞偏僻，交通极为不便，一周只能到几公里以外赶一次集市，蔬菜和日常生活用品等就只有在赶集这天购买，生活极为不便。许多人都不愿去，这时的李老师也正好函授大专毕业，按当时的情况完全可以申请调到城区学校或者其他一些条件较好的学校工作。因为碧城西河是李老师的家乡，他毅然决定留在他的家乡。按照教育主管部门的要求，他与其他几个同事一起组建了西河初级中学。学校一片荒凉，百废待兴，招收了当时的第一届两个班的学生。

西河中学的学生有来自山区、半山区和坝区的汉族、彝族、苗族学生。四个老师就带着这两个班，开始了西河中学艰辛的创业之路。当时就有已经调到城区学校的同事问李老师，为什么要到那种地方去，在那里恐怕连女朋友都找不到，甚至还戏称“在那个地方，飞个蚊子进去都是公的”。李老师回答：“这里是我的家乡，这些孩子就是我自己的亲人。我走出了乡村，现在又回到了乡村，我就是要带领更多的孩子走出乡村。”此后，照顾首届两个班 154 名孩子的衣食起居，教育他们思想文化，就是李老师等四人一天的生活内容。上课时是老师，下课就是他们的朋友，既是老师，又是父母。离家的孩子，各方面都不习惯，他们既要关心孩子的学习，又要关心他们的身体。孩子生病了要带到几公里外的卫生所看病，还要为他们做饭送水，晚上睡觉还要给他们盖被子。李老师带着极大爱心，克服了许许多多教学和生活方面的困难，无怨无悔地精心呵护着 154 个孩子。周末就走家入户逐一家访，与学生、家长建立亲密无间的关系。班级就像家庭，师生就像亲人。1998 年 9 月，李老师骑摩托到距离学校十多公里外一个叫芋头山的苗族山村家访，山路崎岖，凹凸不平，不慎摔断了肋骨。因牵挂学生只住院三天便出院回校上课，这是用爱心与责任创造奇迹，也给后来西河中学的成功发展奠定了坚实基础。

在自身业务上，李老师不断学习提高。经过几年的探索与研究，已经形成了自己的一套教学风格，这是使学生在快乐的课堂气氛中获得更多知识的一种教学模式。让每一名学生都能健康成长、快乐成才；以教师专业素养的提升为本，率先垂范，用自己的学识和品格熏陶学生。三年后，西河中学的第一届学生参加云南省中考，成绩突出，学校获得了楚雄州教学质量一等奖，为西河中学谱写了辉煌的篇章。李老师也在当地获得了一定的知名度。此后十年，一直践行立德树人、为人师表的原则，努力工作，奉献家乡。

李老师常说："我在家乡的最大作用不只是教好几届学生，更是让我思想的正能量得以薪火相传，发扬光大。"的确，从胜利小学到西河中学，在多年的乡村教学中，因耳濡目染受他的影响而从教的学生比比皆是。好几个学生就因为崇拜李老师，而立志要当语文老师。他们大学毕业后毅然回到家乡的三中任教，一直把李老师当作自己教学的奋斗目标，成为学校的骨干，拓展着教育的新天地，使李老师"弘扬教育，造福乡村"的理念得到了传承。

三、成长升华，引领发展

"蓦然回首，那人却在灯火阑珊处。"几年后，西河中学撤并。此时，正值教改行动火热时期，许多同事同学都已经改行，或调往其他条件更好的城区学校工作。而经过多年的奋斗与努力，李老师在碧城的教育界已经有一定的影响力。此时，一些早已走出教育界在其他行业任职的同学，都建议他改行，或者帮他调往其他条件更好的城区学校工作。但是，他毅然选择了家乡一所乡村高中——禄丰三中继续任教。当地乡村人民非常需要这所学校，但许多同层次的老师都不愿到这所学校。而李老师还是继续留在了奋斗多年的乡村，继续为家乡更多的孩子走出大山而努力和奉献。

"我是农村出来的孩子，我就要为乡村奉献。最好的奉献就是提高孩子的成绩，让他们能够同城市孩子一起去竞争。"这是李老师常说的话。三年后，他所教的第一届学生的高考语文成绩就以 112 分的平均分，在楚雄州 21 所学校中居前 5 名，作为一所乡村学校，成绩已经超过了许多县一中和部分州属学校。其后，他不断进步，甚至还创造过全州第三名的佳绩。因为他善于钻研、成绩突出而被学校任命担任语文学科教研组组长，引领和指导全校的语文教学工作。他把自己成功的方法和经验传授给其他老师，在生活上、工作上关心每一位老师，增强凝聚力，而他也随之被大家看成是一个不可替代的核心。李老师打造了一个工作能力极强的语文教学团体，学校的语文总体成绩也随之突飞猛进。作为一所地处偏僻的乡村中学，近十年学校的语文高考总体成绩一直在全州名列前茅，并且还多次创造总体成绩居全州九县一市 21 所学校第 3 名、第 5 名的好成绩，多次受到州县教育主管的表彰奖励。

在不断的钻研与探索中，李老师实现了自己的二次成长与升华。2007 年，作为楚雄州被云南省招生考试院聘请的唯一的乡村中学教师参加云南省的高考阅卷工作，至今已连续十多年参加云南省高考阅卷工作。在此期间，多次参加了云南省教科院组织的省级教学科研活动，如教材的修订、省级考试的命题和高考复习备考研究，等等。在多年的摸索钻研中，他研究了高考第一手信息，进一步明确教学的思路，对于学校，对于地处乡下信息落后的一线老师，对于乡下孩子，无疑是雪中送炭。而州、县也非常珍惜这一资源。州级、县级的高考经验交流会和复习备考会曾多次邀请他与会交流发言。几年来，禄丰县城区和乡村的高中学校每到临近高考时都聘请他到校对全体高三师生进行高考讲座。李老师还被邀到武定一中跨县校际交流，进行高考复习备考讲座。

在学习交流中成长，李老师不断升华。自 2015 年 10 月，“楚雄州名师工作室”成立，已经连续两届成为工作室核心成员。为了使教育教学能力从职业理论型向学术型再进一步升华，李老师经过奋斗和努力，在 2015 年 3 月加入了中国史记研究学会。两篇论文《读史立身，明史育德》《史记人文精神与高中语文教学》已被收录国家级文献《史记论丛》，这对学校教学及教师成长有极大的指导和引领作用。2016 年，李老师被云南省推选入围“马云乡村教师奖”候选人，具体事迹已在《春城晚报》和“云南网”上发布。2018 年 12 月，因业绩突出被云南省教育厅选派，作为唯一的乡村学校实验负责人参加教育部组织的“普通高中新教材试教试用”工作，成绩突出受到省教科院表扬。2019 年，被楚雄州政府评为“彝乡英才——教学名师”。2021 年 3 月，被评为云南省禄丰市第一位正高级教师。

“一花独放不是春，百花齐放春满园。”李老师在不断提高自己业务能力的同时，还带领全校语文教师积极学习新的教育理论，不断在实践中提高教学科研能力。几年间，李老师带领本校语文教师进行了各个级别的多个层次的课题研究：完成了国家级重点课题中国高等教育学会教师教育分会“十三五”科研课题“中华优秀传统文化与现代语文课堂教学实践研究”子课题的研究，申请了“十四五”科研课题“立德树人”子课题的研究，进行了云南省委宣传部思政课题的研究，楚雄州“十三五”“十四五”课题的研究，以及其他课题的研究。其间，受总课题组邀请，多次赴全国各地进行“课题工作经验交流”及“学术论坛专题发言”。在各种刊物上发表教研论文多篇，发表文学作品十余篇。几年来，还带领全校语文教师编写了《高中语文基础知识选编》《高中文学作品阅读选编》《立德树人阅读与写作材料选编》等多种校本教材，为学校教育科研的发展起到了极大的推动作用。

四、发挥潜力，服务社会

“落红不是无情物，化作春泥更护花。”现在，李老师在讲台上已经奋斗了35个春秋，虽然已年过天命，但他依然坚守在教学一线工作岗位，呵护孩子，引领老师，服务社会。

李老师以父母之心育人。“我希望我的孩子遇到怎样的老师，我就争取做一个这样的老师。”这是他常说的一句话，他也一直践行着这种思想。2020年4月，因为受疫情影响，学生不能返校，班上有一些学生不适应网上学习，厌学，甚至有退学的情绪。李老师在及时了解学生思想动向后，决定深入家访。此时，班主任在外地，还没能返校。正值封村封路、居家隔离的特殊时期，出门要求极其严格。李老师便主动联系了地方防疫指挥机构、村委会及其他地方行政部门，请他们协调。随后约了本校张映老师冒着疫情风险多次深入家访。为了拉近与学生的距离，李老师还带上了因疫情未能开学上大学的女儿一起去做学生的工作，通过及时与家长和学生沟通交流，排解他们的困惑。疫情过后开学，学生全部返校，无一人流失。现在，这些学生正以饱满的激情准备迎接高考。学校也将李老师冒着疫情风险走访诸多同学家的事迹作为典范，以《心诚所致，我们跋山涉水》专版，在学校的宣传栏里做了宣传。

李老师的教育不仅仅是局限于学校内的常规教育，在做好自己本职工作的同时，还积极地走出校园，服务社会，为家乡尽自己更多的力。

“老吾老以及人之老，幼吾幼以及人之幼。”教育的基础来自家庭。家庭是社会的细胞，良好家风是社会主义核心价值观在现实生活中的重要体现。李老师时常利用节假日，在家乡召集在村内和家族中有一定影响力的成员，通过过节、婚丧嫁娶聚会等机会，以身作则感染和启发教育后代，在家风传承与学习中，懂得爱国、孝老、慈幼等理念，从而成为一个浸润美德、弘扬正气的紧跟时代步伐的群体成员。李老师在关注学校、关注家族的同时，还时刻关注家乡的留守儿童。家乡的西河小学不时请李老师去与农村小学生家长交流，就如何教育孩子、管理孩子做一些讲座。他还召集本村在外工作的同志捐资，奖励本村每年考试成绩优秀者，并资助一些留守在村的儿童。2020年国庆节期间，李老师又自己出资，请云南省艺术学院的学生为本村文化活动中心画了宣传壁画，以鲜明的时代主题，宣传敬老爱幼、感党恩、跟党走的思想，弘扬社会主义核心价值观。

敬业是积极向上的人生态度。作为一个普通平凡的乡村教师，李孝文老师三十余年扎根乡村教育，始终坚定理想信念，坚守初心信仰，饱含着对党、对人民、对家乡的无限深情，感党恩、听党话、跟党走。无论是从事条件艰苦的乡村全日制教育，还是走人社会服务乡村孩子的行动，还是发挥潜力、服务社会、回报乡村的自觉选择，总是干其所爱，爱其所干，为党育人，坚守职责，不忘初心。

30余年不忘为党育人、为国育才之使命，勇挑责任与担当，在脱贫攻坚的征程中为党的教育事业添砖加瓦。李老师只是广大乡村教师中平凡而普通的一员，在脱贫攻坚的征程中用实际行动珍视教师的职业荣誉和肩负的职责使命，始终保持热爱教育的定力和坚守，将满腔热忱献给了党，献给了家乡的教育事业。现在，我们已经取得了脱贫攻坚的伟大胜利，但是在乡村振兴的战略中，各行各业更需要有许许多多平凡而伟大的人，在各自的工作岗位上辛勤耕耘、默默奋斗。过了一山再登一峰，跨过一沟再越一壑。从脱贫攻坚迈向乡村振兴，只要我们坚定不移地走下去，乡村就一定会成为美丽宜人、业兴人和的美好家园。

无悔的坚守

——第二届“中国好老师”魏兆芳成长小记

陕西省镇巴县泾洋初级中学　魏兆芳

捧着一颗心来，不带半根草去。

——陶行知

查完宿舍，走出校门，结束一天的工作已经是晚上 9 点。早上 7 点进校开始早读，晚上 9 点离校回家，这是我在泾洋初中每天工作的基本日程，以校为家，跟班蹲守。作为一名班主任和语文老师，我应如此，我一直如此。

我工作的镇巴县泾洋初中是一所城乡结合的县城初中，老师们均是走读式教学。疾步往返，美丽的镇巴山城已经褪去一天的喧嚣，祥和的灯光伴着清新的和风保我拥有好心情。回家的路不远，单程步行半小时左右，就当是给劳碌一天的身心来一次免费理疗，惬意！极目远眺，沧海桑田，昔日的泥泞小道已成宽阔大街。巨变之际，感慨流年易逝，亦赞乡村教育的巨大发展。

其实，从高中毕业到农村小学当代理民办教师，再辗转调入县城中学任教，30 年光阴均仿佛都是昨天，自己似乎还是那个意气风发的热血青年。但是，每当送走自己学生的学生时，还是觉得岁月已给我留下了深深的印痕。从教学小白到教学名师，从一名普通老师到成长为“中国好老师”，从上学难到“不让一个学生因家庭经济困难而失学”！一路走来，五味杂陈，但更多的是欣悦。

一、结缘教育，杏坛筑梦

高中毕业那年，家住深度贫困山区、家境拮据的我，再无条件选择复读。回乡不久就去了离家四五十里外的镇巴县吊钟岩乡高槐小学，当上了每月 60 元工资的代理民办教师。一人守一间土坯石板房教室，负责三个年级 42 名学生的复式班教学，我的执教生涯由此开启。

高槐小学位于山大沟深人烟稀少的秦巴深山，距县城近百公里，距家 30 多公里，交通十分不便。19 岁的我登上讲台是喜悦的，初为人师的青涩，缺乏经验的慌乱，没有教学基础的局促，一切都成了今天美好的回忆。记得上第一堂课时，心里紧张，语无伦次，面红耳赤，照本宣科，草草了结。我不敢和同学们对视，我怕孩子们盯着我笑，怕他们淘气为难我。为了搞好教学，我真是食不甘味，夜不成眠。

怎么办呢？走上教育这条路，不仅仅是爱好，更重要的是生存和责任呀！个人的生存，学校的生存，学生的生存，都急需我快快成长。教育是国之大计，党之大计。老师可不能误人子弟啊。学！为了不让人笑话，为了村里的孩子，为了初来时的梦想，为了党的教育事业，我立志要做一名好老师。我借来了小学各科教材，挑灯夜战，系统研究。遇到问题先查资料，再请教老教师。

那时，学校没有电，一晚上的煤油灯夜读，常常熏得我鼻孔乌黑，两眼发红。就这样，边学边教，边教边学，教学脉络在脑海中渐渐清晰起来，我也慢慢懂得了联系生活开展教学，我尝试把课文编成游戏，例如把《小猴子下山》中的小猴子、玉米、桃子、西瓜等都编排一个个小朋友去扮演，这样的游戏比捉迷藏、丢手绢更让孩子们惊喜，几乎所有课间都在上演，学校里充满了欢声笑语。后来，《小猴子捞月亮》《葡萄沟》等课文都成了孩子们课间乐此不疲的游戏。为了游戏，孩子们每天都早早来到学校，下午又恋恋不舍地回家，无论刮风下雨，42 个学生全部到校，我的班级没有一个学生辍学！

在手忙脚乱中我的教学总算走入了正轨，有模有样了。我的勤奋认真得到了中心学校校长及家长的认可和支持，几次检查都夸我是当老师的天才，学生有秩序有朝气。夸奖是鼓励，也是希望。大山深处的孩子也有极强的创造天赋，小小少年，思维敏捷，活力四射，老师就是启迪学生智慧的引路人啊！

“百年大计，教育为本。要教给学生一滴水，老师就要成源头活水。各位要有终身学习的自觉，才不辜负党和人民的期望。”这些话校长时时挂在嘴边。1993 年，我凭借自己扎实的学习基础，通过全国成人高考，高分考入汉中师范学院(现陕西理工大学)，成为首届汉语言文学专业函授生，圆了我的大学梦。我非常珍惜这来之不易的三年大学生活，汉大厚重的文化底蕴，授课老师的敬业乐教，都坚定了我的教育梦想。

为党育人，为国育才，为家乡的教育发展奉献终身！从此，我庆幸自己成了党的教育工作者，作为一名山区教师，我也有了属于自己的教育梦想。

二、家访入户，扶贫济困

利用休假对学生进行家访，我已经记不清次数了。教育是国之大计、党之大计，教师是兴国之本。我一直觉得教师的工作不单单在课堂，教育与社会、家庭密不可分。走近每一个学生，倾听学生的心灵，了解学生的生活状况，力所能及地施以援手，达成家校共建共育的目的，使学生成人成才，是一个老师最大的愿望。

第一次家访是初到高槐小学任教的第一学期，主要是为了解学生家庭状况。我用了将近一个月的时间走访了每一个学生的家庭，也更深一步地体会到农村家庭的不易，大部分青壮年已经外出务工，家中只有老小，有的家庭，男孩十三四岁也就外出务工了，老乡带老乡，大部分去了煤窑。有的岁首去了年末回，有的一去永不回。

后来，我习惯从每学期开学第一个月开始家访，了解孩子们的学习生活，宣传教育优惠政策，落实国家“希望工程”政策。对学生的情况我达到了心中有数，学校的教学质量在村小里也跑在了前面。时至今日，将近30年的教学岁月，家访的习惯我始终没有改变，现在的家访内容更为丰富重大，我和我的同事们走村入户，教育精准扶贫，学生控辍保学，惠民利民政策宣传，营养午餐“两免一补”落实到人！家访也更为便捷，除了实地走访，和学生电话、书信、QQ、微信、视频，都成了家访的有效通道！特别是2020年疫情期间，我和学生、家长并肩努力，防控抗疫，直播教学，联屏班会。我们没有一个学生的健康、学习受疫情影响，我们的心更紧、情更浓。因为我是党的教育工作者，就一定要树立党的模范先锋作用。在任何时候都能够带领我的同事、学生和家长一起发展党的教育事业，办人民满意的教育，是我义不容辞的责任和光荣使命，更是我人生的一大幸事！

三、培养引导，勤育英才

圆圆是2015级班里的住校生之一，初入学的孩子们有很多习惯需要培养，卫生、学习、德行没有哪项可以减省，那就从做班干部开始吧，培养学生的服务意识也是立德树人的需要。本着“人人有事干，事事有人干”的原则，我推荐圆圆为班干部，她也自告奋勇认领了多项职务，宿舍舍长、科代表、学习小组的组长，全都是本着服务集体。这个孩子的确有灵性，经过一学期的训练，各种工作她都能胜任，服务意识、服务态度皆是同学们学习的榜样。作为宿舍舍长，她能带头整理宿舍清洁卫生，作为科代表她能积极为大家服务，做好助手，主题班会、手抄报、读书会、朗诵赛等集体活动人人参与，她也不例外。

除了学校的教育引导，我多次翻越星子山家访离校60多公里的圆圆家。

除了送去精准扶贫优惠政策，我也赠送了一些自购的书籍、生活用品、衣物等，为圆圆生病的母亲送去温馨的祝福，对孩子的进步送上中肯的勉励。

圆圆的确不负期望。2017 年，她被评为了陕西省美德少年。适值 5 月去咸阳出席美德少年颁奖时日，我作为带队老师寸步不离，教她怎样乘坐地铁、城市公交，几十站下来她没有迷失方向。我也顶着烈日带她参观了咸阳师范学院、西安建筑科技大学、陕西师范大学，希望用文化的氛围让她增长见识，开阔眼界，深深感受高等校园的文化底蕴，坚定为梦想而奋斗的信念。在所有老师的栽培下，在圆圆持之以恒的努力中，如人所愿，她以优异的成绩考上了我县的重点高中，目前成绩稳定、名列前茅，她说她的成长要感谢学校的培养，更要感谢这个伟大的时代，感谢党的优惠政策。她说她的理想就是考上陕西师大，将来也要做一名好老师，为家乡的教育事业奉献自己的力量！过几天圆圆就要高考了，我祝愿她梦想开花！

圆圆不是我教学中的个例，作为班主任和语文老师的我，这样的教育、这样的家访、这样的规划又有多少呢？芳芳、艳艳、涵涵、川川？特别是在脱贫攻坚战打响以来，我的家乡镇巴是全国深度贫困县之一，为了脱贫攻坚战的胜利，为了向党和人民交一份满意的答卷，在学校党支部的引领下，我和同伴们高度重视，充分利用周末和节假日时间开展教育扶贫工作。我们不惧困难，翻山越岭，顶风冒雪，走村入户，努力奔跑在各自的岗位上。我们也充分利用自身的专长和贫困学生结成对子，一对一帮扶。很多老师除了送知识送技术，还自掏腰包，送钱送物，将温暖送到帮扶学生的家中。扶贫扶志，志智双扶，我们立言立行。宣讲政策、谈心谈话、心理疏导、生活指导、作业辅导，经济上竭尽所能，思想上正面引导，帮助学生坚定信念，增强自信，树立信心。引导学生争做有理想、有文化、有本领、有担当的新时代中学生。我们在这场艰苦卓绝的战役中做出了应有的贡献。自 2013 年以来，我一人登门走访就达到 400 多次。我们的努力让控辍保学得到了很好的保障，入学率百分之百，零流失。

当脱贫攻坚战胜利结束，当全市的高质量教育现场会在我校召开时，当我县被表彰为全国脱贫攻坚先进县时，我们万分喜悦，流下了激动的泪水。是党的建设引领让我们拔穷根、挪穷窝、摘穷帽，是党的惠民政策让我们所有的孩子有饭吃、有衣穿、有房住、有学上。“吃水不忘挖井人，脱贫不忘共产党！”这是圆圆朴实的母亲在我家访时说的肺腑之言。作为党的教育工作者，我为党和国家的繁荣昌盛万分自豪，为自己能竭尽力量为家乡的教育发展贡献绵薄之力万分荣幸！

不忘初心，教书育人

亲爱的老师：

您好！

现在我已经是××大学的学生了。接到通知那天，我是多么想给您打一个电话啊！

……

老师，我常常想念您！想念学校的营养早餐，想念我们共度的美好岁月！“弘扬中华文化，传承民族文明！”上了这么多年学，心里最惦记、最喜欢的老师就是您，尤其是看书的时候，就想起这句。我的专业是法学，可我热爱古典诗词，路漫漫其修远兮，吾将上下而求索！因为是您熏陶感染了我，培养了我读书的兴趣，让我在以后的岁月里能够心怀梦想潜心阅读。

“知识改变命运。”“教育决定人类的今天，也决定人类的明天。”您教育我们的金句我都牢记于心，我没有忘记我是您的学生！

我尽量不让自己闲下来，每天都会坚持阅读，专业的、文学的、科学的，您教我的好习惯我始终保持。老师，感谢生命中有您！

亲爱的老师，您可要保重身体，不要太操心。祝安！

您的学生：nana

2010年6月4日于自习室

信纸已经泛黄。这样的来信不知收到了多少封，反正每隔几天就会有，后来因为工作的原因搬了几次家，大部分被弄丢了。这些来信我素来少回，不是我冷漠，我要让孩子们尽快适应新的环境。不念过往，不畏将来！

现在通信发达，联系便捷，大家都用网络联系，写信应该少了，可还是会零星收到一些学生的纸质来信，我知道这是一颗心对另一颗心的信赖与真诚。许多学生已经完成学业走上了工作岗位，发光发热，成为骨干精英。有的已经为人父为人母，可他们总会时不时发来信息或登门拜访，聊自己的学习、生活、工作、理想，我知道这时我们是朋友，是知己，更是亲人！

先前写信的那名学法学的同学用自己的勤学自律完美蜕变，在本科时就通过了国家司法考试，后来读了硕士，参加了支教，通过了国考，成了一名国家公务员。

一个老师对学生到底有多大多小的影响呢？如果没有做人的引导，仅仅是书本上的那篇课文或者那道习题，我想双方也许不会是一生的念念不忘。这或许就是教学与教育的界限吧！如果说我也有梦想的话，我希望自己搞好教学的同时做好教育的辐射，用正确的思想引导人，用崇高的精神感染人，用优秀的作品鼓舞人！

四、饮水思源，感念党恩

最早涉及读写，是在高槐小学任教，闭塞与落后是老师们语文教学最大的问题，所以大家想方设法地寻找作文教学的方法。我那时突然发现我们的课本是多么珍贵的资源，读课文，仿课文，改换各种角度演课文、做游戏。反正孩子们会写文段了，有模有样。

我那时没有什么视野，更没有听说过读写结合。最大的阅读资源就是《汉中日报》，有时还能读到《人民日报》，学习就是读报纸。浅陋的我根本不知道叶圣陶、陶行知。现在想想，朗读、仿写、改写、演绎，与叶老思想中的读写结合是多么相近。可惜，我那时太年少无知。

后来进了中学教学，慢慢知道了于漪老师，据说她对每篇课文的导入都颇有讲究，她说："课的第一锤要敲在学生的心灵上，激发起他们思维的火花，或像磁石一样把学生牢牢地吸引住。"她写了很多相关的内容，真诚朴实简洁，又那么叩击人们的心扉。印象最深的是她为《七根火柴》那篇小说写的导语："火柴，我们生活中天天用到，看起来是那么微不足道。可是，你们可曾想过：在艰苦的革命年代里，在红军行经荒无人烟的草地时，就是这小小的火柴，发出多少热，放出多少光，它具有怎样的价值和意义?"初学教书的我也学着她的设计，借用了不少，也仿写了不少。于漪老师那些有温度有生命特质的语文课型给了我深远的影响。

后来再读叶圣陶、陶行知等教育家的文章，我才恍然大悟。在我还没有出生的年代，大师们就已经把读写结合运用得出神入化。我在实践中也学着慢慢摸索，学习关于以读促写、读写结合的事情。教改的浪潮有了课题、小课题、校本研修等，大力地推动了基层老师的专业发展。我和所有热爱教学的老师一样，在教改的浪潮中摸索，战战兢兢。

1999年调入泾洋初中后，在学校的支持下我参与并主持了多个中语会的子课题，以及省市级规划课题，均结题并努力推广。语文教学始终离不开读与写的关联，"以读促写，读写结合"也就慢慢有了清晰的脉络了。"阅读是吸收，写作是倾吐，倾吐能否合于法度，显然与吸收有密切的关系。""读与写关系密切。善读必易于达到善写，善写亦有裨于善读。二者皆运用思考之事，皆有关学科知识与生活经验之事，故而相通。"(叶圣陶)

说了这么多，别无他意。一是对成长的梳理，个人觉得作为老师应该有一种自觉自省意识。因为我的起点低，所以要不停地学习；因为害怕自己被学生小瞧，必须认真地学习；因为渴望成为自己向往的老师，所以一定要努力学习。向学生学习，获得学习的源泉；向同事学习，获得学习的方法；向专家学习，学习教育理念和育人情怀；向党报党刊学习，汲取向上的能量。二是一种感念，党建强，教育强。任何个人的成长，如果没有好的政策，没有学校的支持，没有同事的帮助，没有学生的配合，没有家长的认可和家人的付出，那一定是举步维艰。当我顶着烈日利用暑假奔赴省内外的教育盛会时，我知道没有勇敢的出走就不会有壮丽的归来；当我看到很多优秀的大师还在为梦想而努力奋进时，我知道坐井观天永远无法领略高山大海的壮阔。从小学到中学，从农村到县城，从县、市级教学能手、名师到省级学科带头人，一路走来，我感谢党的教育优惠政策给了我放飞梦想的机遇，是陕西省“三级三类”骨干教师培养体系为我搭建了成长的平台；感激学校同人、学生、家长和我的家人，没有他们的长足支持就没有今天的我，是他们给了我飞翔的力量。

当年鼓励我上公开课的校长和同行，明明那天我是红着脸紧张地上课，板书也写得歪歪扭扭，他们没有劈头盖脸地批评我，更没有冷嘲热讽，而是真诚地对我的教学大加肯定和鼓励指导，后来我才慢慢领悟到什么是情怀，什么是包容。就像今天我能容忍班里那些调皮捣蛋的孩子，屡犯错误也能气定神闲，并耐心引导、呵护他们一样，就像今天我指导青年教师怎样站好自己的课堂，怎样上出特色上出风格一样，春风化雨孜孜不倦。

五、筑梦花开，薪火相传

又一个电话打了进来，是徒弟的，工作坊的新成员小贾老师。感谢陕西省“三级三类”骨干教师体系平台，自 2013 年以来为我们一线教师的成长搭建了很好的平台，我才得以过关斩将成为能手、名师、学科带头人。作为省级学科带头人，按照省教育厅要求，在 2020 年 1 月组建了含导师在内辖两省六区县 40 余人的语文工作坊，这是个人专业成长的需要，也是供老师们成长交流的平台。除了在校的教学，工作坊团队的建设、老师的成长培养也是我生活的重要内容，我的工作坊仅 2020 年一年就培养了 16 名省市县级学带、名师、能手，这让我自己也叹为观止。科研兴教，课改促教，今天所有好的教育成效都源于党对基础教育的重视和赋能。

来电的小贾老师是请教我论文方面的问题，我就论文撰写的基本要求和选题同她做了详细沟通，我相信爱钻研的小贾老师一定会很快出新作。顺手翻看了微信留言，有三条重要信息，还有一条加急，原来是准备参加省级教学能手大赛的小赵老师发来的教学设计手稿。课的讨论只好用语音电话沟通了，于是用了近30分钟做了细致的沟通指导。回复完重要的信息后已快10点，好了，这是属于我私人的阅读时间，《如何阅读一本书》是我最近研读的主要内容，由美国教育家莫提默·J. 艾德勒与查尔斯·范多伦撰写的这本著作指导性强，理论性也很强，感觉读起来还是有点吃力，我必须要像研读《语文课程标准》一样细细阅读。

做人做事须胸怀感激方天地广阔，教书育人不仅如此，还更需要一种坚守和执着。有谁知道我们的老师们为上好一堂课花费了多少心血，为带好一个班耗费了多少精力，它无须表白。这需要一个教育者不断学习、思考、总结、创新和积淀。每个人都有自己的理念，每个人都有自己的方法，但把这些理念、方法养成习惯并不是容易的事。教育工作需要不断地在创造中思考、发现、积累，用满腔的激情去践行教育新理念，在教育这块麦田守望心灵的澄澈、质朴，然后才有秋天金黄的麦浪。

半亩方塘，无怨无悔共徘徊；三尺讲台，心无旁骛写春秋。选择教师和教育，无关一举成名，无关一夜暴富。“伟大事业孕育伟大精神，伟大精神引领伟大事业。”教书育人是伟大的事业！关于教师，冰心说：“爱是教育的基础，是老师教育的源泉，有爱便有了一切。”我喜欢。关于专业成长，“教育就是一棵树摇动另一棵树，一朵云推动另一朵云，一个灵魂唤醒另一个灵魂。”我愿做那棵树，那朵云，那个灵魂。关于教育，陶行知说：“捧着一颗心来，不带半根草去。”我有所悟。

“家校携手，共育成才。”这是教育部师德师风建设基地（西南大学）评选我为第二届中国“好老师”的专属颁奖词。“做好老师，就要执着于教书育人，有热爱教育的定力、淡泊名利的坚守，就要有理想信念、有道德情操、有扎实学识、有仁爱之心。”我铭记，我秉承，我薪火相传。

教无止境爱无疆

河北省邯郸市广泰中学 孙艳索

作为一名在基层学校工作16年的人民教师队伍中的一员，作为一名中国共产党党员，我感受最深的是能从事教育职业，能为“办人民满意的教育”出一分力，这是我毕生最幸福的事。虽然自己一路求学，从乡村走进了城市，但对乡村教育却始终有着特殊的情怀。我先后多次作为志愿者、支教教师、城乡学校帮扶团队的领队，到乡村学校进行教育帮扶。在推动教育均衡发展、助力教育脱贫等方面尽自己绵薄之力，同时，这些经历也对自己的教育理想和教育实践产生了深远影响。

一、一个矢志坚守的“小梦想”

我是从乡村走出的学子，深知在20世纪八九十年代，如果没有那些一边种地一边领着极其微薄的工资，却坚守在简陋的土砖房给我们启蒙教育的乡村教师们，我和农村的很多同龄人，也许就像父辈们一样至今过着面朝黄土背朝天的生活。20多年前，正是那些在今天看来，无论学历、学识还是业务能力都极其“不达标”的乡村教师们，托起了无数农村学子的绚丽人生和丰盈梦想。所以我对农村教育和乡村教师有一种天然的尊敬和情愫。在走出乡村求学的那一刻，我就立志做一名教师，也许这个理想在别人看来既不宏伟也不高远，但就是这个信念，却在一支粉笔和三尺讲台之间实现着我所有幸福的梦想。

大学毕业那年我通过公开考试选拔，成为这所城市的一名语文教师。后来在年轻干部竞聘考试选拔中，我有幸胜出成了一所中学的副校长。但无论岗位怎样变化，我的教育梦想从未改变，始终和老师们奋战在教学一线，将自己的专业知识倾囊传授给更多的学子，尽己所能为社会培养更多的人才。从教十多年，我始终关注乡村教育的发展。今天的乡村教育虽然有了很大发展进步，但城乡差距依然存在，有些地方的教育水平还比较落后。扶贫先扶智，扶贫除必需的“输血式”措施外，让贫困地区的孩子接受优质的教育，是扶困脱贫的重要手段，是“斩断穷根”的利器。在国家及省市的扶贫先扶智、教育均衡、资源共享等教育理念下，我校也一直切实贯彻落实好河北省支教政策，以及邯郸市教育系统开展的城乡教育帮扶的系列活动。2015 年，我作为教育志愿者到永年县(现永年区)的一所乡村小学帮扶，为学生讲述了自己曾经在农村艰苦却执着的求学路；2019 年，我以一名语文教师的身份来到了馆陶县陶山中学开始为期一年的支教工作；2020 年，我带队到大名县万堤镇小学进行城乡学校的帮扶捐助。尤其一年的乡村支教时光更是留给我无限感慨和感动。

二、一讲桌特殊的“礼物”

陶山中学是一所位于县城和村庄交界处的寄宿制学校，95％的生源是周边乡镇和各村的孩子，据说建校年头不长，还算是乡村学校中各方面条件相对较好的。初来学校报到时，虽然对城乡学校的差距有心理准备，但还是有些吃惊。学校教学楼和宿舍区外观看着还较新，只是内部软、硬件条件相比城市学校差了很多。学校没有安装暖气，虽然落实了上级政策，为每个教室和宿舍配备了空调，但因为资金原因，基本上不打开使用；师资力量薄弱，教师紧缺，不仅班容量较大，而且有些小学科老师都被调来任教语、数、外等主科的课；又因为是寄宿制学校，自习课比城市学校多出不少，所以语、数、外科目的课时就增加了。我来到学校任教初二两个班的语文课，每周有 18 节课。虽然相比城市，这里各方面条件都较差，但这里的教师以校为家、兢兢业业地高效利用好课堂每一分钟的状态让我十分敬佩。这里的学生们勤奋刻苦、争分夺秒、比追赶超的学习冲劲儿让我深受感动，不由得忆起了自己年少求学的艰苦而执着的岁月，所以来支教后我很快融入其中。

平均每天上三四节课、每天 140 余份的作业批改量、每周两天的晚自习辅导课等，相对城市学校各方面都超负荷的工作量使我的嗓子渐渐开始“抗议”了。由最初的沙哑疼痛到后来咽炎咳嗽，虽然不断吃着药，但却反复发作，在冬天来到时咳嗽、沙哑变得更严重了。为了不影响同学们的学习，我始终默默坚持，后来嗓子快发不出声音了，只能买来了扩音器，勉强维持。我不知道的是，班里的孩子们把这一切都看在眼里，记挂在了心中。

学生们持续住校学习三周后，难得回家休息了一个周末。周一上午第一节是语文课，以往这个时候我走进教室准备上课时，他们还都在兴奋地交流着周末两天在家的新鲜事，但此时上课铃声虽然还没响，班里却已经比较安静了。我带着疑惑走上讲台时，赫然发现讲桌上放着两个塑料袋，一个装着十几个梨子，一个是一兜小柴鸡蛋，鸡蛋上还放着一袋白糖，此外，桌子上还有几盒摆放整齐的西瓜霜含片和甘草片等治疗咽炎的药……我突然明白了孩子们的良苦用心，在我抬头看向他们时，大家反倒似乎有些不好意思了。为了调节气氛，我笑着说："这些都是哪位贴心的孩儿给我送的温暖啊，总不能做好事不留名吧？"听到我依然沙哑的声音，平时最调皮的韩明宇站起来说："老师，我妈说了，嗓子疼了可以煮梨水喝，这是我家自己树上摘的梨，虽然到冬天这时候保存得不好看了，但是都是我妈一个个挑最好的，也没有任何农药……"随后一个女生有些腼腆地举手说："老师，我奶奶说嗓子疼都是给我们上课累的，您长期吃药治疗对身体不好，用鸡蛋清搅拌点儿白糖每天坚持喝，是很好的偏方，这鸡蛋都是我奶奶养的老母鸡下的柴鸡蛋，有营养……""老师，我家在村里开着诊所，我爸让给您带些消炎药和治疗咽炎的含片，还嘱咐您多喝水，时刻用着含片，若没有了，下次学校周末回家时让我再给您继续带来"……听着学生们这些质朴真诚的话语，看着他们纯净稚气的脸庞，瞬间我的眼睛湿润了。此时似有千言万语想对他们说，却又觉得哽咽在喉，也许再多的语言在他们的情谊面前都显得苍白无力，唯有更加兢兢业业，尽己所能，把知识和爱传递给他们。虽然只有一年的时间，我也愿做一名他们泥泞的求学逐梦道路上的掌灯者，为他们点燃希望，照亮前方……

三、一节特别的语文课

学校教育想要取得更好的效果，离不开家长的支持和家庭教育的配合，城市教育如此，乡村亦然。支教一段时间后，常看到因为学生的成绩、违纪等，班主任会请家长来学校沟通交流孩子情况。但这时的家长们多数是感觉被叫到学校就很"丢面子"，若再遇到农忙时节，更感生气，所以见到孩子先是吵骂一通，甚至动手教训，还有的直接"威胁"孩子若再不好好学习和听老师的话，就让其辍学打工。此种情况时常发生，不仅孩子与家长很难在教育问题上有交流，也加重了家校沟通难度。鉴于此，我很想有机会见见这些家长们。

周五下午一二节是我的作文连排课，适逢第三节要在班里开家长会，学生们两周没回家见到父母了，我将本次作文的主题定为"爸爸（妈妈）我想对您说……"。第一节课，我先讲析此类作文的写作方法，希望同学们回忆成长历程中与父母有关的、触动心灵的一两件事展开记叙抒情，要言之有物，抒之有情。之后让大家开始写作，我随时观察大家的写作进度。在第二节课开始十几分钟后，同学们基本上完成了写作。而此时走廊里等待开家长会的父母们也陆续到了班级门口。我特意把教室前后门都打开，同学们写作文时，我已示意家长悄然进班听课。当我开始点评作文存在的共性问题和选择了几篇典型的学生作文开始具体讲评时，很多家长们都进到班里听课了。同学们通过回忆生活和学习中与父母发生的难忘的事，或表达对父母之爱的理解、感恩，或表达成长之感慨，或表达渴望被理解、被赞赏的心情，或表达自己将努力拼搏成才回报父母亲人的心声，或抒写承载父母希望而执着梦想，走出乡村，走向更广阔的人生舞台的决心……当学生们满含深情地读出对父母想说的话，以作文形式抒写出从不曾当面对父母表达的感情时，教室不时响起阵阵掌声，那些一边鼓掌一边倾听孩子心声的家长们，有的已热泪盈眶。也许他们从未想过印象中的“小屁孩”，已经悄然长大了，今天他们听到了孩子内心深处的声音。

之后，在班主任的邀请下，我根据在市里学校的工作经验，在家长会上跟家长们谈了家庭教育的重要，讲了家校合作的必要性和具体做法，最后我谈到了自己也是一名农村的孩子，深情回忆了自己从乡村到城市的求学历程。家长们深受触动，纷纷表示今后会更加重视孩子的教育、学习，关注孩子的心理健康和成长。家长和班主任都对我表示了极大感谢，很多家长要了我的电话和微信，至今我们还有互动和联系，一起交流孩子的成长和教育问题。时至今日，那都是一节特殊而难忘的语文课，它似是禁锢空间里的一束光，照亮了很多人的内心，无论家长、学生还是我自己，静水起波澜，带给我们新的回忆和触动，让我们思考，促我们改变。

四、一场印象深刻的教研会

教而不研则浅，研而不教则虚。教研活动是学校教学工作的重要内容，是促进教师互相交流、借鉴和互助提高的有效方式，高效的教研活动是提高教师业务水平和学校教育教学质量的重要保障。但因为这里师资较薄弱、接受的专业培训较少、学校教研意识不强，重视不足等原因，乡村教育的短板也往往在教研方面。从来到这里支教开始，我就关注学科组的教研活动，在参与了几次活动后，我撰写了《关于学科教研的几点建议》，并在学校语文组大教研会上重点谈了相关认识。我首先从“他山之石可以攻玉”的教研重要性说起，然后谈到“个人—集体—个人”的具体实践环节，最后谈到了教研重点研磨的内容，希望教师们把自己在备课、课堂教学、作业批改等方面遇到的问题带到教研会上交流碰撞，把自己教学设计和实践中的智慧一起分享，取长补短，共同进步。此外，我还把在市里学校的一些教研成功案例分享给大家，并提出以课促研，以研推课的思路，希望在教研基础上，不断推出示范课，邀请各年级组语文教师观摩指导。这次教研会后，各年级的语文老师们都围过来跟我交流教研的一些想法，并表达了想到班里听我的语文课的请求。虽然专业能力也许并不比大家高多少，我的知识和教育思想的丰沛也许更得益于城市整体教育水平较高，我只是比这些乡村学校的师生们更便捷地享受到更优质的教育资源而已，但看着大家急迫恳切的眼神，我明白此时的谦虚不如尽己所能地倾囊相授，所以毫不犹豫地答应大家的要求。我还邀请同年级的语文老师随时来听评我的常态课，我也会常去听评大家的课，这样互相学习，共同提高。我前后上了《一着惊海天》《背影》《梦回繁华》《得道多助失道寡助》等新闻、散文、说明文和文言文不同课型的示范课，也圆满完成县教育局组织的示范公开课。后来学校组织各学科逐渐开始研学语文组的教研活动模式，在学习基础上探索适合自己学校的教研教学模式。

都说“授人以鱼，不如授人以渔”。我们支教教师，在这里只有一年的支教时间，即使满腔热情地想要倾囊相授，也仅是我们现阶段掌握的知识、方法和教育理念。学无止境，教育也无边界，我们自身其实也在不断地学习充电中，所以在这短短一年时间里，我更愿意做一个教育思想和教育理念的实践者，激起大家对厚重的知识和先进的教育思想的渴求；做一个教学实践和教研活动的示范者，将目前掌握的更科学的教育教学方法与大家共享，碰撞智慧，启迪探索。

五、一年付出，无限收获

支教，其实是用一年时光，来做一件一生难忘的事。虽然任职副校长多年，但我始终在一线任教语文课，从未离开过三尺讲台。所以从申请来到这里支教的第一天起，我就把自己视作这所乡村学校的一名普通语文教师，也要做到以校为家。学校食宿条件差，冬天没有暖气和空调，自带的电热器也因为我们住的学生宿舍楼电压低总是跳闸而不能使用，宿舍楼层经常停水或者没有热水，食堂若去得晚了一会儿了就没有饭了……但我和其他支教老师们一起克服种种困难，在这里踏实工作，全力帮扶。我所任教的两个班，各学科成绩在整个年级名列前茅，唯独语文成绩一直是倒数水平。我任教后，依托十几年来扎实的专业知识和技能，关注大部分是乡村生源的实际，有针对性地制定教学目标，开展丰富有趣的课堂活动，调动学生的学习兴趣，用博学的知识和敬业的态度使学生信服并爱上语文。经过几个月的努力，学生语文成绩提升极大，期中和期末考试更是取得了年级第一名的好成绩。虽然每天四五节的课时量，嗓子严重时沙哑疼痛到几乎说不出话，但我依然兢兢业业不舍得耽误学生一节课。面对急速提升的成绩，学生、家长和班主任对我表示极大的感谢。当班主任激动地说“终于可以开班会时不怕家长质疑语文成绩了”，当学生高兴地跑到我办公室说第一次发现学习语文是这么有趣的事，当家长给我发微信表达朴实的谢意时，作为一名支教的语文教师，我此时是真正幸福的！

每个人的人生中总有那么一段时光是让你永远珍视和怀念的，于我，即是这一年的乡村支教时光。还记得我即将结束支教离开时，学生们含泪的目光和不舍的拥抱；还记得班主任、家长和学生们在班级群里发给我的一段段充满留恋、感激的话语；还记得离开那天有老师和家长追出很远，一定要让我带走的咸鸭蛋和手工面条等特产；至今还记得每逢节日来自那里的师生家长的祝福和问候……支教这一年，于我，是在履行支教职责，尽可能发挥好传帮带作用；于他们，也许我们这些支教教师带来的不仅仅是知识，还有当地师生们对未来的希望和美好的愿景。我为在这里发挥了自己的萤火之光而自豪，为在这里结识那些质朴真诚的师生而感动，为在这里丰盈了自己的人生价值而无限感恩……

习近平总书记一直特别关注贫困地区的教育发展，关注教育公平，他强调要努力让每个孩子享有受教育的机会，努力让13亿人民享有更好更公平的教育。作为一名共产党员，作为一名乡村走出来的学子，作为一名有幸身处城市享受着较为先进的教育资源的人民教师，也许我不能成为乡村教育的守望者，但我愿意做一名城乡均衡教育的实践者，做一名学生心中希望种子的播撒者，做一名师生梦想高飞的引航者。

爱岗敬业创一流，教育扶贫孺子牛

——记贺三宁教育扶贫先进事迹

陕西省西安市高新第二学校 高杨杰 贺 研

贺三宁是西安市劳动模范、陕西省特级教师、省首届中小学教学名师、正高级教师、全国教育与管理先进校长。他从事教育工作近40年，一直关注教育，倾心教育，投身教育。在2020年2月初政协西安市第十四届委员会第五次会议上，贺三宁委员共带去了6份提案，满满的都是干货。他的提案颇受大家关注。贺三宁提出，大学区、名校＋、教育均衡等应当以育人为本，以学生享受优质资源为前提，对薄弱地区、贫困地区实施教育辐射，帮扶他们，让他们享受优质资源，“教育扶贫开拓创新，攻坚克难务实精准；辐射带动上下同心，示范引领为党育人”，产生教育合力，达到育人目的。他当政协委员以来，共有近50份提案，一直关注社会热点问题，关注教育新动态，关注人民群众的福祉，成为教育界的“提案劳模”。他的提案解决了实际问题，为建设大西安贡献了自己的力量，也为教育辐射、教育精准扶贫做出了积极的贡献。

正像所有对教育有梦想的人一样，贺三宁身上所具备的特质是一般人不具备的。

他是一个不断追梦、喜欢挑战的人。他是高新教育的开拓者、奠基人，是高新一中的创业者。他带领创业者团队，怀着对教育事业的忠诚，对学生的挚爱，对社会的负责，经历风风雨雨，体味艰辛酸楚，战胜重重困难，奉献青春岁月。他克服难以想象的困难，打破铁饭碗，在那个时代，在古城西安，做出这样的决定需要多大的勇气和果敢？需要多么的冒险和前瞻？需要多少的奉献和实践？他踏上高新教育快速起跑的列车，开始了新的教育征程。1995年的高新区，荒草萋萋，下雨天泥泞难行，荒凉程度可想而知。夏天，租住在蒋家寨薄板房里热得无法入眠；冬季，老鼠经常会爬到被子上取暖；早6点多到校，晚10点多才回，此中艰苦常人难以想象。但信念与爱心在这里交织发酵，希望和理想在这里腾飞闪耀，三年艰辛一炮打响，成绩誉满三秦大地。他带领教师们怀着对教育的执着和热情，一直没有停止过创新和奋斗的步伐，把高新一中初中校区带到了一般人难以企及的高度。短短26年，西安高新一中初中校区中考成绩大面积丰收，捷报频传，与世界接轨，创世界名校，在开发区发展史上竖起了一座素质教育的丰碑，使之成为西部民办教育一道亮丽的风景线，成为全国民办教育的领头羊。

他是市名师导航工作坊的主持人。2013年以来，在西安市教育局“高品质、精内涵、强特色”的总体工作定位下，全市推行“大学区管理制”改革，推进教育均衡发展，实施教育帮扶。这项工作得到教育部和刘延东国务委员的高度肯定，在全国教育工作会议上做过经验交流。贺三宁带领蓝田初中大学区成员校李后初中、厚镇初中、草坪初中、葛牌初中、兴华学校等五所学校，坚持以提高教育质量为核心，按照“资源共享、优势互补、校际联动、均衡发展”的工作思路，立足实际，认真调研，精心组织安排大学区各项活动。

贺三宁积极组织大学区优秀教师，深入研讨，精心策划，通过名师送教下校、学区公开课、示范课、中考培训会等活动形式，加强课程研讨，促进校际互补，实时对接扶贫，共同发展提高；吸纳名校先进的理念，借鉴名师独有的教学方法，加强教师队伍建设，增强学区内涵发展，让蓝田初中大学区走出迷茫，让蓝田山岭地区更多的孩子们能够走出大山，实现他们的梦想。数九寒天深入山区步行几十里地和当地教师一起备课、说课、上课、研讨、反思，他们含着眼泪说：“这是在做功德无量的事，多少年也没有人进过大山为他们这样做过。”

大学区教师说：“我们有幸与雁塔区贺三宁名师工作坊结对，使在困境中苦苦求索的我们看到了发展的曙光。我们抢抓机遇，与贺三宁老师的语文工作室对接，按照‘走出去、请进来’的工作思路，坚持高素质的专家引领、高境界的名校访学、高质量的教学交流、高水平的课堂研究的‘四高’交流主线，依托高新一中雄厚的优质教育资源，着力加强蓝田初中大学区教科研工作，提高课堂研究水平，扎实推进‘大学区管理制’改革。”

2015年10月，蓝田初中大学区30名教师在学区长崔明坤的带领下前往贺三宁所在的高新一中听课学习，吸纳先进经验。通过学习，使蓝田初中大学区的老师看到了高新一中老师精彩独特的课堂教学。蓝田初中一位年轻教师听课座谈结束后这样说：“来高新听课学习，使我真正明白了‘对教材不同的分析理解、不同的策略选择、不同的资源选用’是高新一中课堂教学艺术的魅力所在，我们一定要研读教材，把功夫用在课前。”组织蓝田初中大学区的34名教师参加了“2015年教育部‘十二五’课题、关工委‘十三五’课题会议”。120多节现场课、说课活动，5个场次的报告，让蓝田初中大学区的教师不仅品尝了一道道风味独特的课堂教学盛宴，而且获得了一次前所未有的文化浸润与精神洗礼。这也是为教育精准扶贫的点滴体现。

现在所带大学区学校已从 6 所扩展到带动整个蓝田县的学校，还辐射到高陵区、鄠邑区，在教育扶贫的道路上步伐迈得更加坚定。贺三宁名师团队的新颖别致的自制视频，直观鲜活的内容设计，清晰自然的语音声调，不但点燃了学生求知的欲望，更让听课者们眼前一亮。他们对教材内容的理解、把握精准独到，设计形式别具一格，对教材的流程设计更是做到了丝丝相套、环环相扣，如行云流水、点滴不漏，使所有听课者受益匪浅，这是真真正正的教育帮扶，是接地气的教研。他还为蓝田学生捐赠了 100 套学习用具，受到蓝田县委县政府及大学区学校的高度赞扬。

他是省名师工作室的主持人。他的教育扶贫足迹遍布整个三秦大地、秦巴山区、渭水之滨、陕北老区……作为陕西省教育评估小组组长，对革命老区延安 13 所学校进行评估验收，为教育辐射和扶贫提供第一手资料，为延安市政府教育诊断提供鲜活数据，为解决延安教育实际问题上报可行方案，并为两所学校做报告，为提升办学能力，为学校可持续发展贡献了力量；作为省政府教育评估专家组组长，带领组员对全国贫困县紫阳县进行督导验收，为国家教育均衡发展验收打前站，为教育均衡督导吃苦走在前。紫阳县“再穷不能穷教育，再苦不能苦孩子”的精神激励着大家，特别是教育局局长的“不能让一个孩子掉队辍学，背也要背到学校来”振聋发聩，感慨良深。可以说贺三宁一行在用生命进行督导验收：因连续 40 多天下雨，山区泥泞难行，山路不通，有时要坐小船，有时要在寒冷天气里光脚步行，有时车辆后退半尺即是悬崖，时常到休息地已是凌晨，督导团成员说从未见过这么艰苦的督导。贺三宁受到了紫阳县委县政府的高度赞扬；随陕西省名师大篷车到陕南、陕北，深入第一线，为榆林 300 多位校长、教务主任进行培训，为老区教育扶贫做出努力；到旬阳做课、点评、做报告，引导教师进行教研，在当地引起强烈反响；为宝鸡偏远山区教师培训、指导，培养教师迅速成长；为山西、吉林、甘肃、宁夏、新疆、青海、河南等地教师培训提供学习机会，促使教师专业提升；举办“丝路之春”“丝路之秋”名师大讲堂，为教师提供展示的平台；连续 8 年为陕南汉中做中考报告、连续 7 年为蓝田做中考报告，为贫困山区商洛、榆林、延安，为洛川、陇县、岐山、旬阳、洛南、隰县、三原、泾阳等地培训优秀教师，辐射带动贫困地区教师一道前行……

他是全国、西安高新区、校级名师工作室的主持人。他带领团队创建的“1369”语文课堂教学模式属陕西首创，受到省市教研部门领导专家的极高赞誉，在一些地区得到推广，并受邀到四川、云南传经送宝；培养的名师在铜川、汉中、安康、西安位居前茅，为教育均衡起了很大作用，为当地的教育发展起到了辐射引领作用。在贺三宁的帮助下，闫妍成长为特级教师、正高级教师、省名师，在铜川语文界独领风骚；邱俊成为省教学名师、特级教师，在安康教研室带领名师工作室成员在秦巴山区受到多种嘉奖；李志龙、罗辉成为省学科带头人；徐雄成为航天城一中校长；郭戈、党江涛成为省级教学能手工作站站长；邹红梅、赵娟平（省师德标兵）成为省级教学能手；赵文艺成为市级教学能手、骨干教师。市教育电视台采访贺三宁时的惊讶是前所未有的：他对教育的重视程度超出了我们的预想，对教育的高额投入超出了我们的预料，对教育执着的挚爱超出了我们的预设，对教育的坚守让我们深深感动和震撼，可以说用生命的激情回报教育。他是管教育的人，做教育的人，干教育的人，爱教育的人。这些源于他的教育世家，他父亲也是一位教育人，创办过两所学校，他如今在父辈教育梦想的基础上，续写着教育的新篇章。

潮平两岸阔，风正一帆悬。“十三五”期间，全省各地依托高新一中贺三宁校长的名师工作室的优质资源，坚守激情与梦想、执着与追求，珍惜一次次真诚、持续、深入交流的机会，让学区教师在与名师的理念碰撞、信息共享中不断成长，让大学区之路越走越宽，越走越实。贺三宁教育精准扶贫辐射的工作更加深入实际。

贺三宁是一个思维超前、不甘平庸的人。他是一位卓越的基础教育践行者，作为高新一中初中校区的副校长，教育是他毕生的使命，他总是进行前瞻性的思考，把教书育人作为第一要务。用爱做教育，用心做教学。他总是喜欢带领团队走别人没有走过的路，且比别人先走一步；他博采众长，让高新一中初中校区在推进中发展，在发展中加强，在加强中完善。他参加的教育培训不计其数，均是为教育的发展进行思考，提升内蕴，触摸世界上最先进的教育，受到良好的熏陶。他主持承担参与“十一五”“十二五”“十三五”六项教育部规划课题，四项获得教育部优秀课题，是课题研究全国先进工作者；承担西安市重大招标课题，汇编出版著作《聚焦素质教育》一书；国家核心期刊发表文章多篇，主编国家中心期刊《中学教育研究与实践》一期；主持两次教育部规划课题会议，并做主题发言；三次获全国指导教师一等奖。对教育均衡发展起了很大作用，为当地的教育辐射引领做出了很大贡献。

他是一个心胸广阔、乐于助人的人。即使再忙，只要老师有困难，他都会亲自过问。生活上关心，思想上开导，事业上帮助。这些年来，他关心职工，是职工的贴心人；职工儿子患尿毒症，他两次捐赠数千元，以后也多次捐献；教师患渐冻症，他多次前去探望，捐物捐款，解决实际问题，温暖职工及家属；20多名困难职工家有困难，他连续捐赠；为汶川、玉树地震地区捐款，为宁陕学生捐款，为佛坪贫困户、为儿童医院患病儿童积极捐助，每次为贫困地区捐献总是走在前列，捐助额总是名列前茅；为有病职工联系医院、为职工孩子联系安排工作、为单身职工牵线搭桥解决个人问题，解决了职工后顾之忧，受到职工的交口称赞。2019 年疫情期间到目前为雁塔区红十字会捐资 1000 元，市政协支援武汉捐资 1000 元，为水滴筹捐资数千元，为高陵区药惠学校捐赠 10 台电脑、700 多本图书，为高刘学校、庙西学校捐赠图书 1000 多册，每年为患尿毒症的教工子女捐款，为患病职工及家属捐款。为国家为教育尽了自己的绵薄之力。

他是一个敬业爱岗、不吝付出的人。身为五位一体名师工作室的负责人，贺三宁带领工作室成员一道前进。确立“在反思中学习，在学习中实践，在实践中研究，在研究中总结，在总结中提高”的工作思路。调动成员自主学习的积极性，送教下乡、督导教育均衡、帮助集体备课、指导课题研究、组织贫困薄弱学校老师听课，给他们提供学习的机会等。工作室以目标为指引，以语文为支点，以课堂为阵地，以校本为抓手，以课题为载体，以培养为目标，以学习为动力，以创新为驱动，以名师为起点，以成长为方向，凝聚智慧，切磋学问，砥砺思想，共同提高。他赢得了很高的赞誉。

他是一位热爱生活、乐观向上的人。他几十个春秋献身教育事业，痴心不改，热血铸就教育魂。他对教育执着，热爱，不辱使命，同时非常关心职工文娱生活。带领老师参加开发区越野赛，身先士卒参加职工篮球赛，连续多年获得开发区冠军；他率先垂范，每年春节带领教职工参加春节会演；他一马当先，带领老师们参加羽毛球、排球、乒乓球活动，做职工的贴心人。他还是 2008 年奥运会火炬手。

正像所有对教育追梦的人一样，贺三宁正在追梦的路上孜孜以求地追求着，探索着，前行着。他是教育扶贫、攻坚克难、辐射帮扶、热血铸就教育魂的好校长！贺三宁正在以昂扬的姿态前行在教育扶贫的路上……

在贵州，用爱心守望着春天

——记陕西师大附中教师韩谈判

陕西师范大学附属中学　刘环宇

不辞辛苦，不远万里，不做样子，不甘碌碌，一程又一程，奔赴在扶贫支教的途中，把自己的才智与爱心奉献给贫困落后地区的教育事业，以自己的努力、认真，改变一群一群孩子的命运，带动一队一队老师的进步，播种一颗一颗的希望，收获一批一批的果实。他用一棵树摇动另一棵树，用一颗爱心感化另一颗心，在教育扶贫的路上，走得坚定而充实。

——题记

历史迈入21世纪，尤其是在以习近平同志为核心的党中央领导下，中国的发展进入了新的历史阶段，国民生产总值已稳步进入世界第二，中国正实现由富起来到强起来的飞跃。在这一历史转折期，习近平总书记提出了要让全国人民共享改革开放红利，在致富路上一个也不能掉队的伟大号召："扶贫必扶智。让贫困地区的孩子们接受良好教育，是扶贫开发的重要任务，也是阻断贫困代际传递的重要途径。"中国这个世界上人口最多的国家，向全民脱贫发起了总攻，展开了人类历史上最伟大的，也是极艰巨的脱贫工程，各行各业，无数的党员干部投身这一伟大壮观的事业。扶贫先扶智，扶智的重点在教育扶贫。教育战线的广大党员干部、一线教师，也踊跃投入这一伟大的历史潮流中去。

陕西师大附中是教育部直属的一所师范大学附中，有一百多年的光荣历史，是波澜壮阔的中国近代革命的见证者、参与者，在每一个历史阶段，都涌现出了不少先进人物，有光荣的革命传统。在基础教育的扶贫方面，多年来，陕西师大附中更是做得有声有色。早在20世纪八九十年代，师大附中就积极主动投入扶贫的工作中，那时学校帮扶的是陕西省蓝田县蓝桥中学。后来，在学校领导边团结、冯军等的积极支持下，学校先后以捐赠，派帮扶教师支教、培训、送课下乡等方式先后帮扶贫困边远地区的教育。"十三五"以来，陕西师大附中更是积极响应党中央的号召，不断加大帮扶力度，先后帮扶过陕西、新疆、西藏、云南、贵州等省内外十余所学校。帮扶支教工作一直没有间断过。全校广大教师踊跃报名参加，涌现出了一大批支教先进个人，有不少支教的感人故事。其中陕西师大附中的韩谈判老师就是大家称道的一位。

韩谈判老师毕业于陕西师范大学，本科学历，中学语文高级教师。近三十年来，一直在教学一线，为陕西的基础教育奉献了自己的青春。在人才辈出的教育界，一位老师想要出类拔萃，除了自身的能力以外，还要选择自己的方向，有自己的独特之处。韩谈判老师不仅教学业务功底扎实，认真钻研，取得了一定的成绩，还特别甘于奉献，有爱心，有责任心，是我校任班主任时间最长的老师之一。他还不怕艰苦，坚持扶贫支教，为贫困地区的教育发展做出了自己应有的贡献，体现了一个共产党员、一位资深老师应有的大爱情怀。多次被师大附中及陕西师范大学评为先进个人、优秀共产党员、道德标兵，被云南景谷县等地赠予支教先进个人称号。

早在 20 世纪八九十年代，陕西师大附中就与陕西蓝田县蓝桥中学结成了帮扶的对象。韩谈判老师多次代表学校去蓝桥中学捐赠办学物资，多年坚持组织并带领学生去蓝桥中学，为该校学生捐赠学习用品。这一经历，对他后来的教育扶贫情怀产生了很大的影响。后来，他便自觉地加入教育帮扶的行列中去，主动为自己带的贫困学生捐钱捐物，捐助社会上素不相识的贫困户家庭，到贫困地区义务送教，这样的事情多年来持续未断。其间，最为感人的是他支教云南景谷和贵州沿河两个地方的故事。

一、支教景谷，大爱如父

2017 年，陕西师大附中承担支助云南景谷傣族彝族自治县的基础教育帮扶任务，该县之前每年仅有几名学生能够考上一本。为了提升景谷县的升学率，陕西师大与云南景谷县政府协商，改变学生的学习环境，将该地 40 余名学生组成一个班，送到西安，和陕西师大附中的学生一起学习。学校把这个班的班主任工作交给了韩谈判老师。这是一个非常艰巨的任务。

景谷班的学生来西安时都只有十五六岁，他们第一次离开父母走出大山，加上南北气候差异较大，初来乍到，在生活、情感、学习各方面都遇到了很大的困难。韩老师从机场接机到安顿孩子们食宿，到学生上下学的安全，再到生活小常识，事事都替学生们操心到了。班上如有学生患病，韩老师像父亲一样及时安排学生就诊，每天询问病情，查体温，叮嘱学生按时吃药。春节期间，因为假期短，路途遥远，景谷班的学生都不能回家。孩子们第一次远离父母在外过年，大年三十夜，韩老师放弃了和家人的团聚，给学生买了水果、零食，与学生们一起迎接新年。因为无微不至的关心，班上的学生们都亲切地称他“韩爸爸”。在与学生相处中，韩老师了解到有个别学生家庭条件比较差，就主动和学校联系，为这些学生争取了学校的“老校友助学基金”，还自己给两位学生生活赞助。当他听到云南景谷一中有一位患白血病的学生正在四处筹钱时，主动联系当地的教育部门，捐资献上爱心。在 2017 年底的一节体育课上，班上学生刀某在操场打篮球抢球时跌倒，右手指骨折了。知道情况后，韩老师和体育老师及时把他送到陕西师大校医院进行治疗，第二天，伤势严重了，就赶紧送往西安红会医院，他及时联系了小骨科的专家给他看病，帮他办理完了各种入院手续。由于学生的父母远在云南，没办法来照顾他，韩老师就安排了老师来照顾，自己每天下班后去医院看望学生，和学生说说班里的各种情况，讲讲各科的进度，给他买些可口的饭食。后来，学生出院了，又关心他的功课，叮嘱各科老师多关注他的学习，又经常过问他的学习情况，虽然他住院了半个月，但文化课的学习很快就赶上了大家。2018 年的冬天，刀同学在上晚自习时，因为稍微晚了点，他就骑上自行车狂赶，结果在十字路口撞了一位在路边锻炼的老人。正好韩老师那天去检查他们的晚自习情况，就及时赶到医院去，安排给老人检查，垫付了费用，及时和老人的家属沟通，化解了矛盾。事后，还和同学们聊天，告诉大家平常要树立安全意识，怎样应对和处理事故，使所有学生都受到了安全教育。有一位姓尹的同学，当时皮肤过敏很严重，脸上满是伤，几乎要“毁容”了。韩老师不仅给他推荐了好的医院、好的医生，还常和他聊天，缓解他的不安心理，消除其他同学的歧视影响，使该同学很快摆脱了自卑，全身心投入高考复习中。如今，刀同学已经上了一所农业大学，尹同学上了一所矿业大学，每到重要节假日，他们都会打电话问候韩老师。不仅如此，原来班级建立的微信群也始终活跃，成为师生交流学习、理想和生活感悟的永远的“家”。

从带上云南景谷班开始，韩老师就清楚地明白自己肩上的责任：这是一项政治任务，学校把这一光荣艰巨的任务交给自己，景谷政府和人民对这些孩子寄予厚望，自己一定要把他们培养好，给学校和云南景谷人民一个满意的答卷。他把全部的心血都用在了这群学生身上。学生有因纪律观念淡漠而违纪的，尤其是当社会上一些不正确的思潮和言行传染到学生身上的时候，他就会认真严肃又耐心地和学生谈心，引导学生看社会的主流，直到学生纠正了认识。他坚持督促学生每天收看《新闻联播》；经常利用班会时间，带领学生学习《人民日报》等的时评文章，引导学生树立爱国爱党的思想，做一个有素质、高尚、有感恩之心、能回报社会的人。针对学生基础知识薄弱的问题，他给学生指导科学的学习方法，制订科学的学习计划，陪学生们一起学习。课余和学生亲切谈话，疏导学生的情绪，树立学生的自信心，成了韩老师的常态。高考前一周，学生回云南时，韩老师一直陪着他们，考前的复习更是悉心陪伴，精心指导，让孩子们能够平心静气地做好最后的复习工作，直到把孩子们送入考场。这一年，云南省高考的语文作文题是那幅表现老师关爱学生的漫画：你们再看看书，我再看看你们。班上许多学生从考场出来的时候，都是红着眼睛流着泪水出来的，因为他们在考场上想起了他们的韩老师，作文中写的也都是韩老师陪伴他们走过两个春夏秋冬的日日夜夜的爱的故事。

二、送教沿河，树立榜样

2020年秋，教育部部署陕西师大帮扶贵州沿河土家族自治县的基础教育工作。知道消息后，韩谈判老师积极报名参加。虽然，当时许多人拿着地图也找不见沿河到底在哪里，对那里的情况更是一无所知。在短暂一周的边工作边准备之后，韩老师义无反顾地来到了这个黔东北的偏僻县城。他被安排在沿河县唯一一所在乡下的高中——沿河第三中学支教。这是一所因为条件不好，又在乡下，连当地老师都不愿去的学校。韩谈判老师没有讲条件，没有要求留在条件好得多的县城学校，毫无怨言地去了。学校在一个走高速公路离县城还有30多公里的镇子。因为只有高速路与外界相连，又因为偏，公交也不方便，所以平时几乎没有机会去县城，离最近的机场或火车站更是要通过高速走三五个小时。当地常年不见太阳，雨多、潮湿，生活饮食与北方有明显的不同，语言沟通也有不少障碍。但这些都没有难倒他，作为支教队队长，韩老师引导同去的老师端正认识和态度，以最大的热情投入沿河三中的教育教学中。他带领大家认真调研学校的情况，结合四位老师的特点，主动向该校领导请缨，加入高三年级的教学中，重点给部分学生补课培训，指导当地老师们的教学，把先进的教学理念传授给当地的师生。

韩老师认为，基础教学最重要的是认真的态度，有了认真的态度，许多问题都会迎刃而解。他在沿河三中带头自觉坐班，认真备课。起初，虽然每周的课时不多，但他从不马虎，而是根据自己的教学经验和当地的教学实际，从学生学习的难点出发，认真备好每一节课，强化课堂的通俗性、语言的准确生动性、分析问题的条理性，力争使基础不好、对语文学习不感兴趣的学生能够很快听明白、有兴趣。他还要时常替一些请假的老师临时上课，他备课一丝不苟，反复打磨。他常说，不管备课多么认真，只要是这节课还没有上，内心就会忐忑不安，课堂的内容还会在心中反复斟酌。为此，他每天常常备课到晚上 11 点以后。他认真的态度被当地老师看在眼里，他认真工作的样子被一位领导偷偷拍照，发在学校的群里，号召全校老师向韩谈判老师学习。他的备课教案更是让周围的老师惊讶，主动表示要向韩老师学习。在课余时间，他主动联系，听语文学科老师的课，坦诚认真地和老师们探讨教法和相关的知识，指导老师们的教学，受到了老师们的一致好评。韩老师的每一节课都是在充分准备的基础上完成的，极大地调动了学生学习语文的热情，课堂上常常人员爆满，学生情绪高涨，以至于有些班的学生主动要求韩老师给他们上课。在高考复习的过程中，韩老师反复研究学生失分的原因，有针对性地努力夯实学生的基础，培养学生的思辨能力，在没有增加学生作业的情况下，使学生的成绩有了明显的提升。同时，他还认真与各地高三的老师们交流，积极在网上学习相关的研究资料，提升自己的业务能力，他主动把自己的研究成果和当地同行分享，专门做了高考复习讲座，指导沿河三中的高考复习。

2021 年春节后，学校根据教学实际，把学生重新分班，想让韩谈判老师带一个班做班主任，他毫不犹豫就答应下来了。他说，这并不是说自己能干、有绝对的把握能带好，而是自己应该尽全力为三中的教育多做一些事情。当班主任，这在支教沿河的几个学校的支教老师里是绝无仅有的。虽然自己已经不年轻了，但他严格要求自己，每天早上 6 点都按时起床，按时到教室。他说，要给所有学生做榜样，要求学生做到，老师必须首先做到。晚上，即使晚自习不是自己值班，但他还是常常陪着学生上完晚自习。他常常说，自己每天按时到教室了，陪着学生，可以让学生很快安下心来，学习更有效率。沿河三中因为在农村，许多学生的父母都在外打工，一些学生家中也没有人，所以就不回家。因而学校平时周末都不放假，学生都不离校，每天晚上都上自习，一个月最多才放一两天假。每天从早上 6 点到晚上 11 点，一直陪着学生，韩老师开始出现夜里失眠的现象，人也变瘦了，但他仍然严格要求自己，一次也不例外。他说，班主任是一个班的核心，如果动不动就缺位，那么受影响的会是全班的学生。学生即将面临高考这一人生的重要时刻，自己绝对不能给学生造成遗憾。该校一位教务主任感慨地说：“我最佩服的就是你们高度的自律性。”

在这段重要的复习中，他特别重视给学生介绍学习方法，指导学生科学复习，培养学生分析问题、解决问题的能力，提高学生的学习效率，引导学生端正学习态度，要持之以恒，要学而思，对学生的学习进步帮助很大，很受学生的信任。学生愿意把学习的困惑跟他讲，他也耐心地指导学生，鼓励学生的自信心。在前不久，一位学生认为学校的学习节奏不合自己的安排，想回家独自复习，怕老师不同意，就没有打招呼回家了，其父母也没有反对孩子的决定。韩老师知道后，多次与其家长联系，因为家长不会讲普通话，语言沟通有障碍，韩老师就发短信给他们讲道理，但没有得到回复，他就找学校里认识其家长的老师，通过这位老师跟学生及其家长联系，耐心讲在学校复习的科学性、必要性。有学生不理解韩老师为此受的委屈，韩老师说：他现在还不懂事，但老师不能在他糊涂的时候，也不帮他，我不能让他在人生的重要阶段留下遗憾。最终，这位学生改变了认识，返校和大家一起愉快地复习了。看到学生进步，他会很开心，自己买来面包等食物奖励他们，他还常常把自己的饭卡给需要的学生，学生们很高兴，有些学生也会时不时给韩老师买来早点，让他感动不已。今年的五一劳动节，学校高三年级只放两天假，韩老师放弃了原来回老家的想法，一则可以休整一下，二则回家就不能及时赶回来，会影响学生收假后的考试及监考改卷等工作。学生们知道韩老师为他们的学习放弃了回家，一个人在贵州过节，就合伙买了些水果来看老师，还有学生知道老师是北方人，爱吃面条，就从家里带来些送给老师。这些爱的回报是满满的感动，让韩老师以更饱满的热情，以更浓烈的爱，更强烈的责任心投入工作中。他说，此刻自己唯一的心愿就是让这些孩子能够走出大山，走出一条新的人生路，不留遗憾。即使再苦再累，也值！

陕西师大人具有“西部红烛”的献身教育情怀，这在韩谈判老师身上集中体现出来。他说，自己就是一棵树，他在贵州，用一棵树摇动另一棵树，用一颗爱心培育另一颗爱心，守望着有绿满神州、花开满枝、爱心融融的春天。

这就是韩谈判，一位品德崇高、不畏艰苦、甘心支教、乐于奉献的好老师。

汲取阅读力量，扎根红土大地

——保山市教育教学教研所罗正林阅读推广事迹材料

云南省保山市教育教学研究所　林　涓

“爱上悦读”，第 392 本，阅读整本书《吃进肚子里的诺贝尔奖》，相信阅读的力量。

“爱上悦读”，第 393 本，阅读整本书《海狸的记号》，相信阅读的力量。

“爱上悦读”，第 394 本，阅读整本书《非洲民间故事》，相信阅读的力量。

……

在罗正林的微信朋友圈里，很大部分内容是关于他亲子阅读情况、阅读推广工作心得的分享。一本本书串起一条书籍的长河，而罗正林正是驾着阅读的小舟在这河上带领孩子前进的人。罗正林，现任保山市教育教学研究所小学语文教研员，《保山教育》执行编辑，担当者行动的公益讲师，保山知名儿童阅读推广人。

在罗正林不大的家里，各种书籍把能占的地方都占了，客厅、卧室、床头、卫生间，巨量的书本或分类摆放，或随意放置，真正是“身有茅屋三四尺，心藏锦书数万千”。家中书籍种类丰富，有大人的工作专业书籍、小说、报刊，但更多的是丰富多彩、各级各类的儿童书籍，他家也被女儿所在的保山市实验小学评为“书香之家”，成了示范点。

这一条阅读推广的路，是罗正林一本一本阅读、讲读而成的。

一、问渠那得清如许，为有源头活水来

“其实，我 2013 年开始从事阅读推广工作，那时候是从自己女儿身上开始的。”罗正林这样描述自己的工作历程。在女儿上幼儿园的时候，为了让孩子在哭闹时能安静下来，他想尽了一切办法，其中不乏使用平板电脑和手机看动画片、玩游戏等“常规手段”。他心里也隐隐知道，长时间使用平板电脑、手机、电视，不仅会严重影响孩子的视力和专注力，还会让孩子陷入严重的“电子依赖”，可是他又找不到更好的办法安抚孩子。

后来，一次工作培训的机会，罗正林认识了阅读推广公益组织——担当者行动。在几天的学习中，他如醍醐灌顶，深刻地意识到了亲子阅读的重要性，以及学习亲子阅读方法的必要性。从那时起，他就疯狂地购买了大量适合孩子年龄段阅读的图书，直到现在每月的生活费里必然列着购书这一项。

在孩子学会认字之前、认字不多的时候，他带着孩子一起看绘本，带插图的童话书和故事书，去实践那些阅读技巧、阅读方法。“我们家最大的仪式感就是每天和孩子一起读书。这是孩子的功课，也是我的工作。”他如是说也如此做——每天晚上睡觉前，他都会捧起书本给女儿讲故事。每次他将书中主要内容或部分精彩的情节或是诙谐的人物形象讲给女儿听，当孩子被吸引而急于想知道具体的内容或其他的情节时，就鼓励孩子自己尝试阅读这本书。

从刚开始的5分钟，到后来的30分钟；从简单的字少的绘本，慢慢到后来的整本书阅读；从刚开始“抓”着孩子读，到后来孩子自己找着读；从最早照本宣科地读，到后来表演、实验、多媒体的多样互动，孩子越来越能体味阅读的乐趣。到了孩子上小学以后，阅读已经成了她生活习惯的一部分。在姐姐的带动下，才2岁多的弟弟现在也会自己翻书看了，也慢慢地喜欢上了书。罗正林说：“亲子之间的交流是世界上最宝贵的财富。而书籍，是亲子交流的纽带。阅读，则是打开亲子交流的密码。要让更多家庭认识到这一点、实践这一点。”

读万卷书，行万里路。在女儿上了小学后，他便经常带着女儿和女儿的朋友们开展户外阅读、主题读书会等活动，并与孩子一起带着书本去旅行。其实旅行不仅仅是看风景，更多的是认识一个地方的文化和历史，每去一座城市，看得最多的是城市的博物馆和科技馆。比如去北京旅行前，他先带着女儿仔细地看完《手绘地理地图——中国》，并以此制订了自己的旅行计划。到了北京，除了参观故宫博物院，还按照书本阅读的内容特意到国家科技馆待了一上午，让孩子了解中国科技的巨大变革。

就这样，罗正林像一个问泉者，把阅读变成一件件趣事，让阅读来指导孩子生活，让阅读来构建亲子关系的桥梁，让孩子和家长真正地去享受阅读。阅读之泉，带来了源源活水，浇灌着这个家庭，也即将浇灌更多的家庭。

二、一点新灯烛照夜，恰如明月画河川

独乐乐不如众乐乐，作为一个教育工作者，特别是曾经在教育一线工作过的人，罗正林始终把如何让更多的孩子受惠于阅读作为自己的使命。因为来自山区的他，太清楚山区的教育缺什么。“我来保山工作，是从一个山区到

了另一个山区，山区的孩子以前缺书，现在不缺了，他们缺带他们一起阅读的人，给他们传方法、讲故事的人。”罗正林回忆起自己的过往的时候说。在看到自己的孩子可喜的变化后，他有了更大的梦想——要引导更多的孩子爱上阅读。2016 年，他作为“故事爸爸”到女儿的班级上开展故事阅读活动，受到班里老师、孩子们的喜爱。于是，从那以后，他每学期都要到女儿所在班级进行阅读分享，用乐趣引领更多的孩子开启阅读之旅。为了唤起更多家庭关注阅读，他开始通过朋友圈把女儿的阅读情况分享给大家，朋友们的点赞成了孩子持续阅读的动力，而每一次的分享也刺激更多的朋友开始关注亲子阅读、践行亲子阅读。读更多书，获得更多“点赞”，唤醒更多家庭，阅读分享借助网络步入了正向的循环。

2016 年 12 月，他邀约数名阅读爱好者和致力于阅读推广的一线教师，成立了“花婆婆”悦读志愿服务队，对 30 多个家庭进行“家庭图书角”建角指导和亲子阅读指导，树立了亲子阅读示范家庭，并让这些家庭指导同一社区的其他家庭。阅读的“核裂变”效应带动了越来越多的家庭，而他就是最开始的那颗“中子”。

多年来，罗正林跑遍了保山大大小小的乡村和学校，身体力行地把阅读理念的种子种到学校、社区和乡村。他点燃的这盏阅读之灯，启发着孩子，温暖着他人，照亮了生活。正如担当者行动教育基金会颁发给他的 2017 年度乡村教师人物奖的获奖词所说：“您，虽未带一班一生，但为了推动整个保山市的阅读，您结识担当者，链接资源，主动去到每一所学校宣讲动员，几乎成为担当者行动的代言人。”

于无声处听惊雷，在阅读中传大爱，他用无声的行动真正践行了“担当”二字，把阅读的灯点到孩子的心里，点到家长的心里，把生命的根扎向了红土大地的最深处。

三、纸上得来终觉浅，绝知此事要躬行

在罗正林的言传身教之下，女儿爱上阅读，爱上公益，并经常与留守儿童分享阅读的快乐。“我见过保山最困难的小学，那里 30 多个孩子，大多是贫困户。其中，父母大多不识字。我想只有教育能够斩断贫根，只有阅读才能让孩子激发梦想、走出大山，只有阅读才能真正让人思想‘脱贫’。”他时常对朋友们说。

渐渐地，罗正林的阅读朋友圈影响越来越大。他经常受邀到各类学校和社区为学生、老师和家长做公益性示范课和讲座，受到了学校老师、家长的

热烈欢迎，亲子阅读成了一种“时尚”、一种“修行”。为了把这条阅读推广分享的路走得更宽更远，罗正林研读了大量关于儿童阅读和家庭教育方面的著作，从国外的阅读理论到中国的传统经典，他始终牢记着毛主席曾经说过的一句话——“学习的敌人是自己的满足，要认真学习一点东西，必须从不自满开始。对自己，‘学而不厌’，对人家，‘诲人不倦’，我们应取这种态度”。只有不厌、不弃才能积满自己的一缸水，也才能给老师们一桶水，给孩子们一瓢水。

在一次次的公益分享中，他通过一个个鲜活的例子，把那些深奥的理论转化成通俗易懂的话语，给老师和家长讲述引领孩子爱上阅读的方法。他希望能够打造一个阅读生态公益圈，让阅读像呼吸一样自然，让孩子和家长都爱上阅读、习惯阅读。

现在，这个阅读公益圈慢慢扩大，从一个人到一个班级，再到一所学校，再到一座座城市……推动着全民阅读。一个合格的共产党员、一个合格的人民公仆应该干什么？不全是惊天动地的大事，更多的是寻常往复的“小事”，这些小事正因为小，所以更联系起千家万户，更深入到群众中。罗正林，就是这样一个自诩为“只会读绘本、只会教人读书”的人，用阅读这样一件事架起了通往孩子、通往家庭的桥梁。

好风凭借力，为了能更好地推进阅读工作、建设阅读型学校，罗正林还积极联系担当者行动公益组织，在保山市的乡村小学建设“班班有个图书角”助学项目，截至目前保山市已建“班班有个图书角”助学项目 357 所学校 3041 个班。而且这些图书角都是分级配备的，图书每年按年级轮换使用，惠及近 8 万多名孩子。而这只是开始，今后，还将在保山市继续建“班班有个图书角”，让每个乡村孩子都能享有高品质阅读，让阅读的种子在红土大地上生根发芽，让阅读之路越走越宽。

躬行是脚踏实地地前进，把每一小步的积累变成社会进步的一大步。这是罗正林作为共产党员的初心所在，是作为人民公仆的职责所在，是作为一个教育工作者的使命所在。

四、墙角数枝梅，凌寒独自开

2020 年，新冠疫情席卷了华夏大地，祥和的春节变成了浩劫的漩涡，整个中国陷入了全面“暂停”的状态。在那段时间里，他有了更多的时间和孩子一起阅读。可是，有一次他和朋友的孩子聊天，发现孩子陷入一种“隔离焦虑”的状态中，他想这样下去不行，作为阅读推广者应该可以做点什么。

于是，2020 年 2 月，在疫情抗击最为艰难的时期，为了给长期居家的孩子带去阅读的快乐，缓解孩子因为居家隔离而带来的心理问题，罗正林开始行动起来。他利用自己的影响力，召集起保山、腾冲、广西等地的一线教师、阅读爱好者共计 20 多人，并亲自联系每一位老师排定阅读计划表，设计相关阅读主题，和老师们沟通阅读方向，最终发起了网络公益阅读平台——罗老师聊书会。2020 年 2 月 2 日，罗老师聊书会“以书为伴，宅家抗疫”公益阅读直播在网络直播平台正式开启直播。配合着相关的疫情工作，每天一位老师带领小朋友们通过线上平台看一本书、读一本书、讲一个故事。从 2020 年 2 月 2 日—5 月 17 日的 105 天里，在罗正林的带动下，罗老师聊书会的志愿者们共计为孩子们直播公益阅读课程 79 场，其中他一个人完成了 20 场。罗老师聊书会网络公益社群，在抗疫期间，共计向 38453 人次授课，累计授课时间 4740 分钟。在阅读交流平台上，有孩子如是写道：“感谢罗老师给我们讲故事，让爸爸妈妈都不在家的时候，也不会因为疫情而感到害怕。”不害怕，就是阅读带来的力量；不害怕，就是他在那时候想给到孩子们的支持和大爱。他用阅读搭建起一座安全屋，让孩子们在里面感到安全和快乐。

事后，在获得最美保山人奖项的时候，他很感慨那段时间。“当全世界都陷入悲伤的时候，只有阅读能够抚慰孩子的心灵，只有阅读能够指引孩子们精神的方向。”罗正林总结到。经历了这一次的实践之后，他更加笃定了阅读的重要意义。“倘若全世界的人都崇尚阅读，都喜好阅读，那么世界是不是要多一些和平，少一些纷争；多一些善良，少一些戾气；多一些了解，少一些仇视。”这就是罗正林作为一名共产党员对于一件小事的世界观，把一件小事做好了就是一个世界。凌寒之时的梅花，香气扑鼻，让人忘却寒风冷雪。

五、欲穷千里目，更上一层楼

无私的付出，无畏的前行，罗正林的行动获得了社会的广泛关注和认可。2019 年 7 月，《保山日报》公众号也对他的阅读推广行为进行了报道，点击量超过 5000 多次。后来《人民日报》人民号、云南网公众号、《云南教育》杂志公众号、保山资讯等公众号都转发此篇报道。2014 年 4 月，被保山市教育局授予保山市小学骨干教师；2015 年 6 月，参与撰写的成果《杨善洲》(专著)被云南省教育厅评为第七届云南省教育科学研究优秀成果三等奖；2016 年 5 月，被保山市教育局党委评为优秀党员；2016 年 5 月，在“中小学法律知识网络竞赛”中，被云南省教育厅评为“优秀管理者”；2018 年 1 月，被福建省担当者行动基金会评为“2017 乡村教师人物奖”；2018 年 2 月，被云南省教育厅评为云南省“国培计划”项目实施工作先进个人；2018 年 3 月，被保山市教育局授予保山市小学学科带头人称号；2018 年 6 月，2014—2016 年在云南省中小学幼儿园名师工作室学习中，被云南省教育厅评为“优秀”学员；2019 年 3 月，在“云南省小语教师素养大赛”中，被云南省教育科学研究院评为“优秀评委”；2019 年 12 月，被云南省教育厅评为云南省“百姓学习之星”；2020 年 1 月，被保山市人民政府授予“保山市有突出贡献的优秀专业技术人才”称号；2020 年 9 月，被中共保山市委网信办、保山市互联网信息办公室评为“2020 年度保山好网民”；2021 年 4 月，被保山市文明办评为 2020 年度“最美保山人”提名奖等。正如保山市隆阳区教育体育局王江燕老师评价他时所说：“他就是那位带着我们在阅读之路上去赏花的人，用刚刚好的速度，在刚刚好的时间，看到刚刚好的花儿。他用一颗博爱的心，一分执着的坚守，一股阅读点灯人独居的大能量，点燃着我们阅读的热情！”

据不完全统计，自 2017 年起，他共计向 29695 人次授课，讲述绘本及各类读物 150 余本，公益分享讲座 100 多场次，受益人群达 3 万多人次。为了让阅读更接地气，从 2020 年 4 月份开始，他到保山市隆阳区汉庄中心小学支教，每周都为 2—4 个班的孩子讲授阅读课程，而要知道这些都是他利用业余时间去开展的。他的阅读推广覆盖了隆阳区、施甸县、腾冲市、龙陵县、昌宁县、大理市、贵州铜仁市等地。

2021 年，罗正林又被选派为乡村振兴工作队成员，深入到农村开展乡村振兴工作。按照国家《乡村振兴战略规划》工作要求，他除了在村上开展工作外，还到村小学任教阅读课，并积极联系公益组织，为学校建“班班有个图书角”助学项目，以此来推动全民阅读进家庭、进农村，提高农民科学文化素养。他说：“扶贫先扶智，阅读是思想扶贫最根本的方式，我想我要继续把阅读带到乡村振兴工作点，带给孩子，带给大人！”

层楼之上有层楼，他的梦想是盛开的花，一层一层，越开越美丽。在阅读推广的路上，他像花婆婆那样播撒着书香的种子，呵护着孩子的成长。

感念党恩扎根山区　永葆初心培育英才

山东省莱州市柴棚中学　仲仁亭

时光荏苒，岁月如歌，不知不觉我已在山区任教了整整30个年头。一万多个日日夜夜，我见证了山区教育的一步步发展和一次次跨越。其间有艰辛和坎坷，但更多的是成长和收获。我一路跋涉，耕耘着山区教育的这方沃土，快乐着学生成功的快乐，幸福着教师职业的幸福。30年的教育生涯，早已把白发和鱼尾纹嵌入我生命的年轮，但我无怨无悔，初心不改，奋斗不止。

一、感念党恩，扎根山区

1991年的夏天，我从烟台师范学院毕业，回到了老家莱州。当时，全日制师范生并不多，加上我是院优秀毕业生和院优秀学生会干部，市局政工科领导给了我两个选择，一是到市重点高中任教，二是到市卫生局防疫站工作。这两个选择，对一个农村孩子的诱惑力都是巨大的，可以直接进城，多好的机会！可我却婉言谢绝了，这让负责分配工作的领导十分疑惑，但我自己清楚，到农村任教，到自己土生土长的老家任教，在我考入师范学院的那一天，就已经做好了决定。

我的家乡地处莱州市偏远山区，这里土地贫瘠，交通不便，很多人一生都没有从山里走出去。这里的教育落后，不识字的人占据多数。贫穷和无知永远是最好的朋友，所以这里经济一直落后，乡亲们的生活非常艰难。农村的振兴靠教育，教育的振兴靠教师。为了家乡的发展，我要回农村！让我下定决心要回农村还有另一个重要原因，那就是同村李老师的影响。李老师是一名民办教师，也是一名共产党员。我的哥哥小时候得了小儿麻痹症，留下了终身残疾，不能像正常人一样行走，所以到了入学年龄也无法自己去上学。就是李老师，用她瘦弱的身子，每天背着我哥哥上下学，长年累月，风雨无阻。那时候我还很小，可李老师的形象在我的心目中是那样的高大。我曾在心里一次次默念，我也想当一名农村的老师，我也想成为一名中国共产党党员。

我报到的学校是掖县（现莱州市）第二十五中学。这是莱州市最远的一所农村学校，底子薄，条件差，很多老师不想来。但正因为这个原因，留在这里的领导和老师都是热爱农村、心怀教育的，很多还是共产党员。至今我都庆幸当初的选择，让我能在踏上工作岗位的第一天，就能和他们在一起。可以说，我的发展得益于有这样一批优秀的农村教育工作者的引领和培养，得益于有这么一所充满正能量的学校为我搭建了坚实的发展平台。

学校的赵校长是一位老党员，毕业后就在这里任教，因为工作出色，从班主任到教导主任，再到校长，见证着他为农村学校教育的付出，体现了上级教育主管部门对他的肯定和对农村教育的重视。报到那天，赵校长说“农村教师苦，但农村孩子需要好老师”，这句话到现在我都记忆犹新，也正是这句话，激励我在这所学校一干就是10年。这是我思想从懵懂到成熟的10年，是我业务飞速提升的10年，是我教育生涯30年中最辛苦可又最充实的10年。

忘不了我住的简陋的宿舍，房顶时不时会掉下灰土，腐烂的门窗无法挡住冬天的风雪。我的家离学校有两三里路，但我还是坚持吃住在学校，只为了能迎着第一缕阳光陪伴孩子们晨读，只为了晚上多转一转学生宿舍，课间多为学习困难的同学辅导一下作业。这种付出，得到了学生家长的认可，得到了学校领导的肯定。在工作的第一个教师节，我就被乡党委政府授予优秀教师的光荣称号。

面对荣誉，我体会到了农村教育的价值，也感受到了肩上的压力。除做好平时的学生常规管理外，我还利用午休、晚上、双休进行家访，用不到半年的时间，把全班同学都家访一遍。家访，加强了学校和家庭的联系，拉近了教师和学生的距离，也让我进一步感受到了农村家庭的不易，坚定了帮助每一个孩子成才的信念。

回到学校，我主动找到任教数学的教导主任，希望她能在教学上给我一些帮助，同为共产党员的刘主任非常爽快地答应了。以后的日子里，刘主任只要有时间就去听我的课，帮我备课，给我指导，对我课堂中出现的问题更是毫无保留地提出来，和我一起找出解决的办法。在刘主任的悉心指导下，我成长得很快。我任教的班级，数学成绩名列学校前茅，有三名学生在市五科联赛中进入全市前100名，有两名学生在“全国华罗庚金杯赛”中荣获一等奖。我参与编写的《初中数学学习新路》一书正式出版，1996年被市教育局授予优秀班主任的光荣称号，并于2000年正式加入中国共产党。

二、潜心教研，提升自我

2001 年，乡镇合并，我调到莱州市郭家店中学任教，这是我市第一所山东省农村规范化学校，办学理念和办学水平都走在全市的前列。在这所学校里，我一干就是 18 年，从一名级部主任，成长为学校教导主任。在担任教导主任期间，我结合山区学校实际，带领老师们潜心研究教学，认真实施教育科研，在特色教育上进行了初步探索，为学校特色发展注入了活力，对教育教学成绩的提高也起到了很好的推动作用。学校先后获得“山东省心理健康工作先进单位”“烟台市教科研工作先进单位”“莱州市教学工作先进单位”等称号。

农村学生中的留守儿童较多，加上单亲家庭学生的增多，这些学生的心理或多或少都有一些问题。我们首先成立了由政教处、团委、年级组长、班主任及心理辅导教师为骨干的心理健康教育教师队伍；建立了从班主任和任课老师，到学校管理层及学校心理咨询室，再到区域学生心理健康教育机构的三级心理健康监护网络。建立了学生心理健康档案并使之逐步规范化，我们还积极争取家长的支持，形成了学校、家庭、学生三位一体的教育合力。多年来学校有 4 人次被评为山东省心理健康工作先进个人，6 人次获山东省心理健康优秀成果，8 人次获得市级心理健康优质课。

为全面推进素质教育，促进学生全面发展。我提出了“健康第一”的口号，掀起全校阳光体育锻炼的高潮。学生主动走出教室，走向大自然，走到阳光下，已成为自觉和习惯，锻炼了身体，增强了体质，有力地促进了我校体育工作的开展。学校连续 5 年进入市运会前 6 强，年年获得体育道德风尚奖。在烟台市第九届运动会橄榄球比赛中，男女队分别获全市第二名和第三名的好成绩。

为了保证综合实践活动课的开展，我带领教导处一班人从 5 个板块 20 个系列对综合实践的开展做了有效规划，并以社团活动为依托，将综合实践活动课程化。多年来，我校有 70 多人次获得省、烟台、莱州市综合实践优秀成果一等奖、二等奖，17 人次获得莱州市教研室表彰的优秀辅导教师奖，4 人次获得莱州市综合实践优质课程资源一等奖，1 人次获得烟台市综合实践优质课程资源奖，2 人次获得烟台市综合实践教育研究室表彰的优秀辅导教师奖。

“教科研是第一生产力”，我和教科室主任一起坚持多渠道多序列推进学校的教科研工作。学校先后被确立为烟台市“互联网＋”教学实验学校、综合实践活动实验学校。“烟台农村初中生心理问题调查及对策的研究”等 4 个课题经圆满结题，30多个莱州市级课题圆满结题。共有10多人在烟台、莱州教育教学会议和教科研之旅中做了书面经验介绍。30多篇学术论文在全国中文核心期刊发表，50多篇论文在《教学研究》发表，我校多人次获得“山东省心理健康教育先进个人”“烟台市教科研工作先进个人”称号。

大河有水小河满。在推动学校发展的同时，我也一步一个脚印走实了个人专业成长的道路，参加了市首届教导主任培训班，执笔的国家级课题研究中期报告结集出版，多次荣获市“优秀课程资源奖”和市“综合实践优秀成果奖”，其间发表论文、参与读书随笔大赛共10余篇获奖。2013年，我被授予市“优秀教育工作者”称号；2016年，晋升中学教师高级职称。

三、老骥伏枥，初心不改

2019年秋天，根据市局中层领导管理规定，全市进行领导干部轮岗交流，我来到了现在任教的莱州市柴棚中学。到这所学校上任，我是有压力的，因为我早就听说这所不足40人的学校，有正高级教师2名，有山东省农村特级教师2名，有齐鲁名师1名，有全国农村优秀青年教师培养人选1名。这是一所更加优秀的学校，也就意味着已经50多岁的我，要有更好的工作状态才能和老师们一起推动学校进一步的发展。

到学校报到后，我便进入“5＋2”和“白＋黑”模式，利用一切可以利用的时间，走进课堂听课，找老师谈心，深入农村家访。这些工作，让我很快感受到，这所学校干群团结，老师们踏实肯干，家长对学校和教育评价很高，这也极大增强了我干好工作的信心和决心。但凡事都有两面性，老师们认真投入教学的同时，忽视了个人的发展，特别是优质课评选、课题研究、综合实践和校本课程实施方面，不少老师想做但无从下手。

针对这一现状，我就带领老师们先从课堂研究出发，确立了基于小组合作的“德融数理·知行合一”的新课堂模式，并利用每学期的课堂教学大比武、校优质课评选、学科同课异构等活动进行磨课。我们的磨课，用老师们的话说就是累，大到课堂的结构、流程，小到一个知识点的讲授方法，甚至一句话怎么说，都要反复揣摩。通过磨课，老师们对新课堂理念的把握更加准确，对教材的研究更加深入，对学情的了解更加透彻。很多老师的课堂点拨引导能力、临场应变能力不断提升。3年来，学校共有30多人次获得优质课程资源或微课奖，18人次获莱州市各级优质课奖，1人在烟台市课程改革现场会执教了公开课，1人获山东省优质课一等奖。

学校地处莱州市东南山区，这里民风淳朴，资源丰富，又是胶东最大的肉牛交易市场。为开阔学生视野，拓宽教育内涵，我们尝试编写了《我的家乡·牛》校本教材，并在学校部分年级开设了校本课程。课程的实施让学生体验到了家长的艰辛，感受到了劳动的伟大，学到了课内无法学到的知识。学生的需求就是学校的工作，我们顺势而为，对校本课程进行了认真规划和开发。以提高学生核心素养为落脚点，从文化基础、德育养成、社会参与三个维度分支出乡俗民情、能工巧技、科学精神、实践创新、家国情怀等9个序列共36门特色校本课程。

课程有了，老师们便在学中干、干中学，不断改进，不断提升。在校本课程实施过程中，很多老师与综合实践活动进行了有机结合，取得了意想不到的效果。短短两年半的时间，有3位老师获得市"百佳课例"一等奖，多人获得优秀校本课程案例一等奖，3门校本课程在烟台市现场会得到推介。在综合实践优秀成果评选中，有5人获莱州市一等奖，有3人获烟台市一二等奖，并以"教师专业成长"为主题举办了莱州市首个"教育发展共同体"挂牌和现场会。我主持的基于课程研究的两个国家级课题"优秀传统文化和语文写作""教育信息技术在农村初中英语词汇教学中的研究"顺利结题，我也获得了"优秀课题主持人"奖。

回顾30年的教育历程，我是幸运的。一是在我的教育生涯中，一直有那么多优秀的共产党员在激励我、帮助我，我才会一步一个脚印逐渐成长起来，才有能力为山区的教育做出自己的贡献；二是党对教育的重视程度越来越高，特别是对农村教育的关心和投入，推动了教育的均衡发展和农村教育的腾飞，也为我们农村教育工作者提供了优质发展的舞台。我从教30年来的不断成长，只是全国教育推陈出新、蓬勃发展的一个缩影。如果说30年来我取得了一些成绩，那也是党培养的结果，更是作为一名共产党员应尽的职责。

我自豪，我是一名光荣的人民教师！我自豪，我是一名中国共产党党员！我自豪，我生在一个伟大的时代！从一艘小小红船到现在行稳致远的领航巨轮，中国共产党用100年的时间带领中华民族走上了实现伟大复兴的壮阔道路。这是矢志践行初心使命的100年，是筚路蓝缕奠基立业的100年，是创造辉煌开创未来的100年，更是教育蓬勃发展的100年。

"老骥伏枥，志在千里；烈士暮年，壮心不已。"在今后的工作中，我将初心不改，勇担使命，扎根农村教育这片广阔的沃土，辛勤耕耘，去创造更有意义的教育人生。

扎根边疆，用大爱谱写教育人生

吉林省延边州教育学院　刘　彬

我的教育生涯始于1983年7月，19岁的我从延边师专毕业，被分配到我的家乡延边朝鲜族自治州和龙市六中任语文教师。和龙是地处祖国东北边陲的小县城，和朝鲜民主主义人民共和国接壤，和延边州其他县(市)一样，主要人口为汉族、朝鲜族，其中朝鲜族人口占一半，汉、朝人民一直团结友好、和谐相处，民风淳朴。这也是一个美丽的地方，这里山川秀美，“红太阳照边疆，青山绿水披霞光，长白山下果树成行，海兰江畔稻花香……”这支曾唱响大江南北的歌，就诞生在我的家乡，歌中的美景，就是家乡的真实写照。我生于斯，长于斯，这里有我的父老乡亲、师长同学，毕业时，我自愿选择回到家乡，投身家乡的教育事业，回报生我养我的家乡。

一、做一个有大爱的语文教师

初上讲坛的我，担任一个班的班主任和两个班的语文教学任务。我满怀着教育的激情备课、上课、批改作业、管理班级，每天都有使不完的劲。站在讲台上，看着那些比我小不了多少的孩子们那渴望求知的眼神，我暗下决心，一定要上好每一节课，成为一名受学生热爱的好老师。一次，市进修学校语文教研员金兆奇老师来学校听课后，他充分肯定我具备一名语文教师的优良素质，说我“天生适合做一个语文老师”。这句话让我激动了好几天，一个初出茅庐的年轻人，受到自己尊重的师长肯定，心中的喜悦难以言表，更坚定了我终生从教的信念。

参加工作第二年，全州的一次大型的语文研讨会在和龙市召开，市里决定由我和另外一个年轻的女教师来执教公开课。20世纪80年代，教研活动不像现在这样多，和龙市第一次承办这样大规模的教研活动，市里高度重视，主管教育的副市长和教育局局长都参加了动员会议，要求我们一定要打赢这一仗，充分展示我市语文教改实验的成果。我决心不辱使命，一定要把握好这个机会，为学校争光，为全市语文教师争光。我选的是张洁的《挖荠菜》，为了上好课，我们准备了近两个月，教研员和我们一起磨课、研课，我不知熬了多少个夜晚。在那个没有互联网的年代，我把学校图书馆里为数不多的有关语文教学的书籍和杂志读了个遍，课文都已熟读成诵了。在教研员的指导下，我反反复复地修改教学方案，精心设计每一个教学环节、每一个问题，甚至课堂上的每一句话都要细细地推敲。功夫不负有心人，我们的课跳出了常规的教学模式，上得生动而富有新意，得到了州教育学院专家和与会老师的一致好评，延边州教育学院语文教研室还向全州各县(市)发布《关于向青年教师刘彬、王淑芝学习的倡议书》。一时间，我们成了小县城里语文教坛上的“新星”。多年后还经常有州内的同行提起我这一节公开课的亮点。

不久后，我就被选拔到市里的重点高中——和龙一中任语文教师，我在这所学校工作了8年。这期间，我成了“公开课专业户”，多次承担了县(区)级、州(市)级、省级、国家级的公开课、研讨课任务。一次机会就是一次发展，多次执教公开课，激发了我的教学热情，让我对语文课堂教学产生了近乎痴迷的喜好，越研究越有兴味，越研究越对它产生敬畏。

上公开课是痛苦的，为了打造出课堂精品，要呕心沥血、绞尽脑汁，不断地打破自己认知的局限，才能实现教学艺术上的突围；上公开课又是快乐的，上出一堂让自己满意、让学生难忘、让同行赞赏的好课，会让我由“这一课”的成功，悟出一些语文教学的“门道”，获得高峰体验，也促使我在平常的教学中精心备好每一节课，想方设法上好每一节课，把平时的“家常课”上成精致的“公开课”。当然，这其中势必要付出艰辛、汗水、劳累，经历挫败，可是上好每一节课是教师的天职，为了给孩子的生命奠基，为了不玷污教师这个职业的使命与责任，我愿意倾注自己全部的心血。

渐渐地，小县城里有许多人都知道六中有一个“爱读书，能写作，上课好的女老师”，学生也越来越喜欢上语文课，越来越喜欢我，班级的语文成绩也在学年名列前茅。省城里的两所重点学校向我伸出了“橄榄枝”。市里几个机关单位也提出要调我去，并许诺要重点培养。那时市场经济大潮正席卷整个社会，有几个“下海”挣了大钱的要好的同学，也希望我和他们一起到商海中拼搏。可是，延边是我生长的地方，我热爱这里的山山水水，这里有我挚爱的师友学生，这里有我太多成长的印迹。哪一片土地留下的欢笑和眼泪最多，你就会对它爱得更加深沉。经济、文化发达的地区需要人才，边疆建设也需要人才。做一名教师虽然社会地位不高，待遇一般，但是“得天下英才而教育之”是人生之乐事。当教师可以参与孩子生命的成长，成为孩子生命成长中重要的他人，也可以发掘自己生命中的最大可能。教育是一片乐土，我可以尽情放飞自己。我决定还是留在这片热土上，继续做一名普通的语文老师。

著名作家柳青说："人生的道路虽然漫长，但紧要处常常只有几步，特别是当人年轻的时候。"青年教师在生命成长、情感培育、思想形成、专业发展中，如果有幸遇上影响你成长的"关键人物"和"关键事件"，走好"紧要"的"一步"或"几步"，就会影响你今后的工作和生活走向。从这一点来说，我无疑是幸运的，刚参加工作就遇上"伯乐"——市教师进修学校教研员金兆奇老师，他大胆启用年轻人，并倾尽全力去提携栽培。他无私博爱的长者胸怀，身体力行的师者风范，兢兢业业的工作态度，淡泊坦荡的思想境界，给我树立了为人师表、教书育人的楷模。他让我懂得怎样去做一个好语文老师，做怎样的教研员才能真正受到一线教师的欢迎。

二、做一个有大智的语文教研员

1992 年，是我参加工作的第 10 个年头，因市进修学校金兆奇老师退休，组织上决定把我调到和龙市教师进修学校任中学语文教研员。我是多么舍不得离开心爱的讲台和可爱的学生啊！但工作需要就是我的选择。成为一名"师者之师"，我感到既光荣又责任重大。站在全市宏观语文教学的高度，我又一次感到深深的不足，我清醒地认识到，做一名好语文老师难，做一名好教研员更难。我埋头苦读教育教学理论著作，加强自己的专业理论修养，及时了解语文教学与研究的最新动态，提高自己的专业素养。我虚心请教老教研员，同时，经常深入基层，了解老师的急需，发现不足点和教学中的困难，琢磨着怎样才能为老师们做些"雪中送炭"的事情。在这里我又遇到许多关心我、帮助我的好老师，其中有些是过去教过我的老师。因为我是最年轻的教研员，他们像呵护幼苗一样呵护着我，不仅关心我的业务成长，还关心我思想的进步。在和龙市进修学校，我光荣地加入了中国共产党。我至今还清晰地记得，1994 年 7 月 1 日在全市庆"七一"大会上，我和全市的新党员一起向党庄严宣誓，还代表教育系统新党员做了发言。作为一名"60 后"，我出生在党员之家，父母都是党员，红色的基因自幼就刻在骨子里，成为一名党员我感到无上光荣，觉得在思想上获得了一次新生。在以后的工作中，我自觉地用党员标准规范自己的一言一行，坚持以身作则，唤起教师的责任心、正义感和奉献精神。在个人修养和职业操守上，恪守勤政务实、敢于担当、清正廉洁工作作风，把对党的忠诚投入到工作中去，努力做一名坚守理想信念、道德情操高尚、学识扎实、具备仁爱之心的新时代的好教师。

1996 年 9 月，历史又把我推向了一个新的制高点，我调入延边州教育学院，先后任中学语文教研员、语文教研室主任，负责全州 8 个县(市)小学、初中、高中的语文教研工作，重点是初中语文教研。想到自己的工作影响着全州的语文教学质量，有那么多语文教师的专业成长都依赖我的引领、培养，我不敢有半点怠惰，又满怀激情地投入新的使命中。

我努力从区域整体角度谋语文学科发展全局，善于把教研部门的功能科学整合，全方位、多角度、立体化、科学化地创建教学研究、教师培训运行体系，大刀阔斧地开展教研活动，更好地服务区域教育和经济社会的发展。

下大功夫对优秀青年语文教师的培养，长期、立体、多侧面地开展优质高效的语文教研活动。加强骨干教师队伍的建设，发挥骨干教师的带头作用。先后举办了六届语文骨干教师培训班、七届初中语文教学新秀评选活动和初中语文学科带头人培养工作，推荐优秀选手参加省多届语文名师评选。

开展教学竞赛与教学研讨活动，为教师成才搭建阶梯。先后举办了全州初中语文教学大赛、初中语文新苗大赛、魅力语文教学展示活动、古诗词教学研讨活动、同课异构教学研讨活动、集体备课研讨活动等，为青年教师脱颖而出建立了有效的机制和快速的通道。多次选送我州优秀青年语文教师参加全国中语会和全国语文报刊社举办的各种教学比赛活动。先后有多名教师获全国优质课教学比赛一、二等奖。这些活动，既锻炼和造就了优秀教师，增强了他们继续开拓的勇气，又为其他观摩的教师提供鲜活、典型、真实和具有借鉴意义的教学案例，引领我州中学语文课堂的深度改革和整体提高。

深入开展课题研究，以课题研究带动教学改革。我们组织教师参加多项州、省、国家级课题研究，如全国教育科研“十一五”重点规划课题“创新写作教学研究与实验”，“十二五”重点规划课题“让学生享受写作的快乐与尊严”。课题研究实践中，对课题工作的开展进行了全面的部署，制订了实验计划、任务和实施步骤，为课题研究绘制了周密详尽、切实可行的蓝图，在研究中实践，在实践中研究，及时把研究成果转化为教师的教学实践，架起理论与实践的桥梁。

我们多次组织实验教师参加国家核心课题组举办的写作教学竞赛和教学研讨活动，让我州的优秀语文教师登上了国家级的讲台展示教学风采。许多教师还在国家核心课题组组织的优秀论文、教学录像、教学案例和优秀实验教师评选活动中获奖。一些实验学校按着新的教学理念，在写作教学的教材体系、课型体系、评价体系等方面进行了大胆创新。许多学校出版了师生文集，学生和教师的写作能力得到了极大的提高。

加强教学指导，提高语文课堂教学质量是素质教育的主渠道。我们的教学指导工作采用大规模集中进行和小范围个别指导的方式。有些学校与其他学科协同作战，进行多学科教学指导；有些学校进行随机教学观察。通过教学观察，全面了解了我州中学语文课堂教学的现状，发现教师的长处和不足，掌握我州中学语文教师队伍的状况。每次教学指导我都与授课教师进行座谈交流。对课堂教学中存在的问题，我都予以悉心的指导，提出匡正策略。

做好朝鲜族学校语文教师培训和教学研究工作。由于延边是少数民族地区，朝鲜族学校的语文教研也是我们的一项重要工作。2020年秋季，包括吉林省在内的6个省区开始使用“三科”统编教材。这项工作是新时代党中央关于教育工作的重大部署，有利于少数民族学生掌握国家通用语言文字。为完成这项重大使命，我多次组织培训和教学指导活动，帮助他们深入理解统编语文教材的研制背景、设计思路、教学理念、内容与呈现方式，梳理统编教材与原汉语教材的异同，寻找应对统编教材的解决策略、恰当的教学方法，努力提高朝鲜族语文教师们的适应能力，尽最大可能不让一个老师掉队。

在我和同人们的共同努力下，延边语文教坛呈现出“百花齐放”“百家争鸣”的生气勃勃的局面。

三、做一个有大爱的语文教研员

教研员作为“师者之师”，所做的是一项高标准、高投入、高风险(有时容不得半点闪失和错误)的特殊工作，需要具有大爱，有对教育事业执着的热爱和无私奉献的精神。为了做好工作，我常常废寝忘食、夜以继日地努力学习，辛勤工作。除了做常规的政策研究、教育科研、教学研究、教学管理、教学指导、教改实验、教学评估、教研总结、教学服务、开展教研活动之外，有时还要做一些“分外事”。我就曾在延边大学做过多年的中文系的兼职教师，做过多年全州的普通话水平测试员和培训老师，担任吉林省卫电师专现代汉语、古代汉语、现代文学、儿童文学、写作、教材教法等课程的教学工作，还经常被教育行政部门抽调去做一些临时性的工作，真是“哪里需要哪里去”。

教研员要乐当“伯乐”，还要善当“伯乐”，具有“为他人做嫁衣”的品德与责任心。以德服人，以才聚人，慧眼识人，不拘一格用人才，让人才乐为我用，把人才的创造潜力充分释放出来，打造出一支随时拿得出、打得赢的教师队伍。我很关心一线教师，特别是农村学校教师的专业成长问题。我利用到基层学校检查、调研的机会，采取多听课、多座谈以及个别交流等形式，认真指导青年教师的教学、教研工作，积极发现青年教师中的佼佼者，全力扶持、培养他们。我发现有几位农村老师，他们安贫乐教，热爱语文教育事业，潜心教书，功底深厚，教艺精湛，已在农村学校默默工作了20多年，却不为人所知。我将他们发掘出来，对他们委以重任：让他们上公开课、示范课，在全州同行面前精彩亮相；让他们参加省级、国家级赛课，把他们推向更大的舞台。教研部门对他们的肯定、赞赏，更加激励了他们爱岗敬业的精神，他们在教学上迅速成长起来，成为较有影响的省、州级语文教学名家和专家。

做教师“真诚的朋友”，亲其师，方能信其教。在与教师的交往中，我从不居高临下，而将他们视为朋友，真诚相待，肝胆相照，和他们建立起互相吸引、互相包容的关系。想教师之所想，急教师之所急，以教师的成功为自己的成功，快乐着教师的快乐，幸福着教师的幸福。每次教师参赛或执教公开课，我都和他们一起备课、磨课、提建议、指路子。当他们获得成功时，我在台下由衷地为他们喝彩。当发现他们生活有困难的时候，也及时施以援手。有一次下乡时，我发现有一位男教师，他非常热爱写作，教学也很出色，但家境贫寒，生活窘迫。得知这一情况后，我经常给他送一些语文教育教学方面的书籍，每逢年节都送些钱物，做一些力所能及的资助。

辛苦付出的同时，我自己也获得了成长。主编过《语文学习指导与训练丛书》《义务教育课标标准语文学科能动学习导引丛书》《探索·实践》《名家极品散文仿写读本》《高中语文学习方法指导》等书籍；在《中学语文教学参考》《语文教学研究》《中学生读与写》《延边教育学院学报》等报刊上发表过多篇论文；我多次参加全省中考及全州多项重大考试的命题工作；做过省中考审题组组长，借命题机会，我认真研究不同考试的检测、选拔和指导教学的功能与作用，在教学理念、教学测量、教学评价、考试导向原则及命题方法与技巧等方面都做了许多有益的探索。

“我的家在金达莱盛开的地方，山和水都像是画中一样，每当那燕归来冬雪消融，火红的花就开遍原野山岗……”在这片美丽的土地上，我在教坛上奋斗了30多年，走过的风雨征程历历在目，吃过苦，流过汗，拼搏过，奉献过，我无怨无悔，只为那金达莱花开得更红、更美……

十年树木　知行合一

辽宁省沈阳市教育研究院　邢　崇

阮晓丰，沈阳市高中语文教研员，提出并倡导“悟实语文”。在语文教学上，她追求实在、实效，不慕浮华；在专业引领上，她追求扎实、落实，知行合一，并深度自洽。她辗转于澳门、贵州、西藏，嗓子哑了，却把教育清亮的声音留下；她根植于沈阳，奔忙于教研、命题、工作室，背影倦了，却把生命的光彩留下。

内心踏实乃得悟，践悟为行终得果。寻梦，筑梦，她始终跋涉在语文教研的路上；千里，万里，她时刻准备为爱出发。

一、热爱教研

初次见到阮晓丰老师，已经是十年前的事情了。

刚刚登上讲台的我，何其有幸，参加了一次“别开生面”抑或说“别具匠心”的教研。具体名称已经记不太清，只记得是“全国名师班”的导师被请来沈阳，一位已经退休、名字却传遍大江南北的名师，带来了一节精彩的同课异构课。之后是报告，一个上午，几乎是一个人的“专场”，她成熟的职业状态、精湛的教学艺术、高超的文学鉴赏能力，征服了现场所有老师。这并不容易，那时候我还年轻，心高气傲，总是带着一种“评判”的态度去参加教研，带着因为“被要求参加教研”的微微抵触的心理去参加活动，一边刷着手机或者备着课，一边潦草地写下教研记录。然而，那一次却改变了我。知识的魅力，教学的气场加上个性的穿透力，将整个会场激情点燃——讲坛之上，学生活了，他们徜徉在诗的世界里，忘记了时间和空间；讲坛之下，观课教师活了，倾听专家，欣赏学生，那美妙的教学境界让人心驰神往、忘我忘情……第一次感觉到，优质教学释放出的能量与热度，悄悄地将一颗渴望成长的心点燃。

也是这一次教研，让我第一次接触到了一个名字——阮晓丰。作为市教研员和本次活动的设计者与组织者，她并不是始终坐在第一排的位置，而是不断地走下会场，温柔地建议老师要专心听，善意提醒小声议论的老师要安静，打手势示意在会场走动的老师尽量动作小一些。同行的同事开玩笑："这个教研员应该是之前做了很多年班主任吧，像对待小孩子一样对待来参会的老师。"说笑归说笑，我们却很难得看到了一位对待工作如此认真甚至是执着的老师，看到了一种对职业的庄严敬意。活动临近结束，专家的课和报告已经告一段落，她提出建议：分享心得，现场交流。脸上洋溢着兴奋之情的年轻老师站起来，说着收获，那种"久旱逢甘霖"的喜悦溢于言表；教龄二三十年的老教师也来发言，条分缕析地诉说着这场教研打动自己的地方，出彩的评论与字字珠玑的授课讲座相映生辉。我看到，瘦瘦高高的阮老师就在会场的一角静静地站着，带着一种淡泊的微笑和一种满足的从容：给老师们带来的每一点收获，都让她发自内心地满足；老师们交流中每一次思维的碰撞，都让她喜悦甚至是兴奋。

而八九年后，当我成为阮晓丰名师工作室的成员，有机会私下与她交流的时候，一次聊天偶然地提到了那次教研，阮老师笑笑："哪有那么容易。"那次"整整一上午"的活动，最初其实是让本就很忙碌、日程甚是紧张的专家觉得累甚至是"吃不消"的，于是，阮老师用心地发了一条信息："在全国语文名师班上，您的授课和报告得到了我们所有学员完全的喜爱和强烈的认同。这一次，在沈阳，希望留下您更多的声音。"这发自内心的赞赏、热切的表达，给对方足够的尊重和温暖，也给即将到来的讲座注入无限能量；她发自内心的期待，那期待是如此的简单和朴素，期待以专家之力，带动更多一线教师的成长。最终她做到了，那个"整整一上午"的活动，让初登讲台的我彻底地走近了一位名师和她的教学思想，并且被语文的魅力深深折服。

而这样用心且精彩的语文教研活动，在我与她相遇之后的十年中，不止一次两次：感受过两位教师各 20 分钟同课异构的新颖，经历过全市规模的教师读书分享，也在"摸着石头过河"的困境中倾听过阮晓丰老师组织的关于新教材使用的种种培训……每一次都让我觉得，能够成为一名语文人，是何其幸福的事情。2018 年高三二模结束要做一次备考指导会，她风尘仆仆地从北京归来，立即投入这次教研的筹备中："在北京跟岗学习，他们提出了一个新理念——跟进式教研，我们也来试试，好不好?"何其有幸，我和另外一位老师跟着她一起尝试，对刚刚结束的二模的作文题加以剖析和探索，形成了两堂风格迥然不同、思路又异曲同工的作文指导课，虽然现在再去看当年的教学，觉得很稚嫩，可是当时参会的老师纷纷表示"很实用"：能"正当时"地对刚刚结束的大型联考给予指导，"解渴!""赶劲儿!"那一年，已经是阮晓丰老师在这个岗位上工作 17 年整了，可她的心依然年轻，在学习中汲取能量，以活力赋予教研增值。

“优质的教研活动凝聚人心，激荡人心，并且充满力量。”她一直坚守，笃定如初。

二、关爱年轻教师

去澳门支教，是阮晓丰老师深思熟虑后的决定，也是一段在日后的交流中无数次看到她为之动情的回忆。

“教育高度自治，政府自行制定教育政策，社会团体和个人可以办学，享有办学和学术的自由。学生有选择院校的自由。特区政府对学校实施柔性的管理，与内地的行政命令差别很大。学校办学的自主性很强。”日后再说起那段经历，她的语气平静，却内蕴深情。然而这表面上云淡风轻，背后的艰辛和不易，却只有她自己知道。

阮老师在澳门的主要工作是指导当地的老师如何备课、如何上课、怎样开展教研。做教学指导工作，需要个人专业的实力和一个人走向一个团队的那种开疆拓土的工作能力。澳门普遍使用的语言是粤语。她自己上示范课用纯正的普通话，给那里的学生和老师讲中国古代诗歌的经典之作《归园田居》，讲陶渊明的人生选择，在文字的涵泳和意境的还原中，扬起中国知识分子灵魂的旗帜与高标。在联校观课活动中，她指导澳门濠江中学陈奇川老师上公开课，从文本解读到内容设计，从课堂的推进到学情的把握，耐心指导，帮助他突破原有的认知，在磨课中一点点地成长、一点点地进步。离开澳门的六年，他们依然在微信上保持联络，分享读书和教学心得。

“孩子们，你们听过《黄河大合唱》吗?”在授课时她向澳门的学生提出这个问题。她心里觉得他们一定是听过的，结果30多个学生，个个朝她摇头，他们没听过。这是曾经唱响在生命里的旋律，“保卫家乡，保卫黄河，保卫华北，保卫全中国”，这中华儿女保家卫国的壮丽诗篇，他们竟然不知道。那些植根于我们灵魂血脉里的民族文化的符号，在他们那竟然是零，是空白。这里不仅有地域的差异、气候的差异，更有文化的差异和疏离。重任在肩，那一年，她拼命地工作，听课评课，带着老师备课教研，帮助年轻教师摆脱困惑，亲近祖国语言文化。在澳门，她做全澳讲座，以《林教头风雪山神庙》等文本为切入点，以文化浸润的方式，和那里的老师探讨灵魂的归属与文化自信，提升澳门教师对祖国的认同。讲座结束后，澳门的老师围在她身边，亲密交流，并且赞赏她“知性”“优雅”。

工作高强度、体力高消耗，她从不在意。看到年轻教师的迷茫，以及眼底的渴望，她只想以爱和陪伴，带领他们前行。在澳门如此，在“大本营”沈阳，她更是如此。20年的教研员生涯，她始终不辞辛劳，将一批批羽翼未丰的青年教师培养成沈阳语文教学的中坚力量。

2017年，首届“辽海杯”辽宁省语文教师素养大赛，横跨小学、初中、高中三个学段，阮晓丰老师觉得这个活动对语文教师的成长非常有帮助，于是她扑下身去踏踏实实地带领一支队伍。那一年我在高三年级，接到电话让我去比赛，走进教研院一楼的空教室就是“连番轰炸”。写高考作文，抽签背诵《离骚》，板书背诵内容——她对参赛教师的选拔，和正式比赛一样一丝不苟，严肃认真。一周后，接到她的电话：“恭喜你晋级成功，准备参加省赛，下午来教研院，我们简单聊聊。”

那个温暖的下午，阮晓丰老师将三位入选的年轻老师约至教研院的阅览室，在四溢的墨香中带着老师们点评作文，疑义相析，讨论团队合作的分工和意义，有理有据地指出每一个人的优势和需要注意提升的地方。末了，她语重心长地叮嘱：“比赛，你们要享受过程，要借此成长。”那种温柔的坚定、温暖的期待，让人深刻感受到一位前辈对后生的殷切希望。于是，接下来的几周，每次我在备课、批作业、找学生谈话的琐碎和繁忙中抽出时间，走到学校的空教室，踩着椅子一黑板一黑板地练习板书的时候，都会觉得丝毫不孤单，心中有力量。

作为省赛的点评专家，她不仅仅是对自己带队的选手，对于参赛的每一名老师，都给予了深厚而无私的爱。有一个年轻教师自信会取得好成绩却铩羽而归，从她的点评中找到了安慰和前行的方向。“阮老师在‘辽海杯’赛事结束时总结的话语瞬间感动了我的参赛的同事，她觉得她一个多月的忐忑有您的理解足矣，在台下她落泪了，觉得您太棒了！这种前辈对后辈的理解与鼓励，正是老师对学生的感觉，我们都感动了。”原本不相识的营口大石桥某中学的语文组长，辗转给阮老师发来短信。

三、痴爱日常工作

一个人的工作状态，是严谨还是松散，是认真还是敷衍，是尽全力还是很省力，很具体地体现在他工作的每一个方面，延伸至每一个角度。十年来，从远望到走近阮晓丰老师，我深刻地理解到了，什么叫作努力、再努力。

2018年，我第一次参加沈阳市高三“一模”的阅卷监察工作，深受震撼。原以为试题命完了，答案出完了，学生考完了，无非就是老师批改试卷，我们几个承担这项任务的老师在后台不时提醒一下阅卷进度，稍微监测一下阅卷质量就足够了。然而阮老师却召集老师们认认真真地开会，认认真真地根据学生的作答反馈细化答案和评分标准，认认真真地做好每个人的分工并告知注意事项。我不曾想过，已经连续17年负责全市教学质量监测命题的她，依旧能够俯下身子来认真阅读来自各学校不同层次学生的试卷，也不曾想过，在原本答案已经很周详的情况下，她还能组织来自各校的优秀老师像是出题一样认真地审视每一条答案的合理性以及基于学情和考情的适切性，再集思广益确定赋分。我抱着一大摞模考卷纸从自己学校出发准备去研讨的时候，冬日的阳光正暖；而研讨结束散会从教研院走出的时候，已是星光漫天。记得那天校长给我发微信表示惊诧："你们刚刚结束？细化几页答案，竟然需要七八个小时？"我是那样平静地回复"是的"。在这个过程中，其实我学到了太多，对教学的研究更加深入，而对职业的敬畏感和使命感，更是成了我日后前行的不竭动力。

2019年，刚刚休完产假回校上班，再次接到阮老师抛来的"橄榄枝"——命题，沈阳市一模。我自然知道这工作的重要性和神圣性，更知道作为一名资深教研员，阮晓丰老师其实有无数的选择，她自然是可以选择合作过更多次的老师，教学和命题经验更丰富的老师，这样会更省力，更放心，然而她总愿意"年轻人多上上"，她说她喜欢新鲜血液的加入，更期待年轻老师带来多元的解读视角——虽然她自是知道，自己要付出更多的辛苦和陪伴。

然而就是在这命题的磕磕绊绊中，我才再次感受到了什么叫作淡泊明志，什么叫作不厌其详，什么叫作精益求精。首先是"完全原创"的原则。原创题对于接受考试、参加考试的人来说好处可太多了，但是对于出题的人来说却太难了。从语段的选择、删改，到题干的拟写，到选项的设置，再到答案的确定，一步一步都是出题老师呕心沥血的智慧创造。阮老师"心甘情愿"，她会关注材料的来源，关注立德树人的风向标，关注文字能否真正起到培根铸魂的作用。从材料的选择开始，"大费周章"，关注时事，查找鉴赏资料，阅读理论专业书籍。两周的时间，忙得不亦乐乎。直到最后把大学选修课的教材序言——格非老师关于"文学已经回不到黄金时代了"的文章一个字一个字敲入电脑的时候，才算是微微释然。而这，仅仅是一个开始。

原创题没办法一次就做到完美，它需要多次反复地推敲。与阮晓丰老师一起出题，最难熬但收获最大的是"会题"。因为习惯了阮老师的认真，在"会题"之前我曾想过这会是一个漫长的过程，但仍出乎意料，竟然是十几次！面对面，头碰头，研究试题中每一个有质疑的地方，每一个思维有分歧的地方，逐一展开思考、讨论和交流，达到改进、融合和认同。题目设置的问题，选项推敲的问题，文言文等语段难易度把握的问题，背诵默写作者所处年代及排序的问题，作文的材料精当与否，答案是否全面准确，等等，一道题一道题研磨推究，逐一过关。一张卷纸，22 道题，看起来是一项普通的工作，但是做起来却需要在学科专业上、心灵感悟能力上一次又一次地拷问，这是智慧的跋山涉水和思想的千里远渡。

虽然出题老师在家也会琢磨，在学校也会思考，但每一次碰面，还是会持续五六个小时甚至更多。第一次我随身带了一些巧克力，结果无意中发现这东西特别有用，因为几个人讨论着讨论着，经常就是夜幕降临，饥肠辘辘，错过晚饭。再后来，大家慢慢习惯了这样的“工作节奏”，每一次会题，脑力消耗极大，对体力也是巨大挑战，在夜色中离开几乎是惯例，每次阮老师都坚持把我们送到门口——不是办公室门口，也不是办公楼门口，而是教研院大门口，而且一直是等到最后一个人乘车离开，她才离去。

我们心怀感激，觉得这是职业历程中难得的经历和收获，然而她却总是满怀歉意：“说实话，和我在一起工作的老师，他们非常不容易，因为我总是想把工作做得好一些，再好一些，做到我能做得最好的程度，所以，他们得支付大量的时间和精力，是心血和智慧全部地付出，才能和得上我内心工作的节拍。”

这是她心底真实的声音，诚恳且充满对职业的敬畏。

如果说“会题”是对专业的看重、对大局的把握，那么，最后的“磨题”，则是对细节的坚持——语言文字的打磨，字体、字号、角标、注释、分值、对齐、标点符号、版式，还包括每个题给学生留的答题空格大小是否恰当，等等。从整体到细节，都要做对，都要做好，都要高质量地完成。其中的苦涩，种种的艰难，只有努力付出的人才会明白。

阮晓丰老师的工作面对的是全市所有学校、所有学生的考试，一年一度，意义非凡且责任重大。她殚精竭虑、全心全意，确保这项工作具有质量监测的意义和教学指导的价值。追求完美、追求极致，让她做到了 20 年零差错，也让她负责的全市质量监测原创命题，因高质量和高水准多次被其他城市借用，或整体或被切分成若干部分，进入高考热销的《天利 38 套》《五年高考三年模拟》等。有一句谚语说“一滴眼泪换一滴水”，那在她身上，应该就是一滴汗水换一声赞许吧。

在阮晓丰老师刚接手沈阳市教研员工作的时候，沈阳市高考语文学科平均分在辽宁省 14 个城市中排名第 13。经多年的耕耘和努力，2018 年沈阳市高考语文学科理科平均分在辽宁省位列第二名。成绩令人鼓舞。然而，奋斗者的脚步从未止歇。

结束语：心底有光，行者无疆

阮晓丰老师始终在行走，行走在文化贫瘠的澳门，行走在条件艰苦的新疆、西藏，行走在经济欠发达的贵州等地，哪里有需要，哪里就有她的身影，每次出发短则数日，长则一整年，山山水水，隐隐迢迢，风尘仆仆，她心中的愿望是如此的简单：为了每一位教师的成长，为了每一个孩子的获得，为了新一轮课改的推进和优质教育的落实。

不知道她是否知道，其实她也行走在一位年轻教师从教十年的记忆中。她对低头看着《1987，我们的红楼梦》的教师轻声呢喃“这本书写得不错”；她对示范课后找主讲教师讨要微信的小姑娘轻声鼓励“走到前面来”；她真心称赞向她汇报工作的老师“因为你的付出，才会得到学生的爱与看重”，每一个字都带着由衷的赞赏；她为工作室的老师购置喜欢的书，书交到大家手上的那天，她比拿到书的老师还兴奋……十年，好像很漫长，漫长到有太多的回忆值得记录；但是十年，又好像很短暂，因为她一以贯之的工作风格从未改变。常常素颜的她，在教研的舞台上光芒四射。温婉宁静的她，以一己之力，发出教育的声音，这声音，因读书而清亮，因思考而深邃，因热爱而高亢，因执着而浑厚，辐射引领，推动语文教育的进程，也助力年轻教师走向远方。

20年的努力与付出，她真挚的热爱释放着生命的光辉，赢得了教师们的尊敬与喜爱。但是，老师们也“怕”她，不是因为她豪横而是因为她讲理，因为她对工作有很高的要求，因为在她身边不能慵懒，不能“混”。

质胜于华，行胜于言，身材高挑的阮老师，您站在那里，本身就是高山之巅迎风扬起的一面旗帜。

深入大山　躬身支教　不忘初心　牢记使命

北京明远教育书院实验小学　庄鑫锐

2019年，我参加了一个公益组织发起的暑期支教活动，为期一个月。一开始选择去支教的原因很简单，就是上学的时候为了体验生活很想去支教，但是一直也没什么机会。后来看见了支教信息，冲动之下报了名。但是在支教的过程中，我的思想一点点地发生了转变，对于教育教学工作也有了自己的一些思考。

支教点在四川大凉山的俄亚纳西族乡，这是一个环境优美、空气宜人、自然环境极度封闭的古寨。我想从交通、生活、学生及教学、自己感悟这四个方面进行分享。

那里的交通极为闭塞，路途很艰难。我们在六月底就公布了人员安排，但集合地点和进山路线确定不下来，能不能进山全得看天气如何。好不容易确定了集合点，负责人又发来了消息：天气不好，可能下雨，所有人拎行李徒步翻山进寨。原因是一旦下雨，什么车也不敢进山，因为要翻越好几座海拔3000多米的大山，路特别的窄，宽度将将够一辆车通过，道路两旁一点儿防护都没有，下稍微大点儿的雨就塌方泥石流。我们运气好，赶上了一个好天气，开了六个小时的车才到了俄亚。但仍然差一点儿被落下的飞石砸了挡风玻璃，现在想想还是挺后怕的。那里的孩子上小学在村里，上初中就要去木里县城。因为交通极为闭塞，初中学生基本上一学期回一次家，想一想，初一的孩子，十二三岁就要远离父母，进行漫长的求学之路，极为不易。支教回来已经快两年了，还有学生偶尔给我发消息说："老师，我想家了，已经很久没见爸爸妈妈了，想吃爸爸妈妈做的饭菜。"每次看到这样的消息，我就会极为心酸。

那里的环境极为恶劣，生活很艰苦。刚到俄亚，下了车，所有人都慌了，因为没信号。那里只有移动和电信的基站，但时有时无，有时好几天都处于和外界失联的状态。再加上刚到那里就看到了离我们的住处要走10分钟且"遍地开花"的厕所，我就一个想法——回家！前三天特别想回家，但是回不去，因为没车能出山，也就不得不忍下来了。在三天两头没信号、没水、停电，没有娱乐活动的生活中，我做得最多的事就是坐在房顶看月亮、看星星，真的好美！这是在北京看不见的美景。

我们睡觉是打地铺。老鼠“陪睡”。那里的老鼠不怕人，我们睡着觉呢，老鼠就从我们身上爬过去，还有的能钻进人被窝里。刚回来的前一周，我经常半夜醒了，用手在周围拍打拍打，就怕边儿上有老鼠。不光是老鼠，跳蚤也很多，我们身上被咬了很多包，最严重的情况是，一个过敏体质的姑娘身上全是水泡，一直到我们出山回来，她身上水泡的情况都没有好转。我的腿上、肚子上那些被跳蚤咬的印记一直到回来半年后才消失。

吃饭是我们自己采购，自己做。我们使用的煤气灶，是我们知道能包车进山后，从几百公里外的云南永宁镇带过来的。因为俄亚没有人用煤气灶，他们全靠木柴烧水做饭。运菜车只有每周一去一次，一旦下雨就不去了，这里只有一个卖菜的商店，所以我们基本上前几天还能吃得好点儿，到五六日就没啥菜吃了。最后那十天，菜店老板不在，因为他弟弟考上本科了，回去庆祝了。我们就只能挨家挨户问，有没有菜可以卖给我们，有时还靠着一些学生送的菜过日子。

那里教学资源短缺，学生基础差。当地的小学是浙江省湖州市援建的，现在国家特别支持这方面的建设，附近所有村落的孩子都在这里上学。上一批的支教团队就是在学校里上课，志愿者也住在学校里的学生宿舍。但是这次并没有让我们支教团队用，原因是上一次的支教过程中，因为没有信号，支教队员和家里失联，家长联系不到支教的队员，着急报警了，当时闹得沸沸扬扬，所以这次就没有把教室借给我们。那么，没有教室怎么办呢？村民自己住的房子不租给我们，人家有习俗，不让那么多孩子去家里。我们就租了五间用木板隔开的小平房，每次上课都能清楚地听见隔壁在讲什么。

再说招生，因为我负责组里教务，所以招生时主要负责和学生、家长沟通，了解他们的一些情况。当时我觉得最为难的一件事，就是很多三年级以下的小孩子都来报名了，但是这次我们人员来得少，场地也有限，只收小学四年级至高中三年级的学生，所以只能一一拒绝了。看着孩子们水汪汪的特别清澈的大眼睛，心里特别不落忍。我们当时一共招了 70 多名学生，有本村的孩子，有别村的孩子。家长知道有课补，骑一个多小时摩托车接送孩子上课，还有的干脆就去租房住。

有个小女孩叫年吉，开学应该上一年级了。我第一次看见她时，她正和奶奶、哥哥、姐姐给我们腾屋子当作教室。那个屋子里放了一吨重的沙子，她拖着一簸箕的沙子往外运，拉起就走。说真的我抬着都特费劲，但是这么小的孩子，生活使她承受着别人所不能承受的东西，穷人的孩子早当家。还有房东家的小儿子，光着脚丫到处跑，在我们走之前，有个志愿者给他和两个姐姐每人买了一双鞋。还有路上每次见到我都追着我跑的小男孩，他时常问："老师，我也去上课行不行?"他还没上小学，可能就图个好玩儿，也可能是真的渴望学知识。

还有17岁的古下美，现在上初一，在北京应该是上高一高二的年纪了。招生时她带着妹妹过来，我还以为是哪个家长带着孩子来呢。可能是环境原因，她又长期干农活，风吹日晒的，显得特别成熟。因为家里缺劳动力，本来不让她上学了，但是因为九年义务教育，最后又被学校找回了。我们在上课时经常有孩子突然就不来了，问原因得知该摘花椒了，上山摘花椒去了。因为那里的年轻人外出打工，剩下的大部分都是老人、妇女、孩子，靠外面来人收花椒和菌子挣点零花钱。哈美同学已经初中毕业了，又跑过来上初一的课，问她为什么？她说想再学学英语。

我们上课的教室是将一间屋子划成三间，中间用三合板隔开。暑假期间，每个孩子都在努力地听讲、学习，非常不容易。兴趣课上，我们会带孩子们画画、唱歌、折纸等，也会讲一些安全和卫生知识。我们这些志愿者去之前每人都买了几块香皂、几条小毛巾，给他们讲完卫生知识就发给了他们。他们没有我们城里孩子的娱乐设施，手机、iPad想都别想，给他们几个石子儿，就能玩一天。他们最喜欢的游戏，叫作"抓子儿"。可想而知，天天在土地上抓石子儿的小手得有多脏。

这里的小学英语课程形同虚设，几乎从来不上，课时都给语、数老师了。我们去了以后，四五六年级同步从26个英文字母开始讲起。孩子们对英语学习特别感兴趣，因为平时也不学，觉得好奇。

我记得五年级进行过一次数学考试。全班20多个孩子，就三四个及格的。可想而知，基础知识差到什么地步。但是说实话，我们去的这短短的一个月，能带给孩子们什么呢？可能并不能让他们在知识能力上有什么进步，我们所能做的，就是让孩子们感受外面世界的精彩，对大山外的生活有憧憬，有向往，带动他们的学习兴趣，仅此而已。

下面，谈谈我的一些感受。

首先，没有对比就感受不到生活的优越。我们应该珍惜当下幸福的生活，无论是生活中的物质条件，还是我们的工作环境。试想一下，如果我真的是俄亚大寨的小学老师，会过着什么样的生活？三天两头停水停电停信号；孩子们上着上着课，可能就要回家干活去了；在学校一住就是一学期，四个月不回家。这么对比下来，我们真的太幸福了。

其次，面对任何困难，都要有积极的心态。可能我们在生活和工作中有很多不如意的事情，但是对比在俄亚工作的教师、生活的人们，我们现在的生活就是天堂。我从俄亚回来后，想给那里的孩子寄学习用品都寄不了，因为快递送不到。

再次，作为教师要立德为先。立德树人自古以来就是一种强有力的教育力量，它夯实了教师教学基础——爱心。冰心也曾说过："爱是教育的基础，是教师教育的源泉，有爱便有了一切。"我们学校的教学理念是"没有爱就没有教育"。因此我们要带着一颗爱学生的心走向讲台，学生犯错误了，老师与之谈心，有难处了，老师帮助解决。如果没有教育者对学生的爱心和奉献，俄亚的很多孩子可能早早地就放弃学业去干农活了。没有教育者的爱心和奉献，又有谁愿意远离世间繁华，走进大山里，帮助可爱的孩子们学知识呢？

最后，不得不说，我们城里的孩子，在为人处世上真的要向村里的孩子学习。记得有一天上午，我说不知道玉米粑粑是什么，中午那个四年级的男孩就回家做了玉米粑粑，下午上课就给我带来了，真的特别懂事，我当时特别感动。当我们的学生还在因为作业多而抱怨时，俄亚的孩子们不仅要学习，还要去山上喂猪、放牛、摘花椒；当我们的孩子还在因为不想吃红烧肉，非要吃汉堡时，俄亚的孩子们还在捧着玉米粑粑吃得津津有味；当我们的孩子还在抱怨家长给自己报了各种各样的课外班时，俄亚的孩子们还在渴望上一节英语课。所以，我们作为教师，应该将育人作为根本，而不是一味地要成绩。

作为一名党员，我也看到了国家对偏远山区的帮扶，无论是校园建设还是政策扶持、环境改善。我们出山的时候，俄亚的道路已经铺上了下水道，有的已经打上水泥。老乡告诉我，国家要带领大家脱贫，发展当地旅游业。我相信，中国的教育会越来越好，发展会越来越均衡，城乡差距会越来越小。等我下次有机会再回去的时候，俄亚纳西族乡一定能发生翻天覆地的变化。

用热爱拥抱教研工作　用美好憧憬语文教育

——我的教研光阴

辽宁教育学院　崔凤琦

“奋蹄形物及，数年恰风华”。25年的教研光阴中埋下一枚叫“热爱美好”的种子，光阴洗礼后破土而出的，是心中对教研的无比敬意，对语文的迎光而上。

我叫崔凤琦，现为全国小语会理事、学术委员，辽宁省小语会理事长、辽宁教育学院小教部副主任、小学语文教研员。

我1987年3月入党，1988年大学毕业，1996年正式成为辽宁省小学语文教研员。我坚守基础教育工作20多年的最大动力是对小学语文教育的深沉热爱、对语文学术的执着追求。每一次听课指导都在谆谆告诫一线教师：“语文老师最可贵的品质与能力，就是能够让自己的学生受到最好的语文学科教育，并将语文教育的美好播撒到每一位学生的身上，给他们足够的力量去成长为最美好的自己，用美好的方式在学生心里种下语文学习的种子，让学生每一天的语文学习都能遇见更多美好!”

我最自豪的就是那些教师们对我说的：“崔老师的每一次培训都让我心灵悸动。”“感谢崔老师站得高，看得远，说得透。”“崔老师给我们打了一针强心剂。”……我觉得真的帮助到了他们。当年写入党申请书的时候，我说一定要起到模范带头作用，现在算不算“模范”不好说，但“带头”应该是有的。所以当我看到一双双信任的眼睛时，心里有一种巨大的满足感，这一点一滴的小确幸点缀着我的光阴。

怀揣着这份满足与值得，工作中的亮点成果频频闪现在省内省外，教研工作的显著成效展现自我责任与担当。赋予教育智慧的“十二五”“十三五”的科研项目，给教研生命注入活水与生机，课题研究中教育智慧的生成，更体现了教育的一种品质、状态和境界，引领辽宁小学语文课程改革提速、增效。

回首来路，我发自内心地说一句：因热爱而怀抱憧憬。“用美好憧憬语文教育!”成为新一届辽宁小语会的学术主张。母语教育，是一个人通往世界的起点，更是一个人精神的支点。它承载着我们对中华民族灿烂文明的认同感与归属感，是我们每个人的精神家园。

一、朴素初心：因热爱投入，向生活汲养

教研员，是中国教师群体背后的“神秘力量”，是语文教学的“隐形翅膀”，是课堂教学的研究者，是课程改革的推动者，是新时代教育思想的落实者。我很荣幸，能够成为其中的一员。

要说我做这份工作的初心，可能就是来自我读小学四年级时一次让我自豪的小事。当时我的作文被老师贴到了教室后面的展示栏里，来开家长会的家长们都看到了，母亲因为这件事表扬了我。从此，我对语文就死心塌地地喜欢了，大学读的也是中文专业。现在回想，一个好老师，或者说一个好的教学行为，可能会影响一个孩子的一生，还有什么比这个更重要呢？

2007年，我带领辽宁省小语会开展了“儿童生活习作教育研究”实验，仿佛就是小学四年级时根植进我心底的语文能量穿越40年时光的一次映射。这次实验所倡导的“每个孩子都能写作”，也印证着我的初心——希望孩子们能意识到学习是为了更好地生活，写作就是为了提高生活质量，通过写作，让他们感受生命沉甸甸的重量。

基于这份朴素的初心，我摸索实践出一条朴素的教研之路——从生活中来，向生命里去。

2010年，我主导的“根文化——小学写字教育的研究与实践”课题，就是因为一次次听课时看到戴眼镜的学生越来越多，有学生写字姿势不正确，更有学生拿笔姿势错误已经很不好改正了。如果对这些问题不予及时纠正，会导致孩子们书写水平下降，没有给他们高素养人生打好奠基工程。而“根文化”项目，就是鲜明地主张基础教育阶段的小学语文教育应该教学生写好汉字，并成为一种好习惯，把语文教育的美好，通过我们的努力，播撒到孩子们的身上，让他们的人生可以遇见更多的美好。在3年的笔墨书香陪伴下，辽宁省100多所实验学校师生参与其中，为未来的人生写下重要的一笔。2011年，《义务教育语文课程标准》中明确提出了关于书写的相关要求，也印证了这一实验的前瞻性价值所在。

身边的人经常说我已经养成职业病了，什么都往语文上聊。但我认为语文在一个人的成长过程中，一直默默地起着奠基的作用，我更认为语文是关乎一个人成才的重要指标，语文是一个有关素养、无关应试的学科。教研员对自己学科性质有清晰认识，唤醒和引领老师们教好语文课，任重道远，更应策马扬鞭再奋蹄。

二、专业成长：与时俱进学理论，深入学科抓实践

教研工作的特殊性要求它的从业者必须能够“带着老师走”。“带着”意味着教研员应具有较高的理论水平，“走”意味着教研员应具有较强的实践能力，二者缺一不可。

对于我来说，保持较高理论水平的唯一方法就是坚持与时俱进地学习。从干教研工作那天起，每个周末至少拿出一天时间来阅读学习，已经成为我生活的一部分。如果突然让我哪个周末不学习，我会觉得很空落，好像有事没做完，做了才踏实，写了才会乐业。

这种学习既有对国家教育政策的及时阅览解读，也有对枕边专业书籍的信手浏览摘录，更有对一线听课笔记的反复研读勾画。“写下来是个很有效的办法，叫你非得想清楚不可，这是大有价值的习惯，好处说不尽。”这是我翻阅叶圣陶先生书籍后的铭记，也深受先生的语文教育思想的影响。从事小学语文教研工作 25 年，我已走进 80 多个县(区)几百所小学校进行调研与业务指导，每年约听课 80 余节(累计听课 2000 余节)，每年都会攒下一大摞厚厚的听课笔记，每本笔记的前半部分是对听课情况的记录，后半部分则是我自己的复盘梳理与思考。

在坚持理论学习的基础上，我更加深入地抓起了语文学科的实践工作。2013 年左右，我发现一线的阅读课更多地停留在课内阅读与课后刷题层面，这让学生对阅读了无热爱之情，更无阅读习惯。各学科的特点不一，数学是“举一反三”，语文却是“举三反一”，学生必须通过大量的阅读才能完成积累，有了积累，才有表达的愿望。不爱读就不爱写，而学生热爱读书必须仰仗老师爱读书的身体力行。本着对教育教学规律的探究，同时，乘着“全民阅读”的东风，我萌生了要做大阅读行动推动小学语文阅读教学改革的想法。

2013—2017 年，横跨“十二五”“十三五”的省级规划研究基地科研项目“基础教育课程改革背景下小学语文大阅读行动推进研究”正式落地。“大阅读行动”主张持续推进儿童阅读，倡导小学生养成终身阅读的习惯，即“大量阅读”“生活中阅读”“自主阅读”，让学生真正“读起来”。将阅读课纳入学校语文课程的重要组成元素和教学常态管理的一部分，让读整本书进入课程、排入课表，实现儿童阅读的课程化。增加课外阅读指导课程设置，构建家长、教师与学生三位一体的“大阅读共同体”。这些是落实语文课标中坚持推进儿童阅读的有力实践，也是提高语文教学质量、提升学生语文素养的有效举措。

拓荒者说：“进入没人去过的地方，才最有希望发现沃土。”

耕耘者说："每一片生机的盎然，都来自汗水的浇灌。"

经过扎实的理论研究和实践研究，2018 年"基础教育课程改革背景下小学语文大阅读行动推进研究"项目荣获辽宁省基础教育教学成果二等奖，并入围 2018 年第四届中国教育创新博览会成果展示。2016 年围绕项目出版的学术著作《阅读，生命充盈的喜悦》荣获辽宁省教育学会基础教育成果著作类一等奖。

上海师范大学的吴忠豪教授、北京大学的曹文轩教授都亲临项目研究现场，两位专家的鼓励和鞭策还历历在目。

如果说这些荣誉和专业认可让这个项目显得厚重，那么孩子们阅读态度的转变则让我的心里感到愉悦轻快，看到他们更主动地热爱阅读的情景，主动拿起笔写读后感、自主做阅读卡、记读书笔记，孩子们阅读已经形成习惯，让我觉得坚守"教育应该给孩子们能够很好地面向未来的基本素养"有重要意义，让我感悟作为站在教师背后的神秘力量的教研工作必须推动语文教学走向美好。

三、成果显现：聚焦思维能力，坚持深耕阅读

习近平总书记说："为学之要贵在勤奋、贵在钻研、贵在有恒。""十三五"以来，我和辽宁小语团队持续在阅读领域下真功夫、实功夫、苦功夫。多年的业务积累和实践经验，也让我们在教研工作中更具前瞻性和针对性，"群文阅读"就是全面深化新课改路上的一个成功案例。

国家教育事业发展"十三五"规划中明确指出，把"立德树人"作为根本任务，全面实施素质教育。习近平总书记指出："多读书，我们的民族精神就会厚重起来、深邃起来。要提倡多读书，建设书香社会。""全民阅读"已经 7 次列入政府工作报告。阅读的意义已经提升到国家战略的高度。

如何在阅读教学中凸显语文核心素养本位的生成价值？我们在实践中突破性地建构了课程体系、深度学习情境和实践视域三个方面的行动坐标，这就是实践中的辽宁群文阅读研究的印迹。

2017 年，通过申报辽宁省教育科学"十三五"规划课题"基于语文核心素养的群文阅读实验研究"，辽宁教育学院以跨省科研合作的形式，联合重庆树人教育研究院、西南大学教育学部，共同开启了辽宁省域规模的群文阅读研究与实践。在"充分尊重国家课程，用好统编教材"的基础上，通过群文实践，打通课内课外阅读边界，实现语文课程的课内外整合，构建了"自主阅读—交流分享—建构意义—习得方法"的群文阅读基本教学流程。

语文的核心能力是思维能力，而群文阅读最大的价值就在于思维训练的

有效性。在群文阅读样态中，学生对“同类”事物获得更广的阅读视野，通过对多文本语言的感受和理解，进一步丰富对这类事物的认识，调动已有知识，综合语文技能，通过思考、运用、表达恰当地解决问题，从而内化语文素养，提升高阶思维。

例如，在学习群文“读懂父母的爱”时，在比较统编语文教材《慈母情深》《父爱之舟》《“精彩极了”和“糟糕透了”》3 篇课文与群文教材《大地的耳朵》《孩子，我为什么打你》《有太阳味的童年》3 篇选文后，学生会发现父母对子女爱的表达方式是多样的，但当把孩子们的表现整合在一起时，他们的表现只有两种——懂与不懂，由此进一步集体探求产生的原因，最后联系生活实际写下感受。这个学习过程变教师的讲授为学生的主动思考、讨论和探究，从本质上讲是一种批判性思维训练。通过这样的过程，学生实现由“数量阅读”到“质量阅读”的转向，成为真正的阅读者。

在课题推进过程中，辽宁省 14 个地级市 300 余所实验学校加入群文阅读课题研究与实践，形成了连点成线，连线成面，点面结合，共筑“群读”“群研”“群创”“群享”的立体群研网络，在全省各市共举办课题研讨展示活动达数十场之多。辽宁小语团队撰写公开发表论文几十篇，出版三至六年级共 8 本读本《群文阅读　语文新课程 1＋X 读本》。2020 年 12 月，辽宁经验亮相首届中国基础教育论坛暨中国教育学会第 33 次学术年会，来自全国各地的 150 多名代表参加了辽宁小学语文群文阅读经验分享论坛，同时在线观看的教师达到 120 万人次。

四、共同成长：建设骨干团队，打造学术口碑

群文阅读研究与实践的开展，在提升学生的阅读能力和阅读素养的同时，还促进了一批教师的专业成长，打造了一支作风过硬、专业精良的骨干团队，让辽宁小学语文的教研品质不仅赢得口碑，还影响深远。

项目推进期间，总课题组开启了辽宁省群文阅读种子教师专项计划，共培养了 84 名阅读播种人；250 人获得全国群文阅读教学设计成果奖，其中一等奖 3 人，二等奖 25 人，三等奖 64 人，优秀奖 158 人；130 人获得全国群文阅读录像课成果奖，其中一等奖 2 人，二等奖 13 人，三等奖 39 人，优秀奖 76 人；13 人获得全国群文阅读教学案例成果奖，其中一等奖 1 人，二等奖 5 人，三等奖 7 人；5 人获得小学和初中全国群文阅读现场优质课大赛奖项，其中特等奖 2 人，一等奖 3 人；2 名教师获选 2018 年度群文阅读全国十大明星教师。此外，辽宁省有 1 所学校获选 2018 年度群文阅读全国十大示范基地；

葫芦岛市成为全国群文阅读示范区；辽宁省实验学校成为全国校园立体阅读课程示范校。

德国教育学家第斯多惠曾经说过："教学的艺术不在于传授本领，而在于激励、唤醒和鼓舞。"能够通过这样的项目把辽宁的教研人才、教师团队激励、唤醒和鼓舞，是我努力的又一个目标。当然，唤醒不是"喊醒""惊醒"。教研员开展工作凭的是知识功底和教学研究水平，或者说"魅力"——塑造与展现自身的学识魅力与人格魅力，继而提升语文课程的研究魅力。二十余载的学术研究与实践过程中，我始终坚持提升自己的专业能力和学术水平，致力于教研实践，希望通过实战打造自律、专业、实干的个人魅力。我曾主持国家级、省级科研项目 6 项，先后两次被评为全国小语会系统先进工作者、全国优秀教研员、全国优秀指导教师、辽宁省义务教育精品课例优秀指导者，在教育部教材局、全国各类赛事活动中担任国家级专家及各类评审专家；在全国、省级中文核心期刊上发表多篇论文，主编国家级教材、各类教材多部；为基层学校、县区送教百余次，线下培训一线教师上万人次、线上培训超百万人次，指导省内各种小学语文研训活动 300 余次，在省内外做学术讲座百余次。

"一花独放不是春，百花齐放春满园。"在充实自身专业素养的同时，我通过全省各市县区的四级人才筛选网络，物色培养骨干教师，致力于为辽宁省培养一支有理想、有信念、有文化、有思想的"四有"小学语文教学团队。

打造这样一支团队，需要思路上的突破。首先，不能唯备课论，而是要先读书，做一个热爱读书的人，这是好老师的基础；其次，热爱朗读，拥有良好的语感才能将对课文的理解恰当地传达进学生的心里；最后，要有成熟发展的教育理念，会进行教学反思，当然，写作也要过硬，能够起到优秀的表达示范作用。按这样的标准选中的教师经过半年左右的培训，再被带去其他学校试讲、打比赛，在不同环境里、面对不同的学生进行实战演练，这样才能拿到全国的层面上比一比。

在我的精心培训之下，一批优秀的青年骨干教师成长了起来。沈阳和平一中万迎校长执教的《黄山奇石》等为代表的 30 余节课被评为教育部、教育部课程教材中心、教育部西南基础教育课程研究中心及全国小语会的特等奖及一、二等奖；在南京已举办 8 届的"全国小学语文教师素养展示活动"中，辽宁荣获特等奖 3 人次。而现在，这些名师们也已经在培养更多的青年教师，为辽宁的教育事业持续不断地输出着澎湃的新鲜血液。

五、寄语未来：憧憬以美好，承诺以责任

新时代的语文教育改革彰显国家意志，呼应时代要求，教研工作则是教育改革的重要推动力量。如何将国家的大政方针政策通过教研工作者的努力，赋能一线教师、灌输到孩子身上，是个恒定的核心议题。

干教研工作越久，我越觉得其意义重大。教学本身就是教师引领学生不断自我超越的过程，要让立德树人的最基本立意，无缝隙地嵌入学生幸福而有意义的童年中，我们应努力把儿童个体语言发展、文化涵养培养、精神成长三者有机结合起来，实现知识与个性、实践与能力、觉悟与品德的和谐发展。

基于此出发点，未来五年，我会与辽宁小语团队在辽宁全省小学选取实验点进行“语文核心素养视域下的小学生学业质量立体化评价改革实践性研究”，从研制评价内容到设计评价手段，再到构建科学评价方式，全方位、立体化推进评价变革，从而倒逼教学改革，全面提升一代人的语文核心素养。

2020 年，中共中央、国务院印发《深化新时代教育评价改革总体方案》指出：“改进结果评价，强化过程评价，探索增值评价，健全综合评价，充分利用信息技术，提高教育评价的科学性、专业性、客观性。”在语文素养本位的价值引领下，教育评价已经成为引领教育改革和发展的重要手段，是教育综合改革的关键环节。这要求我们在破除不科学、不合理的教育评价行为和导向的同时，建立科学的、符合时代要求的教育评价制度。

“教育评价”并不是虚无缥缈的概念，而是向教改深水区的一次探索，它将关系到每一个孩子的成长方向。“语言本身，就是一个国家、社会、集体的现实存在，语言是一个人思想的直接现实。”所以学好语言，特别是母语，意义重大。民族的语言与民族的精神，二者的同一程度将决定一个孩子成长的高度！

2021，辛丑牛年，春天已至。我和辽宁小语团队希望能在这样一个春天里再次出发。展望前路，我再次告诉自己：要用美好憧憬语文教育！因为我一直坚信，学校是这个世界上最美好的地方。孩子们对世界的向往在这里启蒙，对文化的传承从这里迈步。我已经 56 岁了，我想用职业生涯的最后，也是最宝贵的四年时间，为一代人的语言提升拼尽全力。我希望四年之后，我可以问心无愧地对自己说：崔凤琦，你尽到基础教育的责任了。

不忘初心使命 谱写启迪传奇

西北工业大学咸阳启迪中学 雒贤萍 田九亭

一、享誉三秦的启迪“传奇”

秦都咸阳、渭水之滨，有这样一所富有传奇色彩的学校——西北工业大学咸阳启迪中学。

说它传奇，是因为它建校首届即一炮走红，连创中考全市“十二连冠”“七位状元”，高考一本、二本上线率及高分段学生均名列全市前茅的教育奇迹，享誉三秦。

说它传奇，还因为它 10 年之内，两次跃升：2012 年，晋升为陕西省标准化高中；2017 年，荣膺“陕西省示范性普通高中”“陕西省艺术教育示范学校”全省双示范学校。跨入全省名校行列，创造了陕西民办基础教育跨越式发展和特色办学的奇迹。

说它传奇，还在于那一长串熠熠生辉的称号：“中国民办教育十大知名品牌学校”“全国民办教育示范中学”“全国教育改革创新示范学校”“全国素质教育示范学校”“全国特色教育示范学校”“中国特色办学先进集体”“全国百强中学”“全国五四红旗团委”“全国艺术教育先进单位”“全国啦啦操示范学校”“全国青少年校园足球特色学校”“陕西省示范高中”“陕西省艺术教育示范学校”“咸阳市教育工作先进集体”……

说它传奇，更在于社会各界对它的高度评价与认可。全国人大常委会副委员长蔡达峰在视察启迪中学时说：“这真是学生读书学习的好地方!”教育部专家高度赞誉：“一所学校代表一座城市，启迪中学堪当之”。时任陕西省委常委、省委宣传部部长庄长兴来校调研，高度评价道：“启迪中学很好地践行了‘启智育人，修德立身’的校训，学校就该这样办。”咸阳市卫华市长褒奖：“启迪中学是咸阳教育的一张名片。”

老百姓则用送孩子上启迪，传达着对启迪中学的高度信任。短短 10 余年，学校已经发展到有 2 个校区，148 个教学班，8000 余名师生。这样的速度与规模，又使多少学校惊羡不已!

而这一切，不是上天的格外眷顾，而是启迪中学有强有力的组织领导和一支信念坚定、作风过硬、乐于奉献、爱岗敬业、攻坚克难、敢打硬仗的教师队伍，是他们在学校党总支部的坚强领导下，以高质量党建推动高质量发展，跑出了中学教育发展的“加速度”。

二、党建强引领，师德建设铸师魂

启迪中学建校初期，党总支书记、校长王万斌，掌舵领航，高瞻远瞩地确立了启迪中学“为学生终身发展奠基，培养具有民族精神和国际视野的现代人”这一高远的育人目标和“精致化管理、多元化培育、国际化视野”的办学理念。他们提出的口号是“学生进校第一天，我们想他 6 年后，为他一辈子”。办人民满意的学校，培养担当民族复兴大任的时代新人，是启迪人不懈追求的目标。

孩子的心灵犹如一张白纸，画什么样的图画取决于执笔人。教育是培根、铸魂、启智、润心的工作。学高为师、身正为范，这是古人对师德的高度概括。新时代为谁培养人，培养什么人，怎样培养人，也是我们教育工作者首先思考的问题。俗话说“打铁还需自身硬”，立德树人先铸师魂。正是基于这样的认识，启迪中学十分注重师德建设，为了培养一支信念坚定、作风过硬、乐于奉献、爱岗敬业的教师队伍，充分发挥共产党员的先锋队作用，启迪中学把党建工作当成每个党员锤炼灵魂的必修课。建校 10 余年来，学校先后两届校党总支部，一以贯之，坚持每月组织全体党员开展一次入脑入心的专题学习活动。学习党章、党规和习近平总书记在各个时期的重要讲话，坚决响应党的号召，坚定理想信念，将共产党员“两学一做”的党性教育常态化、制度化。

在理论学习的基础上，启迪中学党总支部还分期分批组织党员干部和优秀教师赴延安、照金、梁家河等地，开展红色之旅，传承红色基因，缅怀革命先辈，接受精神洗礼。作为全省“双示范”学校，启迪人不忘责任和担当，勇于示范，乐于帮扶。校党总支部多次组织党员教师送课上门，帮扶支教，实地指导，并与咸阳市秦都区、乾县、旬邑县以及陕北、西藏自治区的诸多学校签署帮扶协议，在师资培训、跟岗锻炼、教育教学资源共享、设备捐赠等方面给予无私帮扶，以大情怀助力区域教育。

为了圆贫困家庭孩子的求学梦，校党总支部认真落实党的精准扶贫政策，把党的温暖送到每一个需要帮助的贫困家庭。校党总支部还经常组织党员干部和教师观看表现共产党人的先进事迹或弘扬民族精神和理想信念的微视频、优秀影片，如《伟大的变革》《延安延安》《榜样》《信念一生》《和人民在一起》《师者——俞国平》等，引导党员干部"学榜样、践初心"补精神之钙，提升共产党员的先进性和纯洁性。

灾难面前，启迪人与祖国同呼吸、共命运。新冠疫情期间，启迪党员干部和全体教师坚守教学岗位，停课不停学的同时，情系疫区，积极响应党总支部的号召，踊跃捐款，10866 元捐款送往灾区的同时，学校还开展"给疫区人民一封信"的征文活动，把启迪人的祝福和温暖一起送到抗疫前线。

如今，启迪人在新一届校党总支部的领导下，开展"学党史、明初心、强信念、跟党走"的系列活动："诗朗诵""艺术节""缅怀领袖""祭奠英烈""讲好红船故事，弘扬红船精神"等丰富多彩的主题班会和主题活动，把共产党人的故事讲给孩子们听，培根铸魂，培养学生明党史、知党恩，成为勇于担当民族伟大复兴历史使命的时代新人。

三、教研兴校，实现启迪内涵式发展

品学兼优、德才兼备，历来都是教育的最高境界。如果说德育是培根铸魂的塑造，那么智育就是开启智慧、增长才干的过程。而教学质量的高低往往是老百姓衡量一所学校好坏最直接的标准。只有教育热情没有过硬的专业素养，是办不好人民满意的学校的。而教师较高的专业水平则是教学质量的保证。

学校的教研工作是一场灵魂的唤醒，教学工作如果没有教科研做底蕴，就是一种没有灵魂、没有内涵的教育。正是基于这样的认识，启迪中学建校之初就牢牢把握"质量立校，教研兴校"的办学准则，充分发挥校本教研的功能和优势，致力打造一支师德高尚、业务精良、技能精湛、求真务实、敢于创新的专业型教师队伍。

常务校长晁晓锋在担任教学校长的数年里，率领教师发展中心的老党员雒贤萍主任和教学能手孔若平主任，与时俱进，秉承新课程理念，以课题研究为抓手，引领教师学习新课程、解决新问题，从知识本位向学科素养本位华丽转身，不断提升教师的专业水平。

"中华优秀传统文化与现代语文课堂教学实践研究"是中国高等教育学会教师教育分会"十三五"重点科研课题。晁校长亲自挂帅，两位主任负责落实，历经 3 年时间，立足于语文教学实践，用现代课堂教学理念把优秀传统文化植根于学生的心田。课题研究以优秀等级顺利结题，取得了重大研究成果，为语文教学的创新走出了一条可行的路径。

国家课题的研究，催生了学科老师积极参与课题研究的热情。近年来，省、市、区不同层次的课题研究均取得了可喜的成果，高中部、初中部不同学科先后有28个课题获不同层次的奖项，大大提升了教师的专业化水平和教科研能力。

为了促进青年教师的快速成长，师徒结对、以老带新的“青蓝工程”，已成为启迪中学内涵式发展的优良传统。在此基础上，每学期都会开展教研组长“示范课”、青年教师“公开课”“汇报课”“同课异构课”等不同形式的公开课研讨活动，使结对师徒在“青蓝工程”的平台上，在教育教学活动的实践中，切磋学习，不断进步。

正是一次次学习、一次次历练中的思维碰撞、技艺切磋，锤炼了队伍，提升了才干，一批批青年才俊茁壮成长，教育教学水平不断提升，有很多青年教师成为骨干教师、学科带头人，有的还光荣入党。

为了落实习近平总书记在全国思政课教师座谈会上的讲话，发挥思政课立德树人的关键作用，高中支部书记、思政教研组长梁星，思政骨干教师葛广周等精心组织思政老师，开展思政课“大练兵”。打造“有温度的思政课”，立足教学模式、方式方法、手段、组织等方面的创新，把思政课理论的高度、深度融合在有温度、鲜度的课堂上，努力锻造一支政治强、情怀深、思维新、视野广、人格正的思政课教师队伍，发挥思政课培根铸魂的关键作用。

体育课是促进学生全面发展不可或缺的课程。我校创新校本教研形式，尝试“室内体育课”的课例研讨，开启了体育教学研究的新起点。20多节室内体育课，普及体育知识和卫生保健知识，强调运动安全，避免运动损伤，与室外体育课互为补充，相得益彰，无疑是一次成功的探索。

几年来，启迪中学在党的领导下，始终遵循“质量是生命，教研是灵魂”的办学理念，教研与教学同向而行。在推进新课程改革的进程中，扎根课堂，发挥党员教师的模范带头作用，着力引导学科教师探索“学导式教学”“案例式教学”“情境式教学”“体验式教学”“讨论式教学”，在探索中不断创新，努力使教师的每一堂课都成为学生生命中一次重要的体验。

教研促教学，教学助成长。启迪中学浓郁的教科研氛围，极大地调动了广大青年教师专业成长的积极性，近年来踊跃参加各级各类教学成果大赛的总人数超过200人，在全国创新课堂教学大赛中，启迪优秀教师每每拔得头筹。

四、共产党员先锋队，启迪教育的中流砥柱

在启迪跨越式发展的进程中，始终有这么一批人，从领导岗位到普通教

师，从教学一线到后勤服务，都充当着先锋队的作用，他们冲锋在前，勇于担当，默默奋战在各自的岗位上，成为启迪教育的中流砥柱。

上一届校党总支书记、校长王万斌，始终把未成年人思想道德教育当作教育的重中之重，把办人民满意的学校当作自己的使命担当。他精心打造校园环境、营造育人环境；他呕心沥血，带领班子成员砥砺奋进，10年之内实现启迪两次跨越式发展，晋升为省级“双示范”名校，成为咸阳教育的一张名片。他本人也作为第四届“全国未成年人思想道德建设先进工作者”，受到了习近平总书记的亲切接见。而他在陕西省人民广播电台新闻广播《今日点击》中《让善美之光照进少年的心》的访谈节目，正是他关爱未成年人思想道德教育的肺腑之言。

校党总支部副书记、常务校长晁晓锋，分管教学工作和教师队伍的建设。可以说是守护着学校的生命线，这不仅需要热情与责任心，更需要智慧。多年来，晁校长在教学管理实践中，逐渐摸索出一条以教研促教学，向课堂要质量，注重教师专业素养的提升的管理思路。如今，启迪“过五关”的教师招聘模式、“青蓝工程”师徒结对的成长仪式、精益求精的“磨课”和接受检阅的“公开课”等已成为启迪教育的优良传统。教师队伍的成长，需要千锤百炼，为此，他常常亲力亲为，培训指导。10余年来，他带领教师团队攻坚克难，创造了启迪中学高考、中考勇立全市潮头的教育传奇，这其中倾注了他多少心血与汗水，恐怕只有他自己知道。

现任校党总支书记、德育校长熊康余，主管学校党建工作和德育工作。他认为，“为谁培养人？培养什么人？怎样培养人?”是教育的首要问题。他提出：“说有温度的话，讲有深度的理，用共产党人的大爱与正气感染学生。”他说过，帮助学生扣好人生第一粒扣子，是每个教育工作者尤其是德育工作者义不容辞的责任。

原校党总支部组织委员、启迪中学明远校区执行校长张小航，勤勉踏实、求真务实。他执教高中地理，业务精湛，深受学生喜爱；他做班主任和年级组长，身先士卒，带领高三团队创造高考佳绩；他承担德育主任职务，心系学生，重视学生思想教育；他担任执行校长，坚持立德树人，五育并举，创新工作，为学生全面发展奠定坚实的基础。从一线教师到领导岗位，他在淬炼中成为优秀的党员干部。

教师发展中心主任雒贤萍，是一位有着多年党龄的老党员。她年过花甲初心不改，听课、评课，组织课题研究、学科竞赛、论文撰写，开展各种学科活动……校园里经常能看到她忙碌的身影。

校党总支部组织委员赵冬浩，负责扶贫资助工作。在开展资助工作中，他坚持“帮困扶贫、务实求效、励志育人”三项原则。为了精准扶贫，他深入到年级、班级，调查摸底，认真甄别，收集建档，力求把党的温暖准确地送给每一个真正需要帮助的贫困学生。精准扶贫，是一项浩繁琐碎的工作，不仅需要耐心、细心，更需要高度的责任心。几年来，100 多万元助学资金能准确足额地落实到一个个需要资助的贫困学生，离不开他不计得失、披星戴月的辛勤奔波。他也因此被陕西省教育厅评为“陕西省优秀学生资助工作者”。

校党总支部宣传委员、高三年级副组长同斌老师，是奋战在教学一线的共产党员、优秀班主任。他与妻子崔阿燕，是启迪中学的夫妻档教师。他们常常是一个教高三，一个教初三，忙到顾不上自己的孩子。崔老师说，自己的孩子很小就无法享受完整的母爱与父爱，即使生病的时候，也常常得不到父母的陪伴。说到这些，崔老师愧疚得眼圈发红。然而她说：“既然选择了教育，就要面对割舍。”舍小家为大家，这也许就是他们作为共产党员的选择。他们夫妻的事迹，曾刊登在《中国教育报》上。

2020 年 10 月 23 日，时任高三文科组长的同老师，上课时突感身体不适，胸闷气短，呼吸困难，不得不去医院。医生告知他，心脏主动脉瓣关闭不全，重度返流，必须手术置换主动脉瓣，不然就随时有生命危险。医生的话犹如晴天霹雳，让他无法接受而又不得不接受。可他却放不下正在紧张备考的学生，他请求医生能不能往后拖一拖，等高考之后再进行手术，医生果断地告诉他“不要拿生命做赌博”。不得已，他只能住进医院，经过 4 个多小时的手术、4 天的 ICU 监护、11 天的住院恢复，从全身插满各种管子到一根根拔掉，同老师终于闯过了一道“鬼门关”。医生要求他必须限制活动，休息 100 天才能完全康复。可同老师放不下紧张备课的学生，为了早日康复，他坚持康复训练，练习说话，练习运气，练习走路。即使在病中，他也时常通过电话、微信了解孩子们的学习状况，主动与家长沟通，还视频连线召开班会，给孩子们加油鼓劲。2021 年 1 月 4 日，出院仅 49 天的同老师，就回到了学校，站在属于他的阵地上。看到讲台上虚弱苍白的同老师，孩子们又感动又心疼。

校党总支部宣传委员、高三数学骨干老师李延兵，是一位在三尺讲台辛苦耕耘了数十年的党员教师。作为数学老师兼班主任，教学上，他勤于学习、乐于钻研，努力地上好每一节课；生活上，他爱生如子，瑟瑟寒冬，为了让雨雪后的学生早点回到温暖的教室，他拿着工具守在楼口，一边清扫，一边提醒来往的学生；夏日炎炎，酷暑难耐，他会自掏腰包给班级学生购买解暑用品；学生病了，他慈父般无微不至地照顾，而自己结石发作却忍着剧痛坚守在教学一线，生怕耽误学生一节课。李延兵老师就是这样一位把初心写在行动上，把使命落在岗位上，在平凡中彰显着共产党人英雄本色的好党员。

全国访学名师、高中部语文教研组长、优秀共产党员支东锋老师，潜心研究新课程，2018年、2019年，两度荣获教育部“一师一优课，一课一名师”部级优课。在他的引领下，2018年、2019年连续两年，启迪中学有20余位老师荣获全国“一师一优课，一课一名师”部级优课，获优人次都位居陕西省中学首位。作为一名党员，支老师多年来奋战在教学教研一线，积极倡导并践行“激情语文·青春语文·绿色语文·本真语文”的教育理念，取得了不凡的成绩，先后被评为普通高中语文学科带头人、教学能手、骨干教师，国家“十二五”“十三五”重点科研课题优秀实验教师，省基础教育资源应用名师。在教育部、国家语委“迦陵杯·诗教中国”诗词讲解大赛全国总决赛中获国家级奖项。同时荣获“十三五”课题年会、全国“教学艺术杯”课堂教学暨“全国教学能手”大赛优秀指导老师，全国语文教师基本功大赛一等奖。教学研究的路上，是他一路跋涉的足迹。

初中文科党支部组织委员、年级组长郭建辉，把爱心、精心、细心融入日常的教育教学和管理中，所带领的2020届初三团队取得了包揽全市中考前五名的辉煌战绩。历史教研组长李凯老师，口头禅是“工作是用来干好的，不是用来敷衍的”。物理老师李超，全身心扑在工作上，4个班的物理课教学任务压在他身上，他从未喊累，而是积极承担，没有半句怨言。区级“优秀教师”白静静、许晓彤老师，主张用微笑注解人生，用爱心定义教育，全心全意为学生服务。还有师圆、张超、张晓英、蔺亚荣、祝君利、齐黎民、张建虹、张玲、张锦江、赵龙博老师……

太多太多，无法一一尽述。在运筹帷幄中、传道授业的讲台上、教改思路的探索中、众志成城的疫情抗击中、风尘仆仆的支教路上，在服务师生的广阔天地……到处都活跃着共产党员的身影。可以说，一个党员就是一面旗帜，一面旗帜就是一支队伍，正是有这样一大批身先士卒、无私奉献的共产党员，默默奋战在启迪教育的最前线，用初心践行着“立德树人，培根铸魂”的教育理念，才有了启迪团队攻坚克难、无往不胜的战斗力，才有了启迪教育享誉西咸，闻名全国的教育传奇！

共研群文　再话担当

——我的群文阅读教育之路

辽宁省葫芦岛市教师进修学院　路　放

青春，因为奋斗而闪光；梦想，因为拼搏而高尚；热血，因为信念而滚烫；岁月，因为奉献而朝朝艳阳。没有可歌可泣的英雄事迹，只有热爱教育的执着定力；没有万人传颂的讴歌点赞，只有淡泊名利的坚守向前。选择了教育，就根植其间，以教养性，以育安心，在平凡的岗位中做着不平凡的努力，用我对教育的满腔热爱，托起明天升起的那轮金色朝阳。

阅读，因其对提升学生的文学底蕴、培养能力、塑造品格的重要作用，在小学教育中尤为重要。习近平总书记指出：人民群众多读书，我们的民族精神就会厚重起来、深邃起来。要提倡多读书，建设书香社会。在“全民阅读”的大背景下，作为一名小学语文教育工作者，我一直关注的一个问题就是，如何实现小学语文课内单篇阅读与整本书阅读的有效衔接，完善阅读体系，提升学生的核心素养，实现个体的终身发展。这不仅是教育教学研究的重要话题，更是促进教育发展、落实人才培养目标的关键问题。

2017 年，辽宁省基础教育教研培训中心崔凤琦主任主持研究省规划课题“基于语文核心素养的群文阅读实验研究”，该课题如蒲公英的种子，将群文阅读植入辽宁大地。作为该课题的市级参研团队，我和我市的教研人员及一线教师一道，统筹规划、科学施策、扎实推进，将群文阅读作为课内单篇阅读与整本书阅读的桥梁，实现由“单篇阅读”到“整本书阅读”的无缝对接，并因地制宜、彰显特色、建立本土经验。我以一名普通的教研工作者的使命与担当，克服研究中的困难，攻克研究中的问题，努力推进我市的群文课题研究工作，助力学生阅读素养提升，寻求群文阅读实验与推广的有效策略，以锐意创新的改革精神撬动传统教学，打通课内外、校内外语文教育的壁垒，拓宽本土语文教研视野，切实提高广大师生的阅读兴趣、阅读素养和阅读品位，为学生的终身发展奠基。

一、高屋建瓴 框架规划

凡事预则立，不预则废，世界会向那些有目标和远见的人让路。区域推进群文项目是一项长期系统工程，需要进行全面考虑和整体架构。我结合市情、校情、学情，进行了系统策划，构建了群文阅读“2+N”的推进模式。“2”表示前两年为达标阶段，要达成一个目标：建立“群文阅读特色课程建设”项目共同体，大面积推广，整体推进。“N”表示在达标基础上逐年巩固提升。为确保项目稳步实施，同时建立了群文研究“动力机制”，即名师带动、活动牵动、培训驱动、典校联动、调研促动，在和谐的“群动”中持续促进群文工作。

有了明确的目标和科学的规划，接下来就是始终不渝地追求奋斗与展示实施。为确保群文阅读这一项目的良性推进，我与教研团队的成员多次放弃了节假日，废寝忘食，深入思考，最终确定专家团队“主导”，学校“主办”，学生、家庭和社会“主助”，三位一体，协同推进的方式。为切实发挥各承担项目学校推进主体的作用，我们深入学校，帮助他们建立了学校的顶层设计。指导学校认真分析办学历史、师资、设备和生源等情况，根据学校办学宗旨、办学特色，自主制定群文课程方案，科学设计课时，打通课内课外阅读边界，实现语文课程的课内外整合，形成“单篇精读、略读—群文阅读—整本书学习—学科实践活动”的一体化语文课程样态的雏形。

明确的目标是灯塔，具体的计划就是扁舟，只有充分的准备和大量的行动才能驶向成功的彼岸。为确保群文项目稳步运行，促进学生阅读力、思考力、表达力，即核心素养三原力的协同、整体提升，我们从以往的工作经验出发，集思广益，统筹建立了“保障机制”，即区域保障和项目学校保障。区域保障分为评价考核保障和专业支持保障。评价考核保障是将群文阅读项目纳入先进学校考核工作范畴，同时建立以过程与结果为导向的评价考核体系，激励成效突出的单位和个人；专业支持保障是组织各级专业人员深入基层学校，有针对性地开展调研指导，查找问题，研究办法。开展现场观摩、学习培训、交流总结、工作通报等，确保工作科学顺畅进行。项目学校保障分为管理保障和经费保障两部分。管理保障要求学校成立领导小组，确保人员到位、职责到位、监督检查到位、考核评价到位。我指导各实验校建立群文项目校本研修制度、工作通报制度、交流总结制度、表彰奖励制度等，并确保专项经费，如期完成群文阅读项目计划目标任务的运转。登山则情满于山，观海则意溢于海。执着一件事，于是全身心地投入，我一直坚定地相信，教育人的辛苦付出，终会迎来校园里的百花齐放。

二、创设氛围　更新理念

对于新生事物，人们接受都是需要一个过程的。群文阅读的基本理念是“在阅读中学会阅读，走向有思考的阅读”，并从基于问题解决角度对学生进行系统的思维训练，帮助学生将碎片化的知识内化为结构化的理解，使知识之间形成内在联系，具有层次性、逻辑性，有效提高学生思维发展。这对学生的终身发展都是大有裨益的。而实际上，个别实验学校的领导、教师受单篇教学的惯性影响，对群文教学的价值认识不够，对如何推进群文教学认识不清。因此，推进课程改革，统一思想、更新理念很重要。只有认识高位、理念正确，才能确保群文教学始终朝着正确的方向前进。

慎而思之，勤而行之。经过深思熟虑，我决定首先开始全员动员，引导积极参与。群文阅读是个系统工程，相关领导、教师人人都是群文教学的实践者、宣传员。只有上下达成共识，凝聚智慧，坚定信心，从思想到行动，配合、支持项目的开展，积极参与，才能真正领会群文阅读的意义、目的。锲而舍之，朽木不折；锲而不舍，金石可镂。我的坚持与付出得到了一线学校领导的支持，于是我要求各校统一思想，坚定教师立场。不给观望者和抵触者任何借口和心理暗示，把握舆论，适时引导。

墨染为黑，近朱为赤，环境与氛围的力量是潜移默化的。为顺利推进群文阅读的开展，我们积极号召各项目学校开展阅读实践活动，营造读书氛围，培养阅读习惯。基于群文阅读在提升学生阅读、写作能力上的特殊功能，我们要求教师为学生准备充足材料、为学生提供远程阅读机会，学校、班级为小学生发布读书目录，推荐优质图书，通过组织读书节、亲子共读、读书汇报会以及书香校园等活动，掀起校园的读书热潮。我们组织“研、赛、评、展”群文阅读活动，通过现场活动、网络平台等途径，传播、交流经典案例和先进经验，及时收集有价值的信息、资料，提炼成果，形成学术研讨氛围。

三、培训学习　打造队伍

德是师之魂，学是师之骨。在推进群文教学的过程中，我深深地认识到教师的学习是关键。区域整体推进群文教学必须要培养一批专业教师，让教师扎根于群文阅读的原野之中，先吸吮丰厚的营养，再更好地为学生服务。对教师的培养，我们坚持整体性培训与种子教师培训相结合的思路。整体性培训的对象是全体语文教师，培训内容为群文教学的内涵、本质、价值等基本理论与实施途径，让所有学科教师都能认识到群文教学的意义，认同群文教学的价值，积极参与项目实践。在此基础上，各校选拔培养一批群文教学精英教师，参加本地或异地各级各类观摩研讨活动，如参加西南大学教育学部群文阅读推广中心和树人教育研究院举办的培训、省级专项培训，学习群文教材特点、教学策略、实作演练策略等。这批群文阅读种子教师开始崭露锋芒，为区域推进项目实践传播理念、典型指引，提供了专业师资保障。

每一项事业都似洪水奔流，不遇着岛屿与暗礁，怎会激起美丽的浪花？群文阅读的推进过程中也遇到了一些问题，由于资金以及实验教师日常工作压力较大等因素制约，培训工作的开展也并不顺畅。那段时间，我经常夜不能眠，反复思虑解决方案。深入调研、精准定位培训需求是提升培训实效的前提，只有从教师的需求出发，解决群文教学中的实际问题，培训才能帮助教师提升群文教学实施的质量。于是我科学规划，力求实效。针对项目学校、教师确立的群文子课题，确定培训主题及课程，助力学校、教师开展个性化研究。

四、整合资源　生态发展

根植于广阔的土壤，就会成就无垠的茂林。群文教学的区域持续推进，有了喜人的成绩，我知道要让它更深远地影响学生，还需要良好的研究生态。群文教学的实施，首先要与统编教材的使用有机融合。在充分尊重国家课程，用好统编教材的基础上，形成群文阅读基本教学流程，彰显群文阅读的特点，培养学生的高阶思维能力，形成高品质的阅读形态，并将群文课程纳入语文课程整体构建之中。在实践中，我认为必须整合多种资源。群文资源包括隐性资源和显性资源。隐性资源，含师资力量、学生的知识与经验、家长的支持态度和能力、班级阅读氛围、书香校园的浸润等。显性资源包括群文教学设计、课堂实录、教学活动形成的影像资料、阅读读本等。通过群文教学实践，形成常态的语文课堂教学形式，丰富并完善阅读课程文化内涵，形成具有代表性的群文阅读课程文化。

群文教学的课堂落实，需要建立科学的教学模式。于是，我指导项目学校围绕“明确议题、确定选文、整合阅读、建构体系、发展思维”五方面的核心内容，因地制宜，开展教学模式研究，实现教学方法从单一走向多元，课堂教学结构从零散、封闭走向密集、开放。在全面阅读指导的影响下，群文阅读不仅延伸了学生的知识视野，同时也可以为学生构建出有效的主题，通过学生之间的分享与学习，感受群文阅读的乐趣，最大限度地促进了学生的思维发展，培养了学生的阅读能力。

此项工作，功在当代，利在千秋，我将不遗余力坚定推行。回首走过的道路，我想说：石可破，难夺其坚；丹可磨，难夺其赤。理想信念的坚定，来自思想理论的坚定，正是一切着眼于教育发展这一信念的坚定，才让我在工作中攻坚克难，砥砺前行。

扎根群文沃土，几载耕耘田间垄，筚路蓝缕终成功。如今，群文阅读在我市已繁花满枝，硕果累累，学生们因此受益良多，大批实验教师在省、国家级赛场上崭露头角，实验学校的教育教学改革工作得到推动。我们的研究实践得到了我省及省外专家的认可，我市被认定为“国家级群文阅读实践基地”。在这五年的群文实践中，我作为牵头人、参与者，从一个群文的门外汉成长为研究者，又成长为领跑者。在引领市域研究的历程中，我用坚定的信念、扎实的行动，不断创新，锐意进取，为我市群文阅读教育事业的成功注入了光彩。“因执着而精彩，因无惧而珍贵，因坚持而成功。”其间，我也荣幸地被授予“葫芦岛市五一劳动奖章”“葫芦岛市劳动模范”等称号。

臻于至善乘势飞，风劲扬帆再启航！迈入新时代，站在新起点，开启新征程，未来我将继续披坚执锐、筑梦前行，为我市的小语教育事业再谱绚丽华章！

我毕竟走过

——记一名小学语文教师十三年来走过的那些路

辽宁省沈阳市东北育才实验学校小学部　康　凯

这是一条匆匆走过的路，也许直到多年之后才会明白，每一段都不会白白走过，所有的结果，都是当年亲手撒下的种子，这就是人生的道路……

我叫康凯，2009年毕业于沈阳师范大学文学院，同年任职于沈阳市东北育才实验学校小学部，现任学部教研主任。回首我的十三年，深深浅浅的脚印中记录了对语文教学的热情与执着，更记录了对语文教学不断的认识与超越。这十三年的专业成长是怎样的一条路呢？

一、借助传统文化，开启国学教育探索之路

1. 摸索——埋下一粒希望的种子

我的国学教育最早源于小学语文老师。在印象中，我的小学语文老师是一个非常喜欢传统文化的人。他声音好听，毛笔字写得非常漂亮，出口成章，还会练太极拳。当时我们羡慕不已，他就是我崇拜的偶像。从那个时候开始，我就对传统文化产生了浓厚的兴趣，也愿意学着老师的样子去模仿。至今还清晰地记得他当时说过的一句话："一个中国人如果连自己老祖宗的东西都忘记了，就不是一个合格的中国人。"可能就是这句话让我喜欢上了传统文化。从那时起，我便开始阅读国学书目。但是由于条件的限制，当时仅仅将其作为一种爱好。真正进入研究，是在2005年进入沈阳师范大学中文系之后，当意识到自己将来要成为一名教育工作者，要传道授业时，我才发现自己的爱好需要向自己的专业转化。我开始研究汉字。大学毕业前完成了毕业论文《甲骨文中军事文字的研究》，获得校优秀论文一等奖。当时觉得，如果孩子们从小学开始就能接触到汉字的本源，将是多么幸福的一件事。在成为一名光荣的小学语文教师后，我的这些想法一一变成了现实。

入职十三年来，我把当年老师说的那句话又传递给了孩子们，希望我也能成为一位像他那样优秀的启蒙老师。从那时开始，我将传统文化教育应用

到识字教学之中。入职第二年，我主持的课题“小学低年段字理识字研究”在沈阳市一线教师小课题评选中顺利结题。

在不断的教育与反思过程中，我深刻地意识到自己的能力不足以支撑对孩子们传统文化的教育。通过网络，我自学了古诗文吟唱的全部课程，也开始尝试着在课堂上用古诗吟诵的方式进行教学。孩子们在读、吟、唱、舞中感受着中华传统文化的魅力。

国学教学让孩子们对语文学习兴趣盎然，但教育归根结底是一种培养人的社会活动。2013 年暑假，我在本溪参加了海峡两岸儒家思想交流会暨国学经典高级研修班学习。此次学习让我对传统文化、对学生的人格培养有了进一步的认识，运用国学启蒙教材，浸润孩子的心灵，启迪孩子的智慧，突然觉得自己肩上的责任异常重大。

2. 实践——打开一扇崭新的窗子

2013 年 9 月，我校被评为中华传统文化教育基地，同时，我所任教的二年四班也成为全校第一个传统文化教育实验班。作为班主任，我有两个期望，一是希望传统文化教育对孩子们的人格养成有一定帮助，二是希望他们对传统文化产生浓厚兴趣。其实，实验班与普通班区别并不大，在不影响正常教学的同时还要将传统文化融入孩子们的点滴生活中，着实不易。基于此，建班初期，我编排了详尽的课程体系，包括课时安排、教学方式、预期效果等。

2013—2014 学年度，我将《弟子规》《论语》《古诗吟诵》《日有所诵》作为基本教材。2014—2015 学年度，我将《三字经》《千字文》《小古文 100 课》作为学生学习教材。2015—2016 学年度，我将《声律启蒙》作为学生学习教材。2017—2018 学年度，我将《思泉语文读本》作为学生学习教材。

虽然学生兴趣很浓，但是八九岁的孩子很难保持这种持续的兴趣。我适时地给他们讲解有意思的贴近生活的传统文化小故事，如每一位孩子的姓氏来历，每一个节气的特点始末，每一类汉字的前因后果，每一个地区的历史生活，等等。

什么样的环境就对孩子们产生什么样的影响。其实这点对于班级来说尤为重要，我借助国学特色班级的契机对班级进行布置，通过一些字画、板报、图书角给孩子们营造一种轻松温馨的环境。

对于小学生而言，他们对于善恶还没有形成一个明确的判断。我制定了“日有一善”活动，这个活动分为两个部分：“授人玫瑰，手有余香”和“知错能改，善莫大焉”，旨在让孩子们在生活中不断体会什么是善，做一件好事其实是多么容易的事情。

吟诵、理解、语感与语文教学息息相关。行善、爱人与道德紧密连接，这就是我的课程体系。

二、依托课堂创新，打造语文教学成长之路

我的语文教学之路的两个关键词是“传统”与“创新”。传统让学生走进真实的历史，创新让学生步入信息化的未来。

1. 传统——走进一段真实的历史

如果让一个外国人说什么是中国，他会说什么呢？也许是饺子、面条、算盘、铜钱、剪纸、书法等。那语文教学中的中国标志是什么呢？我想就是汉字和诗词。20世纪50年代，时任印度总理尼赫鲁对他女儿说：“世界上有一个伟大的国家，她的每一个字，都是一首优美的诗，一幅美丽的画，你要好好学习。我说的这个国家就是中国。”日本知名作家柳田邦男曾说：“汉字的节奏感与优雅的文体永远是美丽的！”

2017年3月，美国人理查德·西尔斯登上了央视节目《朗读者》，他用并不流利的中文朗读了刘禹锡的《陋室铭》。痴迷汉字的他，20多年来花费30万美元的个人积蓄研究汉字，仅凭一己之力建立起了“汉字与词源”网站，将汉字字形数据化。在中国，他被人们称作“汉字叔叔”。面对观众，这位白发苍苍的老人说：“66岁一点儿也不老，我还想为汉字工作到80岁呢！”

作为一个中国人，我们怎样传承我们的汉字呢？在我们的印象中，语文工具书是《新华字典》《现代汉语词典》《说文解字》《辞源》《辞海》，或是没有详细的说明，或是古韵悠长令人难以理解。

我创建了“明明德”传统文化工作室，与工作室的老师一起为孩子们编写识字手册。我以网络作为着手点，通过录制微课，将传统文化资源向社会辐射。《和康老师学吟唱》《三国说“酒”》已经在网络平台上传播。疫情期间我录制的《石灰吟》《绝句》《夏日绝句》在沈阳市电视台播出，十几万小学生一同观看。让传统融入每一节语文课，用文化浸润儿童纯澈的心灵。传承赋予了语文教学更丰富的内涵，为儿童民族认同感与自豪感的培养打下了坚实的基础。

2. 创新——享受一份成长的愉悦

我在沈阳市南京一校、和平一校进行了两次古诗吟唱公开课，并作为沈阳市优秀传统文化教育讲师团到康平含光小学、法库东湖小学、大东区第二小学和辽中区第三小学等20余所中小学进行古诗吟诵课巡讲。2014年10月，我参加了在成都举办的第四届全国传统文化进课堂教学研讨会，荣获现场课特等奖。

作为一名老师，教育道路上永远充满荆棘与挑战，而这一路的风景也颇

为难得。

2014年，我去成都参加全国国学课比赛，古诗吟诵课《古朗月行》获得国家级特等奖。那堂课之前，我在网上自学了古诗文吟诵课程；那堂课之后，我知道了吟诵的奥秘。

2017年，我去沈阳浑南一校参加沈阳市优秀课评比，古诗课《示儿》获得特等奖第一名。那堂课之前，我看了《陆游传》《宋词三百首》《宋史》，知道了不一样的南宋，不一样的陆游；那堂课之后，我理出了古诗教学的"一线五部"教学法。

2017年，我去辽宁省实验中学参加省基本功大赛。比赛分为四个部分：作文、粉笔字、背古诗和说课。那次比赛之后，我知道粉笔字也是一门艺术，"横轻竖重，撇轻捺重。横取右上斜势走势一致"，看似简单可是写好却实属不易；知道了如何在10分钟的说课中去打动别人。

我不断汲取语文教学的养料，丰盈头脑，拓宽视野，享受着专业成长带给我的一次次蜕变，感受着语文给予我的精神成长。在传承中不断创新、探索、突破，让我的专业成长之路充满新奇与挑战。

三、研磨群文阅读，实现教研主任蜕变之路

2018年，经过层层竞选，我成为学校的教研主任，主抓全校的教科研工作。从一个班级的管理到一所学校的教科研建设，让我的教育理念不断地发生变化。给老师们提供良好的成长环境，成为我努力的方向。这时我认识了你——群文阅读。

1. 初识——听到一声远方的呼唤

2018年10月9日，一个让我记忆犹新的日子。辽宁省教育科学"十三五"规划课题"基于语文核心素养的群文阅读实验研究"中期评优暨成果展示活动在大连西岗区五四路小学召开，而我有幸成了这次展示活动的见证者。辽宁省小学语文教研员崔凤琦老师那振奋人心的话语仿佛像一声来自远方的呼唤，为我打开了一个全新的世界。

我想起鲁迅先生的一句话："伟大的成绩和辛勤的劳动是成正比的，有一分劳动就有一分收获，日积月累，从少到多，奇迹就可以创造出来。"而语文素养的奇迹要靠什么创造出来？那就是阅读。所有的老师都知道阅读的重要性，但是如何才能让孩子们真正获取阅读的精髓？群文阅读给了我最好的答案。这是一种整体阅读的方式，这是一种全面理解的探索，学生徜徉其中，在比对与思索中收获阅读的乐趣，这不就是我想追求的吗？

回到学校，我组织语文教师深入学习群文阅读教学策略，将语文教材进行不断的整合，摸索出了一条阅读的脉络。经过两年的不断尝试初见成效，学生对文本的把握，对人物的理解，对自主阅读的需求都有了不断的加深。

就这样，我成了辽宁省小学语文核心团队的骨干成员，进一步接触了群文阅读的核心理念，并有幸参与了《辽宁省小学语文群文阅读手册》的编写，让我从一个旁观者，变成了一个参与者。

2. 相知——拥抱一种甜蜜的幸福

在不断的探索与努力中，我们的教师对群文的理念逐步加深，在沈阳市群文阅读课公开展示中，我带领的队伍开始了第一次公开展示。

在接到本次课题展示的内容后，我们团队依托统编教材 4—6 年级的内容，从学生兴趣点出发拟定了十个议题："苏轼的美食(山水)地图""有趣的现代诗""古代儿童的智慧""神话中的'守护神'""儿时的玩具""母爱深深""民间故事中的爱情""如此结尾妙吗?""探秘微型小说""走近鲁迅"。最终层层筛选确定了议题："探秘微型小说"。

这是一次大胆的尝试。对于学生而言，小说是第一次遇见。如何通过多篇文章对比，二次建构文章体系？如何展现几篇文章之间的内在联系？如何开展恰当的活动，让学生感受小说独有的艺术魅力？选文之间的相同规律与个性化表达都在哪里？在选文的过程中，我们一共选择了 200 余篇微型小说，题材包罗万象，写法或一致或不同，各种排列组合，进行了多次课堂实践。在不断的打磨与思考中，我带领的队伍将群文阅读的研究理念变成了课堂上一个个富有启发性的课堂活动，将群文阅读的课堂打造成学生阅读思维的训练场。课堂上，孩子们时而沉静如水地思索，时而热情似火地探讨，时而掩卷深思，时而精彩表达。而这一切让我们看到了群文阅读带给孩子们的立体化的阅读体验，更看到了思维碰撞的火花。最终，这节课获得沈阳市教学评比第一名，并在辽宁省进行公开展示。看到我们两年来的努力最终有了沉甸甸的收获，我的心中无比幸福，这幸福来源于教师成长的丰厚与学生课堂上那期待的眼神。我要感谢群文阅读，让我们的语文教学插上了腾飞的翅膀，不断飞翔在我们理想中的地方。

每当回忆一幕一幕的往事，那些瞬间如同就在眼前。

我经常问自己，我能给孩子们留下些什么？是每学期一本的学生作品《丝雨集》，是每年一个自己生活的"台历"，是那渐渐刚劲的字体，渐渐自如的表达，还是我创立的"明明德"传统文化工作室、明德国学大讲堂？二十年之后当孩子们走入社会，他们也许不会记得我曾经讲过的课文，也许不会记得我苦口婆心的一次次教导，甚至连我的模样也有些模糊不清，可是我印在他们手上的痕迹，却永远不会消逝。

现在有一句很流行的话“时间都去哪了”，时间都从指缝中悄悄地溜走了。如果这指缝的时间，我们稍加留意，也许当你收获满满不经意间回首时，才发现：原来“付出”真的可以这样的美好。